1 MONTH OF FREE READING

at

www.ForgottenBooks.com

By purchasing this book you are eligible for one month membership to ForgottenBooks.com, giving you unlimited access to our entire collection of over 1,000,000 titles via our web site and mobile apps.

To claim your free month visit:
www.forgottenbooks.com/free1043894

* Offer is valid for 45 days from date of purchase. Terms and conditions apply.

ISBN 978-0-364-63396-0
PIBN 11043894

This book is a reproduction of an important historical work. Forgotten Books uses state-of-the-art technology to digitally reconstruct the work, preserving the original format whilst repairing imperfections present in the aged copy. In rare cases, an imperfection in the original, such as a blemish or missing page, may be replicated in our edition. We do, however, repair the vast majority of imperfections successfully; any imperfections that remain are intentionally left to preserve the state of such historical works.

Forgotten Books is a registered trademark of FB &c Ltd.
Copyright © 2018 FB &c Ltd.
FB &c Ltd, Dalton House, 60 Windsor Avenue, London, SW19 2RR.
Company number 08720141. Registered in England and Wales.

For support please visit www.forgottenbooks.com

FONTES RERUM AUSTRIACARUM.

ŒSTERREICHISCHE GESCHICHTS-QUELLEN.

HERAUSGEGEBEN

VON DER

HISTORISCHEN COMMISSION

DER

KAISERLICHEN AKADEMIE DER WISSENSCHAFTEN IN WIEN.

ZWEITE ABTHEILUNG.

DIPLOMATARIA ET ACTA.

LII. BAND.

WIEN, 1901.

IN COMMISSION BEI CARL GEROLD'S SOHN
BUCHHÄNDLER DER KAIS. AKADEMIE DER WISSENSCHAFTEN.

URKUNDEN UND REGESTEN

ZUR

GESCHICHTE DES BENEDICTINERSTIFTES

GÖTTWEIG.

II. THEIL.

1401–1468.

BEARBEITET

VON

P. ADALBERT FR. FUCHS,

PROFESSOR DER KIRCHENGESCHICHTE AN DER THEOLOGISCHEN LEHRANSTALT
ZU GÖTTWEIG.

Druck von Adolf Holzhausen
k. und k. Hof- und Universitäts-Buchdrucker in Wien

Vorwort.

Mit diesem Bande tritt der II. Theil, umfassend die Nummern 900—1731 von 1401 bis 1468 vor Mai 1, als Fortsetzung der ‚Urkunden und Regesten des Benedictinerstiftes Göttweig' in die Reihe der Publicationen auf dem Gebiete der Urkundenforschung ein. Mit ihm übergebe ich zugleich eine Fülle fast ganz unbekannten historischen Stoffes der Oeffentlichkeit. Speciell von hoher Wichtigkeit sind die zahlreichen Briefe und Acten, welche in die Jahre 1457—1468 fallen, aus den Codices E und F (siehe mein Göttweiger U.-Buch I, Einleitung) geschöpft und dem übrigen Urkundenmateriale chronologisch eingegliedert sind. Sie bieten nicht bloss eingehende Daten für die Stiftsgeschichte, sondern sind auch für die gleichzeitige Landesgeschichte von höchstem Interesse, da sie zahlreiche bisher unbekannte Einzelheiten über die lange, aber kriegsreiche Geschichte Kaiser Friedrich's III., über die Zustände im Lande in den traurigen Söldnerkämpfen und Fehden der Führer derselben sowie einzelner adeliger Herren enthalten und die Geschichte der Steuern sowie deren Veranschlagung auf die geistlichen Grundherren und deren Armenleute eingehend beleuchten. In Nr. 1684 ist uns eine specifisch detaillierte Begründung der durch die langjährigen Kriegswirren und andere Umstände fast ganz herabgekommenen wirtschaftlichen Lage des Stiftes in den Jahren 1457—1464 gegeben, welche zugleich einen tiefen Einblick in die Landesgeschichte der gleichen Zeit gewährt.

Von hohem Interesse sind aber auch zweifellos die zahlreichen Pflegschafts-, Drittelsbau- und Leibgedingsverträge, sowie die Verträge mit den vom Stifte neu angestellten Hofrichtern, welche genaue Details über die rechtlichen und wirtschaftlichen Verhältnisse und Bestrebungen des Stiftes als einer grösseren

Wirtschaftseinheit und die Besoldung der Angestellten enthalten. Ausserdem sind durch die Aufnahme von Grundbuchsacten, soweit sie sich auf die Städte St. Pölten, Krems, Stein und Mautern beziehen, wichtige Aufschlüsse über die wirtschaftliche Lage der Bürger dieser Städte, sowie über einzelne hervorragende Persönlichkeiten derselben geboten.

In den Editionsgrundsätzen schliesst sich der II. Theil dem I. vollständig an, nur ist bei der Numerierung der Siegler die römische Zahl in Klammern stets dem Namen des Sieglers zum Zwecke grösserer Uebersicht vorangesetzt. Ferner sind bei allen textlich aufgenommenen Papst-, Kaiser-, Königs-, Herzogs-, Bischofsurkunden und Briefen, welch' letztere sich eben schon wegen ihrer zahlreichen Details fast ausnahmslos zur textlichen Aufnahme empfahlen, die rein formelhaften Theile weggelassen und ist durch *etc.* darauf verwiesen worden.

So übergebe ich denn im vollen Vertrauen, in diesem II. Theile das im Göttweiger Archive liegende urkundliche Materiale dieser Zeit ganz und erschöpfend aufgenommen und auch das auf Göttweig bezügliche Materiale in auswärtigen Archiven, soweit es erreichbar war, sorgfältig miteinbezogen zu haben, denselben der historischen Wissenschaft und hoffe, dass er unter den historischen Publicationen ein über ein gewöhnliches Stiftsurkundenbuch hinausgehendes Interesse finden wird.

Stift Göttweig, am 15. August 1900.

Adalbert Franz Fuchs.

900.   **1401 Jänner 2.**

Pilgreim von Rattenmann und Angnes seine Frau verkaufen mit Handen ihres Burgherrn des Abtes Johan [III.] zu Chôtweyg dem Pfarrer Fridreich dem Têchler zu Sant Veitt und dem Stifte zu Chôtweyg um 106 ℔. Wiener ₰. ihren Hof ob Sand Veitt genant der Visingenhof,[1] *welcher zur Hälfte freies Eigen, zur Hälfte freies Burgrecht ist und jährlich an die Kirche zu Sand Veitt 4 Wiener ₰. an sand Veitstag auf sand Veitsalter zu zinsen hat.*

Siegler: (I.) Abt Johan zu Chôtweyg als Burgherr und die erbern (II.) Fridreich der Schawinger und (III.) Gebhart der Grêfel, Richter zu Fuert.

Datum: geben (1401) des suntags nach dem heiligen ewenweichtag.

Orig. (A), Perg. rostfleckig. Deutsch. An Perg.-Streifen 3 Siegel; Copie in Cod. C f. 110 (B).

Vgl. nr. 923.

I. rund (32), roth auf Sch., IV A 2. U.: † secrt. iohis. abbatis · chotwicens. Ein schwebendes Passionskreuz über den Dreibergen. — II. rund (28), ungefärbt, IV A 2. U. undeutlich. Zwei aus Dreibergen nach den Oberecken ragende Eicheln. — III. rund (25), ungefärbt, IV A 2. U.: † S. GEBhART · DCI. GRAF. 3 Strichbalken.

901.   **1401 Februar 24.**

Mert der Planckchenstdiner verkauft Abt Johann [III.] und dem Convente zu Chotweyg für die Oblei um 18 ℔. Wiener ₰. seine freieigene halbe Mühle zu Offenpach[1] *under dem purchstall, dyeweil aufgesezzen ist Seydel der Mullner, von welcher jährlich* ½ *℔. Wiener ₰. zu zinsen ist.*

---

900. [1] Jetzt Voigt E.-H., K.-G. Kerschenbach, O.-G. St. Veit a. d. Gölsen.
901. [1] Ofenbach, O.-G. Schachau, V. O. W. W.

Siegler: (I.) Mert der Plankchenståiner, (II.) Hainreich der Weichselpech, (III.) Stephan von Toppel.

Datum: Geben (1401) an sand Mathyastag dez zweliffpôten.

Orig., Perg. Deutsch. An Perg.-Streifen 3 Siegel; Copie in Cod. C f. 172' f.

I. rund, grün auf Sch., IV C. U: S'. ᛘERT · DE · PLANChENSTAIN. Abb. bei Duellius, Exc., Taf. 4 nr. 327. — II. rund (27), ungefärbt, IV A 2. U.: † S. hAINRICI · DE · WEICHSELPEK. Schild abgeb. bei Hueber, Austr., Taf. 13 nr. 16. — III. beschädigt, rund (28), ungefärbt, IV A 2. U. in Minuskel. Zwei gedrückte Spitzen.

902.   1401 März 12.

Mertt vom Aÿgem,[1] *Conventbruder zu Gôtweig, verzichtet mit Zustimmung seines Abtes Johann [III.] zu Gôtweig zu Gunsten seines Bruders Achacz Haÿmel vom Aÿgen auf sein ihm von seinen Eltern angefallenes Erbe an Häusern, Mühle, Wiesen, Gärten, Weingärten, Aeckern, Krautgärten, Burgrecht, Dienst und Zehent, wogegen ihm derselbe jährlich 2 ₰. Wiener ₰. zu je ½ ₰. an jeder Quatember unter Vorbehalt des Wandels auf Lebenszeit nach Gôtweig zu zinsen hat. Ferner hat er ihm* von der nÿderen mûl *wegen gelegen auf dem Aÿgen, von welcher er ihrer Muhme der Jungfrau Petternes in dem Frauenkloster zu Gôtweig jährlich 2 ₰. ₰. auf Lebenszeit zu dienen hat, nach deren Tode jährlich ½ ₰. zu je 60 ₰. an sand Georgentag und sand Michelstag zu zinsen, wobei Mertt sich das Recht des Verkaufes dieser Gülte vorbehält.*

Siegler: Abt Johann [III.] zu Gôtweig als Burgherr; für den Urkundenaussteller (und wann ich selb nicht insigel hab) Hanns der Frål und Gebhart der Grefel, Richter zu Fûrt.

Datum: geben (1401) an sand Gregorientag des heÿligen lerer in der vassten.

Orig., Perg. Deutsch. An Perg.-Streifen ein Siegel.

Statt der angeführten 3 Siegler siegelt Achaz Haymel. Es kann dies nur dadurch erklärt werden, dass zwei gleichlautende Urkunden ausgestellt wurden, deren erste von den 3 Sieglern besiegelt an Achaz Haymel ausgefolgt wurde, während Mert die gleichlautende Gegenurkunde mit dem Siegel des Achaz erhielt.

---

902. [1] Aigen, G.-B. Mautern, V. O. W. W.

I. S. d. Achaz Haymel beschädigt, rund (24), grün auf Sch. U.: † achacius haymel . . . . Am Rv. das Signet undeutlich, rund, ungefärbt.

903.   1401 März 31, Rom.

Papst Bonifaz IX. bestätigt die auf Befehl Papst Urbans VI. von dem Passauer Official Leonhard Schawr verfügte Incorporation der Pfarren Nalb, Grünau und Mautern zum Stifte Göttweig.

Copie in Cod. C f. 307′ f.

Vorurkunde bei Fuchs, Göttweiger Urk.-Buch I in Font. 2, LI nr. 783.

§ Bonifatius episcopus, servus servorum dei, § dilectis filiis Iohanni abbati et conventui monasterii sancte Marie in Gottwico ordinis sancti Benedicti Pataviensis diocesis salutem et apostolicam benedictionem. Ex iniuncto etc. Dudum siquidem pro parte vestra felicis recordationis Vrbano papa[a] sexto predecessori nostro exposito, quod prefatum vestrum monasterium, in quo triginta duo monachi et plures continue domino famulabantur et cui quoddam aliud monasterium monialium eiusdem ordinis, in quo viginti quatuor moniales existebant, ac quoddam hospitale pauperum, in quo tredecim pauperes sustentabant,[b] erant annexa et subiecta, quibus quidem monialibus et pauperibus vos de fructibus dicti vostri monasterii tenebamini quottidie in omnibus ministrare, tam propter copiosam hominum multitudinem ad ipsum monasterium confluentium, quam propter bladi et vini ac aliorum fructuum penuriam, que pluribus annis in illis partibus viguebant,[c] necnon propter maximam hospitalitatem, quam vos servaveratis et continue servare oportebat, ac alia diversa et gravia onera vobis de die in diem incumbentia adeo erat debitorum oneribus pregravatum fructusque redditus et proventus dicti vestri monasterii in tantum exiles et tenues orant effecti, quod vos huiusmodi hospitalitatem servare et onera vobis incumbencia supportare et debita persolvere nequiveratis ullo modo et quod, nisi per apostolice sedis providenciam vobis succurreretur, monasterium ipsum multum desolari verisimiliter formidabatur et pro parte vestra eidem predecessori supplicato, ut in Nelih et * Hofsteten ac in Mautarnn dicte diocesis parrochiales ecclesias, quarum patroni ut asseruistis existe-

---

903. [a] Cod. statt *papa*. — [b] Cod. statt *sustentabantur*. — [c] Cod.

batis, dicto vostro monasterio incorporaret annecteret et uniret, idem predecessor dilecto filio officiali Pataviensi eius proprio nomine non expresso suis dedit littoris in mandatis, ut profatas ecclesias, quarum centum cum omnibus iuribus et pertinenciis suis prefato monasterio, cuius ducentarum marcharum argenti puri fructus redditus et proventus secundum conmunem extimatione*d* valorem annuum ut asserebatis non excedebant, auctoritate apostolica perpetuo incorporaret uniret et annecteret ita, quod cedentibus vel decedentibus rectoribus dictarum ecclesiarum, qui tunc erant, vel ecclesias ipsas alias quomodolibet dimittentibus liceret vobis corporalem possessionem ecclesiarum ac iurium et pertinenciarum predictorum libere apprehendere et licite retinere diocesani loci vel cuiuscumque alterius super hoc licencia minime requisita, reservatis tamen de fructibus redditibus et proventibus singularum *e* ecclesiarum pro singulis perpetuis vicariis secularibus ibidem instituendis et servituris domino inibi laudabiliter in divinis congruis porcionibus, de quibus vicarii ipsi possent congrue sustentari, episcopalia iura solvere et alia eis incumbencia onera supportare, ac decrevit irritum et inane, si secus super hiis a quoquam quavis auctoritate scienter vel ignoranter contingeret attemptari. Dilectus filius Schawr, licenciatus in decretis, Ratisponensis et Pataviensis ecclesiarum canonicus, officialis Pataviensis, in huiusmodi*e* execucionis negocio procedens, prout ex ipsarum forma poterat litterarum, quia omnia et singula in eisdem litteris expressata, super quibus inquisitionem fecit diligentem, reperit forte vera, prefatas parrochiales ecclesias cum omnibus iuribus et pertinenciis suis eidem vestro monasterio auctoritate predicta secundum modum et formam in dictis litteris explicatos perpetuo incorporavit univit et annexuit ita, quod cedentibus vel decedentibus rectoribus dictarum ecclesiarum, qui tunc erant, vel ecclesias ipsas alias quomodolibet dimittentibus liceret vobis corporalem possessionem ecclesiarum predictarum libere apprehendere et licite retinere diocesani loci vel cuiuscumque alterius super hoc licencia minime requisita, reservatis tamen de fructibus redditibus et proventibus singularum ecclesiarum ipsarum pro singulis perpetuis vicariis ibidem per diocesanum loci videlicet episcopum Pataviensem, qui esset pro tempore, vel sede episcopali Pataviensi vacante per capitulum Pataviense instituendis et servituris domino lauda-

---

903. *d* Cod. statt *extimationem*. — *e* Cod. *huiusdi*.

biliter in divinis congruis porcionibus, de quibus vicarii ipsi possent congrue sustentari, episcopalia iura solvere et alia eis incumbentia onera supportare, certo super hoc instrumento publico confecto sigilli officialatus Pataviensis officii appensione munito. Postmodum vero pro parte vestra nobis exposito, quod vos infra limites parrochialis ecclesie sancti Stephani in Mautarn Pataviensis diocesis nonnulla[f] decimas et alia bona ad ipsam ecclesiam et vestrum monasterium spectantia habebatis et possidebatis ac eandem ecclesiam vestro monasterio ut prefertur unitam per vicarium presbyterum secularem regebatis, propter quod in bonis et decimis huiusmodi, ex quibus vos sustentabimini et vivebatis, multipliciter perturbamini et ut commodius huiusmodi bonis et decimis uti possetis, pro parte vestra nobis supplicato, ut vobis et dicto monasterio vestro providere super hoc de benignitate apostolica dignaremur, nos ut cedente vel decedente seculari vicario presbytero huiusmodi dicte ecclesie, qui tunc erat, vel eam quomodolibet dimittente liceret vobis unum presbyterum ydoneum dicti vestri ordinis in vestrum perpetuum vicarium loco eiusdem vicarii secularis ponere, qui eandem ecclesiam regeret ac inibi laudabiliter deserviret in divinis, diocesani loci vel cuiuslibet alterius super hoc licencia minime requisita, reservata tamen de fructibus redditibus et proventibus dicte ecclesie pro eodem vicario per vos in eadem ut prefertur instituendo congrua porcione, de qua idem vicarius possit congrue sustentari, episcopalia iura solvere et alia incumbencia onera supportare vobis auctoritate predicta per nostras litteras indulsimus, prout in eisdem litteris et instrumentis, quorum tenores presentibus haberi volumus, ex certa sciencia pro sufficienter expressis plenius continetur. Quare pro parte vestra nobis fuit humiliter supplicatum, ut predictis litteris et instrumentis et contentis in eis apostolici muniminis robur adicere de benignitate apostolica dignaremur, nos igitur huiusmodi supplicationibus inclinati prefatas litteras et instrumenta ac contenta in eis et quecumque inde secuta rata habentes et grata ea auctoritate predicta ex certa sciencia confirmamus et presentis scripti patrocinio communimus et nichilominus predicta auctoritate motu proprio non ad ipsorum abbatis et conventus vel alicuius pro eis super hoc oblate peticionis instanciam, sed

---

903.   [f] Cod. statt *nonnullas*.

de nostra mera liberalitate predictas parrochiales ecclesias, eciam si super aliqua ex eis lis, cuius statum haberi volumus presentibus pro expresso, pendeat indecisa, de novo incorporamus annectimus et unimus supplentes eciam omnes defectus, si qui forsan intervenerint in premissis constitucionibus et ordinationibus apostolicis et aliis contrariis non obstantibus quibuscumque. Nulli ergo etc. Datum Rome apud Sanctum Petrum II. kalendas aprilis, pontificatus nostri anno duodecimo.

904.   **1401 Mai 28.**

Nyclas der Frass und seine Frau quittieren Abt Hanns [III.] und dem Convente zu Gottbeig die Bezahlung von 100 tl. Wiener ₰. als Theilzahlung einer Schuld von 200 tl. Wiener ₰.

Siegler: (I.) Niclas der Frazz, (II.) Nyclas der Potenbrunner.

Datum: geben (1401) am samstag nach phingsten.

Orig., Perg. Deutsch. An Perg.-Streifen 2 Siegel.

I. rund (29), grün auf Sch., IV A 2. U.: † S. NICLAS · DER · FRAS. Ein links gewendeter gekrönter Mohrenkopf. — II. undeutlich, rund (28), grün auf Sch., IV A 2. Abb. bei Duellius, Exc., Tab. 21 nr. 271.

905.   **1401 Juli 10.**

Jorig Fleyschickcher, Dorothea seine Frau, Jenssel Plérrer und Preid seine Frau, beide von Nustorf,[1] und Anna die Tochter des verstorbenen Mertlin Fleyschickcher verkaufen mit Handen ihres Burgherrn, des Hans Beyckhart, Kastner zu Holenburch, Gilig dem Fleysschikcher zu Holnburch und dessen Frau Elsbet, der Witwe nach Thomlein dem Fleysschikcher, um 9 tl. Wiener ₰. ihre Ansprüche auf ein Haus nächst dem Pfarrhofe zu Holenburch, von welchem Bischof Berchtolt[2] von Freyssing 12 ₰. an sand Michelstag und ein Faschinghuhn zu zinsen sind, ferner ihre Ansprüche auf einen Weingarten, genannt der Grisser, von

---

905. [1] Nussdorf a. d. Traisen. — [2] Berthold v. Wachingen, seit 1381 Sept. 20 Bischof v. Freising, wurde 1404 Febr. 6 nach Salzburg transferiert. Da aber diese Translatio nicht rechtskräftig wurde, wurden ihm von Erzbischof Eberhard v. Salzburg 2000 Goldgulden als jährliche Pension ausbezahlt, † 1410 Sept. 7 (Eubel, Hierarchia, S. 266 u. Anm. 2 u. S. 455).

*welchem an das Amt zu Holenburch zur Lesezeit 3 Viertheile
Most zu zinsen sind, und auf zwei Tagwerke Wiesmat in dem
Stockwerd, von welchen an dasselbe Amt 28 ₰. an sand Symans-
tag zu Burgrecht zu zinsen sind.*

Siegler: für die Urkundenaussteller und deren Burgherrn siegeln (wann wir vörgenante Jorig Fleyschikcher, Dorothea mein hawsfraw, ich Jensel Plerrer, Preid sein hausfraw und Anna Merteins tochter nicht aygen insigel haben) (I.) Ůlreich der Velebrunner, Pfleger zu Holenburch, (II.) Jorig der Parssenprunner zu Wogram.[3]

Datum: Geben am sunntag vôr Margarethe (1401).

Orig., Perg. Deutsch. An Perg.-Streifen 2 Siegel.

I. beschädigt, rund (24), grün auf Sch., IV A 2. U. in Minuskel. Dreimal gespalten, mit Rauten im 1. u. 3. Felde. — II. rund (24), grün auf Sch., IV A 2. U.: † s. iorg · porssenprvnnaer. Gespalten, rechts eine aufrechte Pflugschar, links ein gekrümmtes Messer.

Die Perg.-Streifen der Siegel stammen von einer zerschnittenen deutschen Urkunde von gleichzeitiger H.

906.   1401 August 15, Augsburg.

Item sub eodem dato [Auguste, XV. die mensis augusti 1401] concesse sunt littere ad collacionem abbatis et conventus monasterii Kotwicensis ordinis sancti Benedicti Pataviensis diocesis pro Cunrado Seglals artium magistro, clerico Augustensis diocesis.

Reichsregistratur Ruprechts v. d. Pfalz im k. k. Staatsarch. in Wien, Cod. A auf Papier f. 136'.

907.   1401 September 13, Stein.

Der Notar Nicolaus Stephani von Greisau beurkundet den Widerruf einer Zahlungsleistung seitens des Abtes Johann III. von Göttweig an Bischof Georg von Passau.

Orig., Perg. Mit Notariatszeichen. Ohne Siegel.

In nomine domini; amen. Anno (1401) indictione IX, pontificatus etc. Bonifacii etc. pape noni anno XII, in mei

---

905. [3] Wagram, V. O. W. W.

notarii publici et testium infrascriptorum presencia personaliter constitutus venerabilis in Christo pater ac dominus, dominus Iohannes dei et apostolice sedis gracia monasterii sancte Marie virginis in Gotwico ordinis sancti Benedicti Pataviensis dyocesis abbas mente gravi, consideracione turbida exponens dixit: novit ille, cui omne cor patet, quod universa studia mea, quomodo corde ore et opere reverendo in Christo patri ac domino, domino nostro, domino Georio antistiti Pataviensi placeremus, perfecte coaptavimus usque modo dedique, licet de iure non potuerim, pro quadam pecunie summa sibi successivis temporibus danda pro gracia sua habenda et promocionibus fidelibus suis nobis et nostro monasterio inpensis ac in antea indesinenter inpendendis certas sigillo meo solum firmatas obligatorias litteras, quas omni via modo forma iure, quantum cum deo possumus, voce et animo tamquam per errorem datas expresse revocamus et tenore presentis instrumenti cassamus irritamus et anullamus eo maxime, quia dictus reverendus in Christo pater, dominus episcopus Pataviensis causam, propter quam prefata mea talis, qualis obligacio in medium prodiit, notabiliter infregit: nam ubi nos et nostri monasterii statum promovere tenebatur ut promiserat, ibi impedivit nos, prout hodie in ecclesia nostra parrochiali sancti Stephani in Mautarn auctoritate apostolica nobis incorporata, cuius pacificam vel quatenus tenemus possessionem, inpedit, fratres monasterii et ordinis nostrorum capi fecit, bona dotis dicte ecclesie parrochialis et fratrum predictorum in predam violenter rapi iussit, plurima dampna cum multis scandalis nobis et dicto nostro monasterio inferri publice mandavit et non cessat mandare omnia nobis et prefato monasterio nostro que potest incomoda inferendo, propter que nature legis virtute frangenti fidem etc. ac cessante causa premisse obligacionis cessat et merito effectus eiusdem, super quibus omnibus et singulis premissis prefatus dominus abbas peciit sibi fieri unum vel plurs. publica instrumenta. Acta sunt hec ad sanctam Margaretham[1] prope Stayn in domo habitacionis plebani illius die XIII mensis septembris hora quasi sexta, anno indiccione et pontificatu quibus supra, presentibus venerabilibus viris domino Petro de Herrczogburg, presbytero

---

907. [1] Diese Kapelle befindet in der Stadt Mautern, obige Angabe ist darum ungenau.

Michaele de Ranaw,² Iohanne Veyrtager, Thoma Hochenperrger
et compluribus aliis fidedignis testibus ad premissa vocatis pa-
riter ac rogatis.

(SN.)ᵃ Et ego Nicolaus Stephani de Greysaw,³ clericus
Wratislawiensis dyocesis, publicus imperiali auctoritate notarius,
qua predicte obligacionis ut dicitur contra ius scriptae et diffi-
nicionis sancti Benedicti et aliorum sanctorum patrum facte
revocacioni anullacioni irritacioni et cassacioni ceteris omnibus
et singulis, dum sic ut prefatur fierent et agerentur, unacum
prenominatis testibus interfui, ea, que sic audivi, in hanc publi-
cam formam propria manu scribendo redegi, signum cum no-
mine meo solito apposui rogatus et requisitus infra omnium et
singulorum premissorum.

908.   1401 October 11, Rom.

Papst Bonifas IX. ertheilt dem Stifte Göttweig die Exemtion.

Copie in Cod. C f. 320.

Vgl. nr. 1382.

  Bonifatius episcopus, servus servorum dei, ad perpetuam
rei memoriam. Sincere devocionis affectus, quem dilecti filii
abbas Iohannes et conventus monasterii Gottwicensis ordinis
sancti Benedicti Pataviensis diocesis ad nos et Romanam gerunt
ecclesiam, promeretur, ut illa ipsis favore benivolo concedamus,
per que ipsorum et dicti monasterii quieti et tranquillitati salu-
briter consulatur. Hinc est, quod nos eorundem abbatis et
conventus in hac parte supplicacionibus inclinati et certis racio-
nabilibus causis nostrum ad id animum inducentibus ipsos ac
prefatum eorum monasterium ipsiusque monasterii membra ec-
clesias capellas ac loca cum personis degentibus in eisdem pre-
sentibus et futuris ac possessiones et loca ad abbatem et con-
ventum ac membra ecclesias et capellas ac loca huiusmodi et
ad eorum iurisdictionem legitime pertinentia cum omnibus iu-
ribus et pertinenciis suis, que in presenciarum possident et
in futurum procurante domino iustis titulis poterunt adipisci, ab

---

907. ᵃ Unter dem Notariatszeichen: *Ahterogram* ɛ.

  ² Ranna, V. O. M. B. — ³ Greisau, schles. K. Neisse.

omni iurisdictione dominio superioritate potestate visitatione et correctione episcopi Pataviensis, qui nunc est et pro tempore fuerit, et quorumlibet aliorum iudicum ordinariorum necnon a lege diocesana, eciamsi dictum monasterium per aliquos ex dicti episcopi predecessoribus, episcopis Pataviensibus, qui fuerunt pro tempore, fundatum seu dotatum fuerit, tenore presentium de speciali gracia eximimus et perpetuo liberamus ac sub beati Petri et sedis apostolice ac eiusdem ecclesie Romane proteccione suscipimus atque nostra illaque exempta et libera esse decernimus nobisque et successoribus nostris Romanis pontificibus canonice intrantibus ac dicte sedi volumus immediate subiacere ita, quod episcopus et iudices prefati aut alia quevis persona ecclesiastica vel mundana, quacumque prefulgeat dignitate, in abbatem et conventum monasterium membra ecclesias capellas loca possessiones bona seu personas huiusmodi utpote prorsus exempta non possit excommunicationis suspensionis vel interdicti sentencias promulgare aut alias ratione delicti seu contractus aut rei, qua ageretur in iudicio vel extra, ubicumque committatur delictum vel ineatur contractus aut res ipsa consistat, iurisdiccionem superioritatem potestatem visitacionem aut correctionem aliquam exercere, sed dumtaxat coram dicta sede vel eius legatis teneantur de iusticia respondere non obstantibus, quod inter venerabilem fratrem nostrum Georium episcopum Pataviensem et prefatum Iohannem abbatem, antequam ipse possessiones administracionis bonorum dicti monasterii adipisceretur, de solvendo eidem Georio episcopo per ipsum abbatem Iohannem certam pecuniariam summam tunc expressam in certo termine eciam tunc expresso et de qua sibi in parte satisfecit, ut sibi pro huiusmodi adipiscenda possessione assisteret, quedam pacta conventiones promissiones et obligaciones certarum penarum tunc expressarum adieccione vallata absque tamen sui conventus assensu, que quidem conventiones promissiones et obligationes ac penas in eis adiectas auctoritate predicta harum serie relaxamus et ab illis eundem Iohannem abbatem absolvimus penitus ipsumque ad eorum[a] observationem volumus non teneri necnon felicis recordationis Innocencii pape tercii, predecessoris nostri, circa exemptos edita, que incipit: volentes, et aliis constitucionibus apostolicis

---

908. [a] Folgt getilgt cons.

contrariis quibuscumque. Nos insuper, si episcopus Pataviensis, qui nunc est seu pro tempore fuerit, crisma oleum sanctum et alia sacra ecclesiastica ministrari facere ac monachos seu novicios dicti monasterii ad sacros seu alios ordines promovere recusaverit seu se ad id difficilem reddiderit prefatis abbati et conventui, ut a quocumque maluerint katholico antistite gratiam et communionem eiusdem sedis habente crisma oleum et alia sacra huiusmodi recipiendi ac personas monachos et novicios supradictos per eundem vel alium katholicum antistitem similem gratiam et communionem habentem ad sacros vel alios ordines huiusmodi eciam litteris dimissoriis communiter nuncupatis non petitis seu obtentis promoveri faciendi plenam ac liberam eadem auctoritate licenciam elargimur decernentes omnes et singulos processus et excommunicationes, suspensiones et interdicti sentencias, quos et quas contra presentium litterarum tenorem haberi contigerit seu eciam promulgari, irritos et inanes ac irritum et inane, si secus super hiis[b] a quoquam quavis auctoritate scienter vel ignoranter contigerit attemptari. Nulli ergo etc. Datum Rome apud Sanctum Petrum V. idus octobris pontificatus nostri anno duodecimo.

909.   1401 November 16, Wien.

Bischof Berthold von Freising, Rudolf von Walsse, Eberhart von Kapelln, Reimprecht von Walsse und Fridreich von Walsse beurkunden als die in dem Streite zwischen Herzog Wilhelm zu Österreich und dem Abte und Convente zum Kötweig einerseits und dem Bischofe Jörg zu Passau anderseits wegen der Kirche zu Mauttarn beiderseits erwählten Schiedsrichter folgenden Rechtsspruch:

1. hat jedwede Feindschaft zwischen beiden Parteien aufzuhören;

2. hat jede Partei die Gefangenen der anderen freizulassen und keinen Schadenersatz zu beanspruchen;

3. hat Herzog Wilhelm dem Bischofe von Passaw die Stadt Mauttarn zu übergeben und den beschlagnahmten Wein und sonstige Habe herauszugeben;

---

908. [b] Cod.

4. gehört die Pfarrkirche zu Mauttarn dem Abte und Convente zum Kötweig mit allen Rechten zu, welche dieselbe mit ihren Ordensleuten zu besetzen berechtigt sind. Diese sollen jedoch vom Bischofe von Passaw die Institutio authorisabilis erhalten. Beansprucht der Bischof weitere Rechte, so hat er sie urkundlich zu erweisen;

5. behalten sowohl Herzog Wilhelm als auch der Bischof von Passaw ihre bisherigen Rechte weiter.

Siegler: (I.) Bischof Berthold von Freising, (II.) Rudolf von Walsse, (III.) Eberhart von Kapelln, (IV.) Reimprecht von Walsse, (V.) Fridreich von Walsse.

Datum: Geben ze Wienn an mitichen vor sand Elsbethentag (1401).

Orig., Perg. feuchtfleckig, im k. baier. Reichsarch. zu München (Sign.: Arch. Mautern, Fasc. 5). Deutsch. An Perg.-Streifen 5 Siegel.

Mon. boica XXXI/II, 14 nr. 8.

I. beschädigt, rund (38), roth auf Sch., III B 2 b. U.: † s. bertholdi . . . . epi. eclie. frisinga. Der Bischof ist im Ornate auf dem Throne sitzend dargestellt. — II. rund (30), grün auf Sch., IV C. U.: S. RVDOLFI · DE WALSEE. Ein gegitterter Balken. Der Stechhelm. Cimier: ein Doppelflug. Hilfskleinod: ein Balken. — III. rund (24), grün auf Sch., IV A I (Signet). Der Kübelhelm. Cimier: zwei Ochsenhörner. — IV. rund (22·5), grün auf Sch., IV A 1 (Signet). In einem Dreipasse der Steckhelm. Cimier: ein Doppelflug. Hilfskleinod: ein Balken. — V. rund (20), grün auf Sch., IV A 2 (Signet). In einem Sechspasse die Tartsche mit einem Balken.

910.   1402 Februar 2.

Abt Johann III. und der Convent von Göttweig verkaufen dem Kammermeister des Herzogs Wilhelm Konrad dem Poetinger um 450 ℔. Wiener ₰. den Hof zu Dratigist zu Leibgeding.

Orig., Perg. links verstümmelt, fleckig u. mehrfach durchschnitten, war früher als Deckblatt in einen Cod. eingeheftet. 2 Siegel abgefallen.

. . . .* gnaden abpt zu dem Göttweig und wir der gantz convent gemainchleich daselbs veriechen offenleich mit dem brief allen lewten, den er fürchumpt, dy

---

910.   * Lücke hier u. weiterhin.

nů lebent oder . . . ., das wir mit wolbedachtem muet mit veraintem rat und mit gesampter hannt zů der zeit, do wir das mit recht wol getuen möchten, recht und redleichen verchauft haben . . . . hof gelegen yn dem Drötigist¹ yanerhalb Rabenstain, und ist genannt der Månichhof,² als wir den yetz mit wismad holts und åkcher inngehabt haben und dartzů . . . . yn dem wald daselbs in Chirichperger pharr, in Rabenstainer pharr, yn Hofsteter pharr, es sey gestift oder ungestift versuecht oder unversuecht, wy dy genant oder wo . . . . ausgenamen nach hindan gesatzt, als wir das von alter yn aygens nutz und gewer herpracht und ynngehabt haben und als wir das yn über haben. Also haben . . . . ze chauffen geben nach gwöndleichem sit und als lanndesrecht ist in Osterreich, zů aynem rechten leibgeding Chůnraten dem Pötinger, dy zeit chamermaister des . . . . [h]ertzog Wilhalm in Österreich, auf sein ains leib umb fumfthalb hundert phunt phenning, der er uns und unserm gotshaus zu rechter zeit und an all schöden berayt . . . . also beschaidenleich mit ausgenumen worten, ob das geschöch, das der egenant Chůnrat der Pötinger abgieng mit dem tad ynner sechen jaren, da got vor sey, und . . . . sullen wir obgenanter abpt Iohanns ze Göttweig und wir der gantz convent oder unser nachkömen des obgenanten Chůnraten des Pötinger nachsten erben schuldig und . . . . und ze geben zway hundert phunt phenning uber ain gancz jar nach seinem tad, als er abgegangen ist. Wer awer das, das er dy sechen iar lebentig wår und darnach . . . . seinen wir nicht mer schuldig und phlichtig ze raichen und ze geben über ein gantz jar, als er abgegangen ist mit dem tad, seinen nachsten erben, als vorgeschriben . . . . [h]undert phunt phenning und sullen sy das haben auf dem obgeschriben hof zechent nutz und gueter dartzů unverschaidenleich auf uns und auf allen unsers . . . . haben oder lassen ynner lannds oder auser lannds und davon be-

---

910. ¹ Tradigist Rotte, O.-G. Rabenstein, V. O. W. W. — ² Kirchhof E.-H., Rotte Tradigist.

chômen alsverr und alslanng, daz sy haubtgûts und scheden von uns und unserm gotshaus wol . . . . [Wir] seczen auch den egenant Chûnraten den Pôtinger des obgenanten hofs und zehent und aller ir nutzen und zuhorung mit dem gegenwûrtigen brief yn nutz und in gewer . . . . ledichleich zû besitzen nutzen und nyessen, wy ym daz allerpest fuegt und zimleich mag werden untz an seinen tad, und sein auch des sein rechter scherm . . . . [a]ygens und leibgedinge recht ist yn dem lannd ze Osterreich. Wêr awer, daz ym mit recht daran icht an- gieng[b] oder mit recht icht chrieg daran auferstuend . . . . sullen wir ym als ausrichten und richtig machen. Tetten wir sein nicht, was er dann des schaden nêm, wý der schad benant wûrd, den er bey seinen trewn . . . . gesprechen mag, denselben schaden sol er unverschaidenleich haben daz uns und datz allen unsers gots- haus gûter zu sampt dem haubgut und davon bechômen . . . . , [untz] daz er haubtguts und schêden gantz und gar verricht und betzalt werd. Wir offen auch, daz der egenant Chunrat der Pôtinger den obverschriben hof mit aller . . . . und ze darf ynnehaben sol und yn schemberleich payleich halten sol und ungeerigert und sol auch mit andern unsern lewten und guetern daselbs . . . . de gehôrt yn dy pharr gen Drêtigist,[1] er nach sein anwalt nichts ze pieten nach ze schaffen haben yn dhainerlay weys. Wir offen auch, wenn der . . . . Pôtinger abget mit dem tad, so ist der obverschriben hof mit aller seiner zuhôrung und dý obgeschriben zehent mit aller ir zuhôrung, als man dý dietzeit ligkand . . . . gotshaus und allen unsern nachkômen her- wider gantz und gar ledig und lass an alle irrung hindernûss und widerred nýmant von des egenanten Chunraten des [Pô- tinger] . . . . Und des zu ûrchund so geben wir abpt Johanns ze Gôttweig und wir der gantz convent daselbs

---

910. [b] Orig. statt abgieng.

[1] Dadurch wird die Annahme, dass die Pfarre Rabenstein wenigstens zeitweise mit der Andreaskapelle zu Tradigist verbunden und der Sitz des Pfarramtes dahin verlegt war, ausser allen Zweifel gesetzt. Die Ursachen dieser Verlegung lassen sich bloss vermuthen.

für uns und all unser nachkŏmen dem egenant Chunr[at dem Pŏtinger disen brief] versigilten mit unsern bayden anhanngund insigiln. Der brief ist geben nach Christi gepŭrd virtzehenhundert iar darnach in dem andern jare an unser . . . .
. . . . mess."

911.   **1402 März 6.**

Michel der Pŭrger zu Medling gibt bei seinen Lebzeiten mit Handen Niclas des Chŏlner zu Medling, des Amtmannes des Pfarrers Andree Planch zu Medling, seiner Frau Margret und seinem Sohne Atakcher einen Weingarten, gelegen innerhalb der perig in den Templern zenŏchst herren Vlreichs pharrer ze Weytra weingarten, *auf, von welchem dem Grundherrn Pfarrer Andre Plankch ½ Eimer Wein zu rechtem Grunddienst und 1 Hälbling zu Vogtrecht zur Lesezeit zu zinsen sind.*

Siegler: für den Urkundenaussteller siegeln (wenn ich obgenanter Michel der Pŭrger nicht aygen insigil hab) (I.) Pfarrer Andre Planch als Grundherr, (II.) der erber Stephan der Rewter zu Medling.

Datum: Geben (1402) des negsten montas vŏr Gregorii in der vasten.

Orig., Perg. Deutsch. An Perg.-Streifen 2 Siegel.

I. beschädigt, spitzoval (49:32), grün auf Sch., III A 2 a. U.: † S. andree · plebani · sancti · martini · in medlico. Der heil. Martin[1] ist stehend dargestellt. — II. rund (27), grün auf Sch., IV B 1. U.: † S. stephan · der · rewtter. Der Stechhelm nach links gewendet. Kleinod: das Schirmbrett.

912.   **1402 April 13, Rom.**

Papst Bonifaz IX. bestätigt dem Stifte Göttweig das Recht, an der incorporierten Pfarre Mautern und den anderen incorporierten Kirchen ohne Erlaubnis des Diöcesanbischofes Vicare anzustellen.

Orig., Perg. Bleibulle an roth-gelber Seidenschnur; Copie in Cod. C f. 306' f..

---

910. [4] Kann nur Mariae Lichtmesse angenommen werden.
911. [1] Die ursprüngliche Pfarrkirche war die Kirche z. heil. Martin, welche Leopold der Heilige an Melk übergab. Jetzt ist die Kirche z. heil. Othmar Pfarrkirche, welche 1454 neu erbaut wurde (Kirchl. Topographie III, 43 f.).

Auf der Aussenseite des Buges ist von der H. des Urk.-Schreibers vermerkt: *Rescripta gratis. Eckardus U.*; unter dem Buge rechts: *F. de Montepolician.*; links der Kostenvermerk: §; auf der Rückseite der Registraturvermerk.

§ Bonifatius episcopus, servus servorum dei, ad futuram rei memoriam. § Sincere devocionis affectus, quem dilecti filii abbas et conventus monasterii sancte Marie in Chottvico ordinis sancti Benedicti Pataviensis dioecesis ad nos et Romanam gerunt ecclesiam, promeretur, ut peticionibus eorum, quantum cum deo possumus, favorabiliter annuamus. Dudum siquidem pro parte eorundem abbatis et conventus nobis exposito, quod ipsi infra limites parrochialis ecclesie sancti Stephani in Mauttarn eiusdem dioecesis nonnulla decimas et alia bona ad ipsam ecclesiam et eorum monasterium spectancia et pertinencia habebant et possidebant ac eandem ecclesiam, que eorum monasterio canonico existebat unita, per vicarium presbyterum secularem regebant, propter quod in bonis et decimis huiusmodi, ex quibus ipsi abbas et conventus sustentabantur et vivebant, multipliciter perturbantur et ut commodius huiusmodi decimis et bonis uti possent, nos ut cedente vel decedente seculari vicario presbytero huiusmodi dicte ecclesie, qui tunc erat, vel eam quomodolibet dimittente liceret ipsis abbati et conventui unum presbyterum ydoneum dicti eorum ordinis in ipsorum perpetuum vicarium loco eiusdem vicarii secularis ponere, qui eandem ecclesiam regeret et inibi laudabiliter deserviret in divinis, eisdem abbati et conventui auctoritate apostolica per nostras litteras duximus indulgendum, prout in eisdem litteris plenius continetur. Cum autem, sicut exhibita nobis nuper pro parte dictorum abbatis et conventus peticio continebat, a nonnullis vertatur in dubium, an ipsi abbas et conventus dictarum litterarum vigore ipsi presbytero religioso in perpetuum vicarium per eos posito seu ponendo curam animarum parrochianorum dicte ecclesie committere potuerint hactenus sive possint in futurum et an per hoc, quod abbas et conventus predicti huiusmodi privilegio forsan ex quodam compromisso cum ordinario loci habito non utentes ad ipsius loci ordinarium pro huiusmodi cura ipsi vicario religioso ut prefertur committenda recursum habuerunt, a dicto privilegio videantur recessisse seu illi renuntiasse, nos ad huiusmodi ambiguitatis tollendum dubium volumus et auctoritate apostolica presentium tenore decernimus predictos abbatem et conventum dictarum literarum vigore curam huiusmodi ipsi vicario religioso ociam dioti ordinarii vel cuiuscunque alterius licencia super hoc minime requisita committere libere et licite hactenus potuisse et in antea posse in huiusmodi ac aliis quibusvis ecclesiis parrochialibus eorum monasterio canonico unitis ipsosque propter hoc, quod huiusmodi privilegio forsan usi non sunt, sed ad dictum ordinarium pro huiusmodi cura committenda recursum habuerunt, ipsi privilegio minime renunciasse seu ab eo aliquatenus recessisse constitutionibus apostolicis et aliis contrariis non obstantibus quibuscunque. Nulli ergo etc. Datum Rome apud Sanctum Petrum idibus aprilis pontificatus nostri anno tertio decimo.

913.   1402 April 24.

Andre der Frêl und Kathrey seine Frau verkaufen mit Handen ihres Burgherrn, des Abtes Johann [III.] von Köttweig dem erbern Sigmund dem Reichenawer und Dorothe dessen Frau um 136 ₰. Wiener ₰. den Nydernhof zu Prünn,[1] einen Weingarten bei demselben mit 36 Joch Aeckern, von welchen an die Oblei zu Köttweig jährlich 1 ₰. ₰. an sand Merteinstag zu Burgrecht zu zinsen ist.

Siegler: (I.) Abt Johann zu Köttweig, (II.) Andre der Frêl, (III.) Gebhart der Grefflein.

Datum: geben (1402) an sand Jorigentag.

Orig., Perg. Deutsch. An Perg.-Streifen 3 Siegel; Copie in Cod. C f. 249. Vgl. nr. 917.

I. rund, roth auf Sch., IV A 2 (nr. 900 S. I). — II. rund (25), grün auf Sch., IV A 2. U.: † S. ADDREE · DCI. FRAEL. Halbgetheilt, gespalten. — III. rund, grün auf Sch., IV A 2 (nr. 900 S. III).

914.   1402 Mai 20.

Jost der Rukchendarffer beurkundet, dass Abt Johanns [III.] zu Köttweig alle Ansprüche, welche er an ihn, sein Stift und

---

913. [1] Ist auf Grund des Rückvermerkes: *in officio circa montem Prunn* mit Brunnkirchen, O.-G. Oberfucha, V. O. W. W., zu identificieren. Daselbst bestand noch ein zweiter dem Stifte Göttweig dienstbarer Hof, genannt der Obere Hof.

Fontes. II. Abth. Bd. LII.

Vlreich den Chastner, der weylent sein hold gewesen ist, *wegen eines Todtschlages hatte*, der sich vergangen hat ze Obern Velebrunn yn dem Wazhof, der meins holden Hannsen des Voglêr vater gewesen ist, dem got gnad, *dessentwegen ihm gerichtlich 18 ℔. ₰. zugesprochen worden sind, ihm und seinem Holden Hanns dem Voglêr*ᵃ *beglichen hat*.

Siegler: (I.) Jost der Rukchendarffer, (II.) der Ritter Trêwslein zu Holnwûrg, (III.) Epp der Feirtager.

Datum: geben (1402) am nachsten samptstag nach dem heiligen phingstag.

<small>Orig., Perg. Deutsch. An Perg.-Streifen 3 Siegel.

I. rund (28), grün auf Sch., IV A 2. U.: † S. IOST · RVCHENDARFER. Viermal schrägrechts halbgetheilt u. gespalten. — II. rund (29), grün auf Sch., IV B 1. U.: † S. TREWSEL · DE · hOLLBVRG. 2 Ochsenhörner mit den Ohren. — III· rund (25), grün auf Sch., IV A 2. U. in Mainskel undeutlich. 2 von einander abgekehrte Mondsicheln (Sibmacher, New Wappenbuch I, 40).</small>

915. 1402 Juli 11.

Ulrich der Fellabrunner stiftet an der Pfarrkirche zu Gross für seine Familie einen Jahrtag.

<small>Orig., Perg. Von 2 Siegeln an Perg.-Streifen das zweite abgefallen.</small>

Ich Vlreẏch Velebrůnner, die zeit phleger ze Holenbůrckh, und ich Peters sein hawsfraŵ und all unser erben wir veriechen offeleych und tůn chund mit dem brĭfᵃ allen lêwtten lembtigen und chůmftigen, die den bĭrfᵃ sechent horent oder lesent, daz wĭr mit gunst und guetem willen des erbern herrenᵇ hern Jorigen des Velebrůnner, pharrer ze Grŏzz, und mit wilen seẏnner pfarlêwt daselbs und haben abgelost ab aim halbem lechen ain pfůnt gelts, das mån jêrleich davon dient an sand Michelstag, und vĭr heribsthůner und nicht mêr und gelegen ist ze Obern Velebrůnn an der Winterczeil, da dieweil aůfgesessen ist Christán der Dultter und daz unser vetter seliger Vlreẏch der Velebrůnner dem got gnad gesaczt het, dem gotshåws sand Veits chirchenᶜ ze Grozz an der mess, die er

---

<small>914. ᵃ Zwei Schreibweisen: *Voglêr* und *Vogel*.
915. ᵃ Orig. — ᵇ Orig. h̊*rrn*. — ᶜ r über der Zeile nachgetragen.</small>

da gestift hat, den selbigen sacz fürwaz abzelödigen er oder
sein erben umb zechen pfunt pfenning. Und das hab ich vor-
genant Vlreich Velebrůnner, Peters mein hawsfraw abgelost
umb die zechen phunt phenning also, das man die selbigen
zechen pfunt pfenning alswo an sol legen ze hilf der mess,
und haben das getan yn der maynůng, das ich vorgenant Vl-
reich Velebrůnner, Peters meyn hawsfraw mit wolbedachtem
můt und mit guetem willen aller unser erben und mit rat unser
nachsten pesten frëwnt zu der zeit, do wir es wol getůn möchten,
recht und redleich gestift und gemacht haben ain ewỷgen jar-
tag durch unsern und unser vorvodern und nachkomen und
aller glawbiger selhail willen mit aim pfunt Wynner gelts auf
das egenant halb lechen, daz unser freỷs aygen ist und auch
ledig sol sein hinfůr ewychleich und wer darauf siczt, von aler
stewr und robat ze hilf dem gůt, daz der jartag dester be-
leyblicher seỷ hinfůr zu begen jěrleich in der chirchen ze
Grozz des sůnntag nach sand Cholmanstag des obents mit
ainer vigilig und gen auf unser begrebnůzz und da sprechen
ain placebo, des margens mit aim selampt und fůmf messen.
Darumb sol man dem pfarrer daselbs an dem selbigem sůnn-
tag fůrtragen ze oblaỷ fleysch umb achczig pfenning und
sechs weck umb sechs und dreyssick und ain ěmmer weỷn
oder vírczick phenning, den sechs herren, die da měs lesent,
ỷdem herren sechs Wỷnner phenning und sol ỷn der pfarrer
ain mal zessen geben und sunderleich dem gesellen zwelif
pfenning fůr vigilig ůnd ze piten umb die sel auf dem predig-
stůl und den zwain chappellán daselbs ỷdem vir pfenning fůr
die vigilig auch mit ze singen, dem sůler ze lěwten vigilig*
vir pfenning, dem zechmaister vir und zwainczig pfenning, das
er zwelif liecht prěnn bey der vigilig und messen. Und ob
der pfarrer oder sein verweser das verzugen und nicht be-
gyengen, als vor geschriben stet, so sol man die nůczt all
raichen und geben dem zechmaister ze Grozz zu dem gotz-
haws, ůnncz alslang der pfarrer oder sein verboser die saw-
můng alle ganczt und gar volfůrt und volbracht wirt, als vor
geschriben stet. Wir wollen auch, das nach unserm tad das
obgenant gůt ỷnhaben sol unser nachster orib, nach dem und
ichs vorgenant Vlreich Velebrůnner schaf, und derselbig, wer

---

915. * Das erste *g* aus *l* corrigiert.

den jartag ynhat, der sol des vorgenant gůtz rechter vogt sein und des, wer darauf siczt, gůt erberleich ynhaben und vogten an all peswernůzz, als vor geschriben stet, und davon tůn und raichen zu dem egenant jartag, als vorgeschriben stet. Têtt er aber des nicht, so sol yn der pharrer oder sein verbeser darzů nôtten geistlich und weltlich mit hilf der andern frewnt und wer auf unserm hof ze Velebrůnn gewaltig ist, und mit der ganczen gmain daselbs und sol sich der pharrer oder sein verbeser des vorgenant gůts underwinden zu dem gotzhaws, uncz alslang êr daz volfůrt, waz wir auf das vorgenant gůt gestift und geschaft haben, als vorgeschriben stet. Und all die weil der pfarrer oder sein verweser daz gůt ynhâbent, so sullen sy den jartag jêrleich davon begen in aller der mazz, als vôr geschriben stêt. Und ob der pfarrer oder sein verbeser dasselb auch verczůgen und den jartag nicht begiengen, auch als vor geschriben stet, so mag sich ain zechmaister und die gancz gmain daselbs des gůtz underwinden oder der chappellân auf des heylingen chrâwcz alter und mugen das getůn an al ir scheden und mit hilf ir herschaft und sullen dann den jartag davon begên in aller der mazz, als vôr geschriben stêt. Und daz die sach also hinfůr stêt und unzebrochen beleyb, so gib ich vorgenant Vlreich Velebrůnner den offen brif fůr [mich]* und mein hausfraw und al unser erben unverchaydenlich mit meym anhangunden insygel. Dârzů hab wir fleyzzichleich gepeten den erbern Stephann den Locher ze Frawndorff und den erbern Chůnratten den Praytenweydacher[1] ze Eyczestal,[2] daz sy der sach zug sind mit yrn payden anhangůnden ynsygeln yn bayden und yrn erben an schaden. Geben nach Christi gepůrd ym virczechenhundertistem jâr und ym andern jâr an sand Margareten obent der heylingen junkfrawn.

S. d. Ulrich Fellabrunner rund (25), grün auf Sch., IV A 2. U.: † s. vlreich de pelerbrvn. Dreimal gespalten mit Rauten im 1. u. 3. Felde.

---

915. * Zu ergänsen.

[1] Das 3. Siegel wurde überhaupt nicht angehängt. — [2] Eitsersthal, G.-B. Ober-Hollabrunn.

916. 1402 [vor September 29], Göttweig.

Der Abt und Convent von Chotweig stellen dem Knechte Petrein dem Hyrslein von Weningrust[1] und Kathrein dessen Frau einen Schuldbrief über 200 ₰. Wiener ₰. aus, welche sie denselben am künftigen sand Kathreintag zu zahlen haben, sowie über 20 ₰. Wiener ₰., welche sie am künftigen sand Michelstag zu zinsen haben. Bei einem etwaigen Zahlungsversäumnisse verpflichten sie sich zur Strafe des Einlagers eines Knechtes mit zwei Pferden bis zur Leistung ihrer Verbindlichkeiten.

Siegler: Abt und Convent von Chotweig.

Datum: Geben ze Chotweig an eritag nach dem heiligen [a] . . . . . . (1402).

Orig., Perg. fleckig u. links verstümmelt. Deutsch. 2 Siegel an Perg.-Streifen abgefallen.

Diese Urkunde war als Deckblatt in einen Cod. eingeheftet, die Schrift ist vielfach verblasst. Infolge der Verstümmelung der Urk. lässt sich der Tag der Ausstellung, der Name des Abtes und der Ort des Einlagers nicht mehr bestimmen. — Die chronologische Einreihung vor dem 29. Sept. beruht auf der Angabe des Textes, dass der nächste Zins am künftigen Michelstag zu zahlen ist.

917. 1402 September 29.

Sigenmund der Reichenawer und Dorothe seine Frau verkaufen Abt Peter [II.] und dem Convente zu Gottweig um 136 ₰. ₰. ihren Hof zu Prunn, welcher früher Andre dem Frêl gehörte (nr. 913), sammt dem Weingarten und 36 Joch Aeckern.

Siegler: (I.) Sigenmund der Reichenawer, (II.) Hanns der Frêl, (III.) Fridreich der Schawinger und (IV.) Andre der Frêl.

Datum: geben (1402) an sand Michelstag.

Orig., Perg. Deutsch. Von 4 Siegeln an Perg.-Streifen das 1. abgefallen.

II. beschädigt, rund, IV A 2. Gespalten u. halbgetheilt. — III. rund, grün auf Sch., IV A 2. U.: † S. FRICI · SCHAVCLINGER (nr. 900 S. II). — III. rund, grün auf Sch., IV A 2 (nr. 913 S. II).

---

916. [a] Folgt eine Lücke.
[1] Klein-Rust, O.-G. Obritzberg, V. O. W. W.

918. 1402 November 17, Rom.

Papst Bonifaz IX. bestätigt die Wahl des Abtes Peter II. von Göttweig.

Orig., Perg. An Hanfschnur die Bleibulle; Copie in Cod. C f. 322'.

Auf der Aussenseite des Buges rechts ist von gleicher H. u. Tinte wie der Text vermerkt: *Eckardus*; dazu von anderer H. u. Tinte: *X*; links: *M. de Dulcin cor.*; unter dem Buge links am Rande: *No.*; daneben einwärts der Kostenvermerk: $\frac{\overline{\overline{V}}}{X}$; darunter: *P Petra$_9$*; darunter: *N. de Rugis*; in der rechten Oberecke: *B*. Auf der Rückseite der Registraturvermerk und in der linken Oberecke: *B. pro T*.

Bonifatius episcopus, servus servorum dei, dilecto filio Petro abbati monasterii sancte Marie in Gotwico Romane ecclesie immediate subiecti, ordinis sancti Benedicti Pataviensis diocesis, salutem et apostolicam benedictionem. Inter solicitudines etc. Dudum siquidem quondam Iohanne abbate monasterii beate Marie in Gotwico, diote Romane ecclesie immediate subiecti, ordinis sancti Benedicti Pataviensis diocesis regimini eiusdem monasterii presidente nos cupientes eidem monasterio, cum vacaret, per apostolice sedis providenciam utilem et ydoneam presidere personam provisionem ipsius monasterii ordinationi et disposicioni nostre duximus ea vice specialiter reservandum decernentes extunc irritum et inane, si secus super hiis per quoscunque quavis auctoritate scienter vel ignoranter contingeret attemptari. Postmodum vero dicto monasterio per ipsius Iohannis abbatis obitum, qui extra Romanam curiam diem clausit extremum, abbatis regimine destituto dilecti filii, conventus ipsius monasterii, reservationis et decreti predictorum forsan ignari te monachum eiusdem monasterii ordinem ipsum expresse professum et in sacerdocio constitutum in eorum et dicti monasterii abbatem licet de facto concorditer elegerunt tuque reservationis et decreti predictorum similiter inscius eleccioni huiusmodi illius tibi presentato decreto de facto similiter consensisti ac huiusmodi eleccionis negocium proponi fecisti in consistorio coram nobis. Nos igitur electionem huiusmodi et quecunque inde secuta utpote post et contra reservacionem et decretum predicta de facto ut premittitur attemptata irrita prout erant et inania reputantes et ad provisionem eiusdem monasterii celerem et felicem, de qua nullus preter nos hac vice disponere potuit[a] sive potest[b] reservatione et decreto obsistentibus supradictis, ne longe vacacionis exponeretur[c] incommodis, paternis et solicitis studiis intendentes post deliberacionem, quam de preficiendo eidem monasterio personam utilem et ydoneam ac eciam fructuosam cum fratribus nostris habuimus diligentem, demum ad te, cui de religionis zelo litterarum sciencia vite mundicia honestate morum spiritualium providencia et temporalium circunspectione ac aliis virtutum donis, quibus personam tuam earum largitor dominus insignivit, apud nos fide digna testimonia perhibentur, direximus oculos nostre mentis, quibus omnibus necnon dictorum conventus te[c] eligencium concordi voluntate attenta meditatione pensatis de persona tua nobis et eisdem fratribus ob dictorum tuorum exigenciam meritorum accepta eidem monasterio de dictorum fratrum consilio auctoritate apostolica providemus teque illi preficimus in abbatem curam et administracionem dicti monasterii tibi in spiritualibus et temporalibus plenarie committendo in illo, qui dat gracias et largitur premia, confidentes quod dirigente domino actus tuos idem monasterium per tue circunspectionis industriam et studium fructuosum regetur utiliter et prospere dirigetur grataque in eisdem spiritualibus et temporalibus suscipiet incrementa. Volumus autem, quod solitus monachorum et ministrorum numerus in eodem monasterio nullatenus minuatur. Quocirca discretioni t[u]e[d] per apostolica scripta mandamus, quatinus omnis regiminis dicti monasterii suscipiens reverenter sic te in eius cura solicite prudenter et fideliter exercenda exhibeas studiosum, quod idem monasterium per laudabile diligencie tue studium gubernatori[b] provido[b] et fructuoso administratori gaudeat se commissum tuque preter eterne retribucionis premium nostram et dicte sedis benedictionem et graciam exinde uberius consequi merearis. Datum Rome apud Sanctum Petrum XV. kalendas decembris pontificatus nostri anno quarto decimo.

919.   **1402 November 17. Rom.**

Papst Bonifaz IX. theilt dem Convente des Stiftes Göttweig die Ernennung des Göttweiger Professen Petrus zum Abte mit und fordert ihn zum canonischen Gehorsame gegen denselben auf.

---

918. [a] Folgt eine kleine Rasur. — [b] Auf Rasur. — [c] Ueber einer Rasur. — [d] Durch ein Loch theilweise zerstört.

Orig., Perg. Bleibulle an einer Hanfschnur.

In der rechten Oberecke der Textseite ist vermerkt: *B*; rechts auf dem Buge von der H. des Urk.-Schreibers: *Rescripta gratis Io. Gremus*; links unter dem Buge der blosse Kostenvermerk: $\frac{\overline{V}}{X}$. Auf der Rückseite der Registraturvermerk. — Als Vorurkunde diente nr. 918.

Bonifatius episcopus, servus servorum dei, dilectis filiis conventui monasterii beate Marie in Gotwico, Romane ecclesie inmediate subiecti, ordinis sancti Benedicti Pataviensis diocesis salutem et apostolicam benedictionem. Inter solicitudines etc. Dudum siquidem quondam Iohanne abbate monasterii vestri regimini eiusdem monasterii presidente nos cupientes eidem monasterio, cum vacaret per apostolice sedis providenciam, utilem et ydoneam presidere personam provisionem ipsius monasterii ordinationi et dispositioni nostre duximus * canonice specialiter reservandam decernentes extunc irritum et inane, si secus super hiis per quoscunque quavis auctoritate scienter vel ignoranter contingeret attemptari. Postmodum vero dicto monasterio per ipsius Iohannis abbatis obitum, qui extra Romanam curiam diem clausit extremum, abbatis regimine destituto nos reservationis et decreti predictorum forsan ignari dilectum filium Petrum abbatem, monachum tunc eiusdem monasterii ordinem ipsum expresse professum et in sacerdotio constitutum in vestrum et dicti monasterii abbatem, licet de facto concorditer elegistis ipseque Petrus abbas reservationis et decreti predictorum similiter inscius eleccioni huiusmodi illius sibi praesentato decreto de facto similiter consensit ac huiusmodi eleccionis negotium proponi fecit in consistorio coram nobis. Nos igitur eleccionem huiusmodi et quecunque inde secuta utpote post et contra reservationem et decretum predicta de facto ut premittitur attemptata irrita prout erant et inania reputantes et ad provisionem eiusdem monasterii celerem et felicem, de qua nullus preter nos ea vice disponere potuerat sive poterat reservatione et decreto obsistentibus supradictis, ne longe vacacionis exponeretur incommodis, paternis et solicitis studiis intendentes post deliberationem, quam de preficiendo eidem monasterio personam utilem et ydoneam ac etiam fructuosam cum fratribus nostris habuimus diligentem, demum ad dictum Petrum abbatem, cui de religionis zelo litterarum scientia vite munditia honestate morum spiritualium providentia et temporalium circumspectione ac aliis virtutum donis, quibus personam dicti Petri abbatis earum largitor dominus insignivit, apud nos fide digna testimonia perhibentur, direximus oculos nostre mentis, quibus omnibus necnon vestri conventus ipsum eligentium concordi voluntate attenta meditatione pensatis de persona ipsius Petri abbatis nobis et eisdem fratribus ob dictorum suorum exigentiam meritorum accepta eidem monasterio de dictorum fratrum consilio auctoritate apostolica providimus ipsumque illi prefecimus in abbatem curam et administrationem dicti monasterii sibi in spiritualibus et temporalibus plenarie committendo in illo, qui dat gratias et largitur premia, confidentes quod dirigente domino actus suos idem monasterium per ipsius Petri abbatis circunspectionis industriam et studium fructuosum regetur utiliter et prospere dirigetur grataque in eisdem spiritualibus et temporalibus suscipiet incrementa. Volumus autem, quod solitus monachorum et ministrorum numerus in dicto monasterio nullatenus minuatur. Quocirca discretioni vestre per apostolica scripta mandamus, quatinus eundem Petrum abbatem pro nostra et apostolice sedis reverentia benigne recipientes ac honorifice pertractantes exhibeatis eidem obedientiam et reverentiam debitas et devotas eius salubria monita et mandata suscipiendo, humiliter et efficaciter adinplendo. Alioquin sententiam, quam idem abbas rite tulerit in rebelles, ratam habebimus et faciemus auctore domino usque ad satisfactionem condignam inviolabiliter observari. Datum Rome apud Sanctum Petrum XV. kalendas decembris, pontificatus nostri anno quarto decimo.

920.   **1402 November 17, Rom.**

Papst Bonifaz IX. notifiziert den Vasallen des Stiftes Göttweig die Bestätigung der Wahl des Abtes Peter II.

Orig. (A), Perg. Die Bleibulle an der Hanfschnur beschädigt; Copie in Cod. C f. 321' f. (B).

Auf der Aussenseite des Buges rechts ist von der H. des Urk.-Schreibers vermerkt: *Eckardus*; links: *M. de Dulcin cor.*; unter dem Buge links am Rande der Monatsvermerk: *No.*; daneben einwärts der Kostenvermerk: $\frac{\overline{\overline{V}}}{X}$; darunter: *P. Petra₉*; darunter: *N. de Rugis*; in der rechten Oberecke: *B*. Auf der Rückseite der Registraturvermerk; in der linken oberen Ecke: *C. pro T.* — Als Vorurkunde diente nr. 918.

Bonifatius episcopus, servus servorum dei, dilectis filiis, universis vasallis monasterii beate Marie in Gotwico Romane ecclesie immediate subiecti, ordinis sancti Benedicti Pataviensis diocesis, salutem et apostolicam benedictionem. Inter solicitudines etc. Dudum siquidem quondam Iohanne abbati ᵃ monasterii beate Marie in Gotwico, dicte Romane ecclesie immediate subiecti, ordinis sancti Benedicti Pataviensis diocesis regimini eiusdem monasterii presidente nos cupientes eidem monasterio, cum vacaret, per apostolice sedis providenciam utilem et ydoneam presidere personam provisionem ipsius monasterii ordinationi ᶜ nostre duximus ea vice specialiter reservandum decernentes extunc irritum et inane, si secus super hiis per quoscunque quavis auctoritate scienter vel ignoranter contingeret attemptari. Postmodum vero dicto monasterio per ipsius Iohannis abbatis obitum, qui extra Romanam curiam diem clausit extremum, abbatis regimine destituto dilecti filii conventus ipsius monasterii reservationis ᵇ et decreti predictorum forsan ignari dilectum filium Petrum abbatem, monachum tunc eiusdem monasterii ordinem ipsum expresse professum et in sacerdocio constitutum, in eorum et dicti monasterii abbatem, licet de facto concorditer elegerunt, ipseque ᶜ Petrus abbas reservacionis et decreti predictorum similiter inscius electioni ᵈ huiusmodi illius sibi presentato decreto de facto similiter consensit ac huiusmodi electionis negocium proponi fecit in consistorio coram nobis. Nos igitur electionem huiusmodi et quecunque inde secuta utpote post et contra reservacionem et decretum predicta ᵉ de facto ut premittitur attemptata irrita prout erant et inania reputantes et ad provisionem eiusdem monasterii celerem et felicem, de qua nullus preter nos ea vice disponere potuerat sive poterat reservacione et decreto obsistentibus supradictis, ne longe vacacionis exponeretur incomodis, paternis et solicitis studiis intendentes post deliberacionem, quam de proficiendo eidem monasterio personam utilem ᶜ et etiam fructuosam cum fratribus nostris habuimus diligentem, demum ad dictum Petrum abbatem, cui de religionis zelo litterarum sciencia vite mundicia honestate morum spiritualium providencia et temporalium circumspectione et aliis multiplicium virtutum donis, quibus personam dicti Petri abbatis earum largitur ᶠ dominus insignivit, apud nos fide digna testimonia perhibentur, direximus oculos nostre mentis, quibus omnibus necnon dictorum conventus ipsum eligencium concordi voluntate attenta meditatione pensatis de persona ipsius Petri abbatis nobis et eisdem fratribus ob dictorum suorum exigenciam meritorum accepta eidem monasterio de dictorum fratrum consilio auctoritate apostolica providimus ipsumque

---

920. ᵃ A. statt *abbate*. — ᵇ Das folgende *et decreti predictorum* in gedrängter Schrift auf Rasur. — ᶜ A. *que* später hinzugefügt. — ᵈ Folgt eine kleine Rasur. — ᵉ Das folgende *de facto, ut premittitur* auf Rasur. — ᶠ A. statt *largitor*.

illi prefecimus in abbatem curam et administracionem dicti monasterii sibi in spiritualibus et temporalibus plenarie^e committendo in illo, qui dat gracias et largitur premia, confidentes quod dirigente domino actus suos idem monasterium per ipsius Petri abbatis circumspectionis industriam et studium fructuosum regetur utiliter et prospere dirigetur grataque in eisdem spiritualibus et temporalibus suscipiet incrementa.^a Quocirca universitati vestre per apostolica scripta mandamus, quatinus eandem Petrum abbatem pro nostra et sedis apostolice reverencia suscipientes devote et debita obediencia prosequentes ei fidelitatem solitam necnon consueta servicia et iura sibi a vobis debita exhibere integre studeatis, alioquin sentenciam sive penam, quam idem abbas rite tulerit seu statuerit in rebelles, rata habebimus et faciemus auctore domino usque ad satisfactionem condignam inviolabiliter observari. Datum^b Rome apud Sanctum Petrum XV. kalendas decembris, pontificatus nostri anno quarto decimo.

921.   **1402 November 20, Rom.**

Papst Bonifaz IX. ertheilt Abt Peter II. von Göttweig das Privileg, sich von welchem Bischofe immer benediciren zu lassen.

Copie in Cod. C f. 322'.

Bonifatius episcopus, servus servorum dei, dilecto filio Petro abbati monasterii sancte Marie in Gottwico ordinis sancti Benedicti, ecclesie Romane inmediate subiecti, Pataviensis diocesis salutem et apostolicam benedictionem. Cum nos nuper monasterio sancte Marie in Gottwico ordinis sancti Benedicti Pataviensis diocesis tunc vacanti de persona tua licet absente nobis et fratribus nostris ob tuorum exigenciam meritorum accepta de fratrum eorundem consilio duxerimus auctoritate apostolica providendum preficiendo te eidem monasterio in abbatem, prout in nostris inde confectis litteris plenius continetur, nos ad ea, que ad tue commoditatis augmentum cedere valeant, favorabiliter intendentes tuis supplicationibus inclinati tibi, ut a quocumque malueris katholico antistite graciam et communionem apostolice sedis habente, munus benedictionis recipere valeas

---

920. ^e p auf Rasur. — ^b Das Folgende von anderer H.

ac eidem antistite, ut munus predictum auctoritate nostra inpendere libere tibi possit, plenam concedimus tenore presentium facultatem. Volumus autem, quod idem antistes, qui tibi prefatum munus impendet, postquam tibi illud* impenderit, a te nostro et dicte ecclesie nomine fidelitatis debite solitum recipiat iuramentum iuxta formam, quam sub bulla nostra mittimus interclusam, ac formam iuramenti, quod te prestare contigerit, nobis de verbo ad verbum per tuas patentes litteras tuo sigillo signatas per proprium nunccium quantocius destinare procures. Datum Rome apud Sanctum Petrum XII. kalendas decembris, pontificatus nostri anno quarto decimo.

922. [1402 November 20. Rom.]

Eidesformel des Abtes Peter II. von Göttweig.

Copie in Cod. C f. 322'.

Die chronologische Einreihung ist durch nr. 921 ermöglicht.

Ueberschrift mit rother Tinte v. gleicher H.: *Forma iuramenti, quam prestitit abbas Petrus monasterii Gottwicensis summo apostolico et sancte Romane ecclesie.* Bemerkenswert ist der auf das Schisma bezügliche Passus.

Ego Petrus abbas monasterii sancto Marie in Gottwico ordinis sancti Benedicti, ecclesie Romane immediate subiecti, Pataviensis diocecis promitto et iuro, quod ab hac hora in antea, quamdiu vixero, fidelis et obediens ero beato Petro sancteque apostolice Romane ecclesie et domino meo, domino Bonifatio divina providentia pape nono suisque successoribus canonice intrantibus, non ero in consilio consensu vel facto, ut vitam perdant aut membrum vel capiantur mala captione, consilium vero, quod michi credituri sunt, per se aut per nunccios sive per litteras nulli manifestabo ad eorum dampnum me sciente. Papatum Romanum et regalia sancti Petri adiutor eis ero ad retinendum defendendum et recuperandum salvo meo ordine contra omnem hominem ac honorem et statum ipsorum, quantum in me fuerit, conservabo ipsisque adherebo et pro posse favebo, legatos et nunccios sedis apostolice benigne in torris mei monasterii suscipiam dirigam et defendam securumque du-

---

921. * Cod. *illud tibi* mit Verstellungszeichen bezeichnet.

catum prestabo eisdem ac in eundo et redeundo eos honorifice tractabo et in suis necessitatibus adiuvabo nec quantum in me fuerit, permittam eis aliquam iniuriam fieri vel inferri et quibuscunque, qui contra premissa vel eorum aliquid conarentur aliquid attemptare, quantum potero, me opponam eosque pro posse impediam, offensiones et dampna predicti domini nostri pape et dicte Romane ecclesie, quantum potero, evitabo nec ero in consilio vel in facto seu tractatu, in quibus contra ipsum et eandem Romanam ecclesiam aliqua sinistra vel preiudicialia machinentur, et si talia a quibusvis procurari novero, vel tractari impediam, hoc pro posse et quantocius potero, comode significabo alteri, per quem possit ad eorum noticiam pervenire. Vocatus ex quacumque causa ad synodum seu ad eosdem accedam, nisi prepeditus fuero canonica prepedicione, eisque obedienciam et reverenciam debitas exhibebo et prestabo, apostolorum limina singulis bienniis visitabo aut per me aut per nunccium meum, nisi apostolica absolvar licencia. *Possessiones* vero ad meum monasterium pertinentes non vendam nec donabo neque inpignorabo neque de novo infeudabo vel aliquo modo alienabo inconsulto Romano pontifice. Item asserentibus dampnate memorie Robertum olim basilico duodecim apostolorum presbyterum cardinalem dictum Gebennensem tunc antipapam fuisse verum papam et perdicionis filiis iusto dei iudicio auctoritate apostolica condempnatis et eorum sequacibus ac dantibus eis vel eorum alicui auxilium consilium vel favorem, cuiuscumque fuerint preeminencie ordinis religionis condicionis aut status, eciamsi fuerint Romano ecclesie cardinales, seu aliis quibuscumque per ecclesiam denotatis vel inposterum denotandis, quamdiu extra graciam et communionem sedis predicte permanebunt, non dabo quovis modo per me vel alium directe vel indirecte, publice vel occulte auxilium consilium et favorem nec ab aliis, quantum in me fuerit et impedire potero, dari permittam, sed eos secundum posse meum, donec convertantur, iuxta processus apostolicos, prout iustum fuerit, persequar. Sic me deus adiuvet et hec sancta dei ewangelia.

928. 1403 Jänner 4.

Friedrich der Techler, Pfarrer zu St. Veit a. d. Gölsen, stiftet in der Kirche daselbst eine Frühmesse.

Copie in Cod. C f. 109' f.

Ich Fridreich der Têchler, dieczeit pharrêr dacz Sand Veyt, vergich und tun kund offenleich mit dem brief, das ich mit wolbedachtem muet nach rat frumer lêut zu der zeit, do ich das mit recht wol getun mocht, geordent geschikcht gemacht und gestift hab durch meiner und aller meiner vorfordern und nachkomen selhail und trost willen ain ewige têgleiche frumess in sand Veytskirchen auf der Gölsen also, das dieselbig mess alltag têgleich ain iegleicher pharrer, wer nach mir pharrer daselbs wiert, sprechen sol er oder sein briester. Er sol auch uber iar selbvierder briester sein daselbs darumb, das die mess dester füderleicher ausgericht und gesprochen werd. Und zu derselbigen tägleichen frümess hab ich geschaft und gestift ainem yesleichen[a] pharrer, der nach mir pharrer wirt dacz Sand Veitt, meinen ledigen und unverkumerten weingarten genannt der Pranntstetêr,[1] der gelegen ist dacz Enczesveld, mit aller seiner zugehörung und rechten, als der von alter herkômen ist, item dornach ain ewigs phunt gelts auf dem Visinghoff,[2] item und dreisig phunt beraiter Wienner phenning, item und vier vas wein, die da ligen in meinem keler dacz Sand Veit, item und vier messgewannt, item und mein kreucz, das ich selber kauft hab, das sol bey der mess und bey sand Veyts kirchen beleiben. Item dornach so hab ich zu ainem ewigen liecht, das tag und nacht prynn, item des ersten schaff und stift ich darczu pheliff[a] phunt beraitter Wienner phenning, die mir der Puter dacz Sand Veit schuldig ist, item und fümf schilling ewigs gelts, die man iêrleich darczu dien sol von ainem weingarten dacz Feselaw, item und drey chüe, die man vindet in dem pharrhof dacz Sand Veyt. Geschêch aber das, das die mess nicht alltag tâgleich und frue gesprochen wurd oder das liecht nicht geleucht wurd, als oben geschriben stet, so sullen und mügen sich meine peste frewnt und der erber herr, her Fridreich von Hohenberkch oder sein nachkômen mitsambt mein frewnten sich aller der hab und gueter undercziehen und underwinden, die oben geschriben sten, und ainen iegleichen pharrer dacz Sand Veyt damit nötten

---

922. [a] Cod.

[1] Fuchs, Göttweiger Urk.-Buch I in Font. 2, LI nr. 884. — [2] nr. 900.

und phänten alslanng und alsverr, uncz das er alles das erstat und erfolt, das er an der mess und an dem liecht versaumbt hat. Und des zu urkund so gib ich obgenanter Fridreich Töchler den brief besigilt mit mein anhangunden insigil. Darczu hab ich vleissig gepeten den erbern Stephann den Huphenperger, daz er der sach geczeug ist mit seinem anhangunden insigil im an schaden. Geben nach Kristi gepürd vierczehenhundert iar und in dem dritten iar an dem phincztag vor der heiling dreyer künig tag.

924.   **1403 Februar 2.**

Abt Peter [II.] und der Convent von Köttweig verkaufen Hanns dem Héperger und Margret dessen Frau um 100 ₰. Wiener ₰. ihren freieigenen Antheil an dem Burgstall[1] zu Ofenpach sammt Zugehör, welcher des verstorbenen Püchlein, des Göttweiger Amtmannes, Gegentheil war, und den sie von Hainreich dem Weichselpekchen gekauft hatten, zu rechtem Burgrecht mit einem Jahreszinse von 6 ß. ₰. an die Oblei zu Köttweig, welche zu je 3 ß. ₰. zu Pfingsten und zu sand Michelstag zu zinsen sind, und mit der Verpflichtung zu allen Leistungen der übrigen Holden. Im Falle des Verkaufes haben die Käufer und ihre Erben den Antheil an einen gleichen Baumann oder an das Stift zu veräussern.

Siegler: (I.) Abt und (II.) Convent von Köttweig.
Datum: geben (1403) an unser frawn tag zu der liechtmess.

Orig., Perg. Deutsch. An Perg.-Streifen 2 Siegel; Copie in Cod. C f. 172.
Vgl. nr. 941.

I. beschädigt, spitzoval (70 : 43), roth auf Sch., III B 2 b. U.: . s. petri · abba[t]is · mon . . . . . cte. marie · in · chottbico. Der Abt ist in einer goth. Nische sitzend en face dargestellt. Darunter der Wappenschild. Die Dreiberge besteckt mit dem Kreuse. — II. spitzoval, ungefärbt, II B. Abb. bei Sava, Siegel d. Abteien, S. 32, Fig. 8.

---

924. [1] Diese Burg wurde von einer Seitenlinie der Herren v. Topel erbaut, welche auch die Burg Weichselbach besassen (Keiblinger, Melk II/I, 243). Zu unserer Zeit war sie noch bewohnbar. Schweickhart macht von ihr keine Erwähnung (V. O. W. W. XIII, 64). Zu ihr gehörte ein Hof, wie der gleichzeitige Vermerk besagt: *In Hofenpach super curiam et purchstal.* Noch im Jahre 1455 wird sie als Haus erwähnt (nr. 1408), war also noch bewohnt.

925. 1403 Februar 28.

Vlreich von Perigaw¹ und Agnes seine Frau pachten von Abt Peter [II.] und dem Convente zu Götweig um 60 ℔. ₰., welche sie auf die nächsten chünftigen sümbenten zu bezahlen haben, den grossen Getreidezehent zu Haenueld auf ein Jahr mit der Kündigungsfrist von zwei Monaten. Erfolgt innerhalb derselben die Kündigung nicht, so haben die Pächter ohneweiters das Pachtrecht für das nächste Jahr. Die Pächter haben ausser den 60 ℔. ₰. jährlich einen Ochsen im Werte von 2 ℔. ₰. an sand Altmanstag nach Götweig zu dienen.

Siegler: (I.) Vlreich von Perigaw, (II.) Fridreih von Hohenwerg.

Datum: geben (1403) am aschtag.

Orig., Perg. rostfleckig. Deutsch. An Perg.-Streifen 2 Siegel; Copie in Cod. C f. 119′ f.

I. rund (31), ungefärbt, IV C. U.: † S. VLRICI · DE · PERGAW. Geviertet, das 2. u. 3. Quartier dreimal halbgetheilt. Der Kübelhelm geschlossen. Cimier: eine männliche Halbfigur en face mit breitkrämpigem Hute. — II. beschädigt, rund, ungefärbt, IV A 2. U.: .... CI · DE · hOhE-WERCh. Der aufrechte Panther.

926. 1403 März 30.

Abt Peter [II.] und der Convent zu Kötweyg beurkunden, dass sie dem erbern Pangrets dem Hedersdorffer, Hofmeister in dem Stiftshause,¹ und Elspet dessen Frau ein Darlehen von 70 ℔. Wiener ₰. von dem Datum des Schuldbriefes an über ein Jahr zu bezahlen haben, und verpflichten sich, den Gläubiger als ihren Hofmeister zu behalten. Falls sie ihn nicht behalten wollen, ist die Kündigungsfrist eine dreimonatliche, innerhalb welcher dann auch die Schuld zu begleichen ist.

Siegler: Abt Peter [II.] und der Convent zu Kötweyg.

Datum: geben (1403) des nêchsten freytags nach [dem suntag zu]² mittervasten.

---

925. ¹ Bergau, Schloss, O.-G. Rohrbach a. d. Gölsen (Topographie v. N.-Oe. II, 147 f.).
926. ¹ Die Lage desselben kann infolge der Verstümmelung der Urk. nicht eruiert werden. — ² Unter obigem Freitage kann nur der nach dem Sonntag in der Mitterfasten (März 30) verstanden werden.

Orig., Perg. linke verstümmelt. Die 2 Siegel abgefallen.

Unter dem Texte ist von späterer H. vermerkt: Anno domini millesimo quadringentesimo quinquagesimo octavo tempore venerabilis in Christo patris ac domini, domini Martini abbatis Gottwicensis. Dies kann nur auf die Einlösung des Schuldbriefes bezogen werden.

927. 1403 April 24.

Leb der Götzestorffer, der Sohn Volkchleins von Teuern, verkauft Abt Peter [II.] und dem Convente von Göttweig für ihre Oblei um 10 tl. Wiener ₰. ein Joch Weingarten, genannt der Dietreich, gelegen ze Tumpeltopel,¹ von welchem Hanns dem Rürscheit zu Nusdorf 1 ₰. an sand Michelstag zu Burgrecht zu zinsen ist.

Siegler: (I.) Leb der Götzestorffer, (II.) sein „frewndt" Chünrat der Frewntshauser.²

Datum: geben (1403) an sand Jörgentag.

Orig., Perg. Deutsch. An Perg.-Streifen 2 Siegel; Copie in Cod. C f. 230.

I. rund (28), grün auf Sch., IV A 2. U.: † s. leb · gocsenstorffer. Eine gedrückte Spitze, besetzt mit einer Sonne. — II. rund (28), grün auf Sch., IV A 2. U.: † S. ChUNRADI · DE · FREVTShAVSEN. Gespalten, zweimal halbgetheilt (halber linker Balken).

928. 1403 April 25.

Hanns der Amaisser und Stepphann der Alaspecht treten Hans dem Missringdarffer das Drittel des Zehentes zu Myssingdarff und Räfing ab, welches Hanns dem Missringdarffer von dem Abte und Convente der Schotten zu Wien verpfändet ist und dessen sie sich von wegen Jacobs von Lewtakcher unterwunden hatten.

Siegler: (I.) Hanns der Amaysser und (II.) Stepphann der Alaxpechk.

Datum: geben (1403) dez mitichen nach sand Jorigentag.

---

927. ¹ Jetzt Ried „Brunndoppeln" nördl. v. Theyern, O.-G. Inzersdorf, V. O. W. W. — ² Dieses Geschlecht hatte seinen Sitz zu Franzhausen, O.-G. Nussdorf a. d. Traisen, wo jetzt noch auf einer Anhöhe über dem Dorfe die Reste einer alten Burg vorhanden sind (Topographie v. N.-Oe. III, 176).

Orig. Perg. Deutsch. An Perg.-Streifen 2 Siegel.

I. achteckig (29), grün auf Sch., IV A 2. U.: † S. hADS · DER · AM-MAISSER. Der Kopf eines Fuchses (?). — II. rund (22), grün auf Sch., IV A 2. Abb. bei Duellius, Exc., Tab. 27 S. 357. Eine Mittagssonne u. 4 Sterne.

929.   1403 Juli 12.

Otto der Spicser, Bürger zu Stain, und Vlreich der Spicser sein Sohn vergleichen sich mit Abt Peter [II.] und dem Convente von Göttweig wegen einer Geldschuld und alles Dienstes und sagen sie von aller Forderung ledig.

Siegler: (I.) Otto der Spiczer, (II.) Hans der Fräl.

Datum: geben (1403) an sand Margretentag.

Orig., Perg. Deutsch. An Perg.-Streifen 2 Siegel; Copie in Cod. C f. 28' f.

I. beschädigt, rund (28), ungefärbt, IV A 2. U.: [† S.] OTTONIS · [S]PICZE[R]. Eine Handelsmarke: O mit einem Pfeile durchbohrt. — II. rund (22), ungefärbt, IV A 2. U.: † s. hanns · frael. Halbgetheilt u. gespalten.

930.   1403 Juli 12.

Gebhart der Grêfel, Richter su Fuert, vergleicht sich mit Abt Peter [II.] und dem Convente zu Göttweig wegen einer Geldschuld und der Zinse bis sum Datum der Urkunde und sagt sie von aller Forderung ledig.

Siegler: (I.) Gebhart der Grêfel, (II.) Hanns der Frêl und (III.) Andre der Frêl.

Datum: geben (1403) an sand Margretentag.

Orig., Perg. Deutsch. An Perg.-Streifen 3 Siegel.

I. beschädigt, rund, ungefärbt, IV A 2 (nr. 900 S. III). — II. undeutlich, rund, ungefärbt, IV A 2 (nr. 929 S. II). — III. rund, ungefärbt, IV A 2 (nr. 913 S. II).

931.   1403 September 1.

Abt Peter [II.], Georg der Prior, Jacob der Siechenmeister, Ulrich der Pfarrer und der Convent auf dem Göttweig verkaufen wegen der Nothlage ihres Stiftes Chonradt dem Helberter, Dechant diesseits des Semmering im Salcsburger Bisthum und

Pfarrer der Kirche zu sannd Nikla zu dem Prückleins, *um 357 ℔. Wiener ₰. ihren freieigenen Besitz zu Newkirchen, Ostrafingen,[1] Praitenaw, Schwarzach,[2] Schnoczendorf,[3] Haderswerd und Chrottendorf[4]* oder wo es daselbs pey der Swarczach zwischen der Newstat,[5] des Hårperg[6] und des Semerings gelegen ist. *Diesen kauft Chonradt der Helberter um sein eigenes Geld zur Stiftung einer ewigen Messe an der Kirche zu Prüglkeins,[7] wobei er berechtigt ist, die Stiftungsbedingungen derselben seinen Nachfolgern urkundlich festzusetzen.*

Siegler: Abt Peter [II.] und der Convent auf dem Göttweig.
Datum: Geben (1403) an sand Gillgentag.

Copie aus dem 16. Jahrh., Papier. Deutsch.

Karlin in Font. 2, VIII, 138 reg.

932.   **1403 October 2, Aistersheim.**

Hadmarus de Åstershaim,[1] canonicus ecclesie Pataviensis et archidiaconus Lambacensis necnon fructuum et iurium apostolice camere debitorum per totam provinciam Salczburgensem collector generalis, *quittiert dem Abte [Peter II.] von Göttweig über 15 ℔. Wiener ₰., welche er von ihm* ratione mediorum fructuum *der Pfarrkirche zu Mawttarn erhalten hat, und löst ihn und seinen Convent von den etwa auf sie gefallenen canonischen Strafen.*

Siegler: (I.) Hadmar von Åstersheim.
Datum in Åstersheim etc. die secunda mensis octobris (1403).

Orig., Perg. Lat. An Perg.-Streifen das Siegel.

I. rund (26), grün auf Sch., IV A 2. U.: † s. hadmari · de · aystershaim. Getheilt, zweimal gespalten.

---

931. [1] Ried bei Neunkirchen a. Steinfelde (Schweickhardt, V. U. W. W. IV, 220). — [2] Schwarzau a. Steinfelde. — [3] Jetzt Schnotzenhof E.-H, K.-G. Haderswörth, O.-G. Lanzenkirchen. — [4] Jetzt Frohsdorf, O.-G. Lanzenkirchen. — [5] Wiener-Neustadt. — [6] Hartberg südl. v. Aspang, östl. v. Wechsel. Hier ist der Berg als Grenzpunkt angegeben, 1225 Jänner 19 wird der Ort Harperch schon erwähnt (Meiller, Bab.-Regesten 185 nr. 198). — [7] Prigglitz, V. U. W. W.

932. [1] Aistersheim, G.-B. Haag, O.-Oe. Der Rückvermerk von gleichzeitiger H. setzt irrthümlich *Asterhoffen*.

933. 1403 October 13.

Fridreich der Schawinger geht mit Abt Peter [II.] und dem Convente zu Göttbeig folgenden Tausch ein: er übergibt ihnen seine freieigene Gülte von 6 ß. ₰. ze Niderndörflein[a] [1] in Gott-

---

933. [a] Auch *Dorflein* einfach genannt.

[1] Da auch die Gegenurkunde (nr. 934) übereinstimmend den Ort als Nyderndörflein bezeichnet, so ist unbedingt anzunehmen, dass dieser Ort, welcher zur Zeit noch bestand, von dem östlich von Kuffern gelegenen, jetzt eingegangenen Orte Dörflein (Blätter f. Landesk. v. N.-Oe. XVII, 60) verschieden ist. Dörflein lag zur linken Seite des jetzt beim sogenannten rothen Kreuze entspringenden Bächleins, welches nach längerem Laufe durch moorigen Boden vor dem Dorfe Kuffern sichtbar wird, diesen durchfliesst und in westlicher Richtung in die Fladnitz einmündet. Sein Burgfrieden breitete sich aber auch rechts von diesem Bächlein aus, da die Wegscheide ein Ried rechts von demselben als noch zu Dörflein gehörig und an den Burgfrieden von Theyern angrenzend bezeichnet wird (Kaltenbäck, Die österr. Rechtsbücher des M.-A. II, 28 und Blätter f. Landesk. v. N.-Oe. XVII, 60). Niderndörflein, welches als zur Göttweiger Pfarre gehörig bezeichnet wird, muss nun als eine von obigem Dörflein verschiedene Ansiedelung betrachtet werden, welche zweifellos tiefer gelegen war und der Fladnitz näher lag. Es wurden auch thatsächlich im 19. Jahrh. im sogenannten „Kleinen Felde" westlich von Kuffern Reste einer mittelalterlichen Ansiedelung in grösserer Anzahl ausgegraben. Dadurch wird die Annahme zweifellos, welche Niderndörflein dahin versetzt, wenn auch in der Bevölkerung Kuffern's die Erinnerung daran erloschen ist. Dadurch wird aber auch die andere bis heute strittige Frage betreffs der Lage von Eginindorf (nr. 5 Anm. 3) einer Lösung zugeführt. Die allerdings unklare Grenzbestimmung der Pfarre Mautern (Fuchs, Göttweiger Urk.-Buch I in Font. 2, LI nr. 5) legt als natürlicher die Auffassung nahe, dass Eginindorf westlich von Kuffern, also näher der Fladnitz lag, was auch Karlin allerdings ohne nähere Bestimmung annimmt (Font. 2, VIII, 116). Neill neigt allerdings unter Vorbehalten der Identificierung von Eginindorf mit Dörflein östlich von Kuffern zu (Blätter f. Landesk. v. N.-Oe. XVII, 60 f.), welcher Ansicht sich der Artikel „Kuffern" (Topographie v. N.-Oe. V, 575) als der richtigen rückhaltlos anschliesst. Für unsere Ansicht spricht der Umstand, dass Niderndörflein als zur Pfarre Göttweig gehörig bezeichnet wird, welche wiederum ein Theil der alten grossen Pfarre Mautern ist. Nach der alten Grenzbestimmung der Pfarre Mautern muss aber naturgemäss wenigstens ein Theil von Eginindorf zu derselben gehört haben. Kuffern wird aber (nr. 1001) als zur Herzogenburger Pfarre gehörig bezeichnet, zu welcher zweifellos auch Dörflein, welches derselben noch näher lag, gehört hat. Es haben also im Bereiche der heutigen Gemeindefreiheit Kuffern zwei jetzt eingegangene Ansiedelungen bestanden, von welchen Dörflein östlich, Niderndörflein, identisch mit Eginindorf, westlich von Kuffern lag.

weiger pharr, do diezseit aufgesessen ist Simon der Friescher, welche sament 2 Hühnern² an sand Mertentag zu zinsen ist, und erhält dafür von ihnen deren freieigene Gülte von 6 ß. ₰. dacz Weczmanstal³ am perg in Herczogenburger pharr, do diezseit aufgesessen ist Ott, welche an sand Michelstag zu zinsen ist.

Siegler: (I.) Fridreich der Schawinger, (II.) Hanns der Freï, (III.) Wolfgang der Alantör.

Datum: Geben (1403) an sand Cholmanstag.

Orig., Perg. Deutsch. An Perg.-Streifen 3 Siegel.

I. rund, ungefärbt, IV A 2 (ar. 917 S. III). — II. rund, ungefärbt, IV A 2 (ar. 929 S. II). — III. rund (26), ungefärbt, IV A 2. U. undeutlich. 3 Rauten.

934.   1403 October 18.

Abt Peter [II.] und der Convent von Kôtweig tauschen mit Fridreich dem Schâwingér folgende Gülten: sie übergeben ihm ihre freieigene Gülte von 6 ß. ₰. dacz Weczmanstal am perig in Herczogenburgér pharr, do diezseit aufgesezzen ist Ott, welche am sand Michelstage zu zinsen ist, und erhalten dafür von ihm dessen freieigene Gülte von 6 ß. ₰. ze Nŷdern Dörfflein in Chôtweiger pharr, do diezseit aufgesezzen ist Symon der Friescher, welche an sannd Mertentag zu zinsen ist.

Siegler: Abt und Convent zu Kôtweig.

Datum: Geben (1403) an phincztag nach sannd Cholmanstage.

Orig., Perg. feuchtfleckig. Deutsch. Die zwei Siegel abgefallen.

935.   1403 October 24.

Vlreich der Freÿ und Katreÿ seine Frau beurkunden, dass sie ihrem besundern lieben frewnt Jôrg dem Hâsib und Margret dessen Frau eine Schuld von 12 ℔. Wiener ₰. am künftigen sand Jôrgentag zu zahlen haben. Im Falle der Nichtbezahlung kann Jôrig der Hâsib selbander mit zwain pferden einvarn in der herschaft ze Vdmarueld in ain offens gasthaws, darinn

---

935. ² Der Zins von 2 Hühnern ist in nr. 934 nicht erwähnt. — ³ Wetzmannsdorf (auch Wetsmannsthal), O.-G. Inzersdorf, V. O. W. W.

ligen und laysten, als innligens und laystens recht ist. *Wenn aber dies zu lange dauert, ihn verdriesst und die Schuldner trotzdem nicht bezahlen, so können sich die Gläubiger an den Pfleger, Richter oder Amtmann, in dessen Bezirk das Gut derselben liegt, wenden, welcher sie davon für Hauptgut und Schaden schadlos halten soll.*

Siegler: (I.) Vlreich der Frey, (II.) Nyclas der Holczer und (III.) Hans der Hager.

Datum: Geben (1403) an dem nachsten mittichen vor Symonis und Jude der heyligen zwelfpoten tag.

Orig., Perg. durch Schnitte cassiert. Deutsch. Von 3 Siegeln an Perg.-Streifen das 1. abgefallen.

II. beschädigt, rund (28), ungefärbt, IV A 2. U.: † S. NICOLAI · hOLZARI. Getheilt, halb gespalten. — III. beschädigt, rund (28), grün auf Sch., IV A 2. U.: † S. hANS · hAG[ER]. Der Krebs (Sibmacher, New Wappenbuch II, 55).

936.   1403 December 4, Wien.

Lehensbrief Herzog Albrechts IV. an Albrecht von Puchaim.

Orig., Perg. Siegel an Perg.-Streifen.

Unter dem Texte ist von gleicher H. u. Tinte vermerkt: *D. dux per ms. No. 8.*

Wir Albrecht etc. bechennen, daz für uns kam unser getrewr lieber Albrecht von Pûchaim und bat uns vleizzichleich, daz wir im gerûchten ze verleihen die nachgeschriben stuk und lehen unserr lehenschafft, wan uns die von weilent Niclasen dem Fras mit dem tod weren ledig worden. Das haben wir getan und haben demselben von Pûchaim und seinen erben die yecz genanten stuk und lehen und auch alle andre lehen, wie die genant sind, die uns von demselben Fras sind ledig worden, mit iren zûgehôrungen von sundern gnaden verlihen wissentleich mit dem brief, was wir in daran ze recht verleihen sûllen oder môgen nu fûrbasser von uns und unsern erben in lehensrechten ynneczehaben und ze niessen, als lehens und landsrecht ist ungevêrleich. Und sind dis die obgemeldten stuk und lehen des ersten: sechs hofstett ze Harschendorff, item vier holden, ayn akcher, ain vischwaid, ayn zehent daselbs gelegen mitsambt allen andern leben, die derselb Fras daselbs ze Harschendorff hat gehebt; item ain hof ze Behemreutt[1] und ain güt ze Rorbach[2] gelegen. Mit urkunt dicz briefs geben ze Wienn an sant Barbaratag virgine nach Kristi geburt viercsehenhundert iar darnach in dem dritten jare.

S. d. Herzogs Albrecht IV., Av. roth auf Sch., Abb. bei Sava, Siegel d. österr. Regenten, S. 127 Fig. 51; am Rv. das Signet, roth, Abb. ebend., S. 127 Fig. 52. Auf dem Perg.-Streifen ist die Zahl 87 vermerkt.

237.   1404 Jänner 3, Rom.

Papst Bonifaz IX. beauftragt Abt Peter II. von Göttweig, dem Priester Friedrich von Weinzierl ein Beneficium zu verleihen.

Orig. Perg. Bleibulle cum filo canapis.

Auf der Aussenseite des Buges ist von der H. des Urk.-Schreibers vermerkt: *Pro P. de Pando Io. de Lyns*; unter dem Buge am linken Rande der Monatsvermerk: *Ia.*; weiter einwärts der Kostenvermerk: $\overline{\overline{X}}/X$; darunter: *S. de Aquila*9; darunter: *M. de Nouaria*; rechts unter dem Buge: $\overline{\overline{X}}$; *F. de Montepoliciañ.*; in der linken oberen Ecke der Textseite: *L.*; in der rechten Oberecke: *B.* Auf der Rückseite der Registraturvermerk und von gleichs. H.: *Pro Fridr. de Weinzirl*. Auf dem oberen Rande ein nicht leserlicher Vermerk in Cursive.

Bonifatius episcopus, servus servorum dei, dilecto filio . . abbati monasterii in Cotwico Pataviensis diocesis salutem et apostolicam benedictionem. Dignum arbitramur etc. Volentes itaque dilectum filium Fridericum de Weinzurl, presbyterum Pataviensis diocesis, apud nos de vite ac morum honestate aliisque probitatis et virtutum meritis multipliciter commendatum, horum intuitu favore prosequi gracioso, discretioni tue per apostolica scripta mandamus, quatinus si per diligentem examinationem eundem Fridericum bene legere, bene construere et bene cantare ac congrue loqui latinis verbis et alias ad curatum beneficium obtinendum ydoneum esse reppereris vel etiam si idem Fridericus non bene cantaret, dummodo in tuis mani-

---

236. [1] Ein eingegangener Ort östl. v. Ober-Rohrbach, wo jetzt auf Leobendorfer Gebiet der Kreuzensteiner Meierhof steht (Blätter f. Landesk. v. N.-Oe. XVII, 329 f.). — [2] Ober-Rohrbach, G.-B. Korneuburg.

bus iuret ad sancta dei evangelia, quod infra annum a tempore examinationis huiusmodi computandum bene cantare addiscet, cum cura vel sine cura et si forsan ita esse non inveneris dictusque Fridericus non bene· cantet et non iuraverit ut prefertur, dummodo ipsum alias post examinationem eandem ad obtinendum beneficium sine cura ydoneum esse reppereris, super quibus tuam conscientiam oneramus, sine cura duntaxat beneficium ecclesiasticum, cuius fructus redditus et proventus, si cum cura viginti quinque, si vero sine cura fuerit, decem et octo marcharum argenti secundum communem extimationem valorem annuum non excedant, ad collationem provisionem presentationem seu quamvis aliam dispositionem dilecti filii . . rectoris parrochialis ecclesie in Chrems dicte diocesis pertinens, si quod vacat ad presens vel cum vacaverit, quod idem Fridericus per se vel procuratorem suum ad hoc legitime constitutum infra unius mensis spatium, postquam sibi vel eidem procuratori vacatio illius innotuerit, duxerit acceptandum, conferendum eidem Friderico post acceptationem huiusmodi cum omnibus iuribus et pertinentiis suis donationi tue auctoritate nostra reserves districtius inhibendo eidem rectori, ne de huiusmodi beneficio interim etiam ante acceptationem eandem, nisi postquam ei constiterit, quod Fridericus vel procurator predicti illud noluerint acceptare, disponere quoquomodo presumat. Et nichilominus beneficium huiusmodi, quod reservabis, si ut premittitur vacat vel cum vacaverit, eidem Friderico post acceptationem predictam cum omnibus iuribus et pertinentiis supradictis auctoritate predicta conferre et assignare procures inducens per te vel alium seu alios eundem Fridericum vel procuratorem suum eius nomine in corporalem possessionem beneficii iuriumque et pertinentiarum predictorum eadem auctoritate et defendens inductum ac faciens sibi de beneficii huiusmodi fructibus redditibus proventibus iuribus et obventionibus universis integre responderi contradictores per censuram ecclesiasticam appellatione postposita compescendo. Non obstantibus si aliqui super provisionibus sibi faciendis de huiusmodi vel aliis beneficiis ecclesiasticis in illis partibus speciales vel generales dicte sedis vel legatorum eius litteras impetrarint, etiamsi per eas ad inhibitionem reservationem et decretum vel alias quomodolibet sit processum, quibus omnibus preterquam auctoritate nostra huiusmodi beneficia expectantibus prefatum Fridericum in assecutione beneficii huiusmodi volumus anteferri, sed nullum per hoc eis quoad assecutionem beneficiorum aliorum preiudicium generari seu si prefato rectori vel quibusvis aliis communiter vel divisim a dicta sit sede indultum, quod ad receptionem vel provisionem alicuius minime teneantur et ad id compelli aut quod interdici suspendi vel excommunicari non possint quodque de huiusmodi vel aliis beneficiis ecclesiasticis ad eorum collationem provisionem presentationem seu quamvis aliam dispositionem coniunctim uel separatim spectantibus nulli valeat provideri per litteras apostolicas non facientes plenam et expressam ac de verbo ad verbum de indulto huiusmodi mentionem et qualibet alia dicte sedis indulgentia generali vel speciali, cuiuscunque tenoris existat, per quam presentibus non expressam vel totaliter non insertam effectus earum impediri valeat quomodolibet vel differri et de qua cuiusque toto tenore habenda sit in nostris litteris mentio specialis. Volumus autem, quod idem Fridericus post quinquennium a datione presentium litterarum computandum aliquod beneficium earundem vigore nequeat acceptare seu de illo sibi facere provideri decernentes irritum et inane, si secus actum fuerit in premissis. Et insuper si dictus Fridericus ad hoc repertus fuerit ydoneus ut prefertur, ex nunc perinde irritum decernimus et inane, si secus super hiis a quoquam quavis auctoritate scienter vel ignoranter contigerit attemptari ac si die dationis presentium huiusmodi beneficium, si quod tunc vacabat vel cum vacaret, quod idem Fridericus ut prefertur duceret acceptandum, conferendum eidem Friderico ad hoc reperto ydoneo post acceptationem huiusmodi donationi apostolice cum interpositione decreti duxissemus specialiter reservandum. Datum Rome apud Sanctum Petrum III. nonas ianuarias, pontificatus nostri anno quinto decimo.

268. 1404 Jänner 20, Wien.

Andreas von Pottenstein, Pfarrer zu Grillenberg, ledigt das Stift Göttweig von allen seinen Forderungen.

Orig., Perg. An Perg.-Streifen 2 Siegel.

Ich Andre von Potenstain, techant und chorherr ze Pazzaw, pharrer ze Grillenperg,[1] vergich offenleich mit dem brief

---
268. [1] Kirchl. Topographie V, 107 f.

allen, den er fůrchumpt, das sich der erwirdig geystleich herre, her Peter abpt zu Chotweig und der gancz convent gemainchleich doselbs schon und frewntleich gancz und gar mit mir gericht habent umb alle vadrung und geltschult, so wir hincz in gehabt haben, sunderleich umb all dinst und arbait, so wir von iren und ires goczhauz wegen gehabt haben und getan in dem hoff ze Rome und anderswo und auch darczů umb alles daz gelt, daz wir im gelichen haben und von iren und ires goczhauz wegen auzgeben habe,[a] wie sich daz vorgangen hat uncz auf den heutigen tag, alz der brief geben ist, nichtz auzgenomen nach hindan gesaczt unverczigen des briefs von demselben herren, dem apt und dem convent, der do lautet umb meinen jarczinse, der virczig guldein mein leibtag an alles gevêrd und habent mir darumb genug getan und mich benuget. Ich sag auch denselben herren, den abpt und daz gancz convent und all ir nachchomen hinfůr umb de obgenanten dinst geltschult lechen und purgelschaft, wie de genant ist, unverczigen meins egenanten jarczins, der virczig guldein gancz und gar ledig frey und loz mit urchund dez briefs versigelt mit meinem aufgedruchten insigel. Und der sache ist zeug auch mit seinem aufgedruchten insigel der erber Hanse Raytenfelder, purger ze Wienn, im und seinen erben an schaden. Geben ze Wienn an sand Sebastianstag millesimo CCCC quarto.

I. S. d. Andreas v. Pottenstein beschädigt, rund, grün auf Sch. — II. S. d. Hans Raytenfelder beschädigt, rund (30), grün auf Sch., IV C. U.: † s. banns · raitte[nfe]ldar. Das Antoniuskreuz mit je einem Sterne am Ende eines jeden Balkens. Der Steckhelm geschlossen. Cimier: ein Halbflug. Hilfskleinod: das Antoniuskreuz wie oben.

989.   **1404 Februar 24, Göttweig.**

Der Notar Walther Conradi von Gawnestorf, Cleriker der Passauer Diöcese, beurkundet, dass Abt Peter [II.] und der Convent von Göttweig in seiner Gegenwart und vor Georg von Pawdorf, Ulrich von Stokeraw, Seifrid von St. Pőlten, Thomas Hőhenperger und Andreas Laher als Zeugen den Magister Andreas Wirsiger, ihren Procurator an der römischen Curie, in dessen Abwesenheit und den Passauer Cleriker Johann von

---

988. [a] Orig. statt *haben*.

Mauttarn in dessen Gegenwart mit der Vertretung des Stiftes an der römischen Curie in ihrem Processe mit dem Cleriker der Olmützer Diöcese Lorenz Mautter wegen der Pfarre Mauttarn betraut haben.

Datum (1404) indiccione duodecima, die vicesima quarta mensis februarii, hora nona vel quasi, pontificatus etc. Bonifatii etc. pape noni anno quinto decimo.

Orig., Perg. Lat. Mit Notariatszeichen. Ohne Siegel.

940.   **1404 April 24.**

Nicla der Grabnér beurkundet für sich und seinen Bruder Peter, der yecz nicht peim lannd ist, dass er in ihrem Processe mit ihrer Stiefmutter Elspet, der Witwe nach ihrem Vater Rueger dem Grabnér, über den Nachlass desselben ein Schiedsgericht vereinbart habe, zu welchem er die drei erbern Alolt den Parsenpruner, Hanns den Gösinker und Niklein im See und seine Stiefmutter die drei erbern Fridreich den Schawinger, Ulreich den Laher und Jörg den Grauenwerdér entsendete. Vermöchten sich dieselben nicht zu einigen, so soll ihr Herr Abt Peter [II.] von Kotweig als Obmann das Recht sprechen. Dies geschah auch laut eines Spruchbriefes. Nicla der Grabnér verpflichtet sich nun in seinem und seines Bruders Namen, den Rechtspruch des Abtes Peter [II.] unter einem Strafgelde von 100 ℔. ₰. an den Abt und 10 ℔. ₰. an jeden Spruchmann sowie unter der Strafe des Verfalles aller ihrer Rechte gegenüber ihrer Stiefmutter einzuhalten.

Siegler: Hanns der Frél und Hanns der Chraft.

Datum: geben (1404) an sand Jörgentag.

Orig., Papier. Deutsch. Von den in grünem Wachse aufgedrückten Siegeln das 1. beschädigt, das 2. abgefallen.

941.   **1404 April 24.**

Hanns der Héperger und Margret seine Frau verkaufen Abt Peter [II.] und dem Convente zu Köttwéig für ihre Oblei um 248 ℔. ₰. ihren Hof im Ofenpach sammt dem Burgstalle daselbst.

Siegler: (I.) Hanns der Hêperger, (II.) Peter der Magens, die erbern (III.) Ott der Hêpergêr, Hanns des Hêpergêr Vater, (IV.) Hanns der Stainwergêr und (V.) Kadolt der Heÿpergêr. *Datum:* geben (1404) an sand Gôrgentag.

Orig., Perg. Deutsch. An Perg.-Streifen 5 Siegel; Copie in Cod. C f. 174.

Vgl. nr. 924, 988.

I. rund (29), grün auf Sch., IV A 2. U.: † S. IOHANNIS·HEPEERGER. Ein Berg besetzt mit einer Tanne. — II. beschädigt, rund (30), ungefärbt, IV A 2. U.: S. PETER·MAGENS. Ein gedrückter geschachter Sparren, an der Spitze mit einem gestachelten Kolben besetzt. — III. rund (35), grün auf Sch., IV A 2. U.: † OTTO·DE·HAVPERGER. Schild undeutlich. — IV. rund (29), ungefärbt, IV A 2. U. undeutlich. Ein aufrechter Wolf (Hanthaler, Rec. II, 267 f.). — V. rund (32), grün auf Sch., IV A 2. U.: † s. chadolt·haidperger. Die Dreiberge mit einer Tanne besetzt.

942. 1404 Mai 15. Rom.

Papst Bonifaz IX. incorporiert dem Stifte Göttweig neuerdings die Pfarre Mautern.

Orig. (A), Perg. mit vielen Rasuren. Bleibulle an roth-gelber Seidenschnur; Copie in Cod. C f. 309 f. (B).

Auf der Textseite in der linken oberen Ecke ist vermerkt: *I.*; in der rechten Oberecke: *B.* Auf der Aussenseite des Buges rechts von der H. des Urk.-Schreibers: *Io. de Penireluorede*; unter dem Buge rechts der Kostenvermerk: *L*; darunter: *F. de Montepolician.*; links am Rande der Monatsvermerk: *Iuñ.*; daneben der Kostenvermerk: *LX*; darunter: *S. de Aquila*; darunter: *M. de Novariag.* Auf der Rückseite der Registraturvermerk, in demselben von derselben H.: *Iac.*; in der linken unteren Ecke: *Io. Krekhof.* Als Vorurkunde diente nr. 903.

§ Bonifatius episcopus, servus servorum dei, ad futuram rei memoriam. § Digna exauditione etc. Dudum siquidem pro parte dilectorum filiorum . . abbatis et conventus monasterii in Gottwico ordinis sancti Benedicti Pataviensis diocesis felicis recordationis Urbano pape VI. predecessori nostro exposito, quod prefatum * monasterium, in quo triginta duo monachi et plures continue domino famulabantur et cui quoddam aliud monasterium monialium eiusdem ordinis, in quo viginti quattuor moniales existebant ac quoddam hospitale pauperum, in quo tredecim pauperes sustentabantur, erant annexa et subiecta, quibus quidem monialibus ac pauperibus ipsi abbas ac conventus de fructibus dicti eorum monasterii tenebantur quotidie omnia necessaria ministrare, tam propter copiosam hominum multitudinem ad ipsum eorum monasterium confluentium quam propter bladi et vini et aliorum fructuum penuriam, que pluribus annis in partibus illis viguerat, necnon propter maximam hospitalitatem, quam iidem abbas et conventus hactenus servaverant et continue eos servare oportebat, et alia diversa et gravia onera eis de die in diem incumbentia adeo erat debitorum oneribus pregravatum, fructus quoque redditus et proventus dicti eorum monasterii in tantum exiles et tenues erant effecti, quod ipsi huiusmodi hospitalitatem servare et onera eis incumbentia supportare ac debita persolvere nequibant ullo modo et quod nisi per apostolice sedis providentiam celeriter succurreretur eisdem, monasterium ipsum multum desolari verisimiliter formidaretur et pro parte abbatis ac conventus predictorum eidem predecessori humiliter supplicato, ut in Nelib et in Hofstetten ac in Mauttarn predicte diocesis parrochiales ecclesias, quarum prefati abbas et conventus patroni [a] ut asseruerunt existebant, dicto eorum monasterio incorporare annectere et unire dignaretur, idem predecessor dilecto filio officiali Pataviensi eius proprio nomine [b] non expresso suis dedit litteris in mandatis, ut prefatas ecclesias, quarum centum cum omnibus iuribus et pertinentiis suis prefato monasterio, cuius ducentarum marcharum argenti puri fructus redditus et proventus secundum communem extimationem valorem annuum, ut etiam predicti abbas et conventus asseruerunt, non excedebant, auctoritate apostolica perpetuo incorporaret annecteret et uniret ita, quod cedentibus vel decedentibus rectoribus dictarum ecclesiarum, qui tunc erant vel ecclesias ipsas alias quomodolibet dimittentibus liceret eisdem abbati et conventui corporalem possessionem ecclesiarum ac iurium et pertinentiarum predictorum libere apprehendere et licite retinere diocesani loci vel cuiuscunque alterius super hoc licentia minime requisita, reservatis tamen de fructibus redditibus et proventibus earundem ecclesiarum pro singulis perpetuis vicariis [c] secularibus inibi instituendis et servituris domino inibi laudabiliter in divinis congruis portionibus, de quibus vicarii ipsi possent congrue sustentari, episcopalia iura solvere et alia eis incumbentia onera supportare, ac decrevit idem predecessor irritum et inane, si secus super hiis a quoquam quavis auctoritate scienter vel ignoranter contingeret attemptari. Postmodum vero predicto predecessore, sicut domino placuit, vita functo nobisque divina

---

942. [a] Folgt eine kleine Rasur. — [b] Theilweise auf Rasur. — [c] Das folgende *secularibus inibi in* in gedrängter Schrift auf Rasur.

favente clementia ad apicem summi apostolatus assumptis [a] dilectus filius Laurentius Michaelis Mawter, clericus Olomucensis diocesis, exposuit, quod predicta ecclesia in Mauttarn per obitum quondam Petri ultimi ipsius ecclesie rectoris extra Romanam curiam defuncti vacaverat et vacabat tunc, licet abbas et conventus predicti asserentes ipsam eidem monasterio auctoritate apostolica incorporatam ac per eos congruam portionem pro perpetuo vicario inibi instituendo assignatam fore ac possessionem eiusdem ecclesie se apprehendisse pro tunc dicerentur, nos certis iudicibus tunc eorum propriis nominibus non expressis per alias nostras litteras dedimus in mandatis, ut si vocatis abbate et conventu predictis ac aliis, qui forent evocandi, reperirent prefatam ecclesiam eidem monasterio incorporatam et perpetuam vicariam in ea institutam fore ipsam vicariam, si vero dictam ecclesiam prefato monasterio non esse incorporatam invenirent, eandem ecclesiam in Mauttarn sive ut premittitur, sive alias quovis modo aut ex alterius cuiuscunque persona vel per assecutionem alterius beneficii ecclesiastici quacunque auctoritate collati seu per liberam resignationem alicuius per eum de illa apud sedem apostolicam vel extra dictam curiam etiam coram notario publico et testibus sponte factam vacaret, etiamsi tanto tempore vacavisset, quod eius collatio iuxta Lateranensis statuta concilii ad sedem predictam legitime devoluta seu ecclesia aut vicaria huiusmodi dispositioni apostolice specialiter reservata existeret et super ea inter aliquos in palatio apostolico lis, cuius statum haberi volumus pro expresso, penderet, dummodo tunc non esset in ecclesia seu vicaria huiusmodi alicui specialiter ius quesitum, prefato Laurentio, qui tunc in decimo octavo etatis sue anno constitutus erat, auctoritate nostra conferrent et de illa etiam providerent nosque cum eodem Laurentio, ut ecclesiam aut vicariam huiusmodi recipere ac libere et licite obtinere valeret, per easdem nostras litteras duximus dispensamdum et subsequenter pro parte dictorum abbatis et conventus nobis exposito, quod dilectus filius Leonhardus Schawr, officialis Pataviensis, in huiusmodi executionis negotio predictarum litterarum predecessoris eiusdem sibi directarum ut prefertur, prout ex ipsarum forma poterat, vigore procedens, quia omnia et sin-

---

942. [a] Das letzte *s* auf Rasur.

gula in eisdem litteris expressata, super quibus inquisitionem fecerat diligentem, reppererat fore vera, prefatas parrochiales ecclesias cum omnibus iuribus et pertinentiis suis eidem monasterio in Gottwico auctoritate predicta secundum modum et formam in dictis litteris eiusdem predecessoris explicatos perpetuo incorporaverat univerat et annexuerat° ita, quod cedentibus vel decedentibus eisdem rectoribus, qui tunc erant, vel ecclesias ipsas alias quomodolibet dimittentibus liceret eisdem abbati et conventui corporalem possessionem ecclesiarum predictarum libere apprehendere et licite retinere eiusdem diocesani loci vel cuiuscunque alterius super hoc licentia minime requisita reservatis tamen de huiusmodi fructibus redditibus et proventibus singularum ecclesiarum ipsarum pro eisdem singulis vicariis inibi per diocesanum loci videlicet episcopum, qui esset pro tempore, vel sede episcopali vacante per dilectos filios capitulum Pataviense instituendis et servituris domino laudabiliter in divinis congruis portionibus, de quibus vicarii ipsi possent congrue sustentari, episcopalia iura solvere et alia incumbentia eis onera supportare, certo super hoc instrumento publico confecto sigilli dicti officialis appensione munito quodque predicti abbas et conventus infra limites eiusdem ecclesie in Mauttarn nonnulla, decimas et alia bona ad ipsam° ecclesiam et monasterium in Gottwico spectantia habebant et possidebant ac eandem ecclesiam in Mauttarn ipsi monasterio ut prefertur unitam per vicarium, presbyterum secularem, regebant, propter quod in bonis et decimis huiusmodi, ex quibus ipsi abbas et conventus sustentabantur et vivebant, multipliciter turbarentur. Nos tunc eisdem abbati et conventui, ut cedente vel decedente seculari vicario predicto, qui tunc erat, vel eandem vicariam alias quomodolibet dimittente liceret eisdem abbati et conventui unum presbyterum ydoneum dicti ordinis in perpetuum vicarium loco eiusdem vicarii secularis ponere, qui eandem ecclesiam regeret ac inibi laudabiliter deserviret in divinis eisdem diocesani prefati et cuiuslibet alterius super hoc licentia minime requisita, reservata tamen de fructibus redditibus et proventibus dicto ecclesie pro eodem vicario per eos ut prefertur in eadem instituendo congrua portione, de qua idem vicarius posset congrue sustentari ac huiusmodi episcopalia iura solvere et alia sibi incumbentia onera supportare eisdem abbati et conventui auctoritate predicta per alias nostras litteras duximus indulgendum. Deinde vero videlicet XI. kalendas ianuarias pontificatus nostri anno quarto decimo cassavimus irritavimus et annullavimus omnes uniones ecclesiarum parrochialium, monasteriorum etiam monialium ac dignitatum personatuum prebendarum et officiorum ecclesiasticorum et piorum locorum, quorumlibet hactenus sive per nos sive dictum predecessorem nostrum vel quosvis ordinarios factas quibuscunque ecclesiis monasteriis vel aliis locis ecclesiasticis vel mensis episcopalibus et capitularibus vel abbatialibus seu collegiis officiis dignitatibus vel prebendis aut quibusvis aliis locis aut hospitalibus, que nondum sortite erant effectum, et etiam illas, que essent sortite effectum alias quam per obitus illorum, qui dicta beneficia unita obtinebant tempore unionum de illis factarum, etiamsi essent facte motu proprio, et etiam illas, que facte fuerant sine magna necessitate vel ex falsis seu nullis causis, etiamsi super unionibus ipsis lis penderet indecisa, in quacunque instantia foret, necnon etiam declaravimus et decrevimus, quod prelati et capitula vel conventus regularium aut monasteriorum etiam monialium ac prioratuum vel locorum, quibus per nos concessum erat, quod possent parrochiales ecclesias et beneficia curata seu perpetuas vicarias eis unita regi facere per monachos suos etiam removibiles ad nutum ipsorum vel alias qualitercunque, pretextu talium concessionum, nulla parrochialis ecclesia aut perpetua vicaria parrochialis ecclesie aut aliud curatum beneficium, que prius regebantur per seculares clericos, posset deinceps regi per monachos aut regulares canonicos, sed in eis instituerentur perpetui vicarii seculares presbyteri et si ante non forent assignate congrue portiones, sicut de iure assignande essent, per locorum ordinarios assignarentur et deinceps tales ecclesie parrochiales ac curata beneficia seu vicarie perpetue consueta prius per seculares clericos regi et gubernari nullatenus per monachos vel religiosos alios regerentur seu etiam gubernarentur non obstantibus quibuscunque concessionibus vel indultis ecclesiis regularibus aut monasteriis vel prioratibus aut aliis locis regularibus predictis sub quavis forma vel expressione verborum factis seu concessis, que extunc totaliter etiam revocavimus cassavimus annullavimus ac nullius esse voluimus roboris vel momenti et successive pro parte dati Laurentii iterum nobis exposito, quod orta inter ipsum ex una parte ac abbatem et conventum predictos ac dilectum filium Erhardum de Weykarstorff, presbyterum dicte Pataviensis diocesis, super eo, quod Laurentius eandem ecclesiam in Mauttarn vigore dictarum litterarum per nos eisdem iudicibus decretarum sibi deberi dictosque abbatem et conventum eundem Erhardum in dicta ecclesia in Mauttarn intrusisse dictumque Erhardum eandem ecclesiam detinere indebite occupatam necnon eosdem abbatem et conventum ac Erhardum impedivisse ac impedire, quominus eidem Laurentio de ipsa ecclesia in Mauttarn provideretur. Abbas vero et conventus necnon Erhardus predicti eandem ecclesiam in Mauttarn ad ipsum Erhardum de iure spectare asserebant ex altera materia questionis et causa huiusmodi ad sedem prefatam legitime introducta. Nos causam ipsam dilecto filio magistro Iohanni Prene, capellano nostro et auditori causarum palatii apostolici, ad instantiam dicti Laurentii primo et deinde ex certis causis venerabili fratri nostro Nicolao, episcopo Ferentinatensi, qui tunc locum unius ex auditoribus causarum dicti palatii de mandato nostro tenebat, prout tenet, audiendam commiseramus et fine debito terminandam ac successive, postquam idem Nicolaus episcopus in causa huiusmodi ad nonnullos actus inter partes ipsas processerat, lite huiusmodi sic coram eodem Nicolao episcopo indecisa pendente idem Erhardus tunc in possessione ipsius ecclesie in Mauttarn existens omni iuri sibi in eadem ecclesia vel ad eam quomodolibet competenti in manibus dicti abbatis extra eandem curiam sponte et libere cesserat ipseque abbas huiusmodi cessionem extra eandem curiam admiserat et tam ipse quam conventus huiusmodi eandem ecclesiam in Mauttarn pretextu illarum per ipsum predecessorem et aliarum per nos eis concessarum litterarum predictarum vigore detinuerant et detinebant occupatam et quod propter cassationem irritationem et annullationem predictas ius, si quod eisdem abbati et conventui tam predecessoris eiusdem quam nostrarum eis concessarum litterarum predictarum vigore in ipsa ecclesia in Mauttarn quomodolibet competebat aut competere poterat, vacaverat et vacabat tunc. Nos eidem Nicolao episcopo per alias nostras litteras mandavimus, quod si ei de ipsa cessione per dictum Erhardum facta et admissa quodque iidem abbas et conventus vigore litterarum per eundem predecessorem et nos ipsis concessarum necnon cessionis et admissionis predictarum ecclesie in Mauttarn prefate possessionem adepti existerent, ut prefertur, constaret, dictum Laurentium, dummodo ipse in ecclesia in Mauttarn prefata intrusus non foret, in iure et ad ius huiusmodi, si quod eisdem abbati et conventui tempore cassationis irritationis et annullationis predictarum in eadem ecclesia Mauttarn vel ad eam quomodolibet competebat aut competere poterat ut prefertur, eadem auctoritate nostra surrogaret dictumque ius sibi conferret et de illo etiam provideret ipsumque ad huiusmodi ius ac eius prosecutionem et defensionem in eo statum, quo predicti abbas et conventus tempore cassationis et annullationis predictarum erant, et si ille facte non fuissent, possent et deberent admitti, admitteret et admitti faceret ut esset moris et nichilominus prefatam ecclesiam in Mauttarn sive per huiusmodi obitum Petri aut cessionem Erhardi predictorum sive alias quovismodo aut ex alterius cuiuscunque persona vacaret, dummodo tunc non esset in ea seu ad eam alicui specialiter ius quesitum, cum omnibus iuribus et pertinentiis suis eidem Laurentio auctoritate predicta conferret et assignaret, prout in omnibus predictis litteris plenius continetur. Postmodum vero sicut exhibita nobis nuper pro parte abbatis et conventus predictorum petitio continebat, licet predictum eorum monasterium, quod olim videlicet de anno domini millesimo octuagesimo tertio per bone memorie Altmannum episcopum Pataviensem canonice fundatum et dotatum[b] ad honorem et sub vocabulo sancte dei genitricis Marie et predicta ecclesia in Mauttarn principaliter eidem monasterio tunc in proprietatem cum omnibus eiusdem ecclesie appendiciis excepta certa parte decimationis, que ad quendam alium pium locum tunc expressum pertinebat, et multa alia bona spiritualia et temporalia in dotem ipsius monasterii deputata ac successive fundacio et dotatio predicte per aliquos alios episcopos Patavienses dicti Altmanni successores, qui fuerunt pro tempore, ac etiam postea per pie memorie Urbanum II necnon Pascalem II Romanos pontifices etiam predecessores nostros necnon clare memorie Henricum quintum tunc regem, postea imperatorem Romanum, per specialia eorum privilegia confirmate et approbate fuissent et nonnulli abbates dicti monasterii Gotwicensis, qui fuerunt pro tempore, ac predicti conventus vigore fundationis dotationis et confirmationis predictarum dictam ecclesiam in Mauttarn in usus proprios eorundem per longissima tempora tenuissent ac possedissent, tamen tractu temporis ipsa ecclesia, sive* propter tyrannidem quarundam secularium potestatum sive alias qualitercunque extunc per quosdam clericos seculares tanquam rectores eiusdem ecclesie diutius recta fuit etiam a temporibus longis, de quibus forsan memoria non existit, quodque ipsi abbas et conventus ecclesie in Mauttarn tunc per huiusmodi obitum Petri ut premittitur eiusdem Urbani pape VI predecessoris ac successive perpetue vicarie predictarum tunc per liberum resignationem Erhardi prefatorum per eum de illa coram quibusdam notario publico et testibus extra predictam curiam sponte factam etiam tunc vacantium nostrarum eisdem abbati et conventui concessarum litterarum predictarum* possessionem adepti fuerunt ac ecclesiam in Mauttarn extunc tenentes in usus proprios eorundem vicariam huiusmodi etiam extunc per ydoneum monachum dicti monasterii* in Gotwico etiam ante irritationem cassationem et annullationem predictas aliquandiu et post* eas diutius fecerunt et faciunt laudabiliter gubernari. Cum autem sicut eadem petitio subiungebat, prodictus Laurentius asserens eandem ecclesiam in Mauttarn sibi deberi per easdem litteras prefato episcopo Ferentinatensi per nos ut premittitur directas necnon ipsi abbas et conventus pretextu earundem et quorundam processuum inde secutorum sive habitorum ad instanciam et procurationem dicti Laurentii multifarie molestentur, pro parte ipsorum abbatis et conventus fuit nobis humiliter supplicatum, ut eis in premissis, ne alias illorum occasione ipsi et dictum eorum monasterium gravissimum detrimentum expensas intolerabiles et alia dispendia subire cogantur, oportune providere de benignitate apostolica dignaremur. Nos igitur statum litis necnon tenores privilegiorum predictorum habentes presentibus pro expressis ac eorundem abbatis et conventus piis desideriis, per que via ipsis paratur securior ad quietem, libenter impertimur assensum volentes super hiis paterna solicitudine providere huiusmodi eorum in hac parte supplicationibus inclinati easdem parrochialem ecclesiam et vicariam, quarum fructus redditus et proventus sexdecim marcharum argenti secundum extimationem predictam valorem annuum, ut predicti abbas et conventus asserunt, non excedunt, cum omnibus iuribus et pertinentiis suis antedictis eidem monasterio in Gotwico auctoritate apostolica presentium tenore de novo perpetuo incorporamus annectimus et unimus ita, quod liceat eisdem abbati et conventui corporalem possessionem earundem ecclesie in Mauttarn et vicarie presentium vigore auctoritate propria libere apprehendere ac in suos et predicti monasterii usus etiam licite perpetuo retinere dictasque ecclesiam et vicariam regi facere sive in eisdem divinis gubernari in omnibus et per omnia iuxta tenores Urbani pape VI predecessoris predicti et nostrarum litterarum predictarum necnon privilegiorum antiquorum eis alias vigore fundationis dotationis et confirmationis dicti monasterii ac in vim iuris et proprietatis dicte ecclesie in Mauttarn ut premittitur concessorum non obstantibus omnibus, que idem Urbanus papa VI predecessor in suis voluit et etiam illis, que nos in nostris litteris predictis eiusdem abbati et conventui concessis ut prefertur volumus non obstare decernentes, prout est irritum et inane, si secus super hiis a quoquam quavis auctoritate scienter vel ignoranter attemptatum forsan est hactenus vel imposterum contigerit attemptari. Nulli ergo omnino hominum liceat hanc paginam nostre incorporationis annexionis unionis et constitutionis infringere vel ei ausu temerario contraire. Si quis autem hoc attemptare presumpserit, indignationem omnipotentis dei et beatorum Petri et Pauli apostolorum eius se noverit incursurum. Datum Rome apud Sanctum Petrum idibus maii, pontificatus nostri anno quinto decimo.

943.   1404 August 10, Kremsmünster.

Abt Stephan von Kremsmünster belehnt Eberhard den Mülbanger mit benannten Gütern und Zehenten.

Orig., Perg. Siegel von Perg.-Streifen abgefallen.

Wir Stephan von gotes genaden abbt des goczhaus zů Kremsmünster bechennen mit dem offen brîf, das uns der edel und erbêr herre, her Hanns von Trawn ze unsern handen aufgeben hat di vier gůter hernach verschriben, ains genant: an der Holczhůb, den Krewshof, ain gůt an der Hůnczlukchen und ain gůt îm Dörnêch alle pei dem Sippach[1] gelegen in Weizklrchêr pharr unsers goczhaus lehenschaft, die er von uns

---

943. [1] Sipbach, Dorf, O.-G. Alhaming, G.-B. Neuhofen, O.-Oe.

und unserm goczhaus ze lehen gehabt hat und von uns gepeten hat, das wir dieselben vier güter hinwider verleichen gerüchten dem erbêrn Ewerharten dem Mülbanger, dem er die zu kauffen geben hiet. Das haben wir getan und haben dem vorgenanten Mülbangêr und sein erben dieselben vier güter mit iren zügehorüngen zu kauf verlichen und leichen auch in die mit dem brif allz, das wir in daran ze recht leichen schullen und mügen. Darczü der egenant Mülbanger von uns gepeten hat im ze leichen die hernach verschriben zehent und güter auch unser lehenschaft von erst: di zehent auf den obern zwain gütern zu Dehendorf, auf dem güt zu Gassen, auf dem güt zu Dornaw und an der Ramelmül auf ainer pewnt, di zehent all gelegen in Weizkirchêr pharr und den zehent an dem Smalaigen auf aim akchêr in Kempnater pharr, auch ain hüb genant di Lerbüllhüb in Weizkirchêr pharr und den Prükhof in derselben pharr, der unsers goczhaus urbar ist. Die obgenanten leben alle, sa[a] vor verschriben sind, wir im verlichen haben yedem leben zu sein rechten von uns und unserm goczhaus in lehensweis ze haben und ze nyessen, alls lehens und landsrecht ist doch uns und unserm goczhaus an unser mönschaft und rechten an schaden mit urchünd des brifs versigelt mit unserm angehanngen insigell. Geben ze Kremsmunster an sand Laurenczentag nach Kristi gepürde virczehenhündert jar und darnach im vierden jare.

944. 1404 November 13.

Abt Peter [II.] und der Convent zu Köttweig beurkunden, dass der erber Thoman der Chirickslagêr, Verweser der Mauth zu Ibs, vor ettlichen Jahren die Nutzung des Viertels an dem Weinzehente des Stiftes zu Lewben,[1] welches vom Stifte dem Herrn Fridreich dem Têchlêr, dem Verweser der Abtei zu Kötweig, zugewiesen war, um 103 ℔. Wiener ₰. gekauft und ihnen nachher in Anbetracht des Nutzens von demselben und der Bruderschaft, in welche er vom Stifte aufgenommen wurde, zur Förderung 100 ℔. ₰. übergeben habe. Hiefür weisen sie ihm 1 ℔. ₰. Gülten, welches sie auf dem Panhalbenhof im Schewrenpach in

---

943. [a] Orig.

944. [1] Loiben, G.-B. Krems.

dem Vórst um 26 ď. ₰. gekauft hatten, an. Dasselbe soll an dem Jahrtage, den sie am vierten Tage nach dem sand Grógórigentag für ihn mit Vigilien und Messen nach des Stiftes Sitte zu begehen haben, an die Herren vertheilt werden. Sie verpflichten sich ferner, im nächsten Jahre die Jahrtagsfeier zu beginnen. Im Falle des Versäumnisses sollen sie der Stifter und dessen Nachkommen mahnen und sich bei weiterem Versäumnisse der Gülte bis zur Erfüllung der Stiftungsverbindlichkeit unterwinden.

Siegler: die Urkundenaussteller.

Datum: geben (1404) am nachsten phinstag nach sand Mertentag des heyligen pischolfs.

Orig. im Kremser Pfarrarch. (Sign.: Lade III, Fasc. I nr. 9), Perg. Deutsch. 2 Siegel von Perg.-Streifen abgefallen.

945. **1404 December 18.**

Wolfhart der Sinzendorfer verpachtet seinen Weingarten zu Mautern fünf benannten Hauern.

Orig., Perg. moderfleckig u. beschädigt. 1 Siegel an Perg.-Streifen.

Ich Wolfhart der Sintzendorffer vergich mit dem brief für mich und all mein eriben, [d]as* ich mit wolbedachtem můet und zů der zeit, da ich es wol getǎn mocht, recht und redleich gela[ssen] han meinen weingarten ze Mawttarn gelegen in derselbing pharr, der genant ist der Praytach..* und den weylent gehabt hat Hainreich der Chersperger und der mein chauf ist von seiner tochter* ..... irem wirt dem Puessêr. Denselben weingarten mit aller seiner zůgehôrung hab ich lassen d[em] ersamen Mertten dem Gůlher und Chunraten dem Nachrichter und Chunraten dem Derrǎr u[nd Ni]chklasen des Hofmaister veter und Wernharten dem Pratêr auf ir aller fünfer leib und all .... ze Mawttarn und sy schüllen mir und mein eriben und gaben davon all jar jǎrleich geben .... omer angever und schüllen mir den antwurtten auf der press, da man den wein presst ...., schüllen auch den ob-

---

945. * Lücke hier und weiterhin infolge eines Risses in der rechten Höhenfalte.

gen[anten] weingarten mir in ainer press pressen. Sy schullen uns auch den ob[genanten] weingarten pawleich legen mit allem paw und chain paw daran verczichen, als die weingarten [do]selbs an dem paw recht habent. Wêr awer, das ir ainer oder meiniger darinne sawmg w[urden] und das paw nicht volfúrten, als das oben verschriben stet, so habent dieselbing, die das paw [verz]uegen, alle ire recht daran verlôren und schullen hinfúr gên uns noch unserm weingarten chain zu[es]pruch nicht mer haben angever und mügen wir dan denselbing tayl an dem weingarten wol [ain]em andern gelassen, der uns darzú fuegleich ist, oder wir mügen in selber gepawn. Ez ist auch z[e] merchken, das ich den obgen[anten] Mertten den Gûlber des erpeten han, das er an meiner stat mein trewer zúsehêr sey zú dem weingarten und welcher mir das paw nicht volfúrat, als das oben verschriben stet, so mag er denselben wol fúder tûn und einen andern an sein stat gesetzen. Ez ist auch ze merchken, welche abgônt, so mügen wir denselben tayl wol einem andern gelassen oder selber gepawn. Das in das alles stât von uns und unsern eriben beleib, darúber geben wir in den brief besigelt mit meins obgenanten Wolfharts des Sintzendorffer anhangunden insigel. Der brief ist geben, do man zalt von Kristi gepûrd virtzehen hûndert jar und darnach in dem vierden jar des phincztags vor Thome apostoli.

S. d. Wolfhart Sinsendorfer beschädigt, rund, ungefärbt, IV A 2. U.: S. WOLFhAR . . . . INCZENDORF. Der Schild abgeb. bei Wurmbrand, Collectanea, Anhang ad cap. XI, S. d. Johann Sinzendorfer a. 1390.

946.   1405 März 29.

Johannes Hêrl[1] von Mauttarn versichtet auf alle Ansprüche für seine dem Stifte zu Gottweig geleisteten Dienste gegen die Anweisung einer Leibgedingsrente von 14 tl. ₰. seitens des Abtes Peter [II.] und seines Conventes von den 30 tl. ₰., welche der Priester Artolf von Pôlau und seine Nachfolger als Pfarrer der dem Stifte incorporierten Pfarre Hofsteten[2] jährlich an das Stift zu zahlen haben. Diese 14 tl. ₰. sind zu je 7 tl. ₰. an sand

---

946. [1] Der Rückvermerk v. gleichzeitiger H.: *Ain gegenbrief hern Hansen Herlein, pharrer in der Newstat, umb XIIII tt. gelts*, kennzeichnet die Stellung des Urkundenausstellers. — [2] Jetzt Grünau a. d. Pielach.

Jorgentag und sand Michelstag von dem Pfarrer an ihn zu gelten. Falls ihm aber vom Stifte eine andere gotsgab angewiesen wird, versichtet er auf diese Rente, behält sich jedoch das Recht deren Nutzniessung vor, falls er von anderer Seite eine Rente empfienge.

Siegler: für den Urkundenaussteller (wann ich aigen insigil nicht enhab) (I.) Herr Stephan von Tirnstein und (II.) der erber Hanns der Frål.

Datum: Geben (1405) am suntag, so man singt letare zů mittervasten.

Orig., Perg. Deutsch. An Perg.-Streifen 2 Siegel.

Vgl. nr. 954.

I. rund (30), grün auf Sch, II B. U.: † s. steffani · cappellani · ad · b. v. in tirnstain. Die heil. Maria mit dem Jesukinde. — II. beschädigt, rund (21), ungefärbt, IV A 2. U.: † s. hanns · frael. Halbgetheilt, gespalten.

947. **1405 Juni 17.**

Kathreÿ, die Witwe nach Chunrat dem Egeróder, und Barbara deren Tochter, die Frau Hainreichs des Zukchér, beurkunden für sich und für Ursula und Hédweg, welche noch nicht vogtbare Töchter der ersteren sind, dass sie mit Handen ihres Burgherrn des Abtes Peter [II.] von Chóttweig dem erbern Mert dem Mécsenpekchen und Agnes dessen Frau um 70 ₰. Wiener ₰. ihren Hof ze Obern Perggarn oben an dem ort in Mawttinger pharr verkauft haben, von welchem dem Stifte zu Chóttweig ½ ₰. Wiener ₰. an sand Jórigentag zu freiem Burgrecht zu zinsen ist. Sie setzen sich den Käufern zur Gewähr, bis der Kathreÿ beide noch nicht vogtbare Töchter Ursula und Hédweg vogtbar werden und auf ihre Ansprüche auf den Hof versichten.

Siegler: (I.) Abt Peter [II.] zu Chóttweig als Burgherr, die erbern (II.) Jorig der Enykchel, ‚mein egenanter Kathrein pruder', und (III.) Ott der Maidwisêr, Rathsherr zu Lintz.

Datum: geben (1405) des negsten mitichens vor gotesleichnamtag.

Orig., Perg. Deutsch. An Perg.-Streifen 3 Siegel; Copie in Cod. C f. 237.

Der Rückvermerk: *ubergibbrief von dem Mecsenpekchen* kennzeichnet die Weise, wie diese Urkunde in das Stiftsarchiv kam.

I. rund (32), roth auf Sch., IV A 2. U. in Minuskel undeutlich. Die Dreiberge besteckt mit dem Kreuze. — II. beschädigt, rund (30), grün auf Sch., IV A 2. U.: s. georii · en . . . chel · de · laustorf. Der Schild abgeb. bei Hueber, Austria, T. 24 nr. 5. — III. zerbrochen, grün auf Sch.

948.   **1405 Juli 3, Rom.**

Papst Innocenz VII. beauftragt den Olmützer Official mit der Untersuchung des Streites zwischen dem Stifte Göttweig und dem Vicar der Pfarre Nalb Bartholomäus Würfel.

Orig. (A), Perg. durchlöchert. Bleibulle an Hanfschnur; Copie in Cod. C f. 67′ (B).

Auf dem Buge rechts der Vermerk des Urk.-Schreibers: *N. de Rugis*; am rechten Rande des Textes ein langgestrecktes: *F*; auf der Rückseite in der linken Oberecke: *Io. pro domino Godf.*; in der Mitte des oberen Randes: *A. Wirsing* (Göttweiger Procurator); in der rechten oberen Ecke das Monogramm eines Namens.

Innocentius episcopus, servus servorum dei, dilecto filio officiali Olomucensi salutem et apostolicam benedictionem. Conquesti sunt nobis . . abbas et conventus monasterii beate Marie in Gottwico ordinis sancti Benedicti Pataviensis diocesis, quod Bartholomeus Wurffel, perpetuus vicarius parrochialis ecclesie in Nelib dicte diocesis, super quibusdam annuis pensionibus[1] et rebus aliis ad dictum monasterium spectantibus iniuriatur eisdem. Cum [autem][a] idem conquerentes, sicut asserunt, potentiam dicti iniuriantis merito perhorrescentes eum infra [civit]atem[a] seu diocesim Pataviensem nequeant convenire secure, discretioni tue per apostolica scripta mandamus, quatenus partibus convocatis audias causam et appellatione remota debito fine decidas fatiens,[b] quod decreveris, per censuram ecclesiasticam firmiter observari proviso, ne dicte pensiones contra Lateranensis statuta concilii sint imposite vel adaucte. Testes autem, qui fuerint nominati, si se gratia odio vel timore subtraxerint, censura simili appellatione cessante compellas veritati testimonium[c] perhibere. Datum Rome apud Sanctum Petrum V. nonas iulii, pontificatus nostri anno primo.

---

948. [a] Durch ein Loch zerstört. — [b] A. — [c] Folgt ein längerer Strich.

[1] Näher erklärt durch die Ueberschrift in B.: *Littera Innocencii pape de annuo censu persolvendo de parrochia Nelib dicto monasterio Gottwicensi.*

949. 1405 Juli 22.

Abt Peter [II.] und der Convent zu Gotweig beurkunden, dass sie der edlen Frau Dorothe, der Witwe nach Herrn Jörig von Polnhaim, 800 ℔. Wiener ₰. schulden, welche ihnen dieselben in der Nothlage des Stiftes ohne Festsetzung eines Rückzahlungstermines früher geliehen haben, wofür sie ihr jährlich je 40 ℔. ₰. zu sand Michelstag und sand Jörigentag ohne Abschlag zu zinsen haben. Die erste Zinsrate ist am künftigen sand Michelstag zu zahlen. Die Kündigungsfrist ist eine dreimonatliche. Die Schuldner haben die gekündigte Summe drei Monate nach der Kündigung zu zahlen. Stirbt Dorothe, ohne dass ihr die Schuld zurückgezahlt wurde, so haben die Schuldner inner Jahresfrist die Schuld deren Erben zu zahlen.

Siegler: Abt Peter [II.] und der Convent zu Gotweig.

Datum: Geben (1405) an sand Maria Magdalentag.

Conc., Perg. Deutsch.

Dieses Concept war als Deckblatt mit der Textseite einwärts an dem hinteren Deckel des Ms.-Cod. 270 angeklebt und ist links durch einen Höhenschnitt verstümmelt.

950. 1405 Juli 31, Rom.

Der Notar Konrad Coper von Nortbicc, Cleriker der Utrechter Diöcese, beurkundet durch Notariatsinstrument folgenden Processgang an der römischen Curie in dem Streite zwischen dem Cleriker der Olmützer Diöcese Lorenz Michaelis und dem Stifte Göttweig um die Pfarre Mauttarn:

Der von Papst Bonifaz IX. mit der Verhandlung betraute Richter und Auditor der Curie Johann Prene, Doctor beider Rechte, citiert auf Bitten des Lorenz Michaelis den Abt und Convent von Göttweig zweimal, wobei zum ersten Termine bloss Wenzel Tyem als Procurator des Lorenz, zum zweiten Lorenz selbst erscheint. Als der Richter hierauf zur Leistung des iuramentum calumpnie beide Parteien abermals citiert, erscheint bloss der Procurator des Lorenz, Jacob de Submago und nach einer neuerlichen Citation der Substitut desselben Johann Molendinarius. Da hierauf der Auditor Johannes von der Curie verreist, wird von Papst Bonifaz IX. der Auditor der Curie Jacob,

Bischof von Aquila, mit der Weiterführung des Processes betraut und da dieser den Auftrag ablehnt, der Bischof Nicolaus von Ferentino, welcher abermals beide Parteien citiert, worauf nur Lorenz erscheint. Nach einer weiteren Citation erscheint wieder bloss der Procurator desselben Arnold von Megheim, auf dessen Bitten zwei weitere Termine festgesetzt werden. Da aber an keinem derselben die zweite Partei erscheint, kündigt der Richter die Zulassung des Rechtsbeweises an. Nach der Unterbrechung des Processes durch den Tod des Papstes Bonifaz IX. und dessen Wiederaufnahme nach der Wahl Innocenz' VII. erscheint vor dem Richter der Göttweiger Procurator, Magister Johann Scrinonis, welcher von dem Magister Andreas Wirsing subdelegiert ist, und stellt die Bitte auf Entscheidung des Processes zu Gunsten des Stiftes Göttweig. Nach zwei abermaligen Citationen erscheint am ersten Termine Arnold von Megheim, am zweiten dieser sowie Lorenz selbst, worauf der Richter zum Schlusse des Rechtsverfahrens schreitet. Als hierauf beide Parteien sowohl Lorenz als auch der Magister Johann Scrinonis als Procurator erscheinen und den Richter um das endgiltige Urtheil bitten, fällt er dasselbe dahingehend, dass dem Stifte Göttweig die Pfarre Mauttarn mit allen Rechten zugehöre und dem Lorenz Michaelis kein Recht darauf zustehe. Letzterer wird ausserdem noch in die Processkosten verurtheilt, deren Festsetzung sich der Richter vorbehält.

Siegler: Bischof Nicolaus von Ferentino.

Datum: Lecta lata et in scriptis promulgata fuit hec presens nostra diffinitiva sentencia per nos Nicolaum episcopum et auditorem prefatum Rome apud Sanctum Petrum in palacio causarum predicto, in quo iura redduntur, nobis inibi mane hora causarum pro sentenciis ferendis loco nostro solito pro tribunali sedentibus (1405), indictione tercia decima, die Veneris tricesima prima et ultima mensis iulii, pontificatus etc. Innocencii etc. pape VII predicti anno primo.

Zeugen: die Magister und Notare Heinrich Reykemberch und Gottfried Crewbel, Cleriker der Kölner Diöcese.

Copie, Perg. Lat. Inseriert in nr. 1021.

Vgl. nr. 939 u. 942.

951.   1405 October 24.

Achatz Hannawer von Prŭk und Dorothea seine Frau verkaufen der erbern gmain zŭ unser vraŭn gotzhaus in der Råmsaŵ und Andren im Haus, dÿzeit der gmain zechmayster daselbs auf åinem taÿl und Jacoben dem Chapher, der der prŭderschaft zechmayster ist in der Råmsaŵ, auf dem andern taÿl *um 34 ₰. Wiener ₰. ihre freieigene Gŭlte von 11 ß. ₰. auf dem Hofe Chŭnrat's des Pósschel in der Ramsawer Pfarre, genannt auf der Rótenerd.*[1] *Diese Gŭlte ist an sand Michelstag zu zinsen.*

Siegler: (I.) Achatz Hannawer von Prŭk, Hans der Sax, Pfarrer zu Hainfeld, und Ott der Sÿdniker von Pruk, sein Schwager.

Datum: geben (1405) am nachstem samcztag vor sand Simons und sand Judastag.

Orig., Perg. rostfleckig. Deutsch. Von 2 Siegeln an Perg.-Streifen das 1. erhalten.

Vgl. nr. 1172.

I. beschädigt, rund, ungefärbt, IV A 2. U.: † S. . . . . . IVS · hAN-DAWER. Der nach links schreitende Hahn.

952.   1405 November 6.

Peter der Wyldekkér verkauft ŭnser frawn gotzhaus in der Ramsaŵ in Hainfelder pharr[1] und der pruderschaft und den zechleŵten daselbs, *um 24 ₰. Wiener ₰. seine freieigene Gŭlte von 1 ₰. ₰., welche von zwei Gütern in der Hainfelder Pfarre zu zinsen sind, und zwar von Chunrat am Obern Hóhenperig,*[2] *welcher jährlich 6 ß. 24 Wiener ₰. zinst, und von Hanns im Nidérn Haygraben,*[3] *welcher jährlich 36 ₰. zinst. Er reserviert sich und seinen Erben über diese beiden Güter die Erbvogtei, wogegen ihm Chunrat am Obern Hóhenperig jährlich 6 Wiener ₰. an sand Michelstag und Hanns im Nydern Haygraben 4 Wiener ₰. zu zinsen hat. Im Falle seines Todes ohne Leibeserben fällt dieselbe an den ältesten der Herren von Hohenberkch.*

951. [1] Rothe Erd E.-H. nr. 9, Rotto Unter-Ried, O.-G. Ramsau, V. O. W. W.
952. [1] nr. 951, wo eine Ramsauer Pfarre erwähnt wird, was entschieden unrichtig ist, da die Pfarre Ramsau erst nach längeren Streitigkeiten 1783 bewilligt wurde (Kirchl. Topogr. VI, 355). — [2] Ober-Herberg E.-H. nr. 5, Rotte Ober-Ried, O.-G. Ramsau. — [3] Heugraben, Weiler, O.-G. Hainfeld.

Siegler: Peter der Wyldekkêr, der erber Knecht Nyclas der Kalichpergêr.

Datum: Geben (1405) an sand Lyenhartstag.

Orig., Perg. rostfleckig. Deutsch. Die zwei Siegel waren an Perg.-Streifen angehängt.

Vgl. nr. 1172 u. 1176.

953.   **1406 Jänner 8.**

Stepphel Hagen zu Chunigsteten und Anna seine Frau verkaufen mit Handen ihres Bergherrn Petreins des Schonawer, des Amtmannes des Bischofes Jorig von Passaw zu Zaisselmaur, Jorig dem Ebmer, Prior zu Götweig, und dem Gotteshause daselbst ihr Viertel Weingarten, genannt die Secz auf dem Weyer, geraint an ainem tail an Seydleins Stůrmawer und an dem andern tail an Jannsen Mairs weingarten, *von welchem an den Bischof oder dessen Anwalt ain slechts virtail wein jährlich zu zinsen ist.*

Siegler: für die Urkundenaussteller (wenn wir aigen insigel nicht habn) (I.) Peter der Schonawer als Bergherr und der erber der Peringer.

Datum: Geben (1406) des nagsten freitags nach der heiligen drey kunig tag.

Orig., Perg. rostfleckig. Deutsch. An Perg.-Streifen 2 Siegel.

I. rund (28), ungefärbt, IV A 2. U.: [† S.] PETER · SCHONAWER. Ein Lindenblatt mit Stengel. — II. rund (26), ungefärbt, IV B 1. U. in Majuskel undeutlich. Der Kübelhelm. Cimier: zwei Ochsenhörner.

954.   **1406 März 3.**

Artolf von Pölan, Pfarrer an der Pfarrkirche zum heil. Georg zu Hofsteten, beurkundet durch Revers, dass er Abt Peter [II.] und dem Convente zu Gottweig und deren Nachfolger 30 ₰ Wiener ₰. jährlichen Zins zu zahlen habe, welchen Lienhart Schawr, Domherr von Passaw und Official zu Wienn, bei der Incorporation der dortigen Kirche zum Stifte auf Befehl des verstorbenen Papstes Urban VI. und unter Zustimmung des Bischofes von Passaw festgesetzt hat. Von diesem haben ihm jedoch der Abt und Convent einen Nachlass gewährt und bestimmt, dass die nun urkundlich fixierte Summe je zur Hälfte zu sand Jorgenstag und sand Mertentag zu zahlen ist. Es soll jedoch durch diese Vergünstigung für die beiderseitigen Nachfolger kein Präjudizfall geschaffen werden.

Siegler: (I.) Artolf von Pôlan, (II.) der erwürdige Herr Stephan von Tirnstein.

Datum: Geben (1406) an sand Chunigundentag der heiligen junchfrawn.

Orig., Perg. Deutsch. An Perg.-Streifen 2 Siegel; Copie in Cod. C f. 144.

I. rund (33), grün auf Sch., II B. U. in Minuskel undeutlich. Der heil. Georg im Kampfe mit dem Drachen dargestellt. — II. rund, grün auf Sch., II B (nr. 946 S. I).

955. 1406 März 22.

Kathrey die Severterin von Herczogenburg und Dorothe, die Witwe nach Tybolt von Hollnburg, beide Schwestern, verkaufen dem erbern Gilig dem Fleishakcher und Elsbet dessen Frau um 8 U. Wiener ₰. ihres rechten Burgrechts eine Wiese zu Hollnburg in dem Stokchwerd zenachst Stephanns des Vering, von welcher Bischof Berichtold zu Freysing und dessen Nachfolgern in die Herrschaft zu Hollnburg 12 ₰. an sand Michelstag zu Burgrecht zu zinsen sind.

Siegler: für die Urkundenausstellerinnen (wenn wir selben nicht aygen insygel haben) (I.) Vlreich der Peletter, Kastner zu Hollenburg, (II.) der Ritter Trêwslein.

Datum: geben (1406) des môntags nach mittervasten.

Orig., Perg. Deutsch. An Perg.-Streifen 2 Siegel.

I. rund (22), grün auf Sch., IV A 2. U.: † s. vlreich · paeleyter. Ein Topf, aus welchem sich 2 Lindenzweige nach den Oberecken erheben. — II. rund (28), grün auf Sch., IV B 1. U.: † S. TREWSEL · DE · hOLLBVRG. Zwei Ochsenhörner.

956. 1406 März 23.

Ruedolff von Schérffenberkch vermacht seinem Oheim Ûlreich dem Vélbar zu Kaprûn und dessen männlichen Nachkommen für den Fall des Aussterbens seiner männlichen Linie seine Feste zu Sprinczenstain,[1] *welche von dem Bisthume zu Passaw zu Lehen rührt, mit der Mannschaft und dem dazugehörigen Gute mit der Bestimmung, dass sie, wenn er unverheiratete Töchter hinterliesse, einer jeden im nächsten Jahre nach deren Verehelichung 400 fl. h. als Mitgift zahlen. Falls er jedoch Söhne hinterlässt, welche noch nicht vogtbar sind, überträgt er letzterem das Recht der Vormundschaft über dieselben.*

Siegler: (I.) Ruedolff von Schêrffenberkch, (II.) Herr Gundakcher von Tannberkch, sein Schwager, und (III.) Herr Hanns von Trawn.

Datum: geben (1406) am nachsten eritag nach mittervasten.

Orig., Perg. feuchtfleckig. Deutsch. An Perg.-Streifen 3 Siegel.

Vgl. nr. 957.

I. beschädigt, rund (33), grün auf Sch. U.: s. r[v]dolffi · de . . . . erg. — II. rund (28), grün auf Sch., IV B 1. U.: † 2. GVNDAK-KARI · DE · TANNPERG. Der Kübelhelm en face. Cimier: ein Hirschgestänge. — III. rund (33), grün auf Sch., IV C. U.: S. IOHANNIS · DE · TRAVN. Gespalten. Kübelhelm. Cimier: ein geschlossener Flug.

957. 1406 März 23.

Ûlreich der Velbêr zu Kaprûn vermacht seinem Oheim Herrn Ruedolff von Schêrffenberkch und dessen männlichen Leibeserben im Falle seines Todes ohne männliche Nachkommen seine zwei freieigenen Festen Kaprûn und Hieberkch[1] *sammt allem Zugehör, seine Mannschaft und seinen ganzen anderen Besitz mit der Bedingung, dass sie einer jeden seiner Töchter, wenn sie unverheiratet sind, im nächsten Jahre nach deren Verheiratung 1000 Gulden als Mitgift zahlen. Falls er aber Söhne hinterlässt, soll er deren Vormund sein, wenn sie noch nicht vogtbar sind.*

Siegler: (I.) Ûlreich Velbêr, (II.) sein Oheim Herr Kasparr und (III.) dessen Bruder Gundakcher von Starchenberkch.

Datum: geben (1406) am nachsten eritag nach mittervasten.

---

956. [1] Sprinsenstein, G.-B. Rohrbach, O.-Oe.
957. [1] Die Feste Hieburg, einst Mayrhofen, liegt auf einem Hügel im Rosenthale (Russthale) eine halbe Stunde von Wald gegen Neukirchen. Sie kam 1292 an die Velber (Pillwein, Salzburger Kreis II, 517 f.).

Orig., Perg. Deutsch. Von 3 Siegeln an Perg.-Streifen das 2. u. 3. bis auf kleine Bruchstücke abgefallen.

Vgl. nr. 956.

I. rund (29), grün auf Sch., IV C. U.: . s. vlreich · velbar. Wappen (Fuchs, Göttweiger Urk.-Buch I in Font. 2, LI nr. 246 S. IV). Ein Steinbockhorn. Stechhelm. Cimier: zwei Steinbockhörner sammt den Ohren.

958. 1406 März 31.

Nicla der Aschacher von Rossacz und Kathreÿ seine Frau beurkunden, dass sie dem jeweiligen Pfarrer zu Rossacz eine ewige Gülte von $^1/_2$ tl. Wiener ₰. an sand Mertentag von ihrem Weingarten zu Rossacz und haist die Leuthen auf der Laimsotten(?) zu zinsen haben, von welchem jährlich 5 Wiener ₰. an sant Michaelstag in das Amt daselbst zu Burgrecht zu zinsen sind. Verabsäumen sie die Zinsung der Gülte, so verfallen sie dem Wandel. Sie haben ausserdem den Weingarten in gutem Bauzustande zu erhalten. Im gegentheiligen Falle hat der Pfarrer das Recht, sich des Weingartens zu unterwinden. Diese Gülte hat früher Hanns der Vaseltt von Rossacz von seinen zweien perglein, die gelegen sind beÿ den Haneÿs, gezinst, welche jetzt davon ledig sind.

Siegler: Nicla der Fleishhackher von Groschen, Richter zu Rossacz und Burgrechtseinnehmer des Reinper von Wallsee daselbst.

Datum: Geben (1406) den nechsten mittichen in der vasten vor dem palmtag.

Copie, Papier. Deutsch.

Diese Urkunde wurde von der n.-ö. Regierungskanzlei durch den Registrator Hanns Gässler am 5. October 1596 collationiert.

959. 1406 April 24.

Jorig Maÿlouer, Andre Schacher und Wolffgang Purger, gesessen zu Velcz, beurkunden an Eides statt, dass Thaman Schmidt zu Velcz der leibliche Vater der Jorig Schachêrin gewesen ist.

Siegler: die Urkundenaussteller.

Datum: geben an dem tag des heiling sand Jorig (1406).

Orig., Papier. Deutsch. Von 3 Petschaften auf grünem Wachse das 2. erhalten.

960. 1406 November 27, Stein.

Der Notar Baltherus Conradi de Gawnestorf beurkundet, dass Abt Peter [II.] und der Convent von Göttweig einerseits und Lorenz Mauttêr von Nikolsburg anderseits in ihrem Streite über die Pfarrkirche und Vicarie zu Mauttarn sich auf Conrad de Lapide, Propst von Eystet und Andreas Wusing,* *Canonicus der Olmützer Kirche, als Schiedsrichter vereinbarten, welche die Entscheidung trafen, dass der Abt und Convent dem Lorenz Mauttêr eine so hohe Entschädigung jährlich zu zahlen haben, als das Erträgnis der Pfarre zu Mauttarn ausmacht. Zur Abschätzung desselben erwählen nun der Abt und Convent einerseits und Wenzel Tiem, Dechant der Passauer Kirche und Procurator des benannten Lorenz Mauttêr, anderseits den Pfarrer und Dechant in Chrems Marquard und den Rector der Kapelle zur heil. Maria in Tirnsteyn Stephan, welche dasselbe in Gegenwart des Notars Baltherus auf 38 ℔. Wiener ₰. schätzen, welche der Abt und Convent von Göttweig laut Ausspruch der benannten Schiedsrichter an der römischen Curie zu zahlen haben.*

Datum: Acta sunt hec in opido Stayn in curia predictorum dominorum abbatis et conventus in Gottwico (1406), indictione quartadecima, die vero vicesima septima mensis septembris, hora vesperarum vel quasi, pontificatus etc. Innocentii pape septimi anno eius secundo.

Zeugen: presentibus honorabilibus et discretis viris Iohanne Tiemyngêr, Martino de Euerdinga et Iohanne de Stayn, armigeris Pataviensis diocesis, testibus.

Orig., Perg. Lat. Das Notariatszeichen mit der Unterschrift: *S. Katherina*. Ohne Siegel.

961. 1406 October 13.

Fridreich Aschpekcher* *zu Vrspring und Kathrey seine Frau verkaufen dem Pfarrer Gregor zu Mawr um 25 ℔. Wie-*

---

960. * Orig. statt *Wirsing*.
961. * Zweite Schreibweise: *Achspecher*.

Fontes. II. Abth. Bd. LII.

ner A. *ihren Weingarten an dem Prekleinsperrg*[1] *zenåst Hansens weingartten des Vrspringer und Erhartz des Suppaner weingartten, welcher freies Burgrecht ist und von dem Fridreich in dem Hof zu Mawr 6 Wiener A. an sand Michelstag zu zinsen sind.*

Siegler: für Fridreich in dem Hof (wen ich obgenantter Fridreich in dem hof ze Mawr dyzeit aygens insigill nicht gehabt hab) der erber Jorig der Enigchell von Albrethperig,[2] *für die Urkundenaussteller* der ersam Herr Seyfrid Pfarrer zu Losdarff und (III.) der erber Knecht Vrschalich zu Meczleinsdarff.

Datum: Gegeben (1406) an sand Cholmanstag.

Orig., Perg. Deutsch. Von 3 Siegeln an Perg.-Streifen das 3. erhalten. III. beschädigt, rund, ungefärbt, IV A 2.

962. 1406 November 1.

Abt Peter [II.] und der Convent von Gottweig stellen dem erbern Hanns dem Chraft zu Fürt einen Schuldbrief über 100 tl. A. aus, welche ihnen derselbe in der Nothlage des Stiftes geliehen hatte und die im nächsten Jahre an sand Mertentag zu zahlen sind. Falls dies nicht geschieht, verfallen sie der Strafe des Einlagers mit zwei Knechten und zwei Pferden in einem ihnen vom Gläubiger angewiesenen Gasthause zu Chrems. Dauert ihm aber das zu lange, so soll der Landesfürst oder sein Gewaltträger ihn vom Stiftsgute für Hauptgut und Schaden entschädigen.

Siegler: Abt Peter [II.] und der Convent von Gottweig.
Datum: Geben (1406) an allerhayligentag.

Orig., Perg. cassiert. Deutsch. 2 Siegel abgefallen.

Diese Urkunde war mit der Textseite als Deckblatt in einem Cod. aufgeklebt.

963. 1407 Jänner 25.

Ulreich der Velber beurkundet, dass er seiner Frau Anna, der Tochter des Ott von Liechtenstain, ihre Mitgift im Betrage

---

961. [1] Brackersberg nordwestl. v. Ursprung. — [2] Albrechtsberg a. d. Pielach (Wissgrill, Schauplatz II, 410 u. Keiblinger in Hormayr's Taschenbuch 1828, S. 238 f.).

von 1700 tl. Wiener ₰. inner Jahresfrist auf den sacz, den der Stubenberger innehat und gen Trefen gehört, oder auf den sacz ze Sáldenhaim oder auf ander hab und gûeter anlegen wird. Kann er sie aber nicht anlegen, so verpflichtet er sich, sie zu Sand Vejt in Kernden, zu Friesach oder anderswo zu hinterlegen und ohne Wissen seiner Frau oder deren Verwandten nicht zu beheben. Er verspricht ihr ferner, davon 850 tl. ₰. zur freien Verfügung anzulegen und stellt ihr für die Ausführung dessen inner Jahresfrist benannte Bürgen, welche bei Nichterfüllung dieser Verpflichtung der Strafe des Einlagers mit einem Knechte und drei Pferden in einem Gasthause zu Sand Vejtt in Kernden verfallen. Bei Todesfall eines der Bürgen hat er einen anderen zu stellen. Für den etwaigen Schaden haftet er mit seinem ganzen Besitze, aus welchem sie der Erzbischof Eberhartt[1] *von Salzburg entschädigen soll. Nach Erfüllung der beiderseitigen Verpflichtungen sind nach dem Landesrechte in Steyer oder Kernden gegenseitig die Heiratsurkunden darüber auszustellen.*

Bürgen: die erbern Ritter Jorg der Gradnnekker, Jorg der Silberberger, Angstlein Silberberger, Chûnrat Graf von Rostat und Jorg der Porczenfurtter.

Siegler: (I.) Ulreich der Velber, (II.) der erber Knecht Wilhalm der Ünnûcz, Burggraf ‚auf dem obern haws ze Friesach'.

Datum: geben (1407) an sand Paulstag, als er pechert ist warden.

Orig., Perg. Deutsch. An Perg.-Streifen 2 Siegel.

I. rund (29), grün auf Sch., IV C. U.: s. vlreich · velbar. (nr. 957 S. 1). — II. rund (26), grün auf Sch., IV C. U.: s. wilhalben · vanucz. Zwei schräggekreuzte Fahnen. Der Stechhelm. Cimier: ein Hirschgestänge.

964.   1407 Februar 28, Wien.

Bischof Georg von Passan entscheidet als beiderseits erwählter Schiedsrichter einen Streit zwischen dem Domcapitel von

---

963. [1] Eberhard von Neuhaus, früher Dompropst zu Salzburg, erwählt 1403 Mai 25, von Rom bestätigt 1406 Jänner 13 — † 1427 Jänner 18. In den ersten Jahren wurde seit 1404 Februar 6 Berthold v. Wachingen, Bischof v. Freising, von Rom als Erzbischof für Salzburg bestimmt, welcher aber zurücktrat (Eubel, Hierarchia, S. 455).

Passau einerseits und Abt Peter [II.] und dem Convente von Göttweig andererseits. Da letztere dem Capitel jährlich nach einem alten Gewohnheitsrechte ein Fass[1] *Wein zu zinsen haben, dasselbe aber im laufenden und verflossenen Jahre nicht gezinst und sich mit der Unfruchtbarkeit der Jahre entschuldigt haben, entscheidet er dahin, dass sie das Fass Wein für das laufende Jahr vom Eigenbau nach bisherigem Brauche innerhalb eines Monates von jetzt an und das schuldige Fass für das verflossene Jahr im nächsten Jahre ausser dem jährlich zu liefernden Fasse zu zinsen haben, wogegen die Forderungen des Capitels an Schaden, Auslagen und Interesse erlöschen. Das Fass Wein ist in Zukunft jährlich zu zinsen und hat zwischen den streitenden Parteien ferner ein freundschaftliches Verhältnis zu bestehen.*

Siegler: Bischof Georg.

Datum Wienne mensis februarii ultima die (1407).

Copie in Cod. C f. 27. Lat.

965.   **1407 April 26, Augsburg.**

Der Notar Petrus Kösler de Gyslingen Constantiensis dyocesis, vicarius chori ecclesie Augustensis, *beurkundet, dass der Cleriker der Constanzer Diöcese Johann von Westersteten in seiner und benannter Zeugen Gegenwart den Canonicus der Augsburger Kirche Rüperth Zeller als Procurator bestellte, damit er ihm vom Bischofe von Freising oder dessen Generalvicar die Verleihung der Pfarre in Vbingen, welche infolge freier Resignation des letzten Pfarrers Rûdolf* medici *vacant geworden ist, erwirke, das Erträgnis in Empfang nehme, wegen der ersten Einkünfte mit dem Bischofe Vereinbarungen treffe und für die Kirche einen geeigneten Priester aufstelle.*

Datum: Acta sunt hec Auguste in sacristigia contigua choro ecclesie Augustensis (1407), mensis apprilis die vicesima sexta, hora primarum vel quasi, indiccione quinta decima, pontificatus etc. Gregorii Pape duodecimi anno primo.

---

964. [1] Durch die Ueberschrift: *Ein auspruchbrief von bischolf Jorgen zwischen des capitels zu Passaw und des abbts und des conventz zu Gottwei von aine dreiling weyn wegen, den man in zu Stain gibt*, wird sowohl die Grösse des Zinses als auch der Ort der Ablieferung genau fixiert.

Zeugen: presentibus venerabilibus viris, dominis Fridrico Burggrauii preposito, Ottone de Sunthaim, Anshelmo de Nenningen et Andrea Sregg scolastico, canonicis ecclesie Augustensis, testibus.

Orig., Perg. Lat. Notariatszeichen mit der Unterschrift: *Petrus Klebr.*

Diese Urkunde war in einem Cod. eingeheftet.

966.   1407 Mai 25.

Vincenz Weinstakch, Caplan der Herzogin Beatrix in Osterreich, beurkundet, dass ihm sein Stiefvater Gylig Fleyschakker und Elspet dessen Frau seinen ihm von seiner Mutter anerstorbenen mütterlichen Erbtheil von einem Hause nächst dem Pfarrhofe, von welchem Bischof Berichtold von Freysing 12 ₰. an sand Michelstag und ein Faschingkuhn zu zinsen sind, ferner von einem Weingarten, genannt der Gryesser, welcher in das Amt zu Holenburkch zur Lesezeit drei Viertel Most zinst, und von zwei Tagwerken Wiesmat in dem Stokchwerd, welche ebendahin 28 ₰. an sand Symanstag zu Burgrecht zinsen, und von einer anderen Wiese in dem Stokchwerd zenachst Stephans des Vering, welche an dasselbe Amt 12 ₰. an sand Michelstag zinst, um 24 ℔. Wiener ₰. abgelöst haben.

Siegler: für den Urkundenaussteller (wann ich selber aygen insigel nicht enhab) (I.) Vlreich Peleytter, Stifter und Störer des Bischofes Perichtold zu Freysing, (II.) Hans der Stramer, Pfleger zu Holenbůrgk.

Datum: Geben an sand Vrbanstag (1407).

Orig., Perg. Deutsch. An Perg.-Streifen 2 Siegel.

I. rund, grün auf Sch., IV A 2 (nr. 955 S. I). — II. rund (24), ungefärbt, IV A 2. U.: † s. hanns·straser. Abb. bei Duellius, Exc., Tab. 28 nr. 360.

967.   1407 Juli 5. Göttweig.

Der Notar Baltherus Conradi de Gawnestorf, *Cleriker der Passauer Diöcese, beurkundet, dass der Göttweiger Profess Ulrich, Pfarrer zu Göttweig, in seiner Gegenwart den Priester der Passauer Diöcese Werdung Potschalcher und den Pangracius, einen Gast im Hofe zu Göttweig, in seinem Streite mit einem gewissen Konrad Walich, einem Laien der Passauer Diöcese, über ein der Fabrica der Pfarrkirche zu Göttweig vermachtes Pallium zu seinen Procuratoren mit allen Vollmachten ernannt habe.*

Datum: Acta sunt hec in monasterio predicto (1407), indiccione quinta decima, die quinta mensis iulii, hora vesperarum vel quasi, pontificatus etc. Gregorii etc. pape duodecimi anno primo.

Zeugen: presentibus honorabilibus et discretis viris, domino Vdalrico de Stokcheraw, Proccopio de Enczestall, Petro de Stelczeltdarf[1] presbytero, clerico et laico dicte Pataviensis diocesis, testibus.

Orig., Perg. Lat. Notariatszeichen mit der Unterschrift: *S. Katherina*.

968. **1407 August 24.**

Kadolt von Czelking von Schónekk[1] *beurkundet, dass er wegen der Zehente und Gülten, welche er von dem verstorbenen Abte Fridreich [II.] und dem Convente zu Oötweyg auf Wiederkauft gekauft hat, mit dem jetzigen Abte Peter [II.] und dem Convente ein Uebereinkommen abgeschlossen hat, wonach er die Zehente und Gülten von ihnen für sich, seine Frau Dorothe und ihren Sohn Jörg von Czelking zu Leibgeding kauft:* von erst den zehent ze Pfaffndorf, ze Obernnálib und ze Nidernnálib, ze Vczestorf, ze Pernnharczstorff, ze Peygartten traidzehent und weinczehent grossen und chlainen ze veld und ze dorf, die in den hof ze Pfaffndorf gehören, und den zehent ze Rêklestorf, den der Wakker inngehabt hat, und was darzû gehört, und virdhalb phundt Wienner phening gelts gelegen auf dem hof ze Phaffndorf, do man alle jar von dinnt zway phundt Wienner phening für zway spekchswein und zwelf schülling fur den chlain zehent, und die zehent zû Chunigsprunn, ze Enczesfeld, ze Hagenprunn, ze Pûsenperg, ze Flêndorff, ze Rarbach, ze Narczendorf[2] getraidzehent und wein-

---

967. [1] Stelzendorf, V. U. M. B.
968. [1] Schönegg, O.-G. Zehetgrub, G.-B. Scheibbs. Vermuthlich stand hier einst eine Burg, von welcher jetzt keine Spur mehr vorhanden ist (Schweickhardt, V. O. W. W. XIII, 397). — [2] Auch Norczendorf, ein eingegangener Ort, welcher 1395 zur Pfarre Klein-Engersdorf, G.-B. Korneuburg gehörte (Blätter f. Landesk v. N.-Oe. XV, 326).

zechet grossen und chlain ze veld und ze dorf und sechczig Wienner phenning gelts gelegen zu Chŭnigsprunn auf ainem behawsten lehen und all den weinczehent, perkchrecht und dinst, den wir daselbs ze Chvnigsprunn haben; item den zehent ze Gôttesprun traidzehent und weinczehent, grossen und chlain und zwelif schŭlligen gelts gelegen daselbs auf behawsten gŭt; item den zehent ze Hôflein traidzehent und weinzehent grossen und chlain und fŭnf schŭlling Wienner phening gelts gelegen daselbs ze Hôflein auf behawsten gŭt. *Nach ihrem Tode werden dieselben dem Stifte, wie sie gerade liegen, ohneweiters ledig. Erwächst ihnen in dieser Zeit durch Rechtsansprüche irgend ein Schaden, so haftet ihnen das Stift hiefür.*

Siegler: Chadolt von Czelking, der edel Fridreich von Wallse und Alber von Volchenstarf,[3] des Chadolt von Czelking Schwager.

Datum: geben (1407) an sand Warthomeztag des heiligen zwelfpoten.

Copie I inseriert in nr. 1709; Copie II in Cod. C f. 66 f.

Vgl. nr. 1512, 1665.

969.   **1407 October 13, Wien.**

Augustin von Judenburg, Pfarrer an der Kirche zum heil. Georg zu Hofsteten und Schreiber des Herzogs Leupolt [IV.] in Österreich, beurkundet durch Revers, dass er Abt Peter [II.] und dem Convente zum Kotweig jährlich von seiner dem Stifte incorporierten Kirche 30 ₰. Wiener ₰., welche ihr der Passauer Domherr und Official zu Wienn Leonhart Schawr aufgelegt hat, und zwar zu je 15 ₰. ₰. auf sand Jorgentag und sand Michelstag zu zinsen habe.

Siegler: (I.) Ernst der Awer, Propst zu Fryesach und Pfarrer zu Pyber, und (II.) Niclas der Weispacher, Hubmeister in Osterreich und Bürger zu Wienn.

Datum: Geben ze Wienn an sand Kolmanstag (1407).

Orig., Perg. Deutsch. An Perg.-Streifen 2 Siegel; Copie in Cod. C f. 144' f.

---

968. [3] Wolkersdorf, V. U. M. B. Nach dem Schlosse mit Herrschaft benannten sich die Herren v. Wolkersdorf, welches sie vom 12.—14. Jahrh. innehatten (Schweickhardt, V. U. M. B. VII, 249 f.).

Vgl. nr. 971 u. 972.

I. sechseckig, roth auf Sch., II B. U.: † secretum · ernesti . . awer. Ein männlicher links gewendeter Kopf mit dem Lorbeerkranze en profil (antike Gemme) (Secretsiegel). — II. rund (29), grün auf Sch., IV A 2. U.: ✕ sigillvm ✕ nicolai ✕ weispacher. Abb. bei Hueber, Austria, T. 21 nr. 2.

970. 1408 April 22, Krems.

Herzog Leopold IV. gewährt dem Stifte Göttweig die mauthfreie Einfuhr eines bestimmten Quantums Salz auf der Donau aus Baiern bis Korneuburg gegen die Uebernahme der Verpflichtung zur Abhaltung eines Jahrtages.

Orig., Perg. Siegel an Perg.-Streifen als Bruchstück erhalten; Copie in Cod. C f. 289' f.

Lichnowsky, Gesch. des Hauses Habsburg V, Anhang S. 93 nr. 1005 reg.

Kanzleivermerk von gleicher H. mit anderer Tinte: *D. dux per se et cons. And.*

Wir Leupolt von gotes gnaden herczog ze Österreich, ze Steyr, ze Kêrnden und ze Krain, grave ze Tyrol etc. bechenn fur uns und den hochgebornen fursten herczog Albrechten, herczogen ze Österreich etc., unsern lieben vettern, des gerhab wir sein, unser lieben bruder erben und nachkomen, daz wir ze vôrdrist dem almêchtigen got, der magt Marien seiner gepererin, allen heiligen und dem hymelischen here zů lob und eren und unser vordern lôbleicher gedêchtnuss, unser und unser nachkomen seeln zů haile und troste und auch von sundern gnaden den ersamen geistleichen unsern lieben andêchtigen und getrewn . . dem abbt und dem convent des klosters zum Kôttweig und iren nachkomen desselben gotzhauses die gnad getan haben und tůn auch wissentleich mit krafft diczs briefs, daz nu furbasser alle iare und ewikleich sy oder ir anwalt, den sy darczů ordnen, dritthalb phunt kůffen salcz des grossen pandes und acht phunt kůffel des klaynen pandes, wa sy das in Bayren kauffent, herab uncz Korn-Newnburg an allen unsern mâutten zů Lyncz, zů Mêthausen, zů Ybs und zů Stain mauttfrey und an all ander irrung und hindernuss gefuren mugen und sullen mit einander oder zů ainczigen, wenn sy im iare wellen und in das aller fugleicher ist, doch daz uns dieselben klosterlêutt und der convent zum

Kottweig nu furbasser alle iare ewikleich auf den suntag, so man singet invocavit in der vasten in demselben gotshaus ainen erbêrn iartag haben und begeen des abends mit ainem gesungen vigili und des morgens an mantag darnach mit ainem gesungen seelambt und gesprochen seelmessen mit aller ordenung und geberde, als denn solher erber iartag sit und gewonheit ist. Davon gebieten wir unsern lieben getrewn allen unsern haubtleutten herren rittern und knechten pflegern burggraven burgermaistern richtern rêten burgern und allen unsern amptleutten undertanen und getrewn und sunderleich unsern mauttern zů Lyncz, zů Mêthausen, zů Ybs und zů Stain gegenwurttigen und kunftigen, den diser brief geczaigt wirdt, und wollen ernstleichen, daz sy den egenanten abbt, den convent, ir nachkomen und dasselb ir kloster nu furbasser ewikleich bey diser unser gnade genczleich beleiben und sy oder iren anwalt die egenant summ salcz also alle iare mauttfrey und an all andere irrung und hindernuss untz gen Korn-Newnburg furen und bringen lassen und dawider nicht tůn noch das yemand anderm ze tůn gestatten in dhainerlay weis. Das maynen wir ernstleich mit ůrkund diczs briefs geben zů Kremhs an suntag vor sant Jorgentag nach Christs geburde vierczehen hundert jar darnach in dem achten iare.

971.   **1408 April 22, Göttweig.**

Abt Peter [II.] und der Convent zum Köttweig erlassen Augustin, dem Pfarrer an der Kirche zu Hofstetten und Schreiber des Herzogs Leupolt [IV.] in Osterreich, auf Bitten des Herzogs, seiner Räthe und auf seine eigenen Bitten den jährlichen Zins von 30 ℔. ₰., welchen er von seiner Pfarrkirche dem Stifte zu zahlen hat. Derselbe wird ihnen jedoch wieder ledig, wenn er vom Landesfürsten oder jemand anderem eine andere Kirche erhält.

Siegler: (I.) Abt Peter [II.] und (II.) der Convent zum Köttweig.

Datum: der geben ist in unserem kloster zum Kottweig an suntag vor sand Jorgentag (1408).

Orig., Perg. rostfleckig. Deutsch. Von 2 Siegeln an Perg.-Streifen das 1. erhalten.

Vgl. nr. 969.

I. spitzoval (66 : 43), roth auf Sch., III B 2 b. U.: . s. petri · [abb]atis · mon . ste · mari[e · in · go]ttbico. In einer gothischen Nische ist der Abt im Ornate en face sitzend dargestellt, rechts davon steht in einer Nische die heil. Maria mit dem Jesukinde, links der heil. Altmann. Unterhalb der Wappenschild. Ueber den Dreibergen ein schwebendes Kreuz. Schildhalter: zwei Adler.

972.   1408 April 22.

Augustin von Judenburg, Pfarrer zu Hofsteten und Schreiber des Herzogs Leupolt [IV.] von Osterreich, beurkundet durch Revers, dass ihm Abt Peter [II.] und der Convent zum Kotweyg den Zins von 30 ℔. ₰. auf Bitten des Herzogs und dessen Räthe erlassen haben.

Siegler: (wan wir bed aygens insigels nach nicht haben) (I.) Ernst, Propst zu Fryesach und Pfarrer zu Pyber, des Herzogs Leupolt geheimer Rath, und (II.) Augustin mit dem Petschaft.

Datum: geben (1408) an dem suntag vor sand Jorgentag.

Orig., Perg. Deutsch. An Perg.-Streifen 2 Siegel; Copie in Cod. C f. 145.

I. sechseckig, grün auf Sch., II B (nr. 969 S. I). — II. ganz zerbrochen.

973.   1408 Mai 1, Freising.

Bischof Berthold von Freising und Friedrich Burggraf von Nürnberg entscheiden einen Streit zwischen den beiden Herzogen Ludwig und Heinrich von Baiern über die Kleinodien der Herzogin Magdalene.

Conc., Perg. mit mehreren Correcturen.

Reg. sive rerum Boicarum autographa XII, 10 reg.

Wir Berchtold von gotes gnaden bischof ze Freysingen und wir Fridreich von denselben gnaden purggraf ze Nürnberg etc. bechennen und tūn kund offenlich mit dem brief, als die hochgeborn fürstin fraw Magdalen, weilent herczog Fridreichs selig wittib, ettleiche kleinat versaczt hat in der stat ze Regenspurg, nach denselben klainaten der hochgeborn fürst unser herr und prūder, herczog Ludweig pfalczgraf* gesprochen

---

973. * Ueber der Zeile nachgetragen.

hat, wie im die von der obgenanten frawen Magdalenen geschickt und gemacht sein nach des briefs laut, den er uns darumb hat lassen sehen, dawider aber der hochgeborn fürst, unser herr und swager, herczog Hainreich, auch* pfalczgraf bei Rein und herczog in Bayrn etc., geredt und gesprochn hat, daz dieselben klainat nyemant pilleich zugehörn dann im, wan si von der obgenanten frawn Magdalenen sein müter selig anerstorben sein. Nu haben wir mit den obgenanten fürsten und auch mit den von Regenspurg alsverr geredt, daz si uns gütleich günnt habent die sach zwischen in mit der mynn ze entschaiden und darumb auszesprechen. Also haben wir bedéchtleich darüber gesessen und darumb zwischen in ausgesprochen und sprêchen auch wissentlich mit dem brief des ersten, daz all ungnad ungunst unwillen und veintschafft von den obgenantn fürsten und allen den iren, die si gen den vorgenanten von Regenspurg und den iren uncz her gehabt haben, gênczleich sullen absein. Sunderlich sullen auch die absag und veintschafft, die der wolgeborn unser lieber herr und swager graf Johanns Meinhart, graf ze Görcz etc., gen denselben von Regenspurg getan und gehabt hat, auch gênczleich absein, desselben sich der obgenant unser herr und swager herczog Hainreich sol annemen und abtragen.ᵇ Desgleichen sullen die obgenanten von Regenspurg gen den vorgenanten von Bayrn und dem von Görcz und gen den iren auch kain veintschafft haben, noch tûn in dhain weis. Darnach sprechen wir, daz die obgenanten von Regenspurg dem vorgenanten unserm herren und swager, herczog Hainreichen dieselben kleinat alle, als oben geschriben ist, gênczleich ledigen und wider geben sullen zwischen hynn und den pfingsten schierst künftig angeverd.ᶜ Des ze urchund geben wir in den brief versigelt mit unsern anhangundn insigelen, der geben ist ze Freysingen an sant Philipp und sant Jacobstag der heiligen zweliffpaten nach Kristi gepûrd vierczehenhundert jar und in dem achtenden jare.

---

973. ᵇ Folgt getilgt: *als das in desselben herczog Hainreichs brief begriffen ist, den er in darumb hat geben.* — ᶜ Folgt ein Auslassungszeichen. Unter dem Datum ist nachgetragen: *und sol auch die obgenant veintschaft und entsagnuzz von dem egenanten von Görcz zwischen hinn und phingsten auch gênczleich abgetragen und versorgt werden also, das ains mit den andern gee ungeverleich.*

974. **1408 Mai 13.**

Schiedspruch zwischen Andreas Frel und dem Stifte Göttweig.

Orig., Pap. beschädigt. Mit 6 vorne aufgedrückten Siegeln.

Ich Hanns der Frêl, Ottmar Marichpekch und ich Peter von Layderstorff an aynem tail und ich Fpilipp ͤ der Huntshaymer, Hanns Weikchartslager und ich Hanns der Tyemiger an dem andern bechennen offnlich mit dem brief umb alle die krieg stoss misshelung und vordrung, die gewesen sind zwischen dem erbern Andre dem Frel, Kathrein seiner hausfrawn an aynem tail und zwischen dem erwirdigen gaistlichen herrn abbt Petern zu Gottweig von sein und seins gotshaus lewt wegen an dem andern, wie sich das alles vergangen und verlauffen hat uncz auf den hewtigen tag und der brief geben ist, derselbigen zuspruch und stoss sew genczlich und in allsczug bey uns beliben sind, alls wir des baydtail hinderchriegbrief haben. So sprechn wir von erst, das sew zu bayderseit hinfur guet frewnt umb all vergangen sach beleibn sullen und dhain tail dem andern furwas in dhain übel zue suechen in dhainer weis. Wir sprechn auch von des pruns und zawns wegen, dorumb Andre der Frel und prueder Jorig dieczeit prior zu Kottweig stossig gewesen sind, das derselb prunn rynnen sol und der zawn sten sol, alls sew von alter herkomen sind. Ob sew aber hinfur dorumb stossig wurden, so sullen sew zu bayder seit geleich lewt dorauf bringen, die in bayden geleich sein, und was den dieselben dorumb erkennen, dobey sullen sew beleiben. Wir sprechen auch, das der egenant Andre Frel Micheln Vischer von Talarn fur sechczig phennig geben sol auf die kunftign sunnbenden zwen und dreyssigk phennig, und auch von wegen ᵇ Ortbeins des Smyds zu Fuert sprechen wir, das dorumb aussprechn sol Hanns der Frêl, und was er spricht, so sol es bey beleiben. Auch sprechn wir, das es zwischen dem egenanten Andren ᶜ Frel ᶜ und Pertlein von Talarn geleich quitt und wette und hinfur ayner dem andern nichts zu suechen von der sach wegen. Wir sprechen auch, das Seydel der Hortlieber die ohue sol behalten und das der egenant Andre Frel

---

974. ᵃ Orig. — ᵇ Das folgende *Ortbeins des Smyds* auf einem Risse. —
ᶜ Ueber der Zeile nachgetragen.

sol im gebn sechczig phennig auf die* sumibenden.* Wir sprechn auch, das der egenant Andre Frel Vllreichn dem Charlein zu Obernfuchau ausrichtn sol umb den dinst auf den vorgenanten tag und den habern, so er im gelihn hat, widergebn auf das newn. Wir sprechen auch, das Lênndel von Obernfuchau ausrichtn sol sein tochter und unchlaghaft machn sol von der dinst wegen, die sy dem vorgenanten Andren dem Frel getan hat. Wir sprechn auch von der wayd wegen zu Pallt, do der Frel brief umb hat, alls er spricht, das er die fuertragen soll, und wes er denn rechtlich dorumb geniessen sol, des sol er sich halten. Wir sprechen auch, ob dem egenanten Andren dem Frel, Kathrein seiner hawsfrawn von dem egenanten abbt Petern, seinem gotshaus oder seinen lewten icht schad geschech oder von seiner lewt viech, die sol man dorumb fphenden, alls phendens recht ist, und die phant auf stellung aufgeben und denn die scheden sullen mit frumen lewten beschaut werden und nach derselbign lewt rat abgetragn werden. Auch sprechen wir, ob dem egenanten Andren dem Frel, Kathrein seiner hausfrawn oder jern* lewton von* dem vorgenanten abbt Petern, seinem gotshaus oder seinen lewten icht jrrung* schaden oder beswerug* geschech mit willen oder mit unbillen, das dan der egenant Andre Frel, sein hausfraw oder die seinen den vorgenanten abbt Petern beschaidn ze redde seczen sullen und begern dieselbign scheden biderzechern nach frummer lewt rat und die hinfur wende, so er peste chünn angeverd. Wer aber das, das der egenant abbt Peter des also nicht tuen wolt, so sprechen wir, das der egenant Andre Frel, oder die seinen die sach bringen sullen, do sy es rechtlich hinbringen sullen nach lawt und sag des gegnwurtigen spruchbriefs. Wir sprechen auch, ob der vorgenant abbt Peter, sein gotshaus oder sein le[w]tᶠ den spruch uberfuern und nicht stet hieltn, so habnt sew all jere* recht gen dem egenanten Andren dem Frêl, sein hausfrawn verlorn und dorczu sullen sew dem lanndesfursten oder wer sein gewaltiger marschalikch ist in dem lande zu Osterreich, verfallen sein hundert guldein und uns [sp]ruchleutn* jedem ze gebn an alle gnad z[e]hn* phunt

---

974. ᵈ Folgt ein unleserliches Wort, etwa *chunftig* (?), über der Zeile nachgetragen. — * Aus einem anderen Worte corrigiert. — ᶠ Auf einem Risse. — ᵍ Theilweise auf einem Risse.

phennig. Und das der spruch [hinfur stet]' und unczebrochen beleib, doruber gebn wir obgenante spruchleut jedem tail einen solichen brief versigelltn mit unsern obgenanten spruchleut aller sechser aufgedruchtn insigilln, der geben ist nach Christi gepurd vierczehnhundert jar darnach in dem achten jare an suntag nach sand Pangreczentag.

I. S. d. Hanns Frel rund, grün, IV A 2 (nr. 946 S. II). — II. S. d. Othmar Marichpek ganz zerbrochen, rund, grün. — III. S. d. Peter Laiderstorfer beschädigt, rund, grün, IV A 2. U.: † s. pet . . . . arfer. Ein nach links steigender Hund an der Leine. — IV. S. d. Philipp Hundsheimer beschädigt, rund (29), grün, IV A 2. U.: † S. PhILIPPI · D'· hVNZhAIM. — V. S. d. Hanns Weickartschlager beschädigt, rund (28), grün, IV A 2. U.: † s. hans · weikart · sl[ag]er. Eine Handelsmarke. — VI. S. d. Hanns Tieminger beschädigt, rund (31), grün, IV A 2. U.: † s. hansen · tieminger. Getheilt, im oberen Felde der wachsende Löwe.

975. 1408 Juli 30.

Hainreich der Pâukenhoffâr beurkundet, dass ihm der edel Herr Ulreich der Velber, sein Herr, seine ledige Schwester Ursse, die Tochter der Christein der Hegneinyn zur Frau gegeben und ihm ihre Mitgift bezahlt hat, wofür er ihr als Widerlage seinen ganzen Besitz verschreibt, welcher ihr im Falle seines Todes ohne Leibeserben ganz gehören soll. Falls sie früher stirbt und Leibeserben hinterlässt, sollen er und seine Kinder den Besitz auf Lebenszeit zusammen innehaben. Stirbt jedoch er früher und hinterlässt unmündige Leibeserben, so soll Ulreich von Velben ihr Vormund sein. Im Falle ihres Todes ohne Nachkommen fällt ihr ganzer Besitz an Ulreich von Velben und dessen Erben.

Siegler: (I.) *der erber Chunrat der Nêwnchircher und* (II.) *Partlein der Mulbacher.*

Zeugen: der taiding und pet umb die insigel sind zêugen der edel her Lienhart der Schonstainer und Haug Pûrger von Mainperg, Hanns Salmôn von Lengdorf, Nicla Moslechen, Chûnrat Grennolt.

Datum: geben dez nachsten mantags nach sand Jacobstag (1408).

Orig., Perg. Deutsch. An Perg.-Streifen 2 Siegel.

I. rund (29), grün auf Sch., IV B 1. U.: s. conradi · newnkirch. Der geschlossene Stechhelm nach links gewendet. Cimier: der wachsende Steinbock. — II. rund (27), grün auf Sch., IV A 2. U.: † s. partel · dci. mvelbacher. Zwei gegen einander steigende Hunde.

976. 1408 September 1.

Hanns der Waldner gesessen zu Gerhalbing[1] *und seine Frau verkaufen dem* beschaiden *Vlreich dem Smid zu Pemesteten und seiner Frau ihre freieigene* leyten gelegen dacz Stainpuchel[2] in dem veld in Merttinger pharr und in Wässenberger herschaft.

Siegler: Hanns der Waldner und der erber Gorig der Volchrat.

Datum: geben (1408) an sand Eygydentag.

Orig., Perg. Deutsch. Von 2 Siegeln an Perg.-Streifen das 1. beschädigt, das 2. abgefallen.

977. 1408 September 8.

Abt Peter [II.] und der Convent von Kottweig stellen dem erbern Fridreich dem Häbichler und seiner Frau einen Schuldbrief über 200 ₰. Wiener ℳ. aus, welche sie ihnen in ihrer Nothlage[1] *geliehen haben und die am künftigen Mariä Geburtstage in der Stadt Krembs zurückzuzahlen sind, und verpfänden ihnen hiefür ihren Weinzehent und Weindienst zu Mawtarn. Die Kündigung hat beiderseits acht Tage vor bis acht Tage nach sand Jacobstag zu geschehen. Wird die Schuld dann nicht bezahlt, so haben die Gläubiger das Recht, sich des Pfandes zu unterwinden und das Recht auf Entschädigung aus dem Stiftsgute, wenn es für Hauptgut und Schaden nicht ausreicht.*

Siegler: Abt und Convent zu Kottweig.

Datum: geben (1408) an unser lieben frawntag, alls sy̆ geboren ist warden.

Orig., Perg. cassiert. Deutsch. Die 2 Siegel abgefallen.

---

976. [1] Gerling, O.-G. St. Martin, G.-B. Neufelden, O.-Oe. — [2] Steinbüchler E.-H., K.-G. Allersdorf, O.-G. St. Martin.
977. [1] Dieselbe wurde durch die Räubereien der Barone, Ritter und Knechte herbeigeführt, welche unter dem Schutze Herzog Leopold's IV., des Bischofen (Berthold) von Freising und des Grafen von Hardegg an den Klostergütern begangen wurden, wodurch neben Heiligenkreuz besonders Lilien-

978. 1408 September 29.

Abt Peter [II.] und der Convent zu Kottweig verleihen ihrem Getreuen Stepfan dem Lyndner ihren Amthof und das Amt zu Rena (nr. 979).

Siegler: Abt Peter [II.] und der Convent zu Kottweig.
Datum: geben (1408) an sambstag an sand Michelstag.

Conc., Pap. Deutsch.

979. 1408 October 14.

Stefan Lindner wird vom Abte Peter II. von Göttweig zum Verweser des Amtes zu Ranna bestellt.

Orig. (A), Perg. An Perg.-Streifen 2 Siegel; Copie in Cod. C f. 15 (B).

Ich Stepfan der Lyndner dieczeit gesessen zu Mulbach vergich offnlich mit dem brief allen, den er fuerchumpt, das der erwirdig gaistlich, mein gnediger her abbt Peter und der gancz convent gemainklich daselbs zu Kottweig mir die gnad getan habent durch meiner dinst willen, die ich in getan hab und hinfuer tuen sol wissnlich mit dem brief, das sew mir den ambthoff und das ambt zu Rêna mit der beschaidnhait, alls ander ier ambtlewt vor und ee ingehabt habent mit dew, und dorczue gehort, das ist paw prennholcz pawngerten ekkcher weingertn und wismad und mit chlaynen wanndeln, die bey zwelif oder vierundzwainczig pfenning sind und nicht mer, mir verlihen habent mein lebteg und unverkerter beleibn sol also, das ich in ier ambt und herschafft trewlich innehaben sol und verbesen mit allen den nûczen, die dorczue gehorent, lewt und gûeter, die sew habent zu Rêna und zu Chotans in yerer graffschafft daselbs und in die nûcz fuederlich zu yern hennden bringen sol, es sein zehent vogthabern dinstpfennig kohees smalcz huener oder weliherlay nûcz sew in der vorgenanten graffschafft haben nichts ausgenomen nach hindangesaczt und in dhain sawmung dorinne tuen. Wêr aber, das ich vorgenanter Stepfan der Lyndner in yerem ambt und verbesen sawmig und nicht nûczlich wer ieren lewten und guetern, das

---

977. feld, Göttweig, Melk und Zwettl schwer geschädigt wurden (Kalendarium Zwetlense in M. G. SS. IX, 698).

in das wissnlich wuerd oder in abgeng machiet, des sew zu
merkchlichen scheden chemen, des sew mich wol derweisen
môchten, so habent sew volln gewallt der vorgenant mein gne-
diger here abbt Peter und der convent oder jer nachkomen
mich abczeseczen und verchern mit guetlichem meinem willen
und an alle meine ierrung und wideredd und sol ich nichts
nach ander nyemandt von meinen wegen wider sew dorumb
suechen weder mit recht nach an recht und sol in denn alle
die nucz, so ich dieczeit innehab von ª des obgenanten hoffs
wegen, sỹ sein ligkund oder steeund, es seỹ wein trayd oder
haw mit meinem guetlichem willen abtretten und auch dorczue
sol ich im in dem vorgenanten hoff lassen ain ross, zwo chûee,
zwaỹ pett mit jerer ᵇ zuehorung, ain wagen, ain pflueg und
ander hausgeschierr und dorczue gehort nicht ausgenomen. Wer
aber, das ich das vorgenante ambt und graffschafft verbêsiet
oder innehiet hincz an meinen tod, alls vor geschribn stet, und
ich abgangen bin mit dem tod zu weliher zeit und das in dem
jare ist, wie es denn der tod mit mir leỹt, so habent sew aber
volln gewallt yers [a]mbts ᶜ und hoffs sich ᵈ gancz und gar
underbinden und underczziehen mit allen den nûczen, die zu
dem vorgenanten hoff gehorent ausser hoffs und inner hoffs
nichts dorinne ausgenomen an alle jerrung ᵇ hindernuss und
widerred und sol in dorinne nyemant von meinen wegen dhain
jerrung ᵇ nach invell tuen weder mit recht nach an recht in
dhainer weis. Ich offen ich,ᵇ das ich obgenanter Stepfan der
Lyndner dhain purkchrecht nach lehnschaft an jer ᵇ wissen
und willen nyemandt anders leichen sol ᵈ denn aynem geleihen
man und pawman und dorczue ier wildpênn und hôlczer in zu
jern ᵇ hennden halden sol und wider sew nyemandt gûnnen
nach verlauben sol nach wider sew dhain herschafft haben
nach geniessen sol, anders ich verfallen wêr aller der penn
punt und artikel, so oben geschribn stat. Und des zu urkund
so gib ich obgenanter Stepfan der Lyndner meinem gnedigen
herrn abbt Petrein und dem ganczen convent zu Kottweig den
offen brief versigilten mit des erbern Hannsen des Tyemiger
anhangunden insigil, dorumb ich in vleissich geboten han, im
an schaden, dorunder ich mich verpind mit meinen getrewn

---

979. ª Folgt eine Rasur. — ᵇ A. — ᶜ a durch ein Loch zerstört. — ᵈ Ueber
der Zeile nachgetragen.

ungeverd alles das stêt ze haben, das obn geschribn stêt, wenn ich dieczeit aygen insigil nicht gehabt han. Dorczue hab ich auch vleisslich gebetn den erbern Vllreichen den Lacher, das er der sach geczeug ist mit seinem anhangundn insigil im an schaden. Das geschehen ist nach Kristi gepuerd vierczehenhundert jar darnach in dem achten jare an suntag nach sand Cholmanstag.

I. S. d. Hanns Tieminger beschädigt, rund, grün auf Sch., IV A 2 (nr. 974 S. VI). — II. S. d. Ulrich Lacher beschädigt, rund (25), grün auf Sch., IV A 2. U.: † s. vlreich · laher. Eine Handelsmarke.

980. 1409 März 15.

Pfarrer Peter zu Rossacz einerseits und der verstorbene Ludtwig der Polréuss von Wachau und Elspech seine Frau andererseits stiften zu ihrem und ihrer Vorfahren Seelenheile eine wöchentliche Messe am Samstag auf dem St. Annaaltare in der Kirche zu St. Lorensen[1] *gegen Wachau*[2] *yber zu Ehren Mariä und der heil. Anna mit folgendem Besitze: der Pfarrer Peter gibt hiezu seinen Weingarten hinter dem Pfarrhofe zu Rossacz, genannt der Zainer, von welchem in das Lehen des Künig jährlich 3 Wiener* ♃. *an sant Michelstag zu Burgrecht zu zinsen sind, und seinen Weingarten zunechst hinder Pauleins des Púnczen, welcher am selben Tage dem Paulein in sein Lehen 14 Wiener* ♃. *zinst, und eine Wiese in dem Ellent, welche jährlich am selben Tage in das Lehen des Friderich des Schiener 10 Wiener* ♃. *zinst. Ludwig Pollrauss und seine Frau Elspech*[3] *geben ihrerseits dazu ihren Weingarten zu Mitterfeld bei Rossacz zunächst dem Frühmessweingarten, welcher in das Lehen des Perichtolt des Hauss jährlich 8 Wiener* ♃. *am sant Michelstage zinst, und ihr ûrfar zu Wachau,*[2] *welches jährlich Hans dem Eisinger 1* ₰. *Wiener* ♃. *zu Wachau an sannt Mertenstag zinst. Dieses letzteren soll sich der Pfarrer zu Rossacz erst nach dem Tode der beiden*

---

980. • Copie.

[1] St. Lorenzen, K.-G. Kienstock-Unter, O.-G. Rührsdorf, V. O. W. W. — [2] Weissenkirchen, V. O. M. B., als engere Ortsbezeichnung. Im weiteren Sinne wird unter Wachau das linke Donauthal vom Misslingbache östl. v. Spitz bis zum Schildhüttenbache westl. v. Dürnstein verstanden (Schweickhardt, V. O. M. B. II, 158 u. Winter, Weisthümer v. N.-Oe. II, 985 Anm.).

Stifter unterwinden. Kann die Messe nicht in der benannten Kirche gelesen werden, so soll sie in der Kirche zu St. Jacob zu Rossacz auf dem Frauenaltar gelesen werden. Vernachlässigt jedoch der Pfarrer die Messe, so verfällt er der Kirche zu St. Lorenzen für je einmal mit ½ ℔. Wachs zur Strafe. Häuft sich aber das Versäumnis, so hat der Zechmeister zu Rossacz das Recht, sich bis zu der Nachholung der Versäumnisse der Stiftung zu unterwinden. Die Mitstifterin Elspech* hat, so lange sie das ûrfar innehat, dem Gesellen zu Rossacz jährlich 60 Wiener ₰. und dem Messner 30 Wiener ₰. zu zahlen.

Siegler: Pfarrer Peter zu Rossacz, der bescheiden Niclasz von Grâsten, Richter zu Rossacz als Burgherr der benannten Besitzobjecte, anstatt des von Wallsee, *für Jacob Fleischhackher als Grundherrn des ûrfar siegelt* der erber Hanns der Gerestorffer, Burggraf zu Tiernstain.

Datum: geben (1409) des freitags vor laetariae* in der vasten.

Copie aus dem 18. Jahrh., Pap. Deutsch.

981. 1409 Mai 17.

Niclas der Râsch, Margreth seine Frau und Christein deren Schwester, die Tochter des verstorbenen Hans des Denkchlein, verzichten auf alle Forderungen an Abt Peter [II.] und das Stift zu Köttweig wegen des Stringerhofes zu Hörenpach zu deren Gunsten, so dass sie mit demselben frei schalten können.

Siegler: für die Urkundenaussteller (wenn wier dÿ zeit aygener insygill selbe nicht gehabt haben) (I.) Görg der Stayner, Pfleger zu Viehofen, und (II.) Phylipp der Snuerer, Richter der Stadt zu Sandpölten.

Datum: der geben ist an dem nachsten freytag nach dem heiligen auffarttag unsers lieben herren Jesu Christi (1409).

Orig., Perg. Deutsch. An Perg.-Streifen 2 Siegel; Copie in Cod. C f. 179' f.

I. beschädigt, rund (27), grün auf Sch., IV ▲ 2. U. in Minuskel. — II. rund (26), grün auf Sch., IV ▲ 2. U.: † · s. philip · snuerer. Zwei schräggekreuzte ausgerissene Lilien.

982.   1409 Juni 25.

Jacob von Leuthakcher und Kathrei seine Frau, die Tochter Hanns des Frêl, versichten nach dem Spruche der von ihnen erwählten Spruchleute auf alle ihre Forderungen an Abt Peter [II.] und das Stift zu Kottweig von der ladde wegen, so wir in in den yern sagrâr zu behalten geben haben, und was dorinn gewesen ist, es sein brief oder ander tayding, sowie wegen der 500 ₰. ₰., welche ihnen dieselben schuldig waren.

Siegler: (I.) Jacob von Leuthakcher *für sich und seine Frau* (und ich egenante Kathrei sein hausfraw aygen insigil nicht ennhab), (II.) der erber Wolffgang der Schauchinger.

Datum: geben (1409) an eritag nachem sunebendtag.

Orig., Perg. Deutsch. An Perg.-Streifen 2 Siegel.

I. rund (29), ungefärbt, IV A 2. U.: † · S. iacob · von · leutaber. Der laufende Fuchs. — II. rund (28), ungefärbt, IV A 2. U.: † s. wolfgangi · schawinger. Ein Leuchter mit zwei brennenden Kerzen.

983.   1409 Juli 12.

Niklas der Schaffer, Bürger zu Chrembs, und Kathrey seine Frau kaufen von Abt Peter [II.] und dem Convente zu Kottweig um 300 ₰. Wiener ₰. den Weinzehent des Stiftes zu Strácsing mit der Bedingung, dass ihn dieselben mit Ausnahme des laufenden Jahres jährlich einen Monat vor oder nach sand Margretentag um die gleiche Summe zurückkaufen können. Die Kündigungsfrist für die Käufer ist gleichfalls einen Monat vor oder einen Monat nach sand Margretentag angesetzt, in welcher auch die Summe zurückzuzahlen ist. Im Falle der Uebertretung dieser Bestimmungen verlieren die Käufer alle ihre Rechte.

Siegler: (I.) Niklas der Schaffer, (II.) Mert der Egenburger, Richter der beiden Städte Kremds und Stain.

Datum: geben (1409) an sand Margretentag.

Orig., Perg. Deutsch. An Perg.-Streifen 2 Siegel; Copie in Cod. C f. 32′ f.

I. beschädigt, rund (23), ungefärbt, IV A 2. U.: [† S. N]ICOLAI · DE · CWET . . Drei Lilienblüten, mit welchen die Spitzen eines gestürzten Dreieckes besetzt sind. — II. beschädigt, rund, grün auf Sch., IV A 2. U.: . . . . tini · egenbvrge[r]. Eine Lilienblüte in einem hufeisenstennigen Ringe; am Rv. das Signet oval. Ein nackter Gladiator im Kampfe mit einem Löwen (antike Gemme).

984.   1409 Juli 12.

Abt Peter II. und der Convent von Göttweig stellen dem Leonhard Forster einen Schuldbrief über 1000 ℔. ₰. aus.

Orig., Perg. durch Schnitte cassiert. Siegel abgefallen.
Diese Urk. war als Deckblatt in einen Codex eingeheftet.

Wir Peter von gots gnaden abbt und der gancz convent unser frawn gotshaus zu Kottweig vergehen offnlich mit dem brief und tuen kun[d]* . . . . und kunftigen, das wir sullig warden sein und gelten sullen dem erberen Lienharten dem Vorster und allen seinen erben tausent pf[unt] . . . . pfenning, die sy uns zu unsers gotshaus merklicher notdûrft berait gelihen habent, und dofûer haben wir in unser herschaft allew [ze Rêna] . . . . zu der zeit, do wir das mit recht wol getuen mochten mit allen den eren rechten und nûczen, alls es von alter herkomen ist, ausgenomen . . . . oblay gehorent, von dem hêutigen tag, und der brif geben ist, funf ganncze jar ungelast. Es ist zu merkchen, das sy alle jar hun[dert] . . . . innemmen und ingefallen sullen von unsern gûlten doselbs in der herschaft zu Rêna. Dofûer mûgen sy wol traid nemmen . . . . zweilf schiling, ain mutt habern fûer ain pfund pfenning oder von andern nûczen allsviel, das sy hundert pfund pfennin[g] . . . . [be]czallt werden. Sy sullen auch den hof zu Rêna mit aller zuhorung mit allen eren rechten und nûczen in pflegweis inhab[en] . . . ., allsweit die herschaft zu Rêna ist, nûczen und nyessen und unverkert die egenant funf jar beleiben. Auch ist ze merkchen, was . . . . zu Rêna dinst und gult haben uber die vorgenanten nûcze und gult, die dem Vorster und sein eriben jerlich gefallen sullen, die so . . . . hannden trewlich innemmen und raichen, alls ander unser pfleger getan habent angeverd. Wir sein auch des vorge-

---

984. * Lücke hier und weiterhin infolge eines Schnittes am rechten Höhenrande.

nanten sac[zes] . . . . und fuerstand, alls des lannds recht ist in Osterreich. Wêr aber, das der vorgenant Vorster oder sein eriben des sacses nicht leng[er] . . . . haben die benandten jar aws, das sullen sŷ uns verschriben wissen lassen, darnach sullen wir sŷ des oben geschriben gelts . . . . beczallen in ainem halben jar oberhalb oder niderhalb der Enns, welihew stat oder markcht sŷ uns benennent in de[m] . . . . Tuen wir des nicht, was sŷ dann irs vorgenanten gelts schaden nêmen, wie sich das fûegt oder allswie der schad benand . . . . oder ir anwalt ungeswaren und unberecht an ayd gesprechen mûgen mit iren warten, dorumb ze gelauben denselben sch . . . . hauptgût sullen wir in auch gênnczlich ablegen und widerkeren. Das alles sullen sŷ haben auf der vorgenanten herschaft [zu Rêna] . . . . [nichts] ausgenomen nach hindangesaczt und dorczu auf allem unserm gûet, das wir und unser gotshaus indert haben versûcht [oder unversûcht] . . . . allslang und allsverr, das sŷ hauptgûts und schâden davon gênnczlich beczalt werden. Des sullen und mûgen s[ŷ] . . . . [unter]winden an fuerpot an klag und an alls rechten, das sullen wir in dhainer weis nicht widersprechen weder gaistlich [nach weltlich] . . . . alls gevêrd. Reddeten oder têtten wir oder ander yemandt von unsern wegen ichts dawider, das hieten wir alls verloren . . . . rechten gewunnen, auch wann sich die vorgenant funf jar vergangen habent, so haben wir denn volln gewalt herw[ider] . . . . [vir]zehen tag vor sand Margretentag oder virczehen tag hinnach umb das vorgenant gelt, alls das oben geschriben stet, ... [ze ur]kund geben wir in den brief versiglten mit unserm und unsers convents baiden anhangunden insigillen, der [geben ist nach Christi] gepurd virczehenhundert jar darnach in dem newnten jare an sand Margretentag.

985.   **1409 Juli 22.**

Abt Peter [II.] und der Convent zu Kottweig verkaufen dem erbern Maricz von Spicz, Hofmeister zu Arnstorff, und Dorothea dessen Frau um 100 ℔. Wiener ₰., welche ihnen in

Gulden ausgezahlt wurden, ihren freieigenen Hof bei Spicze in der Mostnikch[1] niderhalb des paches in Tiernstainer gericht. *Denselben haben sie jedoch dem* beschaiden *Paull dem Hainfellder, Bürger zu Spicze, und Anna dessen Frau um den jährlichen halben Wein auf deren Lebenszeit laut Urkunde mit der Bedingung verlassen, dass die benannten Käufer von denselben zu deren Lebenszeit den halben Wein jährlich erhalten und nach deren Tode den ganzen Hof mit allen Rechten innehaben sollen.*

Siegler: Abt Peter [II.] und der Convent zu Kottweig.

Datum: geben (1409) an sand Marie Magdalenetag.

Orig., Perg. Durch Schnitte cassiert. Siegel abgefallen.

Diese Urk. war mit der Textseite einwärts in einen Codex eingeklebt. — Vgl. nr. 1121, 1838, 1954.

986. 1409 Juli 27, Salzburg.

Erzbischof Eberhart zu Salczburg, Legat des apostolischen Stuhles, und Ulreich Velber erwählen in ihrem Streite die Bischöfe Engelmar[1] *zu Kyemssee und Ulreich*[2] *zu Lauent und Ulreich Strasss zu Schiedsrichtern und erklären, sich deren Rechtssprüche unter der von denselben fixierten Busse zu unterwerfen.*

Siegler: (I.) Erzbischof Eberhart zu Salczburg und (II.) sein Domcapitel mit dem kleineren (Secret-) Siegel.

Datum: Geben ze Salczburg am sambstag nach sand Jacobstag (1409).

Orig., Perg. Deutsch. Von 2 Siegeln an Perg.-Streifen das 2. abgefallen.

I. rund (31), roth auf Sch., III B 1. U. in Minuskel undeutlich. Der heil. Rupert en face im Ornate dargestellt. Darunter der Wappenschild: Gespalten, rechts der steigende Löwe, links dreimal halbgetheilt.

---

985. [1] Misslinghof, E.-H. östl. von Spitz zur linken Seite des Misslingbaches und unterhalb der Strasse gelegen, K.-G. St. Michael, O.-G. Wösendorf, V. O. M. B.

986. [1] Engelmar Kräll (Kröl), 1399 — † c. 1422 Dec. 21 (Eubel, Hierarchia, S. 191). — [2] Ulrich früher Propst der Kirche „montis s. Virgilii" in Friesach, bestätigt 1408 März 11 — † 1411 März 8 (ebend. S. 311).

987. 1409 September 9.

Anna, die Tochter des verstorbenen Vlreich des Rennâr, gibt dem erbarn Larencs dem Volkra das Gut zu Theytenhaim auf, da der Weber auffsiczt, gelegen in Tyschelprunnâr pharr und das lehen ist von unser genadigen herschafft von Österreich und gehort in die herschafft gein Pûchaim, *dessentwegen sie mit ihm im Processe lag.*

Siegler: (I.) der edle Herr Achacz der Kammerawêr, Pfleger zu Ort, und (II.) der erber Vlreich der Prûknêr, Pfleger zu Pûchaym.

Datum: geben (1409) des mantags nach nativitatis Marie der diennstczeit.

Orig., Perg. rostfleckig. Deutsch. Von 2 Siegeln an Perg.-Streifen das 1. abgefallen.

II. rund (27), ungefärbt, IV A 2. U.: † s. vlreich · prukner. Ein Brückenpfeiler.

988. 1409 September 18.

Niklas Narczendôrffêr, Pfleger zu Czaisselmaibr, versichtet auf den Slŷrbekchenhof,[1] gelegen in dem lanntgericht der herschaft ze Peŷlstain,[2] so die heren auf dem Kotweŷg von dem Hawperigêr kaufft habent und den ich (Niklas) von dem hochwirdigen pistûmb ze Regenspûrkch von lebens wegen vôr meinem herren, heren Fridreichen von Walsse sêligen füer ain vermandts guet desselben pistûmbs behabt hab, *da die Herren auf dem Kotweŷg erwiesen haben, dass dieser Hof ihr rechtes Kaufeigen ist.*

Siegler: (I.) Niklas Narczendôrffêr, (II.) der erber Mert Rayntingêr, Pfleger auf dem Greiffenstain.

Datum: geben (1409) am mitichen vôr sannd Matheustag.

---

988. [1] Durch den Rückvermerk von gleichzeitiger H.: *Im Ofenpach*, wird seine Lage genau bestimmt. — [2] Die Ruine Peilstein, einst Sitz des gleichnamigen Dynastengeschlechtes und Mittelpunkt einer ausgedehnten Grundherrschaft, ist jetzt nur mehr in den Grundmauern sichtbar und lag nördl. von St. Leonhard am Forste auf einem steilen Hügel am linken Ufer der Mank (Schweickhart, V. O. W. W. XII, 54).

Orig., Perg. Deutsch. Von 2 Siegeln an Perg.-Streifen das 2. abgefallen; Copie in Cod. C f. 17.

Bezüglich der Auflösung des Datums vgl. Grotefend, Zeitrechnung I, 120. — Vgl. nr. 941.

I. beschädigt, rund, grün auf Sch. U.: . . niclas . . . . narczendorf . . .

989.   **1409 October 7.**

Gorg Vtendorffer von Goldekch [1] *und Agnes seine Frau verkaufen um 76 ₰. Wiener ₰. dem Pfarrer Gregor an der Marienkirche zu Mawr und dessen Nachfolgern ihre freieigenen 6 Tagwerke Wiesen, genannt Chreczenrewt, in der Hawnnoltstaÿner Pfarre. Diese 76 ₰. ₰. hat* Gorg *der Enikel von Albrechtsperig, Mauthner zu Lincz, für die 4 ₰. ₰. ewiger Gülten als Gottesdienststiftung laut des darüber vom Pfarrer an ihn ausgestellten Stiftsbriefes bezahlt, für welche er dem Pfarrer Gärten zu Willendorff verpfändet hatte, welche ihm jetzt ledig werden.*

Siegler: Gorg Vtendorffer und die erbern Irrenfrid der Tyemÿnger von Haindorff, (III.) Hans Rådler von Grueb und (IV.) Linenhart der Tyemÿnger von Marcharstorff.

Datum: Geben (1409) des mantags vor sand Cholmanstag.

Orig., Perg. Deutsch. Von 4 Siegeln an Perg.-Streifen das 1. u. 2. abgefallen.

III. beschädigt, rund (26), grün auf Sch., IV C. U.: † s. hans. rad . . . . — IV. beschädigt u. undeutlich, rund (28), ungefärbt.

990.   **1409 November 11.**

Jacob Leuthakcher, Burggraf zu Weikhartslag, und Kathrei seine Frau, die Tochter des Hans des Fréll, quittieren Abt Peter [II.] und dem Convente zu Kottweig über 84 ₰. Wiener ₰., welche sie ihnen laut des darüber ausgestellten Schuldbriefes zu zahlen hatten.

Siegler: (I.) Jacob der Leutbakcher, (II.) sein Schwiegervater Hanns der Frel.

---

989. [1] Goldegg, Ruine O.-G. Neudling (Topographie v. N.-Oe. III, 591).

Datum: geben (1409) an sand Mertenstag des heiligen bischolf.

Orig., Perg. Deutsch. An Perg.-Streifen 2 Siegel.

1. rund, ungefärbt, IV A 2 (nr. 982 S. I). — II. rund, blau auf Sch., IV A 2 (nr. 946 S. II).

991.   1409 November 15, Mautern.

Bischof Georg von Passau benachrichtigt seinen Dechant und Official in Mautarn, dass er den Priester der Passauer Diöcese Nicolaus den Gnauolf, welchen Abt Peter [II.] von Göttweig nach dem Tode des letzten Caplans Oswald an der Kapelle corporis Christi in der Pfarrkirche zu Mautarn auf die erledigte Kapelle auf Grund seines Patronatsrechtes präsentierte, auf dieselbe investiert habe und befiehlt ihm, denselben zu installieren.

Datum in Mautarn die decima quinta mensis novembris (1409).

Copie in Cod. C f. 258'f. Lat.

992.   1409 December 6.

Vllreich der Velabrunner und Petronella seine Frau versichten zu Gunsten des Abtes Peter [II.] und des Stiftes zu Kottweig gegen eine Geldentschädigung auf alle ihre Ansprüche von wegen des guets, so der Swarcz Hennsel ingehabt hat, es sey gewesen an wismad an ekkern oder an pawmsteten, *welches früher zu ihrem Hofe zu Velabrunn gehörte und das sie wieder zu demselben gekauft haben.*

Siegler: (I.) Vllreich der Velabrunner und (II.) der erber der Zacharias, Pfleger zu Hollnburg.

Datum: Gebn (1409) an sand Niklastag.

Orig., Perg. Deutsch. An Perg.-Streifen 2 Siegel; Copie in Cod. C f. 47.

I. rund (24), grün auf Sch., IV A 2. U.: † S. vlreich · de · felerbrvn. Dreimal gespalten, im ersten Felde 2, im dritten Felde 3 Rauten. — II. rund (23), grün auf Sch., IV A 2. U. in Minuskel undeutlich. Zwei Kugeln in den Oberecken, welche durch Fäden mit einem Berge zusammenhängen.

993. 1405—1409.

Das Stift Baumgartenberg verpflichtet sich, den Jahreszins von einem Weingarten am Limberg an Göttweig zu zahlen.

Orig., Perg. Von 2 Siegeln an Perg.-Streifen das 1. abgefallen; Copie in Cod. C f. 29.

Vgl. Fuchs, Göttweiger Urk.-Buch I in Font. 2, LI nr. 69.

Nos Andreas permissione divina abbas monasterii sancte Marie virginis in Pawngartenperig totusque conventus ibidem omnibus et singulis presentibus et futuris presentibus profitemur, quomodo maturo et de bono consilio amicabiliter concordavimus de quadam convencione contracta a longinquis temporibus de decimis vini, quas de duodecim iugeribus in monte Lindperig[1] infra limites parrochie Chrems venerabilibus in Christo patribus ac dominis, domino abbati totique conventui monasterii Côtwicensis in festo Martini pensione unius talenti annuatim solvere tenebamur, in quibus quidem decimis per longa tempora distulimus satisfacere negligentia obliviosa tali tamen modo, quod omnia per nos neglecta hucusque sunt et esse debent omnimode sopita et in futurum predictam pensionem unius talenti in predicto festo annis singulis dictis dominis solvere obligamur omni dilacione non obstante. In cuius rei testimonium has litteras conscripsimus et sigilli utriusque et conventus in pensione pro certitudine communimus.

ll. S. d. Baumgartenberger Conventes beschädigt, rund, grün auf Sch., II B. Abb. bei Hanthaler, Rec. I, Tab. 10 nr. 14.

994. 1410 Jänner 17.

Abt Peter II. von Göttweig und der Convent verlassen einen Weingarten in der Widem zu Stein vier Steiner Bürgern auf Lebenszeit zu Drittelbau.

Ich Vlreich der Spiczêr, Ich Syman Walthauser, ich Pawll Pikchêl und ich Fridreich Vberreitêr, all vier purigêr zu Stain, veriechen offenleich mit dem brif und tûn chund

---

993. [1] Limberg, Ried nordöstl. v. Rechberg, G.-B. Krems.

allen lewten lembtigen und chumftigen, das uns der erwierdig geistlich unser genädiger herr, her Peter abbt unser frawn gotshaws zu Chottweig und der gancz convent gemainchlich daselbs zu unser vier leiben und lebtägen gelassen habent ires aygens grunts, iren weingarten gelegen zů Stain in der Widemb[1] hinder irem hoff, des syben jeuch ist, genant der Gerên nach lawt und sag des bestandesbrifs, so sew uns darůmb gegeben habent, also beschaidenleich mit ausgenomen wårten, das wir dem vorgenanten abbt und seinem gotshaws von Chottweig zu unser vier leyb und lebtågen und nicht lengêr alle iar alle iar[a] jårlich von dem vorgenanten weingarten geben und raichen sullen den dritten emmêr und den zehente besunderleich von unserm tayll, uns werd darin wenigk oder vil. Wir sullen auch nicht lesen, wir tůn es dann êe ze wissen ierem probst in Chottweigerhoff zu Stain oder wer in dem hoff gewaltig ist, der seinen anbalt und scheinpot dabey haben schôl. Auch sullen wir den maisch allen an ir mûee und schåden bringen und antwůrten in ir prozž in iren hoff zu Stain und do in der prezž bey dem grant angevard mit in taillen. Wir sullen auch den vorgenanten weingarten pawlich innehaben mit guetem mittern paw, als weingart paws recht ist, und jarlich darinbringen in yedes jeuch zway tausent steken, zwelif fuedor mist und fumfczehen tagwerich in yedes jeuch grueben. Wår aber, dås wir es in ainem iar versawmbten von welicherlay sachen das geschêch, so sullen wir es in drin andern iar ungevarlich gancz und gar erstatten, wås wir an dem paw und aribait versawmbt bieten. Tun wir des nicht, so habent sew oder ir anbalt vollen gebalt und recht uns all vier unverschaidenleich mit unserm tayl mostes in der prezž zu notten so lang und als verr, unczt wir erstatten und widerlegen alles das, das an dem weingartpaw versaumpt ist. Auch sullen und mugen wir unsrew recht an dem vorgenanten weingarten mit aines probsts in Chotweigerhoff zu Stain oder wer darin gewaltig ist, wissen und gunst verseczen verchauffen kristen und dhainem juden nicht zu unser vier leiben also, das der obgenant weingarten nicht geergert werd, und wann wir die obgenanten vier leib der lest leyb mit dem tod abgeet

---

994. [a] A.

[1] Wieden, Ried zwischen Stein und Krems.

und nicht mer ist, so ist der vorgenant weingarten in alle der
maxz, als êr di zeit ligt mit nucz oder an nucz, dem obgenanten
abbt und dem gotshaws gen Chottweig genczlich und gar ledig
waren an unser erben und mänikchleich hindernůs und Irrung.
Und des zu urkund so geben wir in den prief besigelten mit
der erbern Merten des Egenburgêr, di zeit statrichter paider
stêt Chrems und Stain, und Fridreichs des Glagspergêr, di zeit
des rats zu Stain, paiden anhangunden insigeln, di wir vleiz-
zikch darûmb gepeten haben in und iren erben an schaden,
darunder wir uns mit unsern trewn verpinden alles das stât
ze haben, daz hie vor an dem prif verschriben ist, wann wir
di zeit selben nicht aygnêr insigel gehabt haben. Gebên nach
Christi gepůrd vierczehen hundert jar darnach in dem zehenten
ân sand Antonitag.

Orig. (A), Perg. An Perg.-Streifen 2 Siegel; Copie in Cod. C f. 24 (B).

I. S. d. Mert Egenburger beschädigt, rund, grün auf Sch., IV A 2
(nr. 983 S. II). U.: [† · s]igi[l]lvm · martini · [ege]nbvrger. Am Rv. das Signet
queroval, ein Gladiator im Kampfe mit einem Löwen. — II. S. d. Fridreich
Glagsperger beschädigt, rund (27·5), grün auf Sch., IV A 2. U.: [† s.] frid-
reich · glachsperg[er].

995 1410 Februar 1, Mödling.

*Margret die Witwe nach Michel dem Purger zu Medling
vermacht für den Fall ihres Todes zu Handen des erbern Priesters,
Herrn Jacob von Sand Steffan[1] auf dem Wogran in Gegenwart
des erbern Herrn Ulreich, Pfarrer zu Medling, und der Bürger
daselbst Steffan des Rewtter, Niclass des Frueten und Hanns
des Schrimpphen zu ihrem und ihrer Vorfahren Seelenheile ihren
Weingarten im Pruel in den Tempplärn zunächst dem Weingarten
des Chunrat des Stikchelperger und alle ihre Fahrhabe.*

Siegler: für die Urkundenausstellerin (swenn ich selb
nicht aigen insigil hab) *die drei Geschäftherren* (I.) *Ulreich der
Pfarrer zu Medling,* (II.) *Steffan der Rewtter und* (III.) *Niclass
der Fruet.*

Datum: Geben ze Medling (1410) an unser frawn abent
zder liechtmess.

Orig., Perg. Deutsch. An Perg.-Streifen 3 Siegel.

996. [1] Kirchberg a. Wagram, V. U. M. B.

I. rund (35), grün auf Sch., II B. U.: sigillvm · vlrici · plebani in medlico. Der heil. Martin sitzend dargestellt. — II. beschädigt, rund (27), schwarz auf Sch., IV B 1. U.: † S. steffan · der · rewtter. Der Stechhelm. Cimier: das Schirmbrett mit einem Wedel. — III. rund (25), schwarz auf Sch., IV A 2. U.: † s. nicolai · fruet · de · medlico. Eine Handelsmarke. Am Rv. das Signet rund, ungefärbt. Ein Lindenblatt mit Stengel.

996.   1410 März 8, Göttweig.

Pfarrer Peter an der Kirche zum heil. Georg zu Hofsteten beurkundet durch Revers, dass er Abt Peter [II.] und dem Conuente zum Chotbeig 30 ₰. ₰. jährlichen Zins infolge der Incorporation seiner Kirche zum Stifte, welche von dem Domherrn zu Passaw und Officiale zu Wienn Leonhart Schauïr auf Befehl des Papstes Urban VI. mit Einwilligung des Bischofes von Passaw verfügt wurde, und zwar je die Hälfte auf sand Jorgentag und sand Michelstag zu zinsen habe. Im Falle der Nichtzahlung des Zinses soll sie der Bischof von Passaw ohne Fürbot und Klage bis zur Abtragung des Hauptgutes und Schadens seiner Kirchengüter gewaltig machen.

Siegler: (I.) Pfarrer Peter zu Hofsteten und (II.) der erber Fridreich der Hebichler.

Datum: Geben ze Khotbeig am samztag vor iudica (1410).

Orig., Perg. Deutsch. An Perg.-Streifen 2 Siegel; Copie in Cod. C f. 145.
Vgl. nr. 969, 971 u. 972.

I. zerbrochen, rund (25), grün auf Sch., III B 1. U.: † s. petrvs · plebanvs · in hofstetten. Der Kopf des heil. Georg. — II. beschädigt, rund (29), grün auf Sch., IV C. U.: s. friderici · hae[bich]ler. Ein stehender Habicht en profil. Der Stechhelm. Cimier: der auffliegende Habicht.

997.   1410 März 25.

Stephan der Pfündtel und Anna seine Frau, Ottel Rueger's Schwester, Peter, Ottel Rueger's Sohn, und Kathrey und Anna, Ottel Rueger's Töchter, verzichten zu Gunsten des Abtes Peter [II.] und des Conventes zu Kottweig gegen 8 ₰. Wiener ₰. auf alle Forderungen an dieselben von wegen der hoffstat und behausung gelegen zu Horenpach ..., do weilent aufgesessen ist Margret, Otleins Rueger mueter, und auch von aller der hab wegen, so Ottel Rueger und die egenant sein mueter hinder in lassen habent.

Siegler: für die Urkundenaussteller (wenn wir die zeit aigen insigil nicht gehabt haben) die erberen (I.) Georig der Potenbrunner und (II.) Vllreich der Noppendorffer.

Datum: geben (1410) an oritag in osterveirtagen.

Orig., Perg. Deutsch. An Perg.-Streifen 2 Siegel.

I. rund (29), grün auf Sch., IV A 2. U.: sigilvm · iorig · potenbrvner. Eine rechte Seitenspitze. — II. rund (29), blau auf Sch., IV A 2. U.: † · s. vlreichs · b. h. noppendorffer. Gespalten, rechts geschacht.

998.   **1410 Mai 1.**

Chunrat der Welmikcher und Anna seine Frau geben der Herrschaft des Stiftes zu Köttweig wegen der Forderungen des Abtes Peter [II.] an durch lange Jahre versessenem Zinse von ihrem Meierhoflehen zu Pallt, auf welchem der verstorbene Fridreich Helmweig sesshaft war, dasselbe auf, da es ihr mit Recht verfallen war.

Siegler: für die Urkundenaussteller (wenn wir dieczeit aigen insigill nicht gehabt haben) die erberen (I.) Hanns der Frêll und (II.) Albrecht der Harmanstorffer.

Datum: geben an auffartag (1410).

Orig., Perg. Deutsch. An Perg.-Streifen 2 Siegel; Copie in Cod. C f. 264.

I. beschädigt, rund, grün auf Sch., IV A 2 (nr. 946 S. II). — II. rund (25), grün auf Sch., IV A 2. U.: † s. albrecht · hadmarstorffer. Fünfmal gespalten.

999.   **1410 Mai 10, Wien.**

Herzog Ernst gewährt dem Stifte Göttweig in seinem und seines Mündels Namen Herzog Albrecht's V. die mauthfreie Einfuhr eines bestimmten Quantums Salz an der Donau gegen die Verpflichtung zur Abhaltung eines Jahrtages (nr. 970).

Datum: Geben ze Wienn an dem heiligen pfingstabend (1410).

Orig., Perg. Deutsch. Siegel an Perg.-Streifen; Copie in Cod. C f. 290.

Kanzleivermerk von anderer H.: *D. D. per d. Io. no. ca. p̅l̅b̅. Nouecivitatis.* — Als Vorurkunde diente nr. 970.

Lichnowsky, Gesch. d. Hauses Habsburg V, Anh. S. 106 nr. 1142 reg.

S. d. Herzogs Ernst rund, roth auf Sch. Abb. bei Sava, Siegel der österr. Regenten, S. 132 Fig. 65.

1000. 1410 Mai 31, Göttweig.

Abt Peter [II.] und der Convent zu Kottweig stellen dem erberen Marics von Spics, Hofmeister zu Arnnstorff,[1] *und Dorothe dessen Frau einen Schuldbrief über 200 ₰. Wiener ₰. aus, welche ihnen dieselben in der Nothlage des Stiftes geliehen haben, und welche sie ihnen am künftigen sand Jorigentag unter Strafe des Einlagers mit 2 Knechten und 4 Pferden in einem Gasthause zu Krembs zurückzuzahlen haben.*

Siegler: Abt Peter [II.] und der Convent zu Kottweig.
Datum: Geben zu Kottweig an sand Petronellentag (1410).

Orig., Perg. Deutsch. Durch Schnitte cassiert. 2 Siegel abgefallen.
Diese Urk. war in einen Codex eingeklebt.

1001. 1410 Juni 15.

Hanns Frêl von Dietmansdôrff[1] *verkauft Ullreich dem Lahêr seinen halben Antheil an der freieigenen Gülte von 6 ß. 10 ₰.*[2]*, gelegen zu Chûeffarnnin, Herczogenbûrger pharr,*[3] achczig phenning gelts auf zbain hofsteten, der gelegen sind sybenczig awf ainer hofstat, do dyzeit awfgesessen ist dy Sneyderinn und genant des Vierekken hofstat, und awf ainer hofstat zehen phonning gelts, do Lewbel awfgesessen ist, genant Pey dem pach, darzû ain halbs phunt gelts gelegen awf überlennd beingêrten und êkchern auf Chueffingêr porig, *welche sie miteinander innehatten.*

1000. [1] Hof-Arnsdorf (Topographie v. N.-Oe. II, 78).
1001. [1] Dietmannsdorf, ein eingegangener Ort zwischen Paudorf, Hörfarth und Eggendorf, K.-G. Hörfarth, an dessen Stelle jetzt der dem Stifte Göttweig gehörige Höllerhof, E.-H., steht (Blätter f. Landesk. v. N.-Oe. XVII, 61 f.). — [2] Diese Gültenangabe stimmt mit der nachfolgenden Specification derselben nicht überein, da letztere 200 ₰. als Gesammtsumme ergibt, während die verkaufte Gülte 190 ₰. ausmacht. — [3] Zu Kuffern wird schon frühzeitig im 13. Jahrh. eine Kirche erwähnt, über die der Cod. Pat. III (Mon. boica XXVIII/II, 482) vermerkt: *Item ecclesiam in Chuffarn confert Sifridus Orphanus, sed fundus et decime sunt episcopi Pataviensis*. In der Matricula Pataviensis v. 1429 (Schmieder, Matric., S. 30) wird sie als selbständige Patronatspfarre v. Göttweig erwähnt, während nach dem 2. Verzeichnisse v. 1476 ein Herr v. Walsee Patronatsherr ist. In den Göttweiger Rechnungen vom Jahre 1477 u. später ist unter den Einnahme- und Ausgabeposten der Pfarrer v. Kueffarn mehrmals erwähnt.

Siegler: (I.) Hanns Frêl, (II.) Andre der Frêl sein Sohn und (III.) der erber Albrecht der Hadmarsdorffer.
Datum: Geben (1410) an sand Veytstag.

Orig., Perg. Deutsch. An Perg.-Streifen 3 Siegel; Copie in Cod. C f. 272.

I. beschädigt, rund, grün, IV A 2 (nr. 946 S. II). — II. rund (25), grün auf Sch., IV A 2. U.: † S. ANDREE · DCI. FRAEL. Halbgetheilt, gespalten. — III. beschädigt, rund (24), grün auf Sch., IV A 2. U.: [† s. alb]recht · had[m]arstorf[fer]. Fünfmal gespalten.

1002. 1410 September 26.

Albrecht der Sweinbarter kauft von Abt Peter [II.] und dem Convente zu Kötweig deren freieigenen grossen Getreidezehent zu Haynfeld laut ihres Urbars mit Ausnahme des kleinen Zehentes, als der von alter herchomen ist, zu Leibgeding. Nach seinem Tode wird ihnen derselbe sofort ledig.

Siegler: (I.) Albrecht der Sweinbarter und (II.) der edel Wolfhart der Inprukker, herzoglicher Anwalt im Rathe der Stadt Wienn.

Datum: geben (1410) am nagsten freytag nach sand Matheustag.

Orig., Perg. Deutsch. An Perg.-Streifen 2 Siegel; Copie in Cod. C f. 121.

I. beschädigt, rund (28), grün auf Sch. — II. beschädigt, rund (29), grün auf Sch., IV A 2. U.: † s. wolfhart · der · i . . . . Ein Balken.

1003. 1410 October 27, St. Veit.

Herzog Friedrich IV. von Oesterreich gibt seine Zustimmung zu der Belehnung des Georg von Puchheim mit der Feste Gürnitz seitens seines Bruders, des Herzogs Ernst.

Orig., Perg. feuchtfleckig. Siegel an Perg.-Streifen.

Kanzleivermerk von der H. des Urk.-Schreibers: *D. d. in cons.*

Wir Fridreich etc. tün künt, als der hochgeboren fürst unser lieber brüder herczog Ernst, herczog ze Österreich etc., unserm lieben getrewn Jorgen von Püchaym, seinem hofmaister, unser vesten Gürnicz zü manlehen verlihen und im seinen brief darümb gegeben hat, daz wir also zü derselben leichüng unsern willen und gůnst geben mit dem brief und wellen, daz derselb unsers brůder lebenbrief bey kreften beleibe doch unsern brůdern, uns und unsern erben an dem widervall und andern unsern rechten unvergriffenleich angeverde mit urkunt dicz briefs. Geben zů Sand Veyt an der heiligen cwelifboten sand Symon und Jůdas abent nach Krists gepurde vierzehenhundert jar darnach in dem zehenden jare.

S. d. Herzogs Friedrich IV., roth auf Sch. Abb. bei Sava, Siegel d. österr. Regenten, S. 133 Fig. 68.

1004.   **1410 November 12.**

Margret die Mullnerin gesessen zu Wimpassing und Jacob der Smid[1] *von Leupolstorf, ihr Bruder, verzichten auf alle Forderungen an Abt Peter [II.] zu Kottweig, an die Leute und Güter des Stiftes, an Andre den Amtmann von Rotolsdorf und insbesondere an Jans den Smid von Zenndorf wegen seines von ihnen gekauften Lehens daselbst.*

Siegler: für die Urkundenaussteller siegelt (wenn wir diezeit aigen insigil nicht gehabt haben) *(I.) der erber Jorig der Jud, Pfleger zu Hahenekk, (II.) der edel Herr Mert der Hausler.*

Datum: Geben an mitichen nach sand Mertentag (1410).

Orig., Perg. Deutsch. An Perg.-Streifen 2 Siegel.

I. rund (27), braun, IV C. U. undeutlich. Halbgespalten und halbgetheilt. Der Stechhelm. Cimier: zwei Ochsenhörner sammt den Ohren, zwischen denselben ein Stern. — II. beschädigt, rund, grün auf Sch.

1005.   **1410 November 25.**

Mert der Macsenpekch und Agnes seine Frau verkaufen mit Handen ihres Burgherrn, des Abtes Peter [II.] zu Kottweig, dem erberen Hanns dem Tyemiger um 80 ₰. Wiener ₰. ihren Hof zu Obernperigarn oben an dem ort in Mawtinger pharr, von welchem an die Abtei zu Kottweig 1/2 *₰. Wiener ₰. an sand Jorigentag zu freiem Burgrecht zu zinsen ist, ferner*

1004. [1] Aus dem Wechsel der Bezeichnungen *sein brueder* und *ir prueder* kann man schliessen, dass er auch der Bruder Jans' des Smid war.

¹/₂ ₰. ₰. Gülten daselbst auf einer Mühle oben in der Pallt,¹ *welches an sand Gorigentag an denselben Hof zu zinsen ist, und 6 ß. Wiener ₰. auf Ueberlende, welche an sand Mertentag an denselben zu Burgrecht zu zinsen sind.*

Siegler: (I.) Abt Peter [II.] zu Kottweig als Grundherr, (II.) Mert der Mâczenpekch, *für Agnes siegelt* (wenn ich obgenante Agnes sein hausfraw aigen insigil nicht enhab) (III.) ihr Vetter Albrecht der Harmanstorffer, (IV.) Andre der Frêll.

Datum: Geben (1410) an sand Kathreintag der hailigen junkchfrawn.

Orig., Perg. Deutsch. An Perg.-Streifen 5 Siegel; Copie in Cod. C f. 137' f.

I. rund (31), roth auf Sch., IV A 2. U.: † s'ecretvm · petri · abatis · chotwicensis. Die Dreiberge, auf welche ein Kreuz mit einem Stachel aufgesetzt ist. — II. beschädigt, rund (27), grün auf Sch., IV A 2. U.: † s. mert · [m]azenpekch. Drei neben einander stehende Lilien mit Knollen. — III. rund, grün auf Sch., IV A 2 (nr. 998 S. II). — IV. rund, grün auf Sch., IV A 2 (nr. 1001 S. II).

1006. 1410 December 19, Bologna.

Papst Johannes XXIII. bestellt Abt Peter II. von Göttweig zum Richter in der Klage des Petrus Nicolai von Bobrovam gegen benannte Personen.

Orig., Perg. An Hanfschnur die Bleibulle.

In der linken Oberecke der Textseite ist vermerkt: *I.*; auf der Aussenseite des Buges rechts von gleicher H. u. Tinte: *gratis pro deo. P., Io. de Tremoenics.* Auf der Rückseite: *pro d. f. Sy de pto. Ste pro deo iur^{nt}.*

Iohannes episcopus, servus servorum dei, dilecto filio .. abbati monasterii in Gotwico Pataviensis diocesis salutem et apostolicam benedictionem. Conquestus est nobis Petrus Nicolai de Bobrouam, clericus Olomucensis diocesis, quod Petrus Bezdiekow de Zhorz, Hanussius Panczierz, Pessico Opylay de Prawlyn, Georgius Gyra de Eywanczicz, Hanussius Hanzal de Rossicz et Nicolaus Nykal de Trzebowa, laici dicte diocesis, super quibusdam pecuniarum summis et rebus aliis iniuriantur eidem. Cum autem dictus conquerens sicut asserit potenciam dictorum laico-

---

1005. ¹ Paltmühle am Paltbache E.-H., O.-G. Schenkenbrunn, G.-B. Mautern.

rum merito perhorrescens eos infra civitatem seu diocesim Olomucensem nequeat convenire secure, discrecioni tue per apostolica scripta mandamus,ᵃ quatinusᵃ partibus convocatis audias causam et appellacione remota usuris cessantibus debito fine decidas faciens, quod decreveris, per censuram ecclesiasticam firmiter observari. Testes autem, qui fuerint nominati, si se gracia odio vel timore subtraxerint, censura simili appellacione cessante compellas veritati testimonium perhibere. Datum Bononie XIIII. kalendas ianuarii, pontificatus nostri anno primo.

1007.   **1411 Jänner 5.**

Mert von Pach, Bürger zu Mautaren, beurkundet, dass er dem erbern Achacz dem Haymel, Bürger zu Stain, und dessen Frau für Salz 31¹ ₰. Wiener ₰. schuldig ist, welche er ihnen zu den künftigen Mitterfasten zu zahlen hat.

Siegler: die erbern (I.) Fridreich der Glagsperger und (II.) Erhart der Sweinpech, Rathsherren zu Stain.

Datum: Geben (1411) an der heiligen dreyer chunigikabent.

Orig., Perg. Deutsch. An Perg.-Streifen 2 Siegel.

I. beschädigt, rund, grün auf Sch., IV A 2 (nr. 994 S. II). — II. beschädigt, rund (29), grün auf Sch., U.: † . . . . . . rt. sveinpekhk.

1008.   **1411 Jänner 23.**

Hanns der Pösinger und Thaman Pösinger sein Bruder verkaufen ihr virtail getraidzehent grossen und kleinen gelegen zu Geresdorf auf vier lehen und auf dem halben Jägerhof¹ doselbs, des dreytail auf denselben obgenanten guetern sind frawn Barbara, Chunrats des Rambsawer seeligen tochter und dieczeit Nikel Goschleins hausfraw, dieczeit purger zu Sand Polten, *ihrem Grundherrn Abt Peter [II.] und dem Stifte zu Kottweig, von welchen ihnen dasselbe gegen einen jährlichen Burgrechtszins von einem Viertel Schmalz an sand Poltentag an die Abtei zu freiem Burgrechte verliehen war.*

1006. ᵃ Ueber zwei kleinen Löchern.

1007. ¹ Auf dem rechten Aussenrande des Buges ist von gleichzeitiger H. vermerkt: *Der brif stet nach XX₃ ₰. ₰. haubgut.*

1008. ¹ Jägernhöfe, O.-G. Geresdorf, V. O. W. W.

Siegler: für die Verkäufer (wenn wir diezeit aigens insigel nicht gehabt haben) *siegelt* (I.) ‚der erber unser lieber frondt' Hanns der Schawinger und (II.) der erber Veit der Grawll.

Datum: geben (1411) an freitag nach sand Agnesentag der heiligen junkchfrawen.

Orig., Perg. Deutsch. An Perg.-Streifen 2 Siegel; Copie in Cod. C f. 197.

I. rund (29), braun, IV A 2. U. undeutlich. In den Oberecken zwei Eicheln, welche sich mit ihren Stengeln zu einem pfeilartigen Schafte nach unten vereinigen. — II. rund (30), grün auf Sch., IV A 2. U.: † S. VEIT · GRAGWLL. Zwei Ochsenhörner.

1009. 1411 März 27.

Barbara, die Frau Albans des Ruedlinger und Tochter des verstorbenen Hainreich des Ouen, verkauft ihrer Schwester Margret, der Frau Ruedolfs des Schirmér, ihren Theil der halben Hube zu Pachaim,[1] *genannt die Rauschérhueb, in der Oscheringer*[2] *Pfarre, welche von dem edeln Herrn von Chunrring zu Lehen rührt, und übergibt ihr denselben mit Handen ihres Herrn.*

Siegler: (I.) Alban der Ruedlinger und (II.) ihr Vetter, der erber Sigmund der Sohifer.

Datum: geben am freytag vor iudica in der vasten (1411).

Orig., Perg. feuchtfleckig u. zerfressen. Deutsch. An Perg.-Streifen 2 Siegel.

I. beschädigt, rund (26), grün auf Sch., IV C. U.: s. albani · [rv]edliner. — II. rund (30), grün auf Sch., IV C. U. in Minuskel undeutlich. Schild abgeb. bei Sibmacher, New Wappenbuch I, 36 u. Hueber, Austria, T. 27 nr. 12. Stechhelm. Cimier: ein Rabe mit dem Ringe im Schnabel.

1010. 1411 August 17.

Testament Ulrich des Lacher.

Orig., Pap. Mit 3 vorne aufgedrückten Siegeln; Copie in Cod. C f. 119'f.

Hie ist vermerkcht das gescheft Vllreichs des Lahér:

item am ersten so schaff ich LXXX phenning gelts auf zbain hofen ze Chůffarnn, dy man dient an sand Mertentag,

---

1009. [1] Bachham, O.-G. Oftering, O.-Oe. — [2] Oftering, G.-B. Linz.

und awf uberlendt III ß. und X ₰. und XXXV meczen chören an sand Giligentag reyzz mazz und auf ieden meczen ain helbling und XXXII ₰. für hüener an sand Blasytag und was man davon pechomen mag, das schaff ich alls gan Göttweig in dew oblay zu einem ebigen iartag, alls ich das in registern peschribens hab.

Item so schaff ich X ɫ. ₰. zu einem glas in dew pharr zu Köttweig und ein bis ze Dyetmansdörff und den akcher an der Challeitten, dovon man ierlich dien schol ain phunt phonning zu ainem ebigen iartag in dew pharr zu sand Kathreintag, das do awch innhaben schol mein hawsfraw ir lebtag.

Item alls, das ich hab oder lazz, das schaff ich meiner hawsfrawn über chürcz oder über lankch mit chraft des geschefftprief, den ich gib zu der zeit, und ich das mit recht wol getuen macht, und mit gwnst und willen meiner lieben hawsfrawn Margreth der Lahêrinn pesigelten mit meinem awfgedrukchten insigel und zu einer pesseren zewgnůzz hab ich gepeten dy erbern hern Vllreichen, dyzeit pharrer ze Göttweig, und Albrechten den Hadmarsdorffer von Fuert, das sew dy sach pestêtten mit Iren paiden aufgedrukchten insigel in an scheden, dopey awch frumer lewt genůg gebesen sind. Geben nach Christi gepůrd virczehenhundert iar darnach im aindleften iar am mantag nach unser frawn tag der aufnemůng.

I. S. d. Ulrich Lacher beschädigt, rund, ungefärbt, IV A 2. Eine Handelsmarke. — II. S. d. Pfarrers Ulrich v. Göttweig beschädigt, rund (27), grün, II B. U. in Minuskel undeutlich. Die heil. Maria mit dem Jesukinde. — III. beschädigt, rund, grün, IV A 2 (nr. 1001 S. III).

1011.   **1411 November 11, Göttweig.**

Abt Peter [II.] und der Convent zu Gottweig beurkunden, dass ihnen Hanns der Weikartslager und Chlare dessen Frau 130 ɫ. ₰. in der Nothlage des Stiftes geliehen haben, welche sie sechs Wochen nach der Kündigung unter der Strafe des Einlagers mit 2 Knechten und 4 Pferden in einem Gasthause zurückzuzahlen haben.

Siegler: Abt Peter [II.] und der Convent zu Gottweig.

Datum: Geben zu Gottweig ist der brief etc. Das geschehen ist (1411) an sannd Mertentag.

Orig., Perg. Deutsch. Durch Schnitt cassiert. 2 Siegel abgefallen.

1012. 1411 November 22.

Hanns von Milichdorf, der Sohn des verstorbenen Wernhart Weber von Paudorff, verkauft mit Handen seines Burgherrn, des Abtes Peter [II.] zu Kottweig, der erberen Margret der Lahërin um 6 ℔. ₰. ein Tagwerk Wiesmat zu Paudorf, anstossend an die Grasswisen der Herrschaft Kottweig, von welchem an die Abtei daselbst jährlich 8 ₰. an sand Georigentag zu Burgrecht zu zinsen sind.

Siegler: (I.) Abt Peter [II.] zu Gottweig als Burgherr, für den Urkundenaussteller siegelt (und ich egenanter Hanns insigel nicht hab) (II.) der eriber Hanns der Tiemiger.

Datum: Geben an sand Cecilitag (1411).

Orig., Perg. Deutsch. An Perg.-Streifen 1 Siegel; Copie in Cod. C f. 270.

I. rund, roth auf Sch., IV A 2 (nr. 1005 S. I). — II. rund (31), grün auf Sch., IV A 2. U.: † s. hansen · tieminger. Getheilt, über dem Schildfusse der wachsende Löwe.

1013. 1412 September 26, [Klosterneuburg].

Georg der Schadegast, herzoglicher Amtmann zu Klosterneuburg, spricht Recht in der Klage des Zechschreibers Johann namens der Bürgerzeche zu Klosterneuburg gegen die Erben des Ulrich im Thurm.

Orig., Perg. 2 Siegel von Perg.-Streifen abgefallen.

Ich Jörg der Schadegast, zu den zeiten ambtman ze Klosternewnburg auf des hochgeboren fürsten güt herczog Albrechts ze Österreich etc., vergich und tůn kunt allen leuten offenlich mit dem brief, daz für mich komen ist, do ich saz an dem rechten, der erber Johannes der zechschreiber und ohlagt da vor mein an stat der erbern purger zech dacz sant Merten, als er des die zeit vollen und ganczen gewalt in disen sachen gehabt hat darinn ze tůn und ze lassen gegen einem haws, daz weilent zway hewser gewesen sind, gelegen bey der Tůnaw am ekk ainhalben zenachst Jacoben des Flöczer haws und stozt hinden an Hainreichs des Schaubler haus, da man alle jar dient von dem haus zenachst dem Flöczer dem obgenanten fürsten in Österreich ze gruntrecht sechczig Wyenner phennig an sand Jörgentag und sechczig phennig an sant Michelstag und dient auch von dem zuehaus dem benanten fürsten in Österreich alle jar dreissig Wyenner phennig an sant Jörgentag und dreissig phennig an sant Michelstag, als auf in paiden mit alter ist herkomen, und nicht mer und ohlagt auf daz benannt haws mit aller zugehörung umb hundert phunt und umb zehen phunt alles Wyenner phennig, als daz der egenant zech dafür ze phant waz versaczt von Vlreichen seligen im Turn und von seiner hausfrawn Kathrey mit gesambter hant und meldet auch die scheden nach des saczbriefs sag, so die benant zech darüber hat, und bat darumb gerichts und fragen, waz ein recht wer. Darumb fragt ich und ward ertailt zu dem rechten: ich solt der egenanten frawn Kathrein, als sy die weil des obgenanten haus nucz und gewer saz, und darzů irem sun hern Simon dem korherren, den sy mit dem vorgenanten Vlreichen irem erren konwirt seligen gehabt hat, und frawn Dorothen Jörgen seligen witiben des Koblinger an stat junkfrawn Margreten des benanten hern Simons swester, die noch nicht vogtper ist, als sy sich dafür het angenomen, fürbot lassen werden, und darzů allen den, als ich wist, die rechtens daran iahen, ob daz ymant wolt verantburten, daz darnach geschech, waz ein recht wer. Daz fürbot ward gesagt allen, den man es ze recht sagen solt, und besunder der benanten frawn Kathrey, irem sun hern Simon und frawn Dorothen der Koblingerinn an stat der egenanten junkfrawn Margreten ir ygleichen ze haus und ze hof. Als daz ze recht von dem fronbotten ward bewert, und niemant auf antburt cham, do klagt der vorgenant Johannes zechschreiber an der egenanten zech stat alverr, daz im darauf scheczer und schawer ertailt wurden vier gesworn man. Den enphalch ich daz auf ir trew. Die komen do wider für mich, do ich saz an dem rechten, und sagten bey fronrecht und mit irn trew, als sy ze recht sagen solten nach der statrechten, daz sy daz obgenant haws mit andern erbern leuten, die sy darzů genomen und erpetten, hieten geschawt und gescheczt, daz es nicht tewrer wer, denn hundert und dreissig phunt phennig wert. Darnach bat aber der obgenant Johannes zechschreiber ze fragen an der egenant zech stat, waz nu ein recht wer. Do gab frag und urtail: ich solt die gewer des oftgenanten haus innhaben zu mein handen vierczehen tag und in der zeit anpieten die egenant frawn Kathrein, iren sun hern Simon und frawn Dorothen die Koblingerinn anstat junkfrawn Margreten hern Simons swester und darzue alle die, als ich wist, die rechtens darauf iëhen. Wolten sew sich mit im an der zech stat nach irs saczbriefs sag nicht richten umb hauptgût und umb schêden, als sein clag stûnd, so solt ich die benant zech und ir verbeser des vorgenanten haus mit aller zuegehôrung gewaltig machen, nucz und gewer seczen allen der zech fromen damit ze schaffen mit verchauffen, mit verseczen und geben, wem sy wollen an irrung, als es der zech an aller pesten fuegsam ist ungevêrlich, seid sich niemant mit in verricht hat. So geviel auch zu dem rechten, ich solt in der sach mein gerichtbrief geben und darumb meine recht nemen, als sich daz alles vergangen hat. Und bey dem rechten sind gewesen die erbern Michel Herrant, die zeit spitalmaister der erbern purger spital ze Klosternewnburg, Jacob Ledrer, Niclas Deichselriem, Seyfrid Lorber, Hanns Wilchart, all dieweil des gesworn rats doselbs, Mert Rienolt, Hainrich Rewssel der statschreiber, purger daselbs, die all des tags an dem geding sind gesessen, und ander erber leut genûg mit urkûnd dicz briefs besigilt mit meinem obgenanten Jôrgen des Schadegasts anhangundem insigil. Diser sach ist gezewg der erber Thoman der Plodel, diezeit statrichter ze Newnburg daselbs, mit seinem anhangundem insigil im an schaden. Geben nach Kristi gepûrt vierczehenhundert jar darnach in dem zweliften jare am montag vor sant Michelstag des heiligen erczengel.

1014. 1412 November 19, Göttweig.

Der Notar Friedrich Brannthardi von Perching beurkundet, dass der Cleriker der Passauer Diöcese Jacob von Aichenprunn vor ihm und benannten Zeugen den Passauer Domherrn und Protonotar Ruppert von Welcs, den Caplan des Passauer Bischofes und Pfarrer zu Sand Georgen im Attergaw Hainrich und die beiden zu Passau weilenden Notare Steffan Gulldein und Johann Chlenkch zu seinen Procuratoren ernannt habe, welche ihm vom Passauer Bischofe Georg die Bestätigung und Investierung auf die Pfarrkirche zum heil. Martin in Michelspach in der Passauer Diöcese erbitten und an seiner statt den Eid und alle anderen Erfordernisse leisten sollen.

Datum: Acta sunt hec (1412), indictione quinta, die vero decima nona mensis novembris, hora vesperorum vel quasi, pontificatus etc. Johannis etc. pape vicesimi tercii anno eius tercio in ecclesia monasterii Chotwicensis ordinis sancti Benedioti Pataviensis diocesis ante altare sancte Margarethe virginis.

Zeugen: presentibus ibidem etc. dominis Steffano Zukcher, plebano ad Sanctum Leonhardum in Foresto, Udalrico prebendario sancti Altmanni, Friderico Hebichler et Andrea Noppendarffer de Ratolsdorff, armigeris et laicis Pataviensis diocesis, testibus.

Orig., Perg. rost- u. feuchtfleckig. Lat. Text, Notariatszeichen sammt Unterschrift: *Fridericus de Perching,* u. Beglaubigungsformel von gleicher H. u. Tinte.

1015. [vor 1413 Jänner 13.]

Supplik um Bestellung eines Richters an der römischen Curie zur Entscheidung des Streites zwischen Göttweig und Thomas Grossel wegen der Pfarre Mautern.

Copie wörtl. inseriert in nr. 1016.

Vgl. nr. 1016, 1018, 1020, 1021, 1033, 1037, 1039, 1041—1046, 1049, 1062—1065, 1068, 1069 u. 1080.

Dignetur s. v. causam et causas, que vertitur, vertuntur seu verti et esse sperantur inter devotum vestrum Thomam Grossel, presbyterum Pataviensis diocesis, ex una et venerabiles ac religiosos viros abbatem et conventum monasterii Chodwicensis ordinis sancti Benedicti dicte diocesis parte ex altera omnesque alios et singulos, quorum interest vel qui sua putaverint interesse tam coniunctim quam divisim de et super parrochiali ecclesia in Mauttarn dicte Pataviensis diocesis et ipsius occasione, committere alicui ex venerabilibus viris vestri sacri palacii apostolici causarum auditori audiendas decidendas et fine debito terminandas cum omnibus suis emergendis incidendis dependendis et connexis et cum potestate citandi dictos abbatem et conventum omnesque alios et singulos supradictos coniunctim et divisim in Romana curia extra et ad partes tociens, quociens opus fuerit, non obstante quod causa seu cause huiusmodi non sint ad dictam curiam legitime devolute et de iuris necessitate in eadem tractande seu finiende.

Hiezu ist bemerkt: In fine vero dicte commissionis sive supplicationis cedule scripta erant de alterius manus littera superiori littere ipsius cedule penitus et omnino dissimili et diversa hec verba videlicet: de mandato domini nostri pape audiat magister Cunczo citet ut petitur et iusticiam faciat.

1016. 1413 Jänner 13, Rom.

Cunczo de Zwola, decretorum doctor, scolasticus ecclesie Olomucensis, domini nostri pape capellanus et ipsius sacri palacii apostolici causarum et cause ac partibus infrascriptis ab eodem domino nostro papa auditor specialiter deputatus, *beurkundet durch Notariatsinstrument des Notars Albert Reme, eines Clerikers der Diöcese Minden, folgende Gerichtsverhandlung: Cunczo citiert als Auditor in dem Processe zwischen dem Abte und Convente von Göttweig einerseits und Thomas Grossel, einem Priester der Passauer Diöcese, anderseits wegen der Pfarre zu Mauttarn auf Verlangen des Petrus Fride, des Procurators des letzteren, den Procurator der ersteren Hartung Molitoris auf einen Termin, an welchem bloss Hartung erscheint, welcher erklärt, dass viele Urkunden zur Klarlegung der Processache vorhanden sind, und bittet, ein zur Vorlegung derselben bezügliches Schreiben zu erlassen. Cunczo fordert hierauf alle kirchlichen Amtspersonen unter Festsetzung eines Termines von sechs Tagen auf, die Inhaber derartiger Urkunden unter Festsetzung eines Termines von zwölf Tagen und Androhung der kirchlichen Strafen zur Auslieferung der Originale oder Transsumte gegen Entschädigung zu veranlassen. Im Weigerungsfalle ist gegen einzelne Personen mit der Excommunication, gegen Capitel und Collegien mit der Suspension und gegen deren Kirchen mit dem Interdicte vorzugehen, deren Absolution er sich und seinen Oberen vorbehält.*

Datum et actum Rome in palacio causarum apostolico apud Sanctum Petrum nobis inibi mane hora causarum ad iura reddenda in loco nostro solito pro tribunali sedentibus (1413), indictione sexta, die Veneris tercia decima mensis ianuarii, pontificatus etc. Iohannis etc. pape vicesimi tercii anno tercio.

Zeugen: presentibus ibidem discretis viris magistris Emerico de Heymerheim et Lamberto Wulften, notariis publicis scribisque nostris clericis Coloniensis et Osnaburgensis diocesis, testibus.

Orig., Perg. Lat. Notariatszeichen, Unterschrift u. Beglaubigungsformel von anderer H. u. Tinte. Siegel an gelber Hanfschnur.

S. d. Cunczo v. Zwola beschädigt, spitzoval, roth auf Sch., II B. Die Gestalt eines Heiligen (heil. Constantin?) ist stehend mit der Fahne in der linken Hand, die rechte auf einen Schild mit dem Adler als gem. Figur gestützt dargestellt.

1017. 1413 März 2.

Mert von Pilichdorf und V̇lreich Stubenuol, beide Zechmeister der Bürgerzeche dacz sant Merten, *verkaufen mit Einwilligung der Zechbrüder und mit Handen des erbern Jörg des Schadegast, des Amtmannes auf dem Gute des Herzogs Albrecht [V.] zu Klosterneunburg, dem* beschaiden *Gundolt im Turn und dessen Frau Kathrein um 100 ℔. Wiener ₰.* ain haws, daz weylent zway hewser sind gewesen und daz der erber Johannes dieweil zechschreiber derselben zech mit frag und mit urtail erlangt und behabt hat in offem rechten, als darüber der behabbrief lawt, und daz gelegen ist bey der Tunaw am ekk ainhalben zenachst Jacoben des Flöczer haws und stozt hinden an Hainreichs des Schawbler haws, da man alle jar dient von demselben haws zenachst dem Flöczer dem obgenanten fürsten in Österreich ze gruntrecht sechczig Wyenner phennig an sant Jörgentag und sechczig phennig an sant Michelstag und dient auch von dem zuehaus dem benanten fürsten alle jar dreissig Wyenner phennig an sant Jörgentag und dreissig phennig an sant Michelstag, als daz auf in baiden mit alter herkomen ist. *Sie übergeben ihnen den besiegelten Brief, laut welches das Haus von der Zeche behauptet wurde, welchen sie ihnen im Falle der Ansprache wieder zu übergeben haben. Falls die Käufer denselben verlieren, zerbrechen oder ihnen nicht zu rechter Zeit überantworten, haben sie den Schaden zu tragen.*

Siegler: (I.) Mert von Pilichdorf, (II.) Jörg der Schadegast, der Amtmann, und die erbern (III.) Thoman der Plodel, Stadtrichter zu Klosterneunburg, und (IV.) Niclas der Teym, Rathsherr, beide Zechbrüder daselbst.

Datum: Geben (1413) am nachsten phincztag vor dem vaschangtage.

Orig., Perg. Deutsch. Von 4 Siegeln an Perg.-Streifen das 2. abgefallen.

Vgl. nr. 1013 u. 1019.

I. zerbrochen, rund, grün auf Sch., IV A 2. Eine Rosette. — III. beschädigt, rund (26), grün auf Sch., IV A 2. U.: .... vm. tamani · plod ... — IV. rund (32), grün auf Sch., IV A 2. U.: † sigillvm · nicolay · teym. Zweimal getheilt (Fadenbalken), im oberen Felde eine gestürzte Spitze, je drei Erdbeeren oberhalb und unterhalb desselben.

1018.   1413 März 12, Wien.

Abt Thomas[1] *zu den Schotten in Wien citiert auf Bitten des Abtes Peter [II.] und des Conventes von Göttweig als Executor der litterae compulsoriae des Auditors Cuncso von Zwola den Thomas Grossel auf den nächsten Gerichtstag nach dem Sonntage Laetare um die Stunde der Terz in das Stift Schotten zu Wien behufs Vorlegung seiner auf den Process wegen der Pfarre Mauttarn bezüglichen Urkunden und Rechtstitel.*

Siegler: der Urkundenaussteller.

Datum Wyenne in dicto nostro monasterio Scotorum die dominico duodecima mensis marcii (1413).

Copie, Perg. Lat. Insert in nr. 1021.

Vgl. nr. 1016.

1019.   1413 März 13.

Gundolt im Turn, Bürger zu Klosterneunburg, und Kathrey seine Frau beurkunden, dass sie der erbern Bürgerzeche dacz sant Merten *zu Klosterneunburg zu Handen des Zechmeisters um 48 ₰. Wiener ₰. mit Handen* der erbern Jörgen des Schadegasts, zu den zeiten ambtman ze Newnburg daselbs auf des hochgeboren fürsten gût herczog Albrechts ze Österreich etc., und Niklasen des Teymen, diezeit pergmaister daselbs auf des erbern hern Stephans gût des Kraften, verchauft und hingeben haben sechs phunt Wyenner phennig gelts purgrechts auf den nachgeschriben unsern erbgûtern von erst auf unserm haws mit aller zuegehorung, daz weilent zway hewser sind gewesen, gelegen daselbs ze Newnburg bey der Tûnaw am ekk ainhalben zenachst Jacoben dem Flöczer und stozt hinden an Hainreichs

---

1018. [1] Abt Thomas III. 1403—1418 August 9. Es war der letzte nationalschottische Abt, nach dessen Resignation die Schotten in ihr Mutterkloster nach St. Jacob in Regensburg auswanderten (Hauswirth, Gesch. der Abtei Schotten, S. 24 f.).

haws dez Schaubler, da man alle jar von dem ain haws dint dem benanten fürsten in Österreich ze gruntrecht sechczig Wyenner phennig an sant Jörgentag und sechczig phennig an sant Michelstag und von dem zuehaus dint man auch alle jar dem fürsten in Österreich ze gruntrecht dreizig Wyenner phennig an sant Jörgentag und dreizig phenig an sant Michelstag und nicht mer und des diezeit ambtman gewesen ist der obgenant Jörg der Schadegast; darnach auf der übertewrung unsers viertail weingartens gelegen in der Ödengrûb zenachst dem weingarten genant das Neychârtel, da man alle jar von dient dem vorgenanten hern Stephan dem Kraften fünf viertail weins ze pergrecht und drey helbling ze vogtrecht und ain phunt gelts ze überzins in daz selhaus, als darüber ir urchûnd laut, und nicht mer und des diezeit pergmaister gewesen ist der obgenant Niclas der Teym. *Diese Gülte haben sie zu Mitterfasten zu zinsen und ist der erste Termin zu den Mitterfasten im nächsten Jahre angesetzt. Die Nichteinhaltung der Zinsung ist mit Zwispilde je zu 14 Tagen zu bessern. Sie reservieren sich auch das Recht, die Gülte mit 48 ₰. ₰. und 6 ₰. Wiener ₰. als Zins von der Bürgerzeche abzulösen.*

Siegler: Jörg der Schadegast als Amtmann, Niclas der Teym als Bergherr und der erber Thoman der Plödlein, Stadtrichter zu Klosternewnburg.

Datum: geben (1413) am montag nach dem ersten sunntag in der vasten, so man singt invocavit.

Orig., Perg. Deutsch. 3 Siegel an Perg.-Streifen abgefallen.

1020. **1413 März 28, Passau.**

Der Notar und Cleriker der Bamberger Diöcese Johann Swent von Awrbach beurkundet, dass Thomas Grossel, Pfarrer zu Mautarn, die Priester Johann Gwerleich, Johann Stugs und Stefan von Treberwinkel als Procuratoren zu seiner Vertretung vor Abt Thomas [III.] zu den Schotten als Executor der litterae compulsoriae in seinem Processe mit dem Stifte Göttweig wegen der Pfarre Mautern nach der Citation seitens desselben bestellte, damit sie am Citationstermine vor demselben die von Göttweig vorgelegten Urkunden auf ihre Echtheit prüfen.

Datum: Acta sunt hec Patauie (1413), indictione sexta, die vero Martis vicesima octava mensis marcii, hora nonarum vel quasi, pontificatus etc. Johannis .. pape vicesimi tercii anno tercio Patauie in curia etc. Wenczeslai sanoto sedis apostolice prothonotarii, decani ecclesie Pataviensis.

Zeugen: die Priester der Passauer Diöcese Michael von Veydersprunn und Georg Zeidler, und der Cleriker der Passauer Diöcese Thomas Dorndel.

Copie, Perg. Lat. Insert in nr. 1021.

1021. 1413 April 5, Wien.

Der Notar Georg Melkchaÿmer von Prawnalb beurkundet folgenden Verhandlungsgang vor Abt Thomas [III.] zu den Schotten in Wien als dem von dem Auditor Cuncso von Zwola bestellten Executor der litterae compulsoriae: Abt Thomas [III.] zu den Schotten citiert nach Präsentation der litterae compulsoriae seitens des Abtes Peter [II.] von Göttweig auf Verlangen desselben als Executor den Göttweiger Professen und Vicar in Mautarn Andreas, damit er die zu Gunsten Göttweigs sprechenden in seiner Hand befindlichen Urkunden vorlege, und den Thomas Grossel, damit er sich durch Augenschein von deren Echtheit überzeuge. Da hierauf Abt Peter [II.] und der Convent von Göttweig den Pfarrer in Losperg Mathias von Walsee zum Procurator ernennen, citiert Abt Thomas in Gegenwart der Passauer Diöcesanen und Pfarrer Johann Sindram, Doctor der Decrete, in Gunderstarf[1] und Stefan Czulker[2] zu St. Leonhard am Forst den Thomas Grossel auf den 5. April desselben Jahres in das Schottenkloster zu Wien, worauf derselbe den Baccalaureus der Decrete und Priester der Passauer Diöcese Johann Gwerleich von Mödling als seinen Procurator sendet, der die von dem Vicare Andreas zu Mautern vorgelegten Urkunden (nr. 942, 950, 1015, 1016 u. 1020) auf ihre Echtheit prüft, woraufi der Executor dieselben wörtlich inserieren lässt.

Siegler: (I.) Abt Thomas [III.] zu den Schotten in Wien.

Datum: Acta sunt hec Wyenne diote Pataviensis diocesis in monasterio nostro predicto (1413), indictione sexta, die Mer-

---

1021. [1] Im Zeugenkataloge ist der Ort mit *Gundramstorf* angegeben. — [2] Im Zeugenkataloge *Czukcher*.

curii quinta mensis aprilis, hora terciarum vel quasi, pontificatus etc. Johannis etc. pape vicesimi tercii anno tercio.

Zeugen: presentibus etc. dominis Iohanne Sinderami, decretorum doctore in Gundramstorf, Stephano Czukcher Sancti Leonardi in Foresto, ecclesiarum parrochialium rectoribus, Iohanne Hungerperper, perpetuo vicario ecclesie parrochialis in Ekendorf presbyteris et Iohanne Cheppel de Newburga Claustrali, clerico Pataviensis diocesis, testibus.

Orig., Perg. auf 16 Folien. Lat. Siegel an rother Seidenschnur.

I. undeutlich ausgeprägt, spitzoval, roth auf Sch., III B 2 b. U.: s. thome · abbatis · moīi. sc̄te. marie · scotorv̄. wienne. Der Abt ist im Ornate dargestellt. Wappenschild darunter undeutlich.

1022.   **1413 April 26.**

Niclas Gerndlêr, Bürger zu Krembs, und Lienhart Gerndlêr sein Sohn verkaufen mit Handen ihres Burgherrn, des erbern Hanns des Plenttinger, Hofmeister der Herren von Admünd, dem erbern Mathes dem V̊sper, Bürger zu Krems, und Elspeth dessen Frau um 50 ₰. Wiener ₰. ihr Haus zů Krems in der Lantstrass¹ zenagst Mertten des Kursnêr haws und stosset zů ainer seitten an das gässel, *von welchem dem benannten Hofmeister jährlich 12 Wiener ₰. an sand Merttentag zu Burgrecht zu zinsen sind.*

Siegler: Hanns der Plenttinger, als Burgherr, *für die Urkundenaussteller siegeln* (wann wir aigen insigel nicht ennhaben) der Richter und der Rath der Städte Krems und Stain mit dem Grundsiegel.

Datum: [der]ᵃ geschrieben ist an mitichen nach sand Jorigentag (1413).

Orig., Perg. feuchtfleckig u. beschädigt. 2 Siegel von Perg.-Streifen abgefallen.

1022. ᵃ Durch ein Loch zerstört.

¹ Jetzt noch existiert in Krems die Obere und Untere Landstrasse, welche sich in west-östlicher Richtung als Hauptstrasse durch Krems hindurchzieht.

1023. 1413 Mai 12, Spitz.

Ursula, die Frau des Lienhart des Vorster, quittiert Abt Peter [II.] zu Kottweig für sich und ihren Mann den Empfang von 60 tl. Wiener ₰., welche ihnen vor Zeiten zugesprochen wurden, und von 4 tl. ₰. als Schadenersatz für den Zahlungsverzug derselben.

Siegler: Ursula die Vorstarin mit ihrem Petschaft und der erber Maricz, Amtmann zu Spicz.

Datum: Geben zu Spicz an sand Pangrâczentag (1413).

Orig., Pap. Deutsch. 2 Petschaften waren in schwarzem Wachse auf der Rückseite aufgedrückt.

1024. 1413 Mai 20.

Ich Fridr(eich) Slegel, richter zu Mauttarn, hab mich verricht mit dem prelatt, abbt Petern zu [Kottweig]ᵃ von der geltschuld wegen, so in austuend von dem Sebeken, Mertens sun v[on]ᵃ .... und dieselben auszerichten was. Das was geschehen an sambstag var cantate, des zeug sein her Stephan von Sand Lienhart der Platschûch, das auszerichten an sand Mertentag in anno etc. XIII *(1413 Nov. 11)*.

Notiz in Cod. D f. 1.

1025. [1413 Mai 21—26, Göttweig.]

Wir abbt Peter zu Kottweig haben von sundern gnaden den Rottelsdorffern¹ den traiddînst in die phister und auf den perig den habern geringert und nachlazzen halben dînst dovon ze geben zehen gancze jar, die sich angehebt haben anno nono an sand Jorigentag *(1409 April 24).*

Notiz in Cod. D f. 1.

Die engere Begrenzung des Datums ergibt sich aus der Reihenfolge dieser nr. Obwohl das Datum vollständig weggelassen ist, so lässt sich, da

---

1024. ᵃ Lücke infolge der Beschädigung des 1. Foliums an der rechten Oberecke.

1025. ¹ Rottersdorf, O.-G. Statzendorf, V. O. W. W.

das Copialbuch hier chronologisch geführt ist, durch die Datumsangabe der vorausgehenden und nachfolgenden nr. der terminus a quo und ad quem feststellen. Die Tagesangabe des ersteren ist der Sonntag Cantate, die der letzteren der Freitag nach Cantate.

1026. [1413 Mai 26—Juni 8.]

Wir vischår gemain umb den perig gesezzen zu Talarn[1] und in dem Werd[2] haben gelobt unser herschaft zu Kottweig von der vischwaid wegen auf der Tuenaw, der marich gelangent uncz enmitten in die nawfart, dovon ze raichen und ze geben am freitag, allsvil der sein zwischen freitags vor phingsten uncz gen unser frawntag in dem heribst, ain essen visch, wie wir das ungeverlich gehaben mugen geschåcz fur XXIIII denare.

Item die egenante herschaft auf derselben vischwaid mag sunderlich wol hingelassen[a] . . . . . nasengang und eyzz, wem im verlust etc.

Notis in Cod. D f. 1.

Die chronologische Einreihung dieser nr. wird durch die Tagesangabe der vorausgehenden nr. in Cod. D — Freitag nach Cantate — und die der folgenden nr. — Donnerstag vor Pfingsten — ermöglicht.

1027. 1413 Juni 22.

Ich Daniel Danprukår hab der herschaft und dem abbt Petern aufgesandt mit meinem brief aufgedrukcht mit[a] mein selbs insigel von aller meiner gueter wegen, die ich zu Dråssdorf in Heligenaicher pharr gehabt hab, dieselben fuerwazz ze leichen Otten dem Maierchpeken. Derselb aufgabbrief ist geben warden an gotesleichmantag[b] anno etc. XIII.

Notis in Cod. D f. 1'.

1026. [a] Unleserlich.

[1] Thallern, G.-B. Mautern. — [2] Ein eingegangener Ort östl. v. Mautern, nördl. v. Falt u. südl. v. Krems, von der Donau am Ende des 18. Jahrh. vollständig weggeschwemmt (Bl. f. Landesk. v. N.-Oe. XVII, 113).

1027. [a] Folgt getilgt s. — [b] Cod. statt gotesleichnamtag.

1028. 1413 Juni 24.

Ich Ott der Maierchpekch hab gelubt und versprochen mit meinen trewen von wegen der gûter des egenanten Danpruker, der egenanten herschaft zu Kottweig zuzestifften, das ich also getan hab mit Hansen dem Pairen von Drasdorf. Derselb Pair also doselbs versprach und versprich* auch: mit meinem trewn [will]ᵇ ich egenauter Hans Pair ain trewer hold zeᶜ sein des egenanten gotshaus zu Kottweig. Geschehen an dem sunebentabent anno etc. XIII.

Notiz in Cod. D f. 1'.

1029. 1413 Juli 2.

Ich Chunr(ad) Glacz zu Mawtarn hab dem erbirdigen herren abbt Petern zu Kottweig versprochen mit meinen trewen und mitsampt mir purgel gosaczt den Wenig, Andre den Zeirbeter und Micheln den Haberknappen von Talarnn, do ich aufgab das halb lehen, das ich verkauft het Petern dem Holczlein, das ich das ander halb lehen doselbs zu Talarnn und dorzu alle andre purkrecht und gûeter, die von dem egenanten gotshaus zu Kottweig oder auf andern gûetern ze lehen weren, sol und will die zustifften zwischen hewt und sand Michelstag angevêrd. Beschâch des nicht, so sein sew dem egenanten gotshaus verfallen an alle gnad. Auch hab ich doselbs versprochen welicherlay vordrung oder stewr in derselben zeit dorauf kâme, sol ich alls dovon tuen alls ain ander hold des egenanten gotshaus. Geschehen an suntag vor Vdalrici anno etc. XIII.

Notiz in Cod. D f. 1'.

1030. 1413 September 5, Stein.

Ich Hanns Schreibâr von Chottans hab gehaizzen der egenanten herschaft zu Kottweig mit meinen trewen, do ich von im hinder den von Melligk wolt komen, ich wolt wider sein gnad nach die andern seines gotshaus laut nichts tuen

---

1028. ᵃ Cod. statt *verspricht*. — ᵇ zu ergänzen. — ᶜ Cod.

nach hanndeln an ain recht, dan was ich nach gůeter oder purkrecht hinder dem gotshaus zu Kottweig in Chottanêr[1] gericht het oder gewunn, dieselben sol ich zustifften und verkauffen zwischen hewt und stifftzeit nach der nappawren rat doselbs angevêrd. Tet ich des alles nicht, so pin ich dorumb der egenanten herschaft zu Kottweig fallig warden und den spruchlaitten, die das getaidingt haben: horn Stephan pharrer zu Sand Lienhart, Hansen dem Radlår, diezeit phleger zu Tuerenstain, Hansen dem Tiemiger, Hansen dem Weikarstlager[a] alsvil C ℔. ₰. Geschehen zu Stain im hof an eritag nach Egidii anno etc. XIII.

Notiz in Cod. D f. 2.

1031.   1413 October 15.

Hanns der Hêperger und Margrett seine Frau beurkunden, dass ihnen ihre Forderungen an Abt Peter [II.] und die Oblei zu Gottweig und speziell an Hênslein zu Hêperg[1] *im Betrage von 6 ℔. ₰. an Hauptgut sammt Schaden zu rechter Zeit bezahlt wurden.*

Siegler: Hanns der Hêperger und der erber Wilhallm der Frawndorffer.

Datum: Geben (1413) des suntags noch sand Cholmanstag.

Orig., Perg. Deutsch. 2 Siegel abgefallen.

1032.   1413 October 24.

Barbara, die Tochter Herman's des Wunder und Frau Epp's des Feyrtagêr, tritt dem Abte und Stifte zu Kottweig das ihr von ihrem Manne verschriebene Vermächtnis auf dem Hofe und den Gütern zu Haycsendorf ab, welche von Abt Peter [II.] und dem Stifte zu Kottweig zu Burgrecht rühren, wie sie in den Kaufurkunden ihres Mannes enthalten sind, und wie sie ihr derselbe mit Handen und Siegel des Burgherrn vermacht hat.

1030. [a] Statt *Weikarstlager*.

[1] Kottes, V. O. M. B.

1031. [1] Heuberg, O.-G. Scheibbsbach, V. O. W. W.

Siegler: *für die Urkundenausstellerin* (wann ich egenante Barbara aigen insigil nicht hab) (I.) Chŭnrat der Hulibâr ihr Vetter und (II.) Hainreich der Ebenmertâr ihr Eidam.

Datum: Geben (1413) an eritag vor sand Symanstag.

Orig., Perg. Deutsch. An Perg.-Streifen 2 Siegel.

I. rund (26), grün auf Sch., IV B 1. U.: . s. chvnrat · hvlber. Der Stechhelm. Cimier: ein rechter Arm, welcher einen Streitkolben schwingt. — II. rund (32), braun auf Sch., IV C. U.: . s. hainreich · ebmetter. Getheilt. Der Stechhelm geschlossen. Cimier: ein geschlossener Flug. Hilfskleinod: die einmalige Theilung.

1033. **1413 December 11, Bologna.**

Der Notar Jacob Lote, Cleriker der Diöcese Verden, beurkundet den Verlauf der Gerichtsverhandlung an der römischen Curie vor dem Auditor Cuncao von Zwola, welcher vom Papste in dem Processe zwischen Thomas Grossel einerseits und dem Abte und Convente von Göttweig anderseits über die Pfarre Mauttarn zum Richter bestellt wurde: Cuncao von Zwola citiert auf Verlangen des Peter Fride, des Procurators des Thomas Grossel an der römischen Curie, den Procurator des Abtes und Conventes von Göttweig Hartung Molitoris viermal, worauf bloss Peter Fride erscheint. Auf die fünfte Citation erscheinen beide Procuratoren und legen die Beweise für die Rechtstitel ihrer Partei vor und ersuchen um einen neuen Termin, um das Recht ihrer Partei erweisen zu können. An diesem erscheint bloss Hartung Molitoris, worauf Peter Fride auf einen neuen Termin citiert wird. Da unterdessen Cuncao aus gewissen Gründen verreist, so wird der Process vom Papste dem Auditor an der römischen Curie und Doctor der Decrete Lorenz Sachse zur Entscheidung übertragen, vor welchem am fixierten Termine bloss Hartung Molitoris erscheint und die Urkunden seiner Partei vorweist und den Auditor ersucht, den Process durch definitiven Rechtsspruch zu Gunsten Göttweigs zu entscheiden. Nachdem hierauf Cuncao zurückkehrt, erscheinen beide Procuratoren vor ihm, wobei Hartung seine Bitte um Urtheilsfällung wiederholt. Cuncao fällt hierauf in Gegenwart beider das Urtheil, spricht dem Thomas Grossel jedes Recht auf die Pfarre Mauttarn ab und verurtheilt ihn in die Processkosten, deren Feststellung er sich auf einen späteren Termin vorbehält.

Datum: Lecta lata et in scriptis promulgata fuit hec presons sentencia diffinitiva per nos Cunczonem auditorem prefatum Bononie in ecclesia sancti Stephani pro audiencia causarum apostolica specialiter deputata nobis inibi mane hora causarum ad iura reddendum in loco nostro solito pro tribunali sedentibus (1413), indiccione sexta, die vero Iune undecima mensis decembris, pontificatus Johannis pape vicesimi tercii predicti anno quarto.

Zeugen: presentibus ibidem discretis viris, magistris Iohanne Martini et Iohanne Langoem notariis publicis nostrisque scribis, clericis Baiocensis diocesis et Osnaburgensis civitatis, testibus.

Copie, Perg. Lat. inseriert in nr. 1039.

1034. 1414 Jänner 18.

Ich Hainreich Ebenmetter, purger zu Krembs, hab aufgeben dem ersamen abbt Petern zu Kottweig anderhalb ieuch weingarten gelegen in der Pottendorferin[1] mit allen rechten, alls das von alter herkomen ist und die ich doran gehabt hab, die also er gelihen hat Merten dem Gatringer in aller der mazz, alls ander weingerten nider egenanter Pottendorferin gewanhait haben, dovon man dient in den hof zu Stain segs phenning an sand Michelstag und vi₃ emper most in dem lesen. Das geschehen ist an phincztag Prisce virginis anno domini etc. XIIII.

Notiz in Cod. C f. 3.

1035. 1414 August 24, Stein.

Bruder Vlreich von Dierenstain, Quardian des Minoritenklosters zu Stain, und der Convent verkaufen mit Handen der Priorin Anna im Kloster zu Minnpach Abt Peter [II.] zu Gottweig um 12 ℔. Wiener ₰. 1 ℔. Wiener ₰. Gülten auf einem Weingarten zu Rechperkch im Ausmasse von fünf Viertel, genannt der Liechtenekker, welcher ihnen von der Priorin und dem Kloster zu Minnpach zu einem Jahreszinse von 12 Wiener ₰. an sand Michelstag zu Burgrecht verliehen ist. Diese Gülte übergibt ihnen derselbe mit

---

1034. [1] Ried bei Krems.

der Bedingung, dass sie dafür jährlich für ihn, seine Vorgänger und Nachfolger in ihrem Kloster zu Stain am Dienstag nach Oculi in der Fasten einen Jahrtag abends vorher mit einer gesungenen Vigilie und des morgens mit einem gesungenen Requiem und sovielen Seelenmessen, als Priester im Convente sind, begehen. Kann derselbe am fixierten Tage nicht abgehalten werden, so ist er innerhalb 8 oder 14 Tagen nachzuholen. Im Versäumnisfalle haben sie dem Propste im Gottbeigerhofe zu Stain 1 ₰. Wiener ₰. zu zahlen, welcher es dann zum selben Gedächtnis den Armen in dem Spitale zu Chrembs geben soll. Für den Kaufschilling von 12 ₰. ₰. kaufen sie mit Handen des Grundherrn, des Abtes Fridreich zu Zwettel, von Frau Diemüet der Vischdrin, vormals Gattin des Jorg des Stadtschreibers zu Stain, 1½ Joch Weingarten zu Chrembs an der Chrembsleytten, von welchem dem Stifte Zwettel in dessen Hof zu Weincsurel jährlich 8 Wiener ₰. an sand Michelstag zu Burgrecht zu zinsen sind.

Siegler: (I.) die Priorin zu Mynnpach, (II.) der Quardian Vlreich und (III.) der Convent zu Stain.

Datum: Geben zu Stain an sand Bartholomestag (1414).

Orig., Perg. Deutsch. An Perg.-Streifen 3 Siegel; Copie in Cod. C f. 34 f.

I. spitzoval, ungefärbt, II B. Abb. bei Hanthaler, Rec. I, Tab. 15 nr. 11. — II. spitzoval (46 : 30), ungefärbt, II B. U.: † SIGILLVM · GAR[D]IANI · DE · STAIN. Der heil. Franciscus Seraph. ist sitzend dargestellt, unter demselben ein knieend betender Minorit. — III. spitzoval (41 : 26), ungefärbt, II B. U.: † S. FRM. MINORVM · DE · STEIN. Der heil. Eliskus ist stehend mit dem Stabe dargestellt. Beischrift: ELISAEUS.

1036.   **1414 September 23, Spitz.**

Georg Geyr, Friedrich Fritzelsdorfer, Hanns Weikartschlager und Nicolaus von Langenlois entscheiden als erwählte Schiedsrichter einen Streit zwischen Abt Peter [II.] von Göttweig und Hanns Rayd.

Copie in Cod. C f. 16.

Die Ueberschrift: ..... *von des hoffs wegen zu Rinna in der graffschafft* bewahrt noch die Erinnerung an eine dort zu suchende alte Grafschaft.

Ich Jorig Geyr, ich Fridreich Friczesdarffer, ich Hanns Weyghartslager und ich Niklas von Lewbs, dy zeit phleger zu Obern Renna, veriechen öffennleich mit dem brief von aller der krieg und stozz wegen, so der erwirdig geistleich herrn abb ⁾ Peter z Gottwey von sein, seins gŏczhaws wegen ᵇ und convents wegen und Hanns Rayd, dy zeit gesessen zu Seyttendarff, gen enander gehabt haben, es sey von rayttung oder ander zůspruch wegen, darumb sew gŏnczleich bey uns beliben sind, als dann ir bayder hindergang brief lawten, dy wir von in haben, daz wir darumb veraintleich und bedechtigleich ausgesprŏchen haben und sprêchen wissenleich mit krafft des brieffs also, daz dye egenanten zůsprůch und vordrung sullen gancz ab sein und hinfur ain tail gen dem andern chain zůspruch nicht mer haben nach zů suchen scholl in chainer weys und angevêr aůsgenŏmen ettleicher zůspruch von geltschuld wegen, alls der egenant Rayd dann spricht, dye im åuslig von des egenanten abbts lêwten in der herrschaft zu Rênna. Sprechen wir, daz im darumb des vorgenanten abbts phleger derselben herschafft ain fuederleich recht gefallen lazzen sol, und åusgenomen des sechs und dreysig phunt phenning wegen, dy der egenant Hanns Rayd anhellig warden ist und dem egenanten abbt ausligent, und spricht der Rayd, er hab sy gegeben Lientharten dem Vorster, yecz phleger zu Hohenekch, und auch ausgenŏmen der zůspruch, die der egenant Hanns Raydd maynet zu haben hincz Vlreich Fleischaker von Můldarff von vêll wegen. Auch sprechen wir, welicher tayll des sprůchs nicht hyelt, der sol dem lanndesfursten verfallen sein hůndert phůnt phenning und uns sprůchlêwten zwai und dreisig phůnt phenning. Und des zu ůrchůnd geben wir obgenanten sprůchlêwt dem egenanten abbt der brief besigelten mit unser aller aufgedruchten petschafften. Geben zu Spicz an suntag vor sand Michaelstag anno domini MCCCC quarto decimo.

1037.   **1414 December 22, Konstanz.**

Der Notar Heinrich Hoppensack, Cleriker der Mainzer Diöcese, beurkundet den Gang des Processes an der römischen Curie zwischen Göttweig und Thomas Grossel wegen der Pfarre zu Mauttern: Nach der Appellation des Thomas Grossel von dem Urtheile des Cuncz̧o von Zwola wird vom Papste Johann Naso, Doctor beider Rechte, päpstlicher Caplan und Auditor,

---

1036. ⁾ Cod. statt *abbt.* — ᵇ Getilgt.

mit der Wiederaufnahme des Processes betraut, welcher dem Thomas Grossel die strittige Pfarre zuspricht und den Abt und Convent von Göttweig zu den Processkosten verurtheilt. Auf die seitens der letzteren eingelegte Appellation wird vom Papste dem Friedrich Deys, decretorum doctori, decano ecclesie Paderburnensis, dicti domini nostri pape cappellano et dicti palacii causarum auditori, die Untersuchung übertragen, welcher auf Bitten des Göttweiger Procurators Hartung Molitoris den Procurator Grossel's Peter Fride dreimal citiert. Da unterdessen Friedrich Deys verreist, wird vom Papste dem Doctor der Decrete und Auditor Petrus Nardi die Fortführung des Processes übertragen, vor welchem am fixierten Termine bloss Hartung Molitoris erscheint. An einem anderen Termine ist dies gleichfalls der Fall, worauf er einen neuen Termin zur Vorweisung der auf den Process bezüglichen Urkunden ansetzt, an welchem beide Procuratoren erscheinen. An zwei weiteren Terminen erscheint bloss Hartung. Unterdessen kehrt Friedrich Deys zurück, welchem Johann Engelhardi, der neue Göttweig'sche Procurator, eine Bittschrift um Urtheilsfällung einreicht. An einem neuen Termine erscheinen beide Procuratoren, das Beweisverfahren wird geschlossen und ein letzter Termin angesetzt, an welchem vor beiden Procuratoren das Urtheil verkündet wird, dass Thomas Grossel von dem Urtheile des Cuncso von Zwola unberechtigt appelliert habe, das Urtheil des Johann Naso aufgehoben sei und die Pfarre zu Mauttern dem Stifte Göttweig zugehöre, während Thomas Grossel die Processkosten zu tragen habe, deren Fixierung sich Friedrich Deys für später vorbehält.

Datum: Lecta lata et in scriptis promulgata fuit hec presens diffinitiva sentencia per nos Fridericum auditorem prefatum Constancie provincie Maguntinensis in ecclesia sancti Stephani pro audiencia causarum apostolica specialiter deputata inibi mane hora causarum ad iura reddendum in loco nostro solito pro tribunali sedentibus (1414), indiccione septima, die vero sabbati vicesima secunda mensis decembris, pontificatus etc. Iohannis pape vicesimi tercii predicti anno quinto.

Zeugen: presentibus ibidem discretis viris, magistris Iohanne Monoque et Conrado Abbenbvrch notariis publicis nostrisque scribis, clericis Cameracensis et Verdensis diocesis, testibus.

Copie, Perg. Lat. Inseriert in nr. 1043.

1038.   1415 April 7.

Ott von Meissaw, oberster Marschall und oberster Schenk in Osterreich, schliesst mit Abt Peter [II.] und dem Convente zu dem Kottwêig und deren Holden zu Meyrs und Kotzendorff folgenden Tauschvertrag ab: er übergibt ihnen mit Handen seines Lehensherrn, des Herzogs Albrecht V., seinen grossen und kleinen Getreidezehent zu Meyrs, im Werte von 16 ₰. Wiener ♏. Gülten, welcher zur Herrschaft Gârs gehört und vom Herzoge Albrecht V. zu Lehen rührt, der denselben auf seine Bitten dem Stifte zum Kottwêig zugeeignet hat. Dafür übergeben ihm letztere ihres freien Eigens $37^1/_2$ Joch Aecker und 13 Tagwerke Wiesmat im Meyrser und Kotzendorfer Felde im Werte von 16 ₰. ♏. Gülten, welche der Teich zu Gârs *ingefangen und uberrûnnen hat, die er von dem Herzoge für die Herrschaft Gârs zu Lehen nimmt. Es wird ferner ausbedungen, dass wegen vergangener Schäden infolge des Teiches von keiner Seite Ansprüche erhoben werden dürfen, und dass Abt Peter [II.] und der Convent zum Kott*wêig in einem maneid gen Meirs schikchen sol und da die benannten sechczehen phunt gelts nach der gemayn rât den lêwten, den der vorgenant teicht ir grûnt ingevangen und uberrûnnen hat, an irem jêrleich dinst und zynns yegleichem nach dem und im dann geschehên ist, auch ungevêrleich die vorgenantén sechczehen phunt gelts abcziehen und irn dinst umb dieselben summ gelts mit einem besundern brief ewiklêich ringêrn.

Siegler: (I.) Ott von Meissaw, (II.) seine Frau Angnes von Potendorf, ,die ir insigel an den brief gehangen hat durich willên und darumb, das ir die vorgenant herschafft Gârs mitsambt dem egenantên zehent fur ir haimstewêr und morgengab verschriben und vermacht ist, die edeln mein lieb swagêr und frewnd her' (III.) Hêrtneid von Potendorf und (IV.) Hanns von Eberstorf, oberster Kämmerer in Osterreich.

Datum: Gebên (1415) an suntag nach ostêrn.

Orig., Perg. Deutsch. An Perg.-Streifen 4 Siegel; Copie in Cod. C f. 63'f.

Bl. f. Landesk. v. N.-Oe. XV, 69 nr. 44 reg.

Vgl. nr. 1058, 1100.

I. rund (31), grün auf Sch., IV A 2. U.: † S. OTTONIS · DE · ꟽEYSSAW. Das Einhorn. — II. beschädigt, rund (36), grün auf Sch., IV A 2.

U.: † S. AGNETIS · DE · MEISSA . . 2 Schilde, rechts der Pottendorfer Wappenschild, getheilt, im oberen Felde der wachsende Löwe; links der Maissauer (S. I). — III. beschädigt, rund, grün auf Sch., IV C. U.: . s. hertneid . . . . Getheilt, im oberen Felde der wachsende Löwe. — IV. rund (27), grün auf Sch., IV A 2. U.: † S. IOHANNIS · DE · EBERSTORF. Das Einhorn.

1039.   **1415 Mai 17, Konstanz.**

Der Notar Gumpert Fabri von Wildungen, Cleriker der Mainzer Diöcese, beurkundet den Verhandlungsgang in dem Processe zwischen Göttweig und Thomas Grossel wegen der Pfarre Mautern: Antonius,[1] Bischof von Concordia, Richter und päpstlicher Commissär in diesem Processe, wird vom Papste Johann XXIII. nach Appellation des Thomas Grossel von dem Urtheile des Auditors Friedrich Deys als Richter bestellt und citiert auf Bitten des Peter Fride, des Procurators des Thomas Grossel, den Göttweiger Procurator Johann Engelhardi zum Beweise des Rechtes seiner Partei, worauf nur Peter Fride erscheint. Nach einer abermaligen Citation erscheint nur Johann Engelhardi, welcher auf seine Bitten zum iuramentum calumpnie zugelassen wird. Nach einer neuerlichen Citation, auf welche nur Johann Engelhardi erscheint, wird wieder ein Termin fixiert, an welchem beide Procuratoren erscheinen. Hierauf werden sie neuerdings zur Vorlegung ihrer Beweisurkunden citiert, wobei nur Johann Engelhardi erscheint. Nach abermaliger zweimaliger Citation erscheint bloss Johann Engelhardi und legt seine Bitte um Urtheilsfällung vor. Hierauf citiert der Richter auf Bitten des Göttweiger Procurators Hartung Molitoris den Peter Fride, worauf unter Anwesenheit beider Procuratoren das Beweisverfahren geschlossen wird. An einem neu fixierten Termine wird in Gegenwart der Procuratoren beider Parteien das Urtheil verkündet, welches das Urtheil des Auditors Friedrich Deys bestätigt und den Thomas Grossel zu den Processkosten verurtheilt, deren Feststellung sich der Richter für später vorbehält.

Datum: Lecta etc. Constantie, provincie Maguntinensis, in domo habitationis nostre hora vesperorum consueta (1415), indiccione octava, die vero Veneris decima septima mensis maii,

---

1039. [1] Eubel, Hierarchia, S. 209 u. Anm 3.

pontificatus etc. Iohannis pape vicesimi tercii predicti anno quinto.³

Zeugen: presentibus ibidem discretis viris Franciscino Iacobi layco et Stephanino³ Iohannis de Tilleo, clerico Aquensis civitatis et Concordiensis diocesis, testibus.

Copie, Perg. Lat. Inseriert in nr. 1041.

1040. [1410 Mai 17—1415 Mai 24.]

Papst Johann XXIII. dispensiert den Patrik Odubanaich, einen Cleriker der Diöcese Derry, a defectu natalium zum Empfange der höheren Weihen.

Orig., Perg. verstümmelt u. durchlöchert.

Die chronologische Einreihung ist durch die Regierungszeit Johann's XXIII. gegeben.

Iohannes episcopus, servus servorum dei, venerabili fratri .. episcopo Augustensi et dilectis filiis .. decano Derensi ac Iohanni Okasalaich, canonico Armachensis eccles[ie]ᵃ . . . . ac morum honestas aliaque laudabilia probitatis et virtutum merita, super quibusᵇ apud nos dilectus filius Patricius Odubanaich, clericus Derensis diocesis, fide digno commenda . . . . sibi reddamur ad graciam liberales. Cum itaque sicut accepimus rectoria parrochialis ecclesie de Leao Patric dicte diocesis, quam quondam Iohannes Macchally . . . . ret, obtinebat per eiusdem Iohannis obitum, qui extra Romanam curiam diem clausit extremum, vacaverit et vacet ad presens, nos volentes eidem . . . . asserit super defectu natalium, quem patitur de presbytero genitus et soluta, ut eodem non obstante defectu ad omnes etiam sacros ordines promoveri et b . . . . curam haberet animarum, obtinere posset, extitit auctoritate apostolica dispensatum premissorum meritorum suorum intuitu

---

1039. ³ Statt richtig *sexto*. — ³ Auch *Stephanutio*.

1040. ᵃ Lücke hier und weiterhin infolge der Verstümmelung der Urkunde. — ᵇ *quibus apud* auf Rasur.

gratiam facere special[iter discr]etioni* vestre per . . . .
. . . . vel duo vel unus vestrum per
vos vel alium seu alios rectoriam predictam, cuius fructus redditus et proventus quatuor marcharum sterlin . . . .
. . . . [exti]mationem, valorem annuum, ut ipse
Patricius asserit, non excedunt sive ut prefertur, sive alias quovis modo aut ex alterius cuiuscumque persona vel . . . .
. . . . [re]cordacionis Iohannis pape
XXII, predecessoris nostri, qui incipit: Execrabilis, vacet
etiamsi tanto tempore vacaverit, quod eius collatio iuxta Lateranensia statut[a] . . . . [le]gitime devoluta aut rectoria ipsa dispositioni apostolice specialiter
reservata existat, dummodo tempore dati presentium non sit in
ea alicui specialiter in . . . .
et pertinentiis suis prefato Patricio auctoritate nostra conferre
et assignare curetis inducentes eum vel procuratorem suum
eius nomine in corporale[m possessionem] . . . .
. . . . et pertinentiarum predictorum et defendentes inductum[d] . . . . exinde quolibet illicito detentore ac facientes eundem Patricium vel dictum procuratorem
. . . . est moris admitti
sibique de ipsius rectorie fructibus redditibus proventibus iuribus et obventionibus universis integre responderi, contradictores . . . . sita compescendo. Non obstantibus si aliqui super provisionibus sibi
faciendi[s]* de huiusmodi parrochialibus ecclesiis vel aliis beneficiis ecclesiasticis . . . .
rales dicte sedis vel legatorum eius litteras impetraverint, etiamsi
per eas ad inhibitionem reservationem et decretum vel alias
quomodolibet . . . . Patricium in assecutione dicto rectorie volumus anteferri, sed nullum
per hoc eis quoad assecucionem beneficiorum aliorum preiudicium generari . . . . Derensis
vel quibusvis aliis communiter vel divisim a dicta sit sede indultum, quod ad receptionem vel provisionem alicuius minime
teneantur et ad . . . .

1040. ^c Verwischt. — ^d Lücke infolge eines Risses. — ^e Durch ein Loch zerstört.

1041. 1415 Mai 24, Konstanz.

Bischof Anton von Concordia setzt nach der Citation der streitenden Parteien, deren Termin er auf Bitten des Göttweiger Procurators Johann Engelhardi auf den 24. Mai 1415 festgesetzt hat, wobei nur der Göttweiger Procurator Hartung Molitoris erscheint, in Abwesenheit des Procurators Thomas Grossel's, des Peter Fride, den Betrag der Processkosten auf 35 Goldgulden fest, welche Thomas Grossel dem Abte und Convente zu Göttweig zu zahlen hat, nachdem Hartung eidlich erklärte, dass sich dieselben so hoch und noch höher belaufen.

Datum: Taxate autem fuerunt etc. in dicta Constancia in predicta domo habitacionis nostre hora vesperorum consueta sub anno, indiccione, mense et pontificatu quibus supra, die vero Veneris vicesima quarta mensis maii.

Zeugen: presentibus ibidem discretis viris Franciscino et Stephanutio[1] predictis testibus.

Orig., Perg. Lat. Notariatszeichen, Namensunterschrift u. Beglaubigungsformel von anderer H. u. Tinte. Siegel an rother Seidenschnur; Copie in Cod. C f. 347′—350.

Vgl. nr. 1039.

S. d. B. Anton v. Concordia spitzoval (67:39), roth auf Sch., II B. U.: † S. ANTONII · DE · PODTO · DEI · GRACIA · EPI · CONCORDIENSIS. Der heil. Andreas ist stehend en face dargestellt, darunter kniet betend der Bischof. Zu beiden Seiten desselben ein Wappenschild mit dem schrägrechten Balken.

1042. 1415 Mai 27, Konstanz.

Cuncso von Zwola citiert auf Bitten des Göttweiger Procurators Johann Engelhardi an der römischen Curie behufs Feststellung der Processkosten den Procurator des Thomas Grossel Peter Fride auf den Ort und Tag der Urkundenausstellung und verurtheilt den Thomas Grossel in Abwesenheit seines Procurators zur Zahlung von 45 Goldgulden an den Abt und Convent von Göttweig, nachdem Johann Engelhardi eidlich erklärt hatte, dass die Expensen seiner Partei sich so hoch und noch höher belaufen.

1041. [1] nr. 1039 Anm. 3.

Datum: Taxate autem fuerunt huiusmodi expense per nos Cunczonem auditorem prefatum Constancie provincie Maguntinensis in ecclesia sancti Stephani pro audiencia causarum apostolica specialiter deputata nobis inibi mane hora causarum ad iura reddendum in loco nostro solito pro tribunali sedentibus (1415), indiccione octava, die vero lune vicesima septima mensis maii, pontificatus etc. Iohannis pape vicesimi tercii predicti anno sexto.

Zeugen: presentibus ibidem discretis viris magistris Iohanne Schade et Iohanne Langoem notariis publicis scribisque nostris, clericis Maguntinensis diocesis et Osnaburgensis civitatis.

Orig., Perg. Lat. Notariatszeichen, Unterschrift u. Beglaubigungsformel von anderer H. u. Tinte, Siegel an Hanfschnur; Copie in Cod. C f. 341 f.

Vgl. nr. 1033.

Siegel beschädigt, spitzoval, roth auf Sch., II B.

1043.   **1415 Mai 27, Konstanz.**

Friedrich Deys setzt auf Bitten des Göttweiger Procurators Johann Engelhardi nach vorausgegangener Citation in Abwesenheit des Peter Fride die Processkosten auf 45 Goldgulden fest, welche Thomas Grossel an Göttweig zu zahlen hat, nachdem Johann Engelhardi eidlich versicherte, dass sich dieselben so hoch und noch höher belaufen.

Datum: Taxate autem fuerunt huiusmodi expense per nos Fridericum auditorem prefatum Constancie in loco prescripto (1415), die vero Iune vicesima septima mensis maii, pontificatus domini Iohannis pape vicesimi tercii predicti anno sexto.

Zeugen: presentibus ibidem discretis viris magistris Iohanne et Conrado notariis publicis et scribis nostris predictis, clericis Cameracensis et Verdensis diocesis, testibus.'

Orig., Perg. Let. Notariatszeichen, Namensunterschrift u. Beglaubigungsformel von anderer H. u. Tinte. Siegel von rother Seidenschnur abgefallen; Copie in Cod. C f. 344 f.

Vgl. nr. 1037.

1044. 1415 Juni 26, Konstanz.

Der Notar Gumpert Fabri von Wildungen, ein Cleriker der Mainzer Diöcese, beurkundet, dass in dem Processe zwischen Göttweig und Thomas Grossel wegen der Pfarre Mauttarn zuerst der päpstliche Auditor Cuncxo von Zwola als Richter zu Gunsten Göttweigs entschieden und den Thomas Grossel zu den Processkosten verurtheilt habe. Nach der Appellation von diesem Urtheile seitens des letzteren wird der Auditor Johann Naso zum Richter bestellt, welcher die Entscheidung des Cuncxo von Zwola aufhebt, dem Thomas Grossel die strittige Pfarre zuspricht und Göttweig zur Tragung der Processkosten verurtheilt. Nach der Appellation von diesem Urtheile seitens Göttweig's wird der Auditor Friedrich Deys als Richter bestellt, welcher zu Gunsten Göttweig's entscheidet und den Thomas Grossel zu den Processkosten verurtheilt. Nach einer abermaligen Appellation seitens des letzteren wird er von dem zum Richter bestellten Bischofe Anton von Concordia neuerdings verurtheilt. Die Processkosten wurden in dem Processe bei Cuncxo mit 45, in dem bei Friedrich Deys abermals mit 45 und in dem bei Antonius Bischof von Concordia mit 35 Goldgulden festgesetzt. Eine Bittschrift, welche noch an Papst Johann XXIII. um die Execution des Urtheiles eingereicht wird, wird nach dessen Abdication auf Befehl des Konstanzer allgemeinen Concils durch den Bischof von Ostia und Vicekanzler der römischen Kirche an den letzten Richter Anton Bischof von Concordia zum Zwecke der Executive gewiesen, welcher nach der Citation des Peter Fride, des Procurators des Thomas Grossel, die gesammten Processkosten auf 125 Goldgulden taxiert und ausserdem noch 3 Goldgulden für die Durchführung der Execution festsetzt, welche an Göttweig zu zahlen sind. Bischof Antonius von Concordia fordert nun in der Executivurkunde, welche in Göttweig aufzubewahren ist, alle kirchlichen Amtspersonen der Diöcese Passau auf, den Thomas Grossel innerhalb 6 Tagen zu verhalten, dass er innerhalb 60 Tagen sich dem Urtheile unterwerfe und die Processkosten begleiche, widrigenfalls er der Excommunication verfällt, welche der Richter sich oder seinem Oberen reserviert.

Datum et actum Constantie provincie Maguntinensis in domo habitationis nostre hora vesperorum consueta (1415), indictione octava, die vero Mercurii vicesima sexta mensis iunii apostolica sede pastore carente.

Zeugen: presentibus ibidem discretis viris, magistro Conrado Ortelani de Velden, notario publico scribaque nostro, clerico Frisingensis diocesis, et Francischino Iacobi, layco Aquensis civitatis, testibus.

Orig., Perg. Lat. Notariatszeichen, Namensunterschrift u. Beglaubigungsformel von anderer H. u. Tinte. Siegel an weisser Hanfschnur; Copie in Cod. C f. 329 f.

Vgl. nr. 1015, 1016, 1018, 1020, 1021, 1033, 1037, 1039, 1041—1043, 1045, 1046, 1049, 1062—1065, 1068, 1069 u. 1080.

S. d. B. Anton v. Concordia (nr. 1041, 8.).

1045.   1415 Juli 20, Mautern.

Bischof Georg von Passau fordert alle geistlichen Amtspersonen seiner Diöcese auf, auf Verlangen des Abtes und Conventes von Göttweig oder deren Procuratoren die Executivurkunde des Bischofes Anthonius von Concordia (nr. 1044), welche er als unverdächtig befunden hat, gegen Thomas Grossel zur Ausführung zu bringen.

Datum in Mautarn vicesima die mensis iulii (1415).

Copie in Cod. C f. 333. Lat.

1046.   1415 August 12, Passau.

Der Notar Bartholomeus Hertter, ein Cleriker der Passauer Diöcese, beurkundet, dass Conrad Virlen aus Nürnberg, ein Cleriker der Bamberger Diöcese, eine Urkunde von 1415 Juli 21 (indiccione octava, die vero solis vicesima prima mensis iulii hora vesperarum vel quasi), *welche er von dem Göttweiger Professen Martin, Pfarrer zu Mawttorn in der Passauer Diöcese, erhalten hatte, dem Priester der Passauer Diöcese Thomas Grössel bekannt gemacht und denselben um die Bestätigung dessen ersucht habe. Derselbe habe jedoch die Annahme derselben und die Bestätigung der Bekanntmachung verweigert.*

Datum: Acta sunt hec Patavie in stuba maiori venerabilis patris domini Wenczeslay Thiem, prepositi Pataviensis, (1415) indiccione octava, die vero duodecima mensis augusti, hora vesperorum vel quasi.

Zeugen: presentibus honorabilibus viris, dominis Iohanne Senging, cappellano in Perlemsrawt, et Conrado Lang, clerico et notario publico Pataviensis et Bambergensis diocesis, testibus.

Orig., Perg. Lat. Notariatszeichen ohne Namensunterschrift u. Beglaubigungsformel von der H. des Urk.-Schreibers; Copie in Cod. C f. 334'.

1047.   1415 [August 16—21], Stein.

Der Minoritenconvent zu Stein verpflichtet sich, das durch die Mauer des Göttweigerhofes in Stein gebrochene Fenster auf Wunsch des Stiftes wieder zu vermauern.

Copie in Cod. C f. 31.

Die zeitliche Begrenzung ergibt sich durch die Angabe des Datums *infra octavam*, wobei nur die Zeit von der *secunda dies* bis zur *septima dies infra octavam* gemeint sein kann. Falls aber unter Annahme eines Versehens des Copisten der römische *V* von *infra octavam* zur Jahreszahl herübergezogen wurde, haben wir das Datum: 1410 August 19.

Nos fratres minores conventus Stainensis fatemur protestamurque presentibus, quod speciali admissionis gracia reverendi in Christo domini Petri abbatis monasterii Gottwicensis quandam fenestram in infirmaria nostra per murum attingentem ortum curie Gottwicensis fecimus, quam quidem fenestram, cum predictus dominus seu sui successores nos habere noluerit vel noluerint, obstruere debemus. In cuius rei testimonium sigillum nostri conventus presentibus a tergo est inpressum. Datum anno domini MCCCCXV infra octavam assumptionis virginis Marie.

1048.   1415 September 10.

Hanns der Schriker von Heislein und Anna seine Frau verkaufen dem Pfarrer Herrn Gregorig an der Frauenkirche zu Mawer um 24 tt. Wiener ₰. ihre freieigene Wiese im Ausmasse von 2½ Tagwerken, genannt In dem Póssenpach, gelegen zu dem Heisleins in der Gerolttinger Pfarre und stost mit dem obern ört an den weg zwischen des von Wolse grůnt und derselben wisen und ist auf der andern seitten gmaricht nach Jörgen des Reisnårs gårtel mit seins selbs frid und zeilach und nach meinen (Hanns des Schriker) åkkern hincz auf dy marichstain niderhalb der orchen, die niden die marichstain ubersagent hincz uber den pach, und ist gmaricht enholb des pachs von des Sierenkåuter garten mit einem graben gar hinauf an den vorgonanton obern weg. *Der Käufer hat ferner das Recht eines freien Weges von dieser Wiese längs Jorg's des Reisnår Garten bis zum Birnbaum auf dem Grunde Hans des Schriker.*

Siegler: (I.) Hanns der Schriker, Paul der Hager sein Schwager und der erberge Peter der Mulwanger.

Datum: Das ist geschechn (1415) des erichtag nach unser lieben fraw tag, als sy geporen ist worden.

Orig., Perg. feuchtfleckig. Deutsch. Von 3 Siegeln an Perg.-Streifen das 1. erhalten.

L. undeutlich, rund, grün auf Sch., IV A 2. Schräglinks getheilt, links der steigende Wolf.

1049.   **1415 September 20, Passau.**

Der Notar Konrad Wirsung, Cleriker der Freisinger Diöcese, beurkundet, dass der Priester der Passauer Diöcese Georg Weyss im Auftrage des Stiftes Göttweig mit einer von demselben ausgestellten Vollmacht mit rückwärts aufgedrücktem Siegel und der Executivurkunde (nr. 1044) und einem Vidimus des Bischofes Georg von Passau (nr. 1045) den Passauer Domherrn Paul von Pollenhaym in seinem Hofe zu Passau aufsuchte und bat, er möge den Thomas Grossel auffordern, die Processkosten per 125 Goldgulden und 3 Goldgulden für die Execution innerhalb 60 Tagen dem Abte und Convente von Göttweig zu bezahlen. Paul von Pollenhaym habe hierauf durch seinen Procurator Heinrich Perinold, einen Cleriker der Bamberger Diöcese, welcher gerade bei ihm anwesend war, den Thomas Grossel aufsuchen lassen, welchen er am Fischmarkte zu Passau (in foro piscium Patavie) antraf und mit seinem Auftrage bekannt machte. Derselbe habe jedoch appellieren zu wollen erklärt.

Datum: Acta sunt hec (1415), indiccione octava, die vigesima mensis septembris, hora tertiarum vel quasi sede apostolica pastore carente.

Zeugen: presentibus primo ibidem venerabilibus viris et dominis Vlrico comite de Orttenberg, canonico ecclesie Pataviensis, Cholomanno presbytero et commensali prelibati domini Pauli de Pollenhaym etc., tempore vero secunde requisicionis et monicionis presentibus ibidem discretis viris Iohanne Watinger de Ambsteten et *Thoma* procuratore domus domini Wilhelmi de Frawmberg, canonici ecclesie Pataviensis, notariis publicis et clericis Pataviensis et Frisingensis diocesis, testibus.

Orig., Perg. Lat. Notariatszeichen, Namensunterschrift u. Beglaubigungsformel von anderer H. u. Tinte; Copie in Cod. C f. 337.

1050.   1415 October 12.

Hanns Achstainer und seine Frau verkaufen dem erbern Veyt auf dem Perig von Nidern Lewben und Kristein dessen Frau mit Handen ihres Burgherrn, des Abtes Fridreich zu Zwetl, ihre 2 Joch Weingarten an der Windleitten[1] *bei Radendorf zunächst dem Weingarten des Andre des Hawser, von welchem dem Stifte Zwetl in dessen Hof zu Weinczurl jährlich 40 ₰. 1 Hälbling Wiener Münze an sand Michelstag zu Burgrecht zu zinsen sind,* sunder mit den rechten, das man gepunden ist von des weingarten wegen, wer den innehat, ze komen in ire tayding am Newsidel ze Weinczurl am eritag nach liechtmesse, am eritag nach sannd Gorgentag, am eritag nach unser frawn tag, als sy geporn ist, oder dahin ze sennten als oft zwen pfenning.

Siegler: (I.) Abt Fridreich von Zwetl als Burgherr, *für die Urkundenaussteller siegelt* (wenn wir selben nicht aigen insigl enheten) (II.) der erber Lienhart der Husendorffêr.

Datum: geben (1415) am sambcztag vor sannd Kalmanstag.

Orig., Perg. rostfleckig. Deutsch. An Perg.-Streifen 2 Siegel.

I. beschädigt, spitzoval (60 : 38), grün auf Sch., III A 2 a. U.: s. fratris · friderici · abbatis · in · zwetla. Der Abt ist en face im Chorkleide dargestellt. — II. beschädigt, rund (27), grün auf Sch., IV A 2. U.: ..... enhart · h ....

1050. [1] Windleithen, Ried nördl. v. Unter-Rohrendorf.

1051. 1415 November 7.

Abt Jorig zu Liligenueld und sein Convent verlassen dem Thaman Planchk, Anne dessen Frau, Dorohe* deren Tochter, Wolfgang deren Sohn und Margred der Chracsserin ihren Weingarten, genannt der Luchensteyg zu Strecsing zu Leibgeding, wofür diese zur Lesezeit jeden dritten Eimer Most in deren Hof zu Weincsurl ohne deren Mühe zu zinsen und den Weingarten mit Dünger, Stecken und Gruben in gutem Mitterbaue zu halten haben. Sie sollen dessentwegen den Weingarten jährlich vor der Lese durch rechtliche Leute beschauen lassen und sich desselben unterwinden, wenn etwas verabsäumt wurde. Nach dem Ableben des letzten der fünf Beliehenen wird derselbe wieder ledig.

Siegler: (I.) der Abt und (II.) der Convent von Liligenueld.
Datum: geben (1415) dez phincztags nach allerheiligentag.

Orig., Perg. Deutsch. An Perg.-Streifen 2 Siegel.

I. beschädigt, rund (32), ungefärbt, III A 2 a. Abweichend von der Abb. bei Hanthaler, Rec. I, Tab. 11 nr. 12. U.: † · s[ec]retvm · f̄ris. georii . . . . poliliorv̄. Der Abt ist nach rechts gewendet und hält das Pedum in der linken Hand. Zu seiner linken Seite ist eine Lilie angebracht. — II. beschädigt, rund (39), ungefärbt, II B. Abweichend von der Abb. bei Hanthaler, Rec. I, Tab. 12 nr. 11, 12 u. 13. U.: † S. CO . . . . . VS · CAMPILILIORVM. Die heil. Maria mit dem Jesukinde ist sitzend dargestellt. Abb. bei Sava, Siegel d. Abteien, S. 39 nr. 28.

1052. 1415 December 24, Wien.

Herzog Albrecht V. von Oesterreich verschiebt den Verhandlungstag in dem Streite zwischen Göttweig und den Fischern zu Krems wegen des Fischereirechtes in der Donau.

Copie in Cod. C f. 253.

Die Ueberschrift mit rother Tinte von gleichzeitiger H.: *Ain taidingbrief zwischen des goczhaus zu Göttwey und der vischer ze Krembs umb den Werd und vischwaid ausserhalb Göttweigerdw*, bestimmt das strittige Fischereigebiet genauer.

Wir Albrecht etc. bekennen von der stözz wegen, die da sind zwischen dem erbern geistleichem unserm lieben andêchtigen . . dem abbt vom Gottwey ains tails und unsern getrewn . .

1051. * Orig.

den vischern ze Krembs des andern von wegen ainer visch-
waid genant die Mauttarnergemerkch, darumb sich das recht
an dem nägst vergangen samstag vor unser vergangen solt
haben, das wir die sach haben geschoben wissentleich mit dem
brief uncz von suntag schierist künftig über vierczehen tag
alzo, das der egenant abbt oder sein anwalt und die obgo-
nanten vischer auf denselben tag wider für uns kömen und ir
brief und urkund oder wes sÿ in den sachen geniessen wellent,
mit in bringen, so süllen wir sÿ denn gen einander verhören
und yedem tail widervaren lassen, was recht ist. Mit urkund
dicz briefs geben ze Wienn an dem heiligen weinachtabent
anno domini etc. quinto decimo.

1053. 1415 December 25, Wien.

Herzog Albrecht V. bestätigt die Göttweiger Vogtei betreffende Urkunden seiner Vorgänger.

Orig., Perg. Siegel an Perg.-Streifen; Copie in Cod. C f. 285.
Unter dem Texte von gleicher H. u. Tinte vermerkt: *D. dux in consilio.*

Wir Albrecht etc. bechennen und tün kunt offenleich mit
dem brieve, daz wir angesehen haben die gnad, die den erbern
unsern lieben andächtigen . . dem abt und . . dem convent
zum Chöttweig von unsern vordern künig Albrecht von Rome,
da er dannoch herczog was, herczog Albrechten unserm urenen
und herczog Albrechten unserm onen säliger gedächtnüzze von
des habern wegen, des sy uns iärleich zü vogtrecht phlichtig
sind ze rayhen, geben sind, darumb sy uns geczaigt habent
derselben unser vordern brief und hantvesten und haben in
dadurch und auch von sundern gnaden dieselben ir gnad in
aller der weise, als in die von den egenanten unsern vordern
nach laut irer brief sind geben, von newen dingen bestättet
und bekrefftiget wissentleich mit dem brieve und mainen und
wellen, daz es hinfur gänczleich dabei beleibe ungevärleich.
Auch tün wir in die gnad, wenne das ist, daz in ir vögte, so
sy auf allen iren gütern, die in unserm lande gelegen sind,
gegenwärtticleich habent oder kunfticleich gewinnent, ze swär
sein wolten oder in süst unfügleich wären, daz sy dann ge-
walt haben, dieselben ir vogte zü verkeren und nach unserm

rate und mit unser wissen ander vôgt an derselben stat ze nemen, als offt in des not beschiecht, als in weilent herczog Rûdolff sêliger gedêchtnûzze sôlich gnad vormaln mit seim brief auch getan hat. Und des ze ûrchunt geben wir den brief versigelten mit unserm anhangundem insigel, der geben ist ze Wienn an dem heyligen weichnachttag nach Christi gepûrde vierczehen hundert jar darnach in dem sechczehenden jare.

S. d. Herzogs Albrecht V., roth auf Sch. Abb. bei Sava, Siegel der Österr. Regenten, S. 138 Fig. 78.

1054.   **1416 Jänner 14, Wien.**

Herzog Albrecht V. entscheidet den Streit zwischen Göttweig und den Kremser Fischern über das Fischereirecht im Mauternergemerk.

Orig., Perg. Siegel auf der Rückseite aufgedrückt; Copie I in Cod. C f. 253; Copie II in Cod. C f. 285' f.

Unter der Datumszeile ist von gleicher H. u. Tinte vermerkt: *D. dux in consilio.*

Wir Albrecht etc. bechennen von der stôzz wegen, die da gewesen sind zwischen dem erbern* und* geistleichen unsern lieben andêchtigen . . dem abbt und . . dem convent zu dem Kôttweig ains tails und unsrer getrewn, unsrer vischêr ze Krems des andern von ainer vischwaid wegen genant Mawttarnêrgemerk und darumb des egenanten abbts und des convents zum Chôttweig anwêlt und dieselben vischêr an heutigen tag, da wir zu gericht sazzen nach unsrer ladung und schûben, so wir in den sachen haben getan, fûr uns kamen und der obgenanten klosterlêut anwêlt da ainen brief fûrbrachten, daz dem goczhaus zum Kôttweig weilent kûnig Heinreich von Rom die obgenante vischwaid geben hat, da engegen die vischêr fûrbrachten weilent unsers lieben herren und enen, herczog Albrecht sêliger gedêchtnûss, und unsern brief, die da lauttent an herren ritter und knecht und ander unser undertanen, daz si dieselben vischêr auf der Tûnaw an Irrung vischen lassen. Und wan sich baid tail der sachen an uns

---

1054. * Auf Rasur.

und unser herren und rêt, die daczemal bei uns waren, liessen zum rechten, habent dieselben unser herren und rêt nach unsrer vrag erkannt zum rechten, seid das vorgenant goczhaus zum Kôttweig sôlich alt brief hat, damit im dieselben vischwaid gegeben ist, daz es dann pilleich dabey an irrung beleibe mit urkunt dicz briefs. Geben ze Wienn an eritag vor sant Anthonien tag anno domini millesimo quadringentesimo sedecimo.

S. d. Herzogs Albrecht V. rund, roth unter Papierdecke. Abb. bei Sava, Siegel der österr. Regenten, S. 138 Fig. 78.

1055. 1416 Jänner 23.

Niclas von Nydern Wellmick, Richter daselbst, Christein seine Frau und Gorig, Wolfharts sun weilent gesezzen ze Herfûert, *und Agnes dessen Frau verkaufen mit Handen ihres Grundherrn, der erbern Frau Kathrein, der Frau Jacobs von Lewtager und Tochter des verstorbenen Hanns des Frâl, Jacob dem Chûersner zu Pawdorf und Margret dessen Frau die Mühle*[1] bei Herfûertâr prukch, *von welcher an den Hof zu Dietmansdorf, welchen Jacob von Lewtagêr innehat, 24 Wiener ₰. an sant Georigentag zu rechtem Dienst und ausserdem 2 Herbsthühner à zu 4 ₰. und 3 Käse à zu 2 ₰. an sand Mertentag zu zinsen sind, während an die Abtei zu Kôttweig 30 Wiener ₰. an sand Jorgentag zu zinsen sind. Von dem Mühlgange, von der Wiese hinter der Mühle und dem Krautgarten daneben sind an denselben Hof jährlich 6 Wiener ₰. an sand Michelstag zu Burgrecht zu zinsen.*

Siegler: für seine Frau siegelt (wann ich obgenante gruntfraw Kathrey diezeit insigel nicht gehabt hab) Jacob von Lewtager, Niclas von Nidern Wellmik, *für Georig und dessen Frau siegelt* (wann ich egenanter Georig, Wolfharts sun, nach mein hausfraw Agnes auch diezeit insigel nicht gehabt haben) Vlreich der Wartnawêr.

Datum: Das geschehen ist am phincztag vor sand Paulstag conversionis (1416).

Orig., Perg. durchlöchert. Deutsch. 3 Siegel abgefallen.

Diese Urk. war mit der Textseite einwärts in einem Cod. eingeheftet.

1055. [1] Jetzt noch bestehend als E.-H., K.-G. Hörfarth, O.-G. Paudorf.

1056.   1416 Jänner 26, Walpersdorf.

Wolfgang der Schawchingêr gesessen zu Walperstorf beurkundet, dass Abt Peter [II.] und das Stift zu Kottweig an ihn Ansprüche wegen versessenen Weindienstes auf dem Altenhofe zu Walperstorf erhoben haben, und dass beide Theile die edeln und erbern Herrn Georig den Potenprunnêr, Jorig den Parsenprunnêr, Zacharias den Chers und Fridreich den Habichêr als Spruchleute erwählt haben. Diese sprechen zu Recht, dass der bis jetzt versessene Dienst erloschen sei und in Zukunft dem Stifte nur $^1/_2$ Fuder Wein zur Lesezeit auf den Berg nach Kottweig zu dienen sei. Im Versäumnisfalle haben die Besitzer des Altenhofes und ihr Herr denselben ohne Verzug zu erstatten.

Siegler: (I.) Wolfgang der Schawchingêr.

Datum: Geben zu Walperstorf (1416) an suntag nach sand Paulstag conversionis.

Orig., Perg. Deutsch. Siegel an Perg.-Streifen; Copie in Cod. C f. 274'.

I. rund (28), grün auf Sch., IV A 2. U.: † s. wolfgangi · schawinger. Ein doppelarmiger Kerzenleuchter mit zwei brennenden Kerzen.

1057.   1416 März 26, Wien.

Der Notar Heinrich Ulrici von Müldorff, Cleriker der Salzburger Diöcese, beurkundet, dass sich in seiner Gegenwart Konrad der Rector der Vicarie in Nêlib in der Passauer Diöcese freiwillig verpflichtet hat, Abt Peter [II.] und dem Convente zu Göttweig den kraft päpstlicher Urkunden und der Execution derselben nach dem Urtheile des Bischofes Georg von Passau festzusetzenden Jahreszins von seiner Pfarre zu leisten.

Datum: Acta sunt hec in quadam parva stuba in curia prenominati monasterii Gottwicensis Wyenne predicte diocesis Pataviensis situata (1416), die vero Iovis vicesima soxta mensis marcii, hora terciarum vel quasi, indictione nona, apostolica sede pastore carente.

Zeugen: presentibus ibidem venerabilibus et discretis viris, dominis Rudperto de Welcz, canonico ecclesie et cancellario curie Pataviensis, Martino rectore cappelle beate virginis Marie in Chŭlib, et Ulrico Nusdorffer, opidano Wiennensi, presbyteris et laico prefate diocesis, testibus.

Copie in Cod. C f. 68'. Lat.

1058.

1416 Mai 3, Wien.

Herzog Albrecht V. bewilligt den Gütertausch zwischen Göttweig und Otto von Maissau und löst die Lehenschaft der ersterem übergebenen Zehente.

Orig. (A), Perg. Siegel an Perg.-Streifen; Copie in Cod. C f. 64' (B).

Blätter f. Landesk. v. N.-Oe. XV, 69 nr. 45 reg.; Lichnowsky, Gesch. des Hauses Habsburg V, Anh. S. 146 nr. 1617 reg.

Vgl. nr. 1038. — Kanzleivermerk: *D. dux in cons.*

Wir Albrecht etc. bekennen für uns und unser erben, als unser lieber gotrowr Ott von Meissaw, öbrister marschalich und schenkch in Österreich, den erbêrn gaistleichen unsern lieben andêchtigen . . dem abt und . . dem convent zů dem Chôttweige und desselben gotzhauses holden und lêutten gemaincleich zů Meyrs und zů Chotzendorff den zehent daselbs zů Meyrs mit seinr zůgehôrunge, der zů der veste und herschafft zů Gors hat gehôret und lehen von uns ist gewesen und für sechczehen pfunt iêrleicher gülte gerayttet ist, zů widerwechsel geben hat für achthalb und dreissig jeuch akchers und dreyczehen tagwerich wismads gelegen in Meyrsêr und Chotzendorffêr veld, die der der° teych zů Gors auzgetrenkchet und ingevangen hat, und die aigen gewesen sind, daz wir durch des egenanten von Meissaw vleissige pete und von sundern gnaden unsern willen und gunst darczů gegeben und den vorgenanten zehent zů dem obgenanten gotzhause zu dem Chöttweig geaignet haben und aigen auch wissentleich in krafft ditz brieves in sölher mazze, daz der vorgenant abt und sein convent und all Ir nachkömen denselben zehent mit seinr zůgehôrunge nu fürbazzer ynnhaben nutzen und niessen süllen und mögen, als andere aigne güter nutze und gülte, die zů Irem egenanten gotzhause gehôrent und als aigner güter und landes recht ist ungevêrlich, doch also daz sy den egemeldten lêutten zů Meirs und zů Chotzendorff den dienst, des sy in pflichtig sind gewesen, ringern umb sechczehen pfunt iêrleicher gülte, als die widerwechsel brief, die sy baiderseitt darüber habent geben, innhaltent. Mit ûrkunt dicz brieves geben ze Wienn an des heiligen krêutzs tag, als es funden ward, nach Kristi gepûrde vierczehenhundert jar darnach in dem sechczehenden jar.

S. d. Herzogs Albrecht V. rund, roth auf Sch. Abb. bei Sava, Siegel der österr. Regenten, S. 138 Fig. 78.

1059. **1416 Mai 25.**

Hanns der Tyemingêr verkauft Abt Peter [II.] und dem Convente von Kottweig einen Hof zu Oberperigarn oben an dem art, welchen er von dem Stifte zu einem jährlichen Zinse von ¹/₂ tl. Wiener ₰. an sand Georigentag an die Abtei zu freiem Burgrechte innehatte. Zu demselben gehören: von erst geraÿtt zwelif jeuchart akchers gelegen in alle velld, doraus man dienet von zwain jeucharten in des bischof von Passaw ampt zu Mawtarn zwen meczen waycz an sand Mertentag und nicht mer; item den mulberd gelegen in dem dorf, dorinn gelegen ist ain pawngarten gegen dem Geren über, das mit all bringt drew tagwerich wismads, das also auch von alter in den egenanten hoff gehôrt hat; item so gehört auch von alter in den egenanten hof ain perkch und holcz genandt der Mâyzz und gelengt uncz an den Rossazzêr, dovon man dienet zu demselben hof von akchern und auch andern purkchrechten gelegen dorauf sechs schilling alles purkchrecht Wienner gelts zu sand Mertentag und nicht mer; item ainen leympawm auch auf demselben perkch, der do gehört zu dem egenanten hof; item so gehört auch dorzu ain mull genandt die Obermull, dovon man jêrlich dienet in den egenanten hof mit aller zuhorung ain halbs phundt Wienner phenning zu purkchrecht an sand Jorigentag und nicht mer; item so hab ich mitsampt dem egenanten hof verkauft ain wisen genant die Fryessnÿcz, des drew tagwerich sind, dovon man dienet in das frawnchloster gen Tyerenstain zu purkrecht funf schilling phenning und funf pfenning dem von Walssee in das ampt gen Rossazz zu uberczynns an sand Mertentag dorumb, das man fridholcz zu derselben wisen dobey oder an dem Rossazzer dorzu mag nemen und des gestatten und nicht mer; item und auch von dem oberen wislein der Mitterenmull, das auch von alter zu dem egenanten hof gehort hat, dovon man dorinn dienet zu purkchrecht zwen Wienner phenning an sand Mertentag und nicht mer. Dann so dienet man doraus hinwider in dieselben Mittermull von wegen des wasserlaufs wegen und der rynnen, der do get in den egenanten mulberd ain Wienner phenning zu purkrecht auch an sand Mertentag und nicht mer.

Siegler: (I.) Hanns der Tiemiger, *für Dorothea siegelt* (wann ich Dorothea, des egenanten Hannsen des Tyemiger rechtew swester, diezeit insigel nicht gehabt hab) (II.) Chaspar der Cholinger sein Schwager; des ersteren Vettern (III.) Kristan der Lennperigår, (IV.) Mathes der Tyemynger; und (V.) der erber Fridreich der Håbicher.

Datum: Geben an sand Vrbanstag (1416).

Orig., Perg. Deutsch. Von 5 Siegeln an Perg.-Streifen das 4. abgerissen; Copie in Cod. C f. 236 f.

I. rund (28), ungefärbt, IV C. U.: . s. hans · dieminger. Getheilt, auf dem Schildfusse der wachsende Löwe. Der Stechhelm. Cimier: der wachsende Löwe. — II. rund, (28), ungefärbt, IV A 2. U.: † . caspar · cholinger. Schild undeutlich. — III. fast ganz ausgebrochen, rund, grün auf Sch. — V. ausgebrochen, rund, grün auf Sch.

1060. 1416 Mai 25.

Wilhalbm Frawndorfer gesessen bei Búerkstal auf dem Hof bei der sand Mertenkapelle und Anna seine Frau verkaufen Abt Peter [II.] und dem Convente zu Kottweig für deren Oblei ihre freieigene vom Grossvater und Vater ererbte Wiese im Ausmasse von 4 Tagwerken zwischen Chunrat dem Taschner und Niclas in der Möcslics.[1]

Siegler: Wilhalbm der Frawndorfer, *für Anna seine Frau siegelt* (wenn ich obgenante fraw Anna des Wilhalbms Frawdorfer hausfraw nicht aygens insigel hab) (II.) sein Schwager Eberhart der Marschalich, Pfleger zu Assparn, (III.) der erber Hanns der Stainwerger.

Datum: Das geschehen ist (1416) an sand Urbanustag.

Orig., Perg. Deutsch. An Perg.-Streifen 3 Siegel; Copie in Cod. C f. 179.

I. rund (29), grün auf Sch., IV A 2. U.: † S. WILhELM · FRAUNDORFER. Ein Gitterthor. — II. rund (27), grün auf Sch., IV C mit Krone. U.: . s. ebar · marschalch. Zweimal getheilt (Balken). Steckhelm geschlossen.

1060. [1] Mösslitz E.-H., K.-G. Oedt, O.-G. Petzelsdorf, V. O. W. W.

Cimier: eine Krone mit drei Blattzinken und einem rechten Arme, den Marschallstab schwingend. — III. rund (26), grün auf Sch., IV A 2. U.: † sigill'. hans · stainberger. Der steigende Wolf.

1061. 1416 Juni 11, Göttweig.

Ludwig der Schlierbek zu Pixendorf verkauft dem Abte Peter II. und dem Convente zu Göttweig seinen Hof zu Höbenbach sammt dazugehörigen specificierten Diensten.

Orig., Perg. An Perg.-Streifen 5 Siegel; Copie in Cod. C f. 217' f.

Ich Ludweig der Slierbekk diezeit gesezzen zu Pûgsendorf bechenn offenlich mit dem brief fûer mich und all mein eriben und tuen kund allen lauten lebentigen und kunftigen, dass ich mit wolbedachten muet, guetem rat und mit meiner nachsten und pesten frôndt gunst und gûtlichem willen zu der zeit, do ich das mit recht wol getuen mocht, recht und redleich verkauft hab meinen hof gelegen zu Hôrenpach oben an dem Pûchel, der mein rechts vâtterlich erib gewesen ist, alls der dann mit aller zuhorung und hernach geschriben rechten und gûetern von alter herkomen ist und hie auch in dem gegnburtigen brief aignlich begriffen werdent und der auch von dem erbirdigen gotshaus zu Kottweig ze lehen ist. Und das sind die gûeter, die in den egenanten hof gehorent von erst: acht und dreizzig jeuchart akcher gelegen in Horenpekchêr velld, der gerait sind dreizehen jeuchart gelegen in Aichperigerveld[1] und dreizehen jeuchart gelegen in Hungerperigerveld[2] und zwelif jeuchart an dem Sperkenperig.[3] Item so gehorent auch zu demselben hof ain holcz gelegen hinder dem Maiperig, und stozzet an das Ofenholcz des egenanten gotshaus, alls das doselbs auch aignlich ausgemaricht und umbfangen ist. Auch gehôrt zu dem egenanten hof zwen weingarten und ain pawngarten ingefridet hinder demselben hof. Auch gehorent zu dem egenanten hof zehen viertail most, drew viertail purkchrecht sind und acht viertail dînstmost sind, die man jêrlich dorinn dinet in dem lesen gelegen auf den hernach verschriben weingêrten: von erst so dinet Janns der

---

1061. [1] Eichfeld, östl. v. Höbenbach. — [2] Hungerfeld, nordöstl. v. Höbenbach. — [3] Spikenberg, nordwestl. v. Höbenbach.

Mûschnrigel ain emper most von dem weingarten gelegen im
Chrental zunagst Andren dem Hâwstadel; item Vlreich Smid
und Jorig Oberndorfâr dinot drew viertail most perkchrecht
von dem weingarten gelegen zunachst Jorigen dem Vierek;
item VII im Graben dînt ain viertail most von dem weingarten
im Krental gelegen zunachst dem egenanten Smid; item Stephan
Vierkk dînt auch ain viertail most von der umkerstat gelegen
in der Chellen. Auch dînt die Hachlin ain viertail most von
dem weingarten in der Chellen gelegen zunachst Elspeten der
Mâwrerrinn und nicht mer; item so gehorent auch in den egenanten hof segs und funfczig Wienner phenning gelts purkrecht von alter und jerlich dorinn ze dinen an sand Michelstag, der ainer und dreizzig pfenning gelegen sind auf vier
chrautgêrten und gelengent an den pawngarten zu Wiczleinsdorf;[4] derselben ist ainer Niklein des Jennêr und dinet zehen
Wienner phenning, der ander Kristan des Chûttingêr dînt alsvil, der dritt Hainreich des Oberndorfâr dinet auch alsvil und
der vierd ist Jansen des Mûschenrigel gelegen ob des wegs
neben Kasparen des Schûestêr krautgarten dinet ain Wienner
phenning zu purkrecht zu dem egenanten tag und nicht mer.
Dann die andern funf und zwainczig phenning purkrecht, die
auch dinent in den egenanten hof zu sand Michelstag. So
dînet Kaspar der Schûster doselbs hin ain Wienner phenning
von ainem fleklein gelegen an dem Seczgraben, item drey
phenning purkrecht dinet Kristan Ôgsel vom halben jeuch
akcher zu Aichperig an die Chamrerinn; item funf phenning
purkrecht dinot Janns Wlert von dem aker genandt der Stolhofêr gelegen zunachst Liendlein dem Vierek, item so dînet
Fridel Oberndorfâr ain Wienner pfenning purkrecht von dem
raynn gelegen in der Chellen und zwen pfenning purkrecht
vom aker am Sperkenperig; item Kathrey Kamrârinn dinet
von ainer jeuchart aker gelegen in Aichperigvelld zunachst
Kristan dem Schaittêr drey Wienner pfenning zu purkrecht,
so dinet auch in den egenanten hof Jorig Hahel vom weingarten genandt Schôndel gelegen an dem Aichperig und stosset
an Jorigen den Jennêr, zehen phenning purkrecht an sand
Michelstag und nicht mer. Auch so hab ich egenanter Slier-

1061. [4] Ein verschollener Ort südl. bei Höbenbach, am Ursprunge des Höbenbaches einst gelegen, später mit demselben vereinigt.

bek gehabt und mitsampt verkauft die hernach geschriben purkrecht, der ettleichew dinent zu dem egenanten gotshaus in die abbtey gen Kottweig an sand Mertentag: von erst ain weingarten genandt der Chrûmel ingefridet hinder dem egenanten meinem hof, dinet drey Wienner phenning; item ain jeuchart am Sperkenperig gelegen zunachst Jannsen dem Herren, dinet drey Wienner phenning und ain jeuchart aker gelegen in dem Seczgraben,[5] der auch stosset an des egenanten Jansen aker, dinet drey Wienner phenning; item ain jeuchart aker in der Chellen gelegen zunachst Sigelmendlein, dinet drey Wienner phenning; item ain jeuch akcher in dem Panholcz,[6] dinet acht Wienner phenning purkrecht und nicht mer; item dinent auch zway jeuchart aker gelegen in Ekchendörferveld und stozzent an den Markweg, dovon man dinet in Ottleins gût zu Ekondorf zu purkchrecht funf Wienner phenning an sand Michelstag, und zwai jeuchart aker gelegen zu Hinderleitten[7] und stozzet an Krutstetårweg neben Ottleins aker, dovon man dinet zu purkrecht dem Stifelhardêr zehen Wienner phenning zu unser frawntag der schidung und nicht mêr. Auch ist gelegen ain ewren in der Chellen, der vor ettleichen jaren aufgesaczt ist warden, ain viertail most ze dinen in den egenanten hof in dem lesen. Denselben egenanten hof mit aller zohorung aller gûeter dinst, perkrecht und purkrecht, alls dann aignlich oben geschriben stet, es sein weingêrten ekcher krautgêrten holcz perkrecht weindinst oder phenningdinst und auch darzu besunder mit allen rechten eren gulten und nûczen, so dorzu von alter gehört und dovon bechomen mugen ze velld ze dorf bestift unbestift versûcht und unversûcht nichts ausgenomen, sunder alles inbeslozzen und alls der von alter herkomen ist und den in lehensrecht und auch dorzu die egenanten purkrecht in purkrechtsrecht, perkchrecht in perkchrechtsrecht, weindinst in weindinstsrecht unversprochenlich und unverkumbert bis auf den heutigen tag herbracht hab, also hab ich egenanter Slierbekk den egenanten hof und gûeter nucz und recht recht und redlich verkauft und ze kaufen geben dem erbirdigen gaist-

---

1061. [5] Ein Ried nördl. v. Höbenbach wird jetzt noch Setzen genannt. — [6] Ried östl. v. Göttweig in der Thaleinsenkung zwischen Eggendorf und Furth. — [7] Ein Ried südwestl. v. Tiefenfucha, in der Gemeindefreiheit v. Tiefenfucha u. Höbenbach gelegen.

lichen herren abbt Petern, seinem convent und gotshaus zu Kottweig umb ain sum gelts, der ich gancz bezallt pin zu rechten tagen an schaden in der beschaiden und also, das der erbirdig egenante abbt Peter, sein convent und nachkomen zu Kottweig fuerwazz lediglich und freÿleich allen ieren frumb domit sullen und mügen schaffen mit einander oder zu aynczing mit verseczen verkaufen oder geben, wem sew wellen, wie in das dann zu poste fügt an mein und aller meiner eriben měniklichs widersprechen irrung und hindernůzz angevěrd. Auch pin ich egenanter Ludweig der Slierbek des egenanten hofs und aller der obgeschriben gůeter ir rechter gewer fuerstand und scherm, alls lehens lehensrecht ist, weindinsts weindinstsrecht ist, perkchrechts perkchrechtsrecht ist, purkrechts purkrechtsrecht ist und des landes recht in Osterreich. Wěr awer, das in fuerwazz mit recht icht ansprach oder krieg auferstůend hincz den egenanten gůetern, von wem das wăr, wietann schäden sew des nêmen, denselben schaden krieg und ansprach sol und wil ich in den allen ausrichten ablegen und widerkeren an alle widerred und sullen sew das haben hincz mir, allen meinen eriben unverschaidenlich und auf allem meinem gůt, das ich hab in dem lannd zu Osterreich oder wo ich das hab, versucht und unversůcht, wo sew dorauf koment oder zaigent, das ist mein gůtlich will, ich seÿ lebentig oder tod. Und das der kauf und die handlung fůerwazz also stet gancz und unzerbrochen beleib, so gib ich egenanter Ludweig der Slierbek fůer mich und all mein eriben dem vorgenanten gotshaus, convent und nachkomen zu Kottweig den brief besigelten mit meinem und meines liebens vetteren, des edelen Peteren des Magnst baiden anhangunden insigeln. Auch zu besser sicherhait hab ich dorzu vleizzich gepeten die edelen mein vetteren Hansen den Mattsewêr, Hansen den Pielachêr und mitsampt den edelen Hansen den Tyemigêr, das sew der sach zeug sind mit ieren drein anhangunden insigillen in und allen ieren baiden eriben an schaden. Geben ist der gegenburtig kaufbrief zu Kottweig am phincztag der quottemper in phingstveirtagen nach Kristi gepůrd vierczehenhundert jar darnach in dem sechczehenten jare.

I. S. d. Ludwig Slierbekk rund (27), grün auf Sch., IV A 2. U.: † S. lvdbeig · slierbekch. Ein links gewendeter Mohrenkopf. — II. S. d. Peter Magenst rund (28), grün auf Sch., IV A 2. U.: † S. PETRI · DCI. MAGVSEN.

Drei Kugeln. — III. S. d. Hans Mattsewer rund (27), grün auf Sch., IV A 2. U.: † IOhIS. MATSEER. Abb. bei Duellius, Exc., Taf. 13 nr. 165. — IV. S. d. Hans Pielacher rund, grün auf Sch., IV A 2. U.: † S. IOhANNIS · PIELACbeR. Abb. bei Duellius, Exc., Taf. 26 nr. 346. — V. S. d. Hans Tyeminger rund (28), grün auf Sch., IV C. U.: s. hans · dieminger. Den Schild vgl. bei Hueber, Austria, Taf. 28 nr. 8. Stechhelm. Cimier: der wachsende Löwe. Hanthaler hält es für den wachsenden Wolf (Rec. dipl. II, 283).

1062.   **1416 Juni 17, Konstanz.**

Der Notar Olondus Olondi von Cloethinge, Cleriker der Utrechter Diöcese, beurkundet den Gang der Verhandlung in dem Processe zwischen Göttweig und Thomas Grossel wegen der Pfarre Mauttarn: Nach der Appellation vom Urtheile des Bischofes Anton von Concordia seitens des Thomas Grossel wird vom Konstanzer Concile durch den Cardinal und Vicekansler Johann, Bischof von Ostia, der Auditor Konrad Conhouer, Doctor beider Rechte, zum Richter bestellt, welcher auf Bitten des Peter Fride, des Procurators des Thomas Grossel, die Execution des letzten Urtheiles (nr. 1044) inhibiert. Als derselbe hierauf verreist, wird durch den Vicekansler Johann, Bischof von Ostia, Johann Naso,[a] utriusque iuris doctor, decanus ecclesie sancti Mauricii in Tremszier[b] Olomucensis diocesis, sedis apostolice capellanus et sacri palacii apostolici causarum etc. auditor, *zur Processführung bestellt, welcher auf Bitten des Göttweiger Procurators Johann Engelhardi die von Konrad Conhouer verfügte Inhibierung der Execution des letzten Urtheiles aufhebt.*

Siegler: für Johann Nasso siegelt (cum proprio quoad praesens careamus sigillo) *Friedrich Deys.*

Datum et actum Constantie provincie Maguntinensis in domo habitationis nostre hora vesperorum vel quasi (1416), indictione nona, die Mercurii decima septima mensis iunii, apostolica sede pastore carente.

Zeugen: presentibus ibidem discretis viris, magistris Hermano Gelkbelze et Nicolao Wendelen notariis publicis scribisque nostris, clericis Paderburnensis et Leodiensis diocesis, testibus.

Orig., Perg. Lat. Notariatszeichen, Unterschrift u. Beglaubigungsformel von anderer H. u. Tinte. Siegel an rother Hanfschnur; Copie in Cod. C f. 327 f.

1062. [a] Andere Schreibweisen: *Nasso, Nozzo*. — [b] Statt: *Cremszier*.

Vgl. nr. 1015, 1016, 1018, 1020, 1021, 1033, 1037, 1039, 1041—1046, 1049, 1063—1065, 1068, 1069 u. 1080.

S. d. Friedrich Deys beschädigt, spitzoval, roth auf Sch., II B. U.: . . . . decretor'. doct[or]·sac'. palacii·aplice . . audit'. Die heil. Katharina v. Alexandrien. Darunter die Gestalt eines Betenden. Zu beiden Seiten ein Wappenschild. Getheilt mit einem Balken, im oberen Felde 2 Kleeblätter, im unteren 1 Kleeblatt.

1063.   **1416 Juni 26, Konstanz.**

Bischof Alanus von Legio, welcher nach Appellation des Abtes und Conventes von Göttweig und des Göttweiger Professen Martin von dem Cardinal-Vicekanzler Johann als Richter bestellt wurde, intimiert durch ein Notariatsinstrument des Notars Herveus Grassin, eines Clerikers der Diöcese Legio, auf Bitten des Göttweiger Procurators Johann Engelhardi und des Göttweiger Professen Martin dem Thomas Grossel, dass keine Partei zum Schaden der anderen neue Schritte unternehmen dürfe, widrigenfalls der ganze Process in den ursprünglichen Zustand zurückversetzt wird.

Siegler: für Alanus siegelt (in absentia nostri proprii [sigilli]) Johann Bischof von Lavaur.

Datum et actum Constantie provincie Maguntinensis in domo habitationis nostre (1416), indictione nona, apostolica sede pastore carente, die vero Veneris vicesima sexta mensis iunii hora vesperorum.

Zeugen: presentibus ibidem venerabilibus et discretis viris, magistro Vincencio de Campotorto, canonico Dolensi, et Iohanne de Kaerlazret, rectore parrochialis ecclesie de feritate Mathei Cenomanensis diocesis, testibus.

Orig., Perg. Lat. Notariatszeichen, Namensunterschrift u. Beglaubigungsformel von der H. des Urk.-Schreibers. Siegel an ungefärbter Hanfschnur; Copie in Cod. C f. 331' f.

S. d. B. Johann v. Lavaur beschädigt, spitzoval, roth auf Sch., II B. U.: Sigillvm·io[h]is. epi. vaurensis. Die heil. Maria mit dem Jesukinde, zu beiden Seiten je ein heil. Bischof. Darunter Bischof Johann als Kniestück im Ornate. Zu beiden Seiten der Wappenschild. Getheilt, im oberen Felde ein Stern, zu dessen Seiten Sonne und Mond, im unteren Felde ein Eichhörnchen.

1064. **1416 Juli 10, Passau.**

Der Notar Reichard von Pruchausen, ein Cleriker der Mainzer Diöcese, beurkundet, dass der Göttweiger Profess Martin in seiner Gegenwart zwei Notariatsinstrumente, durch welche die Verhandlungen in dem Processe zwischen Göttweig und dem Passauer Chorvicar Thomas Grössel vor Johann Naso (nr. 1062) und vor dem Bischof Alanus von Legio (nr. 1063) beurkundet sind, dem Hadmar von Aystersheim, Domherrn zu Passau und Propst von Mattsee, vorgelegt und ihn ersucht habe, dieselben dem Thomas Grössel zu intimieren, was derselbe auch dem persönlich anwesenden Thomas Grössel gegenüber gethan hat.

Datum: Acta sunt hec Patavie in domo habitacionis prenominati domini Hadmari de Aystershaim (1416), indiccione nona, die vero Veneris decima mensis iulii, hora terciarum vel quasi, apostolica sede pastore carente.

Zeugen: presentibus ibidem venerabili strennuo quoque et famoso, viris dominis Marquardo Messenpekch, canonico ecclesie Pataviensis, Wolfgango Iorger milite et Petro Aychperger armigero Pataviensis diocesis, testibus.

Orig., Perg. Lat. Notariatszeichen ohne Namensunterschrift u. Beglaubigungsformel von der H. des Urk.-Schreibers; Copie in Cod. C f. 335 f.

1065. **1416 Juli 23, Passau.**

Hadmar von Aystershaim, Canonicus zu Passau und Propst zu Mattsee, beurkundet durch Notariatsinstrument des Notars Reichard von Pruchausen, eines Clerikers der Mainzer Diöcese, dass er zum Executor des von dem Auditor Antonius, Bischof von Concordia, gefällten Urtheiles (nr. 1044) bestellt worden sei. Thomas Grossel habe ihn aber gebeten, sich mit dem Stifte Göttweig in Freundschaft ausgleichen zu dürfen, welcher Bitte er unter Zustimmung des Göttweiger Procurators stattgegeben habe. Er habe demselben zu diesem Behufe den 7. August zum Beginne seiner Reise nach Göttweig festgesetzt, widrigenfalls er den in der Executionsurkunde angedrohten Strafen verfalle. Zugleich fordert er alle kirchlichen Amtspersonen unter Androhung der kirchlichen Strafen auf, die Excommunication des Thomas Grossel, falls er sich nicht bis zum festgesetzten Termine ausgeglichen hat, an Sonn- und Feiertagen öffentlich zu verkünden.

Siegler: Hadmar von Aystershaim.

Datum et actum Patavie in domo habitacionis nostre (1416), indiccione nona, die vero Iovis vicesima tercia mensis iulii, hora terciarum vel quasi, apostolica sede pastore carente.

Zeugen: presentibus ibidem venerabilibus et discretis viris, dominis Marquardo Messenpekch, canonico ecclesie, Heinrico Sammer, presbytero Pataviensi, et Iohanne Vollsakch laico, testibus.

Orig., Perg. Lat. Notariatszeichen ohne Unterschrift u. Beglaubigungsformel von anderer H. u. Tinte. Siegel an Perg.-Streifen; Copie in Cod. C f. 333' f.

1066. 1416 [Februar 2—August 10].

Ich Hanns Tiemiger hab gelobt der herschaft abbt Petern zu Kottweig und demselben seinem convent und gotshaus mit meinen trewen, wann das ist, das ich oder mein eriben das haus gelegen zu Füert mit seiner zugehorung und auch das halb velldlehen gelegen doselbs mit sein zugehorung verkauffen wellen, so sullen wir das geben ainem geleichen pawman mit einander und nicht ze ainczigen mit willen und gunst der egenanten herschaft und des gotshaus zu Kottweig an alls widersprechen angoverd. Das geschehen ist an dem tag datum seines kaufbriefs anno etc. XVI.

Notiz in Cod. D f. 5.

Der terminus a quo und ad quem ergibt sich aus dem Tagesdatum der vorausgehenden nr. — Mariä Lichtmess — und der nachfolgenden nr. — Montag nach Inventio s. Stefani martyris.

1067. 1416 August 10.

Görg Hager und seine Frau verkaufen mit Handen ihres Lehenherrn, des Abtes zu Seyttensteten, dem Hérttel Wasner und dessen Frau ihre Mannschaft auf den Zehenten von den Gütern datz Tewfelswüer,[1] item auf der Stell,[2] item an der Dwirch,[3] item an der Rechaw,[4] item datz Walthern an der hofstat, item

---

1067. [1] Teufelswehr E.-H, Rotte Wühr, O.-G. Sonntagberg. — [2] Stölln E.-H., Rotte Wühr. — [3] Zwirch E.-H., Rotte Knieberg, O.-G. Schwarzenberg. — [4] Rechau E.-H., Rotte Kronhobel, O.-G. Windhag.

an der Herrantzöd,⁵ item am Chůperig,⁶ item am Gansperig,⁷ *welche vom Stifte Seyttensteten zu Lehen rühren.*

Siegler: (I.) Görg der Hager, die erbern (II.) Wolfgangk der Meylesdorfer von Pyberpach, Richter des Stiftes zu Seytensteten, (III.) Hanns von Aw.

Datum: geben (1416) an sand Larentzentag des heiligen martrer.

<small>Orig., Perg. Deutsch. Von 3 Siegeln an Perg.-Streifen das 1. abgefallen.

II. beschädigt, rund (26), grün auf Sch. U.: . . . . meillistover. — III. undeutlich, rund (26), grün auf Sch., IV A 2. U.: † S. HANNS · VON · AW.</small>

1068.   **1416 August 14, Göttweig.**

Der Notar Stephan der Treperger, ein Cleriker der Passauer Diöcese, beurkundet, dass der Chorvicar von Passau Thomas Gróssel sich mit dem Abte Peter [II.] und dem Convente zu Göttweig wegen der 130 Goldgulden Processkosten dahin verglichen hat, dass er sich verpflichtet, nachdem sie ihm auf Verwendung des Bischofes Georg von Passau 30 Goldgulden erlassen haben, die übrigen 100 Goldgulden in den nächsten drei Jahren an je zwei Terminen im Jahre, und zwar am künftigen St. Georgitag als ersten Termin und an St. Michelstag in Theilbeträgen zu einem Sechstel der Summe zu zahlen und gegen sie in dem entschiedenen Processe keinen neuen Schritt zu unternehmen.

Datum: Acta sunt hec in monasterio Gotwicensi in domo habitationis prefati domini abbatis ibidem (1416), indictione nona, die vero Veneris quarta decima mensis augusti, hora vesperorum vel quasi, apostolica sede pastore carente.

Zeugen: presentibus ibidem honorabilibus et discretis viris, dominis Andrea de Grillenperig, officiali curie Pataviensis, Nicolao plebano in Hauczenperig, Fridrico dicto Hábichlár, Iohanne Tyeminger et Iohanne de Lehen, presbyteris et armigeris dicto Pataviensis diocesis, testibus.

<small>Orig., Perg. Lat. Notariatszeichen mit den Anfangsbuchstaben der Unterschrift u. Beglaubigungsformel von anderer H. u. Tinte.</small>

<small>1067. ⁵ Höretzöd E.-H., Rotte Wühr. — ⁶ Kühberg Rotte, O.-G. Albartsberg.
⁷ Gansberg E.-H., Rotte Wühr.</small>

1069.   **1416 August 17, Mautern.**

Der Notar Johann Paler aus München, ein Cleriker der Freisinger Diöcese, beurkundet, dass Thomas Grössl, Vicar an der Kathedralkirche zu Passau, in seiner Gegenwart vor dem Passauer Official und Canonicus Andreas von Grilleinberg die Vollmacht des Peter Fride als seines Procurators in dem Processe mit Göttweig wegen der Pfarre Mauttarn, sowie aller, welche derselbe seinerseits zu Substituten ernannte, widerrufen habe.

Datum: Acta sunt hec in orto annexo curie episcopalis domini episcopi Pataviensis in Mauttarn eiusdem diocesis (1416), indiccione nona, die vero Iune decima septima mensis augusti, hora terciarum vel quasi, apostolica sede vacante, glorioso Constanciensi concilio regnante atque inclito principe, domino Sigismundo Romanorum et Vngarorum rege presidente.

Zeugen: presentibus venerabili viro, domino Friderico decano in Mauttarn et plebano in Stain ac honorabilibus viris, dominis Nicolao rectore cappelle corporis Christi annexe ecclesie parrochiali in Mauttarn, Andrea socio et Georio premissarum ibidem presbyteris sepedicte Pataviensis diocesis, testibus.

Orig., Perg. Lat. Notariatszeichen, Unterschrift u. Beglaubigungsformel von der H. d. Urk.-Schreibers.

1070.   **1416 October 18.**

Michael, Pfarrer zu Ruppersthal, ernennt benannte Personen zu seinen Procuratoren behufs Erlangung eines Beneficiums in der Stefanskirche zu Wien.

Orig., Perg. ist unten durch einen Breitenschnitt verstümmelt und war in einen Cod. als Deckblatt eingeklebt.

In nomine domini; amen. Anno (1416) indiccione nona, die vero solis decima octava mensis octobris hora nonarum vel quasi apostolica sede pastore carente in mei notarii publici testiumque subscriptorum presentia propter hoc personaliter constitutus honorabilis vir dominus Michael rector parrochialis ecclesie sancti Egidii in Rappotstall, presbyter Pataviensis diocesis, omnibus melioribus modo via iure causa et forma, quibus potuit et debuit, fecit constituit et solempniter ordinavit suos veros legitimos et indubitatos procuratores actores factores negociorum suorum gestores et nuncios speciales, venerabilem virum dominum Andream de Grillenberg, canonicum ecclesie et officialem curie Pataviensis, necnon honorabiles viros dominos Conradum in Nélib, Heinricum Symphonistain ad Sanctum Georium in Attergew et Stephanum Guldein in Hofkirchen, ecclesiarum parrochialium rectores, absentes tamquam presentes et quemlibet ipsorum in solidum ita, quod non sit melior condicio occupantis, sed quod per unum inceptum fuerit, alter eorundem prosequi valeat mediare et finire, dans et concedens eisdem suis procuratoribus plenam liberam et omnimodam potestatem ac mandatum speciale ad comparendum pro eo et eius nomine coram reverendo in Christo patre et domino domino Georio episcopo Pataviensi vel ab eodem domino episcopo mandatum et auctoritatem ad infrascripta habentibus ad petendum eidem domino Michaeli de perpetua missa per honestam Elizabeth, relictam quondam Iohannis de Ybsa militis, in altari duodecim apostolorum in ecclesia collegiata sancti Stephani alias omnium sanctorum Wiennensi fundata et dotata dicte Pataviensis diocesis cum omnibus iuribus et pertinentiis suis universis iuxta et secundum ipsius presentacionis continentiam et tenorem provideri ac ipsum ad eam institui et de ea investiri resignacione, causa permutacionis fiende dumtaxat eiusdem misse in manibus dicti domini episcopi vel eius adhuc potestatem habentis per honorabilem virum dominum Georium Weikgerstorffer ipsius rectorem facta iuramentumque fidelitatis et obediencie ac quodlibet in premissis licitum et necessarium precandum litterasque pro premissis et secundum qualitatem negocii necessarias et oportunas obtinendum et petendum unum vel plures procuratorem seu procuratores loco sui vel alterius eorum substituendum et eum vel eos revocandum et omnis procurationis huiusmodi iterum in se reassumendum tociens, quociens fuerit oportunum, et generaliter omnia alia et singula faciendum procurandum petendum et exercendum, que ad complementum et execucionem omnium et singulorum premissorum necessaria fuerint quomodolibet seu oportuna et que ipsemet constituons faceret seu facere possit, si premissis personaliter interesset, promittensque michi notario publico subscripto stipulanti et recipienti vice et nomine omnium, quorum interest vel intererit seu interesse poterit, se ratum gratum atque firmum perpetuo habiturum, quicquid per dictos suos procuratores constitutos vel substituendos factum gestum seu procuratum fuerit in premissis et quolibet premissorum eosque ab omni onere satisdandi integre relevare sub obligacione omnium bonorum suorum mobilium et immobilium, presencium et futurorum.*

1071.   **1416 November 11.**

Abt Peter und der Convent zu Göttweig lassen die Mauerbeunde zwischen Mautern und Mauternbach auf und verleihen deren einzelnen Theile unter angegebenen Bedingungen.

Copie in Cod. D f. 5′f.

Wir Peter von gotes gnaden abbt unser frawen gotshaus ze Kottweig und wir der gancz convent gemainchleich doselbs veriechen offenleich mit dem brief allen leutten lembtigen und kunftigen, das wir unser Maurpêwnt[1] gelegen zwischen Mauttarn und Pach, der sechczehen jeuch sind und ligent an ainem rain, auflazzen haben den erbern Stephlein dem Schumel ain halbs jeuch, der Volfmeglin ɉ jeuch, dem Thomlein des Ferigen chnecht 1 jeuch, dem Seifride ɉ jeuch, dem Hannsen Hafner III virtail, dem Niklein aufm Werd ɉ jeuch, dem schilichunden Gunderlein ɉ jeuch, dem Reindlein ɉ jeuch, dem Guelhernn ain jeuch, dem Menndlein Hoschen ɉ jeuch, dem Hainczlein Rippen ɉ jeuch, der Anna Mueschleichin ɉ jeuch, dem Niklein Obrechten ɉ jeuch, dem Hannsen Tewfel ɉ jeuch, dem Chunczen Schuester ɉ jeuch, dem Hainczlein Grimel ɉ jeuch, dem Fridlein Alusch ain jeuch, dem Niklasen Fleischakcher ɉ jeuch, dem Ennderlein Hanif ɉ jeuch, dem Seibeten von Pach ɉ jeuch, dem Hannsen Sneider III virtail, dem Hannsen Meltât ɉ jeuch, dem Dietleins Hafner aidem ɉ jeuch, dem Erharten Goltperger ɉ jeuch und andern frumen lewtten, wie die genant sind, ze zehen jaren, das sind zehen lesen, umb drittail wein und der sol getailt werden vor den weingarten mit pottigen und mit zubern, als des stat wirt maischgweis, und sullen wir

---

1070. * Das Folgende fehlt.

1071. [1] Westl. von Mautern zwischen der Strasse nach Mauternbach u. der Donau gelegen.

den unsern tail veschen auf unser wegen und dy sullen auch
uns von irem tail zehent geben und sullen die vorgenanten
weingêrten vor sand Jorgentag zuegearbait haben mit snit mit
hawen und was weingartenarbait recht ist vor sand Jo-
rigentag, mit ir selbs gut an all unser müe und die gruen
arbait, wie die genant ist, gearbait haben gancz und gar vor
sand Margretentag und zu waichem wein zuegearbait haben
achttag vor unser frawn tag ze der pêrd und sullen furbas in
den vorgenanten weingêrtn nichts nicht mer ze schaffen haben
nach ir anwelt, unczt man lesen wil und vor sand Mertentag
die vorgenanten weingerten gancz und gar verczogen haben.
Es sol auch yeder man sunderleich, wer ain jeuch [hat],ᵃ
zwelif tagwerich darin grueben und sol iegleicher besunder in
seinem tail weingarten die grueb alle jar wol misten in dem
heribst, als gewondleich und pilleich ist, und sol auch iegleicher
besunder in seinem tail weingarten zuefriden auch vor sand
Jorgentag, das uns und den andern ichtᵇ schaden geschech.
Geschech daruber indert chainᶜ schad, der sol das puezzen
und hat voraus alle seine recht verlaren an alle gnad. Es sol
auch dhainer nicht lesen, man lazz uns dann dreier tag vor
wissen, das wir unsern anwalt darczue senden. Wir sullen
auch in in yedes jeuch alle jar jerleich geben ain tausent steck-
chen und sullen sy die stekchen in die weingerten tragen und
darinne lazzen und nicht alswohin pringen. Und welicher
sein tail weingarten in den zehen jaren nicht gepawen mocht,
von welichen sachen das wer, oder ob er in verseczen oder
verkaufen wolt, der sol das mit uns oder unserm anwalt tuen
an des gotshaus scheden und der mag uns ainen anderen an
sein stat schiken, der uns und den nachpawren darczue ge-
vellt, und dem sullen wir leichen alle die recht, die vorge-
schriben stent, und der do chauft, der sol ze anlait geben von
ainem jeuch zwen phenning und der hingober auch zwen
phenning. Es sol auch in die vorgenanten sechczehen jeuch
weingarten chainer nichts pawn, das den weingerten schad sey
oder pring in chainer weis. Wir offen auch, wann sich die
zehen jar vergent und hin sind und die nucz geveschent
habent, so sind uns die vorgenanten weingerten gancz und
gar wider ledig an alle chrieg und widerred. Wer aber, das

1071. ᵃ Nach dem Sinne ergänzt. — ᵇ Cod. statt *nicht*. — ᶜ Cod. statt *dehain*.

jemant under in der vorgenanten paw zu den vorgenanten tegen, als vor geschriben stet, inndert ains verczogen hiet und saumig daran gewesen wer, das sullen die anderen melden. Der sol dann alle seine recht verlaren haben an alle gnad. Und wann das ist, das das lesen kumpt, so sullen wir die vorgenanten weingartten weschaŭn lazzen zwen erber man des rats der stat ze Mauttarnn und unser weinczurel ze Furt und ze Pawngarten, die sullen die vorgenanten weingerten nach iren trewn angeverd an dem paw scheczen, und welicher dann an dem paw saumig gewesen wer und nicht rechtleich gepawt hiet, das die, die wir darczŭe schaffen, und die nachpawren pey iren trewn gesagen mugen, desselben weingerten sullen wir uns underwinden mit wein mit all und sol dann alle seine recht verlaren haben. Und des ze urkund geben wir in den brief besigelt mit unser paider anhangunden insigel. Geben an sand Mertentag nach Kristi gepurd virczehenhundert jar darnach in dem sechczehenden jar.

1072.   **1416 November 23.**

Hie ist vermerkcht, das mein gnadiger herr, her Peter abbt zu Kottweig gelihen hat dem edeln Perichtolden dem Zauchinger den halben hof zu den Lehen,[1] der purkchrecht ist zu drein schilling Wienner phenning, der emallen gewessen ist Merten des Lenntesstorffer mit all den eren rechten und nuczen, als der von alter herchomen ist, ausgenomen der hofstat doselbs, die od ist und die meinem benanten herren noch seinem gotshaus in virczehen jaren nicht gedient warden ist. Das geschechen ist an montag vor sand Kathreintag anno domini etc. XVI und dabey auch gewesen sind die edeln Hanns der Tiemiger, Fridreich der Habichler, Hanns von Chogel und maister Vlreich Nusdorffer.

Notiz in Cod. D f. 5.

1073.   **1416 November 26.**

Johanns, Dompropst und Erzpriester zu Salzburg, Ulreich Strasser der Hofmarschall und Gorig Poyczenfurtter, der Richter

---
1072. [1] In der Pfarre Gerolding.

daselbst, fällen als die von dem edeln Albrecht von Puchaim als Vertreter seines Sohnes Gorig von Puchaim und dessen Frau Braxedes, der Tochter des verstorbenen Ulreich des Velbár, einerseits und von Lienhart dem Schonenstainer und Margret dessen Frau, der Schwester des verstorbenen Ulreich des Velber, anderseits erwählten Schiedsrichter in dem Streite um die Hinterlassenschaft Ulreich's des Velber folgenden Spruch: da von den 650 ₰. ₰., welche erstere den letzteren zu zahlen hatten und für die, so lange sie nicht bezahlt sind, jährlich 65 ₰. ₰. an sand Michelstag als Zins zu zahlen sind, der Zins nicht bezahlt wurde, so sprechen sie ihnen 160 ₰. ₰. als Entschädigung zu, welche ihnen Albrecht von Púchaim und seine Partei zu den künftigen Mitterfasten bei dem Bürgermeister Hanns Chdwcslein zu Salczbúrg als frei verfügbares Gut zu bezahlen und worüber sie einstweilen einen Schuldbrief auszustellen haben. Ueber die 650 ₰. ₰. oder den jährlichen Zins von 65 ₰. ₰. sind nach den vorausgegangenen Abmachungen und nach den beiden Parteien von den Spruchleuten ausgestellten verpetschafft notel Gegenurkunden auszustellen. Betreffs der 400 ₰. ₰. Mitgift, welche Margret von ihrem Vater Vlreich dem Velbár ihrem Manne Lienhart dem Schonenstaindr in die Ehe brachte, gelten die früher durch die Heiratsurkunden getroffenen Vereinbarungen weiter. Im Falle des Todes Gorig's von Puchaim und dessen Frau Braxedes ohne Leibeserben erhalten Margret die Schönenstainerin, die Tochter Ulreich's des Velbár des älteren, und ihre Leibeserben das Erbrecht an deren Nachlass. Der diesem Schiedspruche zuwiderhandelnde Theil ist dem anderen zur Strafe mit allen seinen Ansprüchen verfallen.

Siegler: (I.) Dompropst Johanns, (II.) Ulreich Strasser, (III.) Gorig der Poyczenfúrtter.

Datum: Geben an pfincztag nach sand Kathreintag (1416).

Orig., Perg. Deutsch. An Perg.-Streifen 3 Siegel.

I. beschädigt, rund (38), roth auf Sch., III B 1. U.: s. iohis. p̄p̄ti. .... ecc̄e. s[a]lczbvrgen. Das Porträt ausgebrochen, darunter zwei Schilde, im rechten ein Passionskreuz, im linken ein schrägrechter Balken. — II. rund (27), grün auf Sch., IV C. U.: s. vlreich · strasser. Drei schräglinks in einer Linie gestellte Kugeln. Der Stechhelm geschlossen. Cimier: die Kugel. — III. beschädigt, rund (29), grün auf Sch., IV B 1. U.: s'. geory · byczenfvrter. Der Stechhelm mit Cimier.

1074. [1416 November 23—30], Göttweig.

Hie ist zu merkchen, das die Kristanin des Mairs hausfraw von Pallt abgevaren ist des suntag vor sand Andretag, der genueg geschechen ist umb all ir vordrung mit peraittem gelt nach rat des Jorgen Newpåwrens irs prueders und auch des Polczleins von Pallt von unsern wegen, und auch der egenanten* Newpåur und Polczel uns herwider versprochen hat fur LVIII phunt Wienner phenning, ob wir ymmer der weisen mochten den Obsler, das er geben oder verhaissen hiet fur die egenante Kristanin vil oder wenig dem lanndrichter Platschuechen oder yeman anders von ir fenkchnuzz wegen, das alles geschechen ist in unserer gemalten stuben. Und dabey gewesen sind herr Jorig die zeit unser prior, der Habichler unser richter, der Jorig Newpåur und der Polczel von Pallt.

Notiz in Cod. D f. 5.

Die engere chronologische Begrenzung ergibt sich aus dem Datum der vorausgehenden nr. — 1416 Montag vor Katharina — und dem der nachfolgenden nr. — 1416 Andreastag.

1075. [1416] December 27.

Ich Chuncz Glacz, purger ze Mauttarnn, hab mit hannt meiner gnadigon herschaft abbt Petern zu Kottweig gemargengabt nach lanndesrecht in Osterreich meiner eleichen hausfrawen Christein des Michel Pinter tochter ze Pawdorf mein lechen geleich halbs ze veld und ze haus gelegen ze Mauttarnn zenegst Ottleins Morleins an ainem tail und Nikel Hainreichs an dem andern tail mit all den eren rechten und nûczen nach meinem tod unverchumert also innhaben unczt an iren tod. Geschehen an sand Johannstag in den weinachtfeirtagen anno domini etc. CCCC[XVII].*

Notiz in Cod. D f. 6.

1076. 1417 Jänner 6.

Fridreich Achspekchér und Kathrey seine Frau beurkunden, dass sie ihre Hofstätte und einen Burgrechtsgarten zu Ur-

---
1074. * Cod. statt egenante.
1075. * Diese Ergänzung ergibt sich aus dem Jahresdatum der vorausgehenden und nachfolgenden nr.

sprung in der Maurêr Pfarre, welche von dem Pfarrer Gregórig zu Maior zu Lehen rühren, lange Zeit unstiftlich gelegt haben und auch sonst ungehorsam waren, weshalb sie ihre Nachbaren Jörg den Schalch, Hanns seinen Sohn, den Vlreich Sneyder und Jörg Erhartêr, Hanns Erchenger und Andre Schûestêr, beide gesessen zu Schónnpuchel, baten, dass sie zwischen ihnen und ihrem Lehenherrn einen Ausgleich vereinbarten. Nach diesem Ausgleiche verlieren sie beide alle ihre Rechte auf obige Objecte.

Siegler: (I.) der erber Herttreich der Tyeminger gesessen zu Lerchueld, (II.) der erber Seyfrid der Zieglêr, Richter zu Melkch.

Datum: geben (1417) an der heyligen drey kûnig tag.

Orig., Perg. rostfleckig. Von 2 Siegeln an Perg.-Streifen das 1. abgefallen.
II. rund (31), grün auf Sch., IV A 2. U.: † sigillvum · seifrid · zziegler. Ein schrägrechter Balken, in demselben ein Ziegelmodel.

1077.   1417 Jänner 25.

Wir Peter von gotes gnaden abbt unser frawen gotshaus ze Kottweig haben geliohen dem edelen Perichtolden dem Zauchinger unser traidzehent gelegen ze Oberen Welmikch und ze Niderenwelmikch etc. mit all den eren nuczen und rechten, als er von alter herkomen ist und als sein brief innhalt, und dabey gewesen sind die hernach geschriben herren und erber lêut von erst der erwirdig herr, herr Vlreich probst zu Sand Polten, herr Chunrat vor zeiten probst zu Sand Andre, der Rarbacher die zeit chamermaister zu Sand Polten und herr Jorg prior ze Kottweig und Fridreich der Hebichler, Zacharias der Oherss, Hanns der Tiemiger, Vlreich der Noppendorffer und Caspar Hiersel und ander frum lêwt. Geschechen an sand Paulstag conversionis anno etc. CCCCXVII.

Notiz in Cod. D f. 6.

1078.   1417 Februar 26.

Revers des Perichtold von Wehing über einen Burgrechtszins von 60 Wiener ₰., welchen er von seinem ganzen Hofe zu

Potschalich[1] *in der Weissenchiricher*[2] *Pfarre an Abt Peter [II.] jährlich an sand Mertentag zu zinsen hat. Im Falle des Versäumnisses hat der Abt das Recht, sich des Hofes bis zur Entschädigung zu unterwinden.*

Siegler: (I.) Perichtold von Wehing, (II.) Michel der Huernein.

Datum: Geben an freytag in den virtagen in der vasten (1417).

Orig., Perg. rostfleckig. Deutsch. An Perg.-Streifen 2 Siegel; Copie in Cod. C f. 99'.

I. rund (31), grün auf Sch., IV A 2. U.: † · s. berchtolt · de · wehingen. Zweimal mit dem Spitzenschnitte getheilt (Sibmacher, New Wappenbuch II, 90). — II. beschädigt, rund (26), grün auf Sch., IV A 2. U.: † · s. michel. hverner.

1079.   **1417 März 9.**

Urfehde der Brüder Hautzenberger mit Göttweig.

Orig., Perg. An Perg.-Streifen 3 Siegel.

Ich Mert und ich Christann und ich Hainreich gebrueder die Hawczenperger und ich Denkchel an der Wizz und ich Michel am Prantt und ich Chunoz und ich Christann sein sůn und ich Vlreich ze Hetting und ich Stophel am Prantt und ich Stephann am Chueperg und ich Steffan Hofer ym Gruebtall und ich Jorig Engelger und ich Jorg sein sůn und all unser erben vergechen all unverschaidenleich mit dem brief, das wir egenant baid brueder Mert und Christan wider unser frawen goczhaws zw Chottwelg und wider das gancz convent dasselbs und irr amptlewt arm und reich und besunderleich wider den erbern Hannsen den Tyemmynger und Petrein und Herman sein knecht und Steffann den ambtman ze Pirichêch und Hannsen den Steger umb die inczicht und vennkchnůzz wegen, do wir innegewesen sein von warrer schuld und tatt wegen, das uns frům lewt ab habent gepetten durich gots und unser frawn willen und durich vleizziger gepett willen umb die inczicht, die wir egenant baid Mert und Christan wider das vor-

---

1078. [1] Potschall Rotte, O.-G. Gutenbrunn, V. O. W. W. — [2] Weissenkirchen, G.-B. Herzogenburg.

genant goczhaws und das convent dasselben und wider all die
irren getan haben, da verpint wir uns vorgenant all mit unsern
trewen an aydes stat und mit uns all unser erben wider diesselben
nymermer getůn sůllen noch wellen weder mit wartten
noch mit werchen, mit recht noch an recht in kaynnerlay sach.
Wer awer, das wir vorgenant all oder unser yůndert ainer
under uns ymmermer wider das alles tetten, so wer wir trewlozz
und erlozz und worn ubersagt mit syben an alle gnad und
sullen auch dhaynner freyůng nynndert nicht geniessen inner
lanndes noch ausser lanndes auf hawssern in steten in merkchten
in dorffern auf wasser auf lannd. Wer awer, das wir
vorgenant all oder ander yemant von unsern wegen wider den
brief tetton, als oben geschriben stet, so sol man uns vorgenant
antburtten an alle gnad und wo wir es vorgenant all
ynndert chlagetten und sagetten von des briefs wegen, den
wir uber uns gegeben haben, er sey armer oder reicher, das
sol alles sand nicht war sein. Und zů ainer pessern sicherhayt
so geben wir in den brief für uns und all unser erben
dem vorgenant goczhaws und dem ganczen convent dasselben
und allen den irren mit des edelen wolgeborn herren, hern
Jorigen des *T*oppler anhanngunden insigell und mit der erbern
insigill Vlreichs des Platschůchs, die zeit phleger und lanndrichter
ze Wolfstein,[1] und Hannsen von Potschalich und mit
Casparn des Hierslein und Lewpolcz des Herrisser an dem
Graben anhangunden insigellen yn allen und iren erben an
schaden, darunder wir uns vorgenant all verpintten mit unsern
trewen an aydes stat alles das stet ze haben, das oben an dem
brief geschriben stet, der geben ist nach Kristi gepurde vierzechenhundert
jar darnach in dem sybenzechenten jar am
erichtag nach reminiscere in der vasten.

I. S. d. Jorg Topler rund (28), grün auf Sch., IV A 2. U.: s. yorg ·
topler. Zwei gedrückte Spitzen. — II. S. d. Ulrich Platschůch rund (29),
grün auf Sch., IV A 2. U.: † s. vlreich · platschuech. Ueber einem Blatte
ein Schuh. — III. S. d. Hans v. Potschalich rund (29), grün auf Sch., IV A 2.
U.: † S. hAnS · D. PORTSChALICh. Ein Lindenblatt mit Stengel, in demselben
ein Kreuz. — IV. S. d. Caspar Hierslein rund (28), grün auf Sch.,
IV A 2. U.: † · s. caspar · hierseII. Ein links gewendetes Jagdhorn mit

---

1079. [1] Wolfstein jetzt eine Ruine südöstl. von Aggsbach a. d. Donau
V. O. W. W.

Riemen. — V. S. d. Leopold Herrisser beschädigt, rund (28), grün auf Sch., IV A 2. U.: † s. lewpolt · herrisser.

1080. 1417 April 22.

Stephan der Ainchleich, Vicar an der Pfarre zu Haindorf, beurkundet, dass er Abt Peter [II.] zu Kottweig oder wer ihn mit der darüber ausgestellten Urkunde mahnt, jährlich 15 ₰ Wiener ₰. laut einer ihm darüber von Thaman Grossel, Vicar am Dome zu Passau und Pfarrer zu Haindorf, ausgestellten Urkunde solange zu zahlen hat, als er an derselben Pfarre angestellt ist. Diese Summe ist bis zur vollständigen Abtragung der 101 Gulden, welche Thaman Grossel zu zahlen hat, jährlich zu entrichten. Im Versäumnisfalle kann sich der Abt der Güter des Vicars bis zur Leistung der Entschädigung unterwinden, ihn von der Pfarre entfernen und einen anderen daran anstellen.

Siegler: die edeln Mathes der Tiemiger und Hanns von Potschalich.

Datum: Geben an phincztag vor sand Jorgentag (1417).

Orig., Perg. Deutsch. 2 Siegel abgefallen.

Diese Urkunde war mit der Rückseite einwärts in einen Cod. eingeklebt.

1081. 1417 Mai 26.

Seyfrid und Erhart die Chressling und Hanns Granperger verkaufen mit Handen ihres Lehenherrn dem erbern Symon dem Volkrad eine Hube, genant ze Schefring gelegen in Newnchircher pfarr auf der Ypph, dy lehen ist von dem edeln herren, hern Seybolden von Volkenstorf.

Siegler: Seyfrid und Erhart die Chressling, (III.) Hanns der Granperger und der erber Hanns der Chressling.

Datum: geben (1417) an mitichen nach dem heyligen auffarttag.

Orig., Perg. Deutsch. Von 4 Siegeln an Perg.-Streifen das 3. erhalten.

III. rund (28), grün auf Sch., IV A 2. U.: † · s. hanns · granperger. Eine auf einem Berge stehende Krähe.

1082.   **1417 Juni 1.**

Vrsula, die Frau Thomans des Appelsperger und Tochter des verstorbenen Michel des Tymninger, lässt sich von ihrer Schwester Dorothea, der Frau Petreins des Laiderstorffer, ihren von den Eltern anerstorbenen Erbtheil mit Geld ablösen, reserviert sich jedoch das Anerberecht bei einem etwaigen Todesfalle.

     Siegler: (I.) der erber Thomann der Appelsperger, (II.) der erber Hainreich von Aw.

     Datum: geben (1417) des eritags in den phingstveyertagen.

     Orig., Perg. Deutsch. An Perg.-Streifen 2 Siegel.

     I. rund (29), grün auf Sch., IV A 2. U.: † s. taman · appecchlsperger. Ein schrägrechter Bergabhang, besetzt mit Bäumen. — II. rund (27), grün auf Sch., IV A 2. U.: † s. hainreich · von · aw. Gespalten (eine linke Seite).

1083.   **1417 Juni 13, Wien.**

Leopold von Eckartsau und Caspar von Starhemberg schlichten als Schiedsrichter einen Streit zwischen dem Stifte Göttweig und den Brüdern Hans und Stefan von Hohenberg.

     Copie in Urbar B, S. 229 von gleichzeitiger H.

Vermerkcht die taiding, so ich Lewpold von Ekchartsaw und Caspar von Starhenberg zwischen dem ehrwirdigen herrn . . dem abbt zu dem Gottweig und der edlen herren, unser lieben frewnt und swâger Hannsen und Stephan gebrüdern von Hahenberg an heutigem tag mit irer baider tail wissen und willen gemacht und getan haben: von erst als der abbt maynt, das im die von Hohenberg sein purkchrecht von den zehenden zu Forichenfeld[1] ettleich zeit nicht geben haben nach seiner brief lawt, hab wir getaidingt, was im desselben gelts ausstee von verganger zeit, darumb sulln sew in noch ausrichten und dasselb purkchrecht hinfur diennen. Item dan von des pantaiding oder vogtaiding wegen hab wir getaidingt, zu welicher zeit zu yedem jar sich das vergen sull und gehalten werden, das sullen die von Hochenberg dem pharer zu Sand Veit vor ain zeit zu wissen tuen, der sol es dan des abbts lewten ver-

---

1083. [1] Fahrafeld, Inner-, Rotte, O.-G. Hohenberg.

chunden und auch dem abbt, das er darczue chom oder aber
an seiner stat darczu schikch. Desgeleichen sullen die von
Hahenberg auch darzûe kommen oder schikchen und dann sol
der abbt oder sein anwalt ainen richter under denselben vogt-
lêwten seczen und dem das stâbel geben. Der soll dann
fragen des vorgenanten abbts rechten und auch des von
Hahenberg rechten als eribvogt nach der brief innhaltung.
Sawmet er aber die von Hahenberg in solicher frag, so mugen
die von Hahenberg oder ir anwêlt selb iror rechten fragen und
darauf geurtailt werden. Item auch umb den willpan[a] dabey
sullen die von Hahenwerg beleiben, es weis dann der abbt,
als recht ist, das derselb wilpan[a] seinem gotshaus vor geaigent
sey, ehe er den von Hahenberg und irren vorfadern verlichen
sey warden. Item es sullen auch die von Hahenberg iren
lêwten nicht verpietten des abbts zehent zu besten von chai-
nerlay weizze und unwillen wegen, es wer dann, das es den
lêwten sunst nit fuegsam wer von scheden wegen, die sy
solicher westênd nemen, ob man in die zu tewr wolt lazzen.
Item auch sullen die von Hahenberg nicht mer aus den wan-
deln nemen, dan als von alter ist herkomen. Item von der
wurg wegen in der von Hahenberg vischwaid soll der abbt
den seinen enphelichen, das sew das wasser das merer tail
ausserhalb den wuren lazzen rinen, damit die visch irren
gankch mugen gehaben. Item dann von der stiftung wegen,
darinn sullen die von Hahenberg dem abbt nicht irrung tuen
und sullen den abbt bey seiner stift lazzen beleiben, als das
von alter ist herkomen. Item auch von der vischwaid wegen
im Halpach, do sol es beyleiben, als ir waider tail wrief dar-
umb innhalt. Item auch von der vogtey wegen der gueter,
die zu dem gotshaus kauft sein von dem Wildekker, Alten-
burgern und andern herren rittern und chnechten, darumb sol
der abbt die von Hahenberg die kaufbrief horren lazzen, die
uber dieselbing gueter geben sind, und welich brief nicht inn-
halten, das ir de von Hohenberg vogt sein, dieselben gueter
mag der abbt den von Hahenberg oder wer darczue fugt, em-
phelichen zu vogten ausgenomen des hofs im Hallpach,[2] dar-

1088. [a] Copie.

[2] Halbach, linker Zufluss der Gölsen, welcher bei Rainfeld in dieselbe
einmündet.

auf die priester yecz siczennt, des sullen die von Hahenberg erbvogt sein wider den hof, dorauf die priester vor gesezzen sein und der nűn nider gevallen ist. Item denn umb die zehen phenning gelts, als der abbt spricht, die man im von ainem holcz, das in des Grawlshof gohort, vor gedient hab, darinn sullen sich die von Hahenberg aygenleich erfaren und wie es vor herkomen sey, dabey soll es hinfur beleiben. Verschriben zu Wienn am nagsten suntag vor sand Veitstag anno domini MCCCC septimo decimo.

1084.   **1417 [nach Juli 19].**

Wir Peter von gotes gnaden abbt unser frawen gotshaus zu Gottweig vergehen, das Wilhalm der Hêwsler hat vermacht Benignan seiner hawsfrawn das purkchrecht, das er gehabt hat von uns und unserm goczhaws, zw rechter margengab, als lanndesrecht ist in Osterreich: item von erst den zehent zw Pyelach von wein und von trayd etc., item den zehent in dem Tall[1] auch von wein und traid etc., item den traiddzehent zw Hafnerpach und zw Phêffing,[2] von den man uns und unserm gotzhaws jerleich phlichtig ist ze raychen und ze dienn in ûnser phister ze hannt nach sandt Gilgentag ain mut korn und ain mut habern.

Notiz in Cod. D f. 7.

Der terminus a quo ergibt sich aus dem Datum der vorausgehenden nr. — acht tag nach Margaretha.

1085.   **1417 August 27.**

Peter Mulbangêr und Margret seine Frau verkaufen dem erbern Fridreich dem Mulbanger, des ersteren Bruder, Schaffner zu der Freinstat, um 35 ₰. Wiener ₰. zu Wiederkauf ihren Weingarten, genant der Mulbangêr gelegen im Gold ze Medling zenachst der Heiligenchrautzêr weingarten, davon man järleich zu sand Michelstag zu dem erwïrdigen gatzhaws gein Melkch raicht und dient zû voitrecht und purkchrecht ain phunt Wienner phenning, *reservieren sich jedoch das Recht, denselben um den*

1084. [1] Thal, O.-G. Mauer, V. O. W. W. — [2] Pfaffing, O.-G. Hafnerbach.

gleichen Betrag jederzeit zurückzukaufen. Und sunder haben wir mit einander gehandlt und verlazzen, daz wir uns zu einander fuegen schullen zwischen datům des briefs und mittervasten schirist chunftig und umb den weingarten ainen rechten chauf machen nach erbår låwt rat, was sew uns zu der obgenanten sům gelts herzů geben sollen, dabey schol es besten. Kamen wir aber in der zeit zu einander nicht, so sullen wir in dan noch fůrbas des chaufs für ander låut willig sein ungevårleich.

Siegler: (I.) Peter der Mulbangêr, (II.) der erber Thaman Trebinger.

Datum: geben am freitag nach sand Pårtlmenstag (1417).

Orig., Perg. Deutsch. Von 2 Siegeln an Perg.-Streifen das 1. abgefallen.

II. rund (29), grün auf Sch., IV A 2. U. † s. thoman · trebingar. Ein Weinstock mit je 3 Trauben an jeder Seite.

1086. 1417 September 29.

Hainreich Håkchel, Bürger in der Newnstat, und seine Frau verkaufen mit Handen ihrer Burgherrn dem erbern Stephfann dem Obsler, Bürger zu Mauttarn, und Margareth dessen Frau ihren Weingarten im Ausmasse von 3 Joch, genannt die Galerinn an dem Suessenperig bei Mauttarn nächst dem Weingarten des Propstes von Sand Pöltten auf einer und dem des Abtes von Chrembsmünster auf der anderen Seite. Von dem 1. Joche zunächst dem Weingarten des Propstes von Sand Poltten sind dem ersamen Herrn Leonhart, phfarrer saund Johannes gotteshaws ze Anger[1] bey Ainôd in Sand Andreer phfarr, *jährlich 30 Wiener ₰., vom mittleren Joche an die St. Stefansseche zu Mauttarn 30 Wiener ₰. und vom 3. Joche nächst dem Weingarten des Abtes von Chrembsmünster an das Lehen des Chirichperger zu Hůnczhåym jährlich 20 Wiener ₰. an sand Merttentag zu Burgrecht zu zinsen.*

Siegler: (I.) Hainreich der Håkchel, (II.) der Burgherr Leonhart, ‚phfarrer sand Johannes gotshaws ze Anger bêy Aynôd' (wann ich Hanns Chrâczer, diezeit zechmåyster sand

---

1086. [1] Hier obwaltet zweifellos ein Irrthum des Urk.-Schreibers, welcher in das Dorf Angern in der Pfarre St. Andrå a. d. Traisen eine Pfarrkirche und einen Pfarrer versetzt.

Stephfanns zech ze Mauttarn, und ich Andre Pôlan, ich Thoman Lehener in des Chirichperger lehen gesessen selber nicht aigner insigel gehabt haben), *für diese drei siegelt* der erber Fridreich der Slegel, Stadtrichter zu Mauttarn.

Datum: Geben (1417) an sand Michelstag.

<small>Orig., Perg. Deutsch. Von 3 Siegeln an Perg.-Streifen das 2. abgefallen.

I. beschädigt, rund (26), grün auf Sch., IV A 2. U.: † s. hanreich · hechkel. Getheilt, im oberen Felde 4 gestürzte Spitzen, im unteren 2 schräggekreuzte Hacken. — III. undeutlich, rund, grün auf Sch., IV A 2. U.: † · s. fridreich · sle[g]el (nr. 1089 S. II).</small>

1087.   **1417 October 15.**

An freitag nach Cholomani hat her Rueprecht, meins herren von Passaw canczlêr, zwischen meinem herren dem abbt von Kottweyg und dem probst von Sand Polten also getaidingt und gesprochen umb die LXX emer most, so dy lewt zw Pach[1] dem egenanten probst yêrleich von seinen grantten dienen, was derselben lewt des probst sein, mit den sol er schaffen und die darczw halden, das sew meinen hern von Kottweyg zehent geben für den probst von dem most, den sew irem herren dem probst jêrleich raychen von allsvil grantten, alls sy denn innehaben und welch des probst holden nicht wêrn, dannoch sol mein herr von Kottweyg oder sein anbalt den zehent an dyselben ayschen von allsvil mostz, als sew dann angepúrdet dem probst ze raychen, und ob sich dieselben des seczen wolten, das sol man an ir herschaft bringen, und ob das auch nicht gehelffen kund, so mag sew der abbt wol darumb geladen für geistlich recht. Pey den taiding sind gewesen abbt Peter von Kottweyg, probst Vlreich von Sand Polten, her Rueprecht canczlêr, her Mert pharrer zw Mauttarnn, her Michel pharrer aus dem Halpach,[2] her Thaman schaffer von Sand Polten, her Vlreich sand Altmans kapplan, Vlreich Noppendarffer, Rieder, Chochlinger Pawl, hofmaister zw Jewching, Lêndterstôrffer Lucas von Welminkch, all des von Sand Polten diener, Hanns Weykchartzslager, Hanns Tyeminger, Hanns Tôgelhofêr. Geschehen in anno XVII.

<small>Notiz in Cod. D f. 4.</small>

<small>1087. ¹ Mauternbach, G.-B. Mautern. — ² Kleinsell, V. O. W. W.</small>

1088.   **1417 November 11.**

Dorothea, die Frau Peters des Laiderstorffer, verkauft mit Handen ihres Burgherrn, des Abtes Peter [II.] zu Gottweig, Ott dem Oberndorffer und Sosanna dessen Frau um 72 ₰. Wiener ₰. ihren Zehent auf den Rewtten,[1] von welchem an die Abtei zu Gottweig jährlich 12 Wiener ₰. an sand Michelstag zu zinsen sind, und einen Weingarten bei der Spiegelgassn, von welchem an dieselbe jährlich 2 Wiener ₰. an sand Michelstag zu Burgrecht zu zinsen sind.

Siegler: (I.) Peter der Laiderstorffer, (II.) die edeln Fridreich der Hebichlêr, Richter zu Gottweig, und (III.) Hanns Tyemiger.

Datum: Geben (1417) an sand Merteinstag.

Orig., Perg. Deutsch. An Perg.-Streifen 3 Siegel.

I. rund (26), grün auf Sch., IV A 2. U.: † s. peter · laides · darfer. Ein nach links steigender Hund an einer Leine. — II. rund (30), grün auf Sch., IV C (nr. 996 S. II). — III. rund, grün auf Sch., IV C (nr. 1059 S. I).

1089.   **1417 November 22.**

Johann der Sohn des Stephann Obsler zu Mauttarn beurkundet, dass sein Vater der sand Andres cappellen gelegen in dem Gerichthof zu Mauttarn *ein Joch Weingarten,* der Glaspekch genant, gelegen pey Huntshaim bey dem vach zenegst Stephans des Pawren von Huntshaim weingarten, *zu seinem und seiner Vorfahren Seelenheile mit der Bestimmung vermacht hat, dass sein Sohn und dessen Rechtsnachfolger dem Abte Peter [II.] zu Gottweig jährlich* 9½ *Wiener ₰. an sand Merteinstag zu Burgrecht zinsen.* Als oft die vorgenante cappellen in dem Gerichthof zu Mauttarn mit dem tod ledig wirt und wem die dann verlichen wirt oder wer sey innhalt, derselb sol den vorgenanten weingarten von dem vorgenanten purkcherren und seinen nachkomen aufenphahen mit zehenthalb Wienner phenning anlayt unengolten desselben purkchrechts an dem rechten purkchrechttag. Wer aber, das ich (Johannes) oder mein nachkomen den vorgenanten weingarten

---

1088. [1] Jetzt das Ried Obere u. Untere Reut südl. v. Höbenbach auf der Anhöhe zwischen diesem u. Kuffern, V. O. W. W.

nicht fuphingen* oder verdiemeten dem egenanten gotshaus zu dem benanten tag, so sol ich und all mein nachkomen verfallen sein dem egenanten gotshaus der pen, als anders purkchrechts recht ist und lanndesrecht in Osterreich.

Siegler: (I.) der erber Fridreich der Lukchner, *Pfarrer zu Stain und Dechant zu Manttarn*, (II.) der erber Fridreich Siegel, Stadtrichter zu Manttarn.

Datum: Geben (1417) an mantag vor sand Kathreintag der heiligen junkchfrawen.

Orig. (A), Perg. Deutsch. An Perg.-Streifen 2 Siegel; Copie in Cod. C f. 259 (B).

I. rund (33), grün auf Sch., III A 2 a. U.: s. fridrici · plebani · L stain. Der heil. Nicolaus. — II. rund (28), grün auf Sch., IV A 2. U.: † · s. fridreich · siegel. Ein Schlägel und eine Haue schräg gekreuzt.

1090. **1418 März 6.**

Ott von Ekchenndorf[1] *und Sosanna seine Frau beurkunden durch Revers, dass Abt Peter* [II.] *und der Convent zu Gottweig das Ablösungsrecht auf ihrem Zehente auf den Réwtten in der Zeit von 8 Tagen vor bis 8 Tage nach sand Giligentag haben, welchen sie sammt einem Weingarten bei der Spiegelgazzen um 72 ₰. Wiener ₰. von Dorothea, der Frau Peters des Laiderstorffer, gekauft haben. Im Falle der Ablösung ist der Weingarten von den Nachbarn zu schätzen und der Betrag von 72 ₰. ₰. abzuziehen.*

Siegler: der edel Hanns der Tyemiger.

Datum: Geben an suntag in mittervasten (1418).

Orig., Pap. Deutsch. Das Siegel war rückwärts in grünem Wachse aufgedrückt.

Vgl. nr. 1088.

1091. **1418 März 29.**

Benannte Schiedsrichter entscheiden einen Streit zwischen Abt Peter II. von Göttweig und dem verstorbenen Hanns den Schauchinger wegen eines Besitzes zu Meidling.

1089. * A.

1090. [1] In nr. 1088 wird dessen Zuname *Oberndorffer* angegeben.

Copie in Cod. C f. 240.

Ich Wolfgang der Schawchingêr bechenn für mich und all mein erben offenleich mit dem brief und tuen kund allen lêwten gegenwürtigen und künftigen anstat meins brueder kind Fridreichs Hannsen des Schawchinger seligen sun, der noch zu seinen beschaiden iaren nicht komen ist und dafür ich mich annŷm mit krafft des briefs von wegen aller vordrung zuesprüch und misselung, so der erwirdig geistleich herr, her Peter abbt unser fråwen goczhaws ze Göttwey hincz meinem egenanten brueder Hannsen dem Schauchingêr sêligen und allen seinen erben gehabt hat und doraus zwischen uns mit baider tail wissen und willen getaidingt habent die edeln und erbern Jorig Vtendorffer, Zacharia Chers, Fridreich Heblichler[a] und Hainreich Aschperger von erst von des graben wegen, der umb das haws ze Meirling[1] get, der geweyt ist warden auf des benanten goczhaus grūnd. Derselb graben sol hinfūr nicht anders geweyt werden, denn er yecz ist und alzo bey des goczhaus grūnden abgemessen ist und hat an dem weitisten gen dem ablas sechs lafter drew dawmelen und an dem enngisten fūmf lafter und zwo dawmelen, und sol auch alzo gemawert werden vor des vorgenanten goczhaus grūnden, das ir grūnt hinfur nicht schēden dovon nemon. Item wir mūgen auch wol ainen ablas gehaben an der alten stat an schēden des goczhaus holden doselbs. Item der stadel und die mawr, das geseczt und gelegt ist warden auf des obgenanten abbts und seines goczhaus grūnd, und die stain, die im genōmen sind worden, des hat er uns durch der egenanten frumer leut pet[b] willen begnadt und begeben und hinfūr alzo ze beleiben. Item von den grūnten holcz und waid von dem Hangundenstain[2] und marichgraben doselbs: von dem marichgraben ze tal ab nach der leiten uncz auf den marichstain in dem veld und dornoch auf den marichstain awer in demselben veld, der do zaigt den graben an den Chôgel[3] und alles das, das ob den egenannten marchen leitten holcz grūnd und waid ist, das sol dem egenanten abbt und seinem goczhaus hinfūr ewichleich

---

1091. [a] Cod. statt *Hebichler*. — [b] Ueber der Zeile nachgetragen.

[1] Meidling, Schloss O.-G. Paudorf. — [2] Waldflūr nordwestl. v. Kuffern. — [3] Kogel sūdl. v. Höllerhof, K.-G. Hörfarth.

beleiben in der beschaidenhait: wer in dem vorgenanten haws zu Mêurling ist oder in dem dorf, die mûgen ir aigen viech auf die vorgenant grûnd des goczhaus treiben und waiden und darumb man dem egenanten goczhaus, wer in dem benanten haws zu Meirling ist, iêrleich raichen und dien sol vier Wienner phenning von der egenanten waid zu sand Jorgentag. Und das die sach alzo stêt und hinfûr unczebrochen beleib, so gib ich vargenanter Wolfgang Schauchinger anstat meins egenanten brûeder kind Fridreichs dem benanten erwirdigen herren abbt Petern, seinem goczhaus und allen seinen nachkomen den brief für mich, für meins egenanten brueder kind und für unser baider erben besigelten mit meinem anhangunden insigel. Auch durch pesser sicherhait willen hab ich mit vleiss gepeten die edeln und die erbern Zacharia den Chersen, Hannsen den Tyeminger und meinen vettern Thaman den Mitterkircher, das sy der sach zeug sind mit iren anhangunden insigelen in und iren erben an schaden. Geben nach Kristi gepûrd vierczehenhundert iar dornach in dem achczehenten iar an eritag noch dem heiligen ôstertag.

1092.   **1418 April 29.**

Niklas Sebekch von Sebenstain[1] *schenkt dem Stifte zu Gottweig für den Fall seines Todes seinen freieigenen Kasten zu Chu*lib in dem morkch genant das Stainhaus und ain hofstat da gegenuber, da yes aufsiczt Peter Taschnêr und jêrleich davon dient zu sand Michelstag sechczig Wienner phenning in das vorgenante Stainhaus zu rechtem purkchrecht.

Siegler: (I.) Niklas der Sebekch, seine Vettern (II.) Christoff der Sebekch gesessen zu Pawngarten[2] und (III.) Stephan Sebekch gesessen zu Turn.[3]

Datum: Geben (1418) an fritag nach sand Jorgentag.

1092. [1] Seebenstein, Ruine, V. U. W. W. (Schweickhardt, V. U. W. W. V, 56, u. Berichte des Alterthumsvereines I, 183 f.). — [2] Dieses Schloss, welches in Kirchstetten bestand, wurde 1683 von den Türken zerstört (Schweickhardt, V. O. W. W. III, 218). — [3] Die Ueberreste dieser alten ziemlich bedeutenden Burg sind heute noch auf einer kleinen Anhöhe bei der Rotte Unter-Thurn, O.-G. Alt-Lenghach zu sehen. Ihre Zerstörung datiert aus dem Jahre 1683 (Schweickhardt, V. O. W. W. I, 131).

Orig., Perg. Deutsch. Von 3 Siegeln an Perg.-Streifen das 1. abgefallen; Copie in Cod. C f. 152′.

II. beschädigt, rund, grün auf Sch. — III. beschädigt, rund, grün auf Sch., IV A 2. U.: . . . . sebekch.

1093.   **1418 August 16.**

Albrecht von Puchaim, oberster Truchsess in Österreich, beurkundet, dass ihm Albrecht von Lauchtenburg, Herr zu Vettaw, sein lieber freund, hundert schok guter silbreiner grossen Prager müncz und Merheryscher zal ze sechczig grossen fur ain yegleich schok ze rayten *auf das Dorf Aspestorff, welches er ihm hiefür verpfändet hat, gelichen hat, welche er in derselben Münze zu den künftigen Weihnachten zurückzuzahlen hat. Wenn ersterer ihn einen Monat nach den benannten Weihnachten darum fordert und es ihm einen Monat vorher wissen lässt, hat er die Schuld zu Vettaw in demselben Monat zu begleichen, widrigenfalls der Gläubiger berechtigt ist, das Dorf in Aspesdorff solange zu nutzen, bis er für Hauptgut und Schaden entschädigt ist.*

Siegler: Albrecht von Puchaim, die erbern Knechte Hanns der Ernnpekch, Jorig der Volkchestorffer und Vrlik der Jegenråwter.

Datum: geben (1418) des nachsten erchtags nåch unser frawentag zu der schydung.

Orig., Perg. Deutsch. Durch Schnitt cassiert. Von 4 Siegeln an Perg.-Streifen das 2. u. 3. abgefallen, beim 1. u. 4. das Siegelbild ausgebrochen.

1094.   **1418 September 17, Stein.**

In nomine domini; amen. Anno nativitatis eiusdem millesimo etc. XVIII, indictione XI, die vero XVII die[a] septembris, pontificatus in Christo patris, domini M(artini) divina providencia[b] quinti in curia venerabilis[c] dominorum de Gotwico in Stain venerabilis vir, dominus Rupertus canonicus et cancellarius Pataviensis procuratorio nomine honesti socii Tylmanni, clerici Maguntinensis diocesis, insinuavit et assignavit litteras gracie expectative sibi a sanctissimo in Christo patre, domino

---

1094. [a] Cod. — [b] Cod. ausgelassen *pape*. — [c] Cod. statt *venerabilium*.

Martino papa quinto concessas venerabili viro, domino Petro abbati monasterii Gotwicensis ad collacionem eiusdem ac conventum⁴ presentibus ibidem honorabilibus viris, dominis Leonardo in Mosprun et Nicolao Plenkel in Hauczenperig¹ ecclesiarum parrochialium rectoribus, testibus etc.

<small>Notiz in Cod. D auf Pap. d. k. k. Staatsarch. in Wien, f. 155 (irrthümlich in die Reichsregistr. eingereiht).</small>

1095.   1418 November 6, Krems.

In nomine domini; amen. Anno domini etc. XVIII, indictione XI, die vero VI mensis novembris, hora primarum vel quasi in curia dotali Krembse honestus vir Tilmalinus, clorious Maguntinensis diocesis, constituit procuratores suos honestos viros, dominos Nicolaum in Hauczenperig, Nicolaum provisorem ecclesie predicte in Krembs et presentes et Iohannem, notarium decanatus in Mauttaren, absentem ad acceptandum pro eo et eius nomine beneficium vacans vel vacaturum quodcumque de collacione venerabilis dominis ᵃ Petri abbatis monasterii Gotwicensis vigore gracie sue expectative sibi per sanctissimum dominum Martinum papam quintum facte etc. presentibus ibidem dominis Stephano Guld in Mellico et Vlrico capellano hospitalis in Krembs testibus etc.

<small>Notiz in Cod. D d. k. k. Staatsarch. in Wien auf Pap., f. 155'.</small>

1096.   1419 Mai 8, Wien.

Der Notar Johann Hesse, Cleriker der Mainzer Diöcese, beurkundet folgenden vor ihm geschlossenen Vergleich: Mathias Rigelshoffer, Licensiat der Decretalen, Syndicus des Abtes Peter [II.] von Göttweig und Procurator des von demselben als Patron auf die Pfarrkirche zum heil. Lorenz zu Rabenstain in der Passauer Diöcese präsentierten Georg Weÿs, und Frater Martin, Göttweiger Profess und Pfarrer in Mawtarn als Vertreter seines

---

<small>1094. ᵃ Cod. statt *conventui*.</small>
<small>¹ Hantzenberg bei Passau in Baiern.</small>
<small>1095. ᵃ Cod. statt *domini*.</small>

Abtes einerseits und der Pfarrer Peter in Hofsteten und Johann Gwêrleich, Baccalaureus der Decretalen, Pfarrer in Ydungspeugen, als Procurator des vom Pfarrer Peter in Hofsteten bona fide auf die Pfarre Rabenstain präsentierten Michael Olter anderseits gehen in dem Streite der beiderseits Präsentierten und der beiden Präsentierenden über das Präsentationsrecht auf die Pfarre Rabenstain, welcher vor dem Passauer Official in Wien verhandelt wurde, vor Caspar von Meiselstain, Doctor iuris canonici, Canonicus der Freisinger Domkirche und ordentlichen Lector der Decretalen in Wien, folgenden Vergleich ein: das strittige Präsentationsrecht steht in Zukunft Abt Peter [II.] von Göttweig und dessen Nachfolgern zu, die Präsentation des Pfarrers Peter von Hofsteten ist für diesmal rechtskräftig und Michael Olter erhält die Pfarre Rabenstain. Wenn aber der Abt sein Präsentationsrecht schon diesmal ausüben will, so muss er den Michael Olter nochmals auf seine Kosten präsentieren.

Datum: Acta sunt hec (1419), indictione duodecima, die lune, mensis vero maii die octavo, hora terciarum vel quasi, pontificatus etc. Martini pape quinti anno secundo, Wienne Pataviensis diocesis in scolis iuristarum in cenaculo domini Caspari doctoris antedicti.

Zeugen: presentibus ibidem honestis et circumspectis viris, domino Eustachio Nemayster et domino Chunrado Haber, clericis Pataviensis et Eystetensis diocesis, testibus.

Nach Abschluss des Vergleiches begeben sich Pfarrer Peter und Frater Martin und die Procuratoren, Licensiat Mathias und Johannes Gwêrleich gemeinsam zu Abt Peter [II.] in den Göttweigerhof in Wien, worauf ihm der Syndicus Mathias den Vergleich vorträgt, welcher von ihm und Pfarrer Peter gutgeheissen wird. Beide Parteien sowie die beiderseitigen Procuratoren bestätigen hierauf vor dem Notare Johann Hesse die von demselben ausgestellten Urkunden.

Datum: Acta sunt hec anno indictione mense die hora locu pontificatu quibus supra in quadem stubella parva dicti domini abbatis in curia supradicta.

Zeugen: presentibus ibidem honestis et circumspectis viris, domino Chunrado Haber predicto et Stephano de Hardegk, laico dicte Pataviensis diocesis, famulo sepedicti domini abbatis, testibus.

Copie in Cod. C f. 148. Lat. Notariatszeichen mit Unterschrift: *Johannes Hesse*.

1097.   1419 Juni 13, Ebenfurth.

Die Brüder von Pottendorf geben ihrer Muhme Anastasia, der Frau des Grafen Hanns zum Hornstein, 1000 ℔. Wiener ₰. Mitgift.

Orig., Perg. Durch 2 Schnitte cassiert. An Perg.-Streifen 5 Siegel.

Ich Hêrtneid und ich Hainreich geprůder von Pottendorff und ich Albrecht von Pottendorff ir vetter bechennen fůr uns und ůnser erben und tůn chund offenlich mit dem brief, das wir gelobt und versprochen haben dem edeln herren, graf Hannsen graven zum Harrenstain, unserm lieben swager, ze geben tawsent phunt phenning ze rechter hâymstewer nach lanndesrecht ze Österreich zů unser lieben můmen und swester junkfrawn Anastasian also beschaidenlich, wann das beschiecht, daz der egenant grave Hanns zum Harrenstain bey der egenanten ůnser můmen und swester elichen leẏdt, daz wir im darnach von demselben tag, und er sich also zů derselben ůnser můmen und swester elichen zůgelegt hat, über ain ganczes jar die egenanten tawsent phund phenning ausrichten und beczalen sullen und wollen als haimstewer und lannds ze Österreich recht ist ungevêrdlich. Wêr aber, daz wir in derselben tawsent phunt phenning nicht ausrichteten und beczalten, als vor geschriben stet, so sullen und wellen wir im fůr dieselben tawsent phund phenning alsvil gůter inantwarten ires werts, die er dann innhaben nůczen und nẏessen sol und mag, als haimstewr und lanndes ze Österreich recht ist. Têtten wir das aber nicht, wann er ůns dann fůrbazzer vordert ze laisten, so sullen und wellen wir im danne laisten mit zwain erbern knechten in die Newnstat in ain offen gasthaws, wo er uns hinczaigt. Die sůllen dann da innligen und laisten als lang, uncz im umb die vorgenanten tawsent phunt phenning, als oben geschriben steet, ain gancze ausrichtung ist widergangen. Mit urchunt dicz brieves versigelt under ůnser benanten von Potendorff anhangunden insigeln und durch zeugnůzz willen haben wir fleizzich gepeten die erberen

Cholmann den Chûnigsperger, phlegêr zu dem Warttenstain,[1] und Hannsen den Chlinger, ûnsern phlegêr ze Chirchslag, dacz sy ire insigil auch an den brief gehenget habent doch in und iren erben an schaden. Geben zû Ebenfûrtt an erichtag vor gotsleichnamstag nach Christi gepûrd vierczehenhundert jar und darnach in dem newnczehnden jare.

I. S. d. Hertneid v. Pottendorf beschädigt, rund, gelb auf Sch., IV C (nr. 1101 S. I). — II. S. d. Heinrich v. Pottendorf beschädigt, rund, gelb auf Sch., IV C (nr. 1101 S. II). — III. S. d. Albrecht v. Fottendorf rund (29), grün auf Sch., IV A 2. U.: † s. albrecht von potendorf. Getheilt mit dem wachsenden Löwen im oberen Felde. — IV. S. d. Coloman Königsberger beschädigt, rund (30), grün auf Sch. U.: † S. CHOLMAN · CHVNSTPERCER. Zwei von einander abgekehrte halbe Räder. — V. S. d. Hans Kling rund (29), grün auf Sch., IV A 2. U.: . s. hans · chling. Eine aufrechte Dolchklinge.

1098.   **1419 December 8.**

Elena, die Frau Hanns des Horder des Schuster, und Elspet ihre Schwester, die Frau Steffans des Fléyschakcher, beide Bürgerinnen zu Krems, versichten auf alle ihre Forderungen an den erbern Jacob den Mitsamb den Scherer, Bürger zu Krems, an dessen Frau und Erben von wegen alles des gûtes, so unser lieber vetter seliger Fridreich der Mitsamb, des benanten Jacoben vorvader, hinder im lassen hat, gegen eine Geldentschädigung, welche ihnen beiderseits erwählte Richter zugesprochen hatten.

Siegler: für die Urkundenaussteller, welche kein Siegel haben, (I.) der Richter und Rath zu Krems und Stain mit dem Grundsiegel, (II.) der erber Niclas der Kölln, Schlüssler zu Krems.

Datum: geben an freitag nach sant Niclastag (1419).

Orig., Perg. Deutsch. An Perg.-Streifen 2 Siegel.

I. rund, ungefärbt, IV A 2. Abb. bei Melly, Siegelkunde des M.-A., S. 207 T. 9 nr. 1; am Rv. das Signet rund (17), ungefärbt, IV A 2. Ein steigender Hase. — II. rund (27), grün auf Sch., IV A 2. U.: sigillvm · niclas · choll. 3 Lilienblüthen.

1097. [1] Schloss, O.-G. Raach am Gebirge, V. U. W. W.

1099.   **1419 December 18.**

Item Jacob Chursnêr zu Pawdorf, Chûncz Chûrsnêr, Chalman Chursnêr, Jorig Cheplêr und Andre Plenkchel, item Andre Porczel, Jorig Wolfel, Kristan Fleming und Nikel Eonderl, die all mit ainander habent an dem hêwtigem tag versprochen mit iren trewen dem erwirdigen geistleichen herren, herren Petern abbt unser frawen gotshaus zu gegenbart herren Mertten prior und herren Merten chellnêr und Fridreichs des Hebichler fur ir sûn Johannes und Erharde und habent auch in an demselbigen tag gepetten umb den aren. Geschehen an mantag vor Thome anno etc. XIX.

Notiz in Cod. D f. 8.

1100.   **1419.**

Anno domini MCCCC decimo nono, do der Weikartslager hofmaister gewesen ist zu Stain, do ist angeslagen warden an des austrenkchen wegen des teychs zu Meirs und zu Choczendorf also, das man* ainem yegleichen fur ain jeuch akcher an seinem dinst sol abczogen werden V metretae minus ains virtail, von einem halben jeuch IIJ metretae minus octuale und von ainem tagwerich wismad VII metretae avenae. Item der jeuch êkcher sind in dem teych XXXI, ain virtail und IJ achtail, item der tagwerich wismad sind in dem teych XIIIJ tagwerich.

Notiz im Zinsregister des Amtes Stein v. 1383 f. 127 von einer H. des 15. Jahrh.

Vgl. nr. 1038.

1101.   **1420 Jänner 3, Ebenfurth.**

Testament des Hertneid von Pottendorf.

Orig., Perg. An Perg.-Streifen 5 Siegel.

In dem namen der heiligen und ungetailten drivaltichait; amen. Ich Hêrtneid von Pottendorff bekenn fûr mich und all mein erben und tûn chund offenlich mit dem brief allen, den

---

1100. * Notiz.

er fůrchůmbt, daz ich wolmůgender mit gesuntem leib und wolbedêchtlich ain geschêfft ordnung getan und gemacht hab schaffe orden und mach auch das wissentlich mit dem brief, als ich danne wil, daz dasselb geschêfft und ordnung erst nach meinem tod und abgang getrewlich an all ausczůg und ungevêrdlich sol gehalden werden an aller meiner erben und mênikchlichs irrung und hindernůss. Von erst schaff orden und main ich, daz die vier drêyling wein perkrecht, die man jêrlich mir dînet in mein urbar ze Entzěstorff auf der Vischa, sůllen gegeben werden und damit stifften ain ewige mess auf der heiligen drivaltichait altar in sand Vlreichs pharrkirchen ze Ebenfůrtt und sullen das mein nagst erben stifften und gantz ausrichten ynner den nagsten drein moneden nach meinem tod und abgang. Doch ob ich dieselben messe selber bey meinen lebentigen tégen nicht hiet gestifft und wann aber ich dieselben vier drêyling weins jêrliches perkrechtzs verschriben und vermacht hab meiner lieben hausfrawn Dorothean geporen von Starchemberg nach laut dez gemêchtbrieves, so darumb ist, dadurch schaff und main ich, daz ir die mein nagst erben sullen erstatten und widerlegen auf anderm meinem gůt, so ich dann hinder mein lazz ungevêrdlich. Auch schaff ich, daz mein nagst erben sullen berait zalen und geben ynner drein moneden nach mein abgang zehen phunt Wiennêr phenning in sand Vlreichs zech ze Ebenfůrtt, davon man dann aus derselben zech jerlich ain ewigs liecht ausrichten und beleuchten sol vor der benanten heiligen drivaltichait altar. Auch schaf ich meiner benanten lieben hawsfrawn Dorothean alle meine chinder sůn und tôchter, die innczehaben ze verwesern und ausczerichten nach iren trewn, dieweil sy lebt, und schaff ir darczu alle meine varunde hab gancze der nichtz ausgenomen. Auch schaff ich, daz dieselb mein hawsfraw dieweil sy lebt, iren witibenstůel hawsung und wonung haben sol in meiner vosten ze Ebenfůrtt in dem zymer gegen dem Vngrischen, da wir yeczund innesein, unverchert und ungeirrt ungevêrlich, als sich dez mein lieber průder Hainreich von Potendorf gegen ir hat verschriben. Auch schaff ich und wil, daz man meinen erbêrn dienêrn und phlegêrn nach meinem tod drew hundert phund phenning und meinem hausgesind seczig phunt phenning ausrichten und beczalen sol, die under sy ze taylen yedem nach seinen dînsten und staten. Auch schaff ich besunder meinen schreibern Perchtolden dem Köppel virczig phund phenning und Stephann dem Newnhouêr zwainczig phund phenning, die man denselben allen meinen dienêrn ausrichten und beczalen sol ynner jaresfrist nach meinem abgang. Auch schaff ich und wil, daz man meinen chamerêrn geben und under sy taylen süll alle meine geraysege phêrde yedem nach seinen dinsten und staten. Auch tûn ich ze wissen, was ich dûrch meiner seelhail willen mein begrebnûzz und pyvilde ze begeen hab geschafft, desselben meines geschêffts und in aynûng hab ich ainen besigelten brief geben und gelegt in sand Vlreichs zech ze Ebenfurtt mit meinem . ., dez pharrêr daselbs, Hannsens dez Zroningendorffêr und Ostvalds dez Dêchssenpekchen insigeln gevertiget, alz ich dann wil, daz man das nach meinem tod ausrichten und bogeon sol. Ich obgenanter Hêrtneid von Pottendorff schaff wil und main, daz mein obgenantz geschêfft und ordnûng in allen stûkchen und artikeln sol gantz und gar chreftig stêt ausgericht und gehalden werden an meines brûder . ., meiner vettern und mêniklichs irrung und hindernûsse getrewlich und ungevêrdlich. Auch hab ich das gegenwurtig mein geschefft und ordnung, alz ich dann wil und main, daz das erst nach meinem tod und abgang sol chreftig und gehalden werden, trewlich empholhen und emphilh auch das wissentlich mit dem brief dem edeln herren, meinem lieben swager hern Otten von Meissaw, obristem marschalchen und obristem schenkchen in Ôsterreich, und gib im auch gantzen und vollen gewalt, daz er von aller meiner hab und gût auscerichten ze volfûren und ze vollrekchen in allen stûkchen und artikeln, als oben geschriben stet ungevêrdlich. Und daz das gegenwûrtig mein geschêfft fûrbazzer chreftig und unczebrôchen und gehalden werde, des ze urchund gib ich den brief besigelt mit meinem anhangundem insigel und mit meiner lieben prûder und vettern Hainreichs und Albrechtz von Pottendorff auch anhangunden insigeln, mit der gûnst wissen und willen daz vorgenant mein geschêfft ist beschehn. Und dûrch zeugnûzz willen hab ich fleizzich gepeten den erwirdigen herren, hern Wilhelmen den Tûrsen, brobst dacz sand Stephan ze Wienn, und den edelen herren hern Leuppolten von Ekchartzaw, meinen lieben prûder, daz sy ire insigil an den brief gehengt habend in und iren nachkômen und erben an schaden. Der brief ist geben zû Ebenfurtt an mittichen nach dem heiligen ebenweichtag nach Christi gepúrde vierczehenhundert jar und darnach in dem zwainczigisten jare.

I. S. d. Hertneid v. Pottendorf rund (33), gelb auf Sch., IV C. U.: s. hertneid · de · potendorf. Getheilt, mit dem wachsenden Löwen im oberen Felde. Stechhelm en face. Cimier: zwei Ochsenhörner, welche auswärts mit Fähnchen besetzt sind. — II. S. d. Heinrich v. Pottendorf rund (33), gelb auf Sch., IV C. U.: . s. hainrich · de · potendorf. Wappen (8. I). — III. S. d. Albrecht v. Pottendorf rund, ungefärbt, IV A 2 (nr. 1097 S. III). — IV. S. d. Wilhelm Doss rund (33), roth auf Sch., IV A 2. U.: † s. wilhelmi · tvr[s · pp]ti · onīv. scorv. wieñe. Zwei Wappenschilde. Der obere, gehalten von zwei Vögeln als Schildhaltern, getheilt mit einem Balken, im oberen Felde ein Kreuz; der untere zweimal getheilt (Haupt und Fuss). — V. S. d. Leopold v. Eckartsau rund (29), ungefärbt, IV C. U.: † s. levpolt · von · echkartsav. Der steigende gekrönte Löwe. Steckhelm. Cimier: der wachsende gekrönte Löwe.

1102.   **1420 März 8, Florenz.**

Papst Martin V. gewährt dem Seifrid Ryczendorffer das Recht, eine Kapelle zu Schwallenbach zu dotieren, und ertheilt ihm das Patronatsrecht darüber.

Orig., Perg. An Hanfschnur die Bleibulle.

Auf der rechten Aussenseite des Buges ist von der H. des Urk.-Schreibers mit gleicher Tinte vermerkt: *Rescripta gratis*; mit anderer Tinte: *Amadeus*; dazu ein wagrechter Strich und unter demselben drei: /; links unter dem Buge der Kostenvermerk: $\frac{x}{\frac{x}{x}}$; mit anderer Tinte: *g*; in der linken Oberecke der Textseite: *J.*; in der rechten: *G.* Auf der Rückseite der Registraturvermerk und in der rechten Unterecke: *B. de Post*; darunter: *Jo. Tremosnics.*

Martinus episcopus, servus servorum dei, dilecto filio . . abbati monasterii Cotwicensis, Pataviensis diocesis, salutem et apostolicam benedictionem. Pia fidelium vota etc. Sane petitio dilecti filii Seyfridi Ryczendorffer, armigeri Pataviensis diocesis, nobis nuper exhibita continebat, quod ipse de sua et parentum ac aliorum amicorum et benefactorum suorum animarum salute recogitans ac cupiens terrena in celestia et transitoria in eterna felici commercio commutare ad dei laudem et gloriam quandam capellam in villa Swellenpach infra limites parrochie parrochialis ecclesie in Spicz dicte diocesis consistentem et ad id ordinarii loci accedente licencia de bonis a deo sibi collatis de novo construi et edificari fecit. Cum autem sicut eadem petitio subiungebat, idem Seyfridus prefatam capellam pro uno perpetuo rectore, qui inibi missas et alia divina officia singulis dominicis ac certis aliis cuiuslibet septimane per eum ad hoc deputandis diebus perpetuis futuris temporibus celebrare necnon etiam eisdem diebus dominicis ante inchoationem misse exorcismum salis et aque et finito evangelio memoriam ad populum pro vivis et defunctis facere debeat, sufficienter dotare, in ea quoque, postquam dotata fuerit, suam sepulturam eligere proponat, pro parte ipsius Seyfridi nobis fuit humiliter supplicatum, ut sibi dictam capellam dotandi licenciam concedere necnon ius patronatus et presentandi rectorem ad ipsam capellam hac prima vice et quociens ipsam deinceps vacare contigerit, per loci ordinarium predictum instituendum sibi ac suis successoribus et heredibus imperpetuum reservare de benignitate apostolica dignaremur. Nos igitur, qui eundem ampliari cultum nostris potissime temporibus intensis desideriis exoptamus supplicationibus inclinati discretioni tue per apostolica scripta mandamus, quatinus si est ita prefato Seyfrido eandem capellam dotandi ut prefertur auctoritate nostra licenciam largiaris et nichilominus, postquam ipse Seyfridus dotem assignaverit eandem, ius patronatus seu presentandi rectorem ad dictam capellam hac prima vice et etiam quocienscunque ipsam vacare contigerit, Seyfrido eiusque successoribus et heredibus antedictis auctoritate predicta* reserves, prefatoque Seyfrido, ut sepulturam apud dictam capellam eligere ac illius rectori, qui pro tempore fuerit huiusmodi, ut diebus dominicis predictis exorcismum facere necnon vivorum et defunctorum animarum memoriam peragere ut prefertur libere et licite valeant, indulgeas auctoritate memorata iure tamen dicte parrochialis ecclesie et alterius cuiuslibet in omnibus semper salvo. Datum Florencie VIII. idus marcii pontificatus nostri anno tercio.

1103.   **1420 Juni 15, St. Veit a. d. Gölsen.**

Hie ist zu merkchen, das in anno XX. geruft ist warden herfart[1] von unserem gnadigen herren, herczog Albrechten in

---

1102. * Auf Rasur.

1103. [1] Herzog Albrecht V. trat, nachdem er im Winter von 1419—1420 eifrig gerüstet hatte, die Heerfahrt am 18. Juni mit seinen Streitkräften und

dem lannd zu Osterreich in stetten und in mĕrkchten, do wurd wir gemant von herren Hannsen und herren Stephan baiden bruedern von Hahenberg, das wir in gen liezzen ain stĕur auf iren vogtlewten nach inhaltung ir brief. Do ward zwischen uns zu baiden tailen alsverr getaidingt, das wir in zu dem mal erlaubieten ain grozzerew sŭm. Das wolten sy umb uns, unser gotshaus und die armen lêwt gern verdienn, doch hinfur albeg unbegriffen und unencholten baidertail rechten. Geschehen zu Sand Veitt an sand Veittstag anno domini MCCCCXX.

Notiz in Cod. D f. 9.

1104.   1420 Juli 12.

Abt Peter [II.] von Gottweig bestätigt als Burgherr das Vermächtnis des Wilhallm des Hauslĕr an dessen Frau Wenigna, bestehend aus dem Hofe in dem Tal, dem Zehente zu Pyela, Pheffing und Haffnerpach, welche von ihm und seinem Kloster in Burgrechtsgewähr zu Lehen verliehen sind.

Siegler: (I.) Abt Peter [II.]
Datum: geben (1420) an sand Margrettentag.

Orig., Perg. Deutsch. An Perg.-Streifen das Siegel.

Vgl. nr. 1084.

I. rund (32), roth auf Sch., IV A 2. U.: † s'ecretvm · petri · abatis · chotwicensis. Ein Kreuz auf den Dreibergen.

1105.   1420 September 17.

Gillig der Fleyshackher zu Holnburgt[a] *verschreibt seiner Frau Elsspett als Morgengabe* das haws halbs ze Holnburgt,[a] da ich impin, zenachst dem pharhoff, von demselbigen haws man jerleych dyent zu sand Michelstag zwellyf phenning, item anderthalb tagweryck wismad gelegen in der Aw und ist genand Scheybellwissen auch halbs, davon man auch dient zu

---

1103. denen des Herzogs Ernst am 18. Juni 1420 an und zog über Budweis vor Prag. Von da trat er am 1. August seinen Rückzug an und traf am 10. August in Oesterreich wieder ein (Lichnowsky, Gesch. des Hauses Habsburg V, 210).

1105. a Orig.

sand Michelstag zwellyf phenning; item zway tagwerck wismad gelegen in der Aw und ist genand Stockwerd auch halbs, davon man dient zu sand Symanstag an zwen dreyssyck phenning; item ainen weingarten auch halben genand der Gryesser halbs, davon man dyent ain emer wein in gemainem lessen in das weinhaus zu Holenburgt." *Alle diese Dienste sind an das Amt des Bischofes Hermann[1] von Freyssing zu Holnburgt° zu entrichten. Diese Güter fallen, wenn er vor seiner Frau ohne Leibeserben stirbt, an dieselbe. Die Fahrhabe fällt, wenn Leibeserben vorhanden sind, je zur Hälfte an dieselben und an seine Frau, und wenn keine vorhanden sind, ganz an seine Frau.*

Siegler: (I.) der edel Wolffgang der Potung, Pfleger und Verweser zu Holnburgt, (II.) der erber Hanns der Grassenmugler.

Datum: Geben (1420) am erychtag nach dez heyllingen chrewcztag.

Orig., Perg. Deutsch. An Perg.-Streifen 2 Siegel.

I. rund (25), ungefärbt, IV A 2. U.: † s. wolfgangi · pot. 2 schräggekreuzte Schaufeln. — II. Siegelbild ausgebrochen.

1106.   **1421 Februar 21.**

Grenzbestimmung des zum Göttweigerhofe zu Au gehörigen Grundes.

Orig., Pap. Deutsch. Auf der Rückseite 2 aufgedrückte Siegel; Copie in Cod. C f. 157'.

Ich Kristan der Knapp, dez Wolfstains[1] hold in dem Ofenpach, ich Heynreich am Pobenhoff, der herren von Mawrbach hold, ich Schalich dez Wolfstains hold ze Lindenhaim, ich Ludweig auf dem Geyrsperg,[2] der herren von Gottweig hold, wekennen und sprechen offenleich mit dem brief, daz wir von Gorgen ze Aw[3] mit fleizz gepeten worden sein, daz

---

1105. [1] Bischof Herman, Graf v. Cilly, 1412 Juli 26 — † 1421 (Eubel, Hierarchia, S. 266).
1106. [1] Dieses Geschlecht benannte sich nach der Burg Wolfstein auf einem steilen Felsen bei Neuhaus, O.-G. und Pfarre St. Martin im Mühlkreise, O.-Oe., welche heute eine Ruine ist. — [2] Gaisberg E.-H., K.-G. Ofenbach, O.-G. Schachau, V. O. W. W. — [3] Au, O.-G. Schachau.

wir im die marich, so wir pey dem erbern Hannsen dem Hêwpergêr gemaricht und ausgegangen haben, zaigieten, wie verr die grûnt niderhalb der wûer und umb die wûer pei der praiten wisen giengen. Daz haben wier dez freitags vor sand Mathiastag in der vasten also getan weder durch gab noch frewntschaft willen noch von chainerlay sach wegen ungevêrleich und haben angehêbt pei dem Alberstokch in der Halt innerhalben dez zawns unczt auf den mulgraben an den vêlber und was der grunt sein oberhalb der marich, dew sein des gotczhaws ze Gottweig und gehornt in den hoff ze Aw. Daz ist uns also chund und wissen und sprechen das allso pei unseren trewn an aydes stat und dez ze urkund geben wir dem egenanten Gorgen ze Aw die kuntschafft besigelt mit der erbern Gorgen des Talinger und Gorgen des Tûnfoyts aufgedrukten insigeln, dew wir dez fleizzichleich gepeten haben, wann wir selben aygen insigel nicht enhaben in und iren erben an schaden. Geben dez freitags vor sand Mathiastag in der vasten anno domini millesimo quadringentesimo vicesimo primo.

I. S. d. Georg Tûnfoyt rund (25), grün unter Papierdecke, IV A 2, undeutlich. — II. S. d. Georg Talinger rund (29), grün unter Papierdecke, IV A 2. U.: † s. . . . . . g. tallinger. Der Kopf eines Hirschkäfermännchens.

1107.   **1421 Juli 22, Gurwiz.**

Johanns Burggraf zu Maidburg und Graf zu Hardegk beurkundet, dass er seinen Getreuen, der Gemeinde zu Obern Nêlib seine freieigenen 6½ ₰. Wiener ₰. Gülten, welche vormals von ihm zu Lehen verliehen waren, zu Rêcz in der Sunleiten,[1] in dem Slat[2] und vor dem Holcz[3] und bey dem pawngarten alles auf uberlent und die jêrlich dienst zw sand Michelstag, verkauft hat, welche dieselbe der von ihr erbauten Frauenkapelle geschenkt. Auf Bitten der Gemeinde eignet er die Gülten der Kapelle als freies Eigen zu.

Siegler: Johanns Graf zu Hardegk, sein Getreuer Ott Fabruk und Hanns der Duerr.

1107. [1] Sonnleiten, Ried nordwestl. v. Retz. — [2] Schladen, Ried westl. v. Retz. — [3] Holzern, Ried westl. v. Sonnleiten (Administr.-Karte v. N.-Oe. Sect. 16).

Datum: Geben ze Gurwicz (1421) am erichtag vor sand Kristeintag der heiling junkchfrawn.

Copie. Deutsch. Inseriert in nr. 1349.

Bemerkenswert ist die Datierung nach dem Christinenfeste, da doch das Fest der heil. Maria Magdalena auf den 22. Juli fällt. Vgl. nr. 1349.

1108.   1421 August 18, Mautern.

Bischof Georg von Passau, Administrator der Graner Kirche,[1] *verlegt, da das Fest der Weihe der Kapelle zum heil. Johannes Baptista bei Mautarn*[2] *(prope Mautarn) nicht am selben Tage wie bisher mit der gehörigen Feierlichkeit begangen werden kann, auf Bitten der Bürger zu Mautarn auf den Sonntag nach dem Feste der Geburt des heil. Johannes Baptista, bestätigt alle der Kapelle verliehenen Ablässe und verleiht derselben einen neuen Ablass von 40 Tagen.*
Siegler: der Urkundenaussteller.
Datum in Mautarn XVIII. die mensis augusti (1421).

Orig., Perg. Lat. Siegel war an Perg.-Streifen angehängt.

Auf der Aussenseite des Buges ist von anderer H. vermerkt: *Georius Pat. XL d. R.*

1109.   1422 Jänner 21.

Hie ist zu merkchen, das der erwirdig herr, herr Vlreich brost zu Sandt Pôlten komen ist und gepetten hat von wegen seines vettern Hannsen Zauchinger, dieczeit des odeln heren, heren Hertneid von Pottendorff diennêr, das wir ime geruchten zu leichen den zehent zu Welmikch, den wir im also verlichen haben, unbegriffenleich der Kolingerin und der anderen erben

---

1108. [1] Bischof Georg (v. Hohenlohe) von Passau wurde 1418 Dec. 22 nach dem Tode des Erzbischofes Johann (v. Kanizsa) von Gran († 1418 Mai 30) Administrator. [2] Durch vorliegende Urk. wird die Vermuthung Eubel's (Hierarchia, S. 490 Anm. 8) bestätigt, dass Bischof Georg die Administration auch nach dem Tode des 1420 März 27 nach Gran transferierten Bischofes von Lebus Johann von Borsnitz, welcher jedoch die Translation nicht annahm, wieder erhielt. Ja es ist anzunehmen, dass er dieselbe überhaupt ohne oder nur mit kurzer Unterbrechung fortführte. — [2] In Hundsheim, O.-G. Mauternbach.

an iren rechten, was wir im daran rechtleich haben geleichen
mŭgen. Dann umb den versessen dinst hat uns der egenante
brost von Sand Polten dafur versprochen. Geschehen an sand
Angnesentag anno XXII und dapey gewesen ist Wolfgang
Kamrer, Niklas Lugs und Hanns Fullnsakch.

Notiz in Cod. D f. 11.

1110.   **1422 Februar 24.**

*Jacob von Lêwtakcher zu Dietmansdorf, Kathrey dessen
Frau und Agnes deren Schwester verkaufen dem edeln Purkchart von Wartenfels und Benigna dessen Frau* von erst unsers
rechten lehens ain holoz genant das Hôsel gelegen zenâgst
ainem holcz, das zu dem goczhaus ze Gôttwey gehôrt und
stôzzt mit der andern seyten an Wellminchkerholcz, daz do ze
lehen ist von dem benanten unser lieben frawen goczhaus ze
Gôttwey; dornach unsers purkrecht drey wisen gelegen zu
Dietmannsdorff, aine genant die Kopelwisen, die stôzzt an
zwain ennden an Vlreichs des Smyds wisen zu Hôrnpach;
darnach ain ort, das do stozzt an die Kopelwisen, darnach ain
wisen genant die Reybeinynn gelegen an des Nikel Angrer
wisen zu Dietmanstorff und purkrecht sind: von erst die Kopelwis und das ort und die Reybeinynn von dem obgenanten goczhaus zu Gôttwey, dem man davon iêrleich dient an sand Michelstag zu purkrecht von der Kopelwisen fünfczig phenning
und von dem ort zehen phenning und an sand Mertentag von
der Reibeinynn dreizzig; darnach ain wisen, die do stôzzt an
Sigel Mênndleins wisen, davon man iêrleichen auch an sand
Michelstag geyt syben phenning zu purkrecht in meinen hof
zu Dietmanstorff.

Siegler: Jacob von Lêwtakcher, *für Kathrey dessen Frau
und Agnes deren Schwester siegelt* ihr Vetter Hanns der Frêl
von Furt, der edel Hanns vom Kogel.[1]

Datum: geben (1422) an sand Mathiastag des zwelifpoten.

Copie in Cod. C f. 242'f. Deutsch.

1110. [1] Kogel einst eine Ritterburg auf einem nahen Bergkegel bei dem
Orte Kogel, O.-G. Rappoltenkirchen, nach welcher sich das Geschlecht benannte. Jetzt sind nur mehr geringe Reste der Grundmauern vorhanden
(Topogr. v. N.-Oe. V, 293, u. Blätter f. Landesk. v. N.-Oe. XIV, 117).

1111. 1422 März 10.

Hie ist vermerkcht, das wir abbt Peter gelichen haben frawen Benignam, Wilhalm des Hauslêr seligen witib, der hernach geschribem zehent, die von uns und unserm gotshaus zu purkchrecht sind, item den zehont zu Pyela chlainen und grazzen, item den zehent zu Vrsprung, item den zehent in dem Tall und den zehent zu Hafnêrpach und ze Pheffing in soleichêr beschaiden, was wir ir rechtleich daran geleichen mugen und unbegriffen der andern erben an iren rechten. Geschehen an eritag vor oouli in der vasten anno etc. XXII.

Notiz in Cod. D f. 11.

Vgl. nr. 1084 u. 1104.

1112. 1422 April 15.

Schiedspruch in einem Streite zwischen Göttweig und Seitenstetten über einen Grund im Ofenbach.

Orig., Pap. an den Falten zerrissen. 5 auf der Rückseite aufgedrückte Siegel fast ganz weggefallen; Copie in Cod. C f. 160' f.

Ich Godsfrid von Wildungsmawr, ich Haidenreich von Plannkenstain, ich Kristoff von Czinczendorf und ich Gêcz vôn Rarbach bekennen und offenbaren mêniklh umb den stôs und krieg, so gewesen ist zwischen baider prelât, der erbirdigen geistlhen herren abbt Petern ze Gôtweig ains tails und abbt Steffans abbt ze Sitansteten des andern tails von des wûrslag und grund wegen, gelegen in dem Ofenpach, wie sich die zwischen ir bis awf den hewtigen tag verlawffen habent, das si des noch rat und têding des edelen herren horn Reinprechts von Wallse, haubtman ob der Enns, ain lawtten vessten hindergang getan und zu uns gegangen sind noch innhaltung irer hindergengbrief, so si uns zu baider seytten doruber geben, und auch mit vleis gepeten uber solh ir stoss und krieg auszesprechen, und sew ze ain, lobten si uns trewlh und ungeverlh ze halten volfueren und dobider nicht reden noch tûn in kainerlay weis angevêrd. Nûn haben wir obgenant spruchlewt mitsambt dem erbern und weisen Michelen dem Oberhaimer, der uns von dem egenanten herren, hern Reinprechten von

Wallse, haubtman ob der Enns, darczue als ain obman gegeben ist, ainhelliklh gesprochen und sprechen awch in kraft des briefs von erst: item ob sich do ichs gefuegt hiet zwischen geistlhen und weltlhen, doraws unbillen oder veindtschaft gangen wêr, das die lawtter und gancz hin sein und nimer geruegt werden sol angevêr. Darnach so sprechen wir, was in der landtschrann ze Pûrkstal des von Sitansteten mulner mit klag und rechten wehabt hat gegen des von Gotweig mulner, dorczue alle wênndel, so do gevallen sind noch vleissiger unser gepet an stat der egemelten prelât und auch unser dadurch sew der egenant herr Reinprecht von Wallse, haubtman ob der Enns, der wegeben hat, gancz ab und nichs sein sol. So sprechen wir auch den grund zwischen des mulgraben und der Melkch von dem wûrslag ab uncz an den zawn, doruber die lanndtstrass geet zu gemain baiden mulen der obern und der nidern ze niessen und frumen angever. So sprechen wir auch denselbigen wûrslag ze gen und beleiben, als der vor gewesen und gangen ist noch ôfnûng der alten brief, so zu baider seytten doruber sind. Dann so sprechen wir auch, welher tail das ubergriff, in welhem artikel das wêr, das wissentlh wûrd, das der dann gegen seinen widertail alle seine rechten verloren und dem lanndesfursten in Osterreich zway hundert gueter guldein verfallen sein sol an alle gnad. Und des ze urkund geben wir yedem tail unsern offen brief, wesigelten mit unser obgenanter aller aufgedrugkten petschaden uns und unsern erben an schaden. Geben noch Kristi gepûrd vierczehenhundert jar, dornach im zway und zwainczkisten jar am mitichen in den osterveirtagen.

1113.   **1422 April 20.**

Seyfrid von Sand Polttenn, Amtmann des Stiftes Gotweig zu Enkenprunn, und Elsbeth seine Frau schenken der geistlichen Bruderschaft zu Grauenwerd unter Vorbehalt des Nutzniessungsrechtes auf Lebenszeit 3 Viertel Weingarten, genant der Krenpeis und leyt ze Enkenprun am Stainn[1] und stost ze ainer seytten an Lenczeins des Hofmans weingarten und zu der andern seytten an die Haid,[2] *von welchen dem Abte zu Gotweig*

1113. [1] Stein, ein Ried nordöstl. an Engabrunn anstossend. — [2] Haid, ein Ried nördl. v. Engabrunn gelegen (Administr.-Karte v. N.-Oe., S. 38).

2 Wiener ₰. an sand Kolmanstag in das Amt zu Enkenprunn zu zinsen sind.

Siegler: die Edlen (I.) Gorig der Grauenberder und (II.) Petter Hawnperiger, Pfleger zu Sewarn.

Datum: Geben (1422) am montag vor sand Gorigentag.

Orig. im Arch. d. Stiftes Dürnstein z. Herzogenburg (nr. 184), Perg. Deutsch. 2 Siegel an Perg.-Streifen.

I. beschädigt, rund (26), grün auf Sch., IV A 2. U.: † s. iorig · grafenberder. — II. rund (26), grün auf Sch., IV A 2. U.: s. peter · havenpe . rger. Ueber den Dreibergen zwei schräggekreuzte Hauen.

1114.   1423 Jänner 10, Göttweig.

Ott von Ekchendorff, Vlreich Smid, Vlreich Hêwstadel beide von Hôrnpach und Wolfgangk Kamrêr von Pawdorff beurkunden, dass sie anwesend waren, als Abt Peter [II.] zu Gottweÿ Andre dem Hêwstadel seinen Hof zu Hôrnpach, welcher vormals dem Ludweig dem Slierbekchen gehört hatte, verkauft, alle Burgrechte an denselben Hof übergeben und ihm 4 ₰. zu Burgrecht und 3 ₰ ₰. zu Zins alles zusammengenommen auferlegt und die Bedingung gestellt hat, dass Andre Hêwstadel in einer etwaigen Nothlage nur 3 Burgrechte von dem Hofe verkaufen dürfe, worauf dieser zway ieuch und zwo ieuchart akchers *davon um* 23 ₰ ₰. *verkauft hat.*

Siegler: der edel Zacharia der Chers mit dem aufgedrückten Siegel.

Datum: Geben ze Gôttwey an suntag nach der dreÿ heiligen chûnigtag (1423).

Copie in Cod. C f. 221. Deutsch.

Unter der Ueberschrift in Roth steht eine andere: *Ain sacabrief über den hof zu Hôrnpach datum per Johannem de Rôrnpach*, ohne weiteren Text.

1115.   1423 Jänner 24.

Bragxedis, die Frau des Herrn Jorig von Puchaim und Tochter des verstorbenen Herrn Vlreich von Velben, ertheilt ihrem Herrn und Schwager dem edeln Albrecht von Puchaim, dem obersten Truchsess in Österreich, über alle Güter, welche zu ihrer

Feste Kapprûn gehören und welche ihr ihr seliger Mann hinterlassen hat, ohne Ausnahme volle Gewalt, so dass er mit dem Hause zu Khapprûn sammt Zugehör frei schalten kann.

Siegler: (I.) Bragxedis von Puchaim, (II.) der edel Herr Ôtt von Meissaw, oberster Marschall und Schenk in Österreich.

Datum: Geben (1423) des suntags vor sand Pâuls pekerung.

Orig., Perg. Deutsch. An Perg.-Streifen 2 Siegel.

I. undeutlich, rund (25), grün auf Sch., IV A 2. U.: . s. beat . . . . volben. 2 Schilde, im linken ein Steinbockshorn, im rechten ein Balken. — II. beschädigt, rund (32), grün auf Sch., IV A 2. U.: † S. OTTONIS · DE · MEYSSAW. Das steigende Einhorn.

1116. **1423 Juli 18.**

Urfehde des Andreas Heustadel mit Göttweig.

Orig., Perg. Von 2 Siegeln an Perg.-Streifen das 1. abgefallen.
Vgl. nr. 1114.

Ich Andre Hêwstadel, ich Vrsula sein hausfraw, ich Vlreich Hêwstadel und ich Anna sein hawsfraw vergehen unverschaidenleich fur uns, unser erben und all unser frêwnt helfer und gunêr offenleich mit dem brief, als ich obgenanter Andre Hêwstadel den erwirdigen meinen gnadigen herren, herren Peteren, abbt unser frawen gotshaus zu Gottweig, gegen dem durchlewchtigen und hochgebôrn fursten herczog Albrechten, herczog zu Osterreich etc., unrechtleich verchlagt[1] und enttsagt hab, da durch mich der benant hochgebôrn fürst schueff zu anttwurtten in die pessrúng meines egenanten gnadigen herren abbt Peteren, der mich also ettleich zeit nach meinem verschúlden in seiner vennkchnúss gehabt hat. Ümb dieselbig vennkchnúss hab ich meinem egenanten gnadigen herren versprochen, gelob und versprich auch wissentleich mit kraft des briefs mit meinen trêwn an aides stat, das ich von derselbigen vennkchnúss wegen dem egenanten meinem gnadigen herren seinem gotshaus seinen diennern und helfern nicht dester feinter sein noch iren schaden trachten will, weder mit wôrtten noch mit werchen, mit recht noch an recht, haimleich noch offenleich in chainerlay weise angevêr und darczú in soleicher be-

---

1116. [1] Die darüber gefertigte Urk. ist verloren gegangen.

schaiden, das ich obgenanter Andre Hêwstadel meinem egenanten gnadigen herren und seinem gotshaus meinen hoff gelegen zu Hornnpach zuestiften sol mit ainem slechten gelanntten pawmann, der dem gotshaus nûczleich und den nachpawren fuegleich sey aufzunêmen zwischen hinn und der nagstkunftigen liechtmess, und sol auch ich darnach in ainem moneid all mein hênndel orden und schikchen, das ich egenânter Andre Hêwstadel hinfur ewichleich, dieweil und ich leb, inner dreyer meil zu dem gotshaus zu Gottweig nicht kômen sol. Wer awêr, das ich des also nicht stêtt hielt oder das ich ander yemant von meinen wegen das inndert uberfuer oder dawider tott, als oben geschriben stet, und davon yemant zu scheden kêm, das wissentleich wûrtt, gelaubhaftigen erberen lêwten, so sullen wir obgenant ich Andre Hêwstadl, ich Vrsula sein hausfraw, ich Vlreich Hêwstadel sein vater und ich Anna sein mûetter dem egenanten unserem gnadigen herren und seinem gericht verfallen sein leibs und guts an alle gnad. Auch ist zu mêrkchen, das dem egenanten meinem gnadigen herren fur mich obgenanten Andre den Hêwstadel mit iren trêwen an aides stat versprochen habent Niklas Irrnfrid von Chueffaren, Stephan Vierekk, Jorig Vierekk, Hanns Mûschen Rigel, Mert Schemdel und Erhart Scharen all von Hornnpach, ob das wêr, das ich des also nicht stêtt hielt, als oben geschriben stet, das sy dann zusampt unserem leib und gûtt dem egenanten meinem gnadigen herren vervallen sein zway und dreyssig phunt Wiennêr phenning an alle gnad. Und daruber zu ainem waren urkund der sach geb wir obgenant dem egenanten unserem gnadigen herren und seinem gotshaus den brief fur uns, unser erben und all unser frêwnt helfer und gunêr besigelt mit der edelen und erberen Zacharia des Chêrssen und Hûnreichen des Aschpergêr baiden anhangunden insigel, dew wir des mit vleizz gepetten haben, in und iren erben an schaden und darunder wir uns obgenant verbinden mit unseren trêwn an aides stat alles das stêtt zu haben, das oben an dem brief geschriben stet. Geben nach Kristi gepûrd vierczehenhundert und darnach in dem drew und zwainczigistem jar des suntags vor sand Marie Magdalentag.

II. S. d. Heinrich Aschberger beschädigt, rund (26), grün auf Sch., IV A 2. U.: † s. hainreich · aschperger. Ein Lindenblatt mit geringeltem Stengel.

1117. *1423 December 28, St. Pölten.*

Vermerkcht die tayding zwischen dem erwirdigen herrn, hern Petern abbt unser frawen gotshaus zu Gottweig an ainem tail und hern Hannsen von Neidekk an dem andern tail und das alles mit baider tail wissen und willen geschehen ist zu Sand Polten an aller chindlein tag anno domini MCCCC vicesimo tercio: item von erst von wegen des weingarten gelegen pey dem steg zu Fûrt ist betaydigt, das der von Neydekk oder wer den egenanten weingarten hinfur innehat, dem abbt und seinem gotshaus zu Gottweig jêrleich den rechten zehent davon geben und vierczig Wienner phenning zu rechtem purkchrecht an sand Merttentag davon dienn sol und sind all vergangen vordrung auf dem egenanten weingarten gancz abgenômen. Item umb die sechczig phenning gelts gelegen zu Weyling[1] ist betaydigt, das yeder tail zwen diennêr auf sand Antonitag nagstkunftig gen Weyling schikchen und die amptlêwt und die holden doselbs dorumb verhôrn sullen und erfindet sich doselbs von den amptlêwten und holden, das der von Neidekk das gotshaus innêr sûben jaren enttwert hab, so sol der von Neydekk dem gotshaus zu Gottweig der gewêr abtretten. Erfundt sich awêr, das die gewer von dem von Rênna an den Schenkchen und von dem Schenkchen an den von Neydekk kômen wêr, des sol der von Neydekk in seiner gewer pilleich genyessen.

Notiz in Cod. D f. 12'.

Aus der Reihenfolge der einzelnen Regesten ergibt sich in diesem Falle die Annahme, dass die Jahresepoche mit 1. Jänner identisch ist.

1118. *1424 Jänner 29.*

Purkchart von Wartenfels und Benigna dessen Frau verkaufen Abt Peter [II.] und dem Convente zu Göttwey vier Wiesen bei Dietmansdorff, von welchen drei vom Stifte Götwey zu Burgrecht rühren und Abt Peter [II.] 3 ß. Wiener ₰. an sand Mertentag zu Burgrecht zinsen, während von der vierten 7 Wiener ₰. an sand Mertentag in den Hof zu Dietmanstorf zu zinsen sind.

1117. [1] Alt-Weidling östl. v. Krems.

Siegler: Purkchart von Wartenfels, der edel Sigmund **Freuntshauser.**

Datum: Geben (1424) an sambstag vor unser frawen tag zu liechtmess.

Copie in Cod. C f. 242. Deutsch.

1119.   **1424 Mai 25. Rom.**

Papst Martin V. beauftragt die Aebte von St. Lambrecht und zu den Schotten in Wien, den Caspar Calskoph in die Pfarre Königstetten einzusetzen.

Orig., Perg. feuchtfleckig u. beschädigt, diente als Umschlag zu einem Register. Bleibulle abgefallen.

Auf der rechten Aussenseite des Buges ist von der H. des Textschreibers mit gleicher Tinte vermerkt: *P. de Warttinberg;* auf der linken Seite von dem Buge verdeckt der Kostenvermerk: $\frac{X}{X}9$; darunter: *Exped. VI. id. iunii anno septimo. Barths.*

Martinus episcopus, servus servorum dei, venerabili fratri . . episcopo Electensi et dilectis filiis . . sancti Lamperti de Sancto Lamperto ac Scotorum in Wienna Salzeburgensis et Pataviensis diocesis monasteriorum abbatibus salutem et apostolicam benedictionem. Vite ac morum honestas aliaque laudabilia probitatis et virtutum merita, super quibus apud nos dilectus filius Caspar Chalskoph, clericus Pataviensis diocesis, fidedigno commendatur testimonio, nos inducunt, ut sibi reddamur ad graciam liberales. Exhibita siquidem nobis nuper pro parte dicti Casparis peticio continebat, quod olim parrochiali ecclesia sancti Jacobi in Kunigstetin dicte diocesis, quam quondam Albertus ultimus ipsius ecclesie rector, dum viveret, obtinebat, per eiusdem Alberti obitum, qui extra Romanam curiam diem clausit extremum, vacante idem Caspar vigore quarundem aliarum litterarum nostrarum, per quas dudum sibi de beneficio ecclesiastico cum cura vel sine cura ad collacionem provisionem presentacionem seu quanvis aliam diposicionem venerabilis fratris nostri . . episcopi Pataviensis et dilectorum filiorum . . prepositi . ., decani . ., scolastici . ., cantoris . ., thesaurarii . ., custodis et capituli singulorumque canonicorum et personarum ecclesie Pataviensis communiter vel divisim pertinente, vacante vel vacaturo graciose provideri mandavimus, eandem parrochialem ecclesiam sic vacantem et ad collacionem eiusdem episcopi duntaxat pertinentem infra tempus legitimum acceptavit et de illa sibi obtinuit provideri. Cum autem sicut eadem peticio subiungebat, idem Caspar dubitet acceptacionem et provisionem predictas ex certis causis iuribus non subsistere et sicut accepimus, dicta parrochialis ecclesia adhuc ut prefertur vacare noscatur, nos volentes eidem Caspari premissorum meritorum suorum intuitu graciam facere specialem discrecioni vestre per apostolica scripta mandamus, quatinus vos vel duo aut unus vestrum per vos vel alium seu alios parrochialem ecclesiam predictam, cuius fructus redditus et proventus sex marcharum argenti secundum communem extimacionem valorem annuum ut idem Caspar asserit non excedunt, sive ut prefertur sive alias quovis modo aut ex alterius cuiuscumque persona sed per liberam resignacionem alterius per eum de illa extra dictam curiam nostram coram notario publico et testibus sponte factam vacet, eciamsi tanto tempore vacaverit, quod eius collacio iuxta Lateranensis statuta concilii ad sedem apostolicam legitime devoluta vel ipsa parrochialis ecclesia disposicioni apostolice specialiter reservata existat et super ea inter aliquos lis, cuius statum presentibus haberi volumus pro expresso, pendeat indecisa, dummodo tempore dationis presencium non sit in ea alicui specialiter ius quesitum, cum omnibus iuribus et pertinentiis suis eidem Caspari auctoritate nostra conferre et assignare curetis inducentes eum vel procuratorem suum eius nomine in corporalem possessionem parrochialis ecclesie iuriumque et pertinenciarum predictorum et defendentes inductum amoto exinde quolibet illicito detentore ac facientes sibi de ipsius parrochialis ecclesie fructibus redditibus proventibus iuribus et obvencionibus universis integre responderi contradictores auctoritate nostra appellacione postposita compescendo, non obstantibus felicis recordacionis Bonifacii pape VIII predecessoris nostri et aliis constitucionibus apostolicis contrariis quibuscunque aut si aliqui super provisionibus sibi faciendis de huiusmodi vel aliis beneficiis ecclesiasticis in illis partibus speciales vel generales dicte sedis vel legatorum eius litteras impetrarint, eciamsi per eas ad inhibicionem reservacionem et decretum vel alias quomodolibet sit processum, quibus omnibus eundem Casparem in assecucione*

1119. * Das folgende: *dicte parrochialis ecclesie volumus* auf Rasur.

dicte parrochialis ecclesie volumus anteferri, sed nullum per hoc eis quoad assecucionem beneficiorum aliorum preiudicium generari seu si episcopo Pataviensi pro tempore existenti vel quibusvis aliis communiter vel divisim a dicta sit sede indultum, quod ad recepcionem vel provisionem alicuius minime teneantur et ad id compelli aut quod interdici suspendi vel excommunicari non possint quodque de huiusmodi vel aliis beneficiis ecclesiasticis ad eorum collacionem provisionem presentacionem seu quanvis aliam disposicionem coniunctim vel separatim spectantibus nulli valeat provideri per litteras apostolicas non facientes plenam et expressam ac de verbo ad verbum de indulto huiusmodi mencionem et qualibet alia dicto sedis indulgencia generali vel speciali, cuiuscunque tenoris existat, per quam presentibus non expressam vel totaliter non insertam effectus huiusmodi graciam impediri valeat quomodolibet vel differri et de qua cuiusque toto tenore habenda sit in nostris litteris mencio specialis. Volumus autem, quod quam primum dictus Caspar vigore presencium parrochialem ecclesiam predictam fuerit pacifice assecutus, prefate littere et processus habiti per easdem et quecunque inde secuta extunc sint [inania]b et irrita nulliusque roboris vel momenti. Nos enim ex nunc irritum decernimus et inane, si secus super hiis a quoquam quavis auctoritate scienter vel ignoranter contigerit attemptari. Datum Rome apud sanctos apostolos VIII. kalendas iunii, pontificatus nostri anno septimo.

1120.   1424 Juli 1, Wien.

Herzog Albrecht V. fordert Abt Peter II. von Göttweig auf, die auf die Rechte der Herren von Hohenberg über St. Veit bezüglichen Urkunden einzusenden.

Orig., Pap. feuchtfleckig u. durchlöchert. Siegel war aufgedrückt.

Rechts unter dem Datum ist von gleicher H. und Tinte vermerkt: *D. dux in consilio.* Vgl. nr. 1103.

Wir Albrecht etc. embieten etc. dem abbt zu dem Kotweig unser gnad und alles gů[t. A]lsa wir dir vormalen ver-

---

1119. b Unleserlich.
1120. a Durch ein Loch zerstört.

schriben haben von der stewr wegen, die unser lieber getrewr Stephan von Hohemberg von den leuten zu Sand Veit und von andern vogtleuten daselbs umb gesessen maynet ze haben, nu hat uns derselb von Hohemberg furbracht, wenn ein fürst herfart lass beruffen, daz er dann recht hab auf die egenanten leut stewr ze slachen und von in inczenemen, dabey sein bot sein sull, also das die brief, die du von seinen vordern darum ha[be]st,ᵃ aigenleich aufweisen. Davon emphelhen wir dir aber ernstleich und wellen, sey dem also, daz d[u]ᵃ in denn an der egenanten stewr ungeirret lassest, maynest du aber, daz er des nicht recht hab, daz du uns denn die egemelten brief unverczogenleich zuschikest, daran begeest du unsern willen. Geben ze Wienn am samstag nach sand Peters und sand Paulstag anno etc. vicesimo quarto.

Nach dem Abdrucke zu schliessen ist das Siegel identisch mit der Abb. bei Sava, Siegel d. österr. Regenten, S. 138 Fig. 78.

1121.   **1424 Juli 25.**

Paul von Spicz beurkundet für sich und seine drei noch nicht vogtbaren Söhne Hanns, Albrecht und Stephann, dass er für sich und diese drei vom Abte Peter [II.] und dem Convente zu Gottweig den Hof zu Spicz in der Mostinkch[1] niderhalb des pachs in Tirnstainer gericht sammt Weingärten, Gärten, Wiesmat und Holz gegen den jährlichen Dienst des halben Weines in die Stiftsfässer auf ihre Lebenszeit zu Leibgeding bestanden hat. Von dem Garten haben sie nur jährlich zwei Butten guter Birnen, einem jeden eine zu zinsen. Die Zeit der Lese haben sie jedesmal anzuzeigen und den dahin gesandten Göttweiger Sendboten solange zu verköstigen, bis er den Weinantheil des Stiftes in die Fässer gebracht hat. Beide Theile haben von ihrem Weinantheile den Zehent zu geben. Erstere haben den Hof, das Haus und besonders die Weingärten in gutem Mitterbaue zu erhalten und sind im gegentheiligen Falle, wenn es durch zwei Nebensassen in Sand Michels pharr erwiesen wird, dem Stifte mit ihrem Weinantheile für dasselbe Jahr verfallen. Sie erhalten alle Rechte auf den Hof auf

---

1121. [1] nr. 985 Anm. 1.

Lebenszeit. Nach ihrem Tode fällt er ohneweiters an das Stift, wie man ihn vorfindet.

Siegler: für die Urkundenaussteller siegelt (wann ich selber aygen insigel nicht enhab) (I.) der erber Maricz, Amtmann zu Spicz, (II.) der erber Hainreich Polan zu Spicz.

Datum: Geben (1424) an sand Jacobstag des heyligen zwelifpotten.

Orig., Perg. mit einem Risse. Deutsch. Von 2 Siegeln an Perg.-Streifen das 2. abgefallen; Copie in Cod. C f. 14' f.

Vgl. nr. 985, 1838.

1122. **1424 Juli 25.**

Achacz Haymel, Einnehmer der Salsmauth und Bürger zu Stain, vergleicht sich wegen seiner Forderungen an Abt Peter [II.] und den Convent zu Göttweyg und seinen Bruder Mertt, Pfarrer zu Mawtlarnn, mit denselben dahin, dass dem Stifte zu Göttweig die Wiese genannt die Staynpekchynn und der dabei gelegene Krautzehent[1] *unbeschadet der Stiftung zu verbleiben hat, welche Herr Jacob, ihr Conventbruder, auf dem St. Agnesaltar mit der Bedingung gemacht hat, dass die Messe, welche sein verstorbener Grossvater auf dem Karner gestiftet hat, nach den Bestimmungen des darüber ausgestellten Stiftungsbriefes gelesen werde. Auch bleibt die Urkunde, welche er von seinem Bruder erhalten und von der er ihm eine Abschrift mit seinem Siegel übergeben hat, rechtskräftig. Sein Bruder verzichtet mit Ausnahme des Anerberechtes bei Todesfall zu seinen Gunsten auf die Erbschaft, welche ihnen beiden von ihrer Schwester Agatha der Spiczerinn zu Stain anerstorben ist, wogegen er alle seine Forderungen an den Abt, Convent und seinen Bruder aufgibt. Halten er und seine Erben diesen Vertrag nicht ein, so verlieren sie alle ihre Rechte und verfallen dem Herzoge Albrecht [V.] zu Österreich mit 200 und den sechs Spruchleuten mit 100 Gulden.*

Siegler: (I.) Achacz Haymel, (II.) sein Vetter der erber Veyt auf dem Pergk von Lewben, Rathsherr und Bürger zu Stain.

1122. [1] Durch das Indorsat von gleichzeitiger H.: *Ain verrichtbrief zwischen des Achaczen Haymlein und brueder Merten zu Gottweig seins brueder,* von anderer H.: *Staineweg oder em Ayjgen* wird die Stellung des Bruders Mert und die Lage der strittigen Objecte näher fixiert.

Datum: Geben (1424) an sand Jacobstag des heyligen zwelfpoten.

Orig., Perg. Deutsch. An Perg.-Streifen 2 Siegel.

I. rund (24), grün auf Sch., IV A 2. U.: † achacivs · haymel · in · stain. Eine abgetreppte Spitze und 3 brennende Lämpchen. Am Rv. das Signet oval, ungefärbt, undeutlich. — II. beschädigt, rund (25), grün auf Sch. U.: † S. veit · avf · dem · perig.

1123.   **1424 December 21, Göttweig.**

Der Notar Heinrich Hunt von Hawnbankch, Cleriker der Freisinger Diöcese, beurkundet, dass Abt Peter [II.] von Göttweig vor ihm und angegebenen Zeugen durch seinen Prior Martin erklärte, dass dem Pfarrer an der Kirche zum heil. Veit in Gross von seinen Vorgängern zwei mittlere Lehen (duo media feoda) *zur Unterstützung und Wiederherstellung des Kirchenvermögens daselbst zu einem Jahreszinse von 3 ß. ₰. Wiener Münze gegeben wurden, welcher Zins auch von den Göttweiger Officialen eingehoben wurde. Damit aber dieser Zins von den zwei Lehen nicht in Vergessenheit gerathe, verlangt er von Florian Thalhart von Welcz, dem Procurator des Andreas Tekkendarff, des Pfarrers an der Pfarrkirche zu St. Peter bei Welcz, in der Angelegenheit des Tausches mit der Kirche zu Gross, dass er entweder den Zins zahle oder die zwei Lehen im früheren Zustande zurückstelle, worauf dieser im Namen seines Auftraggebers versprach, den Zins von 3 ß. ₰. jährlich zu leisten.*

Datum: Acta sunt hec in stuba communi habitacionis sepedicti venerabilis patris, domini abbatis predicti monasterii Gottwicensis (1424), indiccione tercia, die vicesima prima mensis decembris, hora vesperorum vel quasi, pontificatus etc. Martini etc. pape quinti anno eius octavo.

Zeugen: presentibus venerabili patre domino Paulo, decano in Mauttarn, Hermanno cappellano memorati domini abbatis Gotwicensis presbyteris, Iacobo Holczapfel, cive in Mauttarn, et Stephano, procuratore curie dotalis in Krems, laicis ceterisque fide dignis personis et testibus.

Orig., Perg. Lat. Notariatszeichen, Unterschrift u. Beglaubigungsformel von der H. des Urk.-Schreibers; Copie in Cod. C f. 48.

1124. **1425 Februar 5.**

Stephan von Hochenberkch beurkundet, dass ihm die erber Torothe, die Tochter des verstorbenen Cholman des Rátennstainér und Frau des Chúnrat von dem Ror, urkundlich 2 ₰. Wiener ₰. Gülten seiner Lehenschaft zu Traÿssenhofen mit der Bitte aufgesendet hat, mit denselben Hans den Awer zu belehnen, welchem sie dieselben verkauft hat. Er belehnt auch denselben mit der Gülte und bestimmt auf dessen Bitten, dass sie im Falle seines Todes ohne männliche Leibeserben auf dessen eheliche Tochter lehensweise, jedoch ohne Beeinträchtigung seiner lehensherrlichen Rechte, fallen sollen.

Siegler: (I.) Stephan von Hochenberkch.

Datum: Geben am mantag nach unser frawn tag der liechtmezz (1425).

Orig., Perg. Deutsch. Siegel an Perg.-Streifen.

I. zersprungen, rund (25), grün auf Sch., IV A 2. U.: † s. stephan · von · hochenberckch. Der Panther.

1125. **1425 Februar 15.**

Vermerkcht, das her Pernhart der Pebringer meinem hern von Gottweig versprochen hat fur seinen diennêr und holden Thomlein gesezzen zů Hewnn fur XII ẞ. denare ausczerichten auf den nagstkunftigen sand Poltentag, und ob der egenant Thomel das also nicht beczaliet, so sol der egenant Pebringer meinem egenanten hern die XII ẞ. denare selbêr beczallen an alle widerred. Geschehen an phincztag vor vaschang anno etc. XXV.

Notiz in Cod. D f. 15'.

1126. **1425 Mai 12.**

Kathrey, die Witwe nach Fridreich dem Hábichlér, verzichtet in einem Vergleiche mit Abt Peter [II.] zu Götweig gegen Vergütung auf alle Forderungen nach ihrem Manne von seiner dinst, paws und aller ander sach wegen etc. ausgenomen der zehen guldein, darumb mein wirt săliger Hansen den Ygel, burger zw Passaw, gein dem egenanten mein herren dem abbt gut gesagt hat, der im dafür swartz tuch gesant solt haben, darumb mag ich dem Ygel mit ainem rechten wol nachkomen.

Siegler: (I.) der edle Stephan der Kraft, Pfleger zu Steyr, der Kathrey Vetter, und (II.) der erber Thaman der Windter, Kastner daselbst.

Datum: Geben (1425) an sambstag vor dem heyligen awfferttag.

Orig., Perg. Deutsch. An Perg.-Streifen 2 Siegel.

I. beschädigt, rund (30), grün auf Sch., IV C. U.: s. stephan . . . . Eine gestürzte schräglinke Eckspitze. Der Stechhelm en profil. Cimier: ein Halbflug. Hilfskleinod: die Heroldsfigur. — II. beschädigt, rund (29), grün auf Sch., IV C. U.: s. taman · wintter.

1127. 1425 September 17, Hollenburg.

Hainreich Lindawer, Pfarrer zu Hollenbůrkch, verkauft dem Karthäuserkloster Axpach mit Handen des edlen Jörig des Parsenprunner, von dem und dessen Eltern die Gülte zu der Frühmesse in der Kirche zu Hollenbůrkch gestiftet ist, eine freieigene Gülte von 3 β. ₰. auf dem behausten Gute Fridel's des Zötel zu Kappfenperg,[1] die jährlich an sand Michelstag zu sinsen ist, und verpflichtet sich mit Handen des Parsenprunner, den Kaufschilling wieder anzulegen.

Siegler: Hainreich Lindawer und Jorg Parsenprunner.

Datum: Geben ze Hollenbůrk des nêchsten mantags nach des heyligen krêwcztag im heribst (1425).

Orig., Perg. Deutsch. 2 Siegel von Perg.-Streifen abgefallen.

1128. 1425 December 27.

Fridreich am Veld beurkundet, dass ihn der edle Simon Rieder, Pfleger zu Peylstain,[1] anstatt seines Herrn Reinprechts von Wallsse, des Hauptmannes ob der Enns, wegen Ungehorsam,

---

1127. [1] Kapfenberg E.-H., K.-G. Lachau, O.-G. Aichbach, G.-B. Mank.
1128. [1] Peilstein, eine Burg nördl. von St. Leonhard a. Forst, eine halbe Stunde von demselben entfernt, jetzt Ruine (Schweickhardt, V. O. W. W., XII, 53 f.).

dessentwegen er seinem Herrn mit Leib und Gut verfallen war, ins Gefängnis geworfen, dann aber auf Bitten seiner Freunde wieder gegen das Gelöbnis daraus entlassen habe, dass er wider seinen Herrn Reinprecht von Wallsse und die Seinigen und wider Simon den Rieder und die Seinigen keine Feindseligkeit mehr begehen, ihnen keinen Schaden verursachen und als treuer Hold dienen werde. Handelt er irgendwie dawider, so ist er ihnen mit Leib und Gut verfallen an alle gnad domit ze handeln als mit ainem übersagten mann.

Bürgen: Matthes zu Grůeb sein Bruder, Hanns an der Strazz, Chůnczel in der Aw, Janns am Gissvbel, Janns am Stikchellechen, Peter im Schachen, Fridreich am Pawssenlechen, Hainreich am Ringelsperig, *welche im Falle des Dawiderhandelns des Fridreich am Veld ihrem Herrn von Wallsse mit 32 ₰. Wiener ₰. verfallen, welche derselbe durch Pfändung von ihnen einbringen kann.*

Siegler: für die Bürgen siegeln die edlen (I.) Andre der Pimisser und (II.) Peter der Gåubicz.

Datum: Geben (1426) an sannd Johannstag in den weinachtveirtagen.

Orig., Perg. rostfleckig. Deutsch. An Perg.-Streifen 2 Siegel.

I. beschädigt, rund (27), grün auf Sch., IV A 2. U.: † s. andre · pimiser. — II. rund (30), grün auf Sch., IV A 2. U.: siglvm. peter · gavbicz. Der Kopf eines Wolfes umgeben von zwei Schwanenköpfen, deren Hälse am Fusse verbunden sind.

1129.   **1426 April 1.**

Ich Stephan Czeichweter von Palt, ich Kůnigund sein swester, Nickel Fridreichs hausfraw, ich Nickel Gråczner von Mauttorn, ich Nickel Angrer, ich Andre Angrer sein brůder payd von Genczpach und ich Els Weberin zu Swaynarn, des Angrer rechte swester, wir alle auf ainem tail, ich Nes auf der Stetten zu Axpach klosterhalb, ich Clara, Vleins des Pfeiffer tochter, anstat mein und meiner swester Kathreyn und ich Cristein, Seydleins Hafner hausfraw zu Axpach, wir alle auf dem andern tail *verkaufen dem Prior Johanns und dem Convente zu Axpach um 40 ₰. Wiener ₰. das ihnen von ihrer Muhme Kathrey der Tochter des Jorg Lernchnecht anerstorbene Gut, wie es von den Verstorbenen Andre Lernknecht, Leutgart seiner ersten und Dorothe seiner zweiten Frau herstammt, um den Kaufschilling zu halbieren und jeder Partei ihren Theil zuzuweisen. Die verkauften Objecte sind folgende:* von erst die vorwis im Mitternpach,[1] davon man dient ain phenning; item daz weingårtel vor dem perg, davon man dient drey phenning; item ain acker genant der Hochrain, davon man dient ain phenning; item ain acker genant daz Scheibel, davon man dient vier pfenning; item ain holcz im Důrrenperg, davon man dient vier phenning; item drey pflanczstett, von den man dient ain yeder ain pfenning und die dienst all dient man jarleich dem egenanten gotzhaus zu Axpach; item die innern wis im Mitterpach, davon man dient fůnf pfenning dem edeln herrn von Meyssaw in sein ampt gen Gênczpach; item ain acker in dem Obernveld, davon man dient vier pfenning in die herrschaft gen Schonpůchel; item ain holcz in der Gêmnick, davon man dient aim pfarrer dacz Spicz sechs pfenning; item daz Pinfångel, davon man dient sant Niclos dacz Axpach drey pfenning; item ain fůrvanck, der stôszt oben daran, davon man dient ain phenning in Tůchaleins haus. *Die Zinse sind von den Stücken jedem Grundherrn an sant Michelstag zu Burgrecht zu entrichten.*

Siegler: für die Urkundenaussteller siegeln (wan wir aigen insigel nit onhaben) die erbern Knechte (I.) Andre Hager, Pfleger und Landrichter zu Wolfstain, und (II.) Michel der Gawbicz „gesessen dacz den Lehen'.

Datum: geben (1426) an montag in den osterveirtagen.

Orig., Perg. rostfleckig. Deutsch. 2 Siegel von Perg.-Streifen abgefallen.

1130.   **1426 April 2, Göttweig.**

Peter Herbarter[a] *verpflichtet sich Abt Peter* [II.] *und dem Stifte zu Göttwey die Hofstätte zu Grassen Rust nächst dem Garten des Liebhart, welche er zur Zeit innehat, unter Strafe des Verlustes aller Rechte auf dieselbe zwischen dem Datum der Urkunde und der künftigen Liechtmesse innen baulich und stiftlich zu legen, ihr Holde mit dem gleichen Rechte wie andere zu*

1129. [1] Mitterbach, ein östl. Zufluss des Aggsbaches.

1130. [a] Auch *Herbatter*.

sein und sich weder unter einen anderen Herrn zu ziehen noch sich anzuvogten. Will er nach dieser Zeit dieselbe verkaufen, so hat er sie dem Besitzer des Hofes zu Grassen Rust nächst der Hofstätte des Abel anzufeilen, welchen vormals sein Vater Hanns der Herbatter besass, welcher ein Monat Bedenkzeit hat. Demselben ist sie dann nach der Schätzung der Nachbaren, welche Göttweiger Holden sind, zu verkaufen.

Siegler: für den Urkundenaussteller (wann ich obgenanter Peter aigen insigel nicht enhab) der bescheiden Stephan der Tungel, Marktrichter zu Herczogenburkch, und Ekchart der Peleitter.

Datum: Geben zu Göttwey an freitag [b] eritag in den österfeirtagen (1426).

Copie in Cod. C f. 207. Deutsch.

1131.   **1426 April 24.**

Hanns Weikertschlager stiftet zu Göttweig einen Jahrtag.

Orig., Perg. An Perg.-Streifen 4 Siegel; Copie in Cod. C f. 37.

Vgl. nr. 1132 u. 1135.

Ich Hanns Weikartslager und ich Chlara sein hausfraw bekennen offenleich mit dem brief fur uns und all unser erben und tuen kund mēnichleichen allen lêuten gegenbûrtigen und kunftigen, das wir mit guetem willen und wolbedachtem mŭet zu der zeit, do wir das rechtleich wol getân möchten, dem erwirdigen geistleichen herren abbt Petern dieczeit abbt unser frawn gotzhaus zu Kottweig, dem ganczen convent und allen iren nachkömen des gotzhaus daselbs aus unserm geballt in iren geballt gegeben haben dye hernach geschriben gueter: von erst auf drein jeuchen weingarten und drein jeuchen akcher ganczen zehent, item darnach auf sechs und dreissikch jeuchen weingarten und auf suben jeuch akcher halben zehent alles gelegen bey Czeisselperg an dem Sêchsenperg[1] in Gobatsburgêr pharr also, das dye egenanten gŭeter mit aller ir zugehörung nu fûrbas ewikchleichen bey dem gotzhaus zu Kottweig beleiben schŭllen darumb, das sy uns und allen

---

1130. [b] Getilgt.

1131. [1] Sachsenberg, südöstl. v. Zeiselberg gelegen.

unsern varfadern und nachkömen hinfür ewichleich und allczeit des erichtag abents nach einer yeden quattember ain vigili mit newn leczen in irem convent zu Kottweig singen schullen nach gebanheit irs gotzhaus, und des nagsten mitichens darnach so schullen sy uns in ir pharrkirhen daselbs begeen mit ainem gesungen selambt; item sy schullen uns auch furbas ewichleich ainen jartag pegeen des suntag abents nach sand Mertentag in irem convent mit ainer gesunger vigili mit newn leczen und dye frawn in dem frawnkloster schullen desselben abents auch ain vigili singen und des montags darnach schullen sy uns in ir pharrkirchen ain selambt singen und schol der herren ainer desselben tags mitsambt den frawn in dem frawnklöster auch ain selambt singen; item sy schullen auch bey den obgenanten funf pegeung, das ist zu den quattembern und zu dem jartag bey vigili und selambten allczeit ir cherczen vier aufstekchen und dy prinnen lassen uncz an das ende; item es schullen auch an demselben tag, als der jartag begangen wirdet, all herren, dy dieczeit in dem kloster sind,* mess sprechen und umb der hernach geschriben sel pitten; item es schol auch ain yeder pharrer zu Kottweig von den nuczen, dy zu derselben pharr gehornt und gefallen hinfür ewichleich des mitichens nach einer yeden quattemer, als das pegeen geschiecht, raichen und geben in der herren convent ain halb phunt phening umb visch und des mantags nach sand Mertentag, als der jartag pegangen wirdet, sechs schilling phening und desselben mantags sechczikch phening in das frawnklaster umb visch, domit sy all zu den obgenanten tägen getrösst und dester williger werden den obgenanten gotsdinst zu vollpringen und schol in ir gebóndleicher phründ noch chain gotsdinst zu den benanten tägen dadurch nichts abgeprochen werden; item es schol auch ain yeder pharrer zu Kottweig zu ainer yeden pegeung, das ist funf stund im jar, raihen und geben den dreiczehen armen menschen in das spital daselbs ir yedem zwen phening. Dyeselben schullen allczeit an underlös bey den obgenanten vigili und selambten sein und peleiben und umb dye hernach geschriben und all gelaubig sel pitten und welcher des sawmig würde an krankchait oder an andrer merkchleicher nottdürfft, dem schol der

---

1131. * Ueber der Zeile nachgetragen.

pharrer desselben tags dye zwen phoning nicht geben, aber
sy schullen dannoch andern armen leuten geraicht werden;
item es schol auch ain yeder pharrer ze Kottweig all suntag
auf der chanczel umb der hernach geschriben sel pitten und
ain ave Maria frumen item umb Hannsen des Weikartslager
sel, Chlaren seiner hausfrawn, irr kinder, verfadern und nach-
kŏmen und hern Albrechts pharrer zu Kunigsteten und all
gelaubig sel; item es schol auch ain yeder phârrêr dy obge-
nanten pegeung und jartag all an den nagsten feirtâgen vor
verkunden. Wêr aber, das der obgenant herr abbt Peter,
sein convent und nachkŏmen an den obgenanten tâgen ainem
oder menigerm geirrêt wŭrden von andrer heyliger zeit oder
andrer merkleicher nottdurfft wegen, so schullen sy den obge-
nanten gotzdinst und all obgeschriben sach dannoch in der-
selben wochen oder darnach in den vierczehen tagen gencz-
leich ausrichten und vollpringen. Tâten sy des nicht, als offt
das beschâch, so schullen sy verfallen sein zu raihen zway
phunt wachs in das spital gen Krems. Têten sy des aber nicht
alslang, uncz sich zwo quattember verczugen, so schullen und
mugen wir uns ich obgenanter Hans Weikartslager, ich Chlara
sein hausfraw unser aines oder unser erben oder wer den brief
mit unserm willen innehat, der obgenanten gŭeter mit iřr zŭ-
gehŏrung aller gancz underbinden und dye zu ainem anderm
gotzhaus geben, damit solher oder grösser goczdinst vollbracht
werde. Und des zu urkund geben wir ich obgenanter Hanns
Weikartslager, ich Chlara sein hausfraw fŭr uns und all unser
erben dem obgenanten erwirdigen herren abbt Petern, abbt
ûnser frawn gotzhaus zu Kottweig, seinem convent und allen
iren nachkŏmen daselbs den brief besigelten mit meins ege-
nanten Hansen des Weikartslager anhangunden insigl, darunder
ich mich obgenante Chlara sein hausfraw mit mein trewn ver-
pinde alles das war und stât zu halten, das vor an dem brief
geschriben stet. Darczu haben wir vleissichleich gebeten dy
edlen unser lieben frewnt Zachariasen den Kersen, Hansen
den Pogschuczen und Gorgen den Gwâltlein, das sy der sach
mit irn anhangunden insigln geczeug sind in und irn erben an
schaden. Geben nach Christi gebŭrd vierczehen hundert jar dar-
nach in dem sechs und zwainczkisten jare an sand Georgentag.

I. S. d. Hans Weikertschlager rund (28), grün auf Sch., IV A 2. U.:
† s. hans · weikart · slager. Im Schilde eine Handelsmarke. — II. S. d. Za

charias Kers rund (31), grün auf Sch., IV A 2. U.: . sigillvm · zacharias · cbers. Zwei schräggekreuzte Kirschbäume. Hanthaler hält sie für Eichenzweige (Rec. dipl. II, 51). — III. S. d. Hans Bogschütz rund (28), schwarz auf Sch., IV A 2. U.: . s. iohans · pogschvtz. Ein schrägrechtsgestellter Pfeilbogen. — IV. S. d. Georg Gwältlein rund (25), grün auf Sch., IV A 2. U.: † S. † georg · gwalttl. Halbgespalten, getheilt.

1132.   1426 April 24.

Hans Weikertschlager und Clara seine Frau stiften mit angegebenen Zehenten zu Zeiselberg für sich eine Messe an jedem Montage und ein Seelamt an jedem vierten Montage in der Pfarrkirche zu Göttweig.

Orig., Perg. An Perg.-Streifen 4 Siegel; Copie in Cod. C f. 38 f.

Vorurkunde ist. nr. 1131. — Bemerkenswert ist, dass bei beiden Urkunden, welche auf den gleichen Tag datiert sind, die ersten 3 Siegler dieselben sind, während als 4. Siegler in dieser nr. ein anderer auftritt.

Ich Hanns Weykartslager und ich Chlara sein hawsfraw vergehen fur uns und all unser erben offenleich mit dem brief und tůn kund allen den, die den brief horent lesen, die nŭ lebent oder hernach kunftig werdent, daz wir mit guetem willen und wolbedachtem můt zu der zeit, do wir daz mit recht wol getůn mochten, recht und redleich gebidembt gestift und gegeben haben, widem und stiften auch in kraft des briefes zů dem gotshaus gen Gottweig zu lob got dem alměchtigen, unser lieben frawen der hochgelobten magt und allem himelischen her durch unser und aller unser vorfadern und nachkomen selhail willen von unserem gewalt in iren gewalt die hernach geschriben gueter: von erst auf drein jeuch weingerten und auf drein jeuch akcher ganczen zehent, item darnach auf sechs und dreyszigk ieuch weingarten und auf suhen jeuch akchers halben zehent alles gelegen pey Zeisselperig an dem Segassenperig in Gobelspurger pharr also, das die egenanten gueter mit sampt allen irren zugeborungen * furbas ewichleich pey dem egenanten gotshaus zu Gottweig beleihen sullen, darumb sich der erwirdig geistleich herr, her Peter abbt unser frawen gotshaus zu Gottweig und die gemain des ganczen convents doselbs fur sich und all ir nachkomen gen uns und allen unseren erben verlubt und verpunden habent also, das sy nŭ furbas ewichleich all mantag ain selmess sprechen und albeg an dem vierden mantag ain selambt singen sullen in ir pharrchirichen zu Gottweig und sol aller gotsdinst in derselben pharrchirichen dannoch genczleich und vollichleich volbracht werden, als es von alter bis auf heutigen tag herkomen ist und chain ambt noch mess dadurch nicht abgeprochen werden. Wer aber, das sy an ainem oder menigeren mantegen geirret wurden von quatembern oder anderen heiligen zeiten oder tegen oder von merkchleicher notdurfft wegen, so sullen sy die obgenanten mess und ambt und all hernach geschriben sach dannoch in derselben wochen genczleich und an vercziehen volfueren. Es sol auch ain yeder pharrer zu Gottweig fumfczigk Wienner phenning umb visch, damit sy desselben tags getrost und dester williger werden die obgenanten mess und ambt zu volbringen und all manteg oder welichs tags die obgenanten mess und ambt gesprochen oder gesungen werdent, raihen und geben sullen in daz spital gen Gottweig den armenlewten, die darinn sind, dreyzehen Wienner phenning an vercziehen. Dieselben armenlewt sullen dann alczeit an underlazz pey den egenanten messen und ambten sein und beleiben und umb die hernach geschriben leichnam sel und umb gelaubig sel pitten und welicher des also an krankchait alain oder an andre merkchleiche notdurft saumig wurd, dem sol der pharrer des tages seinen phenning nicht geben, aber anderen armen menschen sullen dieselbigen versaumbten phenning dannoch fur sich geraicht werden. Es sol auch ain yeder herr, der das ambt singt, sich nach dem ewangeli umbkeren und halt all feirteg, wann man predigt, umb uns egenant Hannsen den Weykartslager und Claren mein hawsfrawn und umb unser baider vorfadern und geswistreit, kinder und nachkomen sel und umb heren Albrechten pharrer zu Chunigstetten sel und umb all gelaubig sel pitten und durch gotswillen frumen ain ave Maria. Wer aber, daz sy oder ir nachkomen den egenanten gotsdinsts nicht volbrechten oder das ain pharrer zu Gottweig das egenant gelt nicht ausrichtiet, als daz alles oben geschriben stet und darinn verczugen oder saumig wurden, als oft das an grozz merkchleich notdurft geschech, so sind sy darnach in den ersten vier wochen vervallen dem spital gen Krembs vier phunt wachs. Tetten sy des auch nicht in ainem ganczen jar, so sullen und mugen wir uns und unser baider erben und nachkomen der egenanten gueter gancz und gar unterbinden und sullen dann dieselben gueter nach rat und wissen aines abbts zu Gottweig zu ainem andern

gotshaus gestift werden auf sechs phunt phenning gelts, damit
der egenant gotsdinst hinfur ewichleich volfuert und volbracht
werd. Und des zu urkund geben wir obgenant dem egenanten erwirdigen herren, * seinem convent und allen iren nachkomen * den brief
fur uns und all unser erben besigelt mit meines obgenanten
Hannsen des Weykartslager anhangunden insigel. Und wann ich obgenante Clara dieczeit graben insigel nicht enhab, so hab ich
mitsampt meinem egenanten mann vleizzig gebeten den erberen
Zacharia den Oherssen meinen lieben aidem, das er den brief
an meiner stat besigelt hat im und seinen erben an schaden.
Der sach sind zeug durch unser vleyssiger pett willen die erberen Hanns Pogschůcz und Ulreich Eybesprůnner mit iren
anhangunden insigilen in und iren erben an schaden. Der
brief ist geben nach Kristi gepůrd vierczehenhůndert iar darnach
in·dem sechs und zwainczigisten jar an sand Jorigentag des heiligen
martrer.

I. S. d. Hans Weikertschlager rund, grün auf Sch., IV A 2 (nr. 1131
S. I). — II. S. d. Zacharias Kers rund, grün auf Sch., IV A 2 (nr. 1131 S. II).
— III. S. d. Hans Bogschütz beschädigt, rund, schwarz auf Sch., IV A 2
(nr. 1131 S. III). — IV. S. d. Ulrich Eibesbrunner rund (33), grün auf Sch.,
IV C. U.: . s. vlreich · eibesprvner. Der Schild abgebildet bei Hanthaler,
Rec. I., T. 30 nr. 20. Stechhelm. Cimier: die gemeine Figur.

1133.   **1426 Mai 4.**

Erhart von Hof erhält von Göttweig unter angegebenen Bedingungen einen Hof zu Mauternbach zu Leibgeding.

Orig., Perg. durchlöchert. An Perg.-Streifen 2 Siegel; Copie in Cod. C
f. 262 f.

Vgl. nr. 1807.

Ich Erhart von Hoff und ich A[nna]* sein hawsfraw vergehen fur uns und all unser eriben offenleich mit dem brief
und tuen kund allen lewten lembtigen und kunftigen umb den
hoff [gelo]gen* zu Pach mit aller zuegehorůng und zway jeuch
weingarten gelegen doselbs und stozzent hinden an den stadel
und gehort alles in das siecha[mpt]* zu Gott[w]eig,* den ich
obgenanter Erhart und ich obgenante Anna auf unser baider

1133. * Durch ein Loch zerstört.

lebtêg umb halb nůcz des weingarten, so in den egenanten [ho]ff° gehort, von dem erwirdigen herren, herren Peteren abbt unser frawen gotshaus zu Gottweig, seinem convent und allen iren nachkômen bestanden haben in soleicher beschaiden, das wir in und allen iren nachkômen unser baider lebtêg alle jar an all ir můe von dem egenanten weingarten [rai]hen,° dien und in irrew vas anttwurten sullen geleich halben wein und sullen wir nicht ee lesen, wir tůn das vor ze wissen ainem yeden s[iech]maister° zu Gottweig, der dopey sein sol, oder sein scheinpoten, dem wir phlichtig sein sullen im selbander furzesehen mit essen und trinkchen in dem lesen des egenanten weingarten und sullen in von unserem tail des weins den zehent geben ungeverleich. Wir sullen auch den egenanten hoff mitsampt dem egenanten weingarten in guetem paw innehaben und bebaren mit sneiden mit grueben mit misten vierstund hâwn yetten pinten stickchen alles zu rechter zeit, nuczen und nyessen unser lebtêg, als soleichs paws und leibgedingsrecht ist in dem lannd zu Osterreich. Auch habent sy in dem egenanten irrem hoff ausgenômen chesten cheller press und stedel, alsviel sy des bedůrffen zu wein und traid. Wer aber, das sich ain feur erhueb von frombt und des sy an dem egenanten hoff schêden nêmen, denselben schaden zu pesseren und zu pawen, das sullen wir und sy yeder tail geleich halbs beczallen angevêr. Was aber geschêch von unserem aigen feůr, dorinn sullen sy weczallen den dritten tail. Was aber chlainêr schêden geschehen, als ob luckchen ausvielen oder decher bruchig wurden oder ander soleich chlain schêden, darczu sind sy uns nichts phlichtig zu raihen, darumb sullen wir têgleich an dem egenanten hoff pesseren. Auch ist zu merkchen, das ich egenanter Erhart und ich egenante Anna des egenanten unsers gnadigen herren von Gottweig und seines gotshaus hold und holdin sein sullen in aller der weise als ander ir holden. Wêr aber, das wir den egenanten hoff mit aller seiner zuegehorung nicht pawleich innehielten zu veld oder zu dorff und das weingartpaw oder die behâussůng erigrietten und nicht rechtleich pawieten, als oben geschriben stet und als leibgedingsrecht ist, und dem weingarten ain gemains paw verczůgen, das sy geweisen môchten mit zwain gelannten nachpawren gesezzen in Mauttingêr pharr, darumb sullen wir zwier von in gemant werden und ob wir des also nicht tetten, so sey wir obgenant dem egenanten unserem gnadigen herren, seinem convent und allen iren nachkômen unsers tails weins desselben jars gancz und gar vervallen an alle genad, als oft sich das rechtleich gepurdiet. Und wann ich obgenanter Erhart und ich obgenante Anna mit dem tôd absein, so ist dem gotshaus zu Gottweig nach unser paider lebtêg der egenant hoff mitsampt dem egenanten weingarten und mit aller zuegehorûng nichts ausgenômen, wie man den diesselbig zeit ligkund vindet, ganoz und gar ledig warden und mugen sy sich des dann underbinden nûczen und nyessen und allen irren frumb damit schaffen an all unser frêwnt und negst erben und an mênichleich irrûng hindernûss und widerred mit urkund des briefes. Und wann wir obgenant aigen insigel nicht enhaben, so hab wir mit vleizz gepetten den ersamen herren, herren Paulen dieczeit techant zu Mauttaren und pharrer zu Rueprechtshofen und den erberen Hannsen den Chienast, das sy der sach zeug sind mit iren anhangunden insigelen in, iren nachkomen und erben an schaden und den verpinden wir mit unseren trêwen an aides stat alles das steet zu halten, das oben an dem brief geschriben stet. Geben nach Kristi gepûrd virczehenhundert jar darnach in dem sechsundzwainczigisten jar an sand Flôriantag des heiligen martrer.

I. S. d. Dechantes Paul rund (31), grün auf Sch., III B 1. U.: s. pavli · plbi. i. rveprechczhofē. Der heil. Nicolaus, darunter der Wappenschild mit dem Hahne. — II. S. d. Hans Kienast rund (23), grün auf Sch., IV A 2. U.: † s. hanns † ch[ie]nast. Geviertet, im 1. u. 4. Quartier ein Stern.

1134.   **1426 Juni 3, Wien.**

Wenczeslaus, Propst und Generalvicar der Passauer Kirche in spiritualibus, *investiert auf das durch den Tod des letzten Inhabers Nicolaus freigewordene Beneficium an der Kapelle* corporis Christi *in der Pfarrkirche zu Mauttarn nach der Präsentation seitens des Abtes Peter [II.] von Göttweig, welchem das Präsentationsrecht darüber zusteht, den Hermann Meinhart von Nürnberg, einen Priester der Bamberger Diöcese,* per librum, ut moris est, *und theilt dies dem Dechante und Pfarrer Paul zu Mauttarn mit dem Auftrage mit, denselben in der Kapelle zu installieren.*

Siegler: der Urkundenaussteller.
Datum Wienne die tercia mensis iunii (1426).

Orig., Perg. Lat. Siegel von Perg.-Streifen abgefallen; Copie in Cod. C f. 259'.

1135.　　　　　　　　　　　　　　　　　1426 Juli 8, Wien.

Ott von Meissaw, oberster Marschall und oberster Schenk in Österreich, gibt die Lehenschaft über die Güter, welche Hanns Weikartslager und Clara dessen Frau zur Stiftung eines Jahrtages an Göttweig übergeben hatten, nämlich den ganzen Zehent von 3 Joch Weingärten und 3 Joch Aeckern und den halben Zehent von 36 Joch Weingärten und 7 Joch Aeckern an dem Segsenperg bei Zeisselperg in der Gobelspurger Pfarre, welche dieselben von ihm zu Lehen hatten, auf deren Bitten zu Gunsten des Stiftes Göttweig auf.

Siegler: (I.) Ott von Meissaw.
Datum: Geben ze Wienn an mentag nach sand Vlreichstag (1426).

Orig., Perg. Deutsch. Siegel an Perg.-Streifen; Copie in Cod. C f. 38.
Bl. f. Landesk. v. N.-Oe. XV, 69 nr. 46 reg.
Vgl. nr. 1131 u. 1132.

I. beschädigt, rund, grün auf Sch., IV A 2. U.: † S. OTTON[IS] · DE · M[EYSSAW]. Das steigende Einhorn.

1136.　　　　　　　　　　　　　　　　　1426 Juli 8, Wien.

Hanns der Zinkch und Wenczlab Newnhouer,[1] *Kellermeister in Österreich, quittieren Abt [Peter II.] zu Kötweig die Zahlung der auf das Stift entfallenden Steuer per 450 Gulden an seiner andern zallung,*[2] *welche Herzog Albrecht [V.] von*

1136. [1] Dieses Geschlecht war längere Zeit in der Nähe der Stifte St. Andrä a. d. Traisen u. Herzogenburg begütert und benannte sich nach einem heute nicht mehr bestehenden Orte Neunhofen bei Thalern, O.-G. Sitzenberg V. O. W. W., neben welchem es zu gleicher Zeit vorkommt (Faigl, Urk.-Buch v. Herzogenburg, S. 503 Anm. 60). Zu berichten ist die Angabe Bielsky's (Arch. f. Kunde österr. Gesch.-Quellen IX, 291), dass Thalern zeitweise den Namen Neunhofen geführt habe. — [2] In diesem Jahre musste der Clerus die fructus medios an Herzog Albrecht V. als Hussitensteuer zahlen (Contin. Claustroneoburg. V in M. G. SS. IX, 739).

natdürft wegen *als gemeine Steuer den Prälaten, dem Clerus, den Städten und Märkten auferlegt und mit deren Eintreibung er sie betraut hat.*

Siegler: Hanns der Zinkch und Wenczlab Newnhouer.

Datum: Geben zu Wienn an mantag nach sand Vlreichstag (1426).

Orig., Pap. Deutsch. 2 Petschaften waren rückwärts in grünem Wachse aufgedrückt.

1137.   **1427 September 2.**

Andreas Hager, Pfleger zu Wolfstein, und Andreas, Pfarrer zu Haunoldstein, sprechen dem Pfarrer Gregor zu Mauer einen Weinzehent zu Neubach zu.

Orig., Perg. feuchtfleckig. Von 2 Siegeln an Perg.-Streifen das 1. abgefallen.

Ich Andre Hager und ich Andre pharrer ze Hawnulczstain bechennen, als der ersam Gregori herr pharrer ze Mawr an uns pracht hat von wegen ains weinczehent zu Newpaw, der da gehort zw unser frawn kirchen gen Mawr, den man dem Gregori und seim vorvordern von alter in dem darff oder vor den weingarthen geben hat ze Newpawhen und an des Gregori willen und seins vorvordern willen herdann nye gefurt sey würden, darinn im Gorig Ennkel und auch die sein Tybuld ze Pylach und Gilg Stådler zu Losdorff irrung tuent und wellennt im den obgenanten weinczehent nicht geben, als von alter herkomen ist. Darumb haben wir obgenanten Andre Hager und herr Andre pharrer etc. gefragt die eltisten nachpawern ze Newpaw umbhin gemainckleich Janns Schalich ze Vrsprung, Peter Pinter, Christan sein prueder, der jung Peter Weygel all Newpawer, Stephann Rotil ze Spilperig, Andre ze Rogendorff des Wincklers aydem ze Mawr, Peter der Smiedenson ze Pylach. Die haben uns gesagt und veriehen, das in wol kůnd und wissenleich sey, das man dem Gregori pharrer ze Mawr und sein vorvordern den obgenanten weinczehent alle jar in dem darff ze Newpaw geben habent oder vor den weingarten. Also hann ich Andre Hager die obverschrieben fromen lewt verhort vormols verhort[a] die zeit und ich fleger

---
1137. [a] Getilgt.

gewesen pin ze Wolfstain und vogt des obgenanten goczhaus, als man geschrieben hat anno etc. in dem dritten jar, diezeit verieben haben auch hernoch, do der pharrer pey gewesen ist herr Andre ze Hawnulczstain. Der verriehung der obverschriben fromen lewt sprech wir payd pey unsern trewen, das wir das gehort haben angever, des zewgen sind: her Vlrich Fulsinger, ain offner schreiber des Romeschen stul, her Hanns Pawmgartner, Mert Primss anstat des Geori Gswennter, phleger ze Wolfstain und vogt des obgenanten goczhaws ze Mawr anstat unsers gnädigen fursten herczog Albrechtz ze Osterreich, und ander fromer lewt genűg, die mit sampt dem Gregori pharrer uns fleyssickleich gepeten habent, das wir unser insigel angehangen haben an den prief, der geben ist nach Christi gepurd anno etc. in dem syben und zwaynczegisten am eritag nach Egidii etc.

II. S. d. Pfarrers Andreas v. Haunoldstein beschädigt, spitzoval, blau auf Sch.

1138.   1427 October 23.

Benedict Velbêr zu Arnstarf und Anna seine Frau verkaufen mit Handen ihres Burgherrn des erbern Jorig des Gswenttêr, Pfleger und Landrichter zu Wolfstain, dem erbern geistleichen herrn Gregôrgen pharrer ze Mawr bey Gerolting und der heiligen drivaltigchait altar des newn chors in demselben goczhaws ze Mawr *um 49 ₰. Wiener ₰. ihres freien Burgrechts eine Wiese* genant die Herwartin[1] und stösset mit ainer seitten an den Pluemperg[2] und mit der andern seytten an den pach daselbs und ist ettwann gewesn Chamratz des Holczaphls ze Scheibelbis, *von welcher jährlich 10 Wiener ₰. an sand Michelstag an das Amt zu Schenkchenbrunn zu zinsen sind.*

Siegler: (I.) der Burgherr Jorig der Gswenttêr, die erbern (II.) Hainreich der Asschpergêr zu Spioz und (III.) Philipp der Ladder, Richter zu Melkch.

Datum: Geben (1427) am phinczstag vor Symonis et Jude der heiligen zwelfbotten.

1138. [1] Durch das Indorsat von späterer H.: zu Schenckhnprun ist die Lage der Wiese näher bestimmt. — [2] Blaimberg nördl. v. Nesselstauden.

Orig., Perg. Deutsch. Von 3 Siegeln an Perg.-Streifen das 1. abgefallen.

II. rund (26), grün auf Sch., IV A 2. U.: † s. hainreich · aschperger. Ein Lindenblatt mit geschlängeltem Stengel. — III. rund (28), grün auf Sch., IV A 2. U.: † sigillvm · philippi · lader. Ein Rechtarm, welcher einen abgebrochenen Ast hält.

1139.   **1428 März 3, [Klosterneuburg].**

Ulrich im Thurm verkauft Jakob dem Gebhart sein Haus zu Klosterneuburg.

Orig., Perg. feuchtfleckig. Von 3 Siegeln an Perg.-Streifen das 1. abgefallen.

Ich Vlreich weylent Gundolts im Tŭrn dem got gnad sŭn vergich fur mich und fŭr all mein eribern und tŭn chŭnd offennbar allen lêuten mit dem brief gegenwŭrttigen und kŭnfftigen, mann ich zu meinen volligen und beschayden jaren nach dem lanndesrecht in Österreich wol komen pin, als ich dieselben soleiche meine jar vor den erbêrn weysen dem richtêr und rate zu Klosternewnburgk mit erbern lêuten geweyst und bestêtt hab nach lautt des statpŭchs darinn geschriben doselbs ze Newnburgk, daz ich mit guetem willen und wolverdachtem muet zu der zeit, do ich das rechtleich wol getŭn môcht und nach rate willen und wissen meins lieben prueder dez ersamen chorherren hern Symons im Tŭrn, diecezeit obristêr chellnêr unser lieben frawn gotshaws doselbs ze Newnburgk, dem ich mit leib und guet empholhen pin warden von dem vorgenantten meinem vatêr Gundolten im Tŭrn nach innhalltung desselben seins geschêffts geschriben im statpuech doselbz ze Newnburgk, verchaufft hab ein haws, das weilent zway hêwsêr sind gewesen gelegen bey der Tŭnaw am egk ainthalben zenêchst Jacoben des Flôczêr haws und stôzzt hinden an Hainreichs dez Schawblêr haws, von demselben haws zenêchst dem Flôczêr man jêrleichen dient dem fŭrsten in Österreich ze grŭntrecht sechczig Wienner phenning an sand Jorigentag und sechczig phenning an sand Michelstag, so dient man von dem andêrn tayl des haws genant das zŭhaws oder mêthaws denselben fŭrsten in Österreich alle jar dreyssig phenning an sand Jorigentag und dreyssig phenning an sand Michelstag, als daz mit allter herkomen ist und von baiden hêwsêrn sechs phunt Wienner phenning gelts purckrechts in der erbern bûrger zech zu sand Mertten, als die urchund darûber lautt, und nicht mer und derselben hêwser dieczeit ambtman gewesen ist der erbêr man Jacob der Achtsenincht, statrichter und dieczeit des hochgeparen fûrsten herczog Albrechts, herczogen ze Österreich und margraf ze Mêrihêrn etc., meins genêdigen herren slûsslêr und ambtmann zu Newnburgk klosterhalben. Die überteurung der vorgenantten zwayr hêwsêr, die mein vêttêrleich erib gewesen sind, hab ich recht und redleich mit furczicht verchaufft und geben umb hundert phunt Wienner phenning der swarczen mûnss und dasselbig gelt alles wissentleich erbêr frumêr lêut den geltêrn gevallen ist, dahin es der egenantt mein vater Gundolt im Tûrn ze gelten schuldig gewesen ist, dem erbern Jacoben dem Gebharten von Grozzen Enczeinsdarff und sein erben furbaser damit allen sein frummen ze schaffen verchauffen verseczen machen schaffen und geben, wem er wil, an irrung. Ich pin auch des kauffs sein recht geweren und scherm fur alle ansprach, als grûntrechts und des lanndes ze Österreich recht ist. Auch hab ich im mit dem brief ingeanttbûrtt und geben zwen gancz besigelt brief, ainen pehabrief und ainen kaufbrief, daran man aigennlich wol' vernymbt, wie die penantten zway hêwsêr in meins vater Gundolts im Tûrn gewalt komen sein. Ob das beschêch, das er hinfur oder sein erben icht krieg oder zûsprûch daran gewunnen mit recht, so sullent sy mir dieselben zwen brief zusambt dem gegnwûrttigen kaufbrief gancz und unczerbrochen wider inanttburtten durch rettung und scherms willen. Wûrden sew aber verlaren oder zerbrochen und mir ze rechter zeit nicht golihon, was denne schadens davon kûnfftig chêm, des sol ich und der penantt ambtmann unengolten sein und des scherms hinfur an all zûsprûch beleiben. Auch ist ze wizzen von wegen ettleicher unnûczer brief, die uber dew vorgenantten zway hêwsêr gesagt habent, daz die mit willen und wizzen des egenantten ambtmans vernichttet und getôtt sind warden und ob im furbaser mit recht daran icht abget, das sol er haben dacz mir und mein eriben unverschaydennlich und auf allem unsern guet, wa ich das hab, ich sey lemtig oder tod. Und darûber zu ainer waren stêtten urchund der sach gib ich im den brief versigelten mit des vorgemelten ambtmans anhangundem insigel. Der sach ist geczeug durich meiner pet willen: die erbern Niclasen der Teym, burger und ainêr des rats zu Klosternewnburgk, und Hanns der Wayczhoffêr, burgêr doselbs, auch mit iren anhangunden insigelen in und irn erben an schaden, under der vorgenantten insigelen ich mich mit mein trewn angevêr verpint stêt zu haben, was davor an dem brief stet geschriben, wann ich selber aigens insigel nicht hab gehabt. Geben nach Kristii gepůrd vierczehen hundert jar und darnach in dem acht und zwainczigistem jare an mittichen nêchst nach remyniscere in der vasten.

II. S. d. Niclas Teym rund (31), grün auf Sch., IV A 2. U.: † sigillvm · nicolay · teym. Halb schrägrechts, halb schräglinks und zweimal getheilt (Strichbalken), ober und unter demselben 3 mit dem Stengel zusammenhängende Erdbeeren. — III. S. d. Hans Waitzhofer beschädigt, rund (28), grün auf Sch., IV A 2. U.: † s. han . . . . . . zhofer.

1140.   **1428 März 21, Wien.**

Barbara, die Tochter des verstorbenen Hertneid von Potendorf, und Frau des Hans von Eberstorf, des obersten Kämmerers und Landmarschalls in Österreich, verzichtet zu Gunsten ihres Vetters, des edeln Herrn Hainreich von Potendorf, ihres Vaters Bruder, ihrer Brüder Paul, Hans und Hertneid und ihres Vetters Kůnrat von Potendorf und deren männlichen Leibeserben auf ihren väterlichen und mütterlichen Erbtheil an Erbgut und Fahrhabe gegen 600 ℔. Wiener ₰., die ihr Vetter Hainreich von Potendorf ihrem Manne zahlte, reserviert jedoch sich und ihren Leibeserben das Anerberecht im Falle des Aussterbens der männlichen Linie der Herren von Potendorf nach den Satzungen des österreichischen Landrechtes über das Erbrecht der Töchter.

Siegler: Barbara und Hans von Eberstorf, die edeln Herrn Jorg und Rudger ‚gevettern von Starhemberg, mein lieb oheim‘, und Herr Hanns von Půchaim, ihr Verwandter.

Datum: geben zu Wienn an suntag, so man singt iudica in der vasten (1428).

Orig., Perg. Deutsch. 5 Siegel von Perg.-Streifen abgefallen.

1141. 1429 Jänner 24, Wien.

Bischof Leonart[1] *von Passaw quittiert Abt Peter [II.] zu Chôttweig die Zahlung von 20 ℔. ₰. als Zahlung des schuldigen Weinzehentes von den Jahren 1427 und 1428.*
Siegler: der Urkundenaussteller.
Datum: Geben zu Wyenn am montag nach Vincenti (1429).

Orig., Pap. Deutsch. Siegel unter Papierdecke auf der Rückseite aufgedrückt.
S. d. B. Leonhard v. Passau (Secret) beschädigt, rund, roth, IV A 2. Geviertet, im 1. u. 4. Felde der steigende Löwe, das 2. u. 3. Quartier viermal getheilt.

1142. 1429 Mai 26, Rom.

Papst Martin [V.] verleiht, um die Verehrung des heil. Altarsacramentes zu heben, unter angegebenen Bedingungen bestimmte Ablässe und beauftragt die höheren kirchlichen Würdenträger, diese Bulle den Gläubigen am Sonntage vor Frohnleichnam zu verkünden. Ineffabile sacramenti.
Datum Rome apud sanctos apostolos VII. kalendas iunii, pontificatus nostri anno duodecimo.

Copie in Cod. C f. 367 f., mangelhaft inseriert in nr. 1150.

1143. 1429 Mai 27, Wien.

Jôrg Missingdorffer und Jôrg Schober kaufen von dem edeln Vlreich Weihenperger und Elsbet dessen Frau um 200 ℔. schwarzer Wiener ₰. 3 Mut Dienstweisen auf 3 behausten Lehen zu Klaubendorf, 5 ß. ₰. Gülten auf jedem derselben, 14 ß. ₰. Gülten auf Ueberlende und auf 3 Weingärten, welche zum Gute zu Klaubendorf gehören, und 8 ℔. ₰. Gülten auf behausten Gütern zu Obern Pierpawm unterm Sitzenperg[1] *auf Wiederkauf. Sie*

1141. [1] Leonhard (v. Layming) 1424 Jänner 10 — † 1451 Juni 24 (Eubel, Hierarchia, S. 412 u. Gams, Series ep. 301).
1143. [1] Sitzenberg, Schloss beim gleichnamigen Dorfe, G.-B. Atzenbrugg (Faigl, Urk.-Buch v. Herzogenburg, S. 510, u. Schweickhardt, V. O. W. W. IV, 97).

haben dieselben den Verkäufern um die gleiche Summe von datum des briefs über vier jar in dem nachsten moneid vor oder in dem nachsten moneid darnach *zurückzuverkaufen und in dieser Zeit nicht mehr als 20 tl. ₰. Gülten jährlich einzunehmen, während der Ueberschuss den Verkäufern zufällt. Kaufen jedoch die Verkäufer dieselben in dieser Frist nicht zurück, so fallen sie zu dem bezahlten Kaufschillinge mit allen Rechten an die Käufer, welchen alle Rechtstitel auszufolgen sind. Verweigern die Käufer aber den Wiederkauf, so haften sie für den Schaden.*

Siegler: (I.) Jorg der Missingdorffer, (II.) Jörg der Schober, (III.) der edel Ritter Wolfgang der Neydekger.

Datum: Geben ze Wienn an freitag nach sand Vrbanstag (1429).

Orig., Perg. Deutsch. Von 3 Siegeln an Perg.-Streifen das 2. erhalten.

II. rund (28), grün auf Sch., IV A 2. U.: † s. iorig · schober. Ein linker hinterer eingebogener Pferdefuss, in diesem eine aufrechte Tanne.

1144. 1429 Juli 3.

Wulfing von Liechtenekk beurkundet, dass er von Abt Peter [II.] und dem Convente zu Göttwey den Hof zu Grassen Rust mit der Verpflichtung auf Lebenszeit gepachtet hat, ihn zu Feld und zu Dorf baulich zu legen und an das Stift jährlich 10 tl. Wiener ₰. der alten schwarzen Münze zu je 5 tl. ₰. am nächsten sand Michelstag und sand Górgentag zu zinsen. Falls er im ersten und zweiten Jahre die Zinsung verabsäumt und den Hof nicht baulich und stiftlich legt, hat das Stift das Recht, sich in jedem Jahre des Erträgnisses des Hofes und, wenn im dritten Jahre der gleiche Fall eintritt, sich des Hofes selbst mit allen Rechten zu unterwinden. Der Beliehene und sein Anwalt haben ferner den Holden des Stiftes nichts zu befehlen und verfallen, wenn er des Dawiderhandelns von Nachbarn und Nebensassen überwiesen wird, dem Stifte mit dem Pachte. Er übernimmt ferner die Pflicht, die Hofstätte zu Grassen Rust vor dem nächsten sand Górgentag von dem jungen Herbarter zu Herczenburgk einzulösen und an den Hof zu bringen, bei dem sie fortan mit allen Rechten bleibt und mit dem sie zugleich nach seinem Tode dem Stifte zufällt, wofür er die zu dem Hofe gehörigen Nutzungen des heurigen Jahres erhält. Bringt er sie bis zu diesem Termine nicht an den Hof, so verfallen 10 tl. ₰. von seiner Caution von 30 tl. ₰., so dass die über dieselbe ausgestellte Quittung nur mehr für 20 tl. ₰. gilt.

Siegler: Wülfing von Liechtenekk, die edeln Hanns von Liechtenekk sein Vetter, Ott von Topol und Görg der Leuttinger.

Datum: Geben (1429) an suntag vor sand Vlreichstag des heiligen bischoffs.

Copie in Cod. C f. 207' f. Deutsch.

1145.   **1429 October 25, Wien.**

Der Notar Johann Czepekch von Laibach, Cleriker der Diöcese Aquileia, beurkundet folgenden Urtheilspruch der von Bischof Leonhard von Passau bestellten Schiedsrichter Johann Gwêrleich, Doctor der Decretalen und Passauer Official, Peter von Pirhenwart, Professor sacre pagine, Kaspar von Mauselstain und Paul von Wien, Professoren des canonischen Rechtes, in dem Streite des Abtes Peter [II.] und des Conventes zu Göttweig einerseits und des Johann Czink, Magister der freien Künste, Baccalaureus der Theologie und Pfarrer in Hofsteten, underseits wegen des Jahreszinses, welchen letzterer von seiner Pfarre an erstere zu zahlen hat, und wegen des Patronatsrechtes über die Pfarre in Rabenstain in Gegenwart des Abtes Peter [II.] und des Johann Czink:

[1.] Der streit soll für immer beigelegt sein.

[2.] Die Incorporation der in der Urkunde des verstorbenen Passauer Officials Leonhard Schawr benannten Kirchen bleibt rechtskräftig,

[3.] welche dem Stifte Göttweig zinspflichtig sind.

[4.] Der Pfarrer Johann Czink in Hofsteten ist von der Zahlung der Zinse bis zum Schiedspruche befreit.

[5.] Das Patronatsrecht über die Kirchen oder Vicarien in Rabenstain und Rossacz steht dem Abte und Convente von Göttweig zu.

[6.] Der auf die Kirche zu Rabenstain zur Zeit des Streites durch Johann Czink Präsentierte kann daselbst nur dann bleiben, wenn er vom Abte und Convente nochmals präsentiert und auf Grund dessen vom Passauer Bischofe neuerdings investiert wird.

Siegler: Johann Gwêrleich mit dem grösseren Officialatssiegel.

Datum et actum Wienne dicto Pataviensis diocesis in curia prefati venerabilis patris domini abbatis et conventus dicti monasterii Gottwicensis (1429), indictione septima, die vero Martis vicesima quinta mensis octobris, hora meridiei vel quasi, pontificis etc. Martini etc. pape quinti anno duodecimo.

Zeugen: presentibus ibidem venerabili patre, domino Chunrado abbate monasterii in Altenburch eiusdem ordinis sancti Benedicti Pataviensis diocesis et discretis viris, domino Karulo de Krembsa, rectore altaris s. Marie Magdalene in Patauia, et Vlrico Eybensprunner, castellano in Arbergk[1] armigero iurato dicto Pataviensis diocesis, testibus.

Copie in Cod. C f. 304' f. Lat.

1146.   1429 November 6.

Hanns Zauchingêr und seine Frau verkaufen Abt Peter [II.] und dem Convente zu Gottweig alle ihre Rechte auf den Zehent zu Ober Welmikch, Nidern Welmikch, Pergaren, Noppendorf, Viechhawsen, Stolberkch[1] und Wecslaren, welche seine Vorfahren, sein verstorbener Bruder und er selbst von Abt Peter [II.] und dem Convente zu Gottweig zu einem Jahreszinse von 1 Mut Weizen, 1 Mut Korn, 1 Mut Gersten, 1 Mut Hafer, $^1/_2$ Schwein, 2 Gänsen, 4 Hühnern und 6 Käsen laut der darüber ausgestellten Urkunde in Burgrechtsweise zu Lehen hatten.

Siegler: (I.) Hanns Zauchingêr, die edeln und erberen (II.) Wolfgang der Rieder, (III.) Stephann der Feuchter, (IV.) Mertt der Lennterstorffêr.

Datum: geben (1429) an sand Leonhartstag des heyligen abbts.

Orig., Perg. Deutsch. An Perg.-Streifen 4 Siegel; Copie in Cod. C f. 195.

I. beschädigt, rund, grün auf Sch., IV C. Abb. bei Duellius, Exc., Tab. 26 nr. 347. U.: . s. hanns · zawhinger. — II. beschädigt, rund (29), grün auf Sch., IV A 2. U.: † s. wolfgang · rieder. — III. rund (27), grün auf Sch., IV A 2. U.: s. stephan · vevchter. Ein rechtes Hirschgeweih, ab-

---

1145. [1] Araburg, jetzt Ruine Arberg, südwestl. von Kaumberg gelegen. Jetzt führt den Namen noch das Forsthaus und der Meierhof an der Nordseite des Burgberges (Topogr. v. N.-Oe. II, 71).
1146. [1] Stuhlberghof am Fusse des Stuhlberges, O.-G. Ambach, jetzt verfallen.

weichend von der Abb. bei Hanthaler, Rec. I, T. 31 nr. 12. — IV. beschädigt, rund (30), grün auf Sch., IV A 2. U.: † s. mert · lenterstorffer.

1147.   **1429 November 18.**

Barbara, die Frau Kaspars des Smid zu Génczpach, und die Brüder Paul, Hanns und Peter die Panntt lassen sich von Jacob Mitsam ein Haus zu Krems nächst dem Hause der Zewingerin um 28 ℔. ₰. und 1 Gulden ablösen, von welchem dem Stifte Admünd 6 Wiener ₰. an sand Mertentag zu zinsen sind und das ihnen von ihrer Muhme Elspeth, der Frau des Jacob des Mitsam, anerstorben ist.

Siegler: (I.) der erber Hanns der Plenttinger, Hofmeister des Stiftes Admund und Burgherr des benannten Hauses, (II.) der Richter und Rath der Städte Krems und Stain mit dem Grundsiegel.

Datum: der geschriben ist an freitag vor sand Kathreintag der heiligen junkfrawn (1429).

Orig., Perg. durchlöchert. Deutsch. Von 2 Siegeln an Perg.-Streifen das 2. abgefallen.

I. rund (27), grün auf Sch., IV A 2. U.: † s † hanns · plenttinger. Gespalten, in jedem Felde eine Raute.

1148.   **1430 Jänner 30.**

Hanns der Schauchinger gesessen zu Holnwurkch, Agnes seine Frau und Wolfgang der Schauchinger sein Bruder verkaufen ihrem Bruder Caspar dem Schauchinger zu Chuffarn die ihnen als Erbe anerstorbenen zwei Antheile an zwei Weingärten zu Chuffarn in der Herczewurger Pfarre, von welchen der eine, die Hofsecz genannt, freies Eigen ist, während der andere, die Viechtrifft genannt, von dem Stifte Chottweich zu freiem Burgrecht verliehen und in die Oblei des Stiftes jährlich mit 2 ₰. an sand Merttentag zinsbar ist.

Siegler: (I.) Hanns der Schauchinger, (II.) Wolfkang der Schauchinger zu Walperstorf und (III.) der erber Jorig der Parsprvnner zu Wagram.

Datum: geben (1430) des matags* vor unsso vrawtag zu liechtmess.

1148. * Orig. statt *mantags*.

Orig. im Landesarch. v. N.-Oe. zu Wien (Hardegger Urk.), Perg. Deutsch. Von 3 Siegeln an Perg.-Streifen das 1. abgefallen.

II. rund (27), ungefärbt, IV A 2. U.: † s. wolfgangi·schawinger. Zwei Eicheln. — III. rund (23), grün auf Sch., IV A 2. U.: † . s. iorg·porssenprvnnaer. Gespalten, vorne eine Pflugschar, hinten ein Messer.

1149. 1430 Februar 3, Wien.

Die Brüder Stephan, Lienhart und Wolfgang die Missingdorffer verpflichten sich gegenseitig, betreffs ihres väterlichen Erbes an Gülten und Gütern, welche einem jeden von ihnen zu seinem tail gegen dem andern zu rechter ausczaigung sind gevallen nach ausweisung der ausczaigbrief, *welche sie einander ausgestellt haben, dass ein jeder der beiden anderen, falls einer von ihnen an dem ihm zugefallenen Theile durch Rechtsansprüche Schäden erlitte, den dritten Theil desselben zu tragen habe.*

Siegler: die Brüder (I.) Stephan, (II.) Lienhart, (III.) Wolfgang die Missingdorffer, (IV.) ihr Vetter der edle Albrecht der Missingdorffer.

Datum: geben ze Wienn an sand Blasientag (1430).

Orig., Perg. Deutsch. Von 4 Siegeln an Perg.-Streifen das 2. abgefallen.

I. beschädigt, rund (32), grün auf Sch., IV C. U.: s'. stephan·missingdorffer. Getheilt mit dem Balken. Stechhelm en profil. Cimier: ein Halbflug. Hilfskleinod: der Balken. Zu beiden Seiten des Wappens die Zahl: 1423. — III. rund (29), grün auf Sch., IV A 2. U.: s. wolfganch·missingdorff. Ein Balken. — IV. rund (25), grün auf Sch., IV A 2. U.: s. albrecht·missingdorffer. Ein Balken.

1150. 1430 März 27, Laibach.

Der Notar Heinrich Conradi von Stendel, Cleriker der Diöcese Halberstadt, transsumiert auf Bitten des Gregor, des Weihbischofes des Patriarchen Ludwig von Aquileja, die Urkunde nr. 1143 und bezeugt zugleich mit dem Priester Johann von Lobenstain, Caplan des Schlosses Lackh, den Gleichlaut mit dem Originale.

Siegler: Bischof Gregor.

Datum: Acta sunt hec (1430), inditione^a octava, die vero Iune vicesima septima mensis martii, hora vesperorum vel quasi,

---
1150. ª Copie.

pontificatus etc. Martini etc. pape quinti anno eius tertio decimo in monasterio fratrum heremitarum ordinis sancti Augustini prope pontem Laibaci Aquilegiensis diocesis.

Zeugen: presentibus ibidem venerabilibus et discretis viris, dominis Petro Poltz plebano in Marautsch, archidiacono Carniole, Paulo plebano in Trefen, Laurentio tunc vicario in Krechsen et Paulo de Laibaco, cappellano apud Sanctum Iacobum Laibaci Aquilegiensis diocesis, testibus.

Copie als Transsumpt in einer Urkunde ohne Datum u. Zeugenkatalog.

Dieses Transsumpt wird auf Verlangen des Abtes und des Archidiacons des Stiftes in Obernburg Conrad in der Diöcese Aquileja vom Notar Johann Gerhardi von Iszinhusen, Cleriker der Mainzer Diöcese, unter Anhängung des Siegels des Abtes transsumiert.

1151. 1430 September 18.

Gothart Poppendorfer und die Gemeinde zu Markersdorf stiften an der Kirche zu Markersdorf eine Frühmesse.

Copie, Pap. in einem Hefte in Grossquart, am oberen und unteren Rande durch Brand beschädigt, geschrieben von einer H. des 16. Jahrh.

Vgl. nr. 1156.

Ich Gothart Poppendorffer und wier die gantz gemain, die pharliche recht haben zw Marckelstorf in der pharr zw Haindorff, vergechen fur uns und all unser erbn und nachkummen und thuen kunt allen den, die den brief sechn horen und lesen, die nu lebn und hernach kunftig seind, das wier mit guettm willn und wolbedachtem muet und nach rat weiser leut, geistlicher und weltlicher und besunderlich mit der ersamen hochgelerten herrn herrn Hansn des Gwerleichs, lerer geistlicher rechten und official des hoffs zu Pasaẇ, und maister Caspars Maislstain, auch lerer geistlicher rechten, und auch mit gunst wissen und willen des erbern herrn, herrn Thomans des Gräsleins, die zeit pharer zu Haindorff, und zu der zeit, da wier es wol gethuen mochten, lautterleich got und unser liebn frauen zu lob und eern durch unser aller vorfordern und nachkumen und allen glaubigen seln hails willn gewidemst und gestifft haben, widem und stiften auch wissenleich in kraft des gegnwurttign brieffs ain ewige fruemess auf unser frauen altar in sant Mertn kirchen zu Marcklstorff, die ain zuekirch ist der egenanttn pharkirchen zu Haindorff, mit alln den rechtn, als dan hernach an dem brieff geschriben stet, also mit ausgenumen worttn, das ich obgenantter Gothart der Poppendorffer und darnach all mein erben der benenttn fruemess recht lechenherrn sein und die alweg der eltist und der nagst mein erb nach mir, als oft sie ledig wierd, leichen solln ainnem erbern wolgelånttm herr[n]* ... und welchem sie also verlichen wiert, der sol dan die vorgenant fruemess zu rechter zeit, als man fruemess lesen soll, ausrichtn und sprechen wochnlich an dem suntag montag erichtag phinstag und sambstag ordenleich an unterlass und saumung und ob ain feierttag an der tag ain kam, so soll derselb caplan die fruemess lesn und sprechn unter der predig oder frueambt, aber die andern zwen tåg in der wochen mittich und freytag mag er wol gefeiern, ob er will, es war dan, das ain feiertag an derselbn tag ainem gefiel, so soll er die fruemess in der benanttn weis unter der predig oder frueambt an demselbn tag zu lesen gepunden sein und ain andern werchtag in der wochn dafür feiern, ob er wil, doch das die andern mess und gotsdienst, der man daselbst zu Marcklstorf pepunden ist, damit nicht abgeen noch gemyndert solln werden in kainerlay weis ungevarlich. Es soll auch ain yedlicher caplan der egenantten fruemess von dem pharrer zu Haindorff gesundert sein und sein selbst wonung und kost haben und dem pharer in sein pharlichn rechtn kainnerlay beschwarung noch infall thuen in kainer weis, sunder in geistlichn sachen und gotsdienstn soll er im gehorsam sein und all hochzeitlich tag und auch all feierttag soll er zu vesper und zu ambt in seim karrockh zw Marcklstorff zw kirchen sein und dem pharer oder sein geselln den gotsdienst daselbst loblich helffn .... got, unser frauen und alln b[eiligen zu lob] und zu eern, uns und allen gelaubigen seoln zu hilf [und] zu trost. Es soll auch ain yeder caplan der hernach benanttn stugk und guetter kains nicht verwechslen an des lechenhern wissen und willen ungevårleich. Auch soll ain yeder zechmaister zu Marcklstorf aus der zech und der gemain guet daselbs dem pharer zw Haindorf zu widerlegung seinner pharkirchen jarlich raichen und gebn ain phunt pfenning an alle

---

1151. * Lücke hier und weiterhin.

widerred und auszug so lang, untz das man demselben pharer zw Haindorf kauft ain phunt pfenning gelts oder im und seiner kirchen sunst in ander weiss umb die widerlegung genueg thuet ungeverleich, und ob beschech, das hinfur icht mer zu der egemeltn fruemess geschaft wurd, von wem das war, oder yemant darzue schaffen wold oder schuef, wie sich das begäb oder fueget, daselb soll alles nur der egemeltn pharkirchen ze nutz komen, angelegt und geraicht werden treulich ungevarleich und der benanttn fruemess nicht. Und wen auch das beschach, das ain caplan die obgenant fruemess wochnleich nicht ausrichtet und verbestet mit im selb oder mit ainnem andern wolgeläuntm briester an den tagen und in der weis, so vorgeschriben steet, und die an redliche eehafte not wissnlich uberfuer und darwider thät und darumb gemont wurd von dem zechmaister zw Marcklstorf, so soll er zuestelln sand Mertn kirchn zu Marklstorf ain halb phunt wagx zu peen verfalln sein zu gebn und soll in darumb ain yeder official mit geistlicher beschwerung darzue nottn und halten, das er das also geb und darzue alles das ausricht, das er dhan versaumbt hat, an alle widerred und auszug ungevarlich und häben auch zu volfuerung der egenantn f[rue]mess darzue gegebn und gewidmet, geben und wide[m] auch darzue wissenleich mit dem brief die stuck gult und guetter, als die hernach an dem brief nemleich geschriben stent: von ersten der dienst zu Marcklstorf, die de hernach benanten leut an sant Mertntag jarleich dient; item Steffan Smidknecht dreyzechen phenning von aim agker zu Aichgrabn zwen ₰. von aim gartn und ain phenning von aim agker gelegen in Marcklstorfferveld; item Vell Haug achzechn phenning von aim paungarttn, vier phenning von aim agker bey dem Grasingweg und sibn phenning von aim agker in Hoffingerveld;[1] item Niclas Kunigssteter zwen phenning von aim agker uber die Landstrass; item Elspet Haugin zwen phenning von aim agker zw Altichoffen von aim kutting und von ainner stallung zwen phenning; item Seidlein die Kuntorin ain phenning von ainner hofstat, zechen phening von aim agker in der Speckh, und acht phenning von aim agker in Marcklstorfferveld ze Stainpach; item Hans Freunt dreyzechen phenning von aim agker, haist der Lindler, zwen phenning von aim

---

1151. [1] Hofingfeld südl. v. Höfing (Administr.-Karte v. N.-Oe., S. 61).

agker auf der Swell und zwen phenning von aim agker enhalb der Hoch; item Elspet Schublin zwen phenning von ainer hofstat, vier phoning von aim agker in dem Marichpach, vier phenning von aim agker bey der Laimbgrueb und ain phenning von ainner vischgrueb auf der Swell; itm Mert Luckner vier phoning von aim agker bey dem Grasingweg, drey phenning von ai[m] . . . . [Gra]singweg, dreizechen phoning von aim agker pey der [Stain]pruckh, ain phening von aim agker in Hoffingerveld und acht phening von aim agker in der Tiernaẇ; item Elspecht des Luckners tochter drey phening von aim agker zu Ried; item Jans Hawg zwen phening von aim agker zu Altnhoffn und zwen phenning von aim agker bey den Staphen; item Peter Rosler vier phoning von aim agker hinder dem Hoffpaungarttn, ain phening von aim agker uber Hoffingerweg, drey phenning von aim agker bey dem kreutz geen Wulcknstorff und zwen phenning von aim agker in Marcklstorfferveld bey Prunsendertferveld; item Michel Vleischagker achthalben phenning von aim agker, dreizechen phenning von ainer hofstat, vier phening von aim agker im Marichpach und vier phenning von aim agker; itm Mert Sneider zwen phening von ainem agker zu Altnhoffn und zwen phening von aim agker bey dem Grasingweg; item Voll Prunhoffer von Vmmach zwen phenning von aim agker in Hoffingerveld; item Cristan Lang zechen phenning vom agker bey der Laimbgrueb zechen phenning von aim agker, haist des Freunds Lindler, funf phenning von aim agker haist das Galhaus, vier phenning von aim agker bey dem Grassingweg bey Felbing,² sechs phenning von aim agker hinder der mul und sechthalbn phenning von aim agker genant der Gern, sechs phening von aim bey Marcklstorff uber Hoffingerweg, vier phenning von aim agker in Felbingerveld, funf phenning von aim agker hinder der mul, dreizechn phenning von aim agker bei der Stainpruckh, dreizechn phenning von aim agker auch bey der Stainpruckh; item Gilg Techtler drey phenning von aim agker bey dem Lotersteig; item Gilg Ris vier phenning von aim agker, haist der . . . . ; item Janns Lang zwen phenning von aim agker auf der Viechtrift, zwelf phenning von aim

---

1151. ² Eine kleine Ortschaft östl. von Haindorf, welche jetzt nicht mehr besteht. Der Name derselben ist in dem Ried Felbering daselbst noch erhalten.

agker, haist der Eisnägl, acht phenning von aim agker in dem Marichpach, sechs phenning von aim agker bey der Viechtrift, ainlaif phenning von aim agker in Wulcknstorfferveld, zwen phenning von aim agker bey ᵇ des Kastner wiss, vier phenning von aim agker bey der Landstrass und syben phenning von aim agker bey dem Saffrangarttn; item Sigl Pader zechn phenning von der padstubn; item die jung Englschalhin zwen phonning von aim agker auf der Aw, acht phenning von aim agker auf dem Graben, sechs phenning von aim agker hinder dem paungartn, zwen phenning von aim agker an des Kastner wiss, vier phenning von aim agker hinder der mull und acht phenning von aim agker am Palting; itm Agnes die Freunttin zwen phenning von aim gartn bey dem dorf; item Colman Lang sechs phenning von aim agker zu Ried bey den baummen, sechshalbn phening von aim agker zu Haid genant der Gern, sechs phenning von aim agker zu Haid zwischn den wegen, sechs phenning von aim agker in Felbingerveld, vier phenning von aim agker in Felbingerveld bey der Laymbgrueb und zwen phenning von ainer wisen in dem Hebfurt, zwen phonning von aim agker, haist das Galhaus, und neun phenning von aim agker, haist der Elbm; item Jans Schneider von ainer hofstat zechen phenning; item Cristan Schmid ain phenning von ainer wisen bey der padstuben, sechs phenning von aim agker hinder dem Taurer, sechs phen[ning] . . . . bey dem Tumphl, drey phening von aim agker auch bey [dem] Tumphl, acht phenning von aim agker hinder dem dorff, acht phenning von aim agker an der Hoch, sechs phenning von aim agker in der Ebn, zwen phenning von aim agker im Marichpach und ain halb phunt phenning von aim guett datz Velbing; itm Margret die alt Englschalhin ainlaf phenning von ainem agker in Prunsendorfferveld, sechs phenning von drein ackerln und ist des gotshaus und sind gelegn in Awerveld und zechn phoning von aim agker bey dem Grasingweg und ist auch des gotzhaus; item Jorg Greiff vier phenning von aim agker gelegn bey dem Hebfurt, vier phenning von aim agker zu Altnhoffen, ain phenning von aim krautgartln bey dem pach, funfthalbn phenning von aim agker auf der Hoch, vier phenning von aim agker bey dem kreutz gen Wulcknstorf und drey

---

1151. ᵇ Das folgende *des Kastner wiss, vier phenning* durchstrichen.

phenning von aim agker bey der Laimbgrueb; itm Jorg Gunther vier phenning von aim agker, haist der Hagn bey dem Palting;³ item Clement Radler ain phenning in dem Saffrangarttn; item die Vellns Paurn hausfrau zwelf phenning von aim agker, haist der Walch in Prunsenstorferveld, drey phenning von aim agker haist der Walch in Prunsenstorferveld, drey phenning von aim agker in der Speckh bey dem kreutz gen Wulcknstorff, vier von aim agker auf den Schaphn, zween phenning von aim agker, stost an Hoffingerweg, ain phening von aim agker zu Weydachewrn, zwen phenning von ainer halt, vier phenning von aim in Marchhelstorfferveld niderhalb der Landstrass, drey phenning von aim agker bey der Laimbgrueb, vier phenning von aim agker, stost an Palting und vier phenn[ing] von ainner hofstat; itm Jans Hertter achthalben phenning von aim agker in Prunselstorferveld, zwen phenning von aim agker, haist der Staphn, und zwen phenning von aim agker in Paltingerveld in der Ebn; item die alt Guntherin zwen phenning von ainer wisn; item Margret die Guntherin ain phunt phoning von aim guet zu Felbing und ain phenning von aim wisln auf dem Palting; item Eckhart dient von aim agker gelegn zu Felbing sechs phenning. Darnach die dienst in dem dorf zue Wulcknstorf: itm Fridrich Schreinner vier phenning von aim agker gelegn zu Neundorff und zechen phenning von aim agker gelegn auf der Aw; item Kunrat Widmer sechs phenning von aim agker zw Aychgrabn und zwen phenning von aim agker zwischn Neudorf und Poppndorf; item Vell Gundackher zwen phenning von aim agker, und ist gelegen in dem Puellachveld;⁴ item Hans Kastner achzechn phenning von aim agker und ist gelegen zw Poppndorff in den Reutten⁵ und funf helbling von aim agker in Felbingerveld, ain phenning von aim Griess, acht phenning von ainer wisen gelegen zw Palting und zwen phenning von aim agker bey der wisen; item Fridrich Gunther neun phenning von aim agker in Paltingerveld, zwen phenning von aim agker bey dem Wasen; item die Cristanin vier phenning von aim agker bey dem Grassingweg; item die alt Czotlin ain phenning von aim agker bey dem Wasen und vier phenning von aim agker in

---

1151. ³ Balding, Ried westl. v. Markersdorf (Administr.-Karte v. N.-Oe., S. 60).
— ⁴ Billachfeld, nördl. v. Markersdorf. — ⁵ Reutfeld südl. v. Poppendorf.

P[oppndorfferveld] und drey helblin von aim agker in Marcklstorffer[veld] . . . . . . und funf helbling von aim agker in Prunalstorfferveld, genant der Meinnicht, und drey helbling von aim agker hinder dem dorff zu Marcklstorff; item Jans Czotl funf phening von aim agker in Hoffingerveld; item Colman Mulner zwen phenning von ainem agker in Marcklstorfferveld in der Ebn, zwen phenning von aim agker auf der Aw und zwen phening von aim agker in Neudorfferveld; item Mert Kunig funf phenning von aim agker in Marcklstorfferveld in der Eben, zwen phenning von ainer halt bey dem Griess, zwen phenning von ainer wisn bey dem Palting, drey helbling von aim agker in Felbingerveld und zwen phenning von aim agker zu Neudoff; item des Kunigsschnuer drey helbling von aim agker in Felbingerveld; item Jacob Czotel acht phenning von aim agker zu Ried, vier phenning von aim agker in Felbingerveld und zwen phenning von aim agker enhalb der Hoch;[6] item Jorg Rogl zwen phenning von aim agker in Prunslstorfferveld und ist des gotzhaus. Darnach der dienst in dem dorff zu Poppndorff;[a] itm Steffan Ludler ain phenning von aim agker bey dem Wasen, item Pertl ain phenning von aim agker in Poppndorfferveld under dem Wagram; item die Jorgin zwen phenning von aim agker gelegen auf der Aw, haist der Strigl und zwen phenning von aim agker in Popndorfferveld under dem Wagram; item die Simons Regensanger funf phenning von aim agker in Popndorfferveld und drey phonning von aim agker genant in der Kalchpeunt; itm Jans Regensanger zechen phenning von aim agker bey dem Wasen; itm Niclas ain phenning von ainer hofstat und ain phenning von aim agker gelegen bey der hofstat; itm Peter Taiuschel achzechn phenning von aim agker gelegen in Neudorfferveld bey dem Grasingweg und ain phenning von aim agker bey dem Wasen; item Colman Regensanger zechn phenning von aim agker bey dem Wasen; item Els die Weberin ain phenning von ainer hofstat, ain phenning von aim ackerln, haist das Strigl, und ain phenning bey dem Wasen vom agkerln; itm Jorg Schuester drey phenning von aim agker in Popndorffer-

---

1151. [a] Am Rande ist von anderer H. u. Tinte vermerkt: *Popendarff*.

[6] Ueber der Höhe, ein Ried westl. v. Wultendorf.

veld in der Kalchpeunt und acht phenning von aim agker, haist der Krumppackher bey dem Wasn; itm Helphreich sibn phenning von aim agker, drey phenning von aim agker, ain phenning von aim agker, drey phenning von aim agker, vier phenning von aim agker und drey phenning von aim agker; item Hainreich vier phenning von aim agker zwischn Poppndorff und Wulcknstorff, vier phenning von ain agker bey dem Wisln, ain phenning von aim agker bey dem Wasn auf der Stettn, ain phenning von aim agker auf der Wagpeunt und sechs phenning von aim agker zwischn Neudorff und Poppndorff; itm Peter Ris funf phenning von aim agker bey dem Lotersteig, vier phenning von aim agker im Marichpach, vier phenning von aim agker in der Speckh, vier phenning von aim agker genant der Newer, zwen phenig von aim agker in Popndorfferveld in Eben, zwen phenning von aim agker, haist der Wisagcker, und vierzechen phenning . . . . in der Kalchpeunt. Darnach der dienst im dorf zu [Neudorf]: itm Thoman der Weindlin sun zwen phenning von aim agker in der Kalchpeunt; item Elspeth die Weindlin zwen phenning in Felbingerveld; item Gilg vier phenning von aim agker in Poppendorfferveld und zwen phenning von aim agker, haist im Galhaus. Darnach der dienst in dem dorff zu Aẘ: item Janns Raidl vier phenning von ainer hofstat; item Simon Walch ain phenning von aim agker in der Awerveld; item Anna des Hausn tochter von Aẘ und ir geschwistrat funfzechn phenning von dreien jeuchart agkers; item Gilg Hawg ain phenning von aim agker gelegn bey Aẘ, zwen phenning von aim agker gelegen auch bey Aẘ, zwen phenning von aim agker gelegen im Dornech, zwen phenning von aim agker glegn im Poltingveld, drey phenning von aim agker gelegn in des Poschn gartn" und vier phenning von aim agker gelegn bey dem pierpaum und zwischn den zwaun aẘn; itm Mert Jewbart zwen phenning von ainem gartn; itm Peter Schonat zechen phenning von aim agker zw Ried; item Anna Matschawerin sechsthalbn phenning von aim agker gelegen in Auerveld; item Jans Rat von Musching, zwen phenning von aim agker gelegen hinder Muschsching bey dem steg und zwen phenning von einer hofstat zu Aẘ; itm Nẏclos Artmaẏr ain phenning vom agker auf

---

1151. " Am Rande nachgetragen.

der Grueb bey den Phlantzsteign zw Aw; item Jans Artmeyr ain phenning von aim agker bey dem steg, ain phening von aim garttn, und ain phenning von aim gartn, do das hausszimer aufsteet; itm Chuntel Matschauer sibn phenning von aim agker in Prunslstorfferveld bey der Lantstrass und zwen phenning von aim agker gelegn in Awerveld und ist des gotshaus. Darnach der dienst in Geroltstorf[er]phar und in den dorf zu Prunselstorf; itm Margret die Murrin vor Hetzleinstorf sibn phenning von aim agker in Prunslstorfferveld; item Goschell Schuester ain phenning von aim agker gelegn auf der Leuttenn; item Janns Strutter Schneider zechn phenning von aim agker gelegn in dem Piellachveld und funf phening von aim agker auch gelegn in dem Pielachveld, und ain phenning von aim agker gelegn in dem Perckveld;[7] item Janns Mulner zechn phenning von ainem agker gelegn zw Ried; itm Herrman Zieruogl sechszechn phenning von aim agker gelegen in Marckelstorfferveld, haist der Lindler; item die Techsingerin ain phenning von aim agker gelegen in dem Pielachveld, Mandl Wolff funf phenning von aim agker gelegen in dem Pielachveld zu Haid, und ain phenning von aim agker gelegn in dem Piellachveld und haist der Schreinner; itm Peter Edlpaur zechen phenning von aim agker gelegn im Piellachveld ze Haid; item Peter Scheutter zwen phenning von aim agker gelegn in dem Piellachveld, itm Erhart Kurnperger funf phening von aim agker in dem Reichenveld, zwen phenning von ainer wisen gelegn zu Kremnitzpruck, zwen phenning von aim agker zu Haid, sechtshalbn phenning von aim agker zu Haid, siben phenning von aim agker ze Haid und zwen phenning von aim agker im Reichnveld; item Peter Zimerman zwen phenning von aim agker gelegn in dem Pielachveld; item Michel von Vetendorf zwen phenning von aim agker gelegn auf Aw; itm die alt Hardarin vier phenning von aim agker gelegn in Maroklstorfferveld bey Hoffen; item Peter Techsinger drey helbling von aim agker in dem Pielachveld, haist der Meinnicht; itm Cristan Phader von Vettendorff zwen phenning von aim agker pey dem brunn; itm Mert Reschel sechs phenning von aim agker gelegn in dem Pielachveld bey dem Haus; itm die Riederin vier phenning von [aim agker] haist der Hager und

---

1151. [7] Bergfeld, östl. v. Prinsersdorf.

sechs phenning von aim agker bey [dem] dorff; item Gunther sibon phenning von aim agker in Prunslstorfferveld bey dem hahen grabn; itm der zechmaister dacz Geroltstorf ain phenning von aim agker gelegn in dem Reichnveld bey Prunslstorff. Darnach der dienst in dem dorff ze Hoffen: itm Elspeth und ir schwester neun phenning von aim agker in Marckelstorfferveld zwischen Hoffingerweg und funf phenning von aim agker hinder dem Taurer; item Janns Ammarib sun zwen phonig von aim agker zu Ried; itm Peter Kastner zechn phenning von aim agker zu Ried. Darnach der dienst in Grauendorffer und in dem darf zu Raetzestorf; item Thoman Reschl sechs phenning von aim agker gelegen in Neudorfferveld; itm Haintzl im Winckl zwen phenning von aim agker gelegen zu Poppndorff in der Kalchpeunt; item Ottleins sun im Hoff siben phenning von aim agker gelegen in Poppndorfferveld; itm Kuntzl Widmer siben phenning von aim agker in Neudorfferveld und zwen phenning von aim agker zwischn Popndorf und Neudorff; item die Fridleins Vleischagkers hausfrau sechs phenning von ainem zechent zu Popndorf und in Prunslstorfferveld; item die alt Hymislerin funf phenning von aim agker, haist das Mentl; item Lipp Kurnperger sechthalben phenning von aim agker gelegen ze Haid und sechs phenning von ainer trawppen pein bey Prunslstorff und ain phenning von aim agker bey Marcklstorff zu Altnhoffn; itm Margreth Haymlin sechs phenning von ainer wisen gelegen zu Hetzleinstorff und ain phenning von ainem ag[ker] gelegn bey Prunslstorff, haist das Holergartl; item Cathrey die Hikkanin ain phenning vom agker gelegn in Poppndorfferveld bey dem Wasen. Darnach der dienst im dorf zw Haindorf: itm der pharer vier phenning von zwain agkern gelegn in Felbingerveld. Darnach der dienst zu Felbing: item Jans daselbst ain halb phunt phenning von **aim guet und acht phenning von aim agker gelegn in Marcklstorfferveld** hinder dem Taurer. Darnach der dienst in Harber phar und in dem dorf zu Weichestorff: itm sant Merta hold **ain phunt phenning von aim guet; item Simon Pinter ze Kun**ratztorff sibn phenning von aim agker gelegen zwischn Neudorf und Popndorf. Darnach der dienst in Sant Margrethn **phar: item Fridl Mulner zw Grueb zwen phenning von aim** agker in Felbingerveld. Darnach der dienst in Kalber phar: **item Steffan von Nidern Hag vier phenning von aim agker in ge**-

legen bey Hag. Darnach der dienst in sant Czon pharr:[a] Chlammer von Pielach neun phenning von ainer wisen; itm Jans Sarger funf phenning von aim ackerln hinder der Aw[c] bey Wintpassing. Vermerckt[e] die agker, die auch zu der egenanttn fruemess gehoren: von erst Cristan Sun hat gebn geben[f] ain jeuckhart agker genant der Wolffwinkell, davon man jarlich dient gen Walthausen funf phenning an sant Michelstag ze purckrecht; itm Anna die Englschalbin hat gebn ain jeuckhart agker genant der Grabnagker; item Cristan La[ng und] Anna sein hausfrau haben geben zwo jeuckhart agker gelegn auf der Stainpruckh; itm zwo jeuchart agker gelegn auf der Hoch zwischn Wulcknstorffer und Marcklstorfferveld und ist purckrecht, davon man dient geen Walthausen zechn phenning; itm Hanns Freunt ain jeuchart agker gelegn in Marcklstorffer phar und ist purckrecht, davon man dient ain halbn metzn korn gen Agemûd;[g] itm vier jeuchart agkers in Marcklstorffer phar, die Hainreich von Poppndorf zu der fruemess geschaft hat, und ist aygen; itm ain halbe jeuchart agker gelegn auf der Landtstrass, de der Rogl ingehabt hat und ist aygn; itm ain halbe jeuchart agker in Auerveld; item ain jeuchart agker in Hoffingerveld und ist aygen; item ain jeuchart agker bey dem dorff und ist aygen; itm ain jeuchart agker gelegn in Prunslstorfferveld und ist aygen und haist der Posch; itm ain jeuchart agker gelegn im Marichpach und ist aigen; itm ain jeuchart agker gelegn bey den Grasingweg in Awerveld und ist aigen; itm ain jeuchart agkher in Auerveld und ist aygen; itm ain jeuch weingarttn gelegn zu Neunhoffn, davon man jarlich dient dem abpt zu Melok zechn Wienner phenning an sant Colmanstag ze purckrech[h] und nicht mer. Vermerckt das wismad, das auch zu der obgenantten fruemess gehorent: von erstn in Geroltstorffer phar itm drithalb tagwerch wismad gelegn zu Prunsestorff vor den Furhauppn, davon man jarlichn dient dem caplan geen Obern.Pielach zween phenning an sant Gilgntag zu purckrecht, itm anderhalb tagwerch wismat gelegn zu Prunsestorff bey der Kremnitzpruckh, davon man jarlich

---

1151. [e] Seitwärts ist von anderer H. u. Tinte vermerkt: *die akher, so aign sein und zu der fruemess gehern.* — [f] Copie. — [g] Statt *Ademûnd.* — [h] Statt *purckrecht.*

[a] Hafnerbach. — [c] Mühlau, südl. v. Wimpassing

dient dem Zieruogl ze Prunsestorf vier phenning an sant
Michlstag zu purckrecht; itm ain tagwerch wismad gelegn zu
Prunsestorf auf der Edl Aw, davon man jarlich dient geen
Nidern Pielach drey phenning zu purckrecht; itm anderhalb
tagwerch wismat gelegn zu Prunsestorf bey der Kremnitzprück,
davon man jarlich dient zwen phenning zu sant Jorgntag gen
Geroltstorf in Poltinger phar. Darnach in Haunoltstainer phar:
itm drithalb tagwerch wismad, das die Gunthern haben gebn,
das ist aign, gelegn zu Elblemsaw [10] und ist aigen. Darnach
in Marcklstorfer zwkirchn: itm die Kastner habn geben ain
tagwerch wismad, das ist halb aigen und halbs ist purckrecht,
und das halb purckrecht dient jarlich der Riederin gen Pi-
richech funf helbling ze purckrecht und nicht mer; itm ain
halb jeuch agker gelegn in Prunsestorfferveld under den pemen
und haist der Kurnperger, den soll ain mesner zu Marckestorf
inhaben nutzen und niessen und dem caplan der fruemess
dienstleich und gehorsam dovon sein und im sein gotsdienst
helfen zu volbringen und ob er des nit tet, so mag sich des
ain zechmaister m[it des] lechenherrn wissn und willn under-
winden und wider zu der zech nembmen an alle irrung also
mit ausgenumen worttn, das nu furbas ain yeder caplan der
egenantn fruemess die benantn stuck gult und guetter mit iern
zuegehorungn zu der egenantn fruemess an irrung inhabn nutzn
und niessn und die egemelt fruemess davon ausrichten soll an
den tagen und in der mainung, als dhan vorbegriffn ist an als
gever, doch das dieselbn stuck gult und guetter wenig noch
vill an des lechnherrn wissen und willen in kainnerlay weis
davon verbechsell[1] noch unverkumert solln werdn, als dan vor-
gemelt ist ungever. Wier sein auch sambt allen unsern erben
und nachkumen unverschaidenleich der vorbenanten stuck gult
und guetter aller und was darzue gehort, als vor geschribn
stet, ains yedn caplans und auch der egenantn fruemess recht
gwern und scherm fur all anspruch des aygens, als aigensrecht
ist, des purckrechts, als purkrechtsrecht ist und als solchs
widms stiftns und des landes zw Osterreich recht ist ungevar-
leich. War aber, das in icht krieg oder zuespruch daran auf-

1151. [1] Statt *verbechselt*.

[10] Eibelsau.

erstunden, von wem das war, mit recht oder ob in mit recht
daran icht abgieng, was sie des schaden nemment, das sulln
und wellen wier in alles ausrichtn und widerkeren an alln iern
schaden und sulln sie das haben zu uns unverschaidenleich und
auf allem unserm guet, wo wier das haben, wier sein lebendig
oder tod. Und das die sach widem und stift fuerbas ewigk-
leich also stet und unzerbrochn beleib, daruber zu ainer waren
urkunt und ewiger vestung geben wier ich obgenanter Gothart
Poppendorffer und wier die gantz gemain, die pharleiche recht
haben zu Marckestorf in der phar zu Haindorff, den brief ver-
sigiltn mit mein obgenantn Gotharts des Poppndorffer ayggem¹
anhangundem insigl und zu gezeugnus der stift und der sach
hab ich obgenantter her Thoman der Grössl, diezeit pharer in
Haindorf, vleissigkleich gepetn dew ersamen und hochgelerttn
herrn hern Hansn den Gwerleich, lerer geistlicher rechtn und
official des hoffs zu Pasau, und maister Caspars Maiselstain,
auch lerer geistlicher rechtn, das sie ir sigl an den brief ge-
hangn haben in baidn an alln schaden, darunder ich mich ob-
genanter herr Thoman Grössl verpind mit meinen treuen, alles
das stet zu habn, das an dem brief geschriben stet, wan ich
aign sigl selber nicht enhab. Auch so haben wir die gantz
gemain, die pharleiche recht haben zu Marckestorf in der phar
zw Haindorf, mitsambt dem obgenantn Gothartn dem Popn-
darffer mit vleis gepetn die edln Clementn den Rådler und
Hansn den Tiemminger, das sie der sach gezeugen sind mit
iern anhangundtn insigiln in baidn und iern erbn an schaden, dar-
under wier uns verpindn mit unsern treuen alles das war und
stet zu haben, das an dem brief geschribn stet, wan wir aign
insigl nicht enhaben. Der brief ist gebn nach Cristi gepurt
vierzechenhundert jar darnach in dem dreissigistm jar am
nagstn montag vor sant Matheustag des heilligen zwelffpotn und
ewangelistn.

1152. **1431 Februar 11.**

Vermerckht, das ich Hans Holczel, burger ze Stain, mit
handen meins gnådigen herrn abbt Petern abbt ze Göttweig
ze kauffen geben hab mein halbs veldlehen gelegen zu Maut-
tarn dem beschaiden Steffan Schumel burger dasselbs, davon
man dint dem vorgenanten herren X metretas avenae vogt-

fueter und VI snitphenning. Actum dominica vor vaschang anno domini etc. XXXI.

Notiz in Cod. D f. 20.

1153. 1431 März 7, Wien.

Der Notar Wolfgang Egk von St. Florian, ein Cleriker der Passauer Diöcese, beurkundet, dass Martinus Vdalrici von Pacsmanstorff, Pfarrer an der Pfarrkirche zum heil. Andreas in Hainfeld, in seiner Gegenwart infolge eines Tausches zwischen ihm und Nicolaus Stuber von Külb auf seine Pfarre zu Handen des Abtes Peter [II.] in Göttweig, welchem sammt seinem Convente das Patronatsrecht darüber zusteht, frei resignierte. Diese Pfarre habe hierauf der Abt dem Nicolaus Stuber von Külb mit Ausnahme des grossen und kleinen Zehentes, welche nach altem Rechte dem Stifte gehören, verliehen, worauf derselbe dem Abte und dem fungierenden Notare sub pena ypotecaria et obligacione omnium bonorum suorum presentium et futurorum *verspricht, niemals wegen der Zehente mit dem Stifte einen Streit zu beginnen.*

Datum: Acta sunt hec Wienne Pataviensis diocesis in domo predicti domini abbatis in Gottweigerhoff vulgariter nuncupato in stuba parva (1431), indictione nona, die vero Mercurii, que fuit septima mensis marcii, hora vesperorum vel quasi, pontificatus etc. Martini etc. pape quinti anno quartodecimo.

Zeugen: presentibus ibidem honorabilibus viris et dominis, magnifico viro domino Georio Schekch, magistro camere etc. Alberti ducis Austrie, et fratre Luca, cellerario monasterii eiusdem, Petro plebano in Hawczental, Iohanne Vdalrici, Vlrico Eybensprunner armigero, Andree* Herrant, Iacobo hospite domus antedicte, clericis et laicis, testibus.

Copie in Cod. C f. 121' f. Lat. Notariatszeichen mit der Unterschrift: *Wlfgangus Egk.*

1154. 1431 März 19, Wien.

Herzog Albrecht [V.] überträgt seinem Kammermeister Jorg dem Schekch von Wald die Vogtei über die Unterthanen und Güter

---
1153. * Statt Andree.

des Abtes [Peter II.] und des Stiftes zu dem Göttwey, welche bisher der von Meissau gevogtet hat.

Datum: Geben zu Wienn an montag nach iudica in der vasten (1431).

Copie in Cod. C f. 189. Deutsch.

Blätter f. Landesk. v. N.-Oe. XV, 69 nr. 47 reg.

1155.   **1431 April 27.**

Jorig Kelbésharter* zu Stansdorf[1] und Dorothea seine Frau verkaufen Erhart dem Volkra ihre zwei Theile des Zehentes von fünf Hofstätten zu Riberstorf[2] in der Ruprechtshoffer Pfarre, welche von dem edeln Chunrat von Wildungsmawr zu Lehen rühren.

Siegler: (I.) Jorig der Kelberharter, (II.) der edel Hans Stainberger.

Datum: geben (1431) des freitags noch sand Gorigentag.

Orig., Perg. stockfleckig. Deutsch. An Perg.-Streifen 2 Siegel.

I. beschädigt, rund, grün auf Sch., IV A 2. Abb. bei Duellius, Exc., T. 30 nr. 387. U.: † s. ior .... elberharder. — II. undeutlich, rund (25), grün auf Sch., IV A 2. Ein aufrechter Wolf (Hanthaler, Rec. II, 267 f.).

1156.   **1431 Mai 12, Wien.**

Gothart Poppendorffer, Hanns Voytl, Zechmeister zu Markchestorf in der Pfarre zu Hanndorf,* und die Gemeinde daselbst stiften laut Stiftungsbrief (nr. 1151) in der Pfarrkirche zu Markchestorf, welche eine Filialkirche der Pfarrkirche zu Haindorf ist, eine ewige Frühmesse und verpflichten sich, dem jeweiligen Pfarrer und Verweser der Pfarre zu Haindorf solange jährlich 1 ℔. Wiener ₰. an sand Mertteinstag zu zinsen, bis sie hiefür eine Gülte von 1 ℔. ₰. gestiftet haben.

1154. [1] Die Ueberschrift in Roth: *Ain potvogtbrief von hercsog Albrechten dem Schekchen von Wald über die gleter in Markartsdorffer ambt* bestimmt die Lage derselben näker.

1155. * Auch *Kelbesharter* und *Kelberharter*.

[1] Strannersdorf, O.-G. Mank. — [2] Rührsdorf, O.-G. Aichbach.

1156. * Auch *Haindorf*.

Siegler: (I.) Gothart der Poppendorffer, *für Hanns Voytel und die Gemeinde zu Markchestorf, welche kein eigenes Siegel haben, siegelt* (II.) der edel Hanns der Tyeminger.
Datum: Geben zu Wienn an sand Pangretzentag (1431).

Orig. Perg. Deutsch. An Perg.-Streifen 2 Siegel.
I. rund (28), grün auf Sch., IV A 2. U.: † s. gotbart · poppandorffer. 2 übereinandergestellte Schildlein. — II. rund (28), gelb auf Sch., IV C. U.: † s. hans · dieming. Getheilt, über dem Fusse der wachsende Löwe. Stechhelm en profil geöffnet. Cimier: der wachsende Löwe.

1157. 1431 Mai 27.

Ich Fricz Pewreuter, burger ze Mauttarn, hab gemacht meiner lieben eeleichen hausfrawen Kathrein, Andres des Zimermann tachter ze Krudsteten, auf meinem halben veldlehen gelegen ze Mauttarn XXIIII ℔. den. rechter margengab nach dem landsrechten in Osterreich und mit handen meiner genädigen herschaft zu Gottweig. Actum dominica trinitatis anno domini etc. XXXI.

Notiz in Cod. D f. 20.

1158. 1431 October 7, Obernburg.

Abt Konrad, Prior Nicolaus und der Convent des Benedictinerklosters in Obernburg in der Diöcese Aquileja schliessen mit Abt Peter [II.], Ulrich dem Prior und dem Convente in Göttweig einen Conföderationsvertrag und verpflichten sich, für einen verstorbenen Mönch derselben das Officium defunctorum (die Vigilien) und Messen zu halten und ihm andere gute Werke gemäss der Sitte ihres Klosters zuzuwenden.

Siegler: (I.) Abt Konrad und (II.) der Convent von Obernburg.
Datum in dicto nostro monasterio Obernburg die solis VII. mensis octobris (1431).

Orig., Perg. Lat. An Perg.-Streifen 2 Siegel.
I. spitzoval (60 : 34), roth auf Sch., II B † IV A 2. U.: . s. conradi · abbatis · monaste. ob . . bvrgen. Die heil. Maria mit dem Jesukinde, darunter der Wappenschild mit einem Sterne. — II. spitzoval (69 : 46), roth auf Sch., II B. U.: † SIGILLVM · CONVENTVS · OBRNBVRGENSIS · ECCE. Die Kreuzigung Christi.

1159. [1430 November 11—1431 November 10.]

Papst Martin V. beauftragt Abt Johann V. zu den Schotten in Wien, dem Andreas Wirsing die Pfarre Kilb zu verschaffen.

Orig. Perg. durchlöchert u. verstümmelt. Bulle abgefallen.

Diese Urkunde war in einen Cod. eingeheftet. — Vermerke: auf der Rückseite der Registraturvermerk; am unteren Rande: *Wirsing.* — Die chronologische Einreihung ergibt sich aus der Angabe des Pontificatsjahres.

. . . . [fi]liis[a] ab-
bati monasterii Scotorum in Vienna Pataviensis diocesis ac de-
cano ecclesie Ratisponensis[a] . . . .
. . . . . . nos dilectus filius Andreas Wirsing, canonicus ecclesie
sancti Tiburtii monasterii clericorum nun . . . .
. . . . [vole]ntes itaque eidem Andree
premissorum meritorum suorum intuitu gratiam facere specia-
lem unum vel duo . . . .
[qu]orum fructus redditus et proventus, si ipsum unum vel ipso-
rum duorum alterum curatum viginti quinque, si vero [non cu-
ratum] . . . . excederent
ad collationem provisionem presentationem seu quamvis aliam
dispositionem venerabilis . . . .
. . . . . [e]cclesie Pataviensis communiter vel divisim pertinens
seu pertinentia, dummodo ipsorum aliquod canonica . . . . . .
. . . . [sim]ul vel successive va-
carent, quod vel que idem Andreas per se vel procuratorem
suum ad hoc legitime [deputatum] . . . .
. . . . acceptandum seu acceptanda, conferendum
seu conferenda eidem Andree post acceptationem huius[modi]
. . . . preposito de-
cano capitulo canonicis et personis, ne de beneficio seu bene-
ficiis huiusmodi interim . . . .
. . . t acceptare, disponere quo quomodo presumerent ac de-
cernentes extunc irritum et inane, si . . . .
. . . . aliqui super provisionibus sibi faciendis de
huiusmodi vel aliis beneficiis ecclesiasticis in illis par[tibus] . .
. . . . [re]servationem et

1159. [a] Lücke hier und weiterhin infolge der Verstümmelung der Urk.

decretum vel alias quomodolibet sit processum, quibus omnibus preterquam ....
[assec]utione voluimus anteferri, sed nullum per hoc eis quoad assecutionem beneficiorum aliorum ....
.... [com]muniter vel divisim ab eadem sit sede indultum, quod ad receptionem vel provisionem alicuius mi .... [p]rovisionem presentationem seu quamvis aliam dispositionem coniunctim vel separatim spectantibus ....
..... di mentionem et qualibet alia dicte sedis indulgentia generali vel speciali cuiuscunque tenoris ....
.... [quom]odolibet vel differri et de qua cuiusque toto tenore habenda sit in eisdem nostris litteris mentio spe[cialis] ....
ad collationem provisionem presentationem seu quamvis aliam dispositionem episcopi prepositi decani capi[tuli] ....
.... us concedendas. Nos enim tam illas quam presentes effectum sortiri voluimus quacunque con .... [sanc]ti Tiburtii predicte obtinet ac super parrochiali ecclesia in Chulb, Pataviensis diocesis, cuius ....
..... imum vigore presentium aliquod beneficium curatum foret pacifice assecutus, predictam ....
.... [o]mnino dimitterre, alioquin omni iuri sibi in ea seu ad eam quomodolibet competenti cedere ....
.... m nequiret acceptare seu de illo sibi facere provideri decernentes irritum et inane, si secus .... vestrum per vos vel alium seu alios beneficium seu beneficia huiusmodi per vos ut premittitur re .... nt aut cum vacaverit seu simul vel successive vacaverint, cum omnibus iuribus et pertinen[tiis] ....
.... s eum vel procuratorem suum eius nomine in corporalem possessionem beneficii seu beneficiorum .....
.... [fru]ctibus redditibus proventibus iuribus et obventionibus universis integre responderi .... vel quibusvis aliis communiter vel divisim a dicta sede indultum existat, quod interdici su ....
de indulto huiusmodi mentionem contradictores auctoritate nostra

appellatione postpo[sita] . . . .
. . . . . . arum pontificatus nostri anno quarto decimo.

1160.   **1431 December 27, [Göttweig].**

Vermerkcht, das ich brueder Lucas[1] erbellt pin warden zu ainem abbt in die sancti Johannis apostoli et ewangeliste in anno etc. tricesimo secundo.

Notis als Aufschrift auf einem Rechnungsbuche (Sign.: A, XXIV, 4), Papier.

1161.   **[1402—1431.]**

Hanns Prenner, Bürger zu Stain, und Magdalena seine Frau verkaufen mit Handen ihres Burgherrn, des Abtes Petrein [II.] zu Cottbeig dem erbern Stephan dem Weissen, Bürger zu Stain, und Margret dessen Frau ihr Haus zu Stain zunächst den beiden Häusern des Mert des Rasenstamb und des Chúrczen Fridlein, welches 10 Wiener ₰. an sand Michelstag in den Cottbeigerhof zu Stain zinst.*

Siegler: Abt Petrein [II.] zu Cöttbeig als Burgherr mit dem Amtsiegel.

Conc., Perg. Deutsch.

Diese Urk. war als Umschlag eines Urbars verwendet. Der Sieglerkatalog ist nur theilweise angeführt, während das Datum ganz fehlt. — Die chronologische Einreihung ist nur mit Zuhilfenahme der Regierungszeit des Abtes Peter II. möglich.

1162.   **[1402—1431.]**

Abt Peter [II.] und der Convent zu Chotweig stellen Symann dem Juden, dem Sohne des Smêrlein zu Krembs, und dessen Frau einen Schuldbrief über 250 ₰. Wiener ₰. aus, welche sie ihnen in der Nothlage des Stiftes geliehen haben, und welche sie zu den künftigen Ostern in der gleichen Münze zurückzuzahlen haben. Im Falle des Versäumnisses wachsen auf je

---

1160. [1] In nr. 1153 ist derselbe als Cellerar unter den Zeugen angeführt.

1161. * Auch *Cöttbeig*.

1 ℔. ₰. 4 Wiener ₰. als Schaden zu. *Sie verpflichten sich zur Strafe des Einlagers mit einem Knechte in einem Gasthause zu Krembs.*

Siegler: Abt Peter [II.] und der Convent zu Chotweig.
Datum: Geben ze Krembs am nagsten suntag nach dem ostertag (14..).

Orig., Perg. durch Schnitte cassiert u. verstümmelt. Deutsch. Siegel abgefallen.

Betreffs der chronologischen Einreihung vgl. nr. 1161.

1163. [1431 December 27—1432 Jänner 20.]

Vermerkcht, was ich brueder Lucas ausgeben hab auf die confirmacion gegen meinen herren von Passaw und auf all ander ausgeben dasselb a festo sancti Iohannis apostoli et ewangeliste in anno domini etc. tricesimo secundo:[1]
    item domino Pataviensi CC ℔. ₰.,[a]
    item magistro Dietmaro VIII flor.,
    item Iohanni scriptori III flor.,
    item magisto Conrado IIII flor.,
    item domino Conrado et Casparo IIII flor.,
    item ianitori domini episcopi I flor.,
    item ad cancellariam XII flor. LX ₰.,
    item cocis I flor.,
    item camerario Rukchendarffer III ℔. ₰.,
    item Iohanni cantori LX ₰.,
    item Iohann Påler notario III flor.,
    item pro expensis in via ad confirmandum facit XXIIII ℔. XII ₰.

Summa huius facit CCLXXVII flor. XLII ₰.

Vermerk in einem gleichzeitigen Rechnungsbuche, Pap.

1163. [a] Corrigiert aus *C flor.*

[1] Da diese Reise nach Passau behufs Erlangung der Confirmation vor der Reise des Abtes nach Wien an den Hof des Landesfürsten (nr. 1164) angesetzt werden muss, so muss sie in obiger Weise chronologisch bestimmt werden.

1164. [1432 Jänner 20—Jänner 30.]¹

Distributa de eisdem inventis in ostentatione domini abbatis ad dominum principem:

item dem innern turhuetter 1 flor.,
item dem aussern tuerhutter III *β*. ₰.,
item dem hubmeister und dem chanczlêr umb visch feria sexta post oculi² VI lb. ₰.,
item pro expensis ibidem ad Wiennam XI tl. V *β*. XII ₰.

Vermerk in einem Rechnungsbuche (Sign.: A, XXIV, 4), Papier.

1165. 1432 März 30.

Vermerkcht, das ich abbt Lucas gesegent pin warden dominica letare in anno etc. XXXII. et eodem anno fuit festum annunciacionis Marie feria tercia post oculi et annus bisextilis.

Daran hab ich geben dem bischof XXIIII ᵃ guldein, daraus geburdent dem bischof von Passaw II tail und dem beichbischof geburd nûr der drittail.

Item so hab ich dem beichbischof besunder geschankcht VIII guldein.

Item so hab ich in ainer cherczen geopfert III gulden VIII ₰.

Item seinem kapplan, schreiber, kamrer und wagenknecht hab ich geben XXX grass.

Item so hab ich geben umb II new kandel, IIII new hanttûch und umb II semlein laib,ᵇ das ich alles hab opfern muessen, XVIII *β*. XXI ₰.

Item so hab ich dem beichbischof geschankcht ain gulden rinkch für III guldein.

1164. ¹ Die chronologische Einreihung ergibt sich aus der specificierten Rechnung über die Reise nach Wien, welche im Gesammtbetrage mit obiger Summe übereinstimmt, und deren Ueberschrift die Zeit angibt: *Vermerkcht meins herren von Gottweig zerung a dominica post Antonii usque ad feriam quartam ante purificacionem Marie anno etc. XXXII. ad Wiennam.* — ² Dieser Posten war wahrscheinlich infolge besonderer Umstände als Geschenk zur Vergütung besonderer vorausgehender Dienste nachträglich am 28. März 1432 ausgefolgt, hier aber in die Rechnung aufgenommen worden.

1165. ᵃ Folgt getilgt *den.* — ᵇ Folgt getilgt *und V.*

Item dem schreiber, der dy confirmacion und decretum eleccionis hat pronunciert 1 guldein.

Summa huius facit XXXI lb. XI ß. XXVIIII ₰.

Item dabey sind gebesen bey der consecraczen abt Lienhart dyczeit abt zu Melkch, abt Conrad abt zu Altenburkch, abbt Hanns abt zu Sannd Mareinczell, brobst Cristan brobst zu Sannd Pollten. Item et her Georg von Topel, her Wulfing von Liechtenekch, ettleich pharrer und ander erber lêut und burger von Krembs und von Stain.

Item so stet mich das mal mit dem beichbischof, mit den prelåten, mit den herren und mit allen andern gessten auf das mynnist bey XX lb. ₰.

Vermerk (nr. 1160), Pap.

1166. 1432 April 2.

Wolfgáng von Volkênnstôrff verkauft dem erbern Syman dem Volkra, Schaffner zu der Freinstat, und Kathrey dessen Frau, der Tochter des verstorbenen Hanns des Spermays, seine Lehenschaft und alle Gerechtigkeit über eine Hube zu Nydêrn Scheffring und über drei Güter zu Ober Schêffring in der Newnkiricher Pfarre auf der Ypf, welche sie von ihm zu Lehen hatten.

Siegler: (I.) Wolfgáng von Volkênnstôrff und (II.) sein Vetter Wigileys von Volkennstôrf, *mit dessen Willen der Handel geschehen ist,* die erbern Knechte (III.) Wolfgang der Weissenpekch und (IV.) Chûnrat der Chorˆnwûpel.

Datum: geben (1432) an mitichen nach dem suntag, als man singet letare in der vasten.

Orig., Perg. Deutsch. An Perg.-Streifen 4 Siegel.

I. rund (28), grün auf Sch., IV A 2. U.: s. wolfgang · von · volkenstorfer. Gehermelint. — II. beschädigt u. undeutlich, rund (32), ungefärbt, IV C. — III. rund (25), grün auf Sch., IV A 2. U.: s. wolfgang · weyssenpekch. Ein Handelszeichen. — IV. rund (29), ungefärbt, IV A 2. U.: † S. cvnrat · kornbwppel. Ein maskiertes Gesicht.

1167. 1432 [März 23—April 4], Göttweig.

Item Vlricus Pliemergêr, clericus Frisingensis diocesis, supplicavit domino Luce abbati Gottwicensi pro provisione mense volens per eandem promoveri ad sacros clericorum ordines, cui per preces honestorum virorum sic provisum est ista condicione, quod dictus Vlricus Pliemerger prefatis domino abbati totique conventui monasterii Gott(wicensis) fide data promisit ac coram me Iohanne Grueber notario publico et coram testibus se obligavit vellens litteram provisionis facta promocione restituere et ubicumque necessitate videretur familiari, predictis dominis et monasterio semper vellet esse promptus et paratus. Actum feria sexta ante iudica in capitulo monasterii prefati presentibus Nicolao camerario et Iohanne Chray testibus ad premissa vocatis specialiter et rogatis anno etc. XXXII.

Notiz in Cod. D f. 43'.
Die chronologische Begrenzung des Tagesdatums ist ermöglicht durch das der vorhergehenden nr. — Sonntag oculi — und das der nachfolgenden nr. — Freitag vor iudica.

1168. 1432 [April 4—13].

Vermerkcht von der zwaier mut habern, so man jêrleich dem gotzhaus zu Gôtt(weig) abczeucht in den zwain hundert mut habern vogtfueter. Dyesselben zwen mut habern sind dem Geiern ettban gesessen zu Stain von dem von Osterreich aus den egenanten zwen hundert mutten habern gegeben warden, darnach hat ain abt von Gôtt(weig) dem egenanten Geiern diesselben II modii habern ausgeczaigt auf dem hof zu Meirs. Nu sind dieselben zwen mut habern kômen an den Liechtenekcher mit lehenschafft von dem von Osterreich und dye dint man im noch jêrleich von dem hof zu Meirs und werdent jerleich zu hof in den zwain hundert mutten abgeczogen.

Notiz in Cod. D f. 43'.
Die Termini a quo und ad quem des Tagesdatums sind durch das der vorausgehenden nr. — Freitag vor Judica — und das der nachfolgenden nr. — Dominica palmarum — gegeben.

1169. 1432 April 30, Klosterneuburg.

Der Notar Johann Sweigger von Sulcs, Cleriker der Konstanser Diöcese, beurkundet, dass Stephan Grasslag de Holebrunna, *Kleriker der Passauer Diöcese, vor ihm und Propst*

Georg von Klosterneuburg den anwesenden Cristann Pewger von Hädersdorff und den Pfarrer Urban in Stain in dessen Abwesenheit bevollmächtigte, an seiner statt auf die Pfarrkirche zum heil. Martin in Michelpach in die Hand des Abtes Lucas in Chöttwig als des Patrones oder seines Stellvertreters sub forma permutacionis in iure concesse *zu resignieren und im Nothfalle Substituten zu ernennen.*

Datum: Acta sunt hec (1432), indictione decima, die vero Mercurii ultima mensis aprilis, hora quasi nonarum, pontificatus etc. Eugenii etc. pape quarti anno regencie eius secundo in Newburga claustrali Pataviensis diocesis, in domo habitacionis etc. Georii prepositi ibidem monasterii gloriosissime virginis Marie genitricis dei in cenaculo magno iuxta capellam sancti Thome episcopi et martiris.

Zeugen: presentibus venerabili patre domino Georio preposito Neuburgensi ordinis Augustinensis, Nycolao Töckl, civi Newburgensi, Iohanni Lankchamer etc., clericis et laicis Pataviensis et Herbipolensis dycesium."

Orig. (A), Perg. Lat. Notariatszeichen, Unterschrift u. Beglaubigungsformel von der H. d. Urk.-Schreibers; Copie in Cod. C f. 116' (B).

1170.   1432 Mai 19, Wien.

Johann Gwerleich, Doctor der Decrete und Passauer Official in Wien, lässt auf die Bitte des Göttweiger Professen Wolfgang durch seinen Schreiber, den Notar Johann Aichelperger von Neumarkt (de Novoforo), *einen Cleriker der Eichstätter Diöcesc, die Urkunden (Fuchs, Göttweiger Urk.-Buch I in Fontes, 2, LI, nr. 209, 243 u. 341) transsumieren.*

Siegler: der Urkundenaussteller.

Datum et actum Wienne, dicte Pataviensis dyocesis, in domo nostre solite habitacionis (1432), indictione decima, die vero Iune decima nona mensis maii, hora vesperorum, pontificatus etc. Eugenii etc. pape quarti anno eius secundo.

Zeugen: presentibus ibidem venerabili et egregio viro, magistro Erhardo Herrannt de Neunburga, decretorum doctore, ac honorabilibus viris, dominis Henrico Feuchter de Perg,

1169. " A.

Petro Newsidler de Laa, baccalariis in decretis, et magistro Conrado Ortinn͛ de Velden, clericis prefate Pataviensis et Frisingensis diocesis, testibus.

<small>Orig., Perg. Lat. Siegel an rother Seidenschnur, Text, Beglaubigungsformel, Notariatszeichen u. Unterschrift von der H. des Urk.-Schreibers; Copie in Cod. C f. 149' f.</small>

<small>Siegel spitzoval (53:29), roth auf Sch. Abb. bei Hueber, Austria, Tab. 19 nr. 15.</small>

1171.   1432 Juni 18, Göttweig.

Abt Lucas, Prior Peter und der Convent zu Göttweig beurkunden die Rückgabe der von ihrem verstorbenen Abte Peter [II.] dem Abte Hainreich zu Sand Lamprecht im Bisthume Salczburg zur Verwahrung anvertrauten Summe Geldes in Gold, grossem und kleinem Gelde, eines grossen vergoldeten Kreuzes aus Silber und einiger Silbersachen.

Siegler: (I.) Abt Lucas und (II.) der Convent zu Göttweig.
Datum: Geben zu Göttweig an gotzleichnams abent (1432).

<small>Orig. im Arch. des Stiftes St. Lambrecht (nr. 861), Perg. Deutsch. An Perg.-Streifen 2 Siegel.</small>

1172.   1432 Juni 24.

Die Vettern Stephann und Fridreich von Hahenbergk beurkunden, dass ihnen die Leute der Kirchenzeche in der Ramsaw und die Gemeinde daselbst die Güter genant an der Rattenerd dient acht pfenning vogtdienst, chawft von den Hannawern, darnach zway güter ains an dem Obern Hachemperig dient sechs pfenning vogtdinst, und im Nydern Haigraben dient vier pfenning vogtdienst, chauft von horn Petern von Wildegk, darnach zu den Maýrn, dient acht pfenning vogtdienst, chawft von dem Choczstarffer, und der Arthof,[1] dient vier pfenning vogtdienst, *zu rechter Erbvogtei mit den angegebenen Zinsen als Erbvogteizinsen übertragen haben. Falls die Vogtholden auf diesen Gründen* icht wênndel verbarichten auf den grüntten der vogtey, *so fallen sie je zur Hälfte an den Vogt und an die Zeche, des-*

<small>1172. [1] Arthof E.-H., Rotte Gegend Egg, O.-G. Hainfeld.</small>

gleichen auch die fäll. Wenn aber Holden fremder Herren auf der benannten Vogtei überhaupt oder gegen die Vogteileute icht wänndel verbarichten, so fallen sie ganz dem Vogte zu, nach deren Belieben sie einzubringen sind, während Ableite und Anleite dem Zechmeister für die Zeche zufallen. Sind in Landesnoth Steuern auf die Vogtholden zu legen, so geschieht dies durch den Zechmeister und die Zechleute. Wir bekennen auch, daz sy die benantten gûter an uns und unser erben in erbvogtey rechten lassen haben, das ist von der zwayr gûter wegen genant der Hachemperig und der Haygraben, dew in der benant unser ôhem her Peter von Wildegk zu chauffen geben hat und sind seinr manschaft gewesen, dieselb manschaft lehen ist von dem furstentumb ze Österreich, dew uns verlichen ist, und nach denselben gûtern hieten môgen gesprochen nachdem und sy von der herschaft von Österreich Albrechten, herczog ze Österreich etc., damit in die gûter fûrpaser zu der chirichen beleibent.

Siegler: (I.) Stephann und Fridreich von Hahenbergk, der erber Knecht Hanns Watenstainer.

Datum: Geben (1432) an sand Johannstag gotstawfêr ze sunibenten.

Orig., Perg. feuchtfleckig. Deutsch. Von 3 Siegeln an Perg.-Streifen das 1. erhalten.

Vgl. nr. 951 u. 952.

I. rund (25), grün auf Sch., IV A 2. U.: † s. stephan · . . . . bochenberckch. Der Panther.

1173. 1432.

Vermerkcht das ausgeben auf meinen herren den herczogen von steur wegen oder von andern sachen wegen factum in anno etc. XXXII.:

von erst an den ᵃ VII hundert guldein, so an uns angeslagen sind de anno XXXII., haben wir ᵇ an den hundert und LXXV guldein der ersten quart ausgericht LXXXX guldein feria quarta post Scolastice (1432 Februar 13) cum Luca Newnburger;

1173. ᵃ Folgt getilgt *V.* — ᵇ Folgt getilgt *ausgericht.*

item darnach feria quarta post annunciacionem Marie *(März 26)* per Iohannem scriptorem LXXXV guldein, item in secunda* quadragesima* post Pangracii *(Juni 11)* C lb. ₰. percepit celerarius Newnburgensis;

item XLI guldein und I tl. per Iohannem circa festum Iohannis waptiste *(c. Juni 24)*;

item dominica in die Laurencii *(August 10)* per Iohannem ad Wiennam priori de Maurbach C tl. ₰.;

item feria quinta post nativitatem Marie *(September 11)* per Iohannem C guldein ad Wiennam priori de Maurbaco;

item per Iohannem ad Wiennam in prima dominica adventus *(November 30)* domino priori de Maurbaco LX guldein.

Vermerk in einem gleichzeitigen Rechnungsbuche (Sign.: A, XXIV, 4), Papier.

1174. 1433 Jänner 25.

Ulrich Eybesprunner und Walburgis seine Frau pachten von Göttweig dessen Hof zu Königstetten auf sechs Jahre unter angegebenen Bedingungen.

Orig., Perg. rostfleckig. Von 2 Siegeln an Perg.-Streifen das 1. abgefallen; Copie in Cod. C f. 88 f.

Ich Vlreich Eybesprunner und ich Walpurg sein hausfrau bekennen offenleich mit dem brief für uns und all unser erben und tůn kund mēnikleichen allen lêuten gegenburtigen und kunftigen, das uns der erwirdig geistleich herr abbt Lucas abbt unser frawn gotzhaus zu Gŏttweig und der gancz convent gemainkleich daselbs iren hoff zu Kunigsteten genant Gottweigerhoff von besundern gnaden und durch unser trewn dínst willen, so wĩr in und iřm goczhaus erczaigt haben und hinfür auch tůn schullen und wellen, verlassent habent mit aller seiner zugehŏrung, als hernach geschriben stet: von erst allen dínst, es sein phenning hůnr chês air oder gens, wie der genant oder gelegen ist, nichts darinn ausgenummen und darczu alle wanndel, dy bey zwain und subenczk phenning sind; item alle ablait und anlait, was der in den hernach geschriben jaren ge-

---

1178. * Verm. *secund.* — ᵈ Verm. *quadra.*

fallen mügen. Sy habent uns auch darczů verlassen alles das
wismad waid ěkcher pawngěrten und hôlczer, wievil des in
den vorgenanten irn hoff gehôrt, und den weingarten genant
der Ortweingarten, des anderhalb jeuch sind, und uberall nicht
mer. Den egenanten hoff mit aller seiner zugehorung, als oben
geschriben stet, hat uns der egenant geistleich herr abbt Lucas
zu Gôttweig und der convent daselbs recht und redleich ver-
lassen von dem nagstkunftigen liechtmesstag uber sechs gancze
jar in solher maynung, das wir in oder irn nachkômen dy be-
nanten jar darumb phlichtig und schuldig sein dy andern ir
weingěrten, dy seu zu Kunigsteten habent, treuleich ze pawon
zu rechter zeit mit aller arbait und in gůtem paw halden auf
ir aygner gelt und geběrtig sein mit funf petten und pett-
gwantten, so darczu gehôret. Wir schullen auch den ege-
nanten hoff mit aller seiner zugehôrung, als oben geschriben
stet, und besunderleich den Ortweingarten in guetem paw und
ungeêrgert ungeverleich innhaben nuczen und nyessen, wie uns
das am pesten fuegund ist. Wir mûgen auch in den obge-
nanten sechs jaren aus den holczern, so in den vorgenanten
irn hoff gehornt, zimerholcz und prennholcz nemmen, wievil
des wir ungeverleich in den vorgenanten hoff bedůrffen und
jerleich daraus zwelf fueder holcz und nicht mer nach unserm
nucz verkauffen und von demselben gelt ierleich an dem hoff
pessern, was bey drein oder vir tagběrchen daran nottdůrfft
zu wentten sey. Wěr aber, das sy in den egenanten jaren
icht pawen wurden an dem egenanten hoff, darinn sey wir
nichts phlichtig zu gelten. Wir melden auch, das wir dyczeit,
so wir den hoff innehaben, mit allen des goczhaus lêuten und
holden zu Kunigsteten und daselbs bey nichts zu schaffen, noch
ze pieten haben, noch chainerlay infěll tůn schullen noch wellen
ungeverleich, denn als oben begriffen ist. Wir schullen in auch
in dem lesen irm lesmaister, den sy gěn Kunigsteten senndten
selbandern und mit ainem pherd fursehen mit speis alslang,
uncz er ganczleich daselbs můssig wirdet, auf unser aigner
gelt. Wěr aber, das sew selb dahin kěmen, zu welher zeit
und wie offt das im jar geschěch, als offt schullen und wellen
wir sy und ire phěrd mit speis und ander nottdůrfft versargen
ausgenummen visch fleisch und habern, das sy selb ausrichten
und beczallen schullen. Item wir melden auch, ob wir uns
in den vorgenanten sechs jaren mit hausung verrukchen wůrden,

so mugen und schullen seu sich darnach des vorgenanten hofs mit aller seiner zugehorung, wie seu den dyeczeit vindent, underwinden und den widerumb nach irm frumb und nucz verrer verlassen ainem frummen mann, der in darczů fuegleich sey an all unser widerred. Wêr aber, das unser ains mit tod abgieng, ee dy benanten jar ein end hieten, dennoch schol der ander tail, ob er wil, den obgenanten hof innehaben und dabey beleiben in den obgeschriben rechten.* Und wann dy egenanten sechs jar aus sind, so ist in und irm goczhaus der egenanten hof mit aller seiner zugehorung widerumb gancz ledig warden und wir schullen in in dem hoff ligen lassen zway fueder hey ain fueder grůmad und ain fueder strob, ob es zu denselben ausgeunden jaren geberen nnd gebachsen mag. Wir melden auch, ob wir dy obgenanten artikel, so oben geschriben stet, nicht stêt hiellten, wie das uberfaren wůrd, so das von nachtpauren umbsêssen und andern frummen lêuten erchannd wůrd, so mugen seu sich des vorgenanten hoffs mit aller seiner zugehorung wol underbinden an all unser irrung und widerred und dy brief darumb hinfur chain krafft gên einander haben an aller stat ungevêrleich. Und des ze urkund geben wir dem obgenanten geistleichen herren abbt Lucasen abbt zu Gottweig und dem convent daselbs den brief besigellt mit meins obgenanten Vlreichen des Eybesprunner anhangundem insigel, darunder ich mich vorgenante Walpurg sein hausfrau verpind mit mein trewn, alles das war und stêt ze halten, so vor an dem brief geschriben stet. Des ist geczeug durch unser vleissigen pet willen der edell Hanns der Pogschůcz mit seinem anhangunden insigel im und seinen erben an schaden. Geben nach Christi geburd vierczehen hundert jar darnach in dem dreu und dreyskisten jar an sannd Paulstag conversionis.

II. S. d. Hans Bogschüts rund, grün auf Sch., IV A 2 (nr. 1208 S. I).

1175.   **1433 Februar 2.**

Fridreich der Ryedêr, Bürger zu Stain, und Agnes seine Frau beurkunden, dass sie von der Mühle zu Tyemdarff jährlich 3 ₰. 6 ß. Wiener ₰. an bestimmten Tagen in den Hof und

1174. * Folgt ein Auslassungszeichen, welches auch am Rande vermerkt ist.

das Amt des Stiftes Göttweig zu Stain zu zinsen hatten, woran ihnen Abt Lucas zu besserer Zustiftung derselben von jetzt an auf zehn Jahre einen Nachlass bis auf 2 ℔. Wiener ₰. gewährt hat, welche sie zu je 1 ℔. ₰. an sand Georgentag und sand Gilgentag zu zinsen haben, wofür sie die Mühle in gutem Baustande zu erhalten haben. Nach Ablauf derselben haben sie wieder 6 ß. ₰. an sand Georgen- und 3 ℔. ₰. an sand Gilgentag nach den Angaben des Stifturbars zu zinsen. Sie können auch die Mühle verkaufen oder mit einem zustiften, welcher dem Stifte und den Nachbarn passend ist, und haben die Pflichten der anderen Hintersassen desselben. Bei Nichteinhaltung dieser Bestimmungen verfällt die Mühle dem Stifte.

Siegler: für die Urkundenaussteller siegelt (wann wir aygen insigel nicht gehabt haben) (I.) der edel Hans der Kyenast zu Stain, (II.) der erber Veit von Leuben, Bürger zu Stain.

Datum: Geben (1433) an unser frawn [tag]* zu der liechtmess.

Orig., Perg. Deutsch. An Perg.-Streifen 2 Siegel; Copie in Cod. C f. 34'f.
I. rund, ungefärbt, IV A 2 (nr. 1133 S. II). — II. rund (27), grün auf Sch., IV A 2. U.: † S. veit · avf · dem · perig. Ein Berg besetzt mit einer Eiche.

1176. 1433 März 13, Wien.

Herzog Albrecht V. gibt die Lehen- und Mannschaft über benannte Güter zu Gunsten der Zeche an der Kirche zu Ramsau auf.

Orig., Perg. mit einem Risse. Siegel abgefallen.
Unter dem Datum ist von anderer H. u. Tinte vermerkt: *D. dux per se.*
Vgl. nr. 951, 952 u. 1172.

Wir Albrecht etc. bekennen für uns und unser erben und tun kunt offenleich mit dem brief, als die zechleut unser lieben frawn kirchen zu der Ramsaw zway güter, ains an dem Obern Hohemperg und ains in dem Nidern Haygraben gelegen, unser lehenschaft von weilent Petern dem Wildegker zu der zech derselben kirchen zu unser frawn gekauft habent, daz wir vodrist durch gots und auch durch unsers lieben getrewn Stephans von Hohemberg fleissigen pet willen und von sundern

---
1175. * Aus Versehen ausgelassen.

gnaden unsern willen und gunst darczu gegeben und dieselben
güter zu der egemelten zech geaignet haben, dieweil si bey
derselben zech beleibent, und aignen die auch von furstleicher
macht wissentleich in kraft diczs briefs, was wir zu recht daran
aignen sullen oder mugen in solher mass, daz si furbazzer bey
der vorgenanten zech beleiben innzehaben, ze nuczen und ze
niessen, als aignêr güter und lands recht ist. Wir verczeihen
uns auch der manschaft und lehenschaft, die wir darauf haben
gehabt ungeverleich mit urkunt des briefs. Geben zu Wienn
an freytag nach sant Gregorientag nach Kristi gepürd vier-
czehenhundert jar darnach im drew und dreissigisten jare.

1177.   **1433 Mai 5, St. Pölten.**

*Propst Christian, Petrus der Dechant und der Convent des
regulierten Chorherrenstiftes in St. Pölten schliessen mit Abt Lucas,
Prior Peter und dem Convente zu Göttweig einen Conföderations-
vertrag, wonach jeder Priester ihres Stiftes für einen verstorbenen
Professen der letzteren eine Messe zu lesen und die Nichtgeweihten
eine Vigilie zu beten haben, und verpflichten sich, das Fest des
heil. Benedict jährlich mit grösserem Geläute, mit Lichtern und
Schmuck, wie sie an den andern höchsten Festen bei ihnen üblich
sind, zu begehen.*

Siegler: (I.) Propst Christian und (II.) der Convent von
St. Pölten.

Datum: Data in monasterio nostro in Sancto Ypolito die
Martis,[1] que fuit septima mensis maii (1433).

Orig., Perg. Lat. An Perg.-Streifen 2 Siegel.

I. beschädigt, spitzoval (73 : 40), grün auf Sch., U.: . . . .
positi · mon. sancti · ypoliti. Im Wappenschilde 2 aufrechte auswärtsgekehrte
Beile. Am Rv. das Signet rund (17), grün auf Sch. IV A 2. 2 aufrechte
auswärtsgekehrte Beile. Ueber dem Schilde: s. — II. spitzoval, ungefärbt,
II B. Abb. bei Sava, Siegel der Abteien, S. 45 Fig. 19.

1177. [1] Unrichtig, da der 7. Mai auf einen Donnerstag fällt. Da bei An-
gabe des Tages kaum ein Irrthum anzunehmen ist, so setzen wir dement-
sprechend als Correctur den 5. Mai an.

1178. 1433 Mai 22.

Achatius Vickler, Bürger zu Stein, schliesst mit Abt Lucas von Göttweig einen Vertrag wegen seines auf Göttweiger Grund gelegenen Hauses und Kastens.

Copie in Cod. C f. 26 f.

Ich Achǎcz der Vichkler, bůrger zů Stain, bekènn offenleich mit dem brief fur mich und all mein erben und tůn chůnt menichleichen allen lêwten gegenwůrtigen und chůnftigen, alz ich mein vater und unser vorfadern dem erwirdigen geistleichen herren, hern Lucasen abbt unser frawen gǒczhaws zů Gottwey seinem vorfadern daselbs und dem gånczen convent von meinem haws gelegen zu Nidern Stain zůnagst des Chůnczlein und Merten des Angelpekchen bewser von wegen ains gemåurten chasten, der auf iren grůnten gelegen ist, iêrleich in iren hoff zu Stain zů zwain têgen ain phůnt gelts gedient haben nach lawt irer ůrbar und register. Nů hat der vorgenant herr von Gottwey von sůnderen gnaden und durch pet willen erber frumer lêwt mit* mir meinen erben oder wêr das håws hinfur nach mir innehat, die gnad getan, damit daz das vorgenant phůnt gelts hinfur dester stifftleicher lig und davon ewichleich gedient werd, und darumb hat er uns aber irs grůnts zů dem egenanten chasten herczů gegeben ainen fêl* flekch, der gelegen ist hinder irem garten und stösset an ir hǒffmåwr nach lengs ab mit solhen åusgenomen warten, das ich mein erben oder wêr das benant haws und die egenanten[b] ir grůnt nach mir innhat oder besiczet, hinfur ewichleich an alle ablǒsung zů rechtem grůntdienst in irem gǒczhåws und allen iren nachkǒmen iêrleich davon raichen und dienn schullen newnthalben schilling Wienner phenning: von erst von dem egenanten alten chasten, der auf iren grůnten leit, ain halb phůnt Wienner phenning an sand Jorgentag und ain halb phůnt phe* Wienner phenning an sand Mertentag und von dem grůnt, so sew uns yczůnd zu dem egenanten chasten herczů gegeben habent, fůmfczehen Wienner phenning auch an sand Mertentag alles zů rechtem grůntdinst an alle ablǒsung. Wêr aber, das ich egenanter Achacz Vikchler mein erben oder wer daz vorgenant

---

1178. ᵃ Getilgt. — ᵇ Das erste *e* über der Zeile nachgetragen.

håws und die vorgenanten grünt nach mir besiczent oder innehabent zů ainem yeden vorgenanten diensttag nicht dienetten also, daz die egenanten newnthalbem schilling Wienner phenning uber iarsfrist verczógen und nicht gedient wurden, so ist in und irem goczhåws der egenant chasten und grůnt für iren grůntdinst verfallen an alle genad und mügen sich des underwinden an alles gericht für die egenanten newnthalbem schilling phenning ewigs gelts und allen irn frůmb damit hanndeln als mit anderm irem aygen gůt an all unser und menikleichs von unseren wegen irrung krieg und widerred. Auch ist* beredt und betaidingt warden von irer hoffmåwr wegen, das dieselb måwr in und irem góczhaus zugeburen schol und die mawr gartenhalb schullen wir auffueren in der hoch des egenanten chasten. Wêr aber, daz wir auf den egenanten grůnt cheler chêsten chêmer oder ander gemêch icht pawon wurden, so schullen wir dieselb ir hóffmåwr auf unser aygen gelt mawren und auch alz hoch auffueren, als die alt unser chastenmåwr yczůnd stet ungevêrleich und mügen dann wol darauf pawen und darinne zway infallunde liecht gehaben aus irem garten, die in solher hoch steen, daz wir in mit gesicht oder mit andern sachen chainen schaden bringen. Auch mugen wir ain infallundes liecht haben durch ir hoffmawr doch also, daz wir ain vonster darczů haben schullen zů obrist under dem dachsymis, das ainer ellen lang sey und ains gemůnds hoch in der weit hab, damit wir in mit gesicht oder anderen sachen auch nicht geschaden mügen. Ob in aber dannoch schad daraus gieng, daz schůllen und wollen wir oder wêr das haws dieweil innehat, selb wenndten an widersprechen ungevêrleich. Und daz die sach hinfur gancz stêt und unczebrochen beleib, so gib ich obgenanter Achacz für mich mein erben und fur all die, di daz vorgenant haws und die benanten grunt nach mir innehabent oder besiczent, dem obgenanten erwirdigen herren, hern Lucasen abbt unser frawen góczhaws zu Gottwey seinen nachkomen und dem ganczen convent daselbs den brief besigelt mit des erbern Hannsen des Chienast dieczeit gesessen zů Stain anhangunden insigel, den ich vleissigleich darumb gepeten hab, wenn ich aygen insigel dieczeit nicht gehabt hab. Der sach ist auch geczêug durch meiner vleissigen pet willen

---

1178. * Folgt eine undeutliche Tilgung.

der erber Leonhart der Rokchendarffer, burger zů Stain, mit seinem anhanngunden insigel im und seinen erben an schaden, under der baider insigel ich mich verpind mit meinen trewen allez daz wår und stêt zů halten, so vor an dem brief geschriben stet. Der geben ist nach Christi gepůrd vierczehen hůndert iar darnach in dem drew und dreissikesten iar an freitag nach dem heiligen auffarttag.

1179.   1433 Mai 30, Dürnstein.

Propst Johann und der Convent des regulierten Chorherrenstiftes in Tirenstain schliessen mit Abt Lucas, Prior Peter und dem Convente zu Göttweig eine Gebetsverbrüderung und verpflichten sich, nach Verkündigung einer einlaufenden Todesnachricht eines Göttweiger Professen im Capitel die Vigiliae maiores zu beten, die Requiemsmesse nach der Sitte ihres Hauses zu halten und den Namen des Verstorbenen in ihr Todtenbuch einzutragen, während jeder Priester eine Messe zu lesen, jeder nicht geweihte Cleriker 50 Psalmen und die Laienbrüder 100 Vaterunser und Ave Maria zu beten haben.

Siegler: (I.) Propst Johann und (II.) der Convent zu Tirenstain.

Datum in predicto monasterio in Tirenstain (1433) tercio kalendas iunii.

Orig., Perg. Lat. An Perg.-Streifen 2 Siegel.

I. rund, grün auf Sch., III A 1. U.: s. iohīs. ppti. monstēy. canōicor. regulārium. i. tyrnstain. Abb. bei Duellius, Exc., Tab. 29 nr. 378. — II. rund, ungefärbt, II B. Abb. bei Sava, Siegel d. Abteien, S. 27 Fig. 3.

1180.   1433 September 21, Göttweig.

Abt Lucas, Prior Peter und der Convent zu Göttweig schliessen mit Abt Konrad und dem Convente des Benedictinerstiftes in Obernbůrkch in der Diöcese Aquileja eine Gebetsverbrüderung und verpflichten sich, für jeden schriftlich angezeigten verstorbenen Professen das Todtenofficium und Requiem abzuhalten und den Namen in ihr Todtenbuch gemäss dem bis jetzt bestandenen Vertrage einzutragen.

Siegler: (I.) Abt Lucas und (II.) der Convent zu Göttweig.

Datum nostro in monasterio die sancti Mathei apostoli (1433).

Orig., Perg. Lat. Von 2 Siegeln an Perg.-Streifen das 1. abgefallen.
II. beschädigt, spitzoval, ungefärbt. Abb. bei Sava, Siegel d. Abteien, S. 32 Fig. 8.

1181. 1433 November 19.

Jacob auf dem Schachen und Kathrey seine Frau beurkunden, dass ihnen Abt Lucas von Gottweig seine Ansprüche auf eine Geldbusse wegen ihres behausten Gutes auf ihren Gründen am Schachen und der Mühle auf dem Stiftsgrunde am Schachen und wegen ihrer widerwêrtikait *erlassen hat, wogegen sie wie die übrigen Stiftsholden alle Forderungen an Steuer, Robott und Malpfennigen zu tragen haben. Ausserdem haben sie von ihrem Gute auf dem Schachen jährlich 72 ₰. zu sannd Michelstag und 60 ₰. zu Pfingsten zu rechtem Grunddienste an die Oblei zu Gottweig und 12 Malpfennige an das Stiftsamt im Ofenpach und von der Mühle, von der sie der Abt geûrlaubt hat, 5 ₰. an sannd Michelstag zu Grunddienst zu zinsen.*

Siegler: (I.) der edel Georg der Tûnfoytt, (II.) der edel Leb der Gôczestorffer.

Datum: Geben (1433) an sannd Elspetentag.

Orig., Perg. Deutsch. An Perg.-Streifen 2 Siegel; Copie in Cod. C f. 163.
I. beschädigt, rund (26), grün auf Sch., IV A 2. U.: † · s. yorg · · · ·
. . . . Eine linksgewendete Gans (Hanthaler, Rec. II, 298). — II. rund (32), grün auf Sch., IV A 2. U.: † · s. leb · geczenstarffer. Ein schrägrechter Balken, in diesem 3 gestürzte dreifüssige Böcke.

1182. 1433 December 11.

Item Georg der Noppendarffêr hat mit herren hannden, des erwirdigen geistleichen herren, hern Lucasen abbt unser frawn gotzhaus zu Gott(weig) seiner lieben eeleichen hausfrawen Elisabeten der Gwêltlin nach dem lanndesrechten in Osterr(eich) zu margengab vermacht hundert phunt phening auf seinem halben lehen gelegen zu Noppendarff mit aller seiner zugehorung, davon man zu dem vorgenanten gotzhaus gên Gott(weig) dînt jerleich in dy phister daselbs XII meczen waicz, item und XII meczen habern vogtfueter an dy Tûnaw und III} schreibphenning darauf, alles an sand Gilgentag; item und dint XXX denare an sand Michelstag; item und dint fur ein halbs swein LXXX ₰. umb sannd Kathreintag; item IIII chês und darauf IIII ₰.; item ain herbsthůnn und ain halbe vaschinghenn oder dåfur IIII denare; item so schol man jerleich in dy weinfur gên Kunigsteten davon geben und mitleiden alsvil alsvon ainem andern halben lehen zu Noppendarff ungeverleich. Das gemêcht ist beschehen zu Gott(weig) an freitag nach concepcionem Marie in anno etc. XXXIII. Dabey gebesen sind her Georg von *Toppel*,[1] Peter der Rokchendarffer und Wolfgang der Schauhinger etc.

Notiz in Cod. D f. 53'.

1183. 1433—1434.

Vermerkcht der anslag der steur[1] dem herczogen de anno etc. XXXIII. und bringt des jars VIIII hundert guldein:

item von erst haben wir ausgericht LX lb. ₰. circa festum corporis Christi *(c. Juni 11)*;

item und circa festum Michaelis *(c. September 29)* hundert lb. ₰.;

item post festum sancto Katherine *(nach November 25)* C lb. ₰.;

item circa festum s. Mathie *(1434 c. Februar 24)* item priori in Maurbach CXXII lb. IIII β. ₰.;

item feria quinta ante Georium *(1434 April 22)* item priori in Maurbach II^c lb. ₰. facit II^c guldein;

item die sancti Stephani inventionis *(1434 August 3)* dem prior zu Maurbach CXLIII lb. ₰. facit C und LXXXX guldein.

Summa huius facit IX^c guldein.

Vermerk im Rechnungsbuche (Sign.: A, XXIV, 4), Pap.

1182. [1] Dieses Geschlecht benannte sich nach der heute in Ruinen liegenden Burg Doppel südwestl. v. Obritsberg, V. O. W. W. (Becker in Blätter f. Landesk. v. N.-Oe. XV, 71 f.)

1183. [1] Hussitensteuer, welche von den Landständen nebst einem Aufgebote bewilligt wurde (Lichnowsky, Gesch. des Hauses Habsburg V, 260).

1184.   **1434 Februar 15, Seefeld.**

Jorg der Grûnpekch verkauft dem edeln Vlreich dem Alantspeken folgende Objecte, welche von dem Hersoge Albrecht [V.] zu Österreich zu Lehen rühren: ain öde hofmarich gelegen ze Strenczendorf auf der Pulka zenagst ob der prugk, darin geborent drey praytten, der ayne ligt zu Zwingendarf zenagst des Reundleins wysen, die ander gelegen gegen Marttperg bey dem prugklein und ain wysen und ain prayten oberthalb des darfs daselbs ze Strenczendarf, die da rurent an Kadolczer gemerkch; item darnach ain pawngartten ob des dorfs gegen dem Tûrnhof[1] uber pey der Pulka; item ain halbes veldlehen gegen Marttperg wertz und ain wyson gelegen nyderthalb des dorfs; item ain akcher und der zehend darauf daselbens bey der wysen; item zehen schilling pfening gelts gelegen auf zwain halben lehen daselbs zu Strênczendarf, da ycz auf aim siczet die Schellingerinn und der Fuller auf dem andern gesessen ist.

Siegler: (I.) Jorg der Grûnpekch, die edeln (II.) Jorg der Paltterndarffer und Erhart der Dûrr.

Datum: Geben ze Seeueld an montag nach invocavit in der vasten (1434).

      Orig., Perg. Deutsch. Von 3 Siegeln an Perg.-Streifen das 3. abgefallen.

      I. rund (27), grün auf Sch., IV A 2. U.: s. iorig · grvnpekch. Dreimal schrägrechts getheilt. — II. rund (31), grün auf Sch., IV C. U.: . s. iorg · palterndorffer. Zweimal schrägrechts, oben mit dem Zahnschnitte getheilt. Der Stechhelm en face. Cimier: ein geschlossener Flug mit gleichem schrägrechten Balken.

1185.   **1434 März 10, Wien.**

Item auf dy steur und anslag der genanten Basell gehört von allen preleten unsers ordns de anno XXXIII, der bringen scholt zway hundert guldein,[a] hab ich ausgeben und erstatt, das nicht in ist kômen, und auf den wechsel der grass facit in toto XII guldein LXIIII ₰.[b] ad Scotos Wienne feria quarta post letare anno XXXIIII.

      Rechnungsvermerk (nr. 1160).

1184. [1] Türnhof bei Stronsdorf.
1185. [a] Folgt getilgt *aus.* — [b] Stand früher *XI guldein IIII ₰. XXVII ₰*

1186. 1434 März 12, Wien.

Herzog Albrecht [V.] quittiert Abt [Lucas] zum Kottweig den Empfang des Vogtfutters, welches er in seinen Kasten zu Wien jährlich von seinem Stifte zu liefern hat, nach vorausgegangener Verrechnung von Weihnachten 1429 bis Weihnachten 1433.

Datum: Geben ze Wienn an sand Gregorientag (1434).

Orig., Perg. Deutsch. Siegel unter Papierdecke rückwärts aufgedrückt.

Vermerk von der H. des Urk.-Schreibers: *D. dux per Berth. de Mangn. m. hub.*

S. d. Herzoges Albrecht V. roth. Abb. bei Sava, Siegel d. österr. Regenten, S. 138 Fig. 78.

1187. 1434 März 15.

Susanna die Witwe nach Ott dem Oberndarffer von Eckendarff übergibt Abt Lucas und dem Convente zu Göttweig ihren Getreidezehent auf den Reütten, welcher von dem Stifte zu Burgrecht rührte, wie er von alters herstammte und sie ihn mit ihrem Manne innehatte, bedingt jedoch sich, ihrer Tochter Margret und ihrem Eidam Erhart[1] das Nutzungsrecht auf ihrer drei Lebenszeit aus. Nach ihrem Tode fällt derselbe an das Stift, wofür für sie, ihren Mann und ihre Familie jährlich in der zweiten Fastenwoche ein Jahrtag zu begehen ist des nachtes mit ainer vigili aufgepért mit sechs prinnunden cherczen und ausgelëwtt mit vir glokken und des margens mit ainer sellmess und in andern messen, dy des tags in dem goczhaus zu Göttweig gesprochen werdent, schol unser auch gedacht und für uns gebeten werden.

Siegler: für die Urkundenausstellerin (wenn ich aygen insigel nicht gehabt hab) *die erbern* (I.) *Peter der Rokkendarffer und* (II.) *Thamann von Chirchpergkch, Richter zu Göttweig.*

Datum: Geben (1434) an montag nach sannd Gregoritag.

Orig., Perg. Deutsch. An Perg.-Streifen 2 Siegel.

Vgl. nr. 1088 u. 1242.

I. rund (27), grün auf Sch., IV A 2. U.: † s. petri · r[o]kkendorfer. Gespalten und gerautet. — II. ausgebrochen, rund (27), grün auf Sch.

1187. [1] Lauchlaibel (nr. 1242).

1188. **1434 April 7.**

Item feria quarta ante festum sancti Tiburcii in anno XXXIIII hat der erwirdig herr, her Lucas abbt zu Gottweig Stephann dem Frey, burgêr zu Stain, verlihen 1 ieuch weingarten auf der Leytten gelegen bey dem Heherhekch[1] bey Stainebeg also, das er denselben weingarten inne schol haben anstat Wolfgang und Erharten zwayer chinder, dy des Erharten underm mauthaus zu Stain seligen sun sind, davon sy der weingarten anerstarben ist, und ist im der nůr verlihen warden als ainem gerhaben und nicht verrer. Actum die, anno ut supra.

Notiz in Cod. D f. 56.

1189. **1434 April 9, Göttweig.**

Der Notar Johann Grueber von Lincz, Cleriker der Passauer Diöcese, beurkundet, dass Johann der Czinkch, Pfarrer an der Kirche zum heil. Georg in Hofsteten, in seiner Gegenwart freiwillig erklärte, dass er Abt Lucas zu Göttweig und dessen Convente von seiner Pfarre einen Jahreszins von 30 ₰. Wiener ₰. zu leisten habe. Diesen habe ihm aber der verstorbene Abt Peter [II.] mit Zustimmung des Conventes auf seine Bitten für seine dem Stifte geleisteten Dienste auf Lebenszeit bis auf 15 ₰. Wiener ₰. erlassen, von welchen er je die Hälfte zu Georgi und Michaeli zu leisten verspricht.

Datum: Acta sunt hec in domo et habitacione montis Gottwicensis in stuba minori domini abbatis monasterii eiusdem (1434), indictione duodecima, die vero Veneris[1] undecima mensis aprilis, hora prima vel quasi, pontificatus etc. Eugenii etc. pape quarti anno eius quarto.

Zeugen: presentibus ibidem venerabile[a] etc. Conrado, abbate monasterii in Altenburkch, ... ac honestis et discretis viris, magistro Vdalrico dicto Nusdarffer, lapicida et magistro structure in Gottwico prefato, Iohanne Pawngartner et Iohanne

---

1188. [1] Jetzt noch ein Ried nördl. von Aigen, G.-B. Mautern.

1189. [a] Orig.

[1] Der Freitag fällt auf den 9. April, weshalb auch dieses Tagesdatum als Correctur angenommen wird.

Chray armigeris predicti domini abbatis Gottwicensis Pataviensis diocesis testibus.

Orig., Perg. Lat. Siegel an Perg.-Streifen; Copie in Cod. C f. 145′ f.

Vgl. nr. 969.

S. d. Pfarrers Johann Zink rund (29), grün auf Sch., III B 1. U.: s. m. iohis. sink · plbni in hofsteten. Der heil. Georg als Bruststück dargestellt.

1190. 1434 April 24.

Abt Lucas von Göttweig und der Convent verleihen Mathes dem Smid und dessen Frau Kathrey ihren Hof zu Witzleinsdorf zu Leibgeding.

Orig., Perg. An Perg.-Streifen 2 Siegel; Copie in Cod. C f. 244′.

Ich Mathes der Smid von Stêczendarff und ich Kathrey sein hausfraw bekennen offenleich mit dem brief für uns und all unser erben und tûn kund mênichleichen allen lêuten gegenbûrtigen und kûnftigen von des hoffs wegen gelegen zu Wiczleinsdarff,[1] den uns der erwîrdig geistleich herr, her Lucas abbt unser frawn gotzhaus zu Gottweig und der gancz convent gemainkleich daselbs auf leibgeding, das ist auf unser zwen leib und lebtêg verlassent habent mit allen den ekchêrn, so darczu gehoŕnt, und mit zwain wisen ayne genant dy Chatbisen, dy ander gelegen hinderm hoff daselbs also, das wir in und irem goczhaus zu ebenteur gegen demselben irem hoff und leibgeding hinbider gegeben haben fûnfczikch phunt phenning Wienner mûniss, der wir sew gênczleich zu rechter zeit* ausgericht und beczallt haben an all scheden. Darczu so schullen wir in jerleich davon raihen und geben zwen mutt traid, ain kôrn und ain habern und für den zehent daselbs schullen wîr in alle jar geben ain halben mutt choren und ain halben mutt habern alles zu sand Gilgentag an alles verczichen und widerred. Wîr schullen und wellen auch denselben hoff zu veld allczeit in

---

1190. * Ueber der Zeile nachgetragen.

[1] Ein verschollener Ort am Ursprunge des Höbenbaches, südl. bei dem alten gleichnamigen Orte gelegen. Derselbe ist wohl im Laufe der Zeit nach und nach mit Höbenbach verschmolzen und hat dabei seinen Namen und Bestand als selbstständiger Ort eingebüsst.

guetem paw halden und den mit missten tungen akchern und
ander gebôndleicher arbait zu rechter zeit pawen, in welchem
feld das desselben jars nottdûrfft geschiecht, und darinn nichts
verczichen, sunder schullen wir in daraus ain chrautgarten auf
ain halbs jeuch ligen lassen, wo oder in welchem veld oder
prayttem in das gefellt. Denselben chrautgarten schullen wir
in auch mit allem paw fertigen, als yczund vorgemellt ist. Auch
melden wir von des prunns wegen gelegen in dem garten, da-
bey schullen wir in ainen weg zu demselben prunn zu baider
seytt ausczeynen und friden also, das in daraus dem garten
von viech icht schad ergee. Item so ist beredt warden, das
wir den egenanten hoff inne schüllen haben nüczen und nyessen
auf unser baider leib und lebtêg und den zimern und pawon
schüllen mit stuben obeller chêmer stêll und stadell und dye
mit dach pebaren, wo des nôttdûrfft geschiecht ungevêrleich,
darczû sy uns gegeben und erlaubt habent zimerholcz, wes
wir ungevêrleich darczu bedûrffen, das wir das slahen und
nemmen schullen in irem wald, als offt uns des wissentleich
nottdûrfft geschiecht. Auch schullen wir uns in irem maiss,
wo sy den gebôndleich in irem wald habent, jêrleich hûlczen
und fûrsehen mit zwelf fueder prennholcz, das wir selb dar-
aus schullen fûeren ainst oder zwir im jar und nicht mer.
Item wir schullen auch aller robot und steur von des benanten
hoffs wegen ledig und vertragen sein wir alain, wenn ein ge-
mâyno gebondleiche stewr ausgeet von dem lanndesfûrsten, so
schullen wir darinn auch mitleiden als ander gemain holden
des goczhaus zu Gottweig. Wêr aber, das wir ich vorgenanter
Mathes Smid und ich Kathrey sein hausfraw vor chrankchait
oder vor andern leibgeprechen, wie das wissentleich wûrde,
den vorgenanten hoff zu veld und ze darf nicht vermôchten
zu pawen also, das den vorgenanten herren zu Gottweig und
irem gotzhaus der obgenante dinst daran abgieng und ir be-
nanter hoff dabey pawfellig wûrd oder dem nicht nachchêmen,
als vor geschriben stet, so schullen wir in denselben hoff mit
den vorgeschriben zûgehorung und mit allen den eren rechten
pûndten und artikellen und mit allen den dinsten und zehenten,
so vor an dem brief gemellt ist, zustifften doch auf unser baider
leib und lebtêg und nicht verrer mit ainem slechten frummen
mann, der in und irem gotzhaus darczû fûgleich sey ungevêr-
leich. Item sy sind auch von des vorgenanten hoffs und seiner

zugehorung wegen unser recht gwer schermb und furstand für all rechtleich ansprach, als schermbs recht ist in dem land zu Osterreich. Wir melden auch, wann wir egenante zwen leib mit tod abgenn, wie dann der egenant hoff mit seiner zugehorung und mit paw zu feld erfunden wirdet, so ist er in und irem gotzhaus zu Gottweig ledig warden und ob das wêr, das uns der tôd baide begriff, dyweil der traid oder ander nůcz der wisen zu veld stůnden oder an schobern lêgen, ee das sy in den stadel chêmen, so ist dannoch der vorgenant hoff und dieselben nůcz zu feld, wie dy ungevêrleich nach unserm tod begriffen werden, in und irem goczhaus ledig warden und schullen und mügen sy sich dann der underbinden an aller unser erben und frewnt irrung und widerred, es wêr dann, das dyeselben nůcz zu haws in den stadel gebracht und gefůrt wůrden, so sey wir in oder unser erben, ob wir in leben nicht wêrn, des vorgenanten dinsts und zehents phlichtig auszerichten und ze geben, als vor geschriben ist. Dann der ander tail oder ubermass derselben nůcz schol uns oder unsern erben nachvolgen und bey uns beleiben an alle irrung und widerred ausgenumen strobschêb und ain schol allczeit bey dem vorgenanten hoff beleiben und nicht hindan auf ander gründ verrukcht werden angever. Und des zu urkund geben wir ich obgenanter Mathes Smid und ich Kathrey sein hausfraw dem benanten erwirdigen herren, hern Lucasen, abbt unser frawn gotzhaus zu Gottweig, und dem ganczen convent und allen iren nachkomen daselbs den brief besigellt mit des edlen Petern des Rokchendarffêr anhangunden insigel, den wir vleissichleich darumb gebeten haben, darunder wir uns verpinden mit unsern trewen alles das war und stat zu hallten, so vor an dem brief geschriben stet. Der sach ist auch geczeug der edel Lucas Gôdinger zu Chueffaren mit einem anhungunden insigel, den wir auch mit vleis darumb gebeten haben im und seinen erben an schaden. Geben nach Christi gebůrd vierczehen hundert jar darnach im vir und dreyskisten jar an sannd Georgentag.

I. S. d. Peter Roggendorfer rund, grün auf Sch. (nr. 1187 S. I). — II. S. d. Lucas Gödinger beschädigt, rund (28), grün auf Sch., IV C. U.: · s. lvcas . . . . Auf einem Sockel die Statue eines Mannes in Bruststück. Helm. Cimier: eine Krone, hervorbrechend der Rumpf eines Mannes.

1191. 1434 April 24.

Vermerkcht, quod anno domini millesimo quadringentesimo tricesimo quarto in die sancti Georgii Georg Marchart im Werd[1] hat meinem herrn von Gott(weig) willichleich aufgeben und von hannden geantbûrt ain halbs jeuch wismad und haisst Newrêut, das gelegen ist oben hinan an den Werd und das do purkrecht geit gên Gottweig XV ₰. in dy abtey an aller mann vaschangtag. Item so hat Janns Stainperger im Werd auch aufgeben ain jeuch newrêut, das gelegen ist zunagst dabey und das auch gedint hat XXX ₰. in dy abtey an aller mann vaschangtag. Item so hat Fridel Jêkchel der Varster auch meinem herren von Gott(weig) aufgeben und ubergeantbûrt ain jeuch garten und haist dy Schustlin und ist gelegen bey den vorgenanten gêrten, das auch gedînt hat nativitate Christi XX denare und an aller mann vaschangtag VIIIj denare alles in dy abtey gên Gott(weig). Und dy vorgenanten gêrten habent sy darumb ubergeben und in herren hannd geantbûrt, das sy der dinst davon nicht mûgen gedienn, wenn es das wasser alles hat hingebrochen. Wêr aber, das es das wasser wider anschüttet als vor, so sullen sy sich der in chainerlay weis underbinden, sunder mein herr von Gott(weig) mag dyeselb incziehen oder verrer verleihen an alle zuspruch und irrung ungeverleich. Actum die ut supra. Desgleichen hat der Irnfrid ubergeben 1 garten im Werd, haisst der Schustel und ist purkrecht XX ₰. in dy abtey in die nativitatis Christi.

Notiz in Cod. D f. 47'.

1192. 1434 Mai 14.

Item Georg Sûmczel in des Mûstinger hof zu Fûrt hat mit herren handen des erwirdigen herren, hern Lucasen abt unser frawn gotshaus zu Gott(weig) seinem herren Wolfgangen dem Mûstinger in phantbeis gesaczt III fiertel weingarten an

---

1191. [1] Ein eingegangener Ort nördl. v. Palt, einst an der Donau zwischen diesem und Krems gelegen, welcher Ende des 18. Jahrh. infolge der Ueberschwemmungen der Donau verlassen wurde (Blätter f. Landesk. v. N.-Oe. XVII, 113). Der Name ist jetzt noch als Flurname ‚Oberer und Unterer Wörth' nördl. v. Palt erhalten.

der Fuchaw der Töttenbengst zunagst des Hensel Hekeber weingarten umb VI lb. ₰. uncz auf den nagkünftigen sand Mertentag in anno XXXIIII. Actum feria sexta post Pangracii anno ut supra.

Notiz in Cod. D f. 56'.

1193. 1434 Mai 28.

Vermerkcht, quod anno domini millesimo quadringentesimo tricesimo quarto feria sexta ante festum Petronelle hat der erwirdig herr, her Lucas abt unser frawn gotzhaus zu Gottweig aufgenamen von frawn Kunigunden, Lippen von Newndling seligen witib, das gůt daselbs zu Newndling, darauf sy gesessen sind und von dem gotzhaus zu Gott(weig) zu lehen ist, das für LXXI meczen chörn und fur XXV meczen waicz und fur XL metzen habern versessens dinsts und gelibens traids dy vorgenant fraw Kunigund meinem herren von Gottweig also ubergeben hat, das sy noch all ir erben darumb hinfur zu dem vorgenanten gůt noch hincz dem gotzhaus zu Gott(weig) chainen zuspruch haben noch gebinnen schullen noch wellen in chainerlay weis angevêr. So hat der vorgenant herr von Gott(weig) der benanten frawn Chunigunden hinbider durch frůmer lewt pet willen hern Wolfgang von Töpel und Petern des Rokchendarffer, durch gots willen und durch des willen, das sy sich und ire chinder dester pas generen móg, geben IIII lb. ₰. und das vorgenant gůt hat mein herr von Gott(weig) aufgenummen durch pet willen frummer leût. Actum die, anno ut supra.

Notiz in Cod. D f. 57'.

1194. 1434 c. August 3.

Item circa festum sancti Stephani invencionis[1] in anno XXXIIII hat mein herr von Gottweig ausgeben auf dy raiswôgen, so er meinem herren dem herczogen nachgefůrt hat

---

1194. [1] Herzog Albrecht V. liess das Aufgebot der Stände auf den 3. August nach Laa beordern. Am 11. September bestätigt er zu Brünn die Privilegien der mährischen Stände (Lichnowsky, Gesch. des Hauses Habsburg V, 262).

gen Brünn VII wochen nacheinander, dy stent mit zerung, mit zurichten und mit aller nôttdûrfft LXXXIII lb. III ß. XVI ₰.

Rechnungsvermerk (nr. 1160).

1195.   **1434 c. October 13.**

Item in anno etc. XXXIIII in steura semidecime[1] ad Basileam dedit dominus C guldein circa festum Cholomanni.

Rechnungsvermerk (nr. 1160).

1196.   **1434 November 8, St. Andrä.**

Propst Ulrich, Dechant Johann und das Capitel des regulierten Chorherrenstiftes St. Andrä [a. d. Traisen] schliessen mit Abt Lucas, Prior Peter und dem Convente von Göttweig eine Gebetsverbrüderung und verpflichten sich, für jeden verstorbenen Bruder derselben die Vigilien abzuhalten, während jeder Priester drei Messen zu lesen und die, welche keine Priester sind, drei Vigilien zu beten haben. Ausserdem verpflichten sie sich das Fest des heil. Benedict jährlich feierlich zu begehen und den Jahrestag des Bischofes Altmann, des Stifters von Göttweig, am Feste der heil. Afra mit den Vigilien und am Feste des heil. Cyriacus cum officio et commemoracione zu feiern.

Siegler: (I.) Propst Ulrich und (II.) das Capitel von St. Andrä.

Datum nostro in monasterio octavo die mensis novembris (1434).

Orig., Perg. Lat. An Perg.-Streifen 2 Siegel.

I. spitzoval (66:34), grün auf Sch., III B 2 a. U.: † sigillvm · vdalrici · p̄p̄ti · ecclesie · sancti · andree. Der heil. Andreas mit dem Andreaskreuze. Darunter der Wappenschild. Die Segenhand mit Nimbus. — II. spitzoval, ungefärbt, Abb. bei Sava, Siegel der Abteien, S. 26 Fig. 2.

1195. [1] Die Steuer des halben Zehentes von der Geistlichkeit wurde vom Basler Concile dem Herzoge Albrecht V. in seinen Landen 1433 bewilligt und verschaffte ihm die nothwendigen Geldmittel zum Kriege gegen die Hussiten (Lichnowsky, Gesch. des Hauses Habsburg V, 262). 1434 August 4 forderte der Passauer Official Heinrich Baruther zu Wien auf Befehl des Basler Concils für dieses den 20. Theil aller Einkünfte ein, welcher innerhalb 50 Tagen zu bezahlen war (Sitzungsber. d. Wiener Akademie VIII, 552 nr. 16).

1197. **1434 November 10. Basel.**

Das Basler Concil fordert Abt Lucas von Göttweig auf, dem Stifte Baumburg die diesem entrissenen Einkünfte und Rechte in der Pfarre Sitzendorf wieder zu verschaffen.

Orig., Perg. mit einem Risse. Bulle sammt Schnur abgefallen.

Auf der Textseite in der rechten Oberecke ist vermerkt: *p* mit langem Schafte; auf der Aussenseite des Buges von der H. des Urk.-Schreibers mit gleicher Tinte: *L. Kuenlein.* Unter dem Buge links der Kostenvermerk: *V;* rechts von gleicher H. und Tinte: *Cor.* Auf der Rückseite in der rechten Oberecke: *V ß. pro cor.*

Sacrosancta generalis synodus Basileensis in spiritu sancto legitime congregata universalem ecclesiam representans dilecto ecclesie filio .. abbati monasterii Choetwicensis Pataviensis diocesis salutem et omnipotentis dei benedictionem. Significavit nobis dilecti ecclesie filii .. prepositus et conventus monasterii in Bawnburg ordinis sancti Augustini Salczeburgensis diocesis per prepositum soliti gubernari, quod nonnulli iniquitatis filii, quos prorsus ignorant, decimas primicias census redditus legata terras domos possessiones molendina pascua nemora instrumenta publica privilegia litteras auctenticas peccuniarum summas iura iurisdicciones libros calices ornamenta ecclesiastica ac* nonnulla alia bona ad ipsos et parrochialem ecclesiam in Siczendorff Pataviensis diocesis ipsi monasterio canonice incorporatam et quam ipsi per unum ex canonicis dicti monasterii deserviri faciunt, spectancia temere ac maliciose occultare et occulte detinere presumunt non curantes ea prefatis preposito et conventui exhibere in animarum suarum periculum et prepositi ac^b conventus predictorum non modicum detrimentum, super quo iidem prepositus et conventus a nobis remedium oportunum imploraruut, quocirca discrecioni tue per hec scripta mandamus, quatinus omnes huiusmodi occultos detentores decimarum primiciarum reddituum censuum legatorum et aliorum bonorum predictorum ex parte nostra publice in ecclesiis coram populo per te vel alium moneas, ut infra competentem terminum, quem eis prefixeris, ea preposito et conventui predictis a se debita restituant et revelent a[c]^c de illis debitam satisfaccionem impendant et si id

---

1197. ^a ac als Correctur eingeschoben. — ^b Auf Rasur. — ^c Durch einen Riss zerstört.

non adimpleverint, infra alium competentem terminum, quem eis ad hoc peremptorie duxeris prefigendum, extunc in eos generalem excommunicacionis sentenciam proferas et eam facias, ubi et quando expedire videris, usque ad satisfaccionem condignam solemniter publicari. Datum Basilee IIII. idus novembris, anno a nativitate domini millesimo quadringentesimo tricesimo quarto.

1198.   **1435 Jänner 22, Wagram a. d. Traisen.**

Ursula die Gweltlin, die Frau des Fridreich des Hochsteter, vermacht ihrem Manne die 150 tl. ₰. Heimsteuer auf folgenden Objecten, welche ihr von ihrem vorstorbenen früheren Manne Zacharias dem Cherssen als Satz bestimmt wurden: von erst acht holden in dem Ekchental,[1] davon man zwelif phenning dint zu sand Michelstag in das ampt gen Hollenburk zu purkrecht und dint mir dieselben holden zu sand Michelstag achtundsechczigk phenning und zwenunddreissigk emer und dreu virtail most in dem lesen und fumf huener zu faschang; item ain weingarten, des sechs virtail sind, genant der Chogler[2] und dinnt drey phenning purkrecht in das ampt zu Hollenburk; item fumf virtail weingarten genant der Sacz und dinnt drei phenning purkrecht in das ampt zu Hollenburk; item ain sacz gelegen auf dem feld pey der Peunnt[3], des sechs virtail sind, und dienndt drey phenning in das ampt gen Hollenburk zu purkrecht; item newn ieuchhart akcher genant die Praittn und stossent an das kreucz an dem Marichweg, die da dienndt zehen emer wein in das ampt gen Hollenburk, und dint man mir dreiczehenthalben emer wein herwider in den achker von den weingerten, die aussen umb den akcher liegen, *laut des ihr von Zacharias dem Cherssen darüber ausgestellten Satzbriefes. Diese Heimsteuer fällt erst nach dem Tode beider an ihre Kinder, wenn nach ihrem Tode keine Kinder vorhanden sind, an ihren Mann und nach dessen Tode erst an ihre nächsten Verwandten. Die Verwandten des Zacharias des Cherssen haben das Recht, den Satz jährlich zwischen Weihnachten und Pfingsten um 150 tl. ₰. auszulösen, welche nach dem Rathe der beiderseitigen Verwandten neuerdings anzulegen und ihrem zweiten Manne verschrieben sind.*

1198. [1] Eine jetzt eingegangene Ansiedelung bei Hollenburg. — [2] Kogel, Ried südöstl. v. Hollenburg. — [3] Point, Ried südöstl. v. Hollenburg.

Siegler: *für die Urkundenausstellerin siegeln* (wen ich diezeit gegraben insigel nicht enhet) die edeln Wolfgang Schauchinger und Hanns der Freuntshauser; der erber Michel Jungerman, Kastner zu Hollenburk.

Datum: Geben zu Wagram an sand Vincencentag (1435).

Orig., Perg. Deutsch. 3 Siegel abgefallen.

Die Art und Weise, wie diese Urk. in das Göttweiger Archiv gelangte, wird durch ein Indorsat von späterer H. erklärt: *Ein sendbrif, den abbt Konrad von Altenburk herrn Wolfgang abbt auf dem Gottwey gesant hat von der handlung wegen wein und traid in Kottweigerhoff zu Stain, wie es von aller ist herkommen.*

1199.   **1435 Februar 21.**

Hanns der Holczêr, Mauthner zu Stain, verkauft mit Handen seines Grundherrn, des Abtes Lucas zu Gottweig, dem beschaiden Paull dem Hawgen, Bürger zu Mauttaren, sein behaustes Lehen zu Mauttaren zunagst der rinkchmaur an den türn an ainem taill und Chunraden des Glatz an dem andern taill, *von welchem jährlich 12 Schnittpfennige an sand Margretentag an die Abtei zu Gottweig, 20 Metzen Vogthafer an die Tünaw und 6 ₰. darauf um sand Gilgentag zu zinsen sind.*

Siegler: (I.) Abt Lucas zu Gottweig, (II.) der erber Taman von Chirchperg, Richter des Stiftes zu Gottweig.

Datum: Geben (1435) an montag vor sand Mathiastag.

Orig., Perg. Deutsch. An Perg.-Streifen 2 Siegel.

I. zerbrochen, rund (35), roth auf Sch., IV A 2. U.: † sigillum · luce · abbatis · in Got[t]wico. — II. beschädigt, rund (32), grün auf Sch., IV A 2. U.: [s.] thaman · von · chirichperk. Ein Pfahl, in dessen Mitte ein Faden.

1200.   **1435 März 9.**

Vermerkcht, das mein herr abbt Lucas unser frawn gotzhaus zu Gottweig die zehent zu Oberaw,[1] ze Nideraw[1] und zu den Höfen[2] gelegen in Haindarfer pharr verlihen hat in purk-

---

1200. [1] Zugrundegegangene Ortschaften, von welchen als Zeuge des ehemaligen Bestandes nur mehr Mitterau existiert. Sie sind zweifellos an der Pielach in der Nähe von Mitterau zu suchen. — [2] Höfing nördlich von Gereresdorf.

rechtsweis der erbern frawn Elspeten, Hansen des Chieler zu Wilhalmsburkch seligen witiben, und allen iren erben an mitichen in der ersten vastbochen in anno etc. XXXV von denselben zehent man jerleich dint in der ersten vastbochen dem gotzhaus zu Göttweig VI meczen pön.

Notiz in Cod. D f. 63'.

1201.   **1435 April 1, Wien.**

Herzog Albrecht V. von Oesterreich bestätigt auf die Bitte des Pfarrers Johann von Rosenaw zu Kulb die wörtlich inserierten Urkunden nr. 166 u. 369 (Göttweiger Urk.-Buch I, in Fontes LI, nr. 166, 369).
Siegler: der Urkundenaussteller.
Datum Wienne prima die mensis aprilis (1435).

Orig., Perg. Lat. Siegel an Perg.-Streifen.
Rechts unter dem Texte ist von anderer Tinte vermerkt: *D. dux in consilio.*
S. d. Herzoges Albrecht V., roth auf Sch., Abb. bei Sava, Siegel d. österr. Regenten, S. 138 Fig. 78.

1202.   **1435 April 5.**

Item Margret, Hannsen des Varster hausfraw zu Stain, hat mit herrn hand des erwirdigen geistleichen herrn, hern Lucasen abbt zu Gottweig irem lieben vatter Chûnraden dem Glacz zu Mauttarn ledichleich ubergeben von ains widerwechsel wegen ain halbs lehen gelegen zu Mauttarnn zunachst dem Chreussen, davon man jerleich dint VI snitphenning an sand Margretentag in dy abtey gên Gott(weig) und X meczen habern vogtfueter an dy Tûnaw und drey phenning darauf umb sand Gilgentag, also das er dasselb halb lehen inn schol haben nuczen und nyessen und allen seinen frumb damit schaffen als mit anderm seinem aygen gut an mein und meiner erben irrung und widerred ungeverleich. Actum feria tercia post iudica anno etc. XXXV.

Notiz in Cod. D f. 48'.

1203.   **1435 April 5.**

Item feria tercia post iudica Chunrad Glacz zu Mauttarnn hat seiner hausfraun Clara ledichleich gegeben ain halbs jeuch weingarten gelegen zu Talarnn in der Pewnt zunagst des Tyemeins weingarten, davon man dint ain helbling zu purkrecht in des Knewssleins lehen zu Talarnn an sand Michelstag also, das sy denselben weingarten inn schol haben nuczen und nyessen und allen iren frumb domit schaffen mit verseczen verkauffen schaffen machen und geben, wemb sy wil, wie ir das am pesten füegt, an all mein und meiner erben irrung ungevêrleich. Actum ut supra anno etc. XXXV.

Notiz in Cod. D f. 48'.

1204.   **1435 April 12, Göttweig.**

Abt Lucas von Göttweig ersucht den Propst Georg [I.] von Klosterneuburg, ihm durch den Ueberbringer dieses Briefes mitzutheilen, was er und die anderen Prälaten betreffs der vom Bischofe [Leonhard] von Passau auf den Sonntag Misericordias domini *nach Passau berufenen Synode, zu welcher auch er berufen sei, zu thun beabsichtigen und ob der Landesfürst die Theilnahme an derselben gestatte.*

Datum nostro in monasterio feria tercia post palmarum (1435).

Sitzungsber. d. Wiener Akademie VIII, 564 nr. 20 nach d. Orig. auf Pap. im Arch. des Stiftes Klosterneuburg. Lat.

1205.   **1435 April 24.**

Nicklas und Haincz die Wálcken verzichten für sich, ihre Frauen, ihren Vater Lienhart und ihren Bruder Peter die Wálcken im Ausgleichswege gegen eine entsprechende Entschädigung auf alle Forderungen, welche sie an Martein von Lawterpach, Propst zu Ŭtter, und dessen Frau und an das Gut zu Fawchten, auf welchem ihr Vater gesessen war, von Baurechts wegen zu haben vermeinten.

Siegler: der erber Óntonÿ Peninger.

Zeugen: der sach taydinger und pett umb das insigel sein zewgen dy erbergen und weysen Herman Chulmer dyzeit richter zw Vtter, Vlreich Pening, Vlreich Streisperg.

Datum: geschechen (1435) an sand Jorgentag.

Orig., Perg. Deutsch. Siegel an Perg.-Streifen.

S. des Anton Peninger rund (27), grün auf Sch., IV A 2. U.: ' sigel · anton · penig. Ein Handschuh (Fäustling).

1206.   **1435 Juni 20, Basel.**

Das Basler Concil beauftragt die Bischöfe von Olmütz und Raab und den Abt von Obernburg, das Stift Göttweig vor ungerechten Auflagen und Eingriffen in dessen Eigenthum seitens weltlicher Gewalthaber zu schützen.

Orig., Perg. An einer Hanfschnur die Bleibulle; Copie in Cod. C f. 353.

Auf der Textseite ist in der Mitte des oberen Randes vermerkt: *Ascultatum*; am rechten Seitenrande: *Id.*; auf dem Buge rechts von der H. und Tinte des Textschreibers: *Jo. Freudenberger*; unter dem Buge links der Monatsvermerk: *Jun*; der Kostenvermerk weiter einwärts: $\frac{\overline{V}}{\frac{X}{X}}$. Auf der Rückseite der Registraturvermerk; darin von gleicher H.: *N. Tiburtin* '; in der Mitte des unteren Randes: *H. Raiscop*; in der rechten unteren Ecke: *Jo. de Dyck*. — Vgl. nr. 1213.

Sacrosancta generalis synodus Basiliensis in spiritu sancto legitime congregata universalem ecclesiam representans venerabilibus Jauriensi[1] et Olomucensi[2] episcopis ac dilecto ecclesie filio . . abbati monasterii in Obernburg[3], Aquilegiensis diocesis, salutem et omnipotentis dei benedictionem. Ad compescendos conatus nepharios perversorum, qui personas et loca ecclesiastica super bonis et iuribus suis offendere ac multiplicibus perturbare molestiis non verentur, tanto magis per sacrum decet generale concilium oportuno remedio provideri, quanto per amplius turbationes huiusmodi et molestie in divine maiestatis offensam necnon ecclesiastice libertatis redundare dispendium dinoscuntur. Dudum siquidem cum in diversis mundi partibus consules

---

1206. [1] Clemens II. (1423—1437). — [2] Cunczo (Konrad) v. Zwola 1431 Jänner 10—† 1434 Aug. 4 (Eubel, Hierarchia, S. 394 u. Gams, Series, S. 298). — [3] Konrad (nr. 1214).

civitatum et rectores necnon alii, qui potestatem habere videbantur, tot onera frequenter imponerent ecclesiis, ut deterioris conditionis factum sub eis sacerdotium videretur, qua sub Pharaone fuisset, qui legis divine notitiam non habebat quique omnibus aliis servituti subactis sacerdotes et possessiones eorum in pristina libertate dimisit et de publico eis alimoniam ministravit, in concilio Lateranensi ecclesie immunitati providendo sub anathematis districtione prohibitum extitit, ne consules rectores aut alii predicti ecclesias et viros ecclesiasticos talliis seu collectis aut exactionibus aliis aggravare presumerent transgressores et fautores eorum recipiendo anathematis sententie subiacere, donec satisfactionem impenderent competentem, et etiam deinde in generali concilio edictum fuerit, quod si episcopi forte simul cum clericis, etiamsi tantam necessitatem vel utilitatem inspicerent, ut absque ulla coactione ad relevandas communes utilitates vel necessitates, ubi laicorum non suppeterent facultates, subsidia per ecclesias laicis ducerent concedenda minime super hoc consulto Romano pontifice, concessiones et sententie, que a talibus vel de ipsorum mandato forent promulgate, essent irrite et inanes, nullo iniquo tempore valiture ac etiam in ipso generali concilio decretum extitit illum, qui infra tempus sui regiminis propter fractionem constitutionum vel sanctionum huiusmodi sustineret anathema, tanquam post illud non esset, ad satisfactionis debitum compellendus necnon ipsius successorem, qui non satisfaceret infra mensem, manere ecclesiastica censura conclusum, donec satisfaceret competenter, cum succederet in onere, qui substitueretur in honore. Postmodum vere felicis recordationis Honorius papa III. attente considerans, quod quondam Fredericus secundus olim Romanorum imperator tunc sub obedientia et devotione sancte Romane ecclesie persistens ad laudem eiusdem ecclesie et sacri decus Romani imperii cupiens, ut expurgatis quorundam erroribus et iniquis statutis penitus destitutis de cetero ecclesie et ecclesiastice persone plena vigerent quiete et secura libertate gauderent, ac pie et iuste attendens, quod quorundam perversorum iniquitas adeo habundaverat, ut non dubitarent contra ecclesiasticam disciplinam et sacros canones statuta sua confringere adversus ecclesiasticas personas et ecclesiasticam libertatem edictali lege huiusmodi statuta iniqua irritaverat et preceperat irrita nuntiari et omnia statuta et consuetudines, que civitates et loca potestates vel consules aut quecunque alie persone contra libertatem ecclesie vel personas ecclesiasticas huiusmodi edere aut servare temptarent contra canonicas vel imperiales sanctiones de ipsorum capitularibus infra duos menses post ipsius legis publicationem penitus aboleri facerent et si de cetero talia attemptarent, illa ipso iure decrevit esse nulla et eos sua iurisdictione privatos necnon locum, ubi talia deinceps presumpta fuissent, banno mille marcharum auri fisco imperiali preceperat subiacere, potestates vero consules statutarii scriptores statutorum predictorum necnon consiliarii locorum ipsorum, qui secundum statuta et consuetudines memmorata iudicarent, extunc essent ipso iure infames, quorum sententias et actus legitimos statuerat aliqualiter non tenere quodque si per annum prefatarum constitutionum inventi forent contemptores, bona eorum per totum suum imperium mandavit impune ab omnibus occupari salvis nichilominus aliis penis contra tales in eisdem generalibus conciliis promulgatis. Et insuper voluit idem tunc imperator, quod nulla communitas vel persona publica seu privata collectas exactiones angarias vel perangarias ecclesiis vel aliis piis locis aut ecclesiasticis personis huiusmodi imponere seu invadere ecclesiastica bona presumeret, quod si secus faceret et requisita ab ecclesia vel imperio huiusmodi emendare contemneret, tripliciter refunderet et nichilominus banno imperiali subiaceret, quod sine satisfactione debita nullatenus remitteretur. Statuerat insuper, quod quecunque communitas vel persona per annum iu excommunicatione propter libertatem ecclesie violatam persisteret, ipso iure similiter dicto banno imperiali subiaceret, a quo nullatenus extraheretur nisi prius ab ecclesia benefitio absolutionis obtento. Et insuper ordinaverat, ut nullus ecclesiasticam personam in criminali questione vel civili ad iudicium seculare trahere presumeret contra easdem canonicas sanctiones et constitutiones imperiales, quod si secus faceret, actor a suo iure caderet et iudicatum non teneret et iudex foret extunc iudicandi auctoritate privatus quodque iudices temporales, qui clericis et personis ecclesiasticis iustitiam denegare presumerent, tertio requisiti suam iurisdictionem amitterent, constitutionem ipsam de consilio etiam fratrum suorum, sancte Romane ecclesie cardinalium, qui tunc erant, auctoritate apostolica approbans et confirmans ipsam mandavit inviolabiliter observari necnon statutarios et scriptores ac violatores predictos excommunicatos eadem auctoritae nuntiari. Et deinde ad audientiam dive memorie Caroli quarti etiam Romanorum imperatoris semper augusti deducto, quod nonnulli seculares persone in potestatibus et officiis publicis constitute videlicet duces marchiones comites barones et alii domini temporales necnon consules civitatum opidorum villarum et locorum rectores in diversis provintiis eiusdem imperii dei timore postposito statuta singularia et iniquas ordinationes motu proprio et de facto contra ipsas personas ecclesiasticas et ecclesiarum libertates et eorum privilegia considerant illisque de facto et publice utebantur contra canonicas et legitimas sanctiones, utpote quod nulla bona temporalia in potestatem ecclesiasticam transferrentur et ne clerici in sacris ordinibus constituti ad agendum et testificandum in civilibus et maxime in piis causis aliquatenus admitterentur quodque excommunicati laici et publice denuntiati in civili foro minime repellerentur. Et insuper predicti domini temporales consules et rectores per secularem potestatem res et bona clericorum occuparent arrestarent et oblationes Christi fidelium minuerent atque restringerent, exactiones et tallias indebitas de bonis et redditibus ecclesiarum exigerent et extorqueront, possessiones ecclesiarum et personarum earundem devastarent incendiis et rapinis, contractus in clericos et laicos factos legitime ad libros civitatum villarum et locorum predictorum inscribere et sigillare recusarent donataque et legata ad fabricas et ecclesiarum structuras contra prelatorum voluntatem et aliorum, quorum intererat, temere usurpare presumerent ac in fraudem et odium clericorum de bonis etiam et rebus eorundem clericorum, que non causa negotiationum, sed pro eorum propriis usibus per eorum terras ducebant seu duci faciebant, thelonium exigere et recipere non verebantur et confugientes ad ecclesias et earum cimiteria inde extrahere contra canonicas et imperiales sanctiones huiusmodi presumpserant et presumebant. Idem Carolus imperator tanquam christianissimus princeps volens in premissis providere de remedio salutari etiam de quorundam ducum principum comitum baronum fideliumque aliorum sacri imperii sepedicti consilio, auctoritate imperiali quecunque statuta ac consuetudines predicta tanquam per canonicas et civiles sanctiones expresse reprobata cassavit irritavit et anullavit ac cassa irrita nulliusque esse voluit roboris vel momenti precipiens sub imperialis banni pena universis et singulis principibus et dominis temporalibus consulibus potestatibus et aliis in officiis publicis in eodem imperio constitutis, quatinus extunc ipsorum statuta et ordinationes, sicut in preiudicium ecclesiastice libertatis edita fuerant, omnino revocarent et de luce tollerent quodque secundum ea non iudicarent amplius nec sententias dictarent aut eisdem in iudicio vel extra iudicium quomodolibet pro se et contra eandem ecclesiasticam libertatem potirentur. Pronuntiavit insuper et eadem decrevit auctoritate, quod quicunque laicus cuiuscunque status aut conditionis existeret, ausu sacrilego et proprie temeritatis audacia sacerdotem vel clericum secularem vel religiosum diffidaret proscriberet captivaret spoliaret occideret mutilaret aut in carcere detineret vel huiusmodi maleficia perpetrantes scienter receptaret vel eis favorem prestaret, preter penas a sacris canonibus et legalibus sanctionibus in tales inflictas eo ipso redderetur infamis et omni honore privatus nec ad placita vel consilia nobilium admitteretur quovis modo hortans insuper in domino et requirens ecclesiasticos prelatos in illis partibus, in quibus committerentur talia, constitutos, ut legem imperialem huiusmodi per eorum ecclesias et synodos publicarent, ne transgressores huiusmodi per simulatam ignorantiam suam valerent in hac parte malitiam excusare, prout in constitutionibus et sanctionibus conciliorum et Honorii predictorum ac imperialibus prefatis plenius continetur. Cum autem sicut lamentabili querela dilectorum ecclesie filiorum . . abbatis et conventus monasterii beate Marie Cotwicensis ordinis sancti Benedicti Pataviensis diocesis nuper accepimus, nonnulli principes duces comites barones et alie seculares potestates earundem constitutionum et sanctionum canonicarum et legalium forsan ignari contra ipsas ab abbate et conventu predictis communiter vel divisim forsan tallias et gabellas ac alias exactiones illicitas hactenus extorserint et adhuc extorquere nitantur ac etiam bona abbatis et conventus predictorum invaserint arrestaverint occupaverint detinuerint et suis usibus applicaverint necnon occupare invadere arrestare detinere et eisdem suis usibus applicare similiter de facto presumant in animarum suarum periculum necnon abbatis et conventus predictorum non modicum preiudicium atque damnum, nos abbati et conventui predictis in premissis oportune providere volentes discretioni vestre per hec nostra scripta in virtute sancte obedientie districte precipiendo mandamus, quatinus vos vel duo aut unus vestrum per vos vel alium seu alios abbati et conventui predictis contra quoscunque transgressores et violatores constitutionum et sanctionum earundem, cuiuscunque gradus dignitatis et excellentie fuerint, efficacis defensionis auxilio assistentes non permittatis eos contra canonicas et legales sanctiones et constitutiones huiusmodi indebite molestari necnon easdem constitutiones, ubi et quando expedire videritis, solemniter publicantes faciatis transgressores et violatores huiusmodi, si et prout iustum fuerit ac ubi et quotiens expedierit, tamdiu excommunicatos et anathematizatos publice nuntiari, donec ab earundem talliarum collectarum impositionum et quarumlibet extorsionum noonon bonorum abbatis et conventus predictorum invasione arrestatione occupatione detentione et applicatione omnino desistant necnon etiam efficaciter restituant eisdem abbati et conventui occasione premissorum per eos lesis et gravatis tallias gabellas et exactiones ipsas ac etiam bona abbatis et conventus predictorum arrestata occupata detenta et applicata ipsis aut que per se vel alios illo pretextu quomodolibet receperunt, ymo verius temere et illicite usurparunt, a se libere omnino relaxent ac in manibus vestris iuraverint, quod de cetero talia non comittant et ea committentibus non prestent auxilium consilium et favorem contra dictores per censuram ecclesiasticam et alia iuris oportuna remedia compescendo invocato etiam ad hoc si opus fuerit auxilio brachii secularis. Ceterum si forsan huiusmodi transgressorum aut violatorum vel ea fieri mandantium ipsisque consentientium seu dantium illis per se vel alios directe vel indirecte publice vel occulte auxilium consilium vel favorem presencia pro monitionibus et requisitionibus per vos de ipsis faciendis tute secure vel commode haberi nequiret, nos vobis monitiones et requisitiones huiusmodi ac citationes quaslibet per odicta publica locis affigenda publicis, de quibus sit verisimilis coniectura, quod ad notitiam dictorum citatorum et monitorum pervenire valeant, faciendi plenam et liberam concedimus tenore presentium potestatem volentes, quod monitiones requisitiones et citationes huiusmodi perinde ipsos citatos requisitos et monitos, ut premittitur, artent ac si eis facte et insinuate presentialiter et personaliter extitissent, non obstantibus tam pie memorie Bonifacii pape VIII, quibus cavetur, ne aliquis extra suam civitatem vel diocesim nisi in certis exceptis casibus et in illis ultra unam dietam a fine sue diocesis ad iudicium evocetur seu ne iudices extra civitatem vel diocesim, in quibus deputati fuerint, contra quoscunque procedere aut alii vel aliis vices suas committere seu aliquos ultra unam dietam a fine diocesis eorundem trahere presumant, dummodo ultra duas dietas aliquis auctoritate presentium non trahatur ac de personis ultra certum numerum ad iudicium non vocandis, qua aliis constitutionibus apostolicis contrariis quibuscunque aut si aliquibus communiter vel divisim a sede apostolica indultum existat, quod interdici suspendi vel excommunicari aut extra vel ultra certa loca ad iudicium evocari non possint per litteras non facientes plenam et expressam ac de verbo ad verbum de indulto huiusmodi mentionem. Datum Basilee XII. kalendas iulii anno a nativitate domini millesimo quadringentesimo tricesimo quinto.

1207. **1435 Juli 7.**

Kathreÿ, die Frau des Hanns des Stegêr und Tochter des verstorbenen Chûnrat des Schirmêr, verschreibt mit Zustimmung ihres Bruders Rûdolf des Schirmêr, Pfleger zu Glêwss,[1] *ihrem Manne drei Aecker aus ihrem Hofe zu Hergêrsteten genannt die Hofstetakchêr, je einen in jedem Feld, von welchen* der erwirdigen stift sand Margrethen goczhaws ze Ardakchêr in chlastrêrpharr daselbs gelegen *jährlich 60 Wiener ₰. zu dienen sind, und ihre halbe Fahrhabe mit der Bestimmung, dass beide dieselben Aecker bei Lebzeiten miteinander nutzniessen. Im Falle ihres früheren Todes fallen sie an ihren Mann und erst nach dessen Tode an ihren Bruder Rûdolf den Schirmêr und dessen Erben.*

Siegler: (I.) Rûdolf der Schirmêr, die edeln (II.) Rennbartt der Chiennast und (III.) Wartholome der Stephansharder.

Datum: Geben (1435) des phincztags nach sand Vlreichstag.

Orig., Perg. feuchtfleckig. Deutsch. An Perg.-Streifen 3 Siegel.

I. rund (26), grün auf Sch., IV A 2. U.: † s. rudel · der · schirmer. Ein Baum (?). — II. beschädigt, rund (31), grün auf Sch., IV A 2. U.: [† s]igillvm. renwart · chyenast. Geviertet, im 1. u. 4. Quartier ein Stern. — III. rund (28), grün auf Sch., IV A 2. U.: † s. wartholome · stephansharder. Ein Apfelbaum.

1207. [1] Von der Ruine Gleiss, O.-G. Sonntagberg sind nur mehr geringe Spuren erhalten (Topographie v. N.-Oe. III, 456).

1208.
1435 Juli 18.

Hanns der Pogschŭcz, Pfleger zu Nidern Rênna, und Anna seine Frau beurkunden, das Abt Lucas und der Convent zu Gottweig ihrem Sohne Vlreich und ihren zwei Töchtern Elena und Wenndlein auf Grund des Kaufrechtes ihren Hof zu Chalchgrüeb in der Herrschaft zu Nidern Rênna zunächst der Hofstätte Wernharts des Sohnes des Pair, welchen sie von Hanns von Chalchgrueb miteinander gekauft haben, auf deren drei Lebenszeit zu Leibgeding verliehen hat. Von demselben sind in den Göttweiger Stiftshof zu Nidern Rênna jährlich 1 ℔. ₰. an sand Michelstag, 13 Metzen Hafer, 24 Hühnerpfennige und 10 Käse à *im Werte von 1 ₰., ferner 22 Metzen Vogthafer an* dem schaff ze messen *an die Tŭnaw und auf je 1 Schaff 9 ₰. und dem Vogte 6 Metzen Hafer nach Tirnstain zu zinsen, ausserdem sind jährlich* drey robott *in den Hof zu Nidern Rênna zu leisten. Diesen Zins haben ihnen Abt Lucas und der Convent auf 1 ℔. ₰. an* sannd Michelstag, 14 Metzen Vogthafer *an die* Tŭnaw, *9 ₰. darauf und 6 Metzen Hafer dem Vogte zu Tirnstain geringert, wogegen sie den Hof baulich und stiftlich zu legen und zu Früchten zu bringen haben. Von dem Erträgnisse der Felder fällt der dritte Theil des Zehents an das Stift. Die drei Beliehenen sind berechtigt, mit Zustimmung des Abtes und Conventes mit dem Hofe auf Lebenszeit zu schalten. Nach deren Tode fällt er an die nächsten Verwandten, welche dann den alten Zins zu leisten haben. Falls sie ihn aber nicht leisten wollen, haben sie denselben mit einem gleichen Manne, welcher dem Stifte passend ist, zuzustiften.*

Siegler: (I.) Hanns der Pogschŭcz und die edeln unser lieber frewnt (II.) Vlreich Eybesprumêr und (III.) Andre der Herrant.

Datum: Geben (1435) an montag nach sand Margretentag.

Orig., Perg. feuchtfleckig. Deutsch. An Perg.-Streifen 3 Siegel; Copie in Cod. C f. 16′ f.

I. rund (28), grün auf Sch., IV A 2. U.: s. iohans · pogschŭts. Ein schrägrechts liegender Bogen. — II. rund (34), grün auf Sch., IV C. U.: s. vlreich . eibesprvner. Schild abgeb. bei Hanthaler, Rec. I, T. 30 nr. 20. Stechhelm en profil. Cimier: die gemeine Figur des Schildes. — III. rund (30), grün auf Sch., IV A 2. U.: s. andre · herrant. Zwei gestürzte von einander abgekehrte Stierhörner.

1209.   **1435 Juli 18.**

Abt Lucas und der Convent zu Göttweig verleihen den Hof zu Chalchgrúeb an Hanns den Pogschúczen und Anna seine Frau für ihren Sohn Vlreich und ihre Töchter Elena und Wenndlein auf deren drei Lebenszeit zu Leibgeding (gleichlautend mit nr. 1208).

    Siegler: Abt Lucas und der Convent zu Göttweig.
    Datum: Geben (1435) an montag nach sannd Margaretentag.

Orig., Perg. feuchtfleckig Deutsch. 2 Siegel abgefallen.

1210.   **1435 August 3, Spitz.**

Schiedspruch in einem Streite zwischen dem Stifte Göttweig und Hanns von Neudegg.

Copie in Cod. D f. 62' f.

Anno domini etc. tricesimo quinto in die sancti Stephani invencionis der erwirdig herr, her Lucas abbt zu Gott(weig) und herr Hanns Neidekchêr habent ainen tag mit einander gehabt zu Spicz von manigerlay zusprúch und stoss wegen, dye sy gegen einander gehabt und in des gotzhaus herchafft zu Rênna und auf andern seinen enden pegeben habent, als das hernach aigenleichen begriffen ist: von erst von des verpots wegen, so her Hanns getan het, do er durch seinen anballt zu Elsarnn meins herrn lêut mit ros und wagen verpoten het und geschehen ist innerhalb der gemerkch meins herrn von Gott(weig) gericht; item von der múl wegen zu Aichperg, do er dye wûer und den wasserlauf hat abgraben und von der mul wegen zu Langakcher,[1] do er auch gepoten und geschafft het den mulgang daselbs abzeslahen; item von der Landstrass und von des Panbegs wegen hincz den Greymern,[2] den er auch verslagen und verpoten het darûber nichts zu hanndeln; item von des wasserlauffs wegen zu Mûrcztall und von der rinnen wegen, dy er daselbs abgeslagen und zehakcht het, domit er den wasserlauf in das dorff gebert het, das alles ge-

---
1210. [1] Ein verödeter Ort am Pengelbach (Nowotny, Rottes, S. 23). — [2] Greimat bei Kottes.

schehen ist auf meins herrn von Gott(weig) grůndten; item von
der waid wegen zu Mŭldarff, do er auch meins herrn von
Gott(weig) lêut verpoten het zu treiben auf sein grůnd; item
von der holden wegen zu Mênharzstarff und von der vogtey
wegen zu Meirling; item von der veintschafft und von des
unbillen wegen, den er gehabt hat hinz den Pogschůczen und
hincz dem richter zu Gott(weig) und von aller ander stôss
zwitrecht und unbillen wegen, dye sich zwischen in uncz auf
heutigen tag verlauffen habent, darumb her Georg der Schekch
den vorgenanten tag von irentwegen gemacht hat also, das sy
an demselben tag yeder tail zwen darczu gegeben habont all
ir sach von ainem tail an den andern ze bringen. Von erst
hat der von Gott(weig) darczu gegeben Wolfgang den Schau-
hinger und Christann den Chunttner, mautter zu Emerstarff, so
hat her Hans darczu geben hern Wolfgang Neydekcher und
Georgen den Prantner, phlegêr zu Rastenberkch. Dieselben
vir habent nach allem herkômen und nach furgab baider tail all
zusprůch und all sach gênczleich vor hern Georgen dem
Schekchen als vor ainem schidman und mittman gelêuttert und
zu erkennen geben, der mit baider tail will und bet mitsambt
in vleissichleich betracht hat, das sy all stôss und all ir zu-
sprůch, so vorbenant ist, genczleich nidergelegt und gericht
habent also, das hinfur chain meldung noch êsrung von der
zwitrecht wegen nymmer schol geschehen, sunder sy sullen
allczeit an einander dienen und gůt frewnt und nachtpauren
sein und ainer dem andern sein lêut lassen bepholhen sein, als
das vormallen von langer zeit und von allter her geschehen
ist. Item es ist beredt und beslossen worden von des verpots
wegen, so her Hans getan het, das dieselben verpoten lêut
genczleich sullen ledig sein und hinfur nichts daraus werden,
aber dye, dy dye wandel scholten verbarcht haben, dy schullen
in darumb pegrůessen, dem er das wil nachgeben. Item von
der můl wegen zu Aichperg und und zu Langakcher ist auch
beredt und beslossen warden, das dy wůr schol hinbider ge-
macht werden und das můllwasser schol sein lauf hinbider
haben, als es dann vor langer zeit und von allter ist her-
chômen. Item dy Lantstrass oder der Panbeg hincz den
Greymern schol auch hinbider aufgetan werden, damit dye
lêut iren furmb an irrung daselbs mûgen geschaffen. Item dy
rinnen zu Můrcztall schullen hinbider auch gemacht und gelegt

werden, damit sy den wasserlauf mügen gehaben in das darff, als sy das vormallen lang gehabt habent. Item von der waid wegen zu Müldarff, dy schol peleiben und gehalten werden von baiden taillen mit ainem hallter ungeverleich durch einander uncz auf sannd Mertentag. Dann hinfur ob sich dy herrn in der zeit darumb nicht aynigeten oder richteten vor sand Georgentag, ee man das viech wider austreibt, so schol ain tail auf des andern grúnd nicht treiben, núr er hab das mit willen und gunst derselben herschafft. Item von des Gemayner wegen zu Menharsdarff, der sol dy zwen gulden, darumb er zu wandel ist gesagt warden, dem Fullensakch ausrichten und dy X lb., dy zu pen darauf gesaczt sind, sullen gancz ab sein und ledig. Item von der vogtey wegen zu Meirling schol und wil her Hans meinen herrn von Gott(weig) mit seinen leuten nichts irren und mag mit in gehandeln, wes er recht hat. Item von der veintschafft und von des unbillen wegen, so her Hanns wider den Pogschüczen und den richter zu Gott(weig) gehabt hat und all ander unbillen, dy auf baiden taillen gegen einander gebesen sind, dy sullen all ab und nidergelegt sein und hinfur chain esrung noch meldung schol davon geschehen, sunder sy schullen allczeit sein gegen einander in guter frewntschafft und ainer dem andern dienen, als vormallen geschehen ist. Bey dem tag und bey der berichtung auf meins herren von Gott(weig) tail sind gebesen her Wilhalm und her Georg von Topell, Vlreich Eybesprunner, Hanns Czeller von Schonnpühel und ander erber leut. Datum et actum die et loco ut supra.

1211.   1435 August 30, Linz.

Wolfgang Franberger* beurkundet, dass ihm Vrsula seine Frau, die Tochter des Ruedolff des Schirmer, des Pflegers zu Glewss, 200 tl. Wiener ₰. als Heimsteuer zugebracht hat, wofür er ihr mit Zustimmung seines Bruders Erhart des Frönberger, Chorherr zu Sanndt Polten, 300 tl. Wiener ₰. zur Widerlage, und zwar 100 tl. ₰. als Morgengabe und 200 tl. ₰. als Heiratgut und dazu seine ganze Fahrhabe verschreibt. Diesen 300 tl. ₰. dienen folgende Güter als Satz: von erst auf meinem hof zu

---

1211. * Auch *Frönberger* u. *Fronberger*.

Wympaissing, der ain halb phunt pfenning zu rechtem und freyen pŭrkchrecht jårleich zu sand Michelstag in dy herschaft Hochenekk dient; item den hof zu Pfåffing, des drew lehen sind, dỷ zwaỷ lehen von meim gnådigen herren von Wallsse ze lehen [rŭrent] und das dritt lehen zw freiem pŭrkhrecht jårleich zu sand Jorigentag in dỷ benant herschaft Hŏchenekk dient fŭnf schilling pfenig. Der benant hof zu Wympaissing und auch der hŏff zu Pfåffing in sand Czen[1] pfarr gelegn sind. Item meinen hŏff zu Rosperg[2] gelegen in Geraltinger pfarr und der lehen ist von dem goczhaws zu Melkch; item den weingartn genat der Englhårt, des ain jeuch ist, davon man zu dem erwirdigen goczhaws gen Melkch jårleich ze perkchrecht gibt ain emer mosts und nicht mer, und den weingarten genant der Zechmaister, davon man auch jårleich zu perkchrecht gen Melkch raicht und gibt drew virtail mosts und nicht mer, dy paid obgenanten weingården zu Newnhofen und in Hawnoltstainer pfarr gelegn sind. *Er reserviert sich und seinen Erben das Recht, die verpfändeten Objecte jährlich 14 Tage vor bis 14 Tage nach Liechtmesse um 300 ℔. ₰. auslösen zu können. Von den 300 ℔. ₰. stehen 100 ℔. ₰. Vrsula zur freien Verfügung, während 200 ℔. ₰. nach dem Rathe der beiderseitigen Verwandten gut und sicher anzulegen sind, von welchen sie nach seinem Tode auf Lebenszeit das Recht der Nutzniessung hat. Nach ihrem Tode fallen sie an ihre Leibeserben und, wenn solche nicht vorhanden sind, an seine nächsten Erben. Bei Vorhandensein von Leibeserben hat die Fahrhabe je zur Hälfte an Ursula und an diese zu fallen. Stirbt aber Vrsula vor ihm, so erhält er das Nutzniessungsrecht ihrer Mitgift von 200 ℔. ₰. bis zu seinem Tode, worauf sie an seine Leibeserben und, wenn keine vorhanden sind, an seinen Schwiegervater und, wenn derselbe bereits gestorben ist, an ihre nächsten Verwandten fallen.*

Siegler: (I.) Wolfgang der Fronberger, die edeln und weisen Hanns Meileinstorffer, Reicher der Walich und (IV.) Hainreich der Vichtnstainer.

Datum: Geben zu Lynncz an erichtag vor sand Giligntag (1435).

Orig., Perg. Deutsch. Von 4 Siegeln an Perg.-Streifen das 2. u. 3. abgefallen.

1211. [1] Hafnerbach, V. O. W. W. — [2] Rossbach, Ried westlich von Gerolding.

I. rund (26), ungefärbt, IV A 2. U.: s. wolfgang · frauberger. In einem schrägrechten Balken drei Jakobsmuscheln. — II. rund (30), ungefärbt, IV C. U.: s. hanreich · fiechtenstainer. Schräglinks getheilt. Der Stechhelm en profil. Cimier: ein Wagenrad mit fünf Speichen.

1212.   **1436 Jänner 11.**

Magdalena die Frau Peters des Kolb, eines Bürgers zu Tirnstain, verkauft mit Zustimmung ihres Mannes und mit Handen des Abtes Lucas von Göttweig als Grundherrn dem beschaiden Michell dem Schewhêr und Kathrein dessen Frau ein Lehen zu Ruegstorff an dem ôrt bey dem valltôr, von welchem der Oblei zu Göttweig jährlich zu Mariae Lichtmesse 10 ß. 20 ₰. zu zinsen sind.

Siegler: (I.) Abt Lucas von Göttweig als Grundherr, (II.) der erber Taman von Chirchperg, Richter des Stiftes zu Gottweig.

Datum: Geben (1436) an mitichen nach sand Erhartstag.

Orig., Perg. feuchtfleckig. Deutsch. An Perg.-Streifen 2 Siegel.

I. beschädigt, rund, roth auf Sch., IV A 2 (nr. 1199 S. I). Die Dreiberge besteckt mit dem Kreuze. — II. undeutlich, rund, grün auf Sch., IV A 2. U.: · s. thaman · von · chirchper[k.] (nr. 1199 S. II).

1213.   **1436 März 15, Wien.**

Der Göttweiger Syndicus Johann Cepek überreicht Abt Konrad von Obernburg die Urkunde nr. 1206.

Vermerk in nr. 1206 als Indorsat.

Oblata per dominum Jo(hannem) Cepek, procuratorem et sindicum venerabilium dominorum abbatis et conventus monasterii Cotwicensis, ipso domino Conrado abbate monasterii beate Marie virginis in Obernburg Wienne in monasterio Scotorum in quodam cenaculo edificii abbacialis sedente, qui quidem dominus abbas ipsis litteris cum reverencia debita receptis inspectis et per me notarium [1] publice lectis ad requisicionem prefati domini Johannis Cepek sindici et procuratoris decrevit processus opor-

---

1213. [1] Nicolaus Gerlaci von Königsberg.

tunos presentibus ibidem venerabili patre domino Johanne abbate predicti monasterii Scotorum, magistro Laurentio de Oberngurk et Iohanne Resch de Swabach baccalaureis in decretis. Actum (1436) die Iovis XV mensis martii, indictione XIIII, pontificatus domini Eugenii anno sexto, hora vesperorum consueta et loco quo supra.

1214. **1436 März 15, Wien.**

Konrad, Abt des Stiftes Obernburg in der Erzdiöcese Aquileja, beurkundet, in einer an Kaiser Sigismund und benannte weltliche und geistliche Würdenträger gerichteten, von dem Notare der Wiener Universität Nicolaus Gerlaci von Künigsberg in der Diöcese Samland ausgefertigten Executionsurkunde als der vom Basler Concile in der Klage des Stiftes Göttweig bestellte Executor, dass ihm die Urkunde des Conciles (nr. 1206) von Johann Cepek, Baccalaureus der Decretalen und Pfarrer ad Sanctum Vitum prope Laybacum, als Procurator des Stiftes mit der Bitte um Execution präsentiert wurde. Er fordert sie auf, die in der Urkunde ausgesprochenen Vorschriften zu erfüllen, erklärt die Bedrücker des Stiftes als der Excommunication verfallen und verhängt, wenn es Communitäten sind, über deren Pfarrkirchen und Kapellen das Interdict, wenn sie den zugefügten Schaden nicht innerhalb 15 Tagen vergüten. Den kirchlichen Würdenträgern wird im Falle des Dawiderhandelns 6 Tage nach vorausgegangener kirchlicher Mahnung der ingressus in ecclesiam interdiciert, nach weiteren je 6 Tagen werden sie a divinis suspendiert und, wenn sie in den Censuren verharren, als excommuniciert erklärt. Er subdelegiert ferner bis auf Widerruf benannte kirchliche Würdenträger nach Ablauf von 6 Tagen nach der Publication dieser Executivurkunde und fordert sie auf, auf Verlangen des Stiftes Göttweig die Censuren derjenigen, welche denselben verfallen sind, öffentlich, nachdem die Glocken geläutet, die Kerzen angezündet, abgelöscht und zu Boden geworfen wurden, zu verkünden. Alle, welche 6 Tage in denselben verharren, werden nach canonischem Rechte von allem Verkehre ausgeschlossen und die, welche den Verkehr innerhalb 3 Tagen nicht aufgeben, excommuniciert erklärt. Nach weiteren 6 Tagen soll, wenn sie in den Censuren verharren, an den Orten ihres Aufenthaltes durch 3 Tage kein Gottesdienst gehalten und, wenn sie abermals

6 Tage in den Censuren verharren, der weltliche Arm benannter Behörden, und zwar auf Bitten des Stiftes befugt sein, gegen sie mit Sperrung des Eigenthums und Einkerkerung bis zu einem neuen Befehle vorzugehen. Die Censuren sind von den Subdelegierten auf Verlangen von der Kanzel öffentlich, nachdem die Glocken geläutet, die Kerzen angezündet und zu Boden geworfen wurden, gegen die Censurierten zu verkünden, deren Absolution ist dem Urkundenaussteller und dessen Oberen vorbehalten. Die auf diese Angelegenheit bezüglichen Urkunden sind beim Abte und Convente von Göttweig oder deren Procurator aufzubewahren.

Siegler: für Abt Konrad von Obernburg, welcher sein Siegel nicht bei sich hat, siegelt (I.) Abt Johann zu den Schotten in Wien.

Datum et actum Wienne Pataviensis [diocesis] in dicto monasterio Scotorum in quodam cenaculo residencie abbacialis ante stubam superiorem (1436), indictione quarta decima, die vero Iovis quinta decima mensis martii, hora vesperorum vel quasi, pontificatus etc. Eugenii etc. pape quarti anno sexto.

Zeugen: presentibus ibidem prelibato etc. Iohanne abbate Scotorum necnon honorabilibus viris, magistro Laurentio de Obernburkh et Iohanne Resch de Swabach baccalaureis in decretis, clericis Aquilegiensis et Eystetensis diocesum, testibus.

Orig., Perg. Lat. Notariatszeichen mit der Unterschrift: *S. Nicolai Gerlaci.* Siegel an rother Seidenschnur; Copie in Cod. C f. 355′ f.

L. spitzoval, roth auf Sch., III B 2 b. Abb. bei Hueber, Austria, T. 25 nr. 3.

1215. **1436 April 8.**

Die Geschwister Lauchlaibel übergeben aus ihrer Erbschaft nach ihrer Muhme Elspet, der Frau des Gilig Fleischhakcher, dem Abt Lucas von Göttweig und dessen Nichte Margaretha als Erbantheil eine Wiese zu Unterstockstall.

Orig., Perg. An Perg.-Streifen 2 Siegel.

Ich Erhart Lauchlaibel und ich Niklas Lauchlaibel gebrüeder, ich Kathrey Simonn des Ernreichs seligen witib, ich Agnes Merten des Chiczmann hausfraw und ich Agnes Hannsen des Strenberger zu Enkchenprunn hausfraw der vorgenanten

Lauchlaiblein geswistred, ich Hanns Lauchlaibel und ich Christan Lauchlaibel auch gebrûeder, ich Taman Hakcher von Vôsendorff anstat meiner hausfrawn Kathrein, ich Hainreich Sneider von Sparbach anstat meiner hausfrawn Anna, ich Vlreich, dieczeit meins genêdigen herren . . von Osterreich zuschrater, anstat meiner hausfrawn Margreten, ich Gêngel Mothauff und ich Magdalen sein swester nemmen uns auch an für unsern lieben brûeder hern Matheusen briester, bekennen all offenleich mit dem brief fur uns und all unser erben und miterben und tûn kund menichleichen allen leüten gegenburtigen und künftigen von aller der gûeter wegen, es sein hewser êkcher weingêrten wismad oder wie dy genant sind, dye uns mit rechter erbung von unser lieben müemen Elspeten, Gilgeins Fleischakcher zu Hollenbûrkch hausfraw, mit abgankch Andres irs suns, unsers lieben vetteren seligen, anerstarben sind, under denselben erben und guetern uns ain wisen angeerbt ist, dye gelegen ist zu Nidernstokstal an dem obern graben zunagst hern Ekcharts wisen von Chirchperg an ainem tail und Hansen des Schêrczleins akcher an dem andern tail, davon man jêrleich dint zu pûrkchrecht newn phening in dy vest gên Winkchel bey der Tûnaw an sand Georgentag. Dieselb wisen wir dem erbirdigen geistleichen herren, hern Lucasen abbt zu Göttweig, unserm lieben herren und frewnt, und Margreten seiner müemen, dy Georgen des Lauchlaibleins seligen seins brûeder töchter ist, für ir erbtail, was in des aus allen gûetern zugeburdt hiet, ainhellichleich und mit gûtem willen ledichleich haben gefallen lassen und der gênczleich haben abgetreten also, das sy baide noch ander yemant von iren wegen hincz den andern guetern und erben, so uns ledig sind warden, nichts mer zu sprechen habent mit recht noch an recht sunder, das sy dy vorgenant wis darfur ledichleich inne schullen haben und allen iren frumb damit geschaffen, wie in das am allerpesten fuegleich wirdet an all unser und unser erben und menichleichs von unsern wegen irrûng und widersprechen ungevêrleich und verczeichen uns auch all darumb wissentleich in krafft des brieffs, das wir noch all unser erben hinfur hincz der vorgenanten wisen chain vadrung noch wartung noch anderlay zusprüch darczu haben noch gebinnen sullen noch wellen in chainerlay weis nûr, was der tôd gêb. Was wir sust zuspruch oder vadrung darczu hieten oder gebunnen, das schol an allen enden ab tôd und zu nichte sein und schol auch chain krafft haben, wo das furkumbt ungevêrlich, das ist unser gûtleich will, wir sein lebentig oder tod. Und des urchund so geben wir obgenante all fur uns und all unser erben dem vorgenanten unserm frewnt und herren, hern Lucasen abbt zu Gottweig und seins brûeder tôchter Margreten den brief besigellt mit des edellen Hansen des Pogschuczen und des erbern Taman von Chirchperg, richter zu Gottweig, beider anhangunden insigel, dy wir vleissichleich darumb gebeten haben doch in und iren erben an schaden. Geben nach Christi geburd virczehen hundert jar darnach in dem sechs und dreyssigisten jar in den osterfeirtagen.

I. S. d. Hans Bogschüts rund, grün auf Sch., IV A 2 (nr. 1208 S. I). —
— II. S. d. Thomas v. Kirchberg rund, grün auf Sch., IV A 2 (nr. 1199 S. II).

1216. 1436 April 15.

Item an suntag nach ostern in anno etc. tricesimo sexto hat Agnes, Hannsen des Frêls tôchter, irem lieben eeleichen mann Petern dem Ofnêr zu Wenig Russt[1] gemacht zu margengab nach landesrecht in Osterreich ain wisen, genant dy Rennerinn, gelegen zu Dietmansdarff,[2] der zwai tagberch sind und stôsst mit ainem ôrt an den Hornpach und mit dem andern an dy Gassen, davon man jêrleich dint XXI ₰. zu purkchrecht an sand Michelstag in dy abtey gên Gott(weig). Und das gemêcht ist beschehen mit grundherrn handen des erwirdigen geistleichen herrn, hern Lucasen, abbt unser frawen goczhaus zu Gottweig. Actum die et anno ut supra.

Notiz in Cod. D f. 64.

1217. 1436 Mai 16.

Gôrg Moser verschreibt seiner Frau Margreth, der Tochter Wolfgangs des Scharner zu Gumprechtsuelden, seinen freieigenen halben Hof bei Schônlêwten im Moss in der Rueprechtshouêr Pfarre als Morgengabe und bestimmt, dass sie im Falle seines und seiner Leibeserben früheren Todes frei damit verfügen kann.

1216. [1] Klein-Rust, O.-G. Obritzberg. — [2] Ein verschollener Ort östlich v. Paudorf an der Stelle, wo jetzt der Hellerhof E.-H. steht.

Stirbt jedoch sie früher, so fällt derselbe wieder an ihn zurück. Ueberleben sie aber nach seinem Tode etwaige Kinder, so fällt der halbe Hof an dieselben. Ausserdem vermacht er ihr seine Fahrhabe mit dem Rechte der freien Verfügung.

Siegler: (I.) Görg Moser, die edeln (II.) Hanns der Stainberger zu Wolkerstorff und (III.) Kaspar der Prawnstorffer im Rückchers.[1]

Datum: Geben (1436) an dem heiligen auffartabent.

Orig., Perg. Deutsch. An Perg.-Streifen 3 Siegel.

I. rund (26), grün auf Sch., IV A 2. U.: s. iorg · moser. Ein Ciborium, das mit einer Baumfigur ciseliert ist. — II. rund (26), ungefärbt, IV A 2. U.: † sigillv̄. hans · stainberger. Der steigende Wolf. — III. rund, grün auf Sch., IV C. U.: s. kaspar · prawstorfer. Abb. bei Hueber, Austria, T. 24 nr. 10; am Rv. das Signet oval, grün auf Sch., II B. U. undeutlich. Ein Gesicht.

1218.   1436 September 21, Krems.

Die Prälaten des Benedictiner- und Augustiner-Chorherren-Ordens von Ober- und Niederösterreich, welche auf Befehl des Bischofes Leonhart von Passaw mit anderen Prälaten des Bisthumes aus Pairn wegen einiger Forderungen des Concils von Basel zu Krems an sand Mathei des heiligen zwelfpoten tag zu einer Conferenz zusammengetreten waren, bitten Herzog Albrecht [V.], dem Berichte seines Kanzlers des Magister Hans Mewrs, welchen sie durch ihr Schreiben und durch den Prior von dem Chotweich informiert hatten, Glauben beizumessen.

Sitzungsber. d. Wiener Akademie VIII, 591. nr. 37 nach einem Concepte im Arch. d. Stiftes Klosterneuburg. Deutsch.

1219.   1436 October 13.

Vermerckt, das wir abbt Lucas in anno etc. XXXVI zu sand Michelstag kaufft haben von abbt Fridreichen von Wallerbach[1] II grosse aichene vas, das ydes ist zu X dreiling,

---

1217. [1] Riegers, Dorf O.-G. Okert.

1219. [1] Aldersbach, Cistercienserabtei in Baiern.

zu unserem gotzhaus gên Gottweig. Und ist geschehen an sand Cholmanstag anno ut supra.

Notiz in Cod. D f. 65.

1220.   **1436 October 14, Passau.**

Bischof Leonhard von Passau beauftragt seinen Einnehmer Johann Brantpacher, der ihm den Brief des Herzoges Albrecht [V.] von Österreich gesendet hat, seine Antwort dem Abte [Lucas] von Gottweig mitzutheilen.

Datum: Geben zu Passaw an suntag vor sannd Gallentag (1436).

Zedula: der Bischof bedauert, dass die Prälaten es so weit gebracht haben, was sicher von keinem Nutzen war.

Sitzungsber. d. Wiener Akademie VIII, 592 nr. 38 nach einer gleichz. Copie auf Papier im Arch. d. Stiftes Klosterneuburg. Deutsch.

1221.   **1436 October 23, Mautern.**

Abt Lucas von Göttweig übersendet, nachdem er bereits kürzlich seinen Dienstmann den Pawngartner zum Propste Georg [I.] von Klosterneuburg gesendet hatte, demselben neuerdings die Copie des Antwortschreibens des Passauer Bischofes auf den Brief des Herzoges [Albrecht V.] an den Einnehmer Johann [Brantpacher] und ersucht ihn ihm mitzutheilen, was er davon halte.

Datum in Mauttarn feria tercia in[1] Symonis et Jude apostolorum (1436).

Zedula: Abt Lucas theilt ihm zugleich mit, dass der Abt von Gersten gestern abends in der gleichen Angelegenheit nach Göttweig kam, mit welchem er aber vor erlangter Information nichts berathen wolle, weshalb er ihn um rasche Antwort ersuche, da der Abt bis zur Ankunft derselben warten wolle.

Sitzungsber. d. Wiener Akademie VIII, 593 nr. 39 nach d. Orig. auf Pap. im Arch. d. Stiftes Klosterneuburg. Lat.

1221. [1] Unrichtig, da dieses Fest auf einen Sonntag fiel. Es ist entweder *ante* oder *post* statt *in* zu setzen, weshalb als Tagesdatum entweder October 23 oder 30 in Betracht kommen. Entscheiden wir uns für das erstere, so folgt obiges Datum.

1222. [1436 März 3—nach November 11].

Item anno domini etc. XXXVI dominus Pataviensis petivit stewram pro restauracione castri inferioris Patavie I^c guldein. In hoc habet LX guldein sabbato ante reminiscere *(März 3)* idem habet XL guldein in Mautt(arn) post Martini *(nach Nov. 11)* 36.

Rechnungsvermerk (nr. 1160).
Die chronologische Einreihung ergibt sich aus den zwei angegebenen Steuerzahlungsterminen.

1223. 1437 Mai 18, St. Pölten.

Thaman Prëllenkiricher zu Wintpässing und Margreth seine Frau verkaufen dem erbern Niclas dem Daŵm, Bürger zu Sand Pölten, und Agnes dessen Frau den grossen und kleinen Zehent zu Feld und zu Dorf zu Gërestorff auf ainem lehen, da Jorig Grůemedel aufsiczet, darauf halben zëhent, item auf ainem lehen, da Andre Flins aůfsiczt, halben zëhent, item auf ainem lehen, da Fridel Paẘr aůfsiczt, halben zëhent, item auf ainem lehen, da Jorig Lechner aufsiczt, halben zëhent, und ein Viertel Zehent auf dem Jëgerhoff,[1] von welchem dem Stifte zu Köttweig jährlich 3 Achtel Schmalz an sand Pöltentag zu freiem Burgrecht zu sinsen sind.

Siegler: (I.) Thaman Prëllenkiricher, (II.) der edel Michel der Gawbicz, (III.) der edel Wolfgang der Friesinger.

Datum: Geben ze Sand Pölten am heiligen phingstabend (1437).

Orig., Perg. Deutsch. An Perg.-Streifen 3 Siegel; Copie in Cod. C f. 198' f.
Vgl. nr. 1240.

I. rund (30), grün auf Sch., IV A 2. U.: † s. thaman · prellenkircher. Eine Blüte mit 9 Blumenblättern. — II. rund (21), grün auf Sch., IV A 2. U.: s. michel · gawbic[z.] Ein Wolfskopf, zu dessen beiden Seiten je ein wachsender Schwan mit nach links gewendetem Kopfe. — III. rund (31), grün auf Sch., IV A 2. U.: † s. wolfgang · von · friesing. Gespalten, rechts roth, links 3 Lindenblätter, welche durch den Stengel mit der Spaltungslinie zusammenhängen.

1223. [1] Jägernhöfe, O.-G. Gerersdorf.

1224.   **1437 Juni 5, St. Pölten.**

Der Notar Martin Guldein von Weissenburg, Cleriker der Eichstädter Diöcese, beurkundet, dass Caspar Náchel, Pfarrer in Pirchach in der Passauer Diöcese, vor ihm erklärte, er habe Abt Lucas von Göttweig anstatt des Eides durch Handschlag versprochen, den Vortheil desselben und seines Stiftes zu fördern und weder selbst noch durch andere etwas zu ihrer Uebervortheilung zu unternehmen.

Datum: Acta sunt hec in Sancto Yppolito Pataviensis diosesis in solario estivali domus solite habitacionis honorabilis viri, domini Andree capellani sancti spiritus ad Sanctum Yppolitum site in strata wlgariter ͣ dicta Clastergass et opposito domus animarum in Sancto Yppolito (1437), indictione quinta decima, pontificatus etc. Eugenii etc. pape quarti anno septimo, die vero Mercurii quinta mensis iunii, hora vesperorumvel quasi.

Zeugen: presentibus ibidem honorabilibus viris, dominis Andree prefati capellani sancti spiritus in Sancto Yppolito, Vlrico Schrêtenpruker capellani sancti Georii[1] in Stainueld presbitero, Hainrico Hártel de Weissenburga subdyacono, clericis Pataviensis et Eystetensis diocesis testibus.

Orig., Perg. Lat.; Copie in Cod. C f. 101.

1225.   **1437 Juli 12.**

Anno etc. XXXVII in die Margarete ist dy Peutlin in Wambaseraw[1] komen für den erwirdigen herren abbt Lucasen abbt zu Gottweig und hat an in begert, das mein herr ir nach frummer leut bet alsverr noch erlaubt hat, das sy das gút noch inne schol haben und das zwischen hinn und sand Georgentag nagstkunftig mit irer tochter oder mit ainem andern frummen nachtpauren, der dem gotzhaus und den nachtpauren fuegleich sey, zustifften schol, darfúr parg sind Hans Schúster, burger

---

1224. ͣ A.

[1] St. Georgen am Steinfelde, G.-B. St. Pölten.

1225. [1] Eine verschollene Ansiedelung, einst östlich v. Mautern a. d. Donau gelegen, verschieden von den gleichfalls verschollenen Orten Chotweigerau und Werd, in deren unmittelbaren Nähe es zu suchen ist.

zu Mauttarn, und Hans Pühler zu Pach, dy meinem herrn mit iren trewn darumb versprochen habent, ob dye stifftung nicht ausgericht würd in der zeit, so ist yeder tail verfallen seiner herschafft X lb. ₰. an alle genad.

Notiz in Cod. D f. 66.

1226. **1437 September 15, [Klosterneuburg].**

Verhandlung über die Klage des Ulrich Strobel auf zwei Jakob dem Gebhart gehörige Häuser zu Klosterneuburg wegen einer Schuld von 26 ℔. 60 ₰.

Orig., Perg. Von 2 Siegeln an Perg.-Streifen das erste nur als Schüssel erhalten; Copie in Cod. C f. 83' f.

Quellen z. Gesch. Wien's 1, II, 286 nr. 2180 reg.

Vgl. nr. 1228 u. 1253.

Ich Michel Riennolt, burger zu Klosternewnburg und dieczeit des durchleuchtigen hochgeborn fürsten, herczog Albrechts herczogen zu Österreich und markgraffe ze Mêrihêrn etc., meins genêdigen lieben herren slussler und ambtman daselbs, bekenn offenlich mit dem brief, das für mich cham, do ich sas an offem rechten, der beschaiden Vlreich der Strobel mitburger daselbs zu Newnburg und klagt vor mein mit vorsprechen anstat des erbern Wilhalm des Geberstorffer gesessen ze Wienn, des gewaltbrief er hat, auf die übertewrung zwayr hêwser gelegen pey der Tûnaw daselbs zu Newnbûrg zunachst Jacoben des Flöczer und Hainreich des Schêblêr hêwser, davon man jêrleich dînt dem egemelten meinem genedigen herrn ze gruntdînst drey schyliug phenig an sand Jorigentag und drey schiling phenig an sand Michelstag, als das mit allter herkomen ist, und sechs phunnt phenig gelts purkrechts in der erbern burger zech dacz sand Mertten daselbs zu Newnburg, als die urchund darumb lautt und nicht mer. Dieselben hêwser zûgehôrndt Jacoben dem Gebharten und derselb Gebhart die yeczpenanten hêwser versaczt hat Hannsen dem Geberstorffer, des obgenanten Wilhalms Geberstorffer brueder, umb ainen und funfczig Ungrischer guldein gût in gold und gerecht mit der wag nach des egananten mein genêdigen herren saczpûchs innhalltung, wann er das und ander sein gût geeribt hat von demselben seinem prûder seligen. Wenn im aber an derselben summ guldein daran ausgericht und geben sind warden allso, das im noch daran ausstendt sechs und zwainczig phund und sechczig phening, und pat darumb gerichtts und vragen, was recht wer. Do vragt ich umb, do ward erkanndt zu recht, ich solt fûrbot darumb lassen werden allen den, die rechtens daran hieten, ob das yemandt wolt veranttburtten, und geschêch darnach, was recht wêr. Das fûrbot lies ich zu rechtter zeit wissen den penanten Jacoben Gebharten und sein hausfrawn Kathrein, wenn er aber selber der hêwser nucz und gewer stûnd, und Erharten den Charrdinger und Hannsen den Schrôten, baid zechmaister der egenanten zech, wann dieselben hêwser vor Hainreichen dem Phlênczleins der zech versaczt sind, umb die egenanten sechs phunnt phenig gelts und auch mit geschriben ladung den erbern Albrechten den Weyermaister, burger ze Wienn, anstat Hainreichs des Phlênczleins seligen, dadurich und derselbig Phênczlein auch in saczung weys vor dem Geberstorffer auf der übertewrung den vorpegriffen zwain hêwsern hat zwen und vierczig Ungrischer gûldein, als das saczpuech auch begreifft und innhallt, wann derselbig Weyermaister der und ander geltschuld von wegen desselben Hainreichs des Phlênczleins innemer ist. Wenn sew aber das noch nymandts von irn wegen nicht veranttburtten wolten, darnach klagt er alsverr, das zu recht erkandt ward, seind alle fûrbot pewêrt wêrn, ich solt schêczer und schawer darauf geben. Das tet ich. Die komen do fûr recht und sagten, als sy ze recht solten, das die vorgemelten zway hêwser werd wêrn hundert und achczig phunt Wiener phenning, als sy yeczund lêgen. Darauf ward zu recht erkanndt, ich solt die gewer der zwayr hewser innhaben vierczehen tag und in der zeit die schêczung anpieten der penanten zwayr hêwser alle, die rechtns daran haben wolten, ob sy wolten dem anklager genûg tûn und von im lôsen das anpot, lies ich wissen den egenanten Jacoben den Gebharten und sein hausfrawn Kathrein, wann derselbig Gebhart der hêwser an der gewer stûnd, und den egenanten Erharton den Charrdinger und Hannsen den Schrôten die zechmaister und Albrechten den Weyermaister, wenn in dew vor dem Geberstorffer versaczt sind, und auch Hannsen dem Piderman, wenn derselbig darnach verpot auf die übertewrung der obgeschriben geltschuld auch auf dieselben hêwser klagt hat. Nach dem anpot kam aber sa ir kainer noch nẏmandes von irn wegen, der desselben anklager huld und willen hiet gewunnen, und růfft mich darauf verrer umb recht an. Do ward zu recht erkandt, seind sich das recht alsverr vergangen hiet und das auch die gesworn schêczer und schawer darauf gewesen wêrn und ir kundschafft hieten gesagt, darczu das anpot pewêrt wêr, und hiet des anklager huld nẏmandt begriffen und hiet darczů aller seiner rechttêg gênczleich envollen volfůrt, so solt ich den egenanten Wilhalm den Geberstorffer der übertewrung der vorberůrten zwayr hêwser nucz und gewer seczen allen sein frumen damit ze schaffen alsverr, das er seiner penanten sechs und zwainczig phunt und sechczig phening seins ausstands davon bekêm und solt mir darumb meinew recht geben und solt ich im der rechten einen behabprief geben. Mit urchund gib ich im der brief besigilt mit meinem anhangundem insigil. Der sach ist geczeug mit seinem angehangen insigil der erber Hanns der Klinger, burger daselbs zu Newnburg, der des tags geding und an dem rechten gesessen, im an schaden und ander erber leůt genůg, dan die sach wol kund und wissentlich ist. Der brief ist geben nach Kristi gepurd vierczehenhundert und in dem siben und dreissigistem jare an suntag vor sand Matheustag des heiligen zwelifpoten.

II. S. d. Hans Klinger beschädigt, rund (27), grün auf Sch., IV A 2. U.: † s. hans........ Zwei schräggekreuzte Klingen, zwischen diesen oben ein Kreuz mit einem Dorn.

1227.   **1437 September 16, Wien.**

Befehl des Herzoges Albrecht V., dem Bischofe von Passau und dem Abte zu Göttweig den Weinzehent ohne Verminderung zu leisten.

Orig., Perg. fleckig. Siegel unter Papierdecke auf der Rückseite aufgedrückt; Copie in Cod. C f. 258'.

Kanzleivermerk von der H. des Urk.-Schreibers: *D. dux per se.*

Wir Albrecht etc. unsern lieben getrewn .. etc., die von irn fruchten, so in in irn weingerten iu Ósterreich wachsent, dem erwirdigen unserm lieben freund, hern Lienharten bischoven ze Passaw und dem ersamen geistleichen unserm lieben andêchtigen dem abt zum Kôttweig phlichtig sind zehent ze geben, den der brief geczaigt wirdet, etc. Uns hat angelangt, wie ir widerseit solch zehend in den pharren, darinn ewr weingêrten ligent, ze geben und den maisch ungeschêczt von dann zu ewrn behausungen und ettwie offt andern oonden fûret, dadurch sie darnach an irn zehenden abgang haben, das uns nicht gevelt, emphelhen wir ew alle und ewr ẏecleichem bosunder und wellen ernstleich, daz ir dem vorgenanten userm lieben freund von Passaw und dem abt von Kôttweig oder irn anwêlten nu hinfur rechten zehent, als zehentsrecht ist, in den pharren,[1] darinn ewr weingêrten gelegen sind, raihet und gebet und den maisch unbeschawten und ungeschêczten von den weingêrten aus denselben pharren nicht fûret, damit in ir zehent vôllicleich werd geraihet und sie von solhes ausfûrens wegen an irn zehenden unschadhaft beleiben, und dawider nicht tut, etc. Geben ze Wienn an montag vor sand Lamprechtstag anno etc. tricesimo septimo.

S. Albrechts V., rund, roth. Abb. bei Sava, Siegel d. österr. Regenten, S. 138 Fig. 78.

1228.   **1437 September 22. [Klosterneuburg].**

Klage des Hanns Piderman auf eine Schuld von 216 ungarischen Gulden gelegen auf zwei Häusern zu Klosterneuburg.

Orig., Perg. Siegel an Perg.-Streifen, grün auf Sch., fast ganz weggebrochen; Copie in Cod. C f. 84' f.

Vgl. nr. 1226.

Ich Michel Riennolt, burger zu Klosternewnburg und dieczeit des durichleuchtigisten hochgebornysten kunig[1] Albrecht, Rômyscher kunig allezeit merêr des reichs, zu Vngern, zu

---

1227. [1] Aus dem Indorsate von gleichzeitiger H.: *In officio circa montem Mawtarn* erhellt, dass es sich betreffs Göttweig um Fälle von Zehentverweigerung in der Pfarre Mautern gehandelt hat.

1228. [1] Da am 22. September 1437 Albrecht noch Herzog war und erst nach dem Tode Kaiser Sigismunds († 1437 Dec. 11) am 18. März 1438 zu Frankfurt zum Römischen Könige erwählt wurde, so ist als Termin der Ausstellung dieser Urkunde die Zeit nach dem 18. März 1438 anzunehmen. Es fallen also Handlung und Beurkundung auf zwei verschiedene Tage. Erstere vollzog sich am 22. Sept. 1437.

Bêhem, zu Dalmacien, Croacien kunig etc., herczog zu Österreich und markgrave ze Mêrihêrn etc. meins allergenêdigisten liebsten herrn slûsslêr und ambtman daselbs zu Newnburgk, bekenn mit dem offenbrief, das für mich kam, do ich sas an offem rechten, der erber Hanns der Piderman von Lanndeshuet und klagt vor mein mit vorsprechen nach dreyer geltbrief sag und nach ains gerichtsbrief innhalltung, den er hie zu Newnbûrg vor der stat gericht erlanngt hat nach ainem verpot auf die ûbertewrung zwayr hewser gelegen pey der Tûnaw ainthalben zunachst Jacoben des Flôczer haus und anderhalben zunachst Hainreichs des Schêblêr haus, davon man jêrlichen dint dem obgenanten meinem genêdigisten herren ze gruntdinst drey schilling Wienner phoning an sand Jorigentag und drey schilling phening an sand Michelstag, als das mit allter herkomen ist, und sechs phunnt Wienner phoning gellts purkchrechts in der erborn burger zechhoff dacz sand Mertten daselbs zu Newnbûrg nach derselben urchund sag und nicht mer. Auch sind auf denselben zway hêusern versaczt vor der obgenanten anklagung zwen und vierczig Ungrisch guldein Hainreichen dem Phlênczlein sêligen, so sind denn aber nachmaln darauf versaczt sechs und zwainczig phunnt und sechczig phening Hannsen dem Gebersdorffer seligen, darumb sein prueder Wilhalm Gebersdorffer sunderleich ainen gerichtsbrief erlanngt hat, und denn acht Ungrisch guldein, so ich egemelter Michel der Riennolt vor im darauf habe, und klagt darauf über die ûbertewrung, so davor aigentleichen nacheinander erczellt und geschriben stet nach der obgenantten seiner urkundbriefen innhalltungen umb zway hundert und sechczehen Ungrischer guldein und vermeldet, wie er daran emphangen hiet sechsthalb phunnt Wienner phening, darumb die têg vergangen wêrn, und meldt auch, was im mit recht darauf gieng, und pat darumb gerichts und vragen, was ein recht wêr. Do ward zu recht erkandt, ich solt mit meinem vronpoten laden alle, die dew an den vorpegriffen hêwsern rechtens haben wollten. Das furbot lies ich wissen den beschaiden Jacoben den Gebharten und sein hausfraun Kathrein, wann sy sich gen dem penanten anklager umb die obgenanten summ gelts in geltbriefen darumb verschriben haben. Nach des vronpoten und seiner ôffnung, so er vor offem rechten tet, komen sy noch nýmandts in irn wegen nicht auf anttburtt, des zu recht genuegsam wêr gewesen. Darauf pat er ze vragen, was nu recht wêr. Do ward zu recht erkandt seindmaln und sy des anklager huld nicht wolten gewynnen, so solt ich die geswarn schêczer und schawer auf die egeczellten zway hewser geben, ob die tewrer oder leichter wêrn über die übertewrung, so vormaln darauf vermeldet ist und umb des anklager zûsprûch seiner penanten summ gelts. Das habe ich getan. Die komen also herwider für mich zu dem rechten und sagten, als sy ze recht solten, das die egemelten zway hêwser wol hundert und achczig phunnt Wienner phoning werd wêrn. Darauf ward nach meiner vrag in das geding zu recht verfoligt, seind der obgenant anklager all sein rechttêg gannez envollen hiet geklagt, so solt ich die gewer der offgenanten zwayr hêwser innhaben vierczehen tag und in der zeit sew anpieten den egenanten Jacoben Gebharten und sein hausfrawn Kathrein, ob sy die hêuser umb die penanten summ gellts noch von im wolten lôsen. Têtten sy aber des nicht, so solt ich demselben anklager Hannsen dem Piderman der zwayr hêwser mit irn zugehôrungen nur der übertewrung darauf, so davor vermeldet ist, gewaltig machen und des nûcz und gewer seczen, damit er der vorpenanten summ gellts mit verchauffen oder mit verseczen davon môcht bekômen, und solt ich im des meinen pehabrief geben, darumb solt er mir geben meinew recht. Das ist alles volpracht, wenn sich nymandt mit im verricht hat mit urchund des briefs, den ich im darûber gib besigilt mit meinem anhangundem insigil. Geben nach Kristi gepurd vierczehenhundert und in dem siben und dreissigistem jare an suntag vor sand Michelstag.

1229.   **1437 November 30, Göttweig.**

Erhart Scharn von Hornpach, Dorothea seine Frau, Bartholome und Hanns ihre Söhne beurkunden, dass sie Abt Lucas und dem Stifte zu Göttweig an versessenen Diensten von ihrem Lehen zu Hornpach bis zum Jahre 1437 laut Verrechnung 12 ℔. 7 β. 19 ₰., 42 Metzen Weizen, 42 Metzen Korn und 3 Mut 4 Metzen Hafer schulden, welche Schuld ihnen der Abt, da sie dieselbe nicht zahlen können, bis auf 10 ℔. ₰. erlässt, die sie ihm bezahlen. Sie geben ihm auch ihr Lehen aus Besorgnis auf, dass es von ihnen vielleicht unstiftlich und unbaulich gelegt würde und dass sie es ferner nicht zu bauen vermöchten, verzichten auf alle Rechte darauf, und verpflichten sich, falls sie solche geltend machen, zur Busse von 50 Gulden an den Herzog zu Österreich.

Siegler: die erbern (I.) Taman von Chirchperg, Richter des Stiftes zu Göttweig, und (II.) Hans der Pawngartner.

Datum: Geben zu Göttweig an sant Andrestag (1437).

Orig., Perg. Deutsch. An Perg.-Streifen 2 Siegel.

I. rund, grün auf Sch., IV A 2 (nr. 1199 S. II). — II. rund (29), grün auf Sch., IV C. U.: s. hanns · pa[w]ngartn. Drei aufrechte Speere. Der Stechhelm mit dreizinkiger Krone. Cimier: ein Halbflug.

1230. **1438 Jänner 12, St. Pölten.**

Ott von Toppel, Ruedolff von Schäfftenberg, Wilhalm von Toppel und Kristan Chunttner, Mauthner zu Emerstarff, beurkunden, dass sie in dem Streite zwischen Abt Lucas zu Gottweig einerseits und dem edlen Hanns dem Lewbesdarffer[1] *als Vertreter seiner Tochter Anna und Pernharts des Rörenpekchen, von welchem er bevollmächtigt ist, anderseits über die Ansprüche auf einen Hof und eine dabeiliegende Hofstätte zu Ekchendarff unter dem Gottweig und über etliche Burgrechte, welche der verstorbene Hanns der Rörenpekch und Elisabeth seine Frau hinterlassen haben, als beiderseits erwählte Schiedsrichter folgenden Ausgleich vereinbart haben: es hat der Abt Hanns dem Lewbesdarffer als Vertreter der Erben 18 ℔. Wiener ₰. zu zahlen und eine Abschrift vorliegender Urkunde innerhalb 14 Tagen zuzusenden, wogegen letzterer bis zum künftigen sand Georgentag dem Abte den Verzicht auf seine Ansprüche mit Pernharts des Rörenpekchen Siegel zu beurkunden, den Gemächtbrief über diese Objecte und alle anderen darauf bezüglichen Urkunden zu übergeben hat, welcher bei der Uebernahme derselben die 18 ℔. ₰. zu zahlen und den Schuldbrief des verstorbenen Hanns des Rörenpekchen, welcher in Gegenwart des Abtes zu vernichten ist, auszufolgen hat. Der gegen diesen Schiedspruch handelnde Theil verfällt König Albrecht [II.] mit 100 Gulden.*

1230. [1] Von Levbmanstorf benannt, einem eingegangenen Orte bei Bockfliess nordöstlich v. Wien (Blätter f. Landesk v. N.-Oe. XV, 310).

Siegler: die vier benannten Schiedsrichter.

Datum: Geben zu Sand Yppolten am nagsten suntag nach sand Valenteintag [2] (1438).

<small>Orig., Papier. Deutsch. Unter Papierdecke 4 aufgedrückte Petschaften Vgl. nr. 1233.

I. S. Ottos v. Toppel rund (18), grün, IV A 2. Schild (nr. 1233 S. III). — II. S. Rudolfs v. Schärfenberg rund (20), grün, IV A 2. Schild (nr. 1233 S. IV). — III. S. Wilhelms v. Toppel rund (16), grün, IV A 2. Schild (S. I). — IV. S. Christians Kunttner rund (18), grün, IV A 2. Ein wachsender Rüde.</small>

1231.   1438 Jänner 24, Basel.

Das Basler Concil bestimmt die Normen für die Verleihung von Beneficien.

<small>Copie in Cod. C f. 359′ f.</small>

Sacrosancta generalis synodus Basiliensis in spiritu sancto legittime congregata universalem ecclesiam representans ad perpetuam rei memoriam. Placuit divine pietati hoc tempore animos hominum, qui variis abusibus irretiri ceperant, vehemencius excitare et per synodum universalem mores ecclesie in melius reformarentur, ut quereretur salus cunctorum, cum salutari direccione capitis et membrorum in viam iusticie et sanctitatis, quod ut facilius atque ordinacius fieret et ne sub pretextu variarum opinianum[a] aut Romani pontifices aut alii quicumque non satis universalibus conciliis obedirent, predisposuit eadem divina pietas in sacro Constanciensi concilio synodorum universalium iurisdiccionem ita declarari, ut nulli relinqueretur ambigendi occasio, cum decreto solemni diffinitum extitit universale concilium habere auctoritatem inmediato a Christo, cui quilibet cuiuscumque status et dignitatis, etiamsi papalis fuerit, obedire tenetur in hiis, que pertinent ad fidem ad extirpationem scismatis et reformationem ecclesie dei in capite et in membris ac pertinentibus ad ea. Dum antem hec cura reformandi ecclesie huic universali synodo Basiliensi incumbit, hoc unum singulari

---

<small>1230. [2] Bezüglich der Auflösung des Datums vgl. Grotefend, Zeitrechnung I, 197.

1231. [a] Cod. statt *opinionum*.</small>

solicitudine prosequendum arbitratur, ut per singulas ecclesias ministri instituantur ydonei, qui scienciis et virtutibus effulgeant ad Christi gloriam et universi populi Christiani edificationem salutarem, cui rei grave impedimentum hactenus afferre visa est gratiarum expectativarum multitudo, que gravem ordini et statui ecclesiastico perturbationem variasque ordinationes ac plurima discrimina comperitur iniecisse. Ex hiis enim frequenter dati sunt ecclesiis ministri non probati nec cogniti vacaturorumque beneficiorum expectatio, sicuti antiqua iura testantur, occasionem desiderande mortis aliene prestare solet, quod plurimum preiudicat animarum saluti. Sed et insuper lites innumere et contentiones inter servos dei excitantur, rancores et iurgia nutriuntur, pluralitatis benefitiorum fovetur ambitio, facultates et peccunie regnorum et provinciarum mirum in modum exhauriuntur, pauperes discurrendo ad Romanam curiam innumerabiles vexationes subeunt et inter viarum discrimina nonumquam spoliantur occiduntur et variis affliguntur pestibus atque etiam suis patrimoniis aut parentum opibus exhausti egestati subiacere coguntur, plurimi absque iusto titulo beneficia sibi vendicant et non, quibus iure debentur, illi obtinent, sed nonnumquam hii, quibus aut circumveniendi proximum maior astutia aut ad litigandum faccultas suppetit uberior sub involucionibus quoque prerogativarum antelationum aliorumque huiusmodi gratias concomitantium fraudes plurimas et deceptiones contingit inveniri. Iuvenibus etiam, qui studio litterarum et virtuosis operibus intendere deberent, datur materia evagandi, qui sepius per litium amfractus et varios discursus ratione gratiarum ipsarum turbantur et inquietantur, ordinariis collatoribus suum ministerium subtrahitur et confunditur ordo ecclesiasticus, dum unicuique sua iurisdictio non servatur, Romanique pontifices, dum offitia inferiorum sibi nimium vendicant, a maioribus et magis fructuosis operibus universale bonum concernentibus retrahuntur nec inferiorum directioni atque correctioni invigilant, sicuti publica utilitas exposcit, que omnia gravem confusionem statui clericali ac sacerdotali in dispendium divini cultus et preiudicium publice salutis afferunt possentque graviorem in futurum afferre ruinam rebus hiis in deteriora iugiter prolabantibus,[b] nisi provideretur in adversum. Volens itaque hec sancta synodus super hiis

---

1231. [b] Cod. statt *prolubentibus*.

oportunum remedium adhibere statuit et decernit, ut Romanus pontifex, qui pro tempore fuerit, eas deinceps gratias expectativas aut nominationes nullo modo nullave ex causa concedat, cum ipse pre ceteris, ne sit tantorum occasio malorum, abstinere debeat, frustra enim inferioribus inhiberetur, si ipse, qui aliis debet esse omnium bonorum et virtutum exemplar, non abstineret. Ut enim ille sanctissimus Leo papa inquit, tocius familie domini status et ordo mutabitur, si quod inquiritur in corpore, non invenitur in capite, integritas etiam presidentium salus dinoscitur esse inferorum cessentque de cetero iam facte et tam ipse quam etiam fiende, si que fiant, sint nulle ipso facto exceptis illis gratiis et nominacionibus, super quibus processus iam sunt expediti, quas ex certis rationabilibus causis in octo mensibus, quibus hactenus cursum habere consweverunt, tollerandas duximus, donec aliter fuerit ordinatum. Reservationes etiam particulares, quecumque fuerint benefitiorum vacaturorum tam per Romanos pontifices quam per legatos sedis apostolice de cetero nulle sint ipso facto. Non tamen intendit prohibere hec sancta synodus hoc presenti decreto, quominus futuri Romani pontifices tempore pontificatus sui modo honesto et convenienti de uno benefitio ad collationem, in qua fuerint decem benefitia, et de daobus, ubi fuerint quinquaginta, et ultra disponant ita tamen, ut in eadem ecclesia cathedrali vel collegiata duas prebendas suo tempore non conferant, ut qualificationes graduatorum inferius designate suum valeant sortiri effectum in ipsis. Neque etiam collationes per preventionem fiendas intendit impedire decreto nostro de reservationibus quoad cetera et aliis decretis huius sancte synodi in suo robore duraturis. Ut vero ceteri, ad quos benefitiorum dignitatum offitiorum et administracionum collatio seu quevis dispositio spectat, ad providendum litteratis iuris et scientia perornatis specialius astringantur, voluit eadem sancta synodus certas qualitates virorum litteratorum et graduatorum designari, quibus certo ordine debeat provideri, prout inferius annotatur, adiciens, quod si per prelatos et doctores alicuius nationis in hoc concilio consistentes pro bono sue nationis aliter circa huismodi qualificationis disponendum videatur in futurum, quidquid per illas fuerit ordinatum et in generali congregatione presentis concilii conclusum, extunc prout exnunc ratum et firmum habeatur et vim decreti habeat, acsi presenti decreto de verbo ad verbum expressum foret, quod si quis cuiuscumque etiam si cardinalatus patriarchalis pontificalis aut alterius cuiuslibet dignitatis contra predictum ordinem et qualificationes ut premittitur designatas vel designandas de ipsis benefitiis dignitatibus personatibus offitiis et administrationibus quovis modo disposuerit, eo ipso sit irritum et inane collatioque huiusmodi ac provisio seu quevis dispositio ad superiorem proximum devolvatur, qui similiter habeat providere, quod si non fecerit, ad alium superiorem devolvatur gradatim usque ad summum pontificem ascendendo. Non volumus tamen ordinarios collatores et eos, ad quos presentacio seu alia quevis dispositio benefitiorum spectat, in quatuor mensibus, quibus prefate gratie expectative vel nominationes cursum non habent, donec ipse gratie expectative vel nominationes ad eorum collationem presentationem seu dispositionem concesse cessaverint, ad qualificationes infrascriptas observandas astringi. Secuntur qualificationes et ordo in conferendis benefitiis per ordinarios, de quibus supratactum est. Primo cum generalis concilii statuta sancte ordinatum existat, quod quolibet ecclesia metropolitana teneatur et debeat unum habere theologum, qui sua doctrina et predicationibus fructum salutis afferat, ordinat hec sancta synodus, quod extendatur etiam huiusmodi ordinatio ad ecclesias cathedrales taliter videlicet, quod quilibet collator ipsarum prebendarum teneatur et debeat canonicatum et probendam, quamprimum facultas se obtulerit et inveniri poterit, uni magistro licenciato vel in theologia baccalario formato, qui per decennium in universitate privilegiata studuerit et onus residencie ac lecture et predicationis subire voluerit quique bis aut semel ad minus per singulas ebdomadas cessante legittimo impedimento legere habeat et quociens ipsum in huiusmodi lectura deficere contigerit ad arbitrium capituli in subtractione distributionum tocius ebdomade puniri possit et si residenciam deseruerit, de alio provideatur. Verumtamen ut vacare possit, liberius studio nichil perdat, cum absens fuerit a divinis. Insuper quod in qualibet ecclesia cathedrali vel collegiata ultra predictam prebendarum* theologo ut premittitur assignandam tercia pars prebendarum conferatur graduatis alias ydoneis modo et forma infrascriptis sic, quod prima vacatura huiusmodi graduato et deinde post alias duas sequens eo modo conferatur et sic deinceps videlicet magistris

---

1231. * Cod. statt *prebendam*.

aut licenciatis seu baccalariis formatis in theologia, qui per decennium in aliqua universitate privilegiata doctoribus seu licentiatis in altero iurium vel medicina, qui per septem annos in sua facultate studuerint in universitate ut supra, magistris seu licentiatis in artibus cum rigore examinis, qui per quinquennium in aliqua universitate a logicalibus inclusive et supra in artibus vel in alia superiori faccultate studuerint necnon in theologia, qui per sex annos vel in utroque aut in altero iurium baccalariis, qui per triennium, si nobiles ex utroque parente et ex antiquo genere, alias autem per quinquennium similiter in aliqua universitate privilegiata ad minus studium suum fecerint. Qui de predictis gradibus tempore et nobilitate supradictis fidem facere teneantur collatori, per legittima documenta exhortamur ordinarios collatores, quod in conferendis benefitiis huiusmodi, presertim quoad dignitates respectum habeant singulariter ad magistros necnon licentiatos et baccalarios formatos in theologia, in dignitatibus vero non electivis personalibus administrationibus et offitiis dictarum ecclesiarum idem ordo modus et forma in omnibus observentur. Quod si quis ex dictis qualificatis tempore vacationis prebende seu dignitatis huiusmodi alias duas obtineat probendas seu dignitates et probendas vel aliud seu alia beneficium aut beneficia, quod vel que residendo in altero ipsorum et horis divinis interessendo valerent seu valeret usque ad summam seu estimacionem ducentorum florenorum auri camere, similiter quicumque duas prebendas cathedrales obtinuerit, nullatenus in ipsa tercia parte includi seu comprehendi censeatur, in ecclesiis autem parrochialibus, que in civitatibus aut villis muratis existunt, instituantur persone sicut supra qualificate aut ad minus, qui per tres annos in theologia vel in altero iurium seu magistri in artibus, qui in aliqua universitate privilegiata studentes fuerint, si tales poterint inveniri, qui voluerint huiusmodi benefitiis deservire. Et ut facilius inveniri possint, statuit hec sancta synodus, quod quolibet anno durante tempore quadragesime omnes et singuli hoc modo qualificati de ipsa diocesi et alii, qui voluerint, habeant per se vel per procuratorem sua nomina exhibere illis, ad quos beneficiorum curatorum collatio vel presentatio spectat, seu eorum vicariis, quod si non fecerint, collacio seu presentacio vel dispositio aliter quam, ut premittitur, facta non propter hoc irrita censeatur. Et similiter in collatione tertie partis prebendarum superius memorata intelligatur, si tot graduati seu qualificati modo premisso poterint inveniri teneanturque ut premittitur ipsi graduati et qualificati sua nomina tempore predicto ipsis, ad quos benefitiorum dispositio spectat, seu eorum vicariis exhibere per se vel procuratorem, quod si non fecerint, collatio seu presentatio vel dispositio aliter quam, ut premittitur, facta non propter hoc irrita censeantur. Si autem illi, ad quos beneficiorum quevis dispositio spectat, contra supradictarum qualificationum designationem et ordinem aliquod benefitium contulerint seu ad ipsum presentaverint vel quolibet modo disposuerint, sit ipso facto irritum et inane, velud ᵈ superius permissum est et nichilominus per concilia provincialia, cum in hiis defecerint aut etiam personis non ydoneis quoquomodo providerint, iuxta tenorem constitucionis generalis, que incipit: grave de prebendis, corrigantur et debite puniantur. Illi vero, ad quos benefitiorum regularium spectat collatio seu dispositio pretermissis indignis eadem religiosis ydoneis conferant et assignent, quod si aliter fecerint, per eorum superiores et capitula provincialia corrigantur et debite puniantur. Datum in sessione nostra publica in maiori ecclesia Basiliensi sollempniter celebrata IX. kalendas februarii anno a nativitate domini millesimo quadringentesimo tricesimo octavo.

1232. 1438 März 7, Stein.

Kathrey, die Frau Cristans des Wissingêr, eines Bürgers zu Wienn, verzichtet für sich und ihre Kinder erster Ehe nach dem Tode ihres ersten Mannes Lucas des Newnburger, vormals Hofmeister im Göttweigerhofe zu Stain, mit welchem sie das Stiftsamt zu Stain innehatte, auf alle Forderungen an das Stift.

Siegler: (I.) Cristan der Wissingêr, (II.) der erber Mertt Tůmelstainêr, Stadtschreiber zu Stain.

Datum: Geben zu Stain (1438) an freitag nach sannd Kunigundentag der heiligen junkchfrawn.

Orig., Perg. Deutsch. An Perg.-Streifen 2 Siegel.

Quellen z. Gesch. Wien's 1, II, 287 nr. 2181 reg.

I. rund (30), grün auf Sch., IV C. U.: · s. kristanni · wissinger · 1437. Getheilt, oben 2 schräggekreuzte Messer. Der Stechhelm en profil. Cimier:

1231. ᵈ Cod.

ein Mann in Halbfigur mit 2 über dem Kopfe gekreuzt gehaltenen Messern. — II. rund, grün auf Sch., IV A 2. U.: s. mert · tvmlstainer. Abb. bei Hauthaler, Rec. II, T. 46 nr. 17.

1283.   1438 März 25.

Pernhart der Rörenpekch, der Sohn des verstorbenen Hanns des Rörenpekch, und Anna, die Tochter Hanns des Leubesdarffer, verzichten auf alle ihre Ansprüche an Abt Lucas und den Convent zu Göttweig wegen eines Hofes und einer Hofstätte zu Ekchendarff unterm Göttweig zunächst dem Hause des Frühirten und wegen etlicher Burgrechtsäcker und Weingärten um den Gottweig, es sei Lehen oder Burgrecht, welche ihr verstorbener Vater und Grossvater Hanns der Rornpekch innehatte, gegen eine Geldentschädigung, welche ihnen benannte Spruchleute (nr. 1230) zusprachen, und welche der Abt und Convent bereits bezahlt haben.

Siegler: für Pernhart den Rörenpekch, welcher kein Siegel hat, siegelt (I.) *der edel Wolfgang Pirhinger, für Anna (so ich obgemelte Anna auch nicht aigen insigel enhab) siegelt* (II.) *Hanns der Leubesdarffer und die edeln Herren* (III.) *Ott von Topell und* (IV.) *Rûdolf von Schêfftenbergkch.*

Datum: Geben (1438) an unser frawn tag der verchundung in der vassten.

Orig., Perg. Deutsch. An Perg.-Streifen 4 Siegel; Copie in Cod. C f. 266′ f.

I. undeutlich, rund (31), grün auf Sch., IV A 2. U.: † s. wolfgang . pirchinger. — II. beschädigt, rund (30), grün auf Sch., IV A 2. U.: s. hanns · l . . bestarfer. Zwei gedrückte Spitzen, besetzt mit zwei Lindenblättern. — III. rund (29), grün auf Sch., IV A 2. U.: † · s. ott · topler. Zwei gedrückte Spitzen. — IV. rund (27), grün auf Sch., IV A 2. U.: † s. rvdolf · von · scherrffenberkch. Eine dreizinkige Krone.

1284.   1438 April 7, Wien.

Die Notare Johann Hutt von Feucht, Cleriker der Eichstädter Diöcese, und Berthold Gugk von Mittenbald, Cleriker der Freisinger Diöcese, beurkunden, dass Abt Lucas von Göttweig einerseits in seinem und des Conventes Namen und Johann von Rosenaw, Pfarrer zu Chulib, andererseits in ihrem Streite über das Mass, in welchem das Drittel des dritten Theiles der Zehente in Chulib zu messen ist, und über die Verpachtung, Zahlung, Ab-

lösung und Einbringung derselben sich vor ihnen und benannten Zeugen auf Johann von Meyrs, Licenciat der Decretalen, Canonicus zu Passau und Kanzler König Albrechts [II.], welcher anwesend war, als Schiedsrichter vereinbart und sein Urtheil unter der von ihm ausgesprochenen Strafe als rechtskräftig anzusehen versprochen haben. Dieser fällt hierauf folgenden Urtheilsspruch: primo pronunciavit decrevit laudavit declaravit et diffinivit terciam partem tercie partis decime predicte dicto domino plebano et sue ecclesie in mensura dicta chastenmaszs, qua dominus abbas in recipiendo suas decimas in suo granario utitur, dandam et perpetuis temporibus dari debere fraude et dolo quibuslibet penitus procul pulsis. Deinde pronunciavit ordinavit et decrevit, quod communem locacionem ipsarum decimarum tam officialis domini abbatis quam eciam ipse plebanus aut suus procurator simul facere debeant hominibus ipsas decimas convenire volentibus et nullus eorum sine altero huiusmodi locacionem in toto vel in parte facere debeat, nisi una parcium alteri vices suas committeret aut una ipsarum parcium tempore huiusmodi locacionis non posset aut nollet esse presens in loco, extunc alia pars presens posset absentis partis seu nolentis in huiusmodi locacionibus supplere defectum. Item pronunciavit laudavit et ordinavit circa solucionem et percepcionem ipsarum decimarum sic esse agendum, quod omnes decime predicte primo duci debent ad granarium domini abbatis, ubi granator ipsius domini abbatis pro tempore recipit duas tercias ipsum contingentes, et tercia pars earundem decimarum, que ad prefatum dominum plebanum pertinet, extunc statim per ipsos conductores duci debet ad dotem plebani et ipsi ibi plebano presentari et hoc ipsum tam granator domini abbatis quam plebanus debent ipsis conductoribus circa locaciones decimarum intimare, ut secundum hoc se regere sciant, et quando ipse decime importantur et solvuntur, quod dominus abbas Gottwicensis aut suus procurator primo recipere debeat duas tercias cuiuscumque grani sic importati et dominus plebanus terciam terciam eiusdem grani et sic deinceps, quousque predictus dominus abbas aut suus procurator duas tercias et ipse plebanus terciam terciam dictarum decimarum de singulis granis sic importatis simul recipiant absque fraude et dolo. Item pronunciavit statuit et ordinavit, si forte casu eveniente homines decimatores unus vel plures ipsas decimas redimere et peccunias pro ipsis decimis seu granis dare voluerint aut si forte ipsis conductoribus ex causa racionabili equitate requirente umquam aliqua remissio fuerit facienda, quod ad hoc utriusque partis debeat accedere consensus et neutra pars sine consensu alterius hoc facere habeat isto signanter adiecto, si ambe partes in huiusmodi redempcionem seu remissionem bladorum simul consentire nollent, quod extunc salvum sit ius cuilibet ipsarum parcium aut peccunias vel blada, quantum ipsam partem renitentem pro sua parte iuxta ratam contingit, ab ipsis decimatoribus recipiendi aut remissionem faciendi. Item pronunciavit laudavit et declaravit, quod omnes et singule dissensiones et differencie inter ipsas partes predictas et officiales et subditos earundem occasione cause predicte suborte penitus et omnino debeant esse sopite et concordate et quod neutra parcium debeat aliam super hiis verbo vel facto inquietare vel sibi questionem movere in iudicio aut extra iudicium quovis quesito ingenio seu colore. *Ferner setzt er auf die Verletzung dieses Schiedspruches, welcher beiderseits angenommen wurde, oder einer einzelnen Bestimmung eine Strafe von 200 Goldgulden, welche an den jeweiligen Bischof von Passau zu zahlen sind, und reserviert sich das Recht, obige Artikel zu interpretieren und von neuem, wenn nöthig, zu verkünden.*

Datum: Acta sunt hec Wienne, Pataviensis diocesis in domo cancellarie dicti domini regis (1438), indictione prima, die vero lune septima mensis aprilis, hora nonarum vel quasi, pontificatus etc. Eugenii etc. pape quarti anno octavo.

Zeugen: presentibus ibidem religioso honorabili, circumspectis et providis viris, fratre Wolfgango professo dicti monasterii Gotwicensis, Caspar Czener, sacri iuris canonici baccalaurio, clericis; Vlrico Eybesprunner, Walthero Weidacher et Iohanne Pawmpartner armigeris et laicis litteratis Pataviensis diocesis, testibus.

Orig., Perg. Lat. Notariatszeichen, Unterschriften u. Beglaubigungsformeln von den individuellen Händen der Notare; Copie in Cod. C f. 151' f.

1235. 1438 Juli 20.

Hanns Meyraser, Pfleger zu Gobollpürg, beurkundet, dass die beiden streitenden Parteien Peter der Rostauscher von Mulbach einerseits und Wolfgang der Ruespolch, Margret die Frau des Vnger von Hahenwart und Clement der Scherdinger als Vertreter Niclas des Olmm, des Pfarrers zu Waiczendorf, anderseits ein Schiedgericht vereinbart haben. Ersterer erwählt den edeln Jorg von Toppel, Hanns den Tyeminger und Christann den Küntter, Mauthner zu Emberstorff, letztere erwählen den Vllreich Strasperger, Hofmeister im Melkcherhofe zu Rauelspach, Jorg den Alberndorffer von der Newstift und Kolmann den Sitzamen von Lewbs als Spruchleute und stellen ihn als Ortmann auf. Für den Fall, dass sich die Spruchleute nicht einigen könnten, hat er den Streit zu entscheiden, was auch eintritt. Er entscheidet nun, dass die Kläger, da Peter Rostauscher und seine Frau den halben Hof zu Mülbach von Abt Peter [II.] von Kotwéyg gekauft und seit sechs Jahren innehaben, wofür sich ihnen auch der jetzige Abt Lucas als Lehensherr zur Gewähr setzt, mit ihren Ansprüchen letzteren zu belangen und das von ihnen auf dem Felde des Rostauscher widerrechtlich aufgehobene Getreide nach dem Urtheile ehrbarer Leute zu vergüten haben. Der dawiderhandelnde Theil verfällt König Albrecht [II.] mit 100 Gulden.

Siegler: (I.) Hanns Meyrasêr.

Datum: Geben zu Stain (1438) an suntag vor sannd Jacobstag des heiligen zwelefpoten.

Orig., Papier. Deutsch. Siegel unter Papierdecke auf der Rückseite aufgedrückt.

I. undeutlich, rund (28·5), grün, IV A 2.

1236. **1438 August 24.**

Ludweig von Grössten, gesessen zu Ekkendarff, Anna seine Frau und Geórg der Sohn des verstorbenen Geórg des Oberndarffer einigen sich in ihrem Streite mit dem erbern Erhartt dem Lauchlaibel und Margareth dessen Frau um die Erbschaft nach der verstorbenen Susanna der Oberndarfferin auf ein Schiedgericht, wählen die erbern Taman von Kirchperg, Richter des Stiftes zu Gottweig, Erhartt Pinnter zu Krudsteten, Geórg Angrer zu Pawdarff, Peter Tudelmann am Aygen und Paul den Fleischakcher zu Furtt als Spruchleute und verpflichten sich, den Schiedspruch unter den von denselben ausgesprochenen Strafen einzuhalten.

Siegler: (I.) der edel Leb der Göczesdarffer und (II.) Hanns der Pawngarttner der ältere.

Datum: geben (1438) an sand Bartholometag des heiligen zwelifpoten.

Orig., Papier. Deutsch. 2 auf der Rückseite aufgedrückte Siegel unter Papierdecke.

I. rund, grün, IV C (nr. 1181 S. II). — II. rund, grün, IV A 2 (nr. 1229 S. II). U.: s. hanns · paungartn . .

1237.   **1438 August 24.**

Erhart der Lauchlaibel, Pfistermeister des Stiftes zu Gottweig, und Margareth seine Frau erwählen in ihrem Streite mit dem erbern Ludweig von Grössten, gesessen zu Ekchendarff, Anna dessen Frau und Geórg dem Sohne des verstorbenen Geórg des Oberndarffer um die Erbschaft nach ihrer verstorbenen Schwiegermutter, respective Mutter Susanna der Oberndarfferinn benannte Spruchleute (nr. 1236).

Siegler: die edeln (II.) Leb der Götzesdarffer und (I.) Hanns der Pawngarttner der ältere.

Datum: geben (1438) an sand Bartholometag des heiligen zweliffpoten.

Orig., Papier. Deutsch. 2 auf der Rückseite aufgedrückte Siegel unter Papierdecke.

Vgl. nr. 1236.

I. rund, grün, IV C (nr. 1229 S. II). — II. rund, grün, IV A 2 (nr. 1181 S. II).

1238.   **1438 November 13.**

Anna die Witwe nach Hanns dem Wagner verzichtet im Namen ihrer Kinder Hanns, Genglein und Margret auf deren Ansprüche auf das von ihrer Tochter Agnes, der verstorbenen Frau des Niklas des Ruttenschober, hinterlassene Erbe, welches derselbe innehat, deren Vertretung ihr von ihnen übertragen wurde, zu Gunsten ihres Eidams und dessen Erben gegen eine von demselben geleistete Entschädigung.

Siegler: (I.) der erber Jacob der Slater, Bürger zu Krems.

Datum: geben etc. an phincztag nach sand Marttntag (1438).

Orig., Perg. feuchtfleckig. Deutsch. An Perg.-Streifen das Siegel.

I. rund (25), grün auf Sch., IV A 2. U.: · s. iacob · slater. Schild abgeb. bei Hauthaler, Rec. II, T. 45 nr. 4.

1239.   1439 April 19.

König Albrecht II. verleiht Veit dem Missingdorfer das Spickenholz bei Gross-Weikersdorf.

Orig., Perg. durchlöchert. Siegel von Perg.-Streifen abgefallen.

Kanzleivermerk von der H. des Urk.-Schreibers: *Mandato domini regis facta per Georium Peysser.*

Wir Albrecht etc. bekennen, daz fur uns kam unser getrewr Erhart der Ponhalm und gab uns auf ain ayhenholcz genant das Sperkhenholcz[1] bei Weykharczdorf [g]elegen* unser lehenschaft und bat uns fleissicleich, daz wir das unserm getrewn, Veiten dem Missing[dorffer]* geruchten zu verleihen, wan er im das hiet zu kauffen geben. Das haben wir getan und haben demselben Missingdorffer dasselb holcz mit seiner zugehörung als herr und landsfürst in Österreich verlihen und leihen auch wissentleich mit dem brief, was wir im zu recht daran verleihen süllen oder mügen also, daz er und sein erben das nu fürbazzer von uns und unsern erben in lehensweis ynnhaben nüczen und niessen süllen und mügen, als lehens und landsrecht ist ungevêrleich mit urkund des briefs. Geben an suntag vor sant Jörgentage nach Kristi gepürde vierczehenhundert jar und darnach im newnunddreyssigisten jar, unser reich im andern jar unter unserm insigel, das wir in unserm fürstentum Österreich geprauchen.

1240.   1439 April 22.

Niclas Dâwm, Bürger zu Sand Polten, und Agnes seine Frau verkaufen Abt Lucas und dem Convente zu Göttweig um

---

1239. * Durch ein Loch zerstört.

[1] Ried: Im Spickenholz, östlich v. Gross-Weikersdorf (Administrativkarte v. N.-Oe., S. 39).

53 ℔. Wiener ₰. und 1 ungarischen Gulden zu Leikauf ihren Zehent zu Geresdorff auf dem leben, do Mathes Grůemådl aufsiczet, drew achtaill zehent, auf dem leben, do Andre Flins aufsiczet, drew achtaill zehennt, auf Fridleins Påwren lehen drew achtaill zehent und auf dem leben, do Jorig Lehner aufsiczet, drew achtaill zehent und darczue auf dem Jegerhoff anderthalb achtaill zehent, *welche vom Stifte zu Göttweig zu Burgrecht rühren.*

Siegler: (I.) Niclas der Dåwm, (II.) Hanns der Sollsneider, Stadtrichter zu Sand Polten, *siegelt für seine Tochter Agnes,* (III.) der edel Wolfgang Friesinger.

Datum: Geben (1439) am mittichen vor sand Georigentag.

Orig., Perg. Deutsch. An Perg.-Streifen 3 Siegel; Copie in Cod. C f. 198.

Vgl. nr. 1223.

I. rund (30), grün auf Sch., IV A 2. U.: sigillvm · niclas · davm. Abb. bei Hanthaler, Rec. I, T. 30 nr. 2. — II. beschädigt, rund (29), grün auf Sch., IV A 2. U.: † · sigi[ll]vm · banns · solsneider. Abb. bei Duellius, T. 30 nr. 385. — III. ausgebrochen, rund, grün auf Sch.

1241.   1439 April 24.

Steffan Stúczhafen, Anna die alte Smidin, Peter Hahendrin und Anna die Witwe nach Paul Rêntlein, alle gesessen zu Ottentall, beurkunden, dass Steffan Stúcshafen von 1½ Joch Aecker in dem Felde auf dem Mülbeg,[1] *von welchem er dem Stifte Göttweig in das Amt Dörfflein jährlich 6 ₰. an sant Michelstag zu Burgrecht zu zinsen hat, Anna die Smidin auch von 1½ Jock Aecker daselbst mit 6 ₰. Burgrechtzzins, Peter Hahendrin von ½ Joch Aecker daselbst mit einem Burgrechtszinse von 2 ₰. und Anna die Witwe nach Paul dem Rêntlein von ½ Joch Aecker daselbst mit einem Burgrechtszinse von 2 ₰. dem Stifte wegen lange versessenen Zinses zu Wandel verfallen waren, welchen ihnen jedoch Abt Lucas als Burgherr sammt den versessenen Zinsen unter der Bedingung erlassen hat, dass sie ein jeder in Zukunft seinen Zins am sant Michelstag zinsen.*

Siegler: die edeln (I.) Pernhart der Chirchperger und (II.) Georg der Alberndarffêr.

1241. [1] Jetzt besteht noch nordwestlich v. Ottenthal zwischen diesem und Gross-Riedenthal ein Ried Mühlgraben.

Datum: Geben (1439) an sand Georgentag.

Orig., Perg. Deutsch. An Perg.-Streifen 2 Siegel; Copie in Cod. C f. 55'.

I. beschädigt, rund (31), grün auf Sch., IV A 2. Abb. bei Hanthaler, Rec. II, T. 35 nr. 20. — II. rund (23), grün auf Sch., IV A 2. U.: s. iorg· alberndorfer. Abb. bei Hanthaler, Rec. I, T. 27 nr. 5.

1242. **1439 April 25.**

Erhart Lauchlaibel, Pfistermeister des Stiftes zu Göttweig. Margreth dessen Frau und Anna, die Tochter des verstorbenen Georg des Oberndarffer und Frau Ludweigs von Grössten zu Ekkendarff, bestätigen das Vermächtnis ihrer Mutter, beziehungsweise Schwiegermutter und Grossmutter der verstorbenen Susanna, der Witwe nach Ott dem Oberndarffer zu Ekkendarff, an das Stift Gottweig bestehend aus dem Getreidezehent auf den Reutten bei Hörnpach, welcher vom Stifte Gottweig zu Burgrecht rührt und an den sie als nächste Erben das Anrecht hatten. Sie reservieren sich jedoch den Besitz und die Nutzung desselben für die Lebenszeit des Erhart Lauchlaibel und dessen Frau Margreth während welcher sie alle vier das Erträgnis desselben gleich theilen und dem Stifte jährlich 12 ₰. an sand Michelstag zu Burgrecht zinsen. Nach deren Ableben fällt der Zehent ohneweiters an das Stift.

Siegler: der edel Herr Ott von Toppel, (II.) der edel Hanns der Klöell, Richter des Stiftes zu Göttweig, und der Mertt der Prepekch, Bürger zu Stain.

Datum: geben (1439) an sand Marcustag.

Orig., Perg. Deutsch. Von 3 Siegeln an Perg.-Streifen das 1. u. 3. abgefallen.

Vgl. nr. 1088 u. 1187.

II. rund (29), grün auf Sch., IV A 2. U.: undeutlich. Ein Ring, daran 3 Franken mit je 4 Krallen als Anhängsel.

1243. **1439 April 27.**

Abt Lucas und der Convent von Göttweig schliessen mit Stefan Hiers und Margaretha dessen Frau einen Leibgedingsvertrag.

Concept, Perg., war früher als Umschlag eines Urbars benützt.
Vgl. nr. 1263.

Wir Lucas von gotes genadn abbt unser frawn gotzhaus zu Göttweig und wir der gancz convent gemainkleich daselbs bekennen etc., als Steffan Hiers und Margret* sein hausfrau sich gegen uns und unserm gotzhaus verschriben habent von unsers garten wegen zu Wiczleinsdarff,[1] den wir in ir lebtêg empholhen haben, das sy uns des treuleich schullen hüetten und den also verbesen, damit uns an dem frid desselben garten und an pawmen und an obs, an gras und an andern nüczen daselbs chain schad ergee und das sy dann darczü denselben garten zu solhen zeiten also wessern und in phlicht halden, daraus er nür nuczperichait gebinn und nichts verczogen werd ungevêrleich und darumb haben sy uns vleissichleich gebeten, in darczü auf ir lebtêg zu geben ain phrůnd von unserm gotzhaus zu Göttweig, das sy dester vleissichleicher dem obgenanten garten mögen ausgebarten und in hůt halden, des wir uns also gebilligt haben, als hernach geschriben stet: von erst schol man in tegleich geben, dyweil sy baide in leben sind, ain echterinn wein und vir laibel prôt, der zway gesalczen sein und dy andern zway ungesalczen, und wann ain fleischteg ist, schol man in albeg desselben tags geben vir rabe stukch fleisch, als man dy gebôndleich zu Gottweig in chuchen schratt; dann in der vassten schol man in geben alle wochen zwen hêring oder zway stukch visch und ain phunt magôl oder dy gancz vassten sechs phunt magôl, wie in das am fuegleichisten ist zu nemmen. Auch ist man in darczü phlichtig zu geben, dyeweil sy den garten verbesent, alle jar ain meczen gersten und ain fiertel saltz und nicht mer. Daengegen habent sy uns und unserm gotzhaus, ob sy dy obgeschriben phrůnd nicht wol mochten verdien, zu ebenteur herbider gegeben zehen phunt phennig und ain weingarten gelegen zu Niderfuchau an der Hinterleuten genant der Altweingarten gelegen zunagst des Symons Resenknechts weingarten, des ain halbs jeuch ist und ain achtail alles an ainem rain, davon man dint zu purkch- recht von dem halben jeuch drey phoning Pangraczeu dem Heyperger in sein ambt zu Nidernfuchau und von dem achtail

---

1243. * Das ursprüngliche *Anna* ist durchstrichen und *Margret* übergeschrieben.

[1] Ein verschollener Ort am Ursprunge des Höbenbaches, einst südlich von dem gleichnamigen Orte gelegen, welcher später mit demselben verschmolzen ist.

ain phening zu purkchrecht Jacoben dem Leotakcher in sein hof gen Dietmansdarff alles an sant Michelstag. Denselben weingarten mit aller seiner zugehörung habent sy uns in solher maynung ubergegeben, das derselb weingarten erst nach ir baider tôd dem gotzhaus schol ledichleich gefallen und bey dem dann hinfûr ebichleich beleiben an aller îrer frewnt Irrung und widerred ungevêrleich. Es ist auch nêmleich zu baider seit beredt warden, welhs under den obgenanten zwain leiben mit tôd abgieng vor dem andern, so ist uns dy vorgeschriben phrûnd halbe wider ledig warden ausgenomen den wein, den schol man demselben tail, der in leben beleibt, dennoch mit dem andern tail der halben phrûnd [ferrer]ᵇ geben sein lebtêg, es wêr dann, das er vor îr abgieng also, das sy in uberlebet, so ist sy uns nicht phlichtig den obgenanten unsern garten zu verbesen. Aber dennoch schol ir dy halb phrûnd, als yecz gemelt ist, nachvolgen ir lebtêg. Wer aber, das sy [vor im]ᵇ mit tod abgieng also, das er sey uberlebet, so schol er den garten dennoch verbesen und innehaben, als vorgeschriben stet, es wer dann, das er des vor krankchait nicht vermôcht, so schol er ain andern an sein stat sein lebtêg gebinnen, der uns fuegsam sey zu innehaben und zu hüetten den egenanten garten, als vorgemelt ist, ungevêrleich. Des zu urkund geben wir in den brief besigellt mit unserm und unsers convents baiden anhangunden insigellen. Geben nach Christi geburd virczehen hundert jar darnach in dem newn und dreyssigisten jar an montag nach sant Georgentag.

1244.   **1439 Juni 29.**

Vlreich Irrenfrid, beurkundet, dass er von 9 Joch Aecker gelegen in dem veld zu Engellmarsprunn, das das Klainer veld haisst, der siben jeuchart gelegen sind an ainem rain und dy andern zwo auch an ainem rain, *welche er von dem Stifte zu Gottweig gegen einen Jahreszins von 35 Wiener ₰. an sant Michelstag an das Stiftsamt zu Dörfflein zu Burgrecht innehat, dem Abte Lucas zu Göttweig als Burgherrn wegen lange versessener Zinse zu Wandel verfallen war, welchen ihm derselbe*

1243. ᵇ Infolge eines Fleckes unleserlich.

sammt dem versessenen Zinse mit der Bedingung, die Zinspflicht in Zukunft genau einzuhalten, erlassen hat.

Siegler: (I.) Vlreich Irrenfrid, (II.) der edel Fridreich Hachstetêr.

Datum: Geschehen (1439) an sant Peter und sant Paullstag.

Orig., Perg. Deutsch. An Perg.-Streifen 2 Siegel; Copie in Cod. C f. 56.

I. rund (26), grün auf Sch., IV A 2. U. undeutlich: s. vlreich .... Getheilt. — II. beschädigt, rund (30), grün auf Sch., IV C. U.: s. fridreich hochsteter. Ein aufrechter Schwertgriff. Der Stechhelm en profil. Cimier: ein geschlossener Flug mit dem Schwertgriffe als Hilfskleinod.

1245.   **1439 Juni 29, [Göttweig].**

Weihbischof Mathias von Passau benediciert und reconciliiert benannte Kapellen in Göttweig.

Orig., Perg. Siegel an Perg.-Streifen.

Betreffs der baulichen Anlage des Stiftes vgl. Fuchs, Göttweiger Urk.-Buch I in Fontes 2, LI nr. 30.

Nos Mathias dei et apostolice sedis gracia episcopus Vitricensis,[1] reverendissimi in Cristo patris ac domini, domini Leonhardi eadem gracia episcopi Pataviensis in pontificalibus cooperator, universis Kristi fidelibus presentes litteras inspecturis salutem in domino sempiternam. Deum credimus habere propicium etc. Hinc est, quod anno domini millesimo quadringentesimo trigesimo nono in natalicio sanctorum apostolorum Petri et Pauli capellam annexam choro et dormitorio in honore sancto et individue trinitatis ac gloriose virginis Marie necnon sancte et invictoriosissime crucis domini nostri Ihesu Kristi et omnium sanctorum et specialiter in honore sanctorum apostolorum Petri et Pauli, sancti Achacii et sociorum eius cooperante nobis gracia spiritus sancti ad instanciam venerabilis patris ac domini, domini Luce tunc temporis abbatis in modum ecclesie consecravimus cum suo altari principali. Continentur autem hec reliquie in eodem altari: primo de cruce domini, de sepulchro domini, de loco, quo obiit beata virgo Maria, sancti Iohannis baptiste, sancto-

---

1245. [1] Etwa von Victoriana oder Vicus Ateri, beide einst Bischofsitze in der nordafrikanischen Provincia Byzarena (Archiv f. Diöcesangesch. v. St. Pölten VII, 9).

rum apostolorum Petri et Pauli, apostolorum patronorum, sancti Andree apostoli, sancti Iohannis apostoli et ewangeliste, sancti Bartholomei apostoli, sanctorum Blasii Achacii Albani Alexandri Fortunati martirum, sanctorum Udalrici Martini Wolfgangi Benedioti Heinrici confessorum, sancte Anne, sanctarum Margarethe Barbare Appollonio Erndrudis virginum necnon omnes reliquie, que prius fuerunt in eodem altari contente. Volumus eciam, quod dedicacio eiusdem capelle celebretur futuris temporibus in die sancti Udalrici per transposicionem. Consequenter notandum, quod sub anno ab incarnacione domini millesimo quadringentesimo trigesimo septimo in die sancte trinitatis *(1437 Mai 26)* consecravimus capellam in ambitu ad peticionem prefati domini abbatis in honore sancte Katherine virginis et martiris ac sancte Anne matris Marie. Continentur autem in eodem altari reliquie infrascripte sanctorum videlicet Mathei Symonis et Iude apostolorum, sanctorum Stephani prothomartiris Eustachii Achacii et sociorum eius Erasmi Sebastiani Georgii Oswaldi Cholomanni martirum, sanctorum Silvestri Udalrici Hylarii Erhardi confessorum, sanctarum Katherine Margarethe Ursule virginum et sancte Anne necnon omnes reliquie, que fuerunt in altari penes chorum prius recondite. Item notandum, quod ad peticionem prenominati domini Luce abbatis transtulimus dedicacionem eiusdem capelle sancte Katherine proxima dominica post festum sancte Anne. Eodem eciam anno et die sancte trinitatis reconciliavimus ecclesiam maiorem videlicet monasterium et omnia altaria in eo inclusa et altare sancti Michaelis in alto situatum et altare omnium sanctorum super lectorio, item criptam cum suis altaribus, item capitulum cum suis altaribus et cimiterium monasterii et ambitus, item capellam sancti Benedicti cum suis altaribus, item ecclesiam parrochialem cum suis altaribus una cum cimiterio eidem ecclesie annexo, deinde proxima die sequenti idem festum sancte trinitatis *(1437 Mai 27)* monasterium sororum cum ambitu et altaribus in eo inclusis, item capellam sancte Erndrudis cum suo altari eidem monasterio virginum contiguam, item capellam sancti Andree apostoli cum altari in domo domini abbatis situatam, item capellam sancti Georii cum suo altari extra muros monasterii positam. Cupientes igitur, ut predicte capelle cum ecclesiis et altaribus prenominatis congruis honoribus frequententur et ut Kristi fideles cultum divinum in eisdem eo frequencius visitent et illuc veniant, omnibus vere penitentibus confessis et contritis in festivitatibus infrascriptis videlicet nativitatis Kristi circumcisionis epyphanie et per totam quadragesimam, parasceves, pasche ascensionis penthecostes corporis Kristi invencionis et exaltacionis sancte crucis, in omnibus et singulis festivitatibus beate Marie virginis videlicet concepcionis nativitatis presentacionis annuncciacionis visitacionis purificacionis necnon assumpcionis, sancti Michaelis archangeli, nativitatis et decollacionis Iohannis baptiste beatorum apostolorum Petri et Pauli ac omnium aliorum sanctorum apostolorum et ewangelistarum sanctorumque Stephani Laurencii Vincencii Clementis Georgii et Cristofori martirum, sanctorum Martini Nicolai Gregorii Augustini Ambrosii et Ieronimi confessorum, sanctarum Marie Magdalene Katherine Margarethe Barbare Cecilie Lucie Agathe Agnetis et undecim milium virginum atque Erndrudis virginum, Elyzabeth Helene Hedwigis viduarum, in die omnium sanctorum et conmemoracione omnium animarum et per octavas dictarum festivitatum octavas habencium singulisque diebus dominicis ac diebus patronorum et patronarum necnon dedicacionibus earundem causa devocionis et oracionis aut peregrinacionis accesserint seu qui missis predicacionibus matutinis vesperis aut aliis quibuscumque divinis officiis ibidem interfuerint aut corpus Kristi vel oleum sacrum, cum infirmis portentur, secuti fuerint seu in serotina pulsacione campane aut in mane secundum modum curie Romane flexis genibus ter: ave Maria, dixerint necnon qui ad fabricas luminaria ornamenta aut quevis alia dicte ecclesie necessaria manus porrexerint adiutrices aut aliquod aliud karitativum subsidium donaverint, quocienscumque premissa vel aliquod premissorum fecerint, de omnipotentis dei misericordia Petri et Pauli apostolorum eius auctoritate confisi suffragiis quadraginta dies de iniunctis eis penitenciis misericorditer in domino presentibus elargimur perpetuis temporibus duraturis, in cuius rei testimonium presentes litteras iussimus sigilli nostri appensione communiri. Datum anno millesimo quadringentesimo trigesimo nono in die sanctorum Petri et Pauli apostolorum.

Siegel d. B. Mathias rund (41), roth auf Sch., III B 1. U.: · s. mathie. dei · gra · epi · eccie · vitrice. Abb. bei Hanthaler, Rec. I, T. 6 nr. 15. Am Rv. das Signet rund (11·5), roth auf Sch., IV A 2. Die Dornenkrone.

1246. **1439 August 1.**

Pfarrer Kaspar zu Pyhra und die Pfarrgemeinde erwählen in einem Rechtsstreite Schiedsrichter zur Entscheidung desselben.

Orig., Papier. Zwei Siegel waren in grünem Wachs auf der Rückseite aufgedrückt.

Ueber die Auflösung des Datums vgl. Grotefend, Zeitrechnung I, 153. — Das gleichzeitige Indorsat: *Ein verzeichbrief der menig zu Pirha zu dem pharrer* ist unrichtig.

Ich Andre am Schrathoff,[1] ich Syman Spiler zů Pirichach, ich Chunrat zu Widem, Tåmel am Pilinghoff, Krempel zu Ochsenburkh, Syman zu Harlant, Haniczl auf dem Puchel[2] zu Stederstorff, Michel zu Eglsee und dy gancz pharmenig zu Pirichach bekennen umb all dy zusprůch, so wir haben zu unserm pharrer herrn Kasparen daselbs zu Pirichach: item von erst um seczig phenníng gelts, item auf ainer padstuben pey dem Riedhoff[3] dreyssig phenning gelts, item von der sammůng wegen, das man zu heiligen tagen sammet; item von gescheftes wegen, so man zu der chirichen tuet; item von des stokk wegen in der kirichen; item von des ambts wegen, das der pharrer im advent so alle tag singen lassen; item von der leslicht wegen, dy der pharrer maint zu haben; item von aines prister wegen, den der pharrer haben sol, das er selbdriter pryester sey, und umb all dy zusprůch, so der pharrer zu uns obgenanten maint zů haben: von erst umb dy sammung zu heiligen tågen an zwelifpotentågen allain maint der pharrer dyselb sammung sey halbe ains pharrer; item aus allen gescheften zu der chirichen sey der drittail ains pharrer; item umb zwen holden, dient yêder dreyssig phenning; item sechs schilling dem pharrer und sein gesellen für leslicht, oder aber leslicht geben, als es von alter herkomen ist; item von ains schulmaister wegen maint der pharrer zu seczen, und wer im darczů gevall, und umb all zusprůch und unwillen, wie sich das unczther begeben hat, sey wir paid obgenant taill der pharrer und auch wir willikleich und unbetwungenleich hindergengig warden und hindergeng getan und tuen auch wissnleich mit kraft des brieffes

---

1246. [1] Schrotthof E.-H., K.-G. Pahra, O.-G. Pyhra. — [2] Oestlich von Stattersdorf besteht jetzt noch ein Ried Eichbügel. — [3] In Pyhra.

hinder dỹ ersamen herren, hern Erharten Virtager korherr und schaffer zu Sand Polten und herrn Peteren pharrer zu Pechemkirichen und herrn Peteren, pharrer im Olderspach, und hinder dỹ edlen Leonhart Meilawer, phleger zu Ochsnburch, und Taman den Mitterkiricher und hinder den beschaiden Stepphan den Kůrrenperrger, was dỹ obgenanten sechs ainhellikleich oder under in der merer tail zwischn unser peder taill darumb sprechent machent oder vindent, das wir das paid taill genczleich stet halten sullen und wollen trewlleich und ungeverleich peỹ den pen und pŭntten, do sỹ uns in irren spruchbriffen aufseczen werdent, mit urkund des brieffs besigelt mit der edlen und erberen Peteren des Kolinger und Michelen des Vrsperrger, der stat ambtman zu Sand Polten, paider aufgedrukten insigeln in und irn erben an schaden, dỹ wir mit fleỹs darumb gepeten haben, darunder wir uns vorgenant und dỹ gancze pharmenig zu Pirichach verpinten mit unsern trewn alles das wâr und stet ze haben, so vor geschriben stet, wen wir selb aigen insigel nicht enhaben. Geben an sand Peterstag des heiligen zweilfpoten, do man von Kristi gepůrd zalt virczehnhundert und im newn und dreissigistem jare.

1247. [1439 vor September 22, Göttweig.]

Abt Lucas macht seine Eingabe auf die Forderungen seines Richters Thomas Kirchberger.

Concept, Papier.

Aus dem Vermerke über dem Texte *anno etc. tricesimo nono* geht hervor, dass dieser Streit in das Jahr 1439 fällt. Nach dem Contexte zu schliessen, war diese Eingabe an das Gericht gemacht, bei welchem die Klage des Kirchberger anhängig gemacht war, und sass der Richter an der Schranne zu Furth. Die engere chronologische Begrenzung ist durch den Todestag des Abtes Lucas † 22. Sept. 1439 gegeben.

Vermerkcht das widersprechen, so wir abbt Lucas zu Gottweig haben gegen der vadrung, so Taman von Chirchperg, dieweil er des gotzhaus richtêr gebesen ist, zu uns maynet ze haben, als er uns dieselben vadrung in geschrifft hat zu erkennen geben:

[1.] von erst so mellt er II lb. ₰., dy wir im ièrleich schollten schuldig sein auf dy XIII lb., darumb wir in gedingt haben. Daengegen ist unser widerred, das wir im derselben II lb. nicht phlichtig sein zu geben, wenn wir in nûr umb XIIII lb. ₰. gedingt haben und nicht umb sechczehne, und derselben XIIII lb. ₰. ist er jêrleich entricht warden also, das wir im an seinem jarsold nichts schuldig sein.

[2.] Desgleichen mellt er umb 1 mutt habern, den wir im auch jerleich scholten schuldig sein, daran er nûr LIII meczen soholt emphangen haben. Daengegen ist unser widerred, das wir im chain habern in dem geding nye versprochen haben; denn einen halben mutt haben wir im jerleich geben von sundern gnaden und gutem willen, daran wir im des jars scilicet anno XXXVIII schuldig sein VII meczen habern.

[3.] Dann von des swêrn traid wegen, als er uns zeicht mit XVI meczen korn, sein wir im nicht mer schuldig denn XII meczen korn de anno XXXVIII.

[4.] Item so mellt er, wie wir im noch schuldig sein ain dreiling wein. Daengegen ist unser widerred, das wir in iêrleich aines ganczen ᵃ dreiling wein entricht haben, als wir im das versprochen haben, und haben im in dem ersten jar geben II dreiling wein ᵇ und in anno XXXVII I dreiling und in anno XXXVIII auch nûr 1 dreiling also, das er des weins uberal beczallt ist.

[5.] So mellt er von der zwaier fueder hey wegen, die man im zwai jar nicht geben hab. Ist unser widerred, das er sich darinn selb gesawmbt hat also, das er sich des auf den wisen nicht underbunden hat.

[6.] Item so mellt er umb das hoffgwant, so er maynet, das man im schuldig sey und zwai jar nicht gegeben hab. Daengegen ist unser widerred, das wir im des nicht schuldig sein, wenn in dem geding ist im ᶜ chain hofgebant nye gemellt noch versprochen warden, aber was wir im hofgebant gegeben haben, das ist alles beschehen von sundern gnaden und gûtem willen.

[7.] Item als er mellt von der gerechtikchait wegen des tancz am hôschen mitichen, die wir im auch scholten schuldig sein die sechs jar, ist unser widerred, das wir im die nye versprochen haben, wenn solhe gerechtikchait unsers goczhaus herleichait alain zugebûrdet und nyembt anders.

1247. ᵃ Das ursprüngliche *halben* getilgt und *ganczen* übergeschrieben. — ᵇ Folgt getilgt: *also, das er des uberall von allen jaren gancz entricht ist.* — ᶜ Getilgt,

[8.] Item er mellt auch von des gebants wegen, das der phoch furider in genummen ward, wie wir im das auch scholten schuldig sein und im zugebůret. Daengegen ist unser widerred, das wir im des nicht phlichtig sein, darumb das es solhe gůt unserm gotzhaus zugebůrdt. Darczu hat er sich in denselben sachen nindert můen wellen und hiet uns und unser gotzhaus darinn lassen in schaden kŏmen, hieten sich ander unser dienêr darumb nicht angenummen wie darůber, so haben wir den mantel von demselben gebant geben seiner můmên und den hůt seiner hausfrawn alles von gutem willen.

[9.] Desgleichen mellt er alle wandel, die in den sechs jaren verbracht sind warden, die scholten wir im auch schuldig sein. Ist unser widerred, das alle wandel unsers gotzhaus herschafft zugebůrdent und nicht im und davon so hat er noch vil wandel inn und haben im vil wandelzedel ubergegeben, die er uns noch alle phlichtig ist wider ze raytten.

[10.] Er mellt auch, wie wir sigellgellt von fůnf brieffen innehaben, das wir im schuldig sein. Daengegen ist unser widerred, das wir von seinen wegen nichts emphangen haben und ettleich brief noch bey uns ligent, davon aisch er gar wol, wem er gesigellt hab, an denselben vader sein gelt.

[11.] Item er mellt auch, wie wir im das fueter auf zwai phêrd haben abgeprochen. Ist unser widerred, das wir im chain fůter nye haben abgeprochen, sunder wir haben im gleich das fůter geben, als man dann gebondleich lange zeit zu Gottweig auf ein pherd gegeben hat.

[12.] Item er mellt auch, wie wir seinem weib ain rokchen genummen haben und den ainer andern frawn geschankcht. Darinn ist unser widerred, das wir zu solher lŏperei chain gedankch nye gehabt haben und geburd uns auch nicht zů. Wir haben auch unsern brůeder Larenczen darumb zu red gesaczt, davon wir aigenleich vernummen haben, das im umb die sach nichts wissentleich sey, er hab ir auch chainen rokchen nye gemacht. Dabey ist wol zu versten, das er uns in den sachen und andern gern in ungelimpffen und in spot brêcht, des er uns als ain dienêr seinem herren nicht pflichtig ist von seins selbs eren wegen.

[13.] Item so mellt er vil zerung und ander ausgeben, so er an manigen enden soholt getan haben in den sechs jaren, das wir im auch schuldig wêrn. Ist unser widerred, das er

uns dasselb ausgeben zu yeder seiner zeit soholt verrayt haben, so hieten wir im dann das pilleich beczallt und in unser register ingeschriben. Seidemallen des nicht geschehen ist, so sein wir im nichts phlichtig widerzecheren, denn wes er uns erbeist, das er in unsern diensten und unserm geschëfft zu nôttdůrfft ausgeben hat, das wollen wir im erstatten.

[14.] Sunderbar als er sich ausgeit und růmbt, wie er brief von uns hab, die do lauttent, das wir in unverdarben wellen halden, wellen und begeren wir nicht anders, denn das er uns dieselben brief fürbring zu sehen und zu hôren, was wir dann darauf pilleich schullen tůn, daraus wellen wir nicht treten.

[15.] Auch melden wir von der zuspruch wegen, so der Erhart von Chrudsteten zu uns hat von des heiratsgůts wegen, das seiner tochter von dem richter soholt nachvolgen, das er uns derselben zuspruch von dem Erharton ledig mach, also das wir kunftigs schadens anspruch davon vertragen werden.

Vermerkcht das ausgeben, so wir abbt Lucas zu Gottweig getan haben Tamann von Chirchperg, dieweil er des gotzhaus richter gebesen ist, und das wir im gegeben haben uber sein versprochen jarsold:

[1.] item von erst haben wir im geben jêrleich zu newen jar von anfankch uncz her ad annum tricesimum nonum, das wir zusamb grait haben, das bringt ain phunt gross und VIII gross, die haben wir im nicht geben von gerechtikait, sunder nůr von gůtem willen.

[2.] Item so haben wir im geben sunderbar III gulden, da wir des Chollinger hof zu Prunn gelihen haben.

[3.] Item und haben im ainst geben XV β. ♃. und ainst XII β. ♃. in grossen.

[4.] Item alls man dy zehend jerleich beriten hat, haben wir im alle jar geben bey XII β. ♃. und am minnsten bey 1 lb. ♃.

[5.] Item ettbann mer denn ainst haben wir im geben 1 lb. ♃.

[6.] Item zainczigen, wann wir gelihen haben, haben wir im geben bey 1 lb. ♃., bey V β. ♃., bey III β., bey LXX ♃. darnach und die lehenschafft hat gelt bracht.

[7.] So haben wir sein hausfrawn die und ir vorfadern auch menigermal geert uncz auf heut, das wir auch nůr getan haben von sein wegen.

[8.] Item als er ain anfankch von uns pegerat, wann seinew kinder heraufkemen, das man im dann vir laibel oder sechse nicht versaget haben, wir im uncz her die sechs jar alle wochen hinab gesandt XIIII herren laibel von gutem willen, des wir im auch nicht phlichtig gebesen wêrn.

1248. 1439 November 8, Göttweig.

Niclas Wadelpintêr beurkundet, dass er wegen seiner Handlungsweise gegen Abt Thamon und das Stift zu Gottweig eingekerkert war, dass ihm aber der Abt die verdiente Strafe erlassen hat, wogegen er auf alle Ansprüche an das Stift und dessen Unterthanen verzichtet und alle Feindschaft aufgibt. Brechen Niclas, seine Erben oder sonst jemand an ihrer statt dieses Uebereinkommen, so ist er dem Abte und Stifte mit Leib und Gut verfallen.

Siegler: die edeln (I.) Hanns der Klal, Richter des Stiftes zu Gottweig, und (II.) Hanns Tyeminger.

Datum: Geben zu Gottweig an suntag nach sannd Lienhartstag (1439).

Orig., Perg. Deutsch. An Perg.-Streifen 2 Siegel.

I. rund (29), grün auf Sch., IV A 2. U.: s. hans · chlol. Ein Ring, daran 3 Franken mit je 4 Krallen. — II. undeutlich, rund (28), ungefärbt, IV C.

1249. 1439 December 21.

Kathreÿ, die Frau Christans des Pekchen zu Furt, und die Brüder Paul, Niclas und Steffann, die Söhne des verstorbenen Erhartt des Pekchen und der benannten Kathrein, verkaufen mit Handen ihres Grundherrn, des Abtes Taman zu Gottweig dem bescheiden Erhart dem Lauchlaibel und dessen Frau Margareth ihre Mühle am Aygen zunächst dem Hause Peter's des Tudelmann, von welcher jährlich 40 Wiener ₰. zu sand Marteintage an die Abtei zu Gottweig und 1 Mut Korn ir selbs mass je zur Hälfte zu Weihnachten und zu sand Georgentage in den Phisterhoff[1] des Stiftes zu zinsen sind.

1249. [1] Pfisterhof, E.-H. südlich am Fusse des Göttweigerberges a. d. Fladnitz gelegen.

Siegler: [I.] Abt Taman zu Gottweig als Grundherr.
Datum: Geben (1439) an sannd Thomantage des heÿligen zwelfpoten.

Orig., Perg. stockfleckig. Deutsch. Siegel an Perg.-Streifen.

I. rund (36), roth auf Sch., IV A 2. U.: sigillvm · thome · abbatis · in gottwico. Die Dreiberge besteckt mit einem Kreuze.

1250.   1440 Februar 28.

Anno etc. quadragesimo an montag nach oculi in der vassten habent Erhart Pintter von Hof zu Pach gesessen und Anna sein eeleiche hausfraw mit grundherrn hannden des erwirdigen herrn, herrn Taman abbt unser frawn gotshaws zu Gott(weig) von Barbara, Wolfgangen des Gössel, burger zu Stain eeleichen hausfraw, ain halb jeuch weingartten, genant der Frawnpewntter, gelegen bei Tömlein Russter weingartten in der Frawnpewnt,[1] gekauffet, davon man jerleich dint dem gotshaus zu Gott(weig) in den pharrhof zu Mauttarn im lesen fůmf êmer most und man antwurttet dÿ in das vas. Actum die et anno ut supra.

Notiz in Cod. D f. 73'.

1251.   1440 März 9.

Jacob von Lêwtakcher und Kathreÿ dessen Frau verkaufen Abt Thaman und dem Convente zu Göttweÿ 2 ₰. freie Burgrechtsgülten auf zwei Weingärten in der Hinderleitten,[1] *1 ₰. auf einem Achtel Weingarten des Stephan Hirs und dessen Frau Margret und 1 ₰. auf einem Achtel Weingarten des Sÿman Mader zu Pawdorff.*

Siegler: Jacob von Lêwtakcher, der edel Hanns Tyemingêr.
Datum: Geben (1440) an mitichen vor sand Gregoriitag des heiligen lerêr.

Copie in Cod. C f. 243 f. Deutsch.

1250. [1] Bei Mauternbach, V. O. W. W. (Adm.-Karte Sect. 48).
1251. [1] Ried südwestlich an Tiefenfucha anstossend, V. O. W. W.

1252. 1440 März 24.

Wilhalm Gebelsdörffer zu Wienn, Hanns Piderman von Lanndeshůet und Chůnrat Strobl, Bürger zu Wienn als geschêfftherr des verstorbenen Hainreich des Phlênnczlein verkaufen mit Handen des erbern Michel des Riennolt, Bürger zu Klósternewnbůrgk, Schlüssler und Amtmann des Herzoges Friedrich [V.] daselbst, Abt Thóman und dem Convente zu Góttweyg um 160 ₰. Wiener ₰. zwei Häuser bei der Tůnaw, eines nächst dem Hause Jacobs des Flóczer, das andere nächst dem Hainreichs des Schéblêr, welche dem verstorbenen Jacob dem Gebhart gehörten und von denen man dem Herzoge jährlich je 3 ß. Wiener ₰. an sand Jórgentag und an sand Michelstag zu Grundrecht zinst. Auf dieselben hat Wilhalm der Gebelsdórffer wegen einer Schuld von 26 ₰. 60 ₰. und Hanns Piderman auf den Mehrwert (übertewrung) wegen einer Schuld von 216 Gulden einen Gerichtsbrief erlangt. Der Kaufschilling wird unter die Gläubiger so aufgetheilt, dass Wilhalm Gebelsdórffer 26 ₰. 60 ₰., Chůnrat der Strobl 42 Gulden, für welche sie dem verstorbenen Hainreich dem Phlênnczlein verpfändet waren, der Amtmann Michel Riennolt 8 Gulden, welche ihm der verstorbene Gebhart und dessen Frau schuldig waren, die Bürgerzeche dacz sand Mertten zu Klósternewnburg 48 ₰. ₰. und 18 ₰. ₰. an versessenem Burgrechtszinse, der Amtmann Michel Riennolt an schuldigem Grunddienste 10 ₰. ₰. und Hanns Piderman den Rest von 15 ₰. 30 ₰. erhält. Sie übergeben den Käufern die zwei Gerichtsbriefe mit der Bedingung, dass sie ihnen im Falle der Ansprache zum Zwecke des Rechtsbeweises wieder überantwortet werden, worauf sie wieder zurückerstattet werden. Gehen die Briefe den Käufern verloren oder werden sie von ihnen den Verkäufern nicht zur rechten Zeit ausgeliefert, so haben sie den etwa daraus erwachsenden Schaden zu tragen.

Siegler: (I.) Wilhalm der Gebelsdórffer, (II.) Chůnrat Strobl, (III.) der erber Lewpolt der Flóczer, Bürger und Rathsherr zu Newnbůrgk *siegelt für Hanns Piderman, welcher kein Siegel hat,* (IV.) der Amtmann Michel Riennolt und (V.) der erber Hanns Waiczhouer, Bürger daselbst.

Datum: Geben an unser frawen abund zu der chundung (1440).

Orig., Perg. Deutsch. An Perg.-Streifen 5 Siegel; Copie in Cod. C f. 83.

Quellen z. Gesch. Wiens 1, II, 287 nr. 2182 reg.

Vgl. nr. 1226 u. 1228.

I. rund (27), grün auf Sch., IV C. U.: s. wilhalm · gerbelstorf. Ein Balken, in demselben 3 gestürzte Spitzen. Stechhelm. Cimier: 2 Ochsenhörner. — II. ausgebrochen, rund (31), grün auf Sch., IV C. U.: s. chvnrat · .... — III. beschädigt, rund (28), ungefärbt, IV A 2. U.: † s. le[v]polt † flotzer. Auf den Dreibergen ein Kirschbaum. Am Rv. das Signet, oval, ungefärbt. Ein fliegender Vogel. — IV. rund (27), ungefärbt, IV A 2. U.: † sigillvm · michel · riennolt. Eine Handelsmarke. — V. rund (29), ungefärbt, IV A 2. U.: † s. hanns · wavczhofer · a. Auf den Dreibergen eine Eiche.

1253. 1440 März 29, Göttweig.

Abt Thomas von Göttweig und die Pröpste Caspar von St. Pölten und Ulrich von St. Andrae an der Traisen ersuchen den Propst Georg von Klosterneuburg, sie bei Bischof Leonhard von Passau wegen der Unmöglichkeit an der Passauer Synode theilzunehmen zu entschuldigen.

Notizenblatt VI, 536 nr. 22 nach d. Orig. auf Pap. im Arch. d. Stiftes Klosterneuburg.

Cum devotis etc. Uti non ambigimus v. p. constare per reverendum in Christo patrem, dominum nostrum, dominum Leonardum ecclesie Pataviensis presulem pro sinodo episcopali dominica: misericordias domini *(April 10)*, proxime instante celebranda ad Pataviam et paulo post pro die Mercurii *(April 13)* ex tunc immediate sequente per illustrem principem et dominum, dominum Fridricum ducem Austrie etc. super nonnullis negociis domui Austrie imminentibus nos una cum aliis prelatis ad Wiennam fore evocatos et quod utrique vocacioni propter terminorum vicinitatem et locorum distanciam nequimus comparere. Quare ad v. p. tamquam ad nostrum patrem et directorem singularem recurrimus humilius supplicantes, quatenus ob nostrarum precum respectum prefatum dominum nostrum, dominum episcopum etc. accedere et sue paternitati nomine nostrum supplicare dignemini, quatinus attenta domini principis vocacione nos de comparicione ut premittitur in sinodo Pataviensi facienda dignetur graciose supportare et in casu, quo eadem v. p. dictum dominum nostrum episcopum ad huiusmodi peticionis affirmativam exaudicionem inducere non poterit, hoc nobis significare et pro tunc locum et diem nobis similiter assignare dignemini, in quibus una vobiscum convenire et quid in ipsa re a nobis omnibus amplectendum erit, tractare valeamus. Scriptum in Gottwico feria tercia post diem pasce anno domini etc. quadragesimo.

Thomas abbas in Gottwico, Caspar prepositus ad S. Yppolitum et Vlricus prepositus s. Andree ad S. Andream super Traisam.

Reverendo etc. domino Georgio, preposito in Newnburga Claustrali etc.

1254.   **1440 Mai 20, Freistadt.**

König Friedrich IV. schreibt Abt Thomas von Göttweig wegen der Wehrhaftmachung der Städte Krems und Stein.

Orig. Papier. fleckig u. durchlöchert. Siegel war auf der Rückseite in rothem Wachse aufgedrückt.

Kanzleivermerk von der H. des Urk.-Schreibers: *Commissio propria domini regis.*

Wir Fridreich etc. dem abbt zum Chôtweig etc. Als villeicht wol an dich gelangt hat, daz meniger [angr]iff* mit ra* . . . und in ander weg von den veinten von Behem und von Merhern in unser land Österreich beschehen, nu kumt uns tëgleich warnung, wie dieselben veint nach unsern geslozzern in d . . . . unserm land . . . . und sunder nach Krems und Stain trachten, wie si die in ir gewalt bringen mochtten, darum [nott]durfft ist, das fürzesehen, daz künffticleich land und leut nicht grösser schêden nemen, und dadurch haben wir unserm getrewen lieben Jacoben dem Seebechen, unserm obristen hauptmann unser soldner in Österreich, empholhen dieselben zwo stet mit wer und in ander . . . . ze richtten und auch darinn und auf dem land . . . . gegen doselbs umb under den lêuten ain . . . . . . g ze machen, damit man denselben veinten, ob es . . . . kêm d . . . . widersteen müg. Davon [emp]helhen wir dir und wellen ernstleich, daz du mit dem . . . . hie[derhalb] und enhalb der Tunaw umb die egenant stet

---

1254. * Lücke hier und weiterhin.

wonhafft und gesessen bestellest und . . . . si
der egenante unser hauptman zu solichen des lannds notdurfften
als zu zürichtung . . . . s . . . .
. . . . inntun oder es wêr swerleich wider uns und getrawn
dir, daz du . . . . deinem fleisse
und . . . . Das etc. Geben zu der
V[reinstat] . . . . . freitag nach dem heiligen phingstag anno
etc. quadragesimo unsers reichs im ersten jar under unserm
insigl, das wir in unsern furstentumen unczher gepraucht haben.

1255.   **1440 Juni 10, Basel.**

Das Basler Concil verleiht den Aebten von Göttweig das Recht der Mithra, des Ringes, des Pedum und andere benannte Rechte.

Orig., Perg. An einer gelben Seidenschnur die Bleibulle; Copie in Cod. C f. 362.

Auf der Aussenseite des Buges ist von der H. des Urk.-Schreiber vermerkt: *Ja. de Krainburga;* rechts vom Texte ein Monogramm: ℞; links unter dem Buge am Rande der Monatsvermerk: *Jun.*; weiter einwärts von derselben H. u. Tinte der Kostenvermerk: *L;* darunter: *Ja. de Cerueriis;* darunter mit gleicher Tinte: *C. Kuenlin pro computatore.* Auf der Rückseite der Registraturvermerk; darunter von gleicher H. u. Tinte: *Huglim;* in der Mitte des unteren Randes: *Jo. Leonir;* daneben: *B. Forster.*

§ Sacrosancta § generalis synodus Basiliensis in spiritu sancto legitime congregata universalem ecclesiam representans dilectis filiis Thome abbati et conventui monasterii in Gôtwico ordinis sancti Benedicti Pataviensis diocesis salutem et omnipotentis dei benedictionem. Sacre vestre religionis etc. Hinc est, quod nos vestris supplicationibus inclinati, ut tu abbas, sub cuius regimine seu gubernatione ut asseris plures tam monachi quam alie foventur persone, et abbatibus tui monasterii, quod sub dominio nobilium virorum, ducum Austrie, est constitutum, mitra annulo et baculo pastorali ac benedictione in missarum solenniis utendi pro tempore existentibus per sedem apostolicam extitit indultum, ornamenta calices et habitus pro divino cultu et dioti monasterii usu deputanda consecrare et benedicere necnon monachos et conversos prefati monasterii confessionibus eorum diligenter auditis a quibuscumque pro commissis eorum delictis et peccatis, quotiens oportunum fuerit, absolutionem debitam impendere et penitentiam salutarem iniungere et cum ipsis monachis super irregularitate, quam excommunicationis sententia ligati missas et alia divina celebrando vel se eisdem immiscendo non tamen in contemptum clavium forsitan contraxerunt ac contrahent, dispensare omnemque inhabilitatis et infamie maculam sive notam per ipsos premissorum occasione pro tempore contractam abolere tuique successores possitis et valeatis constitutionibus apostolicis necnon statutis et consuetudinibus monasterii et ordinis predictorum etiam iuramento confirmatione apostolica vel quacunque firmitate alia roboratis ceterisque contrariis nequaquam obstantibus, auctoritate universalis ecclesie tenore presentium concedimus facultatem ac etiam potestatem. Volumus autem, quod crisma pro dictis ornamentis calicibus et habitibus, pro quorum usu requiritur, ab episcopo gratiam et communionem sedis apostolice habente consecretur. Nulli ergo etc. Datum Basilee IIII. idus iunii anno a nativitate domini millesimo quadringentesimo quadragesimo.

1256.   **1440 Juni 10, Basel.**

Das Basler Concil verleiht Göttweig einen Ablass von 4 Jahren und 40 Tagen für gewisse Festtage unter angegebenen Bedingungen.

Orig., Perg. An einer gelben Seidenschnur die Bleibulle.

Rechts auf dem Buge ist von der H. des Urk.-Schreibers vermerkt: *Ja. de Krainburga*; in der Mitte des oberen Randes: *Bulletur cum serico*; am rechten Rande der Urk. ein Monogr.: ⨏; links unter dem Buge am Rande der Monatsvermerk: *Jun.*; daneben weiter einwärts von gleicher H. u. Tinte der Kostenvermerk: *XL*; darunter von gleicher H. u. Tinte. *Ja. de Ceruariis*; darunter von anderer H. u. Tinte: *Jo. de Rocapetri9*. Auf der Aussenseite der Registraturvermerk; darunter von gleicher H. u. Tinte: *Huglim*; auf der Mitte des unteren Randes: *Jo. Leonir*; daneben von anderer H. u. Tinte: *B. Förster*; in der rechten unteren Ecke: *Concilium Basiliense dat in omnibus festis et per sex dies penthecostes III annos et XL dies*; darunter von anderer H.: *Vacat pro nunc*.

Sacrosancta generalis synodus Basiliensis in spiritu sancto legitime congregata universalem ecclesiam representans universis Christi fidelibus presentes litteras inspecturis salutem et omnipotentis dei benedictionem. Et si propheta etc. Cupientes igitur, ut monasterium beate Marie virginis in Gotwico ordinis sancti Benedicti Pataviensis diocesis quod sub honore et vocabuls ipsius gloriose virginis dedicatum et* in monte altissimo situatum existit et cuius structure edificia, que ruinam minantur, necessaria indigent reformatione, congruis honoribus frequententur et ut Christi fideles eo libentius confluant ad illud et ad ipsorum edificiorum reparationem et suorum vestium librorum et sacrorum vasorum emptionem et eorundem conservationem manus promptius porrigant adiutrices, quo ex hoc ibidem dono celestis gratie uberius conspexerint se refectos, de omnipotentis dei misericordia et beatorum Petri et Pauli apostolorum eius et universalis ecclesie auctoritatibus confisi omnibus vere penitentibus et confessis, qui in nativitatis circumcisionis epiphanie resurrectionis ascensionis penthecostes et corporis domini nostri Iesu Christi necnon in nativitatis annuntiationis purificationis et assumptionis eiusdem beate Marie virginis et nativitatis sancti Iohannis baptiste ac dictorum apostolorum Petri et Pauli necnon ecclesie eiusdem monasterii dedicationis festivitatibus ac celebritate omnium sanctorum ac etiam per octavas ipsarum nativitatis epiphanie resurrectionis ascensionis corporis domini necnon nativitatis sancti Iohannis baptiste et apostolorum Petri et Pauli predictorum festivitatum et sex dies dictum festum penthecostes immediate sequentes prefatum monasterium devote visitaverint annuatim et pro reparatione emptione et conservatione predictis manus porrexerint adiutrices, singulis videlicet celebritatibus quatuor annos et quadraginta dies, octavarum vero ipsarum ac predictis sex diebus, quibus prefatum monasterium visitaverint manusque pro reparatione emptione et conservatione porrexerint adiutrices, ut prefertur, centum dies de iniunctis eis penitenciis misericorditer relaxamus presentibus post viginti annos minime valituris. Datum Basilee IIII. idus iunii anno a nativitate domini millesimo quadringentesimo quadragesimo.

1257. **1440 Juli 9, Basel.**

Das Basler Concil beauftragt den Bischof Leonhard von Passau, die Bitte des Abtes um Erlaubnis, dass die Pfarrgemeinde die

---

1256. * Folgt eine Rasur.

Stiftskirche an fixierten Tagen besuchen dürfe, zu untersuchen und entsprechende Bestimmungen zu treffen.

Orig., Perg. An einer Hanfschnur die Bulle.

Auf dem Buge rechts ist von der H. u. Tinte des Urk.-Schreibers vermerkt: *Ja. de Krainburga*; rechts am Rande des Textes ein Monogr.: ⊤̵C̲ ; unter dem Buge links von gleicher H. u. Tinte der Monatsvermerk: *Jul.*; weiter einwärts der Kostenvermerk: $\frac{\overline{x}}{x}$; darunter: *G. Cossel*; darunter von anderer H. u. Tinte: *Jo. Wernheri*; auf der Aussenseite der Registraturvermerk; darunter von gleicher H. u. Tinte: *Huglim*; in der Mitte des unteren Randes: *Jo. Leonir*; daneben von anderer H.: *L. Valasci*.

Vgl. nr. 1265.

Sacrosancta generalis synodus Basiliensis in spiritu sancto legitime congregata universalem ecclesiam representans venerabili . . episcopo Pataviensi salutem et omnipotentis dei benedictionem. Sacre religionis, sub qua dilecti ecclesie filii abbas et conventus monasterii beate Marie virginis in Gotwico ordinis sancti Benedicti tue diocesis promeretur honestas, ut illa eis concedamus, per que sue devotioni liberius intendere valeant illamque per ipsos eo amplius amplecti. Exhibita siquidem nobis nuper pro parte dictorum abbatis et conventus peticio continebat, quod cum olim nativitatis circumcisionis epiphanie resurrectionis et ascensionis domini nostri Jesu Christi ac penthecostes necnon ipsius quarte [a] ferie [b] immediate illud sequentis [c] ac etiam dicte gloriose virginis Marie necnon Iohannis apostoli et ewangeliste, beate Margarethe Laurencii et omnium sanctorum ac etiam ipsius monasterii ecclesie dedicationis, festa Iovis quoque et Veneris sanctos [d] et in cena domini ac parasceves dies necnon animarum fidelium commemoratione devote in dicto monasterio celebrari et peragi consueverint, quod monachorum dicti monasterii presencia pro interessendis divinis officiis communiter requiri et haberi solebat et propterea, si omnes et singuli monachi prefati, quorum aliqui pro cura animarum parrochialis ecclesie dicti monasterii exercenda per abbatem et conventum predictos deputantur, divinis officiis huiusmodi interessent parrochiamque eiusdem parrochialis ecclesie pro audiendis divinis

---

1257. [a] *a* auf Rasur. — [b] Das letzte *e* auf Rasur. — [c] Die letzten Buchstaben auf Rasur. — [d] Aus *sanctis* corrigiert.

officiis ecclesiam dicti monasterii necnon criptam eidem ecclesie contiguam, que pro receptione eorundem parrochianorum sufficiunt, accederent, tam ipsorum monachorum quam parrochianorum et aliorum Christi fidelium illic confluentium devotio quam plurimum adaugeretur. Quare pro parte dictorum abbatis et conventus nobis fuit humiliter supplicatum, ut ipsis, ne aliquem ex monachis predictis ad prefatam parrochialem ecclesiam pro verbo dominico parrochianis ipsis in dictis festis et diebus ac commemoratione faciendo divinaque officia celebrando mittere de cetero sint adstricti prefatique parrochiani et alii Christi fideles, qui causa devotionis inibi confluxerint, ad ecclesiam monasterii necnon criptam huiusmodi in dictis festis diebus et commemoratione accedere divinaque officia necnon divinum verbum audire in eisdem libere et licite possint et valeant, super hoc consulere et oportune providere dignaremur, nos itaque de promissis certam noticiam non habentes supplicationibus huiusmodi in hac parte inclinati circumspectioni tue, de qua in hiis et aliis fiduciam gerimus specialem, per hec scripta committimus et mandamus, quatenus de premissis te informes et si per informationem huiusmodi ita esse inveneris, eisdem abbati et conventui in hiis auctoritate nostra provideas, prout tibi videbitur expedire, non obstantibus quadam prohibitione per certos visitatores a sede apostolica in illis partibus deputatos in contrarium facta ac constitutionibus et ordinationibus ac litteris apostolicis, de quibus et eorum totis tenoribus habenda esset mentio specialis, necnon statutis et consuetudinibus ipsius monasterii de ordinis predictorum etiam iuramento confirmatione apostolica vel quacunque firmitate alia roboratis ceterisque contrariis quibuscunque. Datum Basilee VII. idus iulii anno a nativitate domini millesimo quadringentesimo quadragesimo.

1258. 1440 Juli 9, Basel.

Das Basler Concil verleiht der Kapelle zum heil. Blasius am Fusse des Göttweigerberges einen Ablass.

Copie in Cod. C f. 362'.

Vgl. Fuchs, Göttweiger Urk.-Buch I in Font. 2, LI nr. 30.

Sacrosancta generalis synodus Basiliensis in spiritu sancto legittime congregata universalem ecclesiam representans universis

Christi fidelibus presentes litteras inspecturis salutem et omnipotentis dei benedictionem. Licet is etc., nichilominus tamen desiderantes domino populum reddere acceptabilem et bonorum operum sectatorem fideles ipsos ad complacendum sibi quasi quibusdam allectivis muneribus indulgenciis scilicet et remissionibus invitamus, ut exinde reddantur divine gracie apciores. Cupientes igitur, ut capella sancti Blasii de Sancto Blasio, que infra montem Gôttweig ad monasterium beate Marie virginis in Gôtwico, ordinis sancti Benedicti Pataviensis diocesis, pertinentem ut asseritur situata existit et cuius edificia de novo edificata sunt et pro structura sua sibi non suppetunt facultates, a Christi fidelibus congruis honoribus frequentetur et ut ipsi Christi fideles eo libencius causa devocionis confluant, ad eandem et ad edificacionem huiusmodi manus prompcius porrigant adiutrices, quo ex hoc ibidem dono celestis gracie uberius conspexerint se refectos, de omnipotentis dei misericordia et beatorum Petri et Pauli apostolorum eius ac universalis ecclesie auctoritatibus confisi omnibus vere penitentibus et confessis, qui in festo prefati sancti necnon ipsius capelle dedicacione eandem devote visitaverint annuatim et ad eius edificacionem et construccionem manus porrexerint adiutrices, unum annum et unam quadragenam de iniunctis eis penitenciis perpetuo relaxamus. Datum Basilee VII. idus iulii anno a nativitate domini millesimo quadringentesimo quadragesimo.

1259.   **1440 Juli 11, Wien.**

König Fridreich [IV.] bestätigt dem Stifte zum Göttwey auf Bitten des Abtes [Lucas] die Privilegien der Urkunde Herzog Albrechts [V.] (nr. 1053), welche wörtlich inseriert ist.

Siegler: König Fridreich [IV.].

Datum: Geben ze Wien versiglt mit unserm insigel, das wir in unserem fürstentumb unczher gebraucht haben, an sand Margretentag* abend (1440), unsers reichs im ersten iare.

Copie in Cod. C f. 290' f.

Kanzleivermerke: *Prescripta recognovimus* und *Domini regis propria commissio.*

1259. * *tag getilgt.*

1260.   **1440 Juli 12.**

Abt Thomas und der Convent zu Göttweig erwählen in ihrem Streite mit dem Abte Stefan und dem Convente zu Lilienfeld über Einkünfte und Gaben der Kapelle zum heil. Wolfgang in Förhenfeld[1] *innerhalb der Pfarrgrenzen von St. Veit den Abt Heinrich von Heiligenkreuz und den Propst Caspar von St. Pölten zu Schiedsrichtern.*

Datum: (1440) duodecima die mensis iulii.

Duellius, Excerpt. genealog. 232 nr. 238 Ausz. — Chmel, Materialien I, 12 nr. 290 Reg.

1261.   **1440 September 11.**

Georg Schekch von Wald und Colman Schekch sein Sohn erhalten von Abt Taman und dem Convente zu Gottweig gegen eine Geldsumme den Getreidezehent des Stiftes am Gretzhoff in Pirhar pharr bei sand Cecili cappellen[1] *zu Leibgeding.*

Siegler: (I.) Georg Schekch für sich und seinen Sohn Colman (wann ich aigen gegraben insigel nicht enhab), (II.) ihr Vetter der edle Georg der Schekch von Wokching.

Datum: Geben (1440) an nagsten suntag nach unser frawen geburdtag der heiligen junkchfrawen.

Orig., Pap. Deutsch. Zwei auf der Rückseite aufgedrückte Siegel unter Papierdecke.

I. beschädigt, rund (28), grün, IV A 2. U.: sigillvm · iorg · schekch. — II. beschädigt, rund (29), grün, IV A 2. U.: sig[i]llvm . . . . . . schek. Gespalten u. zweimal getheilt, der Balken geblumt damasciert.

1260. [1] Fahrafeld, Inner —, Rotte O.-G. Hohenberg, V. O. W. W.

1261. [1] Diese Kapelle lag auf einem mässigen Hügel am Rande eines Haines in der Nähe von Perersdorf zwischen diesem und Böheimkirchen im Pfarrsprengel Pyhra. Jetzt sind nur mehr ihre Mauern, der massive Thurm und die Mauern der Sacristei erhalten (Schweickhardt, V. O. W. W. III, 187 u. Lux in Blätter f. Landesk. v. N.-Oe. XI, 410). Sie kommt schon c. 1254 als Passauer Eigenthum ('Inwertaigen') im Zinsverzeichnisse des Hochstiftes Passau vor: *Item due curie in S. Cecilia cum ecclesia, quas habent Hohenberger et Gnewsso* (Mon. boica XXVIII/II, 475).

1262. 1440 September 26.

Anno domini millesimo quadringentesimo quadragesimo an montag vor sand Michaelstag hat Kathrei, Peter des Knopfs burger zu Krembs eeleiche hawsfraw, mit irem guten willen und auch mit grundherrn hannden, des erwirdigen herrn, herrn Taman abbt unser frawn gotshaws zu Gott(weig) demselben Petern Knopf, irem eelichen mann und allen seinen erben lediklichen gemachet geschaffet und gegeben nach irem tod ir veldlehen in Mauttingerveld zunagst des Legel lehen gelegen mit aller zugehorung, davon man jerlichen dint dem gotshaws zu Gottweig newn phenning zu sand Margaretentag snitphenning und ain halben mut vogthabern zu sand Gilgentag an dẏ Tunaw Mauttinger mass und darauf IIII⫞ phenning schreibphenning und zwen emer most im lesen, und mögen nu binfur der obgenante Peter Knopph und sein erben nach der vorgenanten frawen tod allen iren frumb mit dem vorgeschriben veldlehen geschaffen an aller derselben frawen erben und menikleichs von iren wegen irrung und hindernuss ungeverlich.

Notiz in Cod. D f. 74'.

1263. 1440 September 29.

Stefan Hyers und Margaretha seine Frau schliessen mit Göttweig einen Dienstvertrag ab.

Orig. Perg. An Perg.-Streifen 2 Siegel.

Ich Steffan Hyers und ich Margreth sein eeleiche hausfrawe bekennen offenleich mit dem brief fur uns und all unser erben und tun kund menikleichen allen leutten gegenbürtigen und künfftigen, als wir uns gegen dem erwirdigen und geistleichen herren, hern Taman abbt unser frawen gotzhaus zu Göttweig, und gegen dem ganczen convent gemainkleich daselbs verschriben haben von ires garten wegen zu Wiczleinsdarff, den sy uns auf unser lebteg emppholhen habent also, das wir in des treuleich schullen hüetten und den also verbesen, damit in an dem frid desselben garten an pawmen an obs an gras und an andern nüczen daselbs chain schad ergee und das wir dann darczu denselben garten zu solhen zeitten also wesseren und in phlicht halden, daraus er nůr nuczperikchait gebinne und nichts verczogen werd ungeverleich, und darumb haben wir sỹ vleissikleich gebeten uns darczu auf unser lebtêg ze geben ain phrunt von irem gotzhaus zu Gôttweig, das wir dester vleissikleicher dem obgenanten garten mügen ausgebarten und in hůet halden, des sỹ sich also gebilligt habent, als hernach geschriben stet: von erst schol man uns têgleich geben, dieweil wir baid in leben sind, ain echterinn wein, vier laibel brôt, der zwaỹ gesalczen sein, und die andern zwaỹ ungesalczen, und wann ain fleischtag ist, so schol man uns albeg desselben tages geben vier robe stůkch floisch, als man die gebonleich zu Gôttweig gen kuchen schratt, dann in der vasten schol man uns geben alle wochen zwen hêring ader zway stukch visch und ain phunt magôl ader die ganczen vasten sechs phunt magôl, wie uns das am fuegleichisten ist ze nemon. Auch ist man uns phlichtig darczu ze geben, dieweil wir denselben garten verbesen, alle jar ain meczen gersten und ain viertail salcz und nicht mer. Daengegen haben wir in und irem gotzhaus, ob wir der obgeschriben phrunt nicht wol môchten verdiennen, zu ebentewr hinbider gegeben zehen phunt phenning und aynen weingarten, des ain halbs jeuch ist, und ain achtail alles an aỹnem rain zu Niderfuchaw an der Hinderleitten gelegen zenagst Syman des Refentknechts weingarten genant der Altweingarten, davon man dint zu purkchrecht von dem halben jeuch drey phening Sygmunden und Pangrêczen Heyperger gebrůedern in ir ampt zu Nidernfuchaw und von dem achtail ainen phening zu purkchrecht dem egenanten abbt zu Gôttweig und seinem convent in die abbtey alles an sannt Michelstage. Denselben weingarten mit aller seiner zugehôrung haben wir in solher maỹnung übergeben, das derselb weingarten erst nach unser baider tod dem vorgenanten gotzhaus ledikchleich schol gefallen und beỹ dem dann hinfůr ebikleich beleiben an aller unser frewnt und erben irrung und widerred ungeverleich. Es ist auch nêmleich zu baider seyt beredt worden, wellichs under uns obgenanten zwayen leiben mit tod abgieng vor dem andern, so ist in die vorgeschriben phrunt halbe wider ledig worden ausgenomen den wein, den schol man demselben tail, der in leben beleibet, dannoch mit dem andern tail der halben phrůnt stêtleich geben sein lebtêg. Und ob ich obgenanter Steffan vor meiner hausfrawen Margreten abgieng also, das ich jeczgenante Margret mein man Steffan uberlebet, so bin ich in nicht phlichtig den obgenanten iren garten zu berbesen. Aber dennoch schol mir die halb phrûnt, als jecz gemelt ist, nachvolgen mein lebtêg. Wer aber, das ich vorgemelte Margreth mit tod abgieng vor dem benanten meinen man also, das ich offtgenanter Steffan mein hausfrawen Margreten uberlebet, so schol ich denselben iren garten dennoch verbesen und innehaben, als vor geschriben stet, es wer dann, das ich des vor krankchait nicht vermôcht, so schol ich ainen andern an mein stat mein lebtêg gebinnen, der in fûegleich sey zu innehaben und ze hûetten den egenanten iren garten, als vor gemelt ist ungeverleich. Des ze urchûnd geben wir dem vorgenanten erwirdigen herren, beren Taman abbt unser frawen gotzhaus zu Gôttweig und dem ganczen convent daselbs den brief für uns und all unser erben besigelt mit der vorgeschriben Sigmunden und Pangrâczen[1] Heyperger gebrûeder anhanngunden insigel, die wir vleissikchleich darumb gebeten haben, das sy die sache an unser stat bestêtt habent doch in und iren erben an schaden, wann sy des halben jewchs des vorgenanten weingarten purkcherren sind, darunder wir uns verbinden mit unsern trewen alles das war und stêt ze halden, so vor an dem brief geschriben stêt. Der sach ist auch geczeug der edel Hanns Pawmgartner durch unser vleissiger pet willen mit seinem anhanngunden insigel doch im und seinen erben an schaden. Geben nach Cristi gebûrde vierczehenhundert jar darnach in dem vierczigisten jare an sannt Michelstage des heyligen fûrstêngel.

I. S. d. Sigmund Heuberger rund (27), grün auf Sch., IV A 2. U.: s. sigmvnd · heyperger. Den Schild vgl. bei Duellius, Exc. gen. Tab. 39 nr. 479. — II. S. d. Hans Baumgartner rund, grün auf Sch., IV C (nr. 1229 S. 11).

1264. **1440 September 30—October 10. Olmütz.**

Paul von Milicsin von Olmütz verleiht dem Ritter Benesch von Milicsin die verpfändete Burg Blansk unter angegebenen Bedingungen.

Orig., Perg. mehrfach durchschnitten u. verstümmelt. 2 Siegel abgefallen.

1263. [1] Das Siegel desselben wurde nicht angehängt.

Die Urk. weist eine doppelte Datierung nach der Handlung und Beurkundung auf.

... [Pau]lus* ¹ dei et apostolice sedis gracia episcopus Olomucensis notum facimus tenore presencium universis, quod cum castrum nostrum Blansk* .... suis pertinenciis necnon censu viginti quatuor marcarum grossorum in theoloneo nostro Brunensi per nostros precessores episcopos cuidam Wilhel[mo] .... Waldek in sexingentis sexagenis grossorum fuerit obligatum et temporis successu castrum predictum cum huiusmodi obligacione in et ad manus ac possessionem .... studnicz devenisset, qui nobis de eo conscendere noluit, nisi sexingentis sexagenis grossorum sibi datis. Nosque timentes, ne tali colore huiusmodi .... nostra totaliter alienaretur, liberare tamen et exolvere illud propriis facultatibus non valentes, strennuo militi domino Benessio de Milyczyn .... communicato desuper wenerabilium fratrum nostrorum decani et capituli ecclesie nostre Olomucensis maturo consilio eidem Benessio, de quo plenam fi[dem] .... confidenciam consensimus redimendi, qui Benessius sexingentas sexagenas grossorum Pragensium eidem Iohanni dedit et persolvit pecunia parata et .... effectu. Verum nos considerantes dicti castri posicionem et proventuum ipsius quantitatem, volentes ipsius posicionem reddere meliorem certas villas .... et Vgezd una cum silvis, nemoribus et singulis earum pertinenciis ab antiquo ad easdem spectantibus tunc ad nos pleno iure feodi devolutas et ex licencia .... pibus regibus Boemie nostris precessoribus et eorum successoribus data menso nostre episcopalis incorporatas et annexas ad predictum castrum Blanssk perpe- .... asscripsimus et invisceravimus sic, quod easdem villas in centum sexagenis computavimus, quas centum sexagenas grossorum dicto Benessio intuitu ser- .... [n]obis et ecclesie actu impendit et exhibuit et in futurum prestancior erit impendere et exhibere, dedimus et donavimus presentibusque damus et

---

1264. * Lücke hier und weiterhin.

¹ 1434 Oct. 3—1450 Juni 2 (Gams, Series ep., S. 298).

donamus ita, ... [ea]dem summa, qua castrum predictum stat et stare debebit obligatum, ad septingentas sexagenas grossorum Pragensium se extendit. Unde nos singulis predictis . . . . [consi]deratis prenominatum castrum Blansk cum viginti quatuor marcis grossorum census annui in theloneo Brunensi necnon et cum villis predictis ac per . . . . predicto Benessio ac successoribus ipsius obligavimus et obligamus per presentes sub condicionibus infrascriptis videlicet, quod ipse Benessius seu ipsius . . . . castrum Blansk cum omnibus et singulis supradictis debet tenore utifrui et possidere nostris et successorum nostrorum episcoporum Olomucensium impedimentis . . . . [pro]cul motis. In casu vero, quo eidem Benessio in huiusmodi viginti quatuor marcis grossorum in theloneo Brunensi aliquid deperiret, illud per omnia de theloneo [Brunnensi] debet adimpleri, pro quo eciam idem Benessius duntaxat ad valorem retenti homines in Wyssaw poterit impignorare, dum vero nobis seu [successoribus] nostris episcopis Olomucensibus facultas adesset et ipsum castrum Blansk cum viginti quatuor marcis grossorum in theloneo Brunensi ac cum bonis et vallis superius . . . . simul et non per partes debent liberari et exolvi, redimere vellemus, ex tunc nostram voluntatem ipsi Benessio seu successoribus ipsius uno anno . . . . preintimare et dare scire ipseque Benessius seu successores sui recepta a nobis seu nostris successoribus prenominata summa septingentarum [sexagenarum g]rossorum de dicto castro Blansk et censu viginti quatuor marcarum g[rossorum] in theloneo Brunensi una cum prenominatis tribus villis Gedle, Ssebrow . . . . rum pertinentibus absque computacione alicuius damni seu edificii libere sine contradiccione et mora nobis seu nostris successoribus episcopis condescenderet . . . . re debebunt ipseque Benessius seu successores ipsius in tali condescensu decem mottones bladi scussi ibidem in castro relinquere debent resi- . . . . [b]lada segetes et armenta ad predictum Benessium seu successores ipsius pertinere debebunt. Si vero aliqua ruina in muris vel in tectis predictum . . . . ret, idem Benessius debet habere recursum ad nos seu nostros successores episcopos Olomucenses, qui pro tempore fuerint, qui illac dirigent unum ex[suis familia]ribus et quidquid cum consilio dioti familiaris directi super huiusmodi edificiis impenderit, id ipsum eidem circa reemcionem seu exolucionem castri .... na capitali debet reddi viceversa. Item circa condescensionem dioti castri prenominato Benessio seu ipsius successoribus quindecim currus .... bent mutuari pro abduccione suorum mobilium ad distanciam quinque miliarium et non ultra et quicumque presentem litteram habuerit cum dicti Benessii seu [successorum i]psius bona voluntate eidem omne ius competere debebit in premissis. In quorum fidem et testimonium sigillum nostrum maius presentibus est appensum .... [Actum] .. Olomucz anno domini millesimo quadringentesimo quadragesimo die sancti Gereonis martyris et sociorum eius *(1340 Oct. 10)*. Et nos Petrus de Raczicz decanus .... s de Praga prepositus, Martinus de Dobrzana archidiaconus, Iacobus de Holessow, Iohannes Har, licenciatus in decretis, magister Iohannes de Tyn, Cristoforus .... Nicolaus Suchuntrunc de Policzka, Andreas de Namiesscz, Nicolaus de Lippnik, Dominicus de Olomucz, Nicolaus de Odra, Martinus de Mora........., [We]nceslaus Nemilansky et Nicolaus de Priest, canonici et cappellani ecclesie Olomucensis, certis racionibus permoti ad predicti castri exolutionem et obligacionem .... [p]unctis et clausulis superius expressis nostrum prebuimus et presentibus prebemus consensum pariter et assensum, in cuius rei testimonium sigillum .... presentibus est coappensum. Datum in capitulo nostro generali, quod in festo sancti Ieronimi cum diebus sequentibus solitum est celebrari, anno et [die et loco quo] supra.

1265.   **1440 October 13, Mautern.**

Bischof Leonhard von Passau untersucht als der vom Basler Concile bestellte Executor die demselben von Abt [Thomas] und dem Convente zu Göttweig vorgelegte Bitte, erklärt, dass manches verschwiegen, manches aber wahr sei, und bestimmt, dass die Bittsteller nicht verpflichtet sein sollen, während der Zeit, wo in der Stiftskirche Gottesdienst gehalten wird, an den in der Concilsurkunde benannten Tagen einen Conventualen zur Verkündigung des Wortes Gottes und Abhaltung des Gottesdienstes in die Pfarrkirche zu senden, und dass die Pfarrangehörigen in der Stiftskirche und in der dazugehörigen Krypta dem Gottesdienste und der Verkündigung des Wortes Gottes beiwohnen können. Dafür ist der Gottesdienst desto feierlicher abzuhalten, eine je grössere Andacht der Gläubigen davon erhofft wird, wozu der Abt und Convent im Gewissen verpflichtet werden.

Siegler: (I.) Bischof Leonhard von Passau.

Datum et actum in Mauttarn in curia nostra episcopali die tredecima mensis octobris (1440).

Orig., Perg. Lat. Siegel an Perg.-Streifen.

Vgl. nr. 1257.

I. beschädigt, rund, roth auf Sch., III B 2 b. Abb. bei Duellius, Exc. T. 29 nr. 376.

1266. [1440 September 25—October 20,] Wiener-Neustadt.

Item primarie preces pro Sigismundo Sawrackher, clerico Ratisponensis diocesis, ad abbatem [Thomam] et conventum monasterii Gottbicensis ordinis sancti Benedicti Pataviensis diocesis. Datum in Nouaciuitate.

Notiz in Cod. O (Reichsregistratur) d. k. k. Staatsarch. z. Wien auf Pap. f. 19.

Am unteren Rande der Seite ist vermerkt: *Ad mandatum domini regis Cunradus propositus Wiennensis, cancellarius.* Das Tagesdatum ist entsprechend der Reihenfolge des Stückes in obiger Weise anzusetzen.

1267.   1440 December 23, Passau.

Bischof Leonhard beurkundet, dass in dem Streite zwischen Abt Thomas und dem Convente von Göttweig einerseits und den Passauer Officialen andererseits über die Zehente von den Neubrüchen in der Pfarre Obern Welmingk, welche nach dem Gewohnheitsrechte zur Passauer Kirche gehören, erstere vor ihm erschienen seien und erklärten, dass ihnen die Zehente daselbst als Schenkung von ihrem Stifter Bischof Altmann gehört haben, welche auch dessen Nachfolger bestätigt haben, und baten, er möge sie in ihrem Rechte schützen und die wörtlich inserierte Urkunde des Bischofes Reginmar (Fuchs, Göttweiger Urk.-Buch I, nr. 26) sowie alle übrigen Schenkungen der Passauer Bischöfe bestätigen. Dieser Bitte entspricht er unter Zustimmung seines Capitels in Anbetracht dessen, dass der Convent seinen klösterlichen Verpflichtungen ordnungsgemäss nachkommt.

Siegler: (I.) Bischof Leonhard und (II.) das Passauer Domcapitel.

Datum Patavie vicesima tercia die mensis decembris (1440).

Orig., Perg. Lat. Von 2 Siegeln das 2. abgefallen.

I. an roth-weiss-schwarzer Seidenschnur, rund (79), roth auf Sch., III B 2 b. U.: † · sigilū · maius · leonardi · dei · et · aplice · sedis · gracia · eps · patauiensis. Unter einem Baldachine ist der Bischof im Ornate dargestellt. 2 Wappenschilde an den Seiten, im rechten der steigende Wolf, im linken 2 Strichbalken. Am Rv. das Signet, oval, roth auf Sch., IV A 2. Geviertet, im 1. u. 4. Quartier der steigende Wolf, im 2. u. 3. Quartier je 2 Strichbalken. — II. an schwarzgelber Seidenschnur.

1268. **1441 Februar 5.**

Achacz Haymel, Bürger zu Stain, verzichtet für sich und seine Frau auf seine Forderungen an Abt Taman und seinen Bruder Mertt, Conventbruder zu Gottweig, gegen eine ihm nach dem Rathe ehrsamer geistlicher und weltlicher Personen vom Abte geleistete Entschädigung. Falls er, seine Frau oder Erben das Uebereinkommen nicht einhalten, verfallen sie dem Landesfürsten mit 32 ℔. ₰. und der Gegenpartei mit allen Rechten zur Strafe.

Siegler: (I.) Achacz Haymel, (II.) Gregorg Talhaymer, Dechant zu Mawttarn,[1] (III.) der erber Jacob Holczaphell, Bürger zu Mawttarn.

Datum: Geben (1441) an sannd Agatha der heyligen junkchfrawn.

Orig., Perg. Deutsch. Von 3 Siegeln an Perg.-Streifen das 1. abgefallen.

II. beschädigt, rund (26), grün auf Sch., II B. U.: s. ḡgory plbi in · levbs.[1] Der heil. Lorenz. — III. rund (26), ungefärbt, IV A 2. U.: . s. iacob · holczapphel. Viermal schräglinks getheilt, im Balken 3 Holzäpfel.

1268. [1] Aus der Legende und dem Siegelbilde erhellt, dass Gregor Thalhaymer Pfarrer zu Langenlois war.

1269.   1441 März 1.

Anno domini etc. XLI in die cinerum hat Hanns Dörnll, burger zu Mauttarn, mit hannden des erwirdigen hern, hern Taman abbt zu Göttweig und auch Kathrey sein hausfraw zu fürphant gesaczt Hannsem dem Pillung, burger zu Stain, Hedweigen seiner hausfraw und iren baiden erben ainen weingarten, genant der Newsacz, auf der Pebrarn, davon man jerleich dint dem vorgenanten gotzhaus in die abbtey V ₰. Martini, fur XL ℔. ₰. auf die nagstkunftigen phingsten zu beczalen.

Notiz in Cod. D f. 75'.

1270.   1441 April 19, Kremsmünster.

Abt Jacob, Prior Leonhard und der Convent des Klosters zum heil. Agapit in Kremsmunster schliessen mit Abt Thomas, Prior Seyfrid und dem Convente zu Göttweig eine Confraternität und verpflichten sich, nach Erhalt der Todesnachricht eines Göttweiger Mönches noch wenn möglich am selben Abende, sonst aber am nächsten freien Tage für denselben die Vigilien und am darauffolgenden Morgen das Requiem mit derselben Feierlichkeit wie bei den Exequien eines ihrer Mönche abzuhalten.

Siegler: (I.) Abt Jacob und (II.) der Convent in Kremsmunster.

Datum in Kremsmunster die Mercurii post festum pasce (1441).

Orig., Perg. Lat. An Perg.-Streifen 2 Siegel.

I. spitzoval, roth auf Sch., III B 2 b. U.: . s. iacobi · abbatis · in · chremsmvnster. Abb. bei Hueber, Austria, T. 26 nr. 6 ungenau. — II. beschädigt, rund, grün auf Sch., II B. Abb. bei Sava, Siegel d. Abteien, S. 36 Fig. 13.

1271.   1441 April 19.

Jane Walchw und Jane Niemyecsko, beide Bürger zum Budweis, beurkunden, dass ihnen König Friedrich [IV.] in der Klage gegen den Abt von Kotweig wegen der Schäden, welche sie und die Ihrigen mit vennkchnus, auch an gut gelt tuchern panczirn und ayn pherdt etc. in dem markcht zum Chotos von des etc. hern Thomans abts zum Chotweis* leuten *erlitten haben, vor dem Storhemberg, Pfleger zu der Freinstat, und den erbern dem Bürgermeister, Richter und Rathe daselbst eine Tagsatzung bestimmt hat, an welcher sie selbst und auch Abt Thoman durch seine Anwälte Jorg den Prantner und Hanns Pawngartner ihre Sache vertreten haben. Die bestellten Richter haben ihnen hierauf eine Entschädigung zugesprochen.*

Siegler: (I.) die erbern der Bürgermeister, Richter und Rath zum Budweis mit dem Stadtsiegel, (II.) der edel Vlreich Podolcze.

Datum: Geben (1441) des mitichens vor sand Jorgentags.

Orig., Perg. feuchtfleckig. Deutsch. An Perg.-Streifen 2 Siegel.

I. rund (35), grün auf Sch., II B. U.: †. secretum · ciuitatis · ce · budweis. — II. rund (21), grün auf Sch., IV C. U.: . s. vlrici · de · podole. Ein Seestern (?). Stechhelm. Cimier: die gemeine Figur.

1272. **1441 April 24.**

Jorig Angrer zu Paudarff und Anna seine Frau verkaufen Abt Taman, ihrem Lehensherrn, und dem Convente zu Göttweig ihre Wiese genant pey der Maur zenagst Hannsen Smid zu Fürtt und Niclasen Kamrer zu Hörnpach baider wisen gelegen, *von welcher an die Abtei zu Göttweig jährlich 8 Wiener ₰. an sannt Michelstag zu Burgrecht zu zinsen sind.*

Siegler: (I.) der edel Fridreich der Hochstetter, (II.) der edle Hanns Alinger.

Datum: Geben (1441) an sannt Jorigentage des heiligen ritter.

Orig., Perg. Deutsch. An Perg.-Streifen 2 Siegel; Copie in Cod. C f. 270'.

I. rund, grün auf Sch., IV C. U.: s. fridreich · hochsteter. Vgl. nr. 1244 S. II. — II. rund (23), grün auf Sch., IV A 2. U.: sigillum · hanns · allinger. Ein Wolfskopf.

1273. **1441 Juni 30, Wien.**

Der Notar Jodocus Hausner de Nouoforo, Cleriker der Eichstädter Diöcese, beurkundet den Schiedspruch, welchen in einem

---

1271. * Or. statt *Chotweig.*

Streite über die Oblationen in der Wolfgangkapelle zu Forhenfeld in der Pfarre St. Veit zwischen den Aebten Thomas von Göttweig und Stephan von Lilienfeld und deren Conventen die beiderseits durch Compromiss erwählten Schiedsrichter Abt Heinrich von Heiligenkreuz und Propst Kaspar von St. Pölten in seiner Gegenwart fällten:

[I.] *Hat der Streit diesbezüglich vollends aufzuhören.*

[II.] *Dürfen die Lilienfelder Professen, welche als Vorsteher der Grangie am Orte der Kapelle bestellt werden, nichts zum Schaden der Pfarre St. Veit unternehmen.*

[III.] *Sind mit ausdrücklicher Zustimmung des Abtes von Göttweig seinem Stifte zu den Quatemberzeiten* $1/3$ *und dem Stifte Lilienfeld* $2/3$ *der Gaben an Geld, Wachs und anderem zuzuweisen.*

[IV.] *Hat der Abt von Göttweig das Recht, an Festtagen oder an anderen Tagen, wo ein grösserer Zufluss von Leuten stattfindet, einen Conventualen zu bestellen, welcher das Recht der Ueberwachung hat und vom Abte von Lilienfeld nicht weggewiesen werden darf.*

[V.] *Die dawiderhandelnde Partei verfällt einer Strafe von 100 ungarischen Gulden, welche je zur Hälfte der anderen Partei und der grösseren Kirche zu Passau zufallen.*

[VI.] *Die Schiedsrichter reservieren sich das Recht, etwaige Zweifel über ihr Urtheil selbst zu entscheiden.*

Datum: Acta sunt hec in oppido Wiennensi Pataviensis dyocesis in curia prenominati etc. Caspari prepositi monasterii Sancti Yppoliti canonicorum regularium (1441), indictione quarta, die vero ultima mensis iunii, hora nonarum vel quasi, sacro generali Basiliensi concilio durante ac invictissimo principe domino, domino Friderico Romanorum rege semper augusto regnante.

Zeugen: presentibus etc. dominis Iohanne Hutt de Feucht, rectore parrochialis ecclesie in Schonnaw Pataviensis, Perchtoldo Gugk de Mittenwald, in decretis baccalario, Frisingensis diocesis testibus.

Siegler: Abt Heinrich von Heiligenkreuz und Propst Kaspar von St. Pölten.

Orig. im Archive des Stiftes Lilienfeld (Sign.: K, fasc. VI nr. 393), Papier. Lat.

Notariatszeichen mit der Unterschrift: *Jodocus Hau.* 2 Siegel an Perg.-Streifen.

Hiezu ist eine gleichlautende Urk., deren 2 Siegel abgefallen sind, im Göttweiger Archive vorhanden. — Vgl. nr. 1715.

1274. **1441 August 16.**

König Friedrich IV. entscheidet einen Streit zwischen Göttweig und den Bürgern zu Stein.

Orig., Perg. durchlöchert. An Perg.-Streifen das Siegel; Copie in Cod. C f. 21 f. (B).

Unter dem Datum ist von gleicher H. u. Tinte vermerkt: *Commissio domini regis per consilium.*

Wir Fridreich etc. bekennen von der zuspruch wegen, die der ersam geistleich unser lieber andêchtiger . . der abbt zum Kôtweig anstat sein und seins goczhaus hat gehabt zu unsern getrewn lieben unsern burgern zu Stain von ettleicher irrung und ingriff wegen, die im in seinem hof daselbs zu Stain von wein und getraids wegen sullen sein beschehen und darumb wir baiden tailen mit unserm brief ainen tag benennt und gesaczt haben auf heut fur unser anwêlt in Österreich gen Wienn ze kômen, die sachen zu hôrn und ze richten, daz an heutigen tag fur dieselben unser anwêlt des egenanten abbt von Kotweig anwêlt kamen und klagten hincz den vorgemelten purgern von Stain, wie dieselben unser purger dem von Kotweig und seinem goczhaus in dem egenanten seinem hof daselbs zu Stain sein wein getraid und auch gelt, darumb er getraid hiet verkaufft, vorhielten unbeclagt und wider seins gotzhaus auch desselben seins hofs gerechtikait und altes herkomen, dadurch im auch fumf dreiling und ain fuder weins gar verdarben wêrn, und wie auch das egenant goczhaus von den von Stain gefreyet wêr, daz es von zapfen iêrleich in pfenwertweis zwainczig fuder weins daselbs zu Stain verscheunkhen môchte, daran die von Stain dem von Kôtweig auch irrung tetn, des alles derselb vom Kôtweig und sein goczhaus zu schaden kêmen, und liessen hôrn abschrift unsers fûrvorderbriefs und den freybrief von der yeczgemelten zwainczig fuder weins wogn ausgangen und begertn mit denselben unsern burgern von Stain zu schaffen den vorgenanten vom Kotweig und sein goczhaus umb die vor-

347

gemelten stukch wider in nucz und gewer ze bringen und widerkerung ze tun, nach dem und das die purger an recht hietn getan, dêucht aber die die von Stain das nicht pilleich sein, so saczten si das anstat desselben irs herrn und seins gotzhaus zu denselben unsern anwêlten in recht, ob denn die von Stain zu demselben irm herrn ichts ze sprechen hietn, das môchten si tûn auch, als recht wêr, dawider der egenanten unser purger von Stain anwêlt durch irn redner antwurten, daz si auf solich anbringen diczmals desselben von Kôttweig anwêlten nicht wessten ze antwurten. Wenn aber si und ir mitpurger nach lanndesrechten wurden furgeladen, so wêrn si willig sich darumb ze verantwurten auch, als recht wêr, und saczten das auch in recht. Darauf habnt dieselben anwêlt zu recht erkannt, seid der von Kôtweig klager sey und sich über die von Stain erklag, daz im von in beschehen sey, das si auch an recht getan haben, und bogert im widerkerung ze tun. So verantwurten sich die von Stain pilleich gen im oder sein anwêltn und beschech denn verrer, was recht sei nach dem gesprochen rechtn. Desselben von Kotweig anwêlt meldten alsvor, wie die von Stain demselben irm herrn wider sein und seins gotzhaus freihait irrung und ingriff in seinem hof daselbs zu Stain an sein wein getraid und gelt getan hietn und im die vorhieltn unervordert alles rechtens und begerten mit den von St[ain]* noch ze schaffen demselben irm herrn umb solich vordrung ain benûgen ze tun und in hinfur an solichen seins gotzhaus freyhaiten ungeirret ze lassen. Mainten aber die von Stain, daz das nicht pilleich wêr, so setzten si das in erkantnûs des rechten. Darauf aber derselben unser purger anwêlt zu erkennen gaben, wie si dem von Kotw[eig]* in sein wein und getraid kainen schaden noch ingrif getan hietn, im auch nichts vorhieltn, wan der abbt und die sein die slussel zu demselben seim hof und gemêchen darinne selber innehietn. Ob im aber von seiner vailen wein wegen, die er hiet verschennkhen lassen, icht geschehen wêr, das hiet villeicht der richter als ambtman von ungelts wegn getan, aber nachdem und der von Kôtweig yecz menigere jar gross hênndl bei in mit wein und getraid gehabt und der mer verkaufft und vertan hab, denn sein freyhait ausweisen, und sich auch frômbdleich gen in

---

1274. * Durch ein Loch zerstört.

gehalten und kain mitleiden in notdurft der stat weder in paw zirken huet noch in ander weg mit in gehabt hab noch haben well, so haben si den vasziehern und den messern verpoten dem egenanten abbt und den sein nichts ze aribaiten und mainen, daz si das rechtleich getan haben, wan das wider irer stat freihait und gerechtikait sey. Ob sich aber desselben von Kŏtweig anwĕlt anstat irs benanten herren dĕuchten beswĕrt sein, so saczten si das anstat ir und irer mitburger auch in recht, doch ob in kŭnfticleich von der sachen wegn icht notdurft wŭrde, ir freyhait und gnadenbrief fŭrzebringen, daz in das unvergriffenleich wĕr und darumb ir tĕg hietn. Und wann sich baid obgemelt tail der sachen, als vor steet zu baider seit zu den egemelten unsern anwĕlten zu dem rechtn babent gelassen, habent dieselben unser anwelt zu recht gesprochen und erkannt, wes der egenant abbt und sein gotzhaus zu Kŏtweig von alter her nach laut seiner freihait in nucz und gewer sey gewesen, dacz der abbt dabei beleib und gehalten werde und daz im die von Stain und von Krembs daran kain irrung sullen tŭn. Deucht aber die von Stain oder von Krems, daz im der abbt mer furnĕm, denn sein freyhait innehaltn, darumb mŏgen si in fŭrwendn, als recht sey. Mit urkund des briefs versigilten mit unserm anhangunden insigl, das wir in unserm furstentum Ŏsterreich geprauchen, geben an mittichen nach unser lieben frawen tag irer schidung nach Kristi gebŭrd virczehenhundert und in dem ains und virczigisten jar, unsers reichs in dem andern jare.

S. Friedrich's IV. roth auf Sch., IV A 2. Abb. bei Sava, Siegel der österr. Regenten, S. 163 Fig. 106.

1275. **1441 October 10.**

Anno etc. XLI an oritag ante Kolomanni hat Jŏrig Oberndarffer zu Ekkendarff mit hern hannden, hern Taman abbt zu Gŏttweig Kathrein seiner hausfrawen und* des Freis zu Kueffarn seligen tachter vermacht all sein gut nach lannds rechten in Osterreich und auf im allen XXXII tl. ₰. zu verloren hab. Actum anno et die ut supra.

Notiz in Cod. D f. 75'.

1275. * Folgt ein leerer Raum anstatt des weggelassenen Taufnamens.

1276. **1442 Jänner 13.**

Anno domini etc. XLII an samcztag nach Erhardi hat Wolfgang Grasser, burger zu Mauttarn, und Dorothee seine hausfraw mit hern hannden des erbirdigen hern, horn Taman abbt zu Gottweig zu furphant gesaczt II iuger ager, genant der Aichberger, zwischen Mauttarn und des lebars¹ gelegen Chunraten Glacz, burger zu Mauttarn,ᵃ seiner hausfrawn und iren baiden erben umb newnundczwainczig phunt phenning zu beczalen auf den nagstkůnftigen sannt Mårteintag und dint der akker VIII ₰. dem Tênndlen zu Pawmgarten in sein lehen Martini. Actum ut supra.

In Cod. D f. 76.

1277. **1442 Jänner 13.**

Anno domini etc. XLII an samcztag nach Erhardi hat Wolfgang Grasser, burger zu Mauttarn, und Dorothee sein hausfraw verkauffet und ze kauffen geben mit hern hannden abbt Taman zu Gŏttweig zwen weingarten, des jegleichs drew virtail sind zu Furt in der Obernpewnt,¹ der ain genant der Jud, gelegen zenagst Jŏrgen des Pekchen weingarten, davon man dint dem egenanten gotzhaus XIIII ₰. Micheli und nicht mêr, der ander genant der Swuppel, gelegen zenagst des Môstinger weingarten, davon man jerleich dint in des Erharten Erberweins lehen XIIII ₰. auch Micheli dem beschaiden Merten Fridreich, Dorothee seiner hausfraw und iren baiden erben und haben sich im gesaczt zu geber fůr all rechleichᵃ anspruch, als dann soleich gutsᵇ gebonhait ist im lannd Osterreich. Sŷ sein auch der sumb gelts, darumb sŷ im die weingarten verkauffet haben, von im gancz entrichtet an all mûe und schaden und haben vleissikleich gebeten den hanndel hie in das gruntpuch ze schreiben. Actum ut supra.

Notiz in Cod. D f. 76.

1276. ᵃ Folgt ein freier Raum für den ausgelassenen Taufnamen.

¹ Dieser Tumulus muss südlich von der heutigen Strasse von Mautern nach Furth im sogenannten Mauttingerfeld gelegen haben und abgetragen worden sein. Jetzt ist jede Erinnerung selbst dem Namen nach erloschen.

1277. ᵃ Cod. — ᵇ Folgt ein unleserliches Wort.

¹ Ried westlich von Furth.

1278. **1442 Jänner 30.**

Urfehde Stefan des Kannczler von Gösing mit Göttweig.

Orig., Perg. feuchtfleckig. Von 2 Siegeln an Perg.-Streifen das 1. abgefallen.

Ich Stephan der Kannczler von Gösing vergich offenleich mit krafft ditzs briefs fur mich, mein hausfrawen und all unser erben und sunderbar für meinen sůn Taman den Kannczler und auch für all ander unser frewnt helfer und gůnner, für die ich mich wissentleich und unbetwngenleich sunder von aỳgnem guten willen angenomen hab, als mich der erbirdig geistleich herr, herr Taman abbt unser frawen gotzhaus zu Göttweig, mein gnědiger lieber herr, von verschuldnuss wegen als seinen vorflůchtigen und ungehorsamen holden und hindersessen in seiner straf gehabt hat. Doch so habent die edlen und vesten hernach geschriben herren her Wůlfing von Liechtenegk, herr Wilhalm von Toppel, herr Wolfgangk von Jeispicz, Jörig Hohenperger, Wernhart Frodnacher, Lienhart Rokkendarffer und Hanns der Pheffinger durch meiner vleissiger pet willen den obgenanten mein gnědigen liben herren für mich gepeten mich gnědikleichen aufczenemen, darinn er gött und sỳ angesehen und mich nach irem und meinem vleissigen gepet nach allem meinem begeren von solicher ungehorsamkait und allen andern sachen, wie sich die ungeverleichen zwischen dem benanten meinem gnědigen herren und den seinen und mir und auch den meinen unczt auf den hewtigen tag begeben habent, nichts darinn ausgenomen zu ainer erbern und geleichen berichtnůsz mit im hat kömen lassen, daran ich auch ain ganncz benügen gehabt hab und hinfür ebikleichen haben schol, wie wol das ist, das ich im von leib und gůt ainer anderen straf und pesserung schuldig und phlichtig gebesen wêr ze dulden also beschaidenleich, das noch ich, mein hausfraw, der obgenante mein sůn noch unverschaidenlichen all unser eriben, hellfer und gůnner und all die, die durch unseron willen tun und lassen wollen, nu hinfür in kainerlaỳ weisz von der sachen wegen an all ausczůg gar nichts wider den benanten meinen herren, seinen convent und gotzhaws und auch all die iren tun schůllen und wollen trewleich und ungevěrleich. So hat mir auch der egenante mein gnědiger lieber herr die gnad getan, das ich oder ob ich nicht enber, mein nagst erben soleich erb und gůt, so ich hinder im und seinem gotzhaus hab, mag nůczen und niessen in solicher beschaidenhait, das ich mein pehausts gut hinder im und seinem gotzhaus zu Gŏsing gelegen mit ainem gehorsamen Inman stifftleich innhalden schol und mag von datum dicz briefs uber zwaẏ gancze jar und nicht verrer und davon raiben und geben den gebŏndleichen dinst. Wer auch, das sich in der zeit icht lanntstewr raisz ader ander sach sich* begeben, die die obgenante herschaft und das dorff zu Gŏsing berůrtten, darinne schol ich mitleiden in aller masz als ain ander nachpawr. Doch schol ich ader mein erben in den obgenanten zwaẏen jaren dasselb mein behausts gůt zu Gŏsing ainem andern gelonten und gefelligen man verkauffen und gleichlich ze kauffen geben und mit im zustifften. Ich schol auch dem obgenanten meinem herren seinen nachkŏmen und konvent trewleichen geholfen sein solhe jar, und ich das obgenant gut innehab. Doch mag ich dieczeit und fůrbaser mich hinder ainen anderen herren geseczen mit leib und gůt und mich anvogten an in mich zu versprechen als seinen vogtman oder hindersessen doch meinem obgenanten herren und seinem gotzhaus an schaden. Wêr aber, das ich mein hausfraw mein obgemelter sůn erben frewnt helfer und gůnner ader ander ẏemants die berichtnůsz und hanndlung, als oben begriffen ist, an ainem oder mênigeren artikelen uberfuren und nicht stêt hielten, so sein wir dem vorgemelten meinem herren und seinem gotzhaus ze pen verfallen an alle gnad alles des gůts, so wir hinder dem gotzhaus zu Gŏttweig haben und sein auch an allen steten, wo wir fůrkŏmen ungerecht und darumb ze straffen, als ainer der von seinem rechten herren wider alle warhait und gelimphen getreten ist. Und des zu ainer waren urkund gib ich obgenanter Stephan Kannczler fůr mich mein hausfrawen Taman Kanczler meinen sůn all mein frewnt hellfer und gŏnner dem obgenanten meinem gnêdigen herren, seinen nachkomen und gotzhaus den brief besigelt mit des edlen Fridreichen des Hŏchsteter anhanngunden insigel, der ich vleissikleich darumb gepeten hab, doch im und seinen erben an schaden, darunder ich mich verpind mit meinen trewen an aydes stat alles war und stêt ze halden, so vor an dem

---

1278. * Durchstrichen.

brief geschriben stet. Der sach ist auch geczewg durch meiner vleissigen gepet willen der edel Hanns der Alinger mit seinem anhangundem insigel auch im und seinen erben an schaden. Geben nach Crist gepůrd virczehenhundert jar und darnach in dem zway und virczigisten jare an nagsten oritag vor unser frawen tage ze liechtmess.

II. Siegel des Hans Alinger beschädigt, rund, grün auf Sch., IV A 2 (nr. 1272 S. II).

1279. 1442 März 12.

Abt Thomas und der Convent zu Göttweig verleihen Hanns dem Tollershaymer, Margaretha dessen Frau und Hanns deren Sohne den Gusterhof zu Palt zu Leibgeding.

Copie in Cod. C f. 265.

Ich Hanns der Tollershaymer, ich Margret sein eeleiche hausfraw und ich Hanns des vorgenanten Hannsen Tollershaymer sun bechennen offenleich mit dem brief für uns und all unser erben und tuen kund menichleichen allen leuten gegenwůrtigen und kůnftigen, das uns der erwirdig geistleich herr, her Thaman abbt unser frawen goczhaus zu Gottwey und der gancz convent daselbs unser genědig lieb herren iren und ires goczhaus hof zu Palt gelegen genant der Gusterhof und auch die můl dabey von besundern gnaden und trêwer dinst willen, so wir in und irem goczhaus erczaigt haben und auch hinfůr tuen sůllen und wellen, verlassen haben mit seiner zugehörung, als hernach geschriben stet: Item von erst mit anderhalb ieuch akcher in der Viechtrifft,[1] mit zwain ieucharten akcher zu Estricz,[2] mit ainem halben ieuchart akcher in der Czistel,[3] mit ainem ieuch akcher und ainem drůmlein ob der Czistel, mit drein ieuchen akcher genant der Gruebakcher, mit ainem ieuch akcher in Furterveld, mit zwain ieucharten akcher bey Furterweg, mit drin ieucharten akcher hinden bey dem hausgarten, mit anderhalben ieucharten akcher hinder des Hêsler baus,

---

1279. [1] Ried nördl. v. Falt. — [2] Ein verschollener Ort (vgl. nr. 5 Anm.), wird jetzt nur mehr als Ried erwähnt. — [3] Obere und Untere Ziesel, Rieden östl. v. Mautern.

mit ainem halben ieuch akcher an Fuchawerweg, mit ainem ieuchart akcher beym Hochrain, mit drin ieuchen akcher an der Fuchaw, mit drithalben ieuch akcher zu Winkel,⁴ das Gruebêkchêrll mit ainem drümlein bey Prunn,⁵ mit ainem ieuch akcher genant der Liechtakcher, mit ainem halben ieuch akcher under Wagramersteig, mit zwain ieuchen weingêrten zu Vischof⁶ und mit anderhalben ieuchen weingarten oben auf der Mawrpewnt,⁷ auch mit drin tagwerchen wismad im Winkel und mit ainem tagwerich wismad hinderm Wolfsekch⁸ gelegen. Den vorgenanten hof die mül dabey und auch die obgeschriben êkcher weingêrten und auch all ander ir zugehörung mit allen den rechten eren und nüczen, als der vorgenant unser hof von alter herkomen ist, haben sy uns verlassen auf unser dreyer leib lebtåg und nicht lennger in solher beschaiden, das wir den obgenanten hof und mül mit êkchern weingêrten und wismad, als oben begriffen ist, ze dorf und veld pêwleich und stifftleich auf unser aygen gelt legen und halten söllen und in ierleich davon raihen und geben zwainczig meczen waicz und zwainczig meczen korn an sand Mertentag und von der mül sunderbar ain mutt korn an sand Jorigentag alles zu anttwurtten in unsers goczhaus phisterhof und auch ierleich von dem egenanten hof und êkchern vierczig meczen habern an sand Michelstag in iren chasten gen Göttwey. Wir süllen auch in und iron nachkomen ierleich von allem wein, so aus den vorgeschriben weingêrten gepawet wird, zu der zeit, so die weinfrücht im iar gefechsent werden, raihen und geben den dritten tail ungevêrleich, sein werd wenig oder vil, und darüber chainon zehent phlichtig sein ze geben. Wir süllen in auch aus unsern hölczern ierleich füorn in die gustrey gen Göttwey zwelif fueder prennholcz, und daengegen haben sy uns auch geurlaubt ierleich aus iren wêllden zwelif fuedor prennholcz zu unserm nucz und frum und zymerholcz, alsvil und oft uns des zu paw des vorgenanten hofs und auch der mül ze nemen not geschiecht, und sein in dafür nichts phlichtig ze geben doch mit irem und irer nachkomen wissen. Und wann unser obgenant dreyr leib ainer oder mer mit tod abgennt, so süllen und mügen dannoch die

---

1279. ⁴ Zwinkel, Ried nordöstl. v. Falt. — ⁵ Brunnkirchen. — ⁶ Fischhofen, jetzt ein Ried nordwestl. v. Thallern. — ⁷ Ried westl. v. Mautern. — ⁸ Ried südwestl. v. Steinaweg bei der Einmündung des Kohlgrabens in den sog. Bergernergraben.

anderen oder ir ainer, der in leben ist, den vorgenanten hof und mûl in aller mass innhaben und iêrleich davon raihen und geben, als oben berûrt ist. Auch ist ze merkchen, ob wir unser ains oder mer den benanten iren hof mit seiner zughôrung nicht stiftleich ze veld und dorf hielten, sunder im ain pew verczugen, dadurch er geergert wûrd, wie das durch nachpawren und umbsessen erchant wûrd, so mûgen si sich des vorgenanten hofs mit seiner zughôrung und auch der mûl dabey wol wider underwinden, ee halt unser leib ainer oder mer mit tod abgennt an unser und mênikleichs von unsern wegen irrung und widerred ungevêrleich. Wann aber wir obgenant dreÿ leib mit tod abgangen sein, so ist in und iren nachkomen der vorgenant hof mit aller seiner zughôrung und die mûl dabey, wie sy ungevêrleich ze dorf und veld gefunden werden, widerumb ledig warden an unser erben und mênikleichs von iren wegen irrung und hindernûss ungevêrleich. Des zu urkund geben wir dem obgenanten erwirdigen geistleichen herren, hern Thaman abbt zu Gôttwey und seÿnem convent unseren genêdigen lieben herren den brief fûr uns und unser erben besiglt mit des edeln Hannsen des Tyemingêr, diecczeit richter des goczhaus zu Gôttwey, anhangunden insigel, den wir vleissichleich darumb gepeten und uns mit unsern trewen darunder verpunden haben alles das war und stêt ze halten, so an dem brief geschriben stet doch im und seinen erben an schaden. Der sach ist auch gecczêug durch unser vleissigen pet willen der edel Hanns der Pawmgartnêr mit seinen anhangunden insigel im auch und seinen erben an schaden. Geben nach Kristi gepûrd vierczehenhundert iar und darnach in dem zway und vierczigkistem iar an sand Gregorgentag des heiligen lerêr.

1280.   **1442 April 24.**

Katharina, die Frau des Christian Wissinger, beurkundet die Verleihung eines Weingartens zu Stein zu Drittelbau seitens des Stiftes Göttweig an sie und ihre drei Kinder auf Lebenszeit.

Orig., Perg. An Perg.-Streifen 2 Siegel; Copie in Cod. C f. 69' f.

Ich Kathrei, Cristans des Wissinger burger zu Wienn hausfraw, bechenn fur mich und anstat Margrethen, Hedweigen und Ludweigen meiner kinder, die noch nicht vogtper sind, dafur ich mich genczlich annym, und tun kund offenlich mit dem brief, das wir recht und redlich bestanden haben auf unser vir leib lebtêgen von dem erwirdigen geistlichen herren, hern Thomann abt des gotshaus zu Göttweig und dem convent gemain daselbs und irn nachkômen ainen weingarten, der zu dem benanten gotshaus gehöret, gehaissen die Altenburgk, des zway jeuch sind, zenagst dem Weiprechten, burger zu Stain, gelegen in sôlher maynung, daz ich oder meine kinder, die der bestant nêmlich berůrt, zu unsern lebtegen und nicht lenger den benanten geistlichen herren und irm gotzhaus zu Göttweig alle jar iêrlich von dem vorgenanten weingarten geben und raihen sullen den dritten emer most und den zehent besunderlich von unserm tail, uns werd darinn wenig oder vil. Wir sullen auch den benanten weingarten nicht lesen, wir tun das dann irm hofmaister in Göttweigerhof ze Stain oder wer in demselben hof gewaltig ist, ee ze wissen, der dann sein anwalt oder scheinpoten dabei haben soll. Auch sullen wir den maisch allen an ir mů und schaden pringen und antwurten in irn hof zu Stain in die press und da aus dem grant mit in tailn angever. Wir sullen auch den vorgenanten weingarten pêulich innhaben mit gutem mitternpaw, als weingartpaus recht ist, und alle jar darinpringen in ain jeuch zway tausent stekchen und zwelf fuder mist und in yeglich jeuch alle jar gruben funfczehen tagwerch. Wêr aber, das wir es in ainem jar versawmbten von welherlay sachen das geschêch, so sullen wir es in dem andern jar gancz und gar erstatten, was wir in dem paw und arbait versawmbt haben. Teten wir des nicht, so habent sy oder ir anwalt vollen gewalt und recht uns mit unserm tail mosts in der press ze nötten und pfenden, solang und alsverr das wir erstatten und widerlegen, was wir an dem weingarten mit arbait versawmbt haben, und ob wir solh sawmung ynner jarsfrist nicht erstattêten, sunder darinn sêwmig wêrn, so mûgent sy sich des weingartens, ee halt die vier leib oder unser ainer mit tod abget, wol wider underwinden und verrer verlassen an unser und mêniglichs von unsern wegen irrung und hindernůss ungeverlich. Und ob ich obgenante Kathroy ee mit tod abging, dann die benanten meine kinder, so sol den weingarten albeg das eltist kind nach laut des briefs innhaben. Wir mügen auch unsere recht an dem obgenanten weingarten mit irm wissen und gunst zu unser vir leib lebtêgen wol verchumern doch also, das der obgenant weingarten nicht geergert werd. Und wenn der leczst leib mit tod abgeet, ist denn der obgenant weingarten desselben jars nach invessung der frûcht mit arbait nicht berûrt, so ist er dem vorgenanten gotshaus gancz und gar wider ledig worden an aller unser erben und menigclichs von unsern wegen irrung und widerred ungevêrlich. Wêr er aber mit arbait berûrt, so sullen die nagsten erben die arbait volfurn und in das jar garaus innhaben in obgeschribner mass, und ist dann darnach aber widerumb ledig worden an unser und mênigclichs von unsern wegen irrung und widerred, als yecz berûrt ist. Und des zu urchund gib ich fûr mich und die egenanten meine kinder, dafûr ich mich hab angenomen, den obgenanten geistlichen herren den brief versigelten mit des obgenanten meins lieben manns Cristans des Wissinger insigl, der das fûr mich und meine kinder durch meiner pet willen an den brief gehenget hat, darunder ich mich und meine kinder vorgemelt mit mein trewn verpind alles das stet zu halten, das an dem brief geschriben stet. Der sach ist geczeug durch meiner vleissigen pet willen der erber Vlreich Hirssawer statschreiber zu Wienn mit seinem anhangundem insigl im und sein erben an schaden. Geben an sand Jôrgentag nach Cristi gepurd virczehenhundert jar und darnach in dem zwayundvirczigistem jare.

I. S. Christian Wissinger's rund (29), grün auf Sch., IV C. U.: s. kristanni · wissinger · 1437. Gespalten, eine Scheere. Stechhelm. Cimier: das Bruststück eines Mannes, welcher eine Scheere über dem Haupte in den Händen hält. — II. S. Ulrichs des Hirssawer rund (30), grün auf Sch., IV C. U.: s. vlrici · hirssawer. Drei Thierköpfe. Stechhelm. Cimier: ein Trichter mit herausragendem Wedel.

1281.   **1442 April 24.**

Abt Thomas und der Convent von Göttweig verpachten dem Klosterneuburger Bürger Martin Nechel ihr Haus zu Klosterneuburg unter angegebenen Bedingungen.

Orig., Papier. Zwei, das 1. in braunem, das 2. in grünem Wachse auf der Rückseite aufgedrückte Siegel abgefallen.

Vgl. nr. 1226, 1228 u. 1252.

Ich Mârtein Nêchel, purger zu Klosternewnburgk, bekenn offenleich etc. das mir der erwirdig geistleich berre, herr Taman abbt unser frawen gotzhaus zu Gôttweig und der gannoz convent daselbs von besunderen gnaden und trewer dinst willen, so ich in und irem gotzhaus erczaigt und auch hinfür tun und erczaigen sol, ir und ires gotzhaus haus zu Klosternewnburgk genant Im Turen bey der Tunaw gelegen verlassen habent mit seiner zugehôrung von datum dicz briefs auf zehen gancze jâr nach einander in solher maynung, das ich sol den hofzins, so jêrleich von dem zuhaus gefellet, innemen und emphahen und auch das hôch ader nider verlassen und davon den gruntdinst, so man jerleich von baiden hêwsern phlichtig ist ze geben, der da bringt drey schilling phenning zu sannt Jôrgentage und drey schilling phenning zu sant Michelstage und nicht mer, ausrichten an all ir müe und schâden und die übermâsz des benanten hofczins sol mir gefallen zu zupüesz ainer zerung, so ich in iren notdurften zu in gen Gôttweig raise. Ich sol auch die benanten zehen jar das egenant ir hausz trewleich innehaben nüczen und niessen nach meinem frumb ausgenomen offne gastung, die ich darinne nicht haben sol, und darinne pessern, was an ôfen an glasfenstern und darczu was mit vir und zwayuczig pheningen gepessert mag werden ungevêrleich. Ich sol auch ir weingârten, so sy daselbs zu Klosternewnburgk haben ader inner der zehen jâr gebinnen, trewleich verbesen und in gutem paw halden auf ir aigen gelt und in gebêrtig sein mit fünf petten und petgebanten, alsoft sy oder ir anbêlt dahin kômen. Und ob ich mich in den benanten zehen jaren mit hausung verkeren wurd, das sol ich in ain halbs jar vorhin ze bissen tun. Ich meld auch, ob ich der obgenanten artikel ainen oder mer nicht stêt hielt, wie das durch nachpawren ader ander mein mitpurger uberfuren und wissentleich gemacht wurd, so môgen sy sich ader ir nachkômen des vorgenanten irs haus mit seiner zugehôrung wol wider underbinden, ee halt die zehen jar ende haben, an all mein irrung und widerred und wann die zehen jar aus sind und ende habent ader ob ich inner der zehen jâr mit tod abgieng, so ist in und irem gotzhaus das benanto ir haus widerumb ledig worden an mein und mênikleichs von meinen wegen irrung und widerred ungevêrleich. Des ze urkund gib ich obgenanter Mârtein Nêchel dem benanten erbirdigen herren, herrn Taman abbt zu Gôttweig und seinem convent für mich und all mein erben den brief bebart mit der erbern und weysen Micheln des Mênnseer und Erharten Gerecht baid des rats und burger der stat zu Klosternewnburgk aufgedrukchten insigelen in und iren erben an schaden, die ich mit vleisz darumb gebeten, und mich mit meinen trewen darunder verbunden hab alles das war und stêt ze halden, so vor an dem brief geschriben stet. Geben nach Cristi gepurd virczehenhundert jār und darnach in dem zway und virczigisten jare an sant Jörigentage des heyligen martrer.

1282.   **1442 Juni 14.**

Dorothe die Frau des Hanns Klinger, eines Bürgers zu Klosternewnburgk, verkauft mit Handen des Lewpolt Flöczer, eines Bürgers zu Newnburgk und Bergmeisters auf dem Besitze des Stiftes Pawmgartenperg daselbst, Abt Thoman und dem Convente zum Chottweig um 29 tl. Wiener ₰. ein rahen weingartten gelegen an der obern Ern[1] und haisst die Scheiblingern zunagst Vlreichen Fuchssen, mein obgennanten Dorothen sun, weingartten, *von welchem man dem Stifte Pawmgartlenperg nown stauff most im lesen ze perckrecht und drew art ze voitrecht nach altem Herkommen zinst.*

Siegler: (I.) Lewpolt Floczer als Bergmeister, (II.) Hanns Klinger.

Datum: Geben an sannd Veyts abund (1442).

Orig., Perg. Deutsch. An Perg.-Streifen 2 Siegel; Copie in Cod. C f. 82. Vgl. nr. 1295.

I. rund, grün auf Sch., IV A 2 (nr. 1252 S. III.). — II. rund (28), grün auf Sch., IV A 2. U.: † s. hanns · chlinger. Zwei schräggekreuste Messerklingen, über dem Kreuzungspunkte ein Kreuz.

1283.   **1442 Juli 6.**

Vlreich von Starhemberg bestätigt auf Bitten des Testators das Vermächtniss, womit Fridreich Volkra seinem Vetter Jörg dem Volkra den Hof zu Kriechpaum in der Grämensteter Pfarre und

---

1282. [1] Jetzt besteht noch ein Ried Irrenfeld südöstlich v. Kierling anstossend an den Ort.

im *Wessenberger Landgerichte vermacht hat, welcher von ihm zu Lehen rührt.*

Siegler: (I.) Vlreich von Starhemberg.

Datum: Geben (1442) an freytag nach sannd Vlreichstag.

Orig., Perg. Deutsch. Siegel an Perg.-Streifen.

I. rund (32), braun, IV A 2. U.: [s. v]lreich · von · starch[e]m[be]rg. Getheilt, im oberen Felde der wachsende Panther, das untere in Gold.

1284. **1442 August 19, Linz.**

Ausschreiben des Pfalzgrafen Heinrich von Kärnten wegen des von König Albrecht II. nach Judenburg ausgeschriebenen Tages.

Orig., Papier an den Falten zerrissen. Siegel war in rothem Wachse unter Papierdecke zum Verschlusse aufgedrückt.

Erwirdigen, wolgebornen, edelen, uns besunder lieben! etc. Als ir uns yotz schreibt und dardurch ze wissen tůt, wie der hochgeborn furst, unser lieber herr und öheim hertzog [Al-b]recht* hertzoge ze Österreich etc. sich verwilligt habe mit ew ain tag und rat ze haben ze Judenburg auf des heyligen krěwtz tag nachst komenden mit begerung, daz wir uns auch auf den benanten tag gen Judenburg zu solchem fuegen solten, als dann solich ewr verkunden und begern mit mer lǎutrung und warten begreiffet, haben wir kundlich vernomen und tůn ew darauf ze wissen, daz wir sicher solichs zemal willig wǎren, als wir des unserm gnǎdigisten herrn dem Rǒmischen kunig etc., unserm benanten lieben herrn und öheim, hertzog Albrechten seinem brueder uns selben dartzu lǎnnde und lěwten schuldig sein, so ist uns noch darumb von dem benanten unserm lieben herren und öheim etc. nicht verschriben, verkundet noch an uns begert worden. Dartzu ist ew allen vast wissenntlich, daz wir laider vast brechenhafft sein unsers leibs und sunderlich unsers gesichts. So ist ew auch kundleich, daz wir yetz noch etwas treffennliche veintschafft und widersachen haben allenthalben dortniden, darumb uns solich raisen alsverr etwas ze swǎr und vast sǎrgleich ist. Doch wie dem, wan wir darinne unsers benanten lieben herrn und öheims hertzog Albrechts etc. gevallen und schreiben auch vernemen und uns von solcher unser

1284. * Durch ein Loch zerstört.

widersachen wegen ain freis sichers gelait zugefüegt und gesant wirdet, auch ob die stat solich tág ze halten icht nåhnêr füglich mâcht gelegt werden von obgenanten gebrechens wegen unsers gesichts, so wollen wir yê unsern vleiss dartzu cheren, ob wir uns zu ew fuegen möchten oder doch die unsern dartzu senden, und was wir danne darinne unsers tails gedienen raten und helffen künden oder möchten, damit solich zwaiung und hånndel nach dem besten furhannden genomen und gebanndelt werden, des sein wir zemal [w]illig,ᵃ als das wol pilleich ist. Geben ze Lüntz am suntag vor Bartholomei anno domini etc. XLII.

Hainreich von gottes gnaden pfallentzgrave in Kerrenten, grave ze Görtzs und ze Tyrôl etc. den erwirdigen wolgebornen edeln uns besunder lieben prelaten herren rittern und knechten purgern der stete des fürstentumbs Kerrenten.

1285.   **1442 September 21.**

Das Stift Göttweig verpachtet dem Georg Pranntner, Pfleger zu Nieder-Ranna, seinen Hof daselbst und den Weindienst zu Muthsthal.

Orig., Perg. Cassiert. Von 2 Siegeln an Perg.-Streifen das 1. abgefallen; Copie in Cod. C f. 16.

Vgl. nr. 1376, 1391, 1335.

Ich Jorig der Pranntner, dieczeit phleger zu Nidern Rênna, bekenn offenleich mit dem brief für mich und all mein eriben und tun kundt mênikleichen allen lewtten gegenbürtigen und künftigen, das mir der erwirdig geistleich herr her Taman abbt unser frawen gotzhaus zu Göttweig und der ganncz convent daselbs mein gnêdig lieb herren iren und ires gotzhaus hof zu Nidern Rênna durch meiner dinst willen, so ich in und irem gotzhaus erczaigt hab und auch hinfür erczaigen schol, auf mein lebtåg verlassen haben mit seiner zugehörung, als der von alter herkömen ist, in solher maynung, das ich hewsleich daselbs auf irem hof siczen schol und ir armlewt, so in die benante herschafft Nidern Rênna gehörnt, in iren notdurfften verantwurtten. Auch schol ich ir ambt daselbs trewleich innehaben und dasselb jêrleich nach laut und innhaldung irer urbar und raitregister verraiten in masz, als ich unczt her jêrleich getan hab, und darumb schüllen sy mich jerleich mit ainem raitbrief versargen und das ich dasselb ir ambt zu verwesen dester williger und vleissiger sey, haben sy mir iren weindinst zu Murcztāl denselben ze vexsnen auf meine aygne zorung auch auf mein lebtåg verschriben doch also, das ich in jerleich davon rayhen und geben schol aynen dreyling most und in den antwrtten gen Manttarnn an das urfar ungevêrleich. Auch ist ze merkchen, was in der zeit an demselben irem hof, alsvil des mit der inneren maur umbfanngen und umgriffen ist, ze pawen und pessern not geschiecht, das schol ich pawen und pessern lassen auf ir aygen gellt und zerung, was aber auswendig des hofes auf stallung städel måur und andre nottdurfft ze pawen und pessern, dieweil ich in leben pin, von datum dicz briefs not geschiecht, das schol ich pawen und pessern lassen auf mein aygen gelt und zerung ungeverleich. Auch so ist gemeldt worden, als offt sy ader ir anbêllt im jar dahin gen Nidern Rênna in iren hof von wegen ires gotzhaus notdurfft kômen, so sol ich sy ader ir anwêlt mit speys und zêrung halden und versargen, als dann von alter ist herkômen. Und ob das wer, das ich von alter oder krankchait dieselben ir armlewt zu verantwrten und das ambt, als oben begriffen ist, innczehaben nicht vermôcht, darczu ich dann ainen meiner frewnt ader ainen andern ordenleichen dienner hiet, den ich darumb sold geben müset, darinn süllen sy auch mit mir ain billeichs mitleiden haben an alles gevêrde. Unn wann ich obgenanter Jorig Pranntner mit tod abgee, so ist in und irem gotzhaus der egenant hof mit seiner zugehôrung, wie er dann ze veld und darff gefunden wirdet, und auch der weindinst zu Murcztal widerumb ledig worden an meiner erben und mênikleichs von meinen wegen irrung und widerred ungevêrleich. Des ze urkund gib ich dem obgenanten erwirdigen und geistleichen herren, herren Taman abbt zu Göttweig, seinem convent und allen iren nachkômen für mich und all mein erben den brief besigelt mit meinem anhanngunden insigel. Der sach ist auch geczewg durch meiner vleissigen pet willen der edel und vest ritter, herr Jörig der Neydekcher gesessen zu Rastenbergkoh mit seinem anhangunden insigel doch im und sein erben an schaden. Geben nach Christi gebûrd vierczehenhundert jar und darnach in dem zwayundvierczigisten jare an sannt Matheustag des heyligen zweilfpoten.

II. S. Georgs des Neudekker rund (30), grün auf Sch., IV A 2. U.: † s. iorg · neidekker. Drei schrägrechts gestellte Muscheln.

1286.   **1442 September 29.**

Abt Thomas von Göttweig verleiht dem Georg dem Ennser den Göttweigerhof zu Königsteten unter angegebenen Bedingungen.

Orig., Perg. feuchtfleckig. 3 Siegel von Perg.-Streifen abgefallen; Copie in Cod. C f. 89 f.

Vgl. nr. 1174, 1555, 1850.

Ich Jorig der Ennsêr bekenn etc., das mir der erwirdig geistleich herr, herr Taman abbt unser frawn goczhaus zu Gottweig und das gganncz convent gemainklich daselbs iren und irs goczhaus hof gelegen zu Kunigsteten genant der Gottweigerhof von besundern gnaden und meiner dinst willen, so ich in und irem goczhaus hinfür erczaigen sol, verlassen habent mit seiner zugehorung, als hernach geschriben stet: von erst allen dinst, es sein phening hůnr kês ayr oder genns, wie der ungeverleich genant ist, nichts darinn ausgenomen. Auch habent si mir verlassen alle klaine wanndel, die pey zwain und subenczigk phening sind, item alle ablait und anlait, was der in den hernach geschriben jaren gevallen mügen und darczu alles das wismaid waid eckcher und pawngerten, wie vil des in dem vorgenanten irem hof gehort, die der teich nicht verderbet hat, und darczu den weingarten genant der Artweingarten, des zway jeuch sind, und uberal nichts mer. Den obgenanten hof mit seiner zugehorung, als oben begriffen ist, habent sew mir recht und redleich vergunnet und verlassen von dem nagstkunftigen sannt Merteinstag uber sexs ganncze jar in solber maynung, das ich in und iren nachkomen die benanten jar darumb phlichtig und schuldig pin die andern irn weingerten, so si zu Kunigsteten habent, trewleich ze pawn zu rechter zeit mit aller aribait und in gutem paw hallten schol umb ir aigen gelt und gewertig sein mit funf petten und pettgewanten, so darczu gehort. Ich sol auch den obgenanten hof mit seiner zugehörung, als oben geschriben stet, und besunderleich den Artweingarten in gůtem paw und ungeergert ungeverleich innehaben nůczen und niessen, wie mir das am pesten fugund ist. Ich mag auch in den obgenanten sexs jaren aus den holczern, so in den obgenanten iren hof gehorent, zimerholcz und prennholcz nomen, wie vil ich des ungeverleich in dem vorgenanten irm hof bedarf, und jerleich daraus zwelif fueder holcz und

nicht mer nach meinem nucz verkauffen und von demselben
gelt jerleich in demselben hof pessern, was pey drein oder vier
tagwerhen daran natdurfft ᵃ ze wennden sey und nicht mêr.
Wêr aber, das sew in den egenanten sexs jaren icht pawen
wurden an dem egenanten irem hof, darinn pin ich nichts
phlichtig ze geben. Auch hab ich mich gewilligt, das ich die-
czeit, so ich den hof innhab, ir und irs gotzhaus lêut zu Kunig-
steten und dabei pey recht hallten sol getrewleich und ungever-
leich und mit in nichts ungewonleich ze schaffen und ze pieten
haben, noch kainerlay infel tûn schol ungeverleich dann, als
oben begriffen ist. Ich sol in ᵇ auch in dem lesen irem les-
maister, den sew gen Kunigsteten sennden, selbandern und mit
ainem phert fursehen alslanng, unczt er genuczleich daselbs
mussig wirdet, auf mein aigen gellt. Wer aber, das sew selbs
dahin ᵇ kemen, zu welher zeit und wie offt das im jar geschêch.
als offt sol ich in und iren pherten mit speis und ander not-
durfft fursehen und versarigen ausgenomen visch fleisch und
habern, das sew selbs ausrichten und bezallen schûllen. Item
mein will ist auch, ob ich in dem obgenanten sexs jaren mit
behausung verukchen wurd, so mugent und sullent si sich dar-
nach des vorgenanten hoffs mit aller seiner zugehorung, wie
sew den dieczeit vindent, underwinden und dann widerumb
nach irem frumen und nûcz verrer verlassen ainem, der in
darczu fugleich ist, an all mein widerred. Doch sol ich sew
solich verrukchen meiner hausung ain halbs jar varhin wissen
lassen ungeverlich und ob sew inner der sexs jaren von nat-
dufft ᶜ wegen irs goczhaus gleich ir holden daselbs umb ver-
kauffen oder verphendten mûsten, wie in das fugleich wûrd,
so sein se mir darinn chains erstaten noch widerlegens nichtz
phlichtig, sy wollen dann mir etwas von irem gutem willen
widerlegen. Wêr aber, das ich mit tad abgieng, ee die be-
nanten sexs jar ennde hieten, so sol mein hausfraw oder
mein erben dy frucht und nucz, so dasselb jar gevallen, in-
nemen und vegsen ungeverleich, ob es inner manazfrist vechsens-
zeit wirt. Wer aber inner manaczfrist noch meinem tad und
abgankch nicht vechsenszeit der frucht, so ist in der vor-
benant ir hof mit aller seiner zugehorung ledig wider haym-
gevallen an meiner erben und menikleichs von iren wegen

1286. ᵃ r über der Zeile nachgetragen. — ᵇ auf Rasur. — ᶜ Or.

irrung und widerred ungeverleich und sol dann ain hoffmaister nagst kunftiger noch mir meiner hausfrawen oder meiner erben nach frumer lêut und nachpawren rat ablegen und widerkeren, was ich in dem Ortweingarten gelegt hab, ungeverleich und sullen sew darinn mein varstand sein und wann die sexs aus sind und ennde habent, so ist in und irem goczhaus der obgenant hof mit seiner zugehorung widerumb aber ganncz ledig warden. Se melden auch mer, ob ich die obgenanten artikel, so oben geschriben stet, nicht stét hielt, wie das uberfaren wurd, so das von nachpawren umbsessen oder anndern frumen lêuten erkamdt* wurd, so mugen si sich des obgenanten hoffs mit seiner zugehorung underwinden, ee halt die sexs jar ennde habent, an all mein irrung und widerred und sullen die brief darnach kain krafft mer haben an aller stat ungeverleich. Des ze urkúnd gib ich dem obgenanten erwirdigen geistlichen herren, herrn Taman abbt zu Kottweig und dem gannczen convent daselbs den brief besigelt mit meinem anhangundem insigel. Der sach sind auch geczeûgen durch meiner vleissigen pet willen die edlen Symon der Grosmugler und Hanns der Pawmgartner mit irn anhangunden insigeln in und iren erben an schaden. Geben nach Kristi gepurd virczehenhundert und in dem zway und virczigisten jare an sannt Michelstag.

1287.   **1442 October 14.**

Hanns Smidberger beurkundet für sich und seinen Bruder Fridreich, dass sie Abt Taman und dem Convente zu Göttweig von ihrer erst gekauften Mühle zu Tyemdarff mit 3 tl. 6 ß. ₰. zinspflichtig waren, welche sie aber nicht zu zinsen vermochten, da sie so baufällig war, dass sie dieselbe nicht betreiben konnten. Da sie dieselbe auf ihre Kosten neu aufbauten und in Stand setzten, erlassen ihnen der Abt und Convent auf ihre Bitte 14 ß. ₰. Zins, so dass sie von jetzt an nur mehr je 1 tl. ₰. an sant Jörgentag und an sant Gilgentag in den Stiftshof zu Stain zu zinsen haben. Hanns Smidberger gibt für sich und seinen Bruder Fridreich 1 Joch Weingarten genant die Slûntinn gelegen in Prunner Eben[1] *bey Geresdarf zunagst des Gröllen-*

1287. [1] Jetzt existiert noch südöstl. v. Gedersdorf ein Ried Obere und Untere Ebene.

stainer weingarten *mit Handen seines Burgherrn, des geistlichen Herrn Wernharts des Leuprechtinger,* Hofmeister *hintz der Eysneintür zu Krembs, welchem jährlich davon 10 ₰. an sant Michelstag zu Burgrecht zu zinsen sind, zur Mühle als verlangte Widerlage, damit die 2 ℔. ₰. von demselben gezinst werden können, wenn etwa die Mühle durch Feuer oder Wasser zugrunde geht. Sowohl er als auch seine Rechtsnachfolger haben den Weingarten selbst zu bauen und das Burgrecht ohne Schaden des Stiftes davon zu zinsen.*

Siegler: für die Urkundenaussteller siegelt (wann ich obgenanter Hans Smidberger die zeit graben insigel nicht gehabt bab) (I.) Wernhart der Leuprechtinger als Burgherr, (II.) der edel Melchior Speiser, Bürger zu Stain.

Datum: Geben (1442) an suntag nach sant Chollmanstag.

Orig., Perg. Deutsch. An Perg.-Streifen 2 Siegel; Copie in Cod. C f. 35.

I. rund (28), grün auf Sch., IV A 2. U.: s. berenhart · lev .. chtinger. Eine rechte Stufe. — II. rund (30), grün auf Sch., IV A 2. U.: † s. melichor · speiser. Ein Stulphut.

1288. 1442 November 11.

Vlreich Hewndel zu Wëntendarff, Hënnsel sein Sohn, Taman Scharfervelder zu Wëntendarff und Gilig und Hënnsel seine Söhne verkaufen Abt Taman und dem Convente zu Göttweig ihre ⅜ des grossen und kleinen Zehentes zu Feld und zu Dorf zu Gerestarff auf dem Lehen des Mathes Grümedel, des Andree Flins, des Fridlein Pawr und des Jorig Lechner und dazu den halben Zehent auf dem Jegerhofe, welche vom Stifte zu Göttweig zu einem Jahreszinse von 3 Achtel Schmalz zu Burgrecht rühren.

Siegler: (I.) der edel Herr Wolfgang von Toppel, (II.) der edel Veitt der Redebrunner zu Gadmanstarff.

Datum: Geben (1442) an sannt Mårteinstage.

Orig., Perg. Deutsch. Von 2 Siegeln an Perg.-Streifen das 1. abgefallen; Copie in Cod. C f. 199 f.

Vgl. nr. 1008, 1223, 1240.

II. rund (28), grün auf Sch., IV A 2. U.: s. feytt · radenprvner. Gespalten, im rechten Felde zwei Reihen abwärtsgekehrter Kipfel, links zwei Reihen Punkte.

1289. 1442 December 8, Göttweig.

Abt Thomas, Prior Georg und der Convent zu Göttweig schliessen mit Propst Johann, Dechant Wolfgang und dem Convente in Herzogenburg folgenden Verbrüderungsvertrag: für jeden Professen von Herzogenburg sollen in der Nacht nach Einlangen der Todesnachricht die Vigiliae maiores und morgens darauf in beiden Conventen ein Requiem unter dem gewöhnlichen Ceremoniell gehalten werden, während die Priester am selben Tage eine heil. Messe lesen, die noch nicht geweihten Cleriker 50 Psalmen, die Conversen, wenn solche zur Zeit im Stifte sind, 100 Pater noster und Ave Maria und einen Glauben beten sollen. Die Namen der Verstorbenen sollen in dem Necrologium verzeichnet und für die lebenden und verstorbenen beiderseitigen Stifter und Wohlthäter jährlich am Freitage nach Allerheiligen eine heil. Messe und das Officium abgehalten werden. Ausserdem verpflichten sie sich, das Fest des heil. Augustin feierlicher als bisher zu begehen und am Begräbnistage des Bischofes Ulrich von Passau, des Stifters von Herzogenburg, abends eine Vigilia maior und morgens darauf ein Amt zu halten.

Siegler: Abt Thomas und der Convent zu Göttweig.

Datum nostro in monasterio Gottwicensi sexto idus decembris (1442).

Orig. im Arch. d. Stiftes Herzogenburg, Perg. Lat. 2 Siegel an Perg.-Streifen.

Faigl, Die Urk. des Stiftes Herzogenburg, S. 458 nr. 363.

1290. 1443 Februar 3.

Niklas Olm, Pfarrer zu Strécsing, verzichtet gegen eine Geldentschädigung auf alle Forderungen an Peter den Rostauschér zu Mulbach wegen des Gutes, welches von seinem verstorbenen Vetter Hanns, dem Sohne des André des Péwrlein, an denselben gekommen war, dessen nächster Erbe jedoch er als Geschwisterkind desselben gewesen wäre.

Siegler: (II.) der edel Melchiôr der Speisêr, Bürger zu Stain, (I.) der erber Hanns der Varster von Rappotståll, Bürger zu Stain.

Datum: Geben (1443) an sant Blasentag.

Orig., Papier. Deutsch. Von 2 auf der Rückseite in grünem Wachse aufgedrückten Siegeln unter Papierdecke das 1. abgefallen.

II. rund (nr. 1287 S. II).

1291.   1443 Februar 20.

Hanns Sinczendorffer verkauft seinem Holden Kunrad zu Oberaw und dessen Frau sein Kaufrecht an seinem Lehen zu Oberaw[1] *in der Sindelburger Pfarre mit der Bedingung, dass sie ihm jährlich 12 ₰.* zu unsser frawn tag zu der dienstzeit von demselben zinsen, *einen Handel mit demselben nur mit seinen Handen abschliessen und alle Pflichten wie andere dienstbare Holden erfüllen.*

Siegler: (I.) Hanns Sinczendorffer.

Datum: Geben des mitichen var sannd Mathiastag des zweliffpoten (1443).

Orig., Perg. feuchtfleckig. Deutsch. Siegel an Perg.-Streifen.

I. zerbrochen, rund, grün auf Sch. U.: . . . . sinczend . . .

1292.   1443 Februar 24.

Erhart der Pinter von Krudsteten und Kathreÿ dessen Frau verkaufen Abt Taman und dem Convente zu Göttweig ihre Wiese im Ausmasse von 1½ Tagwerk zu Herfürtt bey der müll[1] zenagst Nikleins des Kamrer zu Hörnpach wisen an ainer seytten und Andree des Kolhofs von Tewren såligen kinder wisen an der andern seitten, *welche vom Stifte zu einem Jahreszinse von 8 ₰. an sannt Jörgentag zu Burgrecht rührt.*

Siegler: (I.) der edel Tamann der Mitterkircher, (II.) der edel Hanns der Alinger.

Datum: Geben (1443) an sannt Mathiastage des heyligen zweliffpoten etc.

1291. [1] Dieser Ort existiert jetzt nicht mehr. Erhalten ist nur mehr das Dorf Sommerau, K.-G. Schweinberg, O.-G. Sindelburg und ein Ried Unterau östl. v. Wallsee, welches wohl nur mehr der Rest eines gleichnamigen eingegangenen Ortes ist. Oberau fehlt im Index der verschollenen Orte in N.-Oe. (Blätter f. Landesk. v. N.-Oe. XVII, 390).

1292. [1] Hörfahrtmühle, E.-H. nördl. v. Hörfahrt a. d. Fladnitz und a. d. Strasse zwischen diesem und Paudorf gelegen.

Orig., Perg. Deutsch. Von 2 Siegeln an Perg.-Streifen das 1. abgefallen; Copie in Cod. C f. 234.

II. beschädigt, rund, grün auf Sch., IV A 2 (nr. 1272 S. II).

1293. 1443 April 14.

Hanns Pêchel zu Wulkendörff[1] *verkauft Abt Taman und dem Convente von Göttweig sein Drittel des halben grossen und kleinen Zehentes* zun Hofen[2] auf Kristan des Kastner lehen, auf Kristan des Kastner sun lehen, auf Jannsen lehen zun Hofen und auf des Risen leben zu Hofen. *Der halbe Zehent ist vom Stifte Göttweig zu einem Jahreszinse von 2 Metzen Bohnen in der ersten Fastenwoche zu Burgrecht verliehen.*

Siegler: (I.) der edel Herr Ótt von Toppl, (II) der edel Wolfgangk V̊tendorffer.

Datum: Geben (1443) an dem palemtag in der vasten.

Orig., Perg. Deutsch. An Perg.-Streifen 2 Siegel; Copie in Cod. C f. 200.

I. rund (29), grün auf Sch., IV A 2. U.: s. ott · topler. Zwei gedrückte Spitzen. — II. rund (29), grün auf Sch., IV A 2. U.: † s. wolfgang · wtndorffer. Ein Storch mit einem Fische im Schnabel (Hueber, Austria, T. 29 nr. 9).

1294. 1443 Juni 11.

Fridreich Seydell, Mert Waldnér, Andre Diepoldt, Karcs Niklas, Andre Streiter, Peter Pacsér, Stephan Virtaller, alle zu Künigsteten gesessen, beurkunden, dass Janns Páwr mit einem Hofe, Stephan Gefellér mit einem halben Lehen, der Aigner mit einem halben Lehen, welches er dem Fidlér verkauft hat, Jorig Mawrer mit einer Hofstätte und Veytt Goldnér mit einer Hofstätte und einer öden Hofstätte zu Gukking Erbholden des Stiftes zu Góttwey mit Leib und Gut sind. Diese Holden und Güter zu verleihen ist von alters her der Hofmeister in dem Stiftshofe zu Künigsteten berechtigt.

Siegler: die erbern Thaman der Degenhart, Hofmeister zu Mǎwrbach und Hanns der Heinperger zu Künigsteten.

1293. [1] Wultendorf, O.-G. Markersdorf a. d. Pielach. — [2] Hofing Rotts, O.-G. Gerersdorf.

Datum: Geben (1443) an eritag nach dem heiligen phincztag.

Notiz in Cod. D f. 90' f. Deutsch.

1295. 1443 Juni 28.

Vlreich Fuchs verkauft Abt Thoman und dem Convente zu dem Godweig um 36 tl. Wiener ₰. mit Handen des erbern Lewpolt Floczer, des Stadtrichters zu Klosterneunburg und Bergmeisters auf dem Besitze des Stiftes Pawmgartenperig, ein rahen weingarten gelegen an der Scheiblingern zunagst dem weg, *von welchem dem benannten Stifte* newn stauff weins ze perckrecht und drew art ze voitrecht *zu zinsen sind. Derselbe ist laut Urkunde durch Theilung mit anderem Erbgrunde an ihn gekommen.*

Siegler: (I.) Lewpolt Floczer als Bergmeister, (II.) der erber Hanns Waiczhouer, Bürger zu Newnburg.

Datum: Geben an sannd Peter und sand Pauls abund der heiligen zweilfpoten (1443).

Orig., Perg. Deutsch. An Perg.-Streifen 2 Siegel; Copie in Cod. C f. 81' f.

Vgl. nr. 1282.

I. rund (27), grün auf Sch., IV A 2. U.: † s. levpolt † flotzer. Auf den Dreibergen ein Kirschbaum. |— II. rund (28), grün auf Sch., IV A 2. U.: † s. banns · waveczhofer · a. Die Dreiberge besetzt mit der Eiche.

1296. 1443 Juli 1.

Rüdiger von Starhemberg, Landmarschall in Oesterreich, verhört in einem Streite zwischen dem Stifte Göttweig und Wolfgang dem Missingdorfer wegen zwei Gütern zu Gugging beide Parteien.

Copie in Cod. C f. 91 f.

Die Ueberschrift in Roth von gleicher H.: *Ein gerichtbrief ausgegangen, das man in ein kuntschafft sol schreiben von der güter wegen gelegen zu Gükking und zu Chirchling*, gibt die Lage des strittigen Besitzes näher an. — Vgl. nr. 1294 u. 1297.

Ich Ruedger von Starhenberg, lanndmarschalich in Österreich, bekenn, das an heutigen tag, da ich zu rechte sas, für mich kam der ersam geistleich brueder Hanns kelnner des gotshaws zum Göttwey anstat und mit gewalt der erwirdigen geistleichen herren, hern Thamans abbt und des convents daselbs zum Göttwey und klagt nach innhalt abschrift der ladung hincz Wolfgangen dem Missingdorffer, wie Hanns Weygel sein ambtman zu Gükking von sein wegen Merten den Fidler irs goczhaws holden daselbs gesessen von abgang wegen ains kaufs ains haus, das derselb ir hold von Hênnslein dem Aigner, der auch ir hold wêr, kauft hiet, zu seinen haunden und von sein wegen nêmen und darumb ain phunt phenning abnôtten solt und darumb, das in derselb Mert nicht zu heren haben wolt, zehen phunt phenning hiet aufgesaczt zu val von im ze nemen, wie auch der benant sein ambtman von sein wegen ir holden ain genant Steffel Grûeller auch daselbs zu Gükking gesessen von der heurigen lanndstêwr wegen, die auf denselben holden gelegt wêr von dem benanten abbt darumb, das derselb ir hold solich lanndstêwr zu des yczgenanten abbts und convents als zu seiner grûnntherren hannden geraicht hiet, und umb solich hanndlung des Missingdorffer ambtman den vorgenanten iren holden von sein wegen in vennknûss genômen und den in seiner behawsung so lanng behalten, das er sich mit seinen trewn von im ausgeborgt hiet auf widerstellen, das alles in von im an recht beschehen wêr, des sy schaden nêmen, und lies boren ain gewaltzbriff und bat gerichts. Daentgegen der vorgenant Missinger fûrkam und durch sein redner antwurt, wie die zway gûeter in der obgemelten ladung begriffen im mit andern gûetern von heren Jorgen von Ror umb ain sum gelts versaczt weren, und lies horen ein saczbriff von demselben heren Jorgen darûber gegeben, der under anderen gûetern zaigt auf fûnfczehenthalben emmer most gelegen zu Gükking auf dreyczehen behausten guetern, der der obgemelten gûeter zway weren und darin gehorten. Er meldt auch durch sein redner, wie her Jorig von Ror als sein gaber und scherm des sacz gegenwûrtig vor gericht wêr, auf den erwaigt er, wann in der darumb antwûrten wurd. Darauf daczemal her Jorg fûrkam und ain kaufbrief horen lies lauttund Ulreichen vom Ror und sein erben under andern gûetern fumf und zwaynczig emmer weins gelegen auf behausten holden, auf lehen und auf* hof-

---

1296. * Getilgt.

steten, die er für freys aygen kauft hiet, und her Jorig meldt
dabey durch sein redner, wie die obgemelten zway güeter in
der ladung begriffen zu denselben behausten güetern gehörten,
und sein vater und er hieten dieselben güeter in stiller berubtter
nůcz und gewer lennger dann rechttêg an all rechtleich an-
sprůch besessen zu stifften und ze störn gehabt, als aigens und
lanndsrecht ist, die er auch mit solhen eren und wirden dem
egenanten Missingdorffer versaczt hiet, dadurch der Missing-
dorffer von dem vom Göttwey solher klag pilleichen würd ver-
tragen. Dawider der kelnner durch sein redner fürgab, die
obgemelten zway gueter in der ladung begriffen wêrn nicht des
Missingdorffer, sunder sy gehörten zum göczhaus zum Göttwey
und wêren auch die lewt auf denselben güetern mit anlait und
ablait irs goczhaus amtbleuten willen albeg ab und aufgefaren.
So bieten auch sew und ander mer güeter daselbs zu Gukking
und darumb das der güeter mer da wêrn, dann dem Missing-
dorffer versaczt sind, begert er in kuntschafft ze schikchen,
darinn sich erfinden solt, das die zway güeter des goczhaus
zum Göttwey wêren und nicht des Missingdorffer. Dawider
der vom Ror und auch der Missingdorffer maintten, das wider
solh ir briffleich urkund unpillichen in kuntschafft geschikcht
würd, wann sy mit denselben urkunden genugsamlichen bieten
beweist, das die zway güeter ir wêren, nachdem und der
kelnner dawider nichts anders dann unbewayste wart furbrêcht.
Und nach solher und meniger irer red und widerred fragt ich
bayd tayll, ob sy der sachen wolten bey recht beleiben, das
sy willigleichen getan habent. Dorauf habent herren ritter
und knecht, die daczemal bey mir zu gerichte sassen, nach
meiner frag zu recht erkannt und gesprochen, als der Missing-
dorffer hab horen lassen ain briff, dorinn im von herren Jorgen
vom Ror dreyczehen güeter versaczt sein und her Jorig als
sein gaber auch ain brief hab horen lassen lauttund über die
güeter, die er ze Gukking hab, und dieselben bayd briff die
güeter mit namen nicht bestymen und, seyd der güeter mer
zu Gůkking sein, dann her Jorig dem Missingdorffer versaczt
hab, dorumb sull ich in kuntschafft schikchen und ervaren
lassen an lewton, die kains tails sein, ob die zway güeter in
der ladung begriffen der dreuczehen güeter zway sein, die dem
Missingdorffer versaczt sind und dann dieselb kuntschafft und
ervarnůss von heut über virczehen tag her für mich oder mein

undermarschalich bracht, die auch baÿd tayl gehört werden sullen und darnach verrer beschehen, was recht ist. Mit urkund des briffs geben ze Wyenn an montag vor sannd Vlreichstag anno domini millesimo quadringentesimo quadragesimo tercio.

1297.   1443 Juli 9. [Klosterneuburg].

Der Richter und Rath der Stadt Klosternëwnburg schreiben dem edeln Rudgér von Starhemberg, Landmarschall in Osterreich, auf dessen Aufforderung an sie und Wolfgang den Müstingér, sie sollen ihm in dem Streite zwischen Abt Thaman und dem Convente zu Göttwey einerseits und Wolfgang Missingdorffer anderseits Zeugenaussagen etlicher Holden zu Kirchling und zu Gukking übermitteln, dass sie zuerst die königlichen Holden, dann die von Passaw und die des Rukchendorffer in Gegenwart des Wolfgang Müstingér besendet und verhört haben. Neun derselben hätten ausgesagt, dass die zwei strittigen Holden von alters her jeder von seinem Hause 32 ₰ zu Grunddienst und 1 Faschinghuhn dem Abte zu Göttweÿ und einen slechten Eimer Wein Herrn Jorg vom Rar zu Vogtrecht geinst haben, und dass Anleite und Ableite als zuvertigung und stifftung von den Amtleuten des Abtes und nicht von denen des Herrn Jorg vom Rar vollzogen wurde.

Siegler: under der stat hie zu Klosternëwnburg klain aufgedrucktem insigil.

Datum: Geben an eritag vor sand Margretentag (1443).

Copie in Cod. C f. 85' f. Deutsch.

1298.   1443 August 21. Stein.

Abt Thomas und der Convent von Göttweig stellen den ihrerseits zur Entscheidung des Streites zwischen ihnen und der Stadt Stein erwählten Schiedsrichtern die Vollmacht aus.

Orig., Perg. An Perg.-Streifen 2 Siegel.
Vgl. nr. 1301.

Wir Taman von gottes gnaden abbt unser frawen gocshaws zu Göttweig und wir der ganncz convent gemainkleich

daselbs bekennen fur uns und all unser nachkomen mit dem
brief umb all dÿ zwayung stözz mishellung und zwitrêcht, so
sich zwischen unser an ainem tail und der erbern weisen dem
richter dem rat und der gannczen gemain paider stet Krembs
und Stain an dem andern tail begeben und verlauffen habent,
als dyselben sprůch unsers tails hernach nemlich benennet und
begriffen sind: item von erst do habent uns die von Krembs
und Stain unsers goczhaus holden ainen genannt der Kannczlêr
wider lanndsrecht vorgehalden, den wir doch menigermal durich
unser anbellt an iren richter haben vadern lassen uns den ze
antwurten, des nye geschehen ist. Des haben wir schaden
genomen. Item als wir denselben unsern holden auswendig
irs burgkchfrids zu unsern hannden haben nomen lassen, haben
sy ir anbellt zu uns gesannt denselben als iren mitburger an
uns zu erfordern in den ze antwurten. Daruber unser antwurt
was: wir westen unsern vorfluchtigen holden nyemant ze antwurten.
Uber das burben sy anstat baider stet verrer, seyd
wir in in den iren mitburger nicht antwurten wolten, so hieten
in unser dienner unbewart gefangen und ob uns oder unsern
auch von in ein soleichs widergieng. Darumb bewareten si
sich gegen uns und den unsern und sagten uns in unserm
gotzhaus und gefurster freyung also, ob das alles wider lanndsrecht
geschehen ist. Item so haben si auch uns und unser
dienner mit namen den Branntner und den Franczhauser gen
hof unbilleich verklagt. Sy haben den iren mitburger unbewart
und an alle absag gefanngen, als das ir klagbrief lautter
innhalt und doch auffundig warden ist, das der Kannczler unser
vorfluchtiger holld ist gewesen. Item sy haben sich auch in
dem ain und virczigisten jare unser wein und getraid, so wir
in unserm hof hie ze Stain dieselb zeit gehabt haben, mit frêvel
und an recht wider unsers goczhaus freyhait und allts herkomen
underwunden und bey iren mitburgern, den wir etleichen traid
verkaufft heten, uns das gellt darumb zu bezallen verboten
also, das uns dieselben wein und getraid verdarben sind, des
wir auch grossen schaden genomen haben. Item als wir sy
von soleichs gewallts wegen gen hof furgeladen haben, und in
recht gegen in gestannden sein und zu recht erkanndt ist worden,
das si uns in unsers goczhaus notdurfften an wein und getraid
kain irrung tůn schullen, sunder uns, ob si von uns beswert
wurden, fur recht wennden, als dann die gerichtsbrief, die

baiden tailen daruber gegeben sind, innhaldent. Uber das alles
haben si am nagsten jarmarkcht Jacobi unser wein, die wir
nach unsers goczhaus notdurfft vertan heten, an das scheff ze
zichen verboten allso, das dieselben wein wol ain halben tag
an der sůnn gelegen und nichts besser worden sind, darumb
auch ander kaufléut wein von uns ze heben geschêucht haben,
des wir zu schaden komen sein. Item wann sich fůget, das
unser holden ir ainer bey baiden stêten ichts schuldig sein
wenig oder vil und in auf erste klag ze stund nicht zalůng
geschiecht alsbald, so tůn sy in selb benůgen mit fahen der-
selben unser holden in die schergenstuben, das uns gar un-
nachtpawrleich dunkchet nach solhem, wann menig iror mit-
burger uns etwevil jar schuldig beleiben, den wir gelimphlichen
nach den zaltågen solich ir geltschůld haben ansteen lassen.
Item so hat auch der Ysprêr verpetschafft brief, darinn unsers
goczhaus merkleichs gehaym verslossen was, unserm poten
freffleich an unser urlåub wissen und willen auf offner und
freyer gassen hie ze Stain genomen und aufbrochen und sich
daraus unsers gehayms erkundet, das uns auch zu merkchlichem
schaden komen ist. Umb die yeczgemelten unser vordrůng und
zuspruch unsers tails haben wir ainen getrewen und stêten
hindergang getan und tůn auch den wissenntlich in krafft des
brieffs hinder die edlen herren, hern Reinprechten von Ebers-
torff, hern Wigeleisen von Volkenstarff und hinder die edlen
Taman Cholm und Wolfgannen den V̊tendörffer, desgleichs
die vorgenanten richter rat und burger von den egenanten
stêten irs tails auch hinder vier mit namen die edlen und vesten
herrn Jacoben Sebekchen, Jorgen Kunigsperger zu Schonberg,
Herman den Schaden und Petern den Furbringer, mautter ze
Stain, auch hindergeng getan habent nach innhaltung irs hinder-
gangbriefs, darin ir spruch auch berůrt sind in solber maynung,
das wir paid obgenant tail unser vorgemelt spruchleut auf den
mantag nach unser lieben frawentag nativitatis nagstkunftig gen
Stain bringen sullen und wellen und dieselben spruchleut uns
paidtail in unser gerechtikait red und widerred nach unsern
notdurfften horen und auch für sew bringen sullen, wes yeder
tail in der sachen maint zu geniessen und so si uns dann
darinn verhort haben, so sullen si iren fleicz tůn, ob si uns mit
unser paider tail willen und wissen darumb entschaiden und
uberainpringen mügen. Möcht aber des nicht gesein, so habent

die vorgenanten spruchlêut dannoch gewalt darumb ze sprechen
und was si darumb sprechen, dapey sol es gennczleich beleiben
an all aussczüg und widerred ungeverleich ausgenômen umb
den artikel des gewerbs weins und getraids, darumb sullen sich
die obgenanten sprůchlêut versůchen, ob si uns mit unser baider
tail willen und wissen darumb in aynung bringen mögen.
Möcht aber des nicht gesein, so habent si dannoch gannczen
gewalt denselben artikel ze legen und ze schieben für unserm
lantfursten in Osterreich daselbs, dann wir obgenant paidtail
entlichen darumb gericht und entschaiden sullen werden.
Welcher unser paidtail seiner spruchmann ainen oder menigern
auf den vorgenanten tag nicht gehaben mochten, der sol und
mag wol annder an derselben stat gehaben und bringen, der
oder dieselben dann gannczen gewalt haben sullen in der sach
ze hanndeln und ze sprechen, als vor berůrt isst ungeverleich.
Wêr aber, das wir obgenanter abbt Taman, unser convent und
unser nachkomen dem yeczgenanten hindergang dem tag und
auch dem spruch nicht nachkêmen und daraus trêten, das
wissentlich gemacht wůrd in ainem oder menigern artikel, wie
sich das fuegt, so scin wir unserm widertail aller unser vordrung
zuspruch und gerechtikait in den vorgemelten sachen und darczu
aller der pên, die si in irem ausprůch darumb aufseczen werden,
an alle widerred verfallen und das alles geloben wir fůr ůns
und unser nachkomen bei unsern wirden und trewen gennczleich stêt ze halden und ze volfuren ungeverleich. Des ze
urkund geben wir obgenanter abbt und der gannz convent
unsern egemellten spruchherrn und spruchlêuten disem* unsern
hindergangbrief bewart mit unserm anhangunden insigelen.
Geben zu Stain an mitichen vor sant Pertlmestag des heiligen
zwelifpoten nach Kristi gepurd virczehunhundert jar und darnach
in dem drew und virczigistem jare.

I. S. des Abtes Thomas v. Göttweig beschädigt, spitzoval (69 : 45), roth
auf Sch., III B 2 b. U.: sigillvm · thome · abbatis · monasterii · gottwicensis.
Der Abt ist in einer gothischen Nische im Ornate mit der Mitra dargestellt,
zu beiden Seiten die heil. Barbara und Katharina. Der Wappenschild ist
herausgebrochen. — II. S. des Göttweiger Conventes beschädigt, spitzoval,
roth auf Sch.

1298. • Or.

1299. **1443 August 24.**

Anna die Witwe nach Hanns dem Kray am Aygen beurkundet, dass ihr Abt Taman zu Göttwey wegen der Dienste ihres verstorbenen Mannes die Gärten oberhalb ihres Hauses, die zu baider seyt gelegen sind umb die Weyêrgrueb und stozzent mit ainem tail auf den pach und mit dem andern taẏl an den perg und an den weingarten genant die Kamer, *zu einem Jahreszinse von 8 ₰. an sand Mertentag an die Abtei auf Lebenszeit verliehen hat. Sie soll ferner den Weingarten* die Kamer, *der dabeẏ liegt, nicht verrer hinin in den garten* grefften noch pawn dann, als er ẏeczund leyt.

Siegler: der edel Andre der Herrant, der edel Hanns der Pawngartnêr mit den aufgedrückten Siegeln.

Datum: Geben (1443) an sand Bertelmestag des heiligen zweilfpoten.

Copie in Cod. C f. 271. Deutsch.

1300. **1443 August 29, Wiener-Neustadt.**

König Friedrich IV. nimmt den Pfarrer von Kilb Hanns von Rosenaw in seinen Schutz und ernennt ihn zu seinem Caplane.

Orig., Perg. An Perg.-Streifen das Siegel.

Rechts auf dem Bugo ist von anderer H. und Tinte vermerkt: *Commissio propria domini regis.*

Wir Fridreich etc. bekennen, daz wir haben angesehen die frŭmkait und erberkait des erbern unsers liben andechtigen Hannsen von Rosenaw, pfarrer zu Chŭlb, und haben in dadurch und von sundern gnaden zu unserm caplan und in und die yetzgemelt sein kirchen mit iren lewten und gŭtern in unser sunder gnad und scherm genomen und nemen auch wissentlich mit dem brief und mainon und wollen, daz der pfarrer nu furbasser alle die recht freihait gnad und gut gewonheit haben und der genyessen sol und mag, der ander unser caplán untzher gwondlich genossen haben oder noch hinfŭr genyessen und gewynnen werden ungeverlich. Wir tŭn auch dem benanten pfarrer dise sunder gnad in crafft des briefs, daz er all sein gŭt, daz er yetz hat oder hinfŭr gewynnet durch seiner seelhail willen schaffen machen geben oder ordnen mag kirchen gotshêwsern clôstern armen lewten seinen frewnden oder andern, wem in verlustet und fûglich bedancket, an menigklich irrung und hindernuss auch ungeverlich. Davon gebieten wir etc. Geben zu der Newnstat an sand Johannstag decollacionis nach Christi gepurte im viertzehenhunderten und drey und viertzigisten jar, unsers reichs im vierden jare.

<small>S. Friedrichs IV., roth auf Sch., Abb. bei Sava, Siegel d. österr. Regenten, S. 165 Fig. 108. Signet länglich, achteckig (8 : 6), roth auf Sch., bei Sava nicht aufgeführt.</small>

1301.   **1443 September 11, Stein.**

Benannte Schiedsrichter fällen ihr Urtheil in dem Streite zwischen den Städten Krems und Stein und dem Stifte Göttweig.

<small>Orig., Perg. Von 8 Siegeln an Perg.-Streifen das 7. abgefallen; Copie in Cod. C f. 31' f.</small>

<small>Vgl. nr. 1298, 1335.</small>

Ich Ott von Topell, ich Wigolaus von Volkensdarff, ich Hanns Neydekcher und ich Taman Cholb spruchlêut des erwirdigen geistleichen herren abbt Tamann abbt unser lieben frawn gotzhaus zu Gottweig und des convents daselbs auf ainem tail, ich Jacob Sebekch, ich Jorg Chûnigsperger von Schônnbergk, ich Herman Schad und ich Veit Vczingêr, ycz phleger zu Senftenberg,[1] spruchlêut der erbern weisen .. des richter, des rates und der ganczen gemain baider stet Krembs und Stain auf dem anderm tail bekennen all aynhellichleich umb all anvadrung zuspruch und misshellung, so gewesen sind zwischen den obgenanten baiden taillen und der sy hinder uns obgenant spruchlêut gegangen sind nach laut der hindergengbrief, so wir auf baiden taillen darumb von in haben: von erst von wegen Steffans des Chanczlêr, als der obgenant von Göttweig und der convent vermaynet und furbracht habent, wie in die von Krembs denselben irs gotzhaus holden wider landsrecht vorgehalden haben und den sy menigermal haben vadern

<small>1301. [1] Herrschaft mit Ruine, welche um diese Zeit wahrscheinlich die Herren v. Wallsee besassen (Schweickhardt, V. O. M. B III, 197).</small>

lassen in den ze antburten etc. Darauf was der von Krembs antburt, wie unser genedigiste herschaft von Osterreich denselben Chanczlêr mit seinem leib und gůt in iren schermb genummen haben, darauf sy denselben Chanczler nicht schuldig wern zu antburten. Darnach hat der vorgenant von Gottweig den von Krembs zugeschriben im denselben Chanczlêr als sein vorfluchtigen holden noch ze antbůrten oder im aber den zu einem rechten ze balden. Darauf habent die von Krembs den egenanten Chanczler in gelub genummen solh anvadrung gegen dem von Gottweig vor recht zu ubersten und haben das demselben von Gottweig bey irer erbern potschaft zuemboten im den zu recht ze halden. Uber solh des von Gottweig recht ervadrung und der von Krembs recht erbietung hat derselb von Göttweig den Chanczler zu Traisenmaur, als man bey der sammung der landschaft zu Tulln gebesen was, am widerhaymzug in irer potschaft durch sein diener gefangen und gen Gottweig gefurt und in herter venckchnuss gehalden etc. Darauf habent uns die von Krembs furbracht verschreibung genaden und schermbrief von unser genedigisten herschaft von Osterreich, die wir gehört und gesehen haben, und auf solh furbringen red und widerred sprechen wir obgenant spruchlêut aynhellichleich, das der vorgenant von Gottweig und sein convent der vorgenanten zwaier stet Krembs und Stain umb solh vorgemelt verhandlung den richter und den rat zu haws laden und biten schullen zu aynem erbern mal in iren hof gen Stain zwischen hinn und dem nagstkunftigen sant Cholmastag und nach demselben mal desselben tags schullen sy mit sechs edeln lêuten umbsessen, die nicht ir diener sein, die vorgemelten richter und rat baider stet mit vleis biten, das sy in solh vorgemelt verhandlung, so er wider sy getan hab, gutleich pegeben. Das wellen sy und ir gotzhaus mitsambt den frummen lêuten hinfur mit vleis umb sy verdienn. Desgeleichs sullen die sechs in sunderhait die vorgenanten richter und rat auch mit vleis biten solh vorgemelt verhanndlung durch ir dînst und fudrung willen, dem von Gottweig gutleich ze pegeben. Auch sprechen wir, das diselben von Gottweig den geltbrief, den er hat von Steffan dem Chanczlêr, der do innhaldet vir und zwainczikch phunt phening, dem vorbenanten richter und rat baider stet ubergeben schol, damit sy verhanndlen mugen und sullen, wie sy verlust, und sullen auch die pargen darunder sich der

Chanczler darumb verschriben hat, gantz ledig sein. Dann von ains briefs wegen, den die von Göttweig habent von weylnt dem richter zu Krembs und der stat zu Stain, darinn begriffen ist, das ein yeder abbt von Göttweig in irem hof zu Stain zwainzikch fuder wein ze ayncziger phenbertweis verkauffen schull nach innhaldung desselben briefs, darinn auch begriffen ist, das derselb von Gottweig, ob notdurft beschech, zu besterkchung an der statmaur mitleyden haben sullen als ander burger von seinem haws. Darauf habent die von Stain furbracht, wie in auf solh zurichttung der maur ain merkleiche sumb gelts gegangen sey, darumb in von den abbten unczher chain hilf noch mitleyden beschehn sey und sy sich des doch albeg gebilligt habent, und habent darauf begert an den gegenburtigen herrn abt Taman von Göttweig solh ir vadrung ausczerichten und zu beczallen. Darauf sprechen wir, das der vorgenant von Gottweig und der convent der vorgenant stat zu Stain umb solh zurichten und vadrung ausrichten und an iren willen komen sullen von den jaren, so lange er abbt gebesen ist, nach begreiffung des vorgemelten briefs alles ungeverleich. Was aber solher vadrung bey sein vorfadern versessen ist, des sprechen wir in in unserm spruch gancz ab. Item von wegen des turn, den abt Peter guter gedêchtnûss in der statrinkchmaur und seinem hof zu Stain gelegen hat abprechen lassen, darumb derselb abt, auch abt Lucas sein nachkômer und der gegenburtig herr abt Taman sich verbilligt habent denselben tûrn den von Stain wider aufczepawn, des nicht beschehen ist. Darauf sprechen wir das der vorgenant abt Taman denselben tûrn mit sein werchlêuten nach rat aines haubtman oder phleger baider stet Krembs und Stain mit gemêwr und zimmer ycz wider pawon sull zu der wer nach notdurfft ungeverleich. Item umb den artikell des geberbs weins und getraids, darumb der obgenant abt und die stet stossig sind, denselben artikell des geberbs umb wein und traid legen und schieben wir obgenant spruchlêut fur unser genedigiste herschaft und lanndsfûrsten, daselbs dann baid tail darumb sullen entschaiden werden. Item umb den artikell des verpots der holden, darinn die von den steten nicht anhellig sind, darumb sprechen wir, das ain tail dem andern hinfur nyemant verpieten schol on klag und ze red seczen irer richter und anbellt. Dann umb all ander handlung und zwitrêcht nach laut der hindergengbrief, so wir von baiden taillen darumb haben, sullen sy gancz verricht und geaynt sein ausgenummen den artikel des geberbs, der stee in mass, als ycz vorgemelt ist. Auch sprechen wir, welher tail dem gegenburtigen unserm spruch nicht nachchem, noch stêt bield in aynem oder menigern artikellen, das wissentleich gemacht wurd, der wêr in den obgemelten sachen seinem widertail aller seiner gerechtikait und zuspruch verfallen und unser genedigisten herschaft und lanndsfursten tausent gulden und yedem spruchmann hundert gulden alles an alle genad und nachlassen. Und des geben wir obgenant spruchleut yedem tail ain spruchbrief in gleicher laut bebart mit unserm anhangunden insigellen. Ausgenummen hab ich obgenanter Ott von Topel dieczeit mein sigill bey mir nicht gehabt, darum hab ich vleissichleich gebeten mein lieben bruder hern Wilhalm von Topell, das er die sach mit seinem anhangundem insigell bestêtt hat im an schaden, darunder ich mich verpind treuleich und ungeverleich. Geschehen zu Stain nach Christi geburd virczehen hundert und in dem dreu und virczigistem jare an mitichen nach unser lieben frawn tag nativitatis.

I. S. des Wilhelm v. Topel rund (30), grün auf Sch., IV A 2. U.: † . s. wilhalm · topler. Zwei gedrückte Spitzen. — II. S. des Wigolaus v. Wolkersdorf rund (33), grün auf Sch., IV C. U.: s. bigolas · wolkenstorffer. Schild gebermelint. Stockholm. Cimier: zwei Ochsenhörner. — III. S. des Hans v. Neudegg rund (30), grün auf Sch., IV A 2. U.: † s. hans · neydecker. Drei schrägrechts gestellte Muscheln. — IV. S. des Thomas Kolb rund, grün auf Sch., IV A 2. U.: † s. thoman · cholb. Abb. bei Hanthaler, Rec. II, Taf. 35 nr. 23. — V. S. des Jakob Sebek rund (30), grün auf Sch., IV A 2. U.: † s. iacob · sebeckk. Abb. bei Duellius, Exc. Taf. 31 nr. 104. — VI. S. des Georg Königsberger rund (27), grün auf Sch., IV A 2. U.: † s. iorg · chunigsperger. Zwei gesahnte in einander greifende Halbräder. — VIII. S. des Veit Utzinger rund (29), grün auf Sch., IV A 2. U.: † sigillvm · voyt · vczinger. Schild schrägrechts getheilt. Auf der Theilungslinie eine Rose. An dem Perg. Streifen sind je die Namen der Siegler vermerkt.

1302. 1443 September 29.

Vrsula die Witwe nach Leonhart dem Rokkenndorffer beurkundet, dass ihr verstorbener Mann dem Stifte zu Gottweig von dem Haus nächst dem Gottweigerhofe und dem Stadtthurme zu Stain den Zins, welchen er in den benannten Stiftshof zinsen sollte, durch ettliche Jahre versessen hat, was bei 12 ₰. ₰. aus-

macht. Da aber ihr Mann sie und ihre Kinder in grossen Schulden zurückgelassen hat, so erlässt ihnen Abt Toman zu Gottweig auf Bitten des edlen Herrn Reinprecht von Ebersdorff den versessenen sowie den künftigen Zins bis auf sant Michelstag 1444, von wo an sie wieder je $^1/_2$ tl. δ. an sant Michelstag und sant Jorgentag in den Stiftshof zu Stain zu zinsen hat.

Siegler: die erberen (I.) Wernhart der Teurbanger, Bürger zu Stain, und (II.) Hanns der Grueber, Bürger und Stadtschreiber daselbst.

Datum: Geben (1443) an sant Michellstag.

Orig., Perg. Deutsch. Von 2 Siegeln an Perg.-Streifen das 1. abgefallen.

II. rund (30), grün auf Sch., IV A 2. U.: sigillvm · iohannis · grveber. Ein offener Flug.

1303.   **1443 November 16.**

Hanns Zehentner zu Hügling[1] *beurkundet durch Urfehde, dass weder er noch seine Erben wegen seiner Schuldhaft an Abt Thaman zu Chôtbeig und an den Brüdern, den edeln Herren Ott und Wilhalm von Topl eine Feindseligkeit üben wollen. Im Falle des Dawiderhandelns sind sie dem Abte und Stifte mit ihrem Besitze, welchen sie hinter demselben haben, verfallen, er selbst ehrlos und übersagt und mit seinem Leibe dem Abte in die pessrung und den von Topel mit seinem Halse verfallen. Er hat ferner seinen Besitz hinter dem Stifte zuzustiften, stiftlich zu legen, mit guten Bürgen zu sichern und ihn innerhalb 14 Tagen von jetzt an mit Handen des Lehensherrn einzuantworten.*

Siegler: (I.) der edel Herr Wolfgang von Topl, die edeln (II.) Wolfgang Vtendorffer und (III.) Hanns Alinger.

Datum: geben (1443) an samstag nach sand Mertentag des heiligen bischoue.

Orig., Perg. Doutsch. An Perg.-Streifen 3 Siegel.

I. beschädigt, rund, grün auf Sch., IV A 2. U.: † s. wo[lf]gan[g ·] toppler. Zwei gedrückte Spitzen. — II. rund, grün auf Sch., IV A 2. U.:

1303. [1] Ein eingegangener Ort zwischen Fliensdorf u. Weidern, einst auf dem jetzigen Riede Hüllingfeld gelegen (Blätter f. Landesk v. N.-Oe. XVII, 367 f.).

† · s. wolfgang · wtndorffer. Abb. bei Hueber, Austria, T. 29 nr. 9, ungenau.
— III. rund, braun auf Sch., IV A 2 (nr. 1272 S. II).

1304. 1443 November 16, Krems.

Peter Lehner und Kathrey seine Frau beurkunden, dass Abt Leonhart und der Convent zu Ratenhaslach ihnen und ihren Kindern Larents, Margreth, Barbara, Kathrein und Elspet ihren Hofı zu Wedling[1] *auf aller sieben Lebenszeit mit der Bedingung verliehen haben, dass sie in den Stiftshof zu Weintzůrl jährlich 12 ₰. an sand Michelstag, 3 ₰. Wiener ₰. und 1 Mut Hafer Krembser Mass an sand Cholmanstag, 2 Gänse, 4 Hühner und 60 Eier an sand Merteinstag zu Burgrecht zinsen. Bei Vernachlässigung der Zinsung verfallen sie dem Wandel und sind wie andere Stiftsholden zu pfänden. Sie können den Hofı mit Handen des Stiftshofmeisters auf ihre Lebenszeit verpfänden und verkaufen, haben ihn aber inner Jahresfrist von jetzt an mit Zimmern, Stuben, Kammern, Scheuern, Ställen und allem Zugehör stiftlich und baulich zu legen, so dass es durch eidliche Aussage von vier Landsidel bestätigt werden und der Zins jährlich davon geleistet werden kann. Brennt der Hofı ab, so haben sie ihn ohne Schaden des Stiftes oder dessen Hofes zu Weintzůrl wiederherzustellen und haben auch selbst auf ihm sesshaft zu sein. Bei Nichteinhaltung dieser Punkte verfallen sie mit allen Rechten dem Stifte. Nach dem Tode aller sieben wird er, wie er liegt, es sei vor oder nach dem Schnitte, dem Stifte ohneweiters ledig.*

Siegler: für die Urkundenaussteller (wann wir alle aigen insigil nicht enhabn) (I.) *der edel* Stephan der Zischerl, *Spitalmeister zu Krembs,* (II.) *der erber* Thoman der Rigler, *Widemrichter daselbst.*

Datum: Geben zu Krembs an sambstag nach sand Merttentag (1443).

Orig., Perg. feuchtfleckig Deutsch. An Perg.-Streifen 2 Siegel.
I. beschädigt, rund (33), grün auf Sch. U.: . . stephs . . . . . scherl.
— II. rund (28), grün auf Sch., IV A 2. U.: . s. thoman · rigler. Ein schrägrechts gestellter Riegel mit einem Ringe als Handhabe.

1304. [1] Altweidling östl. v. Krems (Keiblinger, Melk II/II 79).

1305. 1443 November 19.

Leonhard Roggendorffer ermächtigt den Wolfgang Behem, Bürger zu Stein, von Abt Thomas von Göttweig einen Leibgedingsbrief über den Weingarten am Gern zu verlangen und zu quittieren.

Orig., Papier durchlöchert. 2 auf der Rückseite aufgedrückte Siegel.

Ich Lienhart Rokkendorffêr bekenn für mich und anstat meiner geswistreid Steffan, Petern und Sigmunden [w]eilent* Lienharts des Rokkendorff von Abbtstorff, meins vater seligen kinder, die noch ungevogt [und] zu irn beschaiden jarn nicht kômen sind, dafür ich mich als der elter brûder gancz annymb un[d t]un kund offennlich mit dem brief, das ich anstat mein selbs und meiner egenanten geswistreid dem erbern Wolfgangen dem Behem, burger zu Stain, mein lieben vetern, ganczen und vollen gewalt bevolhen und geben hab wissentlich mit dem brief den leibgedingbrief, den der erwirdig geistlich herr, her Thoman abbt zum Kôtweig mein genêdiger herr innhat und mir und mein geswistreiden sagt und zugepûrt uber den weingarten gelegen am Gern lautund, an meiner und meiner egemelten geswistreiden stat und zu unsern hannden an denselben mein genêdigen herren den abbt zu ervordern und den von im inczenemen und darumb ze quittirn, ob das zu schulden kûmbt zu gewin und verlust zu gleicher weis und in aller kraft, als ich das selber anstat mein selbs und meiner geswistreid getûn môcht, ob ich in aigner person zugegen wêr ungevêrlich, mit urkund des briefs besiglten mit der erbern weisen Jôrgen des Haugen von Prugk, dieczeit des rats der stat zu Wienn, und Hannsen des Rauenspurger, urtailschreiber daselbs, aufgedrukten insigln, die ich zu geczeugnuss der sach mit vleiss d[ar]umb gepeten hab in und irn erben an schaden, darunder ich mich für mich und die egenanten m[ei]ne geswistreid mit mein trewn verpind stet zu halten, das an dem brief geschriben stet. Geben zu . . . . an eritag vor sand Kathreintag anno domini etc. quadragesimo tercio.

I. S. d. Hans Ravensburger beschädigt, rund, grün. U.: . . . . rauenspurger. — II. S. d. Georg Haug rund (29), grün, IV A 2. U.: † s. i . . g· hawg. Getheilt, im oberen Felde drei neben einander stehende Ziegel, im unteren drei Sterne.

1305. * Durch ein Loch zerstört.

1306.   **1443 December 4, Herzogenburg.**

Propst Johann, Dechant Wolfgang und der Convent des Stiftes Herzogenburg nehmen Abt Thomas und den Convent zu Göttweig in ihre Confraternität auf, verpflichten sich, nach Erhalt der Todesnachricht eines Göttweiger Professen für denselben die Vigiliae maiores *und eine Messe* sub nota iuxta ritum nostri monasterii *zu halten und seinen Namen in das Nekrolog einzutragen, während jeder Priester am selben oder an einem anderen passenden Tage eine Messe zu lesen, die nicht geweihten Cleriker 50 Psalmen, die Conversen 100 Vater unser, Ave Mariae und einen Glauben zu beten haben. Ausserdem soll am Freitage nach Allerheiligen eine besondere Erinnerung an die beiderseitigen lebenden und verstorbenen Stifter und Wohlthäter mit der Vigilie und einem Amte gefeiert, das Fest Mariae Heimsuchung feierlicher als früher begangen und am Begräbnistage des Bischofes Altmann, des Stifters von Göttweig, abends vorher die* Vigilia maior *und morgens darauf ein feierliches Requiem abgehalten werden.*

Siegler: (I.) Propst Johann und (II.) der Convent zu Herzogenburg.

Datum nostro in monasterio Herczogenbůrg (1443) in die sancte Barbare virginis.

Orig., Perg. Lat. An Perg.-Streifen 2 Siegel.

I. spitzoval (52:37), grün auf Sch., II B. U.: s. iohannis · ppositi · mŏstery · in · herczogenburga · 1431. Der heil. Georg im Kampfe mit dem Drachen. Links oben der Wappenschild mit dem Kreuze als gem. Figur. — II. spitzoval, ungefärbt, II. B. Abb. bei Sava, Siegel der Abteien, S. 34 Fig. 10.

1307.   **1443 December 6.**

Vermerkt, das anno domini etc. XLIII an sant Niclastag Hanns Zehentner von Hugling mit herrn hannden des erwirdigen hern, hern Taman abbt zu Gottweig sein virtail hoffs und die hofstat dabei zu Hugling gelegen, davon man jerlich dem yetzgenanten goczhaus zu Gottweig dint vom virtail des hofs XV ß. ₰. und von der hofstat V ß. XVIII ₰. an sant Michelstage, Petern dem brobst zu Nidernbelmingk, seinem swager, und Jorgen im Lehen zu Mumaw, seinem vettern, hat willikleich aufgeben als ir derkaufts gut in solber maynung, das sy das

III jar nacheinander sullen innehaben nuczen und niessen und ze veld und darf stiftleich legen und dem obgenanten erwürdigen hern oder seinem nachkomen für den benanten Zehentner in den drin jaren beczalen XIII tl. ₰. an verczehen und darczu jerlich die dinst davon ausrichten. Der Zehentner hat in auch gannczen gewallt gegeben dasselb gut inner der zeit zu verkauffen an seiner stat und zuzestiften und sich selber irer geltschult, so in der Zehentner schuldig bleibt, davon ze beczalen. Wurd aber darnach icht übertewrung, die sullen sy raitten dem Zehentner oder seinen erben treuleich und ungeverleich und habent sich des baid tail also gewilligt presentibus domino Wilhelmo de Toppel, Kienberger, Pawmgartner, Caspar Herrant et pluribus aliis personis fide dignis.

Notiz in Cod. D f. 78'.

1308. **1443.**

Zw merckhen, das in disem jar 1443 gedachter her Thomam[a] abbt des wirdigen gotzhaus unnser frawen zu Gottwei gelichen hat das geschlessl[1] Reichenstorff undter dem Nusperg gelegen unnd des[b] holts zwischen Jenner und Kamer an dy Valbhaidt stossundt, wie lehensrecht ist zu Osterreich, laut brief und sidl zu den zeiten hertzogen Ernsten uunsers gnedigen horn unnd lanndsfursten.

Notiz in einem Papiercodex des XV. Jahrh., f. 79.

1309. **1444 April 24, Wien.**

König Friedrich IV. verschiebt die Gerichtsverhandlung in dem Streite zwischen Göttweig und Wolfgang dem Missingdorfer auf den künftigen St. Jakobstag.

1308. [a] statt *Thoman*. — [b] statt *das*.

[1] Schweickhardt verzeichnet die Sage, dass an der Stelle der jetzigen Katherinenkapelle, welche 1830 neu oriant wurde, am nördlichen Ende des Dorfes Reichersdorf rechts von dem Wege ein Schloss lag. 1437 kam Wigileus von Volkenstorf durch seine Heirat mit Benigna geb. v. Wartenfels in den Besitz der Herrschaft daselbst (Schweickhardt, V. O. W. W. III, 213 f.).

Orig., Papier. Siegel war unter Papierdecke zum Verschlusse aufgedrückt.

Kanzleivermerk von gleicher H. u. Tinte wie der Text: *Commissio domini regis per consilium.* — Vgl. nr. 1294, 1296, 1297.

Wir Fridreich etc. bekennen von der zwayung wegen, die da sind zwischen den ers[am]en* geistlichen, unsern lieben andêchtigen, dem abbt und dem convent zum Kottweig ains tails und unsern getrewn Wolfganngen den Missingdorffer des anndern, darumb sich vor unser und unserm lanntmarschalh oder wem wir das empolhen hieten, heut recht solt vergannen haben nach des brief sag, die vormaln darumb ausgannen sind, daz wir dieselben sach von merklicher geschêfft wegen, damit wir und unser rêt diczmals bekumert sein, verrer geschoben haben und schieben auch wissentlich mit dem brief uncz auf sannd Jacobstag schíristkünftigen *(Juli 25)* unengolten yedem tail an seinen rechten also, daz baid obgenante tail auf denselben tag her fur den egenanten unsern lanntmarschalh oder wer diczeit das lanntmarschalhampt verweset oder wem wir emphelhen die zach ze horn und ze richten, kômen, so wirdet man si gen einander verhôrn und yedem tail widergeen lassen, was recht ist, zu gleicher weis, als heut solt beschehen sein. Welher tail aber nicht kêm, so wurde man dem anndern dennoch recht ergeen lassen mit urkund des briefs. Geben ze Wienn an sannd Jorgentag anno domini etc. XLIIII, unsers reichs im funfften jare.

S. Friedrich's IV. roth. Abb. bei **Sava**, Siegel d. österr. Regenten, S. 165 Fig. 188.

1310.   **1444 April 24.**

Abt Johanns [IV.] und der Convent zu Göttweig verleihen dem erbern Andree dem Armpilgreim, Bürger zu Stain, Anna dessen Frau und Jorig und Pangrácz ihren Söhnen auf aller vier Lebenszeit vom Stiftsgrunde ain ewren ains weingarten, des ain jeuch ist, zu Stain in der Widem[1] hinder unserm hof zenagst des Schrôter kinder weingarten gelegen und stôsset mit

---

1309. * Durch ein Loch zerstört.

1310. [1] Wieden, ein Ried zwischen Stein und Krems.

dem andern ört an den Spitelweingarten *in Bestandweise zu einem Jahreszinse von 3 ß. ₰. an sannt Märteintage für Most und Zehent in den Stiftshof zu Stain. Dieselben haben den Grund baulich zu legen und verfallen bei Zinsverzug der Strafe nach den Dienstrechtssatzungen des Burgrechtes in Österreich.*

Siegler: (I.) Abt Johanns und (II.) der Convent zu Göttweig.

Datum: Geben (1444) an sannt Jorgentage.

Orig., Perg. rostfleckig. Deutsch. An Perg.-Streifen 2 Siegel.

I. rund (35), roth auf Sch., IV A 2. U.: sigillvm · iohnis · abbatis · in · gottwico. Die Dreiberge besteckt mit dem Kreuze. — II. ausgebrochen, rund, grün auf Sch., II B. Beschrieben bei Sava, Siegel der Abteien, S. 33, III.

1311.   **1444 Mai 1.**

Jorig Pranntner, Pfleger zu Nidern Rênna, und Anna seine Frau beurkunden, dass ihnen Abt Johanns [IV.] und der Convent zu Göttweig 2 tl. 5 ß. 27 ₰. freieigene Gülten des Stiftes auf Lebenszeit des Jorig Pranntner auf folgenden Gütern und Burgrechten zu Meirling verliehen haben: 30 ₰. auf der Hofstätte und 4 ß. ₰. auf einem halben Feldlehen des Erhartt Mörl, 30 ₰. auf der Hofstätte des Wolfell Kursner, 80 ₰. auf dem behausten Gute und 4 ₰. zu Burgrecht von einem Acker des Peter Fuerrer im Meirlingertall,[1] *1 tl. ₰. auf dem ganzen Feldlehen und 5 Hälblinge zu Burgrecht auf einem Acker des Hanns Mulner im Tall, 4 ß. ₰. auf dem halben Feldlehen des Erhartt Hekcher, 30 ₰. auf dem behausten Gute des Steffell Mair und 1 Hälbling auf einer owren, die auch verdient Stefell Mair an sand Michelstag. Hiefür haben sie an das Stift Göttweig jährlich 2tl. 5 ß. 27 ₰. an sand Michelstag zu zinsen, bis sie demselben eine Widerlage mit anderen Gütern geschaffen, worauf ihnen die verliehenen Gülten ledig werden. Wird vor dem Tode des Jorig Pranntner dem Stifte keine Widerlage geleistet oder der Zins versäumt, so ist dasselbe berechtigt sich der Gülten zu unterwinden.*

Siegler: (I.) Jorg Pranntner, (II.) der edel Ritter, Herr Wolfgangk von Neidekk und (III.) der edel Erhartt Puchler, ‚unser lieber frewndt'.

1311. [1] Meidlingerthal, Ried in der Einsenkung zwischen Höbenbach und Meidling gegen letzteres zu gelegen.

Datum: geben (1444) an sand Philipp und sand Jacobstag der heiligen zwelifpotten.

Orig., Perg. Deutsch. An Perg.-Streifen 3 Siegel.

I. rund (34), grün auf Sch., IV C. U.: s. iorig · pranttner. Zwei schräggekreuzte brennende Fackeln. Stechhelm. Cimier: ein geschlossener Flug. — II. rund, grün auf Sch., IV C. U.: s. wolfgang · neydekker. Abb. bei Wurmbrand, Collect. Anhang ad c. 48. — III. beschädigt, rund (30), grün auf Sch., IV A 2. U.: † s. erhart · [pv]ehler. Ein Ring, mit 3 Fischen, je einer nach einer Ecke hin hängend.

1312.   **1444 Juli 4, Wiener-Neustadt.**

König Friedrich IV. verleiht Hanns dem Greifen ein Wappen.

Orig., Perg. feuchtfleckig. Siegel nach Bullenart an roth-grüner Seidenschnur.

Unter dem Datum ist von gleicher H. u. Tinte vermerkt: *De mandato domini regis*. Auf der Rückseite der Registraturvermerk.

Wir Friderich etc. bekennen etc. das fur uns komen ist unser und des reichs lieber getreuer Hanns Greyff und hat uns demûtticlichen gebetten, das wir im dise hienach geschriben kleinat und wåppen, nemlich ein blawen schilde, dorinne ein weyszer groÿff mit zerspannen clawen und fûssen und aufgereckten flugen, item einen helm mit einer blawen und weyszen helmdecken und darauf ein halber weyszer greÿff ouch mit zerspannen clawen und auffgereckten flugen, alsdann die in mitten dises briefs von varwen eigentlicher uszgestrichen und gemalet sein, die sin vordern und er, als er uns hât zu erkennen geben, biszher gehabt und gebraucht haben, zu bestetigen und die von newem zu verleihen gnediclich geruchten. Des haben wir angesehen desselben Hanns Greÿffen demûttige bette sein vernunft und redlicheit auch die getreuen dienste, die er uns und dem reich getan hât und binfur zu tun willig ist und sein sol, darumb mit wolbedachtem mût und rechter wissen so haben wir im dieselben kleinet und wappen bestetigt, ouch im und seinen eelichen erben die von newem verlihen, bestetigen und verleihen in die also von newem mit disem brieve und meinen und wöllen, das si der nu furbaszhin in allen redelichen sachen zu schimpf und zu ernst gebrauchen sollen und mögen von allermeniclichen ungehindert. Und wir gebietten dorumb allen etc., in was wirdikeit wesens und ståts die sein, ernstlich und vesticlich, das si den vorgenanten Hanns Greyffen und sein eelich erben solicher kleinat und wåppen also gebrauchen låszen und si doran nit hindern noch irren in dhein weise, als si alle und ein ieglicher unser ungnåd wöllen vermeiden doch andern, die desgleichen wåppen und kleinat ouch fůrten, an iren rechten unschedlich mit urkund disz briefs versigelt mit unserm kuniglichen anhangenden insigel. Geben zu der Neuwenstatt nach Crists geburt vierczehenhundert und im vierundviertzigistem jår an sant Vlreichs des bischofs tag, unsers reichs im fünfften jare.

S. Friedrich's IV. roth auf Sch. Abb. bei Sava, Siegel d. österr. Regenten, S. 164 Fig. 107.

1313.   **1444 August 10, Wien.**

Meister Hanns von Meirs, Pfarrer zu Gors und Kanzler in Österreich, kauft von Abt Johanns [IV.] und dem Convente zu dem Kottweig deren freieigenen grossen und kleinen Zehent zu Meirs, welcher durch Tausch von dem verstorbenen Ott von Meissaw an dieselben gekommen ist und ihnen von König Albrecht [II.], als er noch Herzog war, zugeeignet wurde (nr. 1038 u. 1058), um 300 ₰. ₰. der schwarzen Wiener Münze seiner ledigen Fahrhabe auf Wiederkauf. Letztere sind berechtigt, denselben um die gleiche Summe, nachdem sie ihn ein Jahr vorher kündigten, am Ausgange desselben Jahres zurückzukaufen, worauf ihnen der Zehent sammt dem Kaufbriefe zu übergeben ist. Die Geldsumme ist bei seinen Lebzeiten ihm auszufolgen, darf aber nach seinem Tode nicht an seine Erben gezahlt werden, sondern der Abt und Convent haben dieselbe in irm sagrêr verpetschadt zu hinterlegen, bis für dasselbe eine günstige Anlage gefunden ist damit das Geld nicht verzehrt und unnützerweise vertragen werde. Trotzdem haben aber seine Erben sogleich den Zehent und den Kaufbrief zu übergeben.

Siegler: Hanns von Meirs, der erber Hanns der Newnhawser zu Wienn.

Datum: Geben zu Wienn an sannd Larentzentag (1444).

Orig., Perg. Deutsch. 2 Siegel von Perg.-Streifen abgefallen; Copie in Cod. C. f. 64′ f.

1314. 1444 September 1.

Bertelme Pirchfelder verkauft Abt Johann [IV.] und dem Conveute zum Göttweig um 95 ℔. Wiener ₰. zwei Weingärten zu Gumpoltskirchen ainer gelegen am Hauspergk¹ auf der Laymsteten zenagst des Karthuser weingarten, *von welchem dem Karthäuserkloster zu Maurbach 2 ₰. an sannt Michelstage zu Burgrecht zu zinsen sind,* und der ander gelegen im Tewffental² zenagst bey Hainreichs bey der Linden weingarten, *von welchem demselben Kloster 1 Eimer und ein Viertel Most Gumpoltskircher Mass zu Bergrecht und 9 ₰. zu Vogtrecht an sant Michelstag zu zinsen sind.*

Siegler: (I.) Bertelme Pirchfelder, die edlen (II.) Hanns der Tyeminger und (III.) Wolfgangk Kienberger.

Datum: Geben (1444) an sannt Gilgentage.

Orig., Perg. rostfleckig. Deutsch. An Perg.-Streifen 3 Siegel; Copie in Cod. C f. 75' f.

I. beschädigt, rund (32), grün auf Sch. U.: s[ig]illvm. pertelme · pirchvelder. — II. rund (29), ungefärbt, IV C. U.: s. hans · dieminger. Getheilt, im oberen Felde der wachsende Löwe. Der Stechhelm en profil. Cimier: der wachsende Löwe. — III. beschädigt, rund, grün auf Sch. U.: . . . . · chienberger.

1315. 1444 September 7.

*Peter Puhler,*ª *der Sohn des verstorbenen Bürgers zu Mauttaren Hanns des Puhler, verkauft mit Handen des Burgherrn Gothart, des Dechantes und Amtmannes zu Mauttaren und Pfarrers zu Gerolting, dem erbern Erhart dem Goldberger, Bürger zu Mauttaren, und Kathrein dessen Frau seinen Erbtheil die Hälfte des Weingarten und Gärtlein* bey einander genant der Haller, *von welchen jährlich 1 ₰. an sand Mertentag und 4 Eimer Most zur Weinlese in den bischöflich Passau'schen Hof zu Mauttarn zu Burgrecht zu zinsen sind, während von einem örtlein desselben* weingarten und gertlein *in das Subner Gut zu Mauttaren 5 ₰. an sant Mertentag zu zinsen sind.*

1314. ¹ Hausbergfeld, Ried südöstl. v. Gumpoldskirchen zwischen diesem u. Möllersdorf (Administrativkarte v. N.-Oe. Sect. 78). — ² Tiefthal, Ried westl. v. Gumpoldskirchen (ebend. Sect. 77).

1315. ª auch *Puhler.*

Siegler: Gothart der Dechant und Amtmann zu Mauttaren als Burgherr, der erber Jörg Obser, Richter zu Mauttaren.

Datum: Geben (1444) an montag vor unser lieben frawn tag iror gebůrd.

Orig., Perg. Deutsch. 2 Siegel von Perg.-Streifen abgefallen.

1316.   **1444 October 1, Linz.**

Stepphan Werlinger verkauft dem edeln Merttein dem Kersperger den halben Hof zu Werling[1] *in der Neŵnkiricher Pfarre auf der Ypph, welcher von dem edeln Herrn Wolfgang von Volkenstörf zu Lehen rührt, und gibt ihm denselben mit Handen seines Lehensherrn auf.*

Siegler: (I.) Stepphan der Werlinger, (II.) der edel Rudolf Schirmer, Pfleger zu Glêwss.

Datum: Geben zů Lÿnncz an phineztag nach sand Michelstag (1444).

Orig., Perg. Deutsch. An Perg.-Streifen 2 Siegel.

I. beschädigt, rund (27), grün auf Sch., IV A 2. U.: s. s · teffan · . . . . — II. beschädigt, rund (24), grün auf Sch., IV A 2. U.: † s. rudel · der · schirmer.

1317.   **1444 December 13.**

Taman Mader, Bürger zu Mauttaren, und Agnes seine Frau beurkunden, dass ihnen Abt Wolfgangk und der Convent zu Gottweig den Zieglweingarten im Ausmasse von 2 Joch hinter dem Hofe des Mustinger zu Furtt auf ihre Lebenszeit mit der Bedingung zu Leibgeding verliehen haben, dass sie ihn in gutem Baue halten, wogegen sie im Stiftshofe zu Furtt jährlich 1000 Stecken und den nothwendigen Dünger erhalten. Sie haben ferner dem Stifte von dem Erträgnisse den dritten Eimer, ausserdem von ihrem Antheile den Zehent und vier Butten ausgelesener guter Trauben in der Lese zu zinsen, den Beginn derselben dem Stiftslesemeister im Zehenthofe zu Furtt anzumelden, damit derselbe seinen Anwalt zur Aufsicht schicke, und den ganzen Maisch

---

1316. [1] Weilling, Dorf O.-G. St. Florian. Die Angabe der Pfarre Nieder-Neukirchen ist unrichtig, da es zur Stiftspfarre St. Florian gehörte.

in die Presse im Zehenthofe des Stiftes zu Fürtt zu bringen, wo aus dem grannt *im angegebenen Verhältnisse getheilt wird. Sie haben ferner ihren Most im Falle des Verkaufes zuerst dem Stiftslesemeister anzufeilen und können ihn erst dann, wenn ihn derselbe nicht kauft, beliebig verkaufen. Halten sie den Weingarten nicht in gutem Baue oder übertreten sie einen anderen dieser Artikel, so sind sie vom Stifte an ihrem Antheile in der Presse zur Widerlage des Schadens zu pfänden, und wenn dies nichts nützt, ist dasselbe berechtigt sich des Weingartens zu unterwinden.*

Siegler: (I.) der edel Hanns Tyeminger, (II.) der edel Hanns Pawmgartner der ältere.

Datum: Geben (1444) an sannt Luceintage.

Orig., Perg. Deutsch. An Perg.-Streifen 2 Siegel.

I. rund, ungefärbt, IV C (nr. 1314 S. I). — II. rund, grün auf Sch., IV C (nr. 1229 S. II).

1318.   1445 Jänner 8.

Wulfing von Liechtenegk kauft von seinem sweher *dem edlen Hanns Veunkch den Sitz Wolfsperig*[1] *in der Mawttinger Pfarre, welcher ein landesfürstliches Lehen ist, sammt allem Zugehör und* sunder die vischwaid und die aw, item drey hofstet zu Fuchaw,[2] item vier hofstet zu Anger, item ainen weingarten zunagst dem sicz genant die Pewnt[3] und einen weingarten dabey genant der Schirmer *auf seine Lebenszeit zu Leibgeding.*

Siegler: (I.) Wulfing von Liechtenegk, die edlen Herrn (II.) Ott von Toppel und (III.) Wolfgang von Toppel, ‚mein lieb frewnd'.

Datum: Geben (1445) an sand Erhartstag des heiligen bischoff.

Orig., Perg. feuchtfleckig. Deutsch. An Perg.-Streifen 3 Siegel.

I. rund, grün auf Sch., IV A 2. U.: † s. wvlff[ing] · liechtenekker. Drei Ringe. — II. rund, grün auf Sch., IV A 2 (nr. 1293 S. I). — III. rund, grün auf Sch., IV A 2 (nr. 1303 S. I).

1318. [1] Wolfsberg, Schloss bei dem Dorfe Angern, G.-B. Mautern (Schweickhardt, V. O. W. W. X, 274). — [2] Tiefenfucha, welches sammt dem Dorfe Angern zur Herrschaft Wolfsberg gehörte. — [3] Point wird jetzt noch der Weingarten südwestl. v. Wolfsberg genannt.

1319. **1445 [Jänner 15—März 2]. Rom.**

Der Cardinaldiakon Prosper mit dem Titel des heil. Georg ad velum aureum verleiht den Gläubigen, welche die Kapelle der heil. Johannes Baptista und Evangelista in Gosing an angegebenen Festtagen besuchen und zu den Bedürfnissen derselben einen Beitrag leisten, einen Ablass von 100 Tagen.

Datum Rome (1445) die quinta decima m[ensis]ᵃ . . . . . . .ᵃ. ., pontificatus etc. Eugenii etc. pape quarti anno quarto decimo.

Orig., Perg. beschädigt. Lat. Siegel war an einer Schnur angehängt.

Die engere Begrenzung des Datums ergibt sich aus den noch erhaltenen Theilen des Datums und dem Umstande, dass bereits am 3. März 1445 das 15. Pontificatsjahr Eugen's IV. einsetzt.

1320. **1445 April 24.**

Anno domini etc. XLV an sannt Jorgen [tag]ᵃ hat der erwirdig herr, herr Wolfgang abbt zu Göttweig Agnesen der Sagerin zu Stain und iren erben gelihen V virtail weingarten an der Prunnleitten gelegen, davon man dint VIII ₰. und III ₰. fur ain huen, den ir Vlreich Spiegel und iren erben verkaufft hat umb ir veterlich gůt. Eadem die hat ir auch der obgenante abbt gelihen von newem ǰ jeuch weingarten im Goltzpuhel,¹ davon man dint V oboli und III oboli fur ain buen, und III quartale weingarten in der Prunnleitten, davon man dint III ₰. alles an sannt Mårteintage. Actum in presentia Vlrici Smid zu Hôrnpach.

Notiz in Cod. D f. 90'.

1321. **1445 Mai 5.**

Hanns Frél verkauft Abt Wolfgang [II.] und dem Convente zu Göttweÿ sein Lehen nächst Måtleins Chawm und Nikel

---

1319 ᵃ Lücke.

1320. ᵃ Ergänzt.

¹ Goldberg, Ried n. von Stein.

Ledrer zu Furt in der Göttweyer Pfarre, und 6½ Joch Aecker, 2 Joch Weingärten in der Obernpewnt, 2 Tagwerke Wiesmat in der Paldt,[1] *welche zu dem Lehen gehören, das ihnen von den Käufern zu einem Jahreszinse von je 60 ₰. zu sand Michelstag und sand Jorgentag zu freiem Burgrecht verliehen war.*

Siegler: Hanns Frêl, die edeln Hanns Tÿeminger und Hanns Pawngartner.

Datum: Geben (1445) des mitichen nach sand Philipp und sand Jacobstag der heiligen zwelifpoten.

Copie in Cod D f. 212' f. Deutsch.

1322. **1445 August 8.**

Anno domini etc. XLV an suntag vor sannt Larenczentag hat der erwirdig herr, herr Wolfgang abbt zu Gottweig Stephan Münczel, burger zu Mauttarn, und Kristein seiner hausfrawn geligen 1 quartale lehen zu Velbarn,[1] davon man jêrlich dint gen Gottweig III emer und III quartale most, das sy von Erharten Haffner gekaufft haben, also das sy damit hinfur allen iren frumb mugen geschaffen an meniklich irrung, presentibus Jorg Rautz, richter zu Mauttarn, Jacoben Holczapphel und Kunrat Glatz, burger zu Mauttarn etc.

Notiz in Cod. D f. 91'.

1323. **1445 September 20, Göttweig.**

Der Notar Konrad Emmen, Cleriker der Hildesheimer Diöcese, beurkundet, dass Abt Wolfgang [II.] von Göttweig die

---

1321. [1] Am sog. Halterbache westl. v. Steinaweg gelegen. Durch die Bezeichnung „in der Palt" war ursprünglich nicht bloss das Gebiet am Oberlaufe des Paltbaches bis Oberbergern, welches auch jetzt noch so bezeichnet wird, sondern auch der weitere Lauf bis zur Einmündung desselben in die Fladnitz bezeichnet. Für den Theil desselben westl. v. Steinaweg bürgerte sich erst später der Name Halterbach ein, welcher im 14. Jahrh. Altenpach lautete und den Unterlauf des Paltbaches bezeichnete.

1322. [1] Ein Weingartenried westl. v. Mautern, an die Stadt anstossend, an dessen Stelle zu dieser Zeit noch eine selbstständige Ansiedlung Velbarn lag, welche später einging.

durch den Tod des letzten Pfarrers Balthasar Prawnstorffer vacant gewordene Pfarre zum heil. Andreas in Hainfeld, über welche ihm und seinem Stifte das Patronatsrecht zusteht, dem Cleriker der Mainzer Diöcese Johann Vorberger mit einziger Ausnahme des nach altem Rechte zum Stifte gehörigen grossen und kleinen Zehentes verlichen hat. Derselbe hingegen verspricht die stiftlichen Zehentrechte sub yppotheca et obligatione omnium bonorum suorum mobilium et inmobilium, presentium et futurorum *nie anzufechten.*

Datum: Acta sunt hec in sala domini abbatis monasterii Göttwicensis sepedicti (1445), indictione octava, die vero vicesima mensis septembris, hora nonarum vel quasi, etc. Friderico Romanorum rege regnante, regni sui anno quinto.[1]

Zeugen: presentibus ibidem venerabilibus viris et dominis Paulo Lannk et Conrado Gleiss, sepedicti domini abbatis capellanis, presbyteris Pataviensis et Ratisponensis diocesis, testibus.

Copie in Cod. C f. 122. Lat.

1324. **1445 November 28.**

Anno etc. XLV an suntag nach Katherine hat der erwirdig herr, herr Wolfgang abbt zu Göttweig Hannsen Polan zu Huntzhaim geligen ј lehen der Swanczlehner, davon man dint X metretas vogthabern, III schreibphenning darauf und VI snitphenning, das er kaufft hat von hern Leopolden Neideker. Dem hat herr Vlreich Dennkel sein kapplan und des yeczgemelten Denklein selligen pruder daselbe ј lehen ubergeben,* und stet meinem hern durch sein schreiben fur all anspruch von des verpots wegen, so darauf geschehen ist.

Notiz in Cod. D f. 91'.

1325. **1445 December 20, Wien.**

König Friedrich IV. bestätigt als Lehensherr das Vermächtniss des Georg Sinzendorfer an dessen Vettern Sigmund und Leonhard Sinzendorfer.

1323. [1] Irrig statt *sexto*.

1324. * Folgt ein Auslassungszeichen, während am Rande nichts nachgetragen ist.

Orig., Perg. Siegel an Perg.-Streifen.

Kanzleivermerk von anderer H. u. Tinte: *Commissio domini regis Leop. Tuenair camer. referen.*

Wir Fridreich etc. bekennen, als unser getrewer Jörg Sinczendorffer gesessen zum Wasen[1] unsern getrewen Sigmunden und Lienharten geprüdern den Sinczendorffern seinen vettern unter anderm ettleiche stukh und güter unser und unsers fürstentums Österreich lehenschaft gefügt und gemacht hat nach innhaltung des gemêchtbriefs darumb ausgegangen und uns fleissicleich gepeten dasselb gemêcht gnêdicleich zü bestêtten, daz wir als herre lanndesfurst und vormund unsers lieben vettern kunig Lasslawes, den wir innhaben, getan und zü solhem gemêcht unsern willen und gunst gegeben und das bestett haben wissentleich mit dem brief, was wir zü recht daran bestêtten sullen oder mögen, daz die obgenanten Sigmund und Lienhart geprüder die Sinczendorffer und ir erben dieselben stukh und güter, ob es ze schulden kumbt, nach innhalt des obberürten gemêchtbriefs in gemêchtsweis innhaben nuczen und niessen sullen und mugen, als solichs gemêchts, lebens und lannds recht ist, doch uns, den benanten unserm lieben vettern kunig Lasslawn und seinen erben an der lehenschaft unvergriffen angevêrd mit urkund des briefs. Geben zu Wienn an montag nach sand Luceintag[2] nach Kristi gepurd vierczehenhundert jar und darnach in dem fümfundvierczigsten jar, unsers reichs im sechsten jar.

S. Friedrich's IV. beschädigt, rund, roth auf Sch. Abb. bei Sava, Siegel der österr. Regenten, S. 165 Fig. 108.

1326   **1446 März 6, St. Florian.**

Bischof Sigismund von Salona beurkundet die Weihe eines Altares in der Kirche zu Hundsheim und die Reconciliation der Kirche daselbst.

1325. [1] Die ehemalige Burg war beim jetzigen Orte Wasen, O.-G. Weinburg, G.-B. St. Pölten, einige Minuten westl. von der Kirchberger Strasse auf einer Anhöhe gelegen. Jetzt ist sie eine Ruine (Schweickhardt, V. O. W. W. VII, 112 f.). — [2] Bemerkenswert ist die Datierung nach dem St. Lucientage, da doch die nach dem St. Thomastage, auf dessen Vigilie der Tag fällt, naheliegend war.

Orig., Perg. Siegel war an einer Schnur angehängt.

Auf der Aussenseite der Buges ist von anderer H. u. Tinte vermerkt: *Sigismundus Salonensis XL d.*

Nos Sigusmundus dei et apostolice sedis gracia episcopus Salonensis cupientes et animarum saluti invigilantes, quia iuxta merita nostra nichil boni in conspectu dei agitur nec meriti, sed ei, cui confidimus, qui non nostra sed sua sola gracia et misericordia supplet, profitemur per presentes, quod de anno domini millesimo quadringentesimo quadragesimo sexto feria secunda post octavas pentecostes *(1445 Mai 24)* altare hoc in basilica ecclesie sancti Iohannis baptiste in Hunczhaympach[1] situm in honore sancte et individue trinitatis et sancte Marie et omnium sanctorum et specialiter in honore sanctorum martirum Iohannis et Pauli consecravimus necnon et cappellam reconciliavimus. Ideo omnibus vere penitentibus confessis et contritis ad eandem cappellam confluentibus aut manus adiutrices porrigentibus aut alia quecunque ad cultum dei pertinentibus, in infrascriptis festivitatibus personaliter se presentantibus nativitatis videlicet domini circumcisionis apparicionis resurreccionis ascensionis pentecostes corporis Christi omnibus festivitatibus beate virginis et omnium apostolorum et omnium sanctorum, quorum reliquie in hoc altari recondite sunt, et omnibus terciis feriis et sextis per circulum anni cum missa et flexis genibus quinque pater noster adiungentes totidem salutaciones angelicas et symbolum, ut fides Christiana roboretur, devote dixerint et oraverint, de quolibet supradictorum operum quadraginta dies indulgenciarum de omnipotentis dei misericordia et beatorum apostolorum Petri et Pauli auctoritate confisi misericorditer in domino relaxamus, dedicacionem autem huius altaris statuimus celebrari in dominica sancte trinitatis perpetuis temporibus duraturis. Datum ad Sanctum Florianum dominica invocavit anno ut supra[2] nostro sub sigillo.

1326. [1] Hundsheim, O.-G. Mauternbach, V. O. W. W. Daselbst besteht jetzt noch eine Filialkirche der Pfarre Mautern. — [2] Wir müssen, da der Tag der Beurkundung bei Annahme des gewöhnlichen Incarnationsjahres vor den Tag der Weihe fiele, dies durch den Annuntiationsstil erklären. Bei Annahme des calculus Pisanus fällt der 24. Mai als der Tag der Weihe in das Incarnationsjahr 1445, während die Beurkundung mit dem März 6 in das In-

1327. **1446 März 11, Melk.**

Der Melker Profess Laurenz von Graz¹ schreibt dem Prior Johann von Weilhaim² in Klein-Mariazell über die Beschwerden des Amtes desselben.

Pez, Thesaur. anecdot. VI/III, 375 nr. 112 aus d. Melker Cod. P. 25.

1328. **1446 Mai 15.**

Jorg Schekch von Wald tauscht mit Abt Wolfgang [II.] und dem Convente zu dem Köttweig Besitz: er übergibt ihnen seinen freieigenen Hof, genannt der Stainuelder bei Kaczenperg in der Kappeller Pfarre, welcher jährlich je 1 Mut Korn und Hafer an sand Giligentag zinst und bei ihrem Besitze gelegen ist, und erhält dafür von ihnen ihren freieigenen halben Zehent auf allen Aeckern und Gründen, welche zum Markte Ottenslag und zu dem Dorfe zu dem Nendleins¹ in der Ottenslager Pfarre gehören, welche bei seiner Feste zu Ottenslag gelegen sind.

Siegler: (I.) Jorg Schekch von Wald, (II.) der edel Wolfgang der V̇tendorffer zů Goldegk.

Datum: Geben an suntag nach sand Pangrǎczentag (1446).

Orig., Perg. rostfleckig. Deutsch. 2 Siegel an Perg.-Streifen; Copie in Cod. C f. 101′ f.

I. rund (39), grün auf Sch., IV A 2. U.: † sigillvm † iorg † schekch. Gespalten, zweimal getheilt (Balken). — II. rund (30), grün auf Sch., IV A 2. Abb. bei Hueber, Austria, T. 29 nr. 9.

1326. carnationsjahr 1446 fällt. Beide Daten, der 24. Mai 1445 und der 6. März 1446 des Incarnationsstiles fallen nach dem calculus Pisanus in das Jahr 1446.

1327. ¹ Magister der freien Künste, war seit 1438 Profess, seit 1446 Subprior zu Melk, seit 1448 Abt zu Klein-Mariazell, seit 1451 Visitator seines Ordens im Salzburger Metropolitansprengel und seit 1468 Abt in Göttweig, wo er 1481 Dec. 26 starb (Keiblinger, Melk I, 539). — ² Johann Schlitpacher, 1403 im Juli zu Schongau in Baiern geboren, wurde als Waise zu Weilheim von den Verwandten seiner Mutter erzogen, weshalb er kurz Johann von Weilheim genannt wurde. 1436 legte er in Melk seine Profess ab. Spätestens zu Anfang 1446 wurde er Prior von Klein-Mariazell (Keiblinger, Melk I, 544).

1328. ¹ Endlas, O.-G. Neuhof, G.-B. Ottenschlag.

1329. **1446 Juni 28, Wien.**

Der Notar Nicolaus Gerluci von Künigsberg aus der Diöcese Samland beurkundet, dass der Cleriker der Freisinger Diöcese Johann Pachmulner, welchen Abt Wolfgang [II.] zu Göttweig als Patron auf Grund der preces primariae König [Friedrichs IV.] dem Bischofe Leonhard von Passau als Pfarrer für die vacante und seinem Stifte incorporirte Pfarre zum heil. Laurentius in Nélib präsentierte, in seiner Gegenwart dem Abte auf dessen Wunsch gelobte, den Gehorsam zu leisten und den Jahreszins, welcher auf Grund der Incorporation laut der darüber ausgestellten Urkunden von der Pfarre zu zahlen ist, an den fixierten Terminen zu leisten.

Datum: Acta sunt hec (1446), indictione nona, die vero Martis vigesima octava mensis iunii, hora terciarum vel quasi, regni etc. Friderici Romanorum regis semper augusti, ducis Austrie etc. anno septimo Wienne in curia monasterii Gottwicensis, ordinis sancti Benedicti Pataviensis diocesis.

Zeugen: presentibus ibidem venerabilibus, egregiis ac honorabilibus viris, dominis magistro Petro Pachmulner decretorum et magistro Iohanne Czeller medicine doctoribus, magistro Iacobo de Iempnicz Olomucensis et Brunnensis ecclesiarum canonico, fratre Iohanne de Cellis Marie et Paulo de Sancto Vito liberalium arcium magistris.

Copie in Cod. C f. 68. Lat.

1330. **1446 Juli 15, [Göttweig].**

Leonhard Lasberger schliesst mit Abt Wolfgang II. von Göttweig einen Dienstvertrag wegen Uebernahme des Hofrichteramtes.

Copie in Cod. E f. 15.

Ich Leonhart Lasperger bekenn und tun kund offenlich mit dem brief, das ich mich verpficht* hab in den dienst des erwirdigen herrn, herrn Wolfgangs abbt zu Gottweig und des convents daselbs in solcher mainung, das ich in das gericht des obgenanten gotzhaus zu Gottweig getrewlichen nach dem

---

1330. * Cod. statt *verpflicht*.

peasten, so ich versten, verwesen und ausrichten sol und des goczhaus armlewt und hindersassen verantburten guetlichen halten und die nicht ungewondlichen besweren sol ungeverlich. Und darczu sol ich haben drew pferd und frumer knecht zwen. Da entgegen hat mich sein genad versprochen für sich und das convent zu geben auf yedes pferd acht pfunnd pfening und das gewondlich hoffuetter. Auch sullen sy̆ mir geben den drittail aus allen wändeln, dieselben sol ich trewlich aufschreyben und inbringen und die abpruch derselbigen wandel süllen beschehen mit meins obgenanten herren oder seines anhalts wissen. Sy habent mir auch vergunnen mein hawsfrawn in dem zehenthof ze Fuert ze halten und dahin zu geben versprochen ain dreyling wein ungeverlich von dem zehent, so in denselbigen hof genumen wirdet, und anderthalb mūt korn und anderthalb mut habern, auch den krawtzehent zu Palld, auch ain fueder hew, ain fueder grumat und sol haben vier kue. Die sullen ungeverlich mit meines herrn viech im hof essen. Sy̆ sullen mir auch geben prennholcz, was ich des ungeverlich zu notturft bedarf, das sol ich selber füren. Auch wan ich oder mein knecht in des goczhaus oder der armenlewt notturfft reyt, dieselben zerung, so ich oder mein knecht tun, soll mein herr beczallen. Wan auch mein herr oder sein anhelt meine pferd und knecht nuczen wellen in irer notturft, des sullen sy̆ gewalt haben und ich in nicht widersein. Auch ob ich ain oder zwen knecht aufnem, dew solche unpilliche unfüer beginnen, die im gotzhaus nit teuglich waren, darinnen habent sy̆ gewalt mit mir zu schaffen, dieselben zu verkeren. Auch ist beredt, das sy mich an redliche ursach nach dato des briefs in drein jaren mit dem dienst nicht verkern sullen, an alain ich handlet solhe ungewondliche sach wider sew, darumb es in dann muglich ze thun wår, so sol ich des drum nicht wider sein. Ich hab mich auch des dienst underwunden des nachsten freytag nach sand Margretentag *(Juli 15)* des XLVI. jar. Des zu urkund gib ich dem obgenanten meinem genädigen herrn abbt Wolfgangen und dem convent dy beret zedel und[b] meines obgenanten Leonharten Lasperger aufgedruckten innsigel. Geben an freytag nach sand Margrettentag anno domini XLVI. jar.

1330. [b] Cod. statt *mit*.

1331.   **1446 August 10.**

Toman Zerer, der Sohn Giligs des Zerer von Ménhartsdorff, beurkundet, dass ihn Abt Wolfgang zu Götbeig wegen Ungehorsam als Hintersassen mit Gefängnis bestraft, ihm aber die Strafe auf Bitten ehrbarer Leute gegen das Versprechen erlassen hat, dass er alle mit Herren, Rittern oder Knechten eingegangenen Verpflichtungen bis zum künftigen sand Giligentag lösen und seinen Vater Gilig Zerer vor den Abt bringen werde, damit er ihm das ihm von seiner Mutter anerstorbene Gut aufgebe, es von ihm empfange und ihm sowie seinem Stifte als seinem rechten Erb- und Grundherrn gehorsam sei. Uebertritt er einen dieser Artikel, so ist er dem Abte mit dem Erbe seiner Mutter und dem, welches ihm von seinem Vater anfallen wird, verfallen, worauf derselbe trachten soll, seiner habhaft zu werden, um ihn als seinen ungehorsamen, widersetzlichen Holden zu strafen.

Siegler: die edeln Hanns Frewntshawser und Hainreich Sweinpekch.

Datum: Gebn (1446) des mitichen an sand Larentzntag des heilign martrer.

<small>Orig., Pap. Deutsch. 2 Siegel waren auf der Rückseite in grünem u. braunom Wachse aufgedrückt.</small>

1332.   **1446 September 4, Göttweig.**

Propst Martin von Walthausen (Kloster zum heil. Johannes Ev.) beurkundet, dass sein Stift dem verstorbenen Abte Thomas von Göttweig laut beiderseitiger Urkunden für ein Darlehen von 400 Gulden einige silberne und vergoldete Kleinode, nämlich Kreuze, Kelche, Monstranzen mit bestimmtem Gewichte und Werte, als Pfand zur Schadloshaltung übergeben hat, welche ihm der jetzige Abt Wolfgang [II.] alle mit Ausnahme eines silbernen Marienbildes unversehrt gegen das Versprechen, innerhalb der nächsten drei Monate noch 20 Gulden im gesetzlichen Gewichte und Werte zu bezahlen, zurückgestellt hat.

Siegler: Propst Martin von Walthausen mit dem Petschaft.

Datum in dicto monasterio Chotwicensi quarta die mensis septembris (1446).

<small>Orig., Pap. Lat. Petschaft war in grünem Wachse aufgedrückt.</small>

1333. 1446 September 16, Basel.

Die Synode von Basel beauftragt auf Bitten des Domcapitels von Passau um Incorporation der perpetua vicaria an der Kirche zum heil. Stephan in Czwetendorf¹ zur Milderung der in den Hussitenkriegen erlittenen Schäden den Abt [Wolfgang] in Koetbig die Sache zu untersuchen und die Incorporation durchzuführen.

Datum Basilie XVI. kalendas octobris (1446).

Mon. boica XXXI/II, 371 nr. 165.

1334. 1446 October 5.

Anno domini etc. XLVI am mitichen nach sannt Michelstage haben wir Wolfganng abbt zu Gottweig daz lehen ze Furt gelegen, so wir von Hannsen Frel als zehentfrey und freys purkrecht gekauft haben, unserm getrewen Erharten Puchler und allen seinen erben mit aller seiner zugehorung umb sein sumb gelts, der wir zu rechter zeit beczalt sein, verkaufft haben* in solher maynung, das er durich seiner trewer dinst willen, so er unserm gotzhaus getan hat, auf seins leibs lebtåg und nicht verrer robat und steurfrey davon sein sol und sust er und sein erben uns und unserm gotzhaus jerlich davon von* dienn süllen LX ₰. zu sannt Jorgentag und LX ₰. zu sannt Michelstage und von allen fruchten, so sy darauf pawn, den zehent und wann der obgenante Erhart Puchler mit tod abgangen ist, so sullen darnach sein erben oder wer daz lehen besiczt, nicht verrer stewr noch robatfrey sein, sunnder davon alles das mitleiden und tun, als die besiczer und innhaber anderer lehen daselbs ze Fúert zu notdurfft unsers gotzhaus mitleiden haben ungeverlich. Actum in presencia Jeorgii Pranntner etc.

Notiz in Cod. D f. 92'.
Vgl. nr. 1321.

1333. ¹ Zwentendorf bei Atzenbrugg, V. O. W. W.
1334. * Cod.

1335. 1446 October 26, Altenburg.

Abt Konrad von Altenburg schreibt an Abt Wolfgang II. von Göttweig wegen seines alten Rechtes, Wein und Getreide im Göttweigerhofe zu Stein einzulagern.

Copie in Cod. C f. 22.

Aufschrift mit rother Tinte von gleicher H.: *Littera missiva a domino Chunrado abbate Altenburgensi missa domino Wolfgango abbati Gottwicensi ratione antique consuetudinis servate ex parte vini et bladi in curia Gottwicensi sita in Stain.* — Vgl. nr. 1298, 1301.

Orationum suffragiis etc. Venerabilis pater! vestre innotescinus[a] caritati, nos curiam vestram in Stain duodecim annos vel ultra rexisse et eodem tempore quieto et pacifico modo et sine omni impedimenti obstaculo vina et blada vendidisse. Et huius rei volumus esse testes, ubicumque se offert locus et tempus, sicut eciam fecimus tempore abbatis Thome, presentibus domino Wigolays Volkensdarffer et domino Chûnnsperger et ceteris probis et honestis viris. Ergo non timeatis, sed fortiter resistatis, quia nichil contra vos et libertates vestri monasterii et curie obtinebunt. Datum nostro monasterio in Altenbûrch anno domini millesimo quadringentesimo quadragesimo sexto feria quarta ante festum Symonis et Iude apostolorum.

1336. 1446 December 26, Mautern.

Bischof Leonhard von Passau verleiht den Gläubigen, welche nach Empfang des Busssacramentes die Kapelle des heil. Johannes Baptista in Hunczheim an bestimmten Festtagen besuchen und zum Lichte daselbst einen Beitrag leisten, einen Ablass von 40 Tagen.

Siegler: der Urkundenaussteller.

Datum in opido nostro Mauttarn vicesima sexta die mensis decembris (1447).

Orig., Perg. Lat. Siegel an Perg.-Streifen.

Siegel beschädigt, roth auf Sch.

1335. [a] Statt *innotescimus*.

1337. **1446 December 29.**

Anno domini etc. XLVII feria quinta post nativitatem Christi hat Taman Oberndarffer und Margret sein hausfraw ir haus zu Mauttarn zwischen des Ranczen und Vlrichen Linczer hauser gelegen, das er von Jorgen Griesser gekaufft hat und dint davon XVIII ₰. Martini, zu furphant gesatzt Hannsen Rostenstamb, burger zu Stain, fur XVIII ℔ ₰. der swarczen Wienner münsz zu beczalen auf den nagstkünftigen weichnachtentag. Und ist geschehen mit purkhern hannden, abbt Wolfgangs zu Gottweig. Actum in presencia domini Stephani in der Reinsper et Georgii Griesser ac fratris Henrici magistri coquine.

Notiz in Cod. D f. 93.

1338. **1447 Jänner 8.**

Jorg Schekch von Wald beurkundet, dass ihm Abt Wolfgang [II.] und der Convent zum Köttweig ihren Getreidezehent in Külber, Pischofsteter und in Sannd Margrethen pharren *und ihr Haus genannt das Stainhaus im Markte Kulb von jetzt an auf zehn Nutzjahre zu Bestand verlassen haben, wofür er jährlich 70 ℔. Wiener ₰., und zwar je die Hälfte an sand Jörgentag und sand Michelstag und am sand Altmanstag einen guten Ochsen in das Stift Köttweig zu zinsen hat. Ebenso lange pachtet er von ihnen den Getreidezehent* zu Püterspach, zu Genczpach und daselbs umb auf dem Achswald[1] *allenthalben gelegen mit Ausnahme des Flachszehentes zu einem jährlichen Pachtschilling von 36 ℔. Wiener ₰. an sand Giligentag. Werden in dieser Zeit die Zehente angefochten, so hat er ihnen zur Abwehr der Ansprüche behilflich zu sein, wogegen das Stift ihm bei Elementarschäden einen Nachlass zu gewähren hat.*

Siegler: (I.) Jorg der Schekch, (II.) der edel Wolfgang der Vtendorffer zu Goldegk.

Datum: Geben an suntag nach der heiligen drey künig tag (1447).

1338. [1] Der Axwald dehnt sich von Aggstein und Aggsbach bis nach Gansbach aus.

Orig., Perg. Deutsch. Von 2 Siegeln an Perg.-Streifen das 2. abgefallen.

1. Bruchstück, rund, grün auf Sch.

1339. **1447 Jänner 30.**

Abt Wolfganng und der Convent zu Gotweig belehnen Thoman den Jenner und Kathrein dessen Frau mit einem theilweise verödeten Meierhoflehen zu Hornpach, welches vormals Thoman Thüen innehatte, und ringern ihnen den hergebrachten Zins, so dass sie nur mehr jährlich 15 Metzen Korn in den Phisterhof des Stiftes, 12 Metzen Hafer in den Kasten zu Gotbeig, den herkömmlichen Vogthafer an die Tunaw und 2 Schreibpfennige zu sand Gilgentag, 8 ₰. zu sannd Michelstag an die Abtei, 5 ₰. zu sannd Merttntag an die Oblei, 30 Eier zu Ostern und allen kleinen Dienst nach altem Herkommen und die Robott nach den Verpflichtungen der Meierhoflehen leisten. Sie haben ausserdem das Lehen zu Feld und Dorf stiftlich zu legen, wofür ihnen der Zins vom Jahre 1447 erlassen wird.

Siegler: Abt und Convent zu Gotweig mit den Hängesiegeln.

Datum: Gebn (1447) an montag vor unser lieben fraun tag der liechtmess.

Copie in Cod. F f. 11'. Deutsch.

1340. **1447 März 29.**

Philipp Recsêr und Peter Franckh beurkunden, dass ihnen Abt Wolfgang [II.] und der Convent zu Göttwey ihre freieigenen 4 Joch Weingärten aus dem Gern[1] in der Widem[2] hinter ihrem Hofe zu Stain unter folgenden Bedingungen auf ihre Lebenszeit in Bestandweise verlassen haben: sie haben von dem Erträgnisse dem Stifte jährlich den 3. Eimer und ausserdem von ihrem Antheile den Zehent zu zinsen, dem Hofmeister im Göttweigerhofe zu Stain die Zeit der Weinlese anzuzeigen, welcher seinen Boten zu derselben schickt, den Maisch in die Presse des Stifthofes zu bringen und dort aus dem grandt zu theilen. Sie haben ferner

---

1340. [1] Gern, Ried nordöstl. v. Stein. — [2] Wieden, Ried zwischen Krems und Stein.

den Weingarten in gutem mittleren Baue zu halten, in je ein Joch jährlich 2000 Stecken und 12 Fuder Dünger zu bringen, in je einem Joche jährlich 15 Tagwerke zu gruben und was sie in einem Jahre versäumen, im nächsten nachzuholen. Geschieht dies jedoch nicht, so kann sie das Stift an ihrem Antheile in der Presse zur Widerlage pfänden. Sie sind auch berechtigt, den Weingarten auf ihre Lebenszeit zu verkaufen oder zu verpfänden. Nach ihrem Tode wird er, wie er liegt, dem Stifte ledig.

Siegler: (wann aber wir obgenant Philipp Reczer und Peter Frankch aygen insigil nicbt enhaben) die edeln (I.) Hanns Tyeminger und (II.) Tybolt Pymisser.

Datum: Geben (1447) an mitichen nach unser frawentag der verchundung in der vasten.

Orig., Perg. Deutsch. An Perg.-Streifen 2 Siegel; Copie in Cod. C f. 70.

I. rund, ungefärbt, IV C (nr. 1314 S. I). — II. beschädigt, rund (32), grün auf Sch., IV C.

1341. **1447 Mai 25, Wien.**

Graf Bernhard zu Schaumberg entscheidet einen Streit zwischen Georg und Dorothea von Puchcim wegen einer Vormundschaft.

Orig., Perg. Siegel an Perg.-Streifen mit der Zahl: 181.

Wir Pernnhart graf ze Schawnberg, lanndmarschalich in Österreich, bekennen, das gesstimer, als wir zu gerichtte sassen, fur unns kame der edel herre, her Jorg von Puchaim, obrister drukchsess in Osterreich, und clagte nach innehaltung abschrift der ladung von uns ausgegangen hincz der edeln frawn Dorotheen, weilend herrn Hertleins von Potendorf tochtter und herrn Hannsens von Puchaim seligen witiben, wie er die gerhabschaft Sigmunds, weilend herrn Piligreims von Puchaim seins vettern seligen sun, erlanngt und behabt hiet mit recht nach laut des gerichtsbriefs von unserm gnedigisten herrn kunig Fridreichen etc. ausgegangen und sy hielde im solh gerhabschaft vor wider recht, des er schaden neme, und lies horen den yeczgenanten gerichtbrief, der nemblichen innehielt, das dem von Puchaim die gerhabschaft seins vettern herrn Piligreims von Puchaim sun mit recht zugesprochen ist, und begert dorauf durch sein rednner rechtens. Daentgegen die vor-

genant von Puchaim durich iren rednner antwůrtt, als sy von
herrn Jorgen wurde beclagt umb die gerhabschaft nach inne-
haltung der ladung. Nu hiet sy nůr herrn Hannsens von
Puchaim irs manns seligen und ire kinder mit irm leib und
gut inne, als ir die vor dem egenanten unserm herren .. dem
kunig auch mit recht wêren zugesprochen nach innehaltung
des vorgenanten verlesen gerichtbrifs, aber der gerhabschaft
herrn Piligreims von Puchaim sun hiet sy nicht inne, sunder
die dienêr, die dann der von Puchaim auch mit ladung hiet
furgenomen, dadurich sy hofft und getraut solher ladung und
clag von dem von Puchaim pillichen vertragen sein, dawider
der von Puchaim durich sein redner furlegt, die von Puchaim
wurde in der ladung nicht beczigen umb innehaben der ger-
habschaft sunder umb vorhalten, daz sy im wider recht getan
hiet und noch têt wider solhs erlanngts recht nach laut seins
gerichtsbriefs und sunder wider die emphelhnůss, die ir unser
egemelter herre .. der kunig dorauf brieflich getan und mit
ir geschafft hiet im auf das gericht ynner virczehen tagen
genug ze tůn und unclaghaft zu machen, als er solhs emphelhen
ain abschrift furbracht und horen lies und maint, nach dem
und sich die von Puchaim vor gen im umb die gerhabschaft
vor unserm herren .. dem kunig in recht geben und die ver-
antwurt hiet, die er nu mit recht gen ir hiet erlannget, wêr
sy im nu schuldig umb solh vorhalten der gerhabschaft genug
ze tůn und sein schaden phlichttig abczutragen und solh und
meniger ir red und widerred saczten baid egenant tail willic-
lichen in recht. Und wann wir auf der herrn ritter und
knechte, die daczemal bey unns zu gerichtte sassen, be-
dennkchen uber solh beder vorgenant tail red und widerred
recht zu sprechen die sachen mundlichen auf heut geschoben
haben, dorauf also an hewtigen tag, als wir zu gericht sassen,
dieselben herrn ritter und knechte nach unser frag zu recht
habent erkannt und gesprochen. Tů die von Puchaim hewt
oder zu têgen mit ir ains aid darczu, als recht ist, das sy
herrn Jorigen von Puchaim die gerhabschaft herrn Piligreims
sůn nach ausgang unsers gnedigisten herrn .. des kunigs ge-
richt nicht vorgehalten hab und auch noch nicht vorhalt nach
innehalt der ladung, so sey sy der ansprach auf die ladung
můssig, des man ir die von Puchaim ir têg von heut uber
virczehen tag mit urkund des briefs. Geben zu Wienn an

phincztag sannd Vrbannstag anno domini millesimo quadringentesimo quadragesimo septimo.

S. d. Bernhard v. Schaunburg undeutlich, rund, roth auf Sch., IV C. Abb. bei Hanthaler, Rec. II, T. 43 nr. 15.

1342.   1447 September 5, Wien.

König Friedrich IV. regelt die Erbschaftsangelegenheit nach dem Tode des Hanns von Pucheim.

Orig., Perg. Siegel an Perg.-Streifen mit der Zahl: 101.

Rechts auf dem Buge ist von anderer H. u. Tinte vermerkt: *Commissio domini regis in consilio.* — Vgl. nr. 1341.

Wir Fridreich etc. bekennen von der zwitrêcht und missheliung wegen, so gewesen sind zwischen unserm lieben getrewen Jôrgen von Pûchaim, ôbristen drugsêzzen in Österreich unserm rat, an aim und der erbern Dorotheen, weilent Hannsens von Pûchaim wittiben, und unsern getrewen Sigmûnden Grûenawg, Jôrgen Lewberstorffer und Casparn Gruber den dienern, des anndern tails, daz wir si darûmb mit ir baider wissen und gutlichem willen veraint und entschaiden haben in massen, als hernach geschriben steet: zum ersten daz die fraw und die diener sûllen dem benanten Jôrgen von Pûchaim weilent Pilgreims und Hannsens von Pûchaim geslôzzer zu seiner notdurfft offen halten doch an der kinder merklichen schaden trewlich und ungeverlich. Item es sullen auch all der kinder brief urbar register klainat beraitschafft insigel und petschad und ob den kindern ichtzit erspart wûrde, alles in der kinder geslôzzer ains erlegt und alle stuck nemlich aufgemerckht und beschriben und mit zwain freûndten verpetschadt und nicht geoffent werden, es wêr dann merkliche notdurfft, so man die herausnemen mit ainer gewissen und so man die genuczt hat, wider erlegen, als oben gemeldt ist. Item die fraw und die dienêr sullen auch die dienenden nucz und rênnt der kinder innemen und die nach notdûrfften ausgeben, doch so sullen si dem egenanten Jôrgen von Pûchaim solichs innemens und ausgebens volkômene raittung tûn in gegenwurtikait zwair oder ains der kinder freundt ungeverlich. Item der obgenant Jôrg von Pûchaim sol alle geistliche und weltliche lehen leihen zu der kinder hannden, untz der knaben ainer zu sein vogtpêrn jarn kumbt, und ob beschêch, das die kinder mit tod abgiengen, ee sy zu iren vogtpêrn jarn kêmen, so sol der frawen von Hannsens von Pûchaim kinder gût ain genugen geschêhen umb ir haimsteur und widerlegung und umb ir annder anerstorbens gelt, das ir gemahel weilent Hanns von Pûchaim von irn wegen hat ingenomen. Aber von Hannsens von Pûchaim tochter wegen, ob es sich also mit abgang der sûn, als oben gemelt ist, fugen wurd, die sol man erberlich verheirêten nach herkômen und eren des namens von Pûchaim. Item ob Pilgreims und Hannsens von Pûchaim sûn mit tod abgienngen, das dann sôlich obgemelt Pilgreims und Hannsens von Pûchaim geslôzzer brief und guter Jôrigen von Pûchaim ingeantwurt werden, als dem nachsten freûndt von stamen namen und wappen unengolten dem stamen gewappent von Pûchaim mannes namen an iren erblichen anvêllen und rechten treulich und ungeverlich. Und des haben wir yedem tail ain brief in gleicher laut gegeben mit urkunt des briefs. Geben zu Wienn an eritag vor unser lieben frawen tag nativitatis nach Kristi gepurd im vierczehenhundert und siben und vierczigisten jar unsers reichs im achtten jare.

S. Friedrich's IV. rund, roth auf Sch. Abb. bei Sava, Siegel d. österr. Regenten, S. 165 Fig. 108. Am Rv. das Signet länglich achteckig, roth auf Sch., enthält vier nach den vier Seiten gewendete Gesichter, welche verwachsen sind. Fehlt bei Sava.

1343.   **1447 September 20. Wien.**

Kathrey, die Tochter des verstorbenen Jorg des Missingdorffer und Frau des edeln Herrn Jann von Jêwspicz, verzichtet mit Zustimmung ihres Mannes zu Gunsten der edeln Veit und Wolfgang der Missingdorffer, ihres Bruders und ihres Vetters, und deren männlicher Leibeserben gegen eine von denselben geleistete Entschädigung auf ihr väterliches Erbe an Erbgut und Fahrhabe, reserviert jedoch sich und ihren Erben für den Fall des Aussterbens der männlichen Linie der benannten Missingdorffer das Anerberecht nach den Bestimmungen des Landesrechtes in Österreich über die Erbfolge von Töchtern.

Siegler: für die Urkundenausstellerin siegelt (wan ich diezeit selber gegraben insigil nicht gehabt hab) (I.) Jann von Jöwspicz, (II.) der edel Steffan Kolb und (III.) der erber Vlreich Hirssawêr, Stadtschreiber zu Wienn.

Datum: Geben zu Wienn an sand Matheusabend des heiligen zwelfpoten und ewangelisten (1447).

Orig., Perg. Deutsch. An Perg.-Streifen 3 Siegel.

I. rund (29), grün auf Sch., IV A 2. U. undeutlich. Fünfmal getheilt (3 Strichbalken). — II. rund (25), grün auf Sch., IV A 2. U.: s. steffan · cholb. Schild abgebildet bei Hanthaler, Rec. II, T. 35 nr. 23. — III. beschädigt, rund, grün auf Sch., IV C. U.: s. vlrici · hirssawer. Abb. bei Hueber, Austria, T. 25 nr. 2.

1344. **1447 October 13.**

Wolfhart dieczeit gesessen an der Panholczmull[1] *und Anna seine Frau verkaufen Andre, dem Sohne des verstorbenen Hanns des Pekch von Yschper, und Margereth dessen Frau um 50 tl. Wiener S. schwarzer Münze und 1 Gulden die Panholczmul in der Chottanser Pfarre, welche vom Stifte zu Gotweig zu einem Jahreszinse von* $1/2$ *tl. 14 S. am nächsten Tage nach sand Mertentag und 3 Käsen und 3 ß. Eiern zu Pfingsten in den Stiftshof zu Nydern Renna zu Lehen rührt.*

Siegler: (I.) der edel Jorig der Pranttner, Pfleger zu Nydern Renna, (II.) der edel Albrecht Arczsteter, Pfleger zu Obern Rênna.

Datum: Gebm (1447) des freytags an sand Cholmanstag des heylligen martrer.

Orig., Perg. Deutsch. An Perg.-Streifen 2 Siegel.

I. beschädigt, rund, grün auf Sch., IV C (nr. 1311 S. I). — II. beschädigt, rund (29), grün auf Sch., IV C. U.: s. albrecht · arzsteter. Schild unkenntlich. Stechhelm. Cimier: ein geschlossener Flug.

1345. **1447 November 22. Wien.**

Der Cardinaldiacon und Legat für Deutschland Johannes [Carvajal] verleiht den Gläubigen, welche das Mönchskloster zur

---

1344. [1] Bannholzmühle östl. v. Singenreith, O.-G. Klausreith, G.-B. Ottenschlag.

*heil. Maria und das Nonnenkloster zur heil. Maria Magdalena,
die Pfarrkirche zum heil. Gothard und die Andreas- und Benedictuskapelle in Göttweig andachtshalber an angegebenen Festtagen besuchen und das Bussacrament empfangen, einen Ablass
von 100 Tagen.
Siegler: der Urkundenaussteller.*

Datum Wienne supradicte Pataviensis diocesis (1447) die
vero vicesima tercia mensis novembris, pontificatus etc. Nicolai etc. pape quinti anno eius primo.

Copio in Cod. C f. 369. Lat.

1346.   **1447 November 23, Wien.**

*Der Cardinaldiacon und Legat für Deutschland Johannes
[Carvajal] verleiht den Gläubigen, welche die St. Blasiuskapelle
beim Göttweiger Berge, welche in ihrer Baulichkeit sehr schadhaft ist, und die St. Georgkapelle am Göttweiger Berge andachtshalber an angegebenen Festtagen besuchen, das heil. Bussacrament
empfangen und zur Reparatur und Erhaltung derselben sowie
der Kelche, Bücher und anderer Schmuckgegenstände einen
Beitrag leisten, einen Ablass von 100 Tagen.
Siegler: der Urkundenaussteller.*

Datum Wienne Pataviensis diocesis (1447) indictione X,
die vero XXIII mensis novembris, pontificatus etc. Nicolai etc.
pape quinti anno eius primo.

Copie in Cod. C f. 364'. Lat.

1347.   **1448 Februar 11.**

*Benannte Spruchleute entscheiden einen Streit über eine Stiftung
zu Nieder-Kreusstetten.*

Orig., Perg. feuchtfleckig. Von 3 Siegeln an Perg.-Streifen das 3. abgefallen.

Wir Lucas von gotes gnaden brobst des gotshaws zu
Sant Florian, ich Wolfgang Cherspekch, licenciat gaistlicher
rechten, korherr doselbs, und ich Hanns Ponhallm zu Piberpach bekennen von wegen der stoss und zwitrécht der stift zu
Chreusteten, so der edel und vesst Urban Gennsel dem got

gnad getan hat, als uns der hochwirdigist in got vater und gaistlicher furst und berre, her Leonart von gotes gnaden bischof zu Passaw hat zuegeschriben und ganczen vollen gwalt gegeben und bevolhen in den sachen ze tůn, als sein hochwirdige gnad selbs mŏcht getun, darauf der ersam her Jorg Grelpekch, diczeit pfarrer zu Aspach, und der edel und vesst Rudolf Schiermer als ain geschĕfftherr des benanton Urban Gênnslein und auch der zechmaister und die gancz pharrmenig zu Aspach und Chreusteten der sachen in irn zůsprůchen zu uns drin komen und hinder uns gegangen sind gancz und gar an all auszug und uns vollen gwalt gegeben ze tun, als der benant unser hochwirdigister herr bischof Leonart selbs mocht getun, haben wir nach gůter bedĕchtnuss und zeitigem rate zwischen dem benanten Schiermer und den benanten zechmaister und pfarrmenig ausgesprochen und sprechen auch in kraft dicz briefs in mass, als hernach geschriben stet: von erst als der Schiermer ain kelich gegeben hat und darczue an widerred sich erpoten hat sechs und drewssigk phunt phenning ze geben umb liecht oppherwein und lon dem mesner zu lĕwtten und aufczuntten und auch den altar von new besneiden, sprechen wir, das er zu dem allem auch ain gancz messpuech, do all mess, so man das gancz jar spricht, inngeschriben sein, damit der stift genůg mŭg geschehen nach innhaltung des stiftbriefs, und auch ain ganncz messgwant, das ist: humeral allm gurttel manipel stol gasel zu der benanten stift zu disem mal sol geben von des Gênnsleins gut und hinfur ewigklich nichts mer schuldig sol sein weder er noch sein erben weder von sein selbs oder seiner erben weder von des offtgenanten Gênnsleins gůt, sunder dỹ stift in allen obgemelten notdurften gefůdert werden nach innhaltung der versargnůss, so wir beginnen ze sprechen, als hernach berurt wird. Item wir sprechen, ob der Schiermer fur das benant puech und messgwant wolde geben ain sum gelts, so sol er fur scw baide zwainczig phunt phenning geben, daran sůlln der zechmaister und pfarrmenig ain gůts volles gevelklichs und danckchpĕrigs benůgen haben. Item wir sprechen, das der zechmaister und pfarrmenig dem Schiermer sůllen geben ain versargnůss nach laut und innhaltung der notel hiemit gesenndt und sullen das tůn in der ainem moned von datum des briefs. Item wir sprechen, das derselben versargnûss ain abgeschrift sol beleiben bei dem gotshaws zu Chreusteten durch gedechtnûss willen und sol alle jar ainst herfûr genomen und gelesen werden, domit dÿ sach dester paser in redlicher gedêchtnûss und ennczikait beleib. Item wir sprechen dem schreiber umb die spruchbrief von yedem tail ain halb phunt phenning, das übrig stee bei irn erberkaiten. Item wir sprechen, welher tail den spruch nicht stêt hielt und den in ainem oder menigern artikel übertrât, der wêr seiner herrschaft vervallen zwai und drêwssig phunt phenning und dem vogt zu Steir anstat des lanndsfursten auch zwai und drêwssig phunt phenning und dem andern tail aller seiner sprûch und vodrung. Und ze urkund der sachen geben wir yedem tail des unsern spruchbrief in gleicher laut besigelten mit mein obgenants Lucasen brobst angehangen insigel und fûr mich Wolfgang Cherspekchen mit des convents des benanten gotshaws zu Sant Florian gemainem anhangunden petschad, wenn ich aigens insigel nicht enhab, uns allen unsern nachkomen und dem benanten gotshaws an schaden und mit mein obgenants Hannsen Ponhallm auch anhangundem insigel doch mir und meinen erben an schaden. Der brief ist geben nach Cristi gepûrde viercenhundert jar und darnach in dem acht und vierczgkisten jare an suntag invocavit in der vassten.

I. S. d. Propstes Lucas v. St. Florian spitzoval (67 : 38), grün auf Sch., III A 2 a. U.: s. lvce · prepositi · domus · sancti · floriani. Der Propst ist stehend en face im Chorkleide unter einem Baldachine dargestellt. — II. S. des St. Florianer Conventes rund, grün auf Sch., II B. Abb. bei Sava, Siegel der Abteien, S. 29, III.

1348.   **1448 März 26, Amstetten.**

Leonardt, Bischof zu Passaw, beurkundet, dass Petter, der Sohn Otts des Habermugk, ihm seinen ererbten ganzen grossen und kleinen Zehent in dem Dorfe zu Tunnfurt, welcher von ihm und seinem Stifte zu Lehen rührt, mit der Bitte aufgegeben hat, ihn dem Hauns Ostrag, welchem er ihn verkauft hat, zu verleihen, welcher Bitte er entspricht.

Siegler: (I.) Bischof Leonardt zu Passaw.
Datum: Geben zu Ambstetten an eritag in den osterfeirtagen (1448).

Orig., Perg. feuchtfleckig u. zerrissen. Siegel an Perg.-Streifen.

I. Av. rund, roth auf Sch. Abb. bei Hueber, Austria, T. 24 nr. 15.
Rv. rund, roth auf Sch. Abb. ebendort.

1349. 1448 April 11, Retz.

Michel, Burggraf zu Maidburg, Graf zu Hardegk, Herr zu Prawnegk und Hofrichter des Reiches etc., beurkundet, dass ihm seine Getreuen die Gemeinde zu Obern Nêlib eine Urkunde mit einer wörtlich inserierten Kaufurkunde, deren Original von den veinten und keczêrn der hussrey gewaltiglich genomen und entphrômd wêr waren, *mit der Bitte um Bestätigung vorlegten. Dieser Bitte entspricht er und inseriert die Kaufurkunde (nr. 1107), so dass die ganze Gemeinde und jeder Caplan an der benannten Kapelle die gekaufte Gülte als freies Eigen innehaben sollen.*

Siegler: (I.) Michel Graf zu Hardegk.

Datum: Geben ze Recz am phincztag vor sand Tyburciitag (1448).

Orig., Perg. Deutsch. Siegel an Perg.-Streifen.

Bei Rectificirung des Datums ist der 14. April als Tiburtiustag anzunehmen, da bei Annahme des 11. August das Datum auf den 8. August fällt, welcher zweifellos nach dem Laurentiustage datiert wäre.

I. rund, roth auf Sch., IV C. U.: . s. michaelis · dei gracia · bvrgravii in maidbvrg. Abb. bei Hueber, Austria, T. 27 nr. 11.

1350. 1448 Mai 3, Wien.

Pernnhart Graf zu Schâwuberg, Landmarschall in Osterreich, beurkundet, dass Abt Wolfganng [II.] und der Convent zum Gotweig den edeln Wulfing von Liechtenekg wegen eingenommenen Nutzens und versessenen Dienstes von einem Hofe zu Grossen Russt vor ihn geladen haben, wobei auch die Klage des Abtes gegen ihn wegen eines Wein- und Getreidesehentes zu Wolfsperg, dessentwegen er jedoch nicht vorgeladen ist, und die Forderungen des letzteren an erstere wegen seiner Zinse und Schäden verhandelt werden sollen. Nachdem beide Parteien sich seinem Urtheile zu unterwerfen versprechen, entscheidet er folgendermassen: der Liechtenegkger soll den Hof zu Russt auf Lebenszeit innehaben, ihn zu Feld und zu Dorf stiftlich und baulich halten, jährlich davon den Zins laut Urkunde (nr. 1145) reichen, für den versessenen Zins und die eingenommenen Nutzungen 32 ℔. Wiener ₰. und dazu den versessenen Wein- und Getreideschent zu Wolfsperg am künftigen sand Mertentag zahlen, wogegen seine Forderungen nichtig sind. Hält er dies nicht ein, so sind der Abt und Convent berechtigt, sich des Hofes zu Russt zu unterwinden, wobei er ihnen noch die 32 ℔. ₰. zu zahlen hat und dem Landmarschall mit 200 Gulden zur Strafe verfällt.

Siegler: (I.) Pernnhart Graf von Schåwnberg.

Datum: Geben zu Wienn an freitag des heiligen krewcztag invencionis (1448).

Orig., Perg. Deutsch. Siegel an Perg.-Streifen.

Vgl. nr. 1145, 1318.

I. undeutlich, rund, roth auf Sch., IV C.

1351.   **1448 Mai 31. Aggstein.**

Koloman Scheck von Wald verleiht dem Erhart Rattel von Kilb benannte Zehente.

Orig., Perg. feuchtfleckig. Siegel an Perg.-Streifen.

Ich Cholman Schekch von Wald bekenn mit dem prief, das fur mich kam Erhartt Rattel von Kulb und pat mich im ze leichen und Margareten seiner hawsfrawn und iren leyberben dye hernach benanten zehent meiner lechenschafft, dye ich in also verlichen hab, item von erst ain zehent auf ainem lehen zu Wirsing, item auf zwain halben lehen dacz dem Maerhofen,[1] item auf ainem lechen im Hungerpach, item auf ainer hofstat auf der Hoffwis, item auf zwain halben lechen zu dem Gråczer, item auf ainem halben lechen und auf ainer hofstat datz dem Strobel, item zu Håkchsnôd[2] auf zwain halben lechen, item und auf ainem halben lechen und auf zwain hofsteten datz Micheln im Felbråch,[3] item auf zwain guetern auf dem Veld, dye da pringent ein gancz lechen, auf den obgenanten guetern allen ain drittail zehent, item und ain sechstayl zehent auf auf[a] ainem půrchkrecht akcher gelegen im Rêwtt[4]

1351. [a] Orig.

[1] Maierhöfen, Dorf, O.-G. Kettenreith, G.-B. Mank. — [2] Haxenöd, Dorf, O.-G. Kettenreith. — [3] Felberhof E.-H. nr. 9, K.-G. Petersberg, O.-G. Schmidbach. — [4] Reitherhof E.-H. nr. 8, K.-G. Petersberg.

alles gelegen in Kulber pharr, dye ich in also leich mit krafft
des priefs, was ich in daran zu recht leychen sol und mag.
Sy mugen auch mit den obgenanten zehenten allen iron frum
und nöttdürfft hanndeln doch mir und mein erben unvergriffen-
lich an der lechenschafft und sew und ir erben schullen mir
und meinen erben auch damit gehorsam und gewärtig sein,
als dann sölicher pêwtellechen und lannds zu Osterreich recht
ist ungeverleich, mit urkund des priefs wesigelt mit meinem
anhangunden insigel. Geben auf dem Achstain[b] an sannd
Peternelltag der heyligen junkchfrawn nach Christi gepůrd
vierczehenhundert jar darnach darnach[a] in dem acht und
vierczkistem jare etc.

S. d. Colomann Scheck beschädigt, rund (29), grün auf Sch. U.: si-
gillvm · cholman · schekch.

1352.   **1448 October 3. Wien.**

König Friedrich IV. entscheidet Vogteistreitigkeiten zwischen Gött-
weig und Friedrich von Hohenberg.

Orig., Perg. Siegel war auf der Rückseite aufgedrückt.

Vgl. nr. 1083.

Vermerkcht darnach unser kunig Fridreichs Römischen
kunigs, zu allen zeiten merêr des reichs, herczogen zu Öster-
reich etc., emphelnuss und geschêfft. Der erwirdig Lienhart
bischof zu Passaw, unser furst rat und lieber andêchtiger, und
unser lieben getrewen Sigmund von Eberstorf öbrister kamrer
und unser hůbmaister in Österreich Rüdiger von Starhemberg
und Lewpold Aspach auch unser rêt zwischen dem ersamen
geistlichen unserm lieben andêchtigen . . dem abbt zum Gött-
weig und unserm lieben getrewn Fridreichen herrn zu Hohem-
berg unserm rat ain berednuss gemacht und getan habent, als
hienach geschriben steet: von erst von der vogtey wegen ist
beredt, daz man das pantaiding zu Sand Veitt haben sol zu
den têgen, als das von alter herkômen ist, und sol diesselb
tâiding von kainem tail weder von dem abbt noch von dem
von Hohemberg nicht umbgelegt werden an rechte eehaffte

1351. [b] Aggstein, jetzt Ruine a. d. Donau, O.-G. Aggsbach, V. O. W. W.

not, die wissentlich gemacht mag werden. Item bey demselben
taiding mag der abbt melden lassen sein gerechtikait als ain
gruntherr und die von Hohemberg mugen melden lassen ir ge-
rechtikait als die erbvogt, als das zu baider seit von alter her-
kŏmen ist, und sŏllen solch meldung kain tail dem andern nicht
widerrufen noch widersprechen lassen. Item so sŏlch pantay-
ding sind und zu den zwain kirchtegen daselbs, so sol ain
yeder pharrer zu Sand Veitt den vom Hohemberg oder sein
dienern, die er zu solchen taidingen beschaidenlich kŏmen und
sennden sol, essen trincken und fůter in dem pharrhof geben,
als das von alter herkomen ist. Item von des alten pharrhofs
wegen auf der Czell, der nů abgangen ist, ist beredt, nachdem
und die von Hohemberg desselben pharrhofs erbvogt gewesen
sind und nů der hof, den ain abbt von dem Wildegker kauft
hat, zu ainem pharrhof gemacht ist, des sullen die von Hohem-
berg furbas erbvogt sein und der grůnt, die zů dem alten
pharrhof gehŏrt haben, alslanng uncz der alt pharrhof wider
gepawt und gestifft werd als vor, so sol der hof von dem
Wildegker gekaufft der vogtey von den Hohenbergern dan
gènczlich frey und ledig sein und sullen dann die von Hohem-
berg ir vogtey auf demselben alten pharrhof mit seiner zuge-
horung haben als vor unvergriffenlichen. Item von der gůter
wegen, die die von Hohenberg zu den goczhewsern zu Sand
Veitt und auf die Czell geben oder gestifft haben und in die
vogtey darauf vorbehalten oder was ander leutt zu denselben
gotzhewsern kaufft oder gestifft haben und den von Hohem-
berg die vogtey darauf empholhen oder ubergeben habent,
dieselben vogtey sullen und mugen die von Hohemberg inn-
haben nach innhaltung der brief darumb gegeben und sullen
sy der abbt und sein nachkŏmen darinn nicht irren. Item
desgleichen was der abbt und sein vordern guter zu den vor-
benanten gotzhewsern gegeben gekaufft oder gestifft habent,
die sullen auch beleiben und gehalten werden nach innhaltung
der brief darumb ausgangen. Item was leutt in der vogtey
freibrief habent, die in von dem abbt oder seinem vordern ge-
nomen wêrn, die sol in der abbt widergeben oder vernewrn
in der mass, als die alten gewesen sind. Item was der leut,
die in der vogtey syczent, an den diensten gehŏcht wêrn, das
sol der abbt abtůn und lassen beleiben bey den alten diensten,
als das von alter herkŏmen ist. Item was aber der abbt oder

sein vordern der vogtdienst nachgelassen hetten an der von Hohemberg willen und wissen, da sullen sy darob sein, daz der wider kunfticlich gegeben werd. Item von der wênndel wegen in der vogtey sol es besteen und beleiben, als das von alter herkômen ist. Item von der stewer wegen, die die von Hohemberg auf der vogtey zu den raisen genemen mugen, die im an den nagsten zwain raysen noch ausstennd, ist beredt, so der abbt diczmals anhaimkumbt und im der von Hohemberg darumb schreibt, so sol der abbt darczû schicken, damit der Hohemberg fur den ausstannd ain gewônliche stewer genemen mag, und sol das den von Hohemberg an irer gerechtikait der vogtey nicht mangel noch schaden bringen ungevêrlichen. Item dann von des Vischer im Swêrczenpach und des farunden guts wegen, das weylent der Altmann gelassen hat, darumb der abbt und der von Hohemberg stôssig gewesen sind, ist beredt, daz der abbt demselben Vischer vier new dreiling vol mosts, die an den ennden gewachsen sind, da die vordern wein gewachsen sind, und sol im die ynner vier wochen nach sand Michelstag gein Pawdorf geben und antwutten* ungevêrlich und die alten vier dreyling wein mag der abbt genemen lassen und nach seinem willen damit hanndlen und sullen auch der abbt, der von Hohemberg und der Vischer umb die sachen und umb all ander varund gut, das der Altmann gelassen hat, damit gancz gericht sein. Item und was sich in den obgeschriben sachen zwischen baiden tailen und den irn mit worten und mit werkchen verlauffen hat mitsambt den ladungen darumb ausgangen, das sol auch gênczlich bericht und absein trewlich und ungevêrlich. Und des zu urkund geben wir obgenantter kunig Fridreich yedem tail ain zedel in gleicher laut under unserm aufgedrûgten insigel. Geben zu Wienn an phincztag nach sand Michelstag anno domini millesimo quadringentesimo quadragesimo octavo, unsers reichs im newnden jare.

S. Friedrich's IV. rund, roth. Nach der Grösse des Abdruckes Abb. bei Sava, Siegel d. österr. Regenten, S. 165 Fig. 108.

1352. * Orig.

1353.   1448 November 13, Tegernsee.

Abt Caspar, Prior Konrad und der Convent in Tegernsee in der Freisinger Diöcese schliessen mit Abt Wolfgang [II.] und dem Convente von Göttweig einen Conföderationsvertrag und verpflichten sich, nach Einlangen der Todesnachricht eines Göttweiger Professen für denselben nach dem Brauche ihres Klosters die Vigilien und ein Requiem zu halten, während die Priester je eine Messe, die Cleriker das ganze Officium defunctorum und die Conversen 50 Pater noster und Ave Maria zu beten haben.

Siegler: (I.) Abt Caspar und (II.) der Convent zu Tegernsee.

Datum in monasterio nostro prenominato in die sancte Cecilie virginis et martiris (1448).

Orig., Perg. Lat. An Perg.-Streifen 2 Siegel.

Hiezu ist eine gleichlautende Urk. aus dem 18. Jahrh. mit obigem Datum vorhanden.

I. beschädigt, spitzoval (78 : 53), roth auf Sch., III B 2 b. U.: . sigillvm · caspar · abbatis · monasterii · in tegernse. Der Abt ist sitzend dargestellt. Darunter 2 Wappenschilde, der rechte getheilt mit 3 Wellenlinien, im unteren Felde 2 herabhängende Lindenblätter mit schräg gekreuzten Stengeln, im linken 3 dreizinkige Kronen. — II. beschädigt, rund (69), ungefärbt, II B. U.: † S'. CONVENTVS · ECCLESIE · IN · TEGERNSE. Der heil. Quirinus. Beischrift: SANCTVS · QUIRINVS.

Auf dem Perg.-Streifen ist von der H. des Urk.-Schreibers vermerkt: *Ad mon. Gotwicense.*

1354.   1448 December 18, Göttweig.

Abt Wolfgang [II.], Prior Johann und der Convent von Göttweig schliessen mit Abt Caspar und dem Convente zu Tegernsee in der Diöcese Freising einen Conföderationsvertrag (nr. 1353).

Siegler: Abt Wolfgang und der Convent von Göttweig.

Datum in monasterio nostro prenominato 18. mensis decembris (1448).

Copie aus dem 18. Jahrh., Papier. Lat.

1355. 1448 December 27, Göttweig.

Der Melker Profess Wolfgang von Neuburg[1] *berichtet Johann von Weilheim über den Stand der regularen Disciplin in Göttweig.*

Copie unvollständig im Cod. H, 45, des Stiftes Melk. — Pez, Thes. anecdot. VI/III, 316 nr. CXXXIV, 2.

Subiectionem etc. Venerabilis et merito amate pater! Duas hucusque in loco peregrinationis constitutus avolatas suscepi grate vespertiliones, quibus sufficienter pro nunc mihi insinuantur favor et amor in pectore vestrae paternitatis mihi repositi, quos usque in finem peto mihi conservari humiliterque deposco, quatenus crebro me peregrinum talibus nuntiis ipsa vestra paternitas visitare dignetur, quem unus duntaxat apex solet recreare. Nec imputet ipsa vestra paternitas, quod eidem vicissim non respondeo aut similiter, ut fortasse desiderat, tociens rescripsero tum propter ruditatem meam cum praecipue, quia locus extra stratam communem situs opportunos nobis denegat nuntios, etiamsi quid pro tempore nuntiandum occurrerit. De statu vero morali nescio, quid intimarem, cum negotia et status observantiae hic aliter stat, quam nobis fuit suggestum, immo multo aliter, quam ante biennium reliqueram. Importunos quosdam habebimus et haberemus, si quid cum serio egissemus, quod nondum fecimus,[a] et reliqua plura usque ad finem. Valeat vestra paternitas in filio de virgine nuper nato, qui et eandem sua gratia crebro visitare et illuminare dignetur, ut post aerumnas sacculi huius nequam bravium felicitatis aeternae attingere valeat. Ex Gotuico in solemnitate sancti Iohannis evangelistae anno 49.

1356. 1448 December 28.

Jorig Prantner, Pfleger zu Nidern Rana, beurkundet, dass die Conventschwester des Frauenklosters zu Gotweig Margret, die Tochter des verstorbenen Caspar des Snekgenrewtter, ihm, seiner

---

1355. [a] Die folgenden Worte: *et reliqua plura usque ad finem* stammen von der H. Johann Schlitpacher's v. Weilheim.

[1] Keiblinger, Melk I, 530 Anm. 2.

Frau Anna und ihren Kindern mit Handen des Abtes Wolfgang [II.] zu Gotweig ihren väterlichen Erbtheil und die Anwartschaft auf die Güter, welche seiner Frau laut der von dem verstorbenen Caspar dem Snekgenreutter ausgestellten Vermächtnisurkunde für Heimsteuer und Mitgift verschrieben sind, auf Grund einer von Abt Wolfgang [II.] und dem Convente von Gotweig bestätigten Urkunde abgetreten hat. Erwächst dem Abte und Convente deswegen durch Forderungen auf Grund der Verwandtschaft der Margret ein Schaden, so hat er ihn abzutragen.

Siegler: für den Urkundenaussteller (so ich mein aygn insigl zu diser zeit bey mir nicht gehabt hab) (I.) der edel Leonhart Lasperger, Richter zu Gotbeig, (II.) der edl Erhart Puchler.

Datum: Gebn (1449) an aller chindlein tag.

Orig., Perg. rostfleckig. Deutsch. An Perg.-Streifen 2 Siegel.

I. rund (30), grün auf Sch., IV C. U.: s. linhart · lasperger. Das Schildhaupt und eine gedrückte Spitze. Der Stechhelm en profil. Cimier: der Stulphut. — II. rund, grün auf Sch., IV A 2 (nr. 1311 S. III).

1357.   1449 Februar 4, Linz.

Sigmund Synnczenndarffer zu Feuregk theilt mit seinem Bruder Lienhart dem Synnczendarffer alles väterliche und mütterliche Erbe an liegendem Gute und Fahrhabe, verzichtet für sich und seine Erben auf alle Ansprüche auf den Antheil seines Bruders und verpflichtet sich, falls er und seine Erben ihren Antheil veräussern wollen, ihn seinem Bruder und dessen Erben zuerst anzufeilen. Kaufen ihn aber diese nicht, was sie urkundlich zu bestätigen haben, so können sie ihn beliebig veräussern. Er reserviert sich aber das Anerbrecht bei einem etwaigen Todesfalle.

Siegler: Sigmund Synnczenndarffer, ‚dy edeln mein lieber swager Görig Marschalich zu Reichenaw und mein lieber frewnt Hanns Wellczer'.

Datum: Geben zu Lynncz an erichtag vor sand Agathatag (1449).

Orig., Perg. Deutsch. 3 Siegel von Perg.-Streifen abgefallen.

1358.   1449 März 31, Linz.

Michael Graf Hardegg bestimmt die Leistungen der Göttweiger Stiftungsunterthanen zu Gösing und Engabrunn zum Heereszuge.

Orig., Pap. beschädigt. Das Petschaft war in rothem Wachse zum Verschlusse aufgedrückt.

Erwirdiger geistleicher etc.! Bevor als ir uns von ewrer lewt wegen ze Gösing, Ennkcheprunn etc. in unser vogtey gesessen geschriben habet, das haben wir vernomen. Nu ist ew selbs wol wissennleich, das wir in solhen anslag vor unser selbs notturfft nicht tůn sunder der lanntschaft.[1] Doch ew darinn zu gevallen wellen wir si gůtleich halden also, das sy uns haben zwen wêgen und zehen person ze fuessen mit irer wer, als darczů gehört, wann wir in zwayer tag vor enpieten, das si dann an alles verziehen aufsein mit andern unsern lewten. Geben z[e Lyn]cz[a] am mantag nach iudica in der vasten anno etc. XLVIIII.

[Michel][b] von gots gnaden des heiligen Römischen reichs burgraf ze Maidburg, graf ze Hardegk und des reichs etc. hofrichter.

Aufschrift: Dem erwirdigen etc. Wolfgangen apt zu Götweig.

1359.   1449 April 13.

Vermerkcht, das fraw Susanna, Conrats des Plankchen von Scheibs tochter und ietz Walthasarn des Schifer zu Mauttarnn eleich hausfraw, hat mit handen des erwirdigen geistleichen herren, hern Wolfgangs abbt zu Götweig vermacht dem egenanten irem man Walthasaren Schifer die mũll gelegen aufm

---

1358. [a] Durch ein Loch zerstört. — [b] Verblasst.

[1] Chmel, Reg. Friderici IV., S. 249 nr. 2456 u. 255 nr. 2506. Auf dem Landtage im Dominikanerkloster zu Krems 1448 Nov. 4 wurden seitens der Stände die Mittel zur Abwehr feindlicher Einfälle berathen. Diese Berathungen bildeten die Fortsetzung der Verhandlungen des Kremser Landtages von 1448 Juni 13 (Chmel, Reg. Friderici IV., nr. 2456), an welchem bereits die Leistungen der Stände für den Krieg gegen Pangraz v. Galitz festgesetzt wurden (Kollar, Annal. Vindobon. II 1327 f. u. 1387 f.).

Aigen underm Gôtbeig mit irer zughorung, davon man dint demselben gotshaus zu gruntdinst an sand Mertentag XL ℔. in die abteÿ und 1 mut korn in die phister. Sÿ hat im auch vermacht ain behausts lehen gelegen zu Pawngarten mit seiner zughorung, davon man dient in die abteÿ gên Gôtbeig an sand Michelstag XX ℔., an sand Margretentag XII ℔., XX meczen vogthabern an das wasser [1] und sechs phening darauf. Die obgenant mûll aufm Aÿgen und das behaust lehen zu Pawngarten mit iren zughorungen hat sÿ irem benanten mann vermacht in sôlher maÿnung, das er die mûl und lehen sol haben nach irem abgang zu ledigem freim guet allen seinen frumm damit ze schaffen mit verseczen verkauffen und damit handeln, wie in verlusst, nach laut und inhaltung ains besigelten gevertigten gmâchtbrief, so er von ir darumb hat. Actum in anno domini etc. XLIX am festum pasce.

Notiz in Cod. D f. 95'.

1360.   **1449 September 6.**

Abt Wolfgang zu Gottweig belehnt den Edlen Sigmund Stokcharner zu Puechperg auf dessen Bitten mit dem Weinzehent zu Schonberg und 3 ß. ℔. Gülten auf Ueberlent zu Stendorf,[1] Tumbnaw und Gars, welche vom Stifte zu Lehen rühren.

Siegler: der Urkundenaussteller.

Datum: geben (1449) an unser lieben frawen abont nativitatis.

Orig. im Landesarch. v. N.-Oe. (nr. 2680), Perg. Deutsch. Siegel an Perg.-Streifen.

Die Vigilie von Maria Geburt fällt 1449 auf Samstag den 6. Sept., da sie am Sonntag den 7. Sept. nicht gefeiert werden konnte.

Siegel rund (34), roth auf Sch., IV A 2. U.: sigillvm · wolfgangi abbatis in gottwico. Die Dreiberge, besetzt mit einem Kreuze.

1361.   **1449 September 26, Wien.**

Bischof Leonart zu Passaw belehnt den Pfarrer zu Maior Cristoff Pâbinger und dessen Nachfolger auf dessen Bitten mit

---

1359. [1] Dunau.
1360. [1] Ein eingegangener Ort (Fuchs, Göttweiger Urk.-Buch I in Font. 2, LI nr. 18 Anm. 17).

dem Weinschenke von allen Neubrüchen in seiner Pfarre und bestimmt, dass jeder Nachfolger desselben bei Uebernahme der Pfarre die Belehnung mit demselben nachzusuchen hat.

Siegler: Bischof Leonart von Passaw.

Datum: Geben ze Wienn an freitag vor sannd Michelstag (1449).

Orig., Perg. Deutsch. Siegel von Perg.-Streifen abgefallen.

1362. **1449 December 17.**

Hanns Pruntaler, Bürger zu Stain, und Anna seine Frau verkaufen mit Handen ihres Burgherrn, des erbern Hainreich Rênntel, Hofmeister¹ zu Radendorff, dem erbern Michahel Hawtzenperger, Hofmeister im Reicherspergerhofe zu Krembs, ihren Weingarten im Ausmasse von 3 Joch genannt die Genstreiberin zunächst dem Weingarten Hainreichs des Schilhár zu Krembs, von welchem dem Burgherrn jährlich 22 ₰. an sannd Cholmanstag zu Burgrecht zu zinsen sind.

Siegler: (I.) Hanns Pruntaler und (II.) der Burgherr Hainreich der Rênntel, Hofmeister zu Radendorff.

Zeugen: ‚der sach sind tädinger und spruchlewt gewesen des kawffs die erberen Hainreich Schilhár, burger zu Krembs, und Wernhard Meÿrel gesessen am Eselstain'.²

Datum: Geben (1449) an mitichen in der heiligen quottember vor weÿchnachten.

Orig., Perg. Deutsch. An Perg.-Streifen 2 Siegel.

I. rund (31), grün auf Sch., IV C. U.: s. hanns · prvntaler. Gespalten, zweimal halbgetheilt (Halbbalken), im rechten Felde eine Hyacinthe? Stockbelm en profil. Cimier: ein geschlossener Flug. Hilfskleinod: die gemeine u. Heroldsfigur. — II. beschädigt, rund (26), grün auf Sch., IV A 2. U.: s. hainreich · renntel.

1363. **1450 April 16, Wiener-Neustadt.**

König Friedrich IV. schreibt an Abt Wolfgang II. von Göttweig betreffs des Landgerichtes und der Vogtei Jorg Schek's.

1362. ¹ Des Stiftes Melk zu Ober-Rohrendorf (Keiblinger, Moll II/II, 30).
— ² Eselstein, jetzt eine östl. Vorstadt der Stadt Krems.

Orig., Pap. Auf der Rückseite das aufgedrückte Siegel.

Unter dem Datum ist von anderer H. u. Tinte vermerkt: *Commissio domini regis in consilio.* — Durch den Rückvermerk von gleichzeitiger H.: *Vogtbrief zu Markartsdorf* wird das in Rede stehende Landgericht genau bestimmt. — Vgl. nr. 1154.

Wir Fridreich etc. dem abbt zum Kotweig etc. Wir lassen dich wissen, daz wir unser lanntgericht und die vogttey, so weilent Jorg Schegk verwest und inngehabt hat, unserm getrewn lieben Jörgen Sewssenegker userm rat mit allen gerechtikaiten, die darczu gehörent, zu verwesen empholhen haben, emphelhen wir dir ernstleich und wellen, daz du mit allen deinen und deins goczhaws leuten in demselben lanntgericht gesessen und die guter darinn haben, schaffest bestellest und darob seyst, daz si demselben Sewssenegker oder seim anwalt mit vogttaiding und in andern sachen und gerechtikaiten gehörsam sein und vogtrecht geben, als si dem obgenanten Schegken getan haben, doch uncz auf unser widerruffen etc. Geben zu der Newnstat an phincztag nach dem suntag quasimodogeniti anno domini etc. L, unsers reichs im aindlefften jar.

S. Friedrich's IV. rund, roth. Abb. bei Sava, Siegel der österr. Regenten, S. 165 Fig. 108.

1364. 1450 September 28, Wiener-Neustadt.

Friedrich's IV. Befehl wegen einer auf benannte Göttweiger Kirchen veranschlagten Steuer.

Orig., Pap. Siegel auf der Rückseite aufgedrückt.

Unter dem Datum ist von anderer H. u. Tinte vermerkt: *Commissio domini regis in consilio.* — Vgl. nr. 1358.

Wir Fridreich etc. Casparn Hornperger, official ze Wienn, und Sigmunden von Eberstorf, obristen kamrêr und unserm hubmaister in Osterreich etc. Uns hat der ersam geistleich unser lieber andechtiger . . der abbt zum Kottweig anbringen lassen, wie auf sein kirhen zu Sand Veit auf der Gölsen, die kirhen zu Mawtarn und die kirhen im Halbach,[1] die im und

---

1364. [1] Kleinzell, V. O. W. W.

seinem goczhaws vor lannger zeit sein incorporiert worden, ain merkhlicher anslag von des vergangen velds wegen sey getan worden, des er sich beswêrt bedunkht, nachdem und er sein volkh ze rossen und ze fûssen, als maist er hat mugen, in demselben veld gehabt hab und auch vormaln, wenn sôlh gemain anslag auf die priesterschaft und kirhen im lannd sein beschehen, kain anslag darauf sey getan worden, emphelhen wir ew und wellen ernstleich, daz ir in der sach aigentleich ewr ervarnuss habt. Erfindt ir dann, daz vormaln in sôlhen gemainen anslegen auf dieselben kirhen ansleg sein getan worden, daz ir die noch davon nemen lasset. Wêr aber, daz die benanten kirhen vor lannger zeit dem obgenanten goczhaws incorporiert wêren und sôlh ansleg vormals in sunderhait nicht darauf beschehen sein, daz ir dann darob seit und mit den dechanten von unsern wegen schaffet, was si solhs anslags auf die bemelten kirhen getan hieten, daz si den wider abtûn und davon nicht nemen und den obgenanten von Kottweig sein kloster und die pharrer der egenanten kirhen darumb unbekûmert und unangelangt lassen etc. Geben zu der Newnstat an montag vor sand Michelstag anno domini etc. quinquagesimo, unsers reichs im aindleften jare.

Siegel Friedrich's IV. rund, roth. Abb. bei Sava, Siegel d. österr. Regenten, S. 165 Fig. 108.

1365.   1451 Februar 27, Wien.

Abt Wolfgang II. und der Convent von Göttweig verpachten dem Wolfgang Retenperger ihren Wiener Hof.

Orig., Perg. Von 2 Siegeln an Perg.-Streifen das 2. abgefallen.

Quellen z. Gesch. Wien's 1, II, 287 nr. 2184 reg.

Vgl. nr. 1857.

Ich Wolfgang Rêtenperger bekenn fur mich und all mein erben und tun kund offenlich mit dem brief, das mir der erwirdig geistlich herr, her Wolfgang abbt unser fraun gotshauss zu Gottweig und der convent gemain daselbs von sundern gnaden und durch meiner dinst willen, so ich in beweist und erczaigt hab und auch hinfür erczaigen und beweisen sol, verlassen habend von dem nagstkünftigen sand Michelstag auf sechs gancze jar nach einander voligund irn hof zu Wienn in solher beschaidenhait, das ich in denselben hof und das ambt bey Prugk auf der Leitta und daselbs umb, als das dann von alter her in denselben hof ist gevechsent worden, treulich innhaben und nach irs gotshauss nucz und notdurft verwesen und jerlich das treulich und ungeverlich verraiten sol und wil. Ich sol sew auch, als offt sy in denselben irn hof koment, fürsehen und in gewertig sein mit petten und pettgewanten mit holcz tischtüchern und allem anderm hausgeschir nach notdurften. Ob sy aber etlich teg stöttigs beliben, so süllen sy in dem holcz mit mir ain genedigs mitleiden haben ungeverlich. Auch sol und wil ich, so ir diener oder anwelt auswendig des abbts oder convendts in iren notdurften hergesandt werden, denselben treulichen hilflich sein ir sach von des gotshauss notdurft ausczurichten, so die an mich gelangent, und die mit speis fursehen und für ain junkherrenmal zehen phenig und für ain knechtmal acht phening nemen oder in die raittung schreiben, als das dann von alter ist herkömen. Aber wann sy mir etlich rs gotshauss notdurft ausczerichten mündlich oder in geschrift emphelhen wurden, als oft das geschiecht, so sol ich mich, ob ich diecezeit mit andern notdurften nicht beladen bin, ungeverlich nach mein vermögen darinn treulich müen und die ausczerichten willigen beweisen auf ir köst und zerung. Daentgegen süllen sy mir jerlich geben und gevallen lassen ain mutt korn, ain mutt habern und ain phund phenning, so ich persöndlich die verlassung der zchont mit andern irn dienern bereite, und als offt mein herr der abbt in sein und des gotshauss notdurft in den egenanten hof herkömet, so söllen ich und mein hausgesind von seiner kuchen und keller gespeist werden für die müe, so wir mit im und den sein haben müssen. Und wann sy mich zu ausgang der bestandjar und fürbaser andere jar bey dem bestand des egenanten irs hofs in vorgemelter maynung und rechten nicht lenger behalten wellen, das sullen sy mich albeg ain gancz jar vorhin wissen lassen, dann so sol ich mich nach ausgang desselben jars aus irm hof ziehen und in des bestands abtretten an alle irrung und dieweil mir aber der bestand irs hofs vorhin also nicht aufgesagt wirdet, so sol ich mich desselben bestands in vorgeschribner maynung und rechten génczlich halden. Wêr aber, das ich beÿ dem bestand irs hofs nach ausgang der egenanten sechs jar und fûrbaser andere jar nicht lengêr beleiben wolt, das sol ich in auch vorhin albeg ain gancz jar zu wissen tun, des ich mir gewalt vorbehalten hab. Und dann so sol und mag ich mich nach ausgang desselben jars des bestands abtûn und davon gancz ledig sein an alle hindernûss ungevêrlich. Des zu urkund gib ich in den brief in egemelter maÿnung besiglten mit meim anhangundem insigl. Des ist geczeug durch meiner vleissigen pet willen der erber Hanns Rauenspurger, urtailschreiber und burgêr zu Wienn, mit seim anhangundem insigl im und sein erben an schaden. Geben zu Wienn an sambstag nach sand Mathiastag apostoli nach Cristi gepurd virczehenhundert und in dem ains und fûnfczigisten jare.

I. S. d. Wolfgang Retenperger beschädigt, rund (33), grün auf Sch., IV A 2. U.: sigillvm · bolfgang · retenperger.

1366.   **1451 April 19, Rom.**

Der Cardinal Dominicus gibt dem Bischof von Raab die Vollmacht, den Pfarrer von Deutsch-Altenburg Oswald von Mainburg von den Censuren zu absolvieren unter angegebenen Bedingungen.

Orig., Perg. leimfleckig, war in einen Codex eingeheftet. Das Siegel war nach Art der Litterae clausae an einer Schnur angehängt.

Neben der 3. Zeile ist am linken Rande vermerkt: *LIII* x_9; auf dem Buge rechts ist vermerkt von der H. u. Tinte des Textschreibers: *Ste. Hugneti*; links unter dem Buge von anderer H. u. Tinte: *Mersextques*; von anderer H.: *de Borderum*. Auf der Aussenseite am oberen Rande: *Paulus Feichner*; am linken Höhenrande von anderer H. u. Tinte: *Liber Iohannis de Ottinn (?) decret. doct.*

Venerabili in Christo patri . .ᵃ dei gracia episcopo Iauriensi vel eius vicario in spiritualibus Dominicus miseracione divina tituli sancte crucis in Ierusalem presbyter cardinalis salutem et sinceram in domino caritatem. Porrectis nobis ex

---

1366. ᵃ Statt des weggelassenen Namens: *Augustino* (Cams, Series ep., S. 374).

parte Oswaldi de Maynberg presbyteri, rectoris parrochialis ecclesie in Antiquocastro¹ vestre diocesis, supplicacionibus, quantum cum deo possumus, favorabiliter annuentes auctoritate domini pape, cuius primarie curam gerimus, circumspectioni vestre committimus, quatenus ipsius presbyteri confessione diligenter audita, si inveneritis eum arma portando, ad taxillos et alios ludos illicitos ludendo, concubinam tenendo, tabernas ortos vineas prata blada et alia loca vetita et inhonesta intrando, cum excommunicationis non tamen in crimine participando ac eis et interdictis presentibus divina officia celebrando collectas et tallias decimas et alias imposiciones et debita necnon doctoribus magistris bedellis et bancariis salaria, quibus tenebatur, statutis terminis non solvendo, constituciones insuper statuta et mandata alia generalia tam provincialia quam synodalia legatorum delegatorum subdelegatorum ᵇ executorum subexecutorumque sedis apostolice iudicium ordinariorum officialium rectorum scolarium et aliorum superiorum suorum transgrediendo excommunicacionis suspensionis et interdicti incurrisse sentencias in tales generaliter promulgatas, periuria et peccata alia commisisse horasque canonicas dicere obmisisse, postquam si quibus per predicta periuria vel alias ex premissis ad satisfacionem tenetur, satisfecerit competenter, ipsum presbyterum a dictis sentenciis periuriorum reatibus horarum predictarum omissione ac peccatis suis aliis, nisi talia sint, propter que merito sit sedes apostolica consulenda, absolvatis hac vice in forma ecclesie consueta et iniuncta inde sibi pro modo culpe penitentia salutari quodque si licita fuerint iuramenta, ad eorum et horarum predictarum observanciam redeat, ut tenetur, eoque ad tempus, prout expedire videritis, a suorum ordinum execucione suspenso demum sufficienti ob eo caucione recepta, quod concubinam de cetero non tenebit, cum future vite meritum culpam preterite redimat suffragantibus sibi meritis alioque canonico non obstante super irregularitate, quam sit forte ligatus, per simplicitatem et iuris ignoranciam in suis non tamen in contemptum clavium ordinibus ministrando vel aliis se officiis inmiscendo divinis contraxit,

---

1366. ᵇ Theilweise auf Rasur.

¹ Deutsch-Altenburg wird schon in der Matrikel v. 1429 als Pfarre aufgeführt: Altenburg (XVI) plebanus in Hainburg (Schmieder, Matricula Passav., S. 1).

sponsalis auctoritate predicta nostra cum eodem. Datum Rome apud Sanctum Petrum sub sigillo officii primarie XIII. kalendas maii, pontificatus domini Nicolai pape V anno quinto.

1367.   **1451 April 19, Rom.**

Der Cardinalpriester Dominicus vom Titel des heil. Kreuzes zu Jerusalem beauftragt den Bischof [Augustin] von Raab oder dessen Vicar in spiritualibus, den Priester Ulrich Grabner, Pfarrer an der Kirche in Yeres in der Diöcese Raab, unter angegebenen Bedingungen (nr. 1366) von den Censuren, welchen er verfallen ist, zu absolvieren.

Siegler: der Urkundenaussteller sub sigillo officii primarie.

Datum Rome apud Sanctum Petrum (1451) XIII. kalendas maii, pontificatus domini Nicolai pape V anno quinto.

Orig., Perg. Lat. Das Siegel war nach Art der Litterae clausae an einer Schnur angehängt.

Auf der rechten Aussenseite des Buges ist von der H. des Urk.-Schreibers vermerkt: *L. de Venariis*; links neben der dritten Textzeile der Kostenvermerk: *LIII* xg; von derselben H. links unter dem Buge: *Marsiliquer*; darunter von anderer H.: *de Borderun*. Auf der Rückseite am oberen Rande: *Paulus Felchner*.

1368.   **1451 April 20.**

Larenc zu Diepolcsdorff, der Sohn des verstorbenen Vlreich im Läg, beurkundet, dass ihm seine Frau Barbara, die Tochter des verstorbenen Andre des Kürsner zu Vdmerueld, 10 ₰. ₰. zu haimsteur und hausvertigung und auch zu einer frein morgengab zugebracht hat, wofür er ihr 15 ₰. ₰. auf seinem Gute verheiratet. Er bestimmt, dass seine Frau, falls er vor ihr ohne Leibeserben stirbt, die 15 ₰. ₰. auf Lebenszeit nach dem Landesrechte in Oesterreich und dem Rechte der Herrschaft Vdmerueld nutzniessen kann, und erhält im umgekehrten Falle das gleiche Recht auf ihre Mitgift. Sind aber nach dem Tode des einen oder anderen Leibeserben vorhanden, so treten sie vor dem Tode des anderen Ehetheiles das Erbe an. Nach dem kinderlosen Tode beider treten die nächsten Verwandten beider das Erbe gleichmässig an.

Siegler: der edel Hanns von Rarbach, Kämmerer König Friedrich's IV. und Pfleger zu Vdmerueld, der „geber" Merttein Giller, Kastner zu Vdmerueld.

Datum: Geben an eritag vor sant Jorigstag (1451).

Orig., Perg. Deutsch. 2 Siegel von Perg.-Streifen abgefallen.

1369.   1451 April 21, Aggsbach.

Bruder Thoman, Prior des Karthäuserklosters zu Achspach, belehnt den edeln Wolfgang Waser und dessen Nachkommen, Söhne und Töchter auf dessen Bitten mit vier ganzen Lehen behausten Gutes zu Pielaperg in der Geroltinger Pfarre, welche jetzt Paul Noter, Jans Vischer auf der Stetten, Chuncz Prein und Jorg Rapp zu je einem Jahreszinse von $9^1/_2$ ß. Wiener δ. innehaben, und welche von seinem Kloster zu Lehen rühren.

Siegler: Prior Thoman mit dem Prioratssiegel.

Datum: Geben ze Achspach am mitichen vor sand Gorgentag (1451).

Orig., Perg. Deutsch. Siegel von Perg.-Streifen abgefallen.

1370.   1451 Juni 14, Wien.

Pernnhart Graf zu Schåwnberg, Landmarschall in Österreich, beurkundet, dass er auf eine Weisung seines Herrn [König Friedrich's IV.] die Gerichtsverhandlung in dem Streite zwischen Abt Wolfgang [II.] und dem Convente zum Götweig einerseits und dem edeln Wulfing von Liechtenekg anderseits, welcher heute (Datum der Urk.) vor ihm verhandelt werden sollte, auf 14 Tage verschoben habe. Die Parteien haben darum am 14. Tage vom Datum dieser Urkunde an vor ihm oder seinem Anwalte zu erscheinen, wo dann auch in Abwesenheit einer Partei das Urtheil gefällt wird.

Siegler: Graf Pernnhart von Schåwnberg.

Datum: Geben ze Wienn an montag in den phingstveirtagen (1451).

Orig., Pap. Deutsch. Siegel war in rothem Wachse auf der Rückseite aufgedrückt.

Vgl. nr. 1145, 1318, 1350, 1372 u. 1373.

1871. 1451 August 6.

Lienhart Sinczendorffer verschreibt seiner Frau Barbara, der Witwe nach dem edeln Hanns Jörger und Tochter des edeln Veitt Mulbannger zu Neitharting, weil er besorgt, dass er ihr in der ersten Heiratsurkunde für ihre Mitgift und Heimsteuer zu wenig verschrieben habe, zwei Höfe zu Egendorff in der Chirchperger Pfarre, welche landesfürstliche Lehen sind, das Haus an der Strasse zu Krembsmunster mit Wiesmat und anderem Zugehör, die Mertteinshueb in der Rieder Pfarre und die Hube zu Stêgen in der Chirchperger Pfarre, welche vom Stifte Krembsmünster zu Lehen rühren, und das freieigene Holz an der Achlêuten. Er verschreibt ihr diese Güter mit Handen der Lehensherren und bestimmt, dass sie nach seinem Tode, ob aus ihrer Ehe Kinder stammen oder nicht, das Nutzungsrecht davon auf Lebenszeit hat. Nach ihrem Tode fallen sie an seine nächsten Erben.

Siegler: (I.) Lienhart Sinczendorffer, die edeln Sigmund Sinczendorffer zu Feuregk, des ersteren Bruder, und Veit der Vczinger zu Hawnsperg.

Datum: Geben (1451) an freitag nach sannd Oswaltstag.

Orig., Perg. beschädigt. Deutsch. Von 3 Siegeln an Perg.-Streifen das 2. u. 3. abgefallen.

L. rund (29), grün auf Sch., IV C. U.: . s. linhart · sinczendarffar. Wappen (Wurmbrand, Collect. ad c. 11 S. d. Georg Sinzendorfer u. Sibmacher, Wappenbuch I, 38).

1372. 1451 August 28.

Wülfing von Liechtenegk übergibt gemäss einer Vereinbarung Abt Wolfgang [II.] und dem Convente zu Göttweig den Hof zu Grossen Russt, welchen er von ihnen laut eines Bestand- und Spruchbriefes innehatte, aber zu Dorf nicht baulich und stiftlich gehalten und von dem er den Zins nicht gezahlt hatte, weshalb sie ihn vor den Landmarschall Graf Pernhartt von Schawnberg vorgeladen hatten. Vor demselben wurde nach dem Rathe seiner Verwandten, welche zwischen beiden Parteien getaidingt haben, der Vergleich getroffen, wonach die zu dem Hofe gehörige Hofstätte, welche er von dem jungen Herbartter in Herczogenburgk abgelöst hatte, als lediges Gut erklärt wurde.

Siegler: (I.) Wülfing von Liechtenegk, (II.) der edel Herr Ott von Toppel und (III.) der edel Wolfgang Kyenberger von Walperstorf.

Datum: Geschehen an sand Augustintag (1451).

Orig., Perg. Deutsch. An Perg.-Streifen 3 Siegel.

Vgl. nr. 1145, 1318, 1350 u. 1370.

I. rund (29), grün auf Sch., IV A 2. U.: † s. wvlfing · liechtenekker. 3 Ringe. — II. beschädigt, rund (27), grün auf Sch., IV A 2. U. undeutlich. 2 gedrückte Spitzen. — III. beschädigt, rund (21), grün auf Sch., IV C.

1373.   1451 August 28.

Wülfing von Liechtenegk beurkundet, dass ihn Abt Wolfgang [II.] und der Convent zum Göttweig wegen des versessenen Wein- und Getreidesehentes vom Hofe zu Wolfsperg zwischen Holenburgk und Mauttarn auf dem perg ob Annger pey der Tuenaw, welche zum Stifte gehören, vor den Landmarschall in Osterreich Graf Pernhartt von Schawnberg vorgeladen haben. Laut des vor demselben getroffenen Ausgleiches haben sie ihm denselben unter der Bedingung erlassen, dass er und seine Erben ihn dem Stifte in Zukunft zu rechter Zeit reichen.

Siegler: (I.) Wulfing von Liechtenekk, die edeln (II.) Herr Ott von Toppel und (III.) Wolfgang Küenberger von Walperstorf.

Datum: Gebn (1451) an sand Augustintag.

Orig., Perg. Deutsch. Von 3 Siegeln an Perg.-Streifen das 2. abgefallen.

Vgl. nr. 1318, 1350 u. 1370.

I. rund, grün auf Sch., IV A 2 (nr. 1372 S. I). — III. rund (21), grün auf Sch., IV C. U.: s. bolfgang · chienberger. Getheilt. Der Stochholm en profil. Cimier: 2 Ochsenhörner.

1374.   1451 October 14, Mailberg.

Die Mitglieder der Stände der Prälaten, Herren, Ritter und Knechte und die Vertreter der Städte verlangen von König Friedrich [IV.], dass nach der testamentarischen Verfügung König Albrecht's [II.] dessen unmündiger Sohn König Lasslaw [Posthumus] bis zur Erlangung seiner Mündigkeit nach Oester-

reich gebracht werde und in Wien wohnhaft sei, und verbünden sich zur gemeinsamen Abwehr, falls einem der Verbündeten eine Unbill zugefügt würde.

Siegler: unter anderen der Convent vom Göttweig.

Datum: Geben zu Martperig an pfincztag nach sannd Collmannstag (1451).

Orig. im k. k. Staatsarch. zu Wien, Perg. Deutsch. An Perg.-Streifen 254 Siegel.

Chmel, Reg. Friderici IV., I, 278 nr. 2726. Vgl. Kurz, Gesch. K. Friedrich's III., I, 261.

Am Perg.-Streifen des Siegels ist vermerkt: *Der consent vom Götweig.* Die Nummer desselben ist mit 32 angegeben. Auffallend ist die Besiegelung dieser Urk. bei Lebzeiten des Abtes Wolfgang II. durch den Göttweiger Convent, während alle anderen Stifter durch das Abtsiegel vertreten sind.

Siegel spitzoval, grün auf Sch. Abb. bei Sava, Siegel der Abteien, S. 32 Fig. 8.

1375. 1452 März 6, Rom.

Papst Nicolaus [V.] bedroht die Stände von Niederösterreich, welche sich gegen Kaiser Friedrich [IV.] verbündet haben, unter anderen auch den Abt von Göttweig mit der Excommunication, wenn sie nicht zum Gehorsame zurückkehren.

Kinzl, Chronik v. Krems u. Stain, S. 49 Reg.

1376. 1452 März 12.

Jörig Pranntner beurkundet für sich und seinen Sohn Haydenreich, dass ihm Abt [Wolfgang II.] und der Convent zu Köttweig gestattet haben, die Verwesung ihrer Herrschaft und ihres Hofes zu Rênna, welche ihm vom verstorbenen Abte Taman und dem Convente auf Lebenszeit übertragen wurde, mit den gleichen Pflichten für seine Lebenszeit auf seinen Sohn Haydenreich zu übertragen. Erwächst ihnen jedoch durch dessen Verwesung ein Schaden, so sind sie berechtigt, denselben seines Amtes zu entheben und es wieder ihm zu übertragen. Kommt er dann innerhalb eines halben Jahres seiner Pflicht nicht nach, so wird die Verwesung dem Stifte ledig und sind die beiden Urkunden darüber zu übergeben.

Siegler: (II.) Jörig Pranntner, (II.) der edel Erhart Puchler.
Datum: Geben (1452) an sannt Gregorgentage.

Orig., Pap. rostfleckig. Deutsch. 2 auf der Rückseite aufgedrückte Siegel.

Vgl. nr. 1285.

I. beschädigt, rund, grün, IV A 2 (nr. 1311 S. II). — II. rund, grün, IV C (nr. 1311 S. I).

1377.   1452 März 25, Rom.

Papst Nicolaus [V.] verleiht den Gläubigen, welche das Kloster Göttweig, das in seinen Baulichkeiten der Reparatur bedarf, am Feste Mariä Himmelfahrt besuchen, das heil. Busssacrament empfangen und zur Reparatur und Erhaltung des Klosters einen Beitrag leisten, einen Ablass von 7 Jahren und ebensovielmal 40 Tagen.

Datum Rome apud Sanctum Petrum (1451) octavo kalendas aprilis, pontificatus nostri anno sexto.

Orig., Perg. Bleibulle an roth-gelber Seidenschnur; Copie in Cod. C f. 370'.

Auf dem Buge rechts von gleicher H. u. Tinte der Schreibervermerk: *Pe. de Bonitate*; in der rechten Ecke desselben von anderer H. u. Tinte: *pro Io. de Camerino. g. in residuum pro L. Buss*; in der linken Ecke: *H.*; links unter dem Buge der Monatsvermerk: *Mar.*, weiter einwärts von gleicher H. u. Tinte der Kostenvermerk: *L*, darunter: *Ia. de Viterbio*; darunter von anderer H. u. Tinte: *P. de Legendorf*; rechts unter dem Buge: *Pe. de Noxeto*. Auf der Rückseite: *Registrata in camera apostolica*, in dem *R* von gleicher H. und Tinte: *Phy.* — Das 6. Pontificatsjahr Nicolaus' V. fordert das Incarnationsjahr 1452. Der Irrthum des Urk.-Schreibers liegt ohne Zweifel im Incarnationsjahre, welches derselbe nach dem Calculus Florentinus des Annuntiationsstiles berechnete, wobei er irrthümlich für den 25. März 1452 als ersten Jahrestag noch die Zahl des vorausgegangenen Jahres setzte.

1378.   1452 März 26.

Anno domini etc. LII dominica iudica hat V̇ll Lindl von Wulkendorf mit handn des erwirdigen herren, hern Wolfgangs abbt unser frawn gotshaus zu Götweig vermacht seiner hausfrawn Elspeten Kristans zu Oberngrueb tochter sein behausts lehen daselbs zu Wulkendorff mit seiner zugehorung, das er von Merten dem König gekaufft und von Niklein Eytlpöz, amptman zu Marchartsdorf, aufenphangen hat, und hat ir das vermacht in sölher maynung, das sy dasselb lehen mit einander süllen innhaben besiczen nüczen und niessen und sol ir baider und irer erben erkaufts guet sein, wenn sy das mitsambt im beczallt hat. Dabei ist gebesen her Wilhalm von Topl, Hanns Freunthauser, Nikl Eytlpöz, amptman zu Marchartsdorf, und Kristan Wuczl von Mēnasdorf.[1]

Notiz in Cod. D f. 95'.

1379.   **1452 April 23, Rom.**

Papst Nicolaus V. dispensiert die Benedictinerinnen in Göttweig zum Genusse von Fleischspeisen an drei Wochentagen mit Ausnahme der Quadragesimalzeit.

Copie in Cod. C f. 371.

Nicolaus episcopus, servus servorum dei, dilectis in Christo filiabus priorisse et universis monialibus monasterii in monte Göttwicensi Pataviensis diocesis nunc et pro tempore constitutis salutem et apostolicam benedictionem. Sacre religionis etc. Hinc est, quod nos carissimi in Christo filii nostri Friderici Romanorum imperatoris atque vestris in hac parte supplicacionibus inclinati, ut vos et pro tempore existentes priorissa et moniales dicti monasterii propter fragilitatem sexus, quamvis regula instituta, sub quibus degetis, id prohibeat, tribus vicibus in ebdomada quadragesimalibus temporibus exceptis singulis annis carnibus vesci et illis uti possitis, devotioni vestre auctoritate apostolica tenore presentium concedimus et eciam indulgemus prohibitionibus predictis et constitutionibus et ordinationibus apostolicis ceterisque contrariis non obstantibus quibuscumque. Nulli ergo etc. Datum Rome apud Sanctum Petrum anno incarnationis dominice millesimo quadringentesimo quinquagesimo secundo, nono kalendas maii, pontificatus nostri anno sexto.

1378. [1] Mannersdorf, O.-G. Haindorf, V. O. W. W.

1380.   1452 April 23, Rom.

Papst Nicolaus [V.] verleiht den Gläubigen, welche das Kloster Göttweig, das in seinen Baulichkeiten der Reparatur bedarf, an den Festen Mariä Himmelfahrt und der heil. Ciriacus und seiner Genossen andachtshalber besuchen, das heil. Bussacrament empfangen und zur Reparatur und Erhaltung des Klosters einen Beitrag leisten, einen Ablass von 5 Jahren und ebensovielmal 40 Tagen.

Datum Rome apud Sanctum Petrum (1452) nono kalendas maii, potificatus nostri anno sexto.

    Orig., Perg. Bleibulle an roth-gelber Seidenschnur; Copie in Cod. C f. 370.

    Blätter f. Landesk. v. N.-Oe. XXV, 136 reg. nach Reg. Vatic. 420 f. 148′.

    Auf der Aussenseite des Buges der Schreibervermerk: *A. de Veneriis*; oberhalb von anderer H.: *gratis de mandato domini nostri pape*. Auf der Rückseite der Registraturvermerk.

1381.   1452 April 23, Rom.

Papst Nicolaus V. ertheilt Abt Wolfgang von Göttweig das Privilegium, in Abwesenheit des Bischofes von Passau beim Gottesdienste den feierlichen Segen zu ertheilen.

    Orig., Perg. An roth-gelber Seidenschnur die Bleibulle; Copie in Cod. C f. 371.

    Auf dem Buge rechts ist von der H. des Urk.-Schreibers vermerkt: *A. de Veneriis*; darüber von anderer H.: *gratis de mandato domini nostri pape*. Auf der Rückseite der Registraturvermerk.

    ✠ Nicolaus ✠ episcopus, servus servorum dei, dilecto filio Wolfgango abbati monasterii beate Marie Gotwicensis Pataviensis diocesis salutem et apostolicam benedictionem. Sacre religionis etc. Hinc est, quod nos tuis devotis supplicationibus inclinati tibi et successoribus tuis auctoritate apostolica tenore presentium concedimus et etiam indulgemus, quod tu et successores tui in episcopi Pataviensis pro tempore existentis absentia temporibus celebrationis missarum et aliorum divinorum officiorum pro tempore in dicto monasterio benedictionem solemnem super populum, quotiens opus fuerit, more pontificum dare possis et ipsi possint constitutionibus et ordinationibus apostolicis ceterisque contrariis non obstantibus quibuscunque. Nulli ergo etc. Datum Rome apud Sanctum Petrum anno incarnationis dominice millesimo quadringentesimo quinquagesimo secundo, nono kalendas maii, pontificatus nostri anno sexto.

1382.   **1452 April 23, Rom.**

Papst Nicolaus V. verleiht dem Stifte Göttweig die Exemtion.

Copie in Cod. C, 371′ f.
Vgl. nr. 908.

§ Nicolaus § episcopus, servus servorum dei, dilectis filiis . . abbati et conventui monasterii beate Marie virginis Gotwicensis ordinis sancti Benedicti Pataviensis diocesis salutem et apostolicam benedictionem. Apostolico sedis etc. Sane siquidem exhibita nobis nuper pro parte carissimi in Christo filii nostri Friderici Romanorum imperatoris illustris atque vestra peticio continebat, quod licet monasterium beate Marie Gottwicensis ordinis sancti Benedicti Pataviensis diocesis dudum per Bonifacium papam VIIII. sic in sua obediencia, de qua partes ille tunc erant, nunccupatum cum omnibus membris ecclesiis cappellis locis possessionibus rebus et bonis suis universis illiusque abbas et conventus plenarie exemptum et sub proteccione ipsius Bonifacii et beati Petri sedisque apostolice proteccione susceptum fuerit, nichilominus malicia temporum et gwerris in partibus illis proch dolor tunc ingentibus neenon molestacionibus abbati et conventui dicti monasterii per bone memorie Leonardum episcopum Pataviensem super exempcione huiusmodi illatis causantibus abbas tunc existens et conventus dicti monasterii ab huiusmodi exempcione recedere compulsi fuere seque iurisdiccioni prefati episcopi et suorum successorum, ne propterea inter ipsos maiores lites occurrerent, submittere oportuit. Nos cupientes, ut vos et successores vestri, qui in eodem monasterio nunc et pro tempore degunt, quamdiu in observantia regulari huiusmodi vixeritis, ut eo diligencius et devocius virtutes amplecti et in mandatorum dei servitiis delectari studeatis, quo maioribus per sedem predictam vos cognoveritis privilegiis communiri, dicti imperatoris atque vestris in hac parte supplicacionibus inclinati vos et successores vestros abbatem pro tempore existentem et conventum dicti monasterii necnon omnes et singulos monachos conversos et personas ac servitores tam clericos quam laicos vestris et ipsius monasterii serviciis pro tempore actualiter insistentes membra ecclesias capellas loca possessiones predia et grangias cum rebus et bonis suis mobilibus et inmobilibus spiritualibus et temporalibus iuribus et iurisdiccionibus quibuscumque ad ipsum monasterium spectantibus ubicumque consistentibus, que possessiones grangias predia et bona mobilia propriis manibus vel sumptibus vestris excolitis seu excoli facitis et que in presenciarum legittime possidetis et imposterum dante domino iustis titulis poteritis adipisci, ab omni iurisdiccione dominio potestate subieccione correccione et superioritate quorumcumque eciam legatorum sedis predicte et de latere Romani pontificis cardinalium missorum seu nuncciorum eiusdem sedis archiepiscoporum,[a] episcoporum et presertim episcopi Pataviensis pro tempore existentis et aliorum quorumcumque iudicum et superiorum,[b] tamdiu et quousque vos et successores vostri sub regulari observantia vixeritis, ut prefertur auctoritate apostolica tenore presencium prorsus eximimus et eciam liberamus vosque ac illos et illa sub beati Petri et sedis predicte proteccione suscipimus atque nostra necnon exemptos et exempta esse voluimus nobisque et dicte sedi immediate subesse ita, quod legati nunccii archiepiscopi episcopi et presertim Pataviensis episcopus ac iudices et superiores prefati racione domicilii personarum deditarum seu contractus aut rei, de qua agetur, ubicumque committatur delictum, iniatur contractus aut res ipsa consistat, nullam in vos successores monasterium conventum monachos conversos personas servitores membra ecclesias capellas loca possessiones grangias predia res bona et iura huiusmodi possint iurisdiccionem potestatem dominium correccionem et superioritatem quomodolibet exercere, sed dumtaxat coram nobis et successoribus nostris Romanis pontificibus canonice intrantibus vel a sede predicta delegatis teneamini et ipsi teneantur de iusticia respondere districcius sub pena obediencie, inhibentes legatis nuncciis archiepiscopis episcopis et presertim episcopo Pataviensi iudicibus et superioribus predictis, ne ipsi seu aliquis eorum eciam auctoritate quacumque quavis occasione vel

---

1382. [a] *archie* = am Schlusse der Zeile ohne Nachtragung des weiteren. —
[b] Folgt ein Auslassungszeichen, welches auch am Rande des Textes gesetzt ist. Die Nachtragung fehlt.

causa eciam racione criminis domicilii persone contractus obligacionis vel submissionis aut alias qualitercumque absque speciali licencia nostra seu sedis apostolice eisdem legatis nuncciis archiepiscopis episcopis et presertim episcopo Pataviensi iudicibus et superioribus per bullam nostram seu sedis prefate eis intimandum contra abbatem conventum et personas huiusmodi procedere inquirere seu eos corrigere visitare instituere vel destituere seu aliquid contra eos attemptare aut innovare vel quascumque excommunicacionis suspensionis et interdicti sententias aliasque censuras ecclesiasticas et penas aut diffinitivas vel interloquutorias seu absolutorias sentencias ferre seu promulgare presumant, omnes quoque et singulos processus ac excommunicacionis suspensionis et interdicti aliasque tam diffinitivas quam interloquutorias et alias quascumque sentencias censuras quoque et penas, quos et quas contra vos successores monasterium conventum monachos conversos personas servitores membra ecclesias capellas et loca predicta haberi contigerit seu cciam promulgari, irritos et irritas decernimus pariter et inanes et ex nunc irritum et inane, si secus super hiis a predictis vel a quoquam quavis auctoritate scienter vel ignoranter contigerit attemptari. Preterea moderno et pro tempore existenti abbati dioti monasterii, ut in eventum, quo episcopus Pataviensis pro tempore existons denegaret abbati et conventui dicti monasterii illiusque personis crisma oleum sanctum et alia sacramenta ecclesiastica ministrare seu ministrari ͨ facere ac monachos seu novicios dioti monasterii ad sacros vel alios ordines promovere vel ordinare seu se ad id difficilem reddere, ut ͩ a quocumque catholico antistite graciam et communionem sedis predicte habente crisma oleum et alia sacramenta huiusmodi recipere ac personas monachos et novicios supradictos per eundem vel alium catholicum antistitem similem graciam et communionem habentem ad sacros vel alios ordines huiusmodi eciam litteris dimissorialibus communiter nuccupatis ͤ non petitis seu obtentis promoveri libere possint, auctoritate apostolica tenore presencium concedimus per presentes non obstantibus felicis recordacionis Innocentii pape quarti predecessoris nostri et aliis apostolicis constitutionibus ceterisque contrariis quibuscumque. Et

---

1382. ͨ Corrigiert aus *ministrare*. — ͩ Corrigiert aus *aut*. — ͤ Statt *nuncoupatis*.

nichilominus venerabili fratri nostro episcopo Spoletano et dilectis filiis abbati monasterii Melicensis ac preposito ecclesie sancti Stephani Wienensis dicto diocesis cciam sub obediencie pena per apostolica scripta committimus et mandamus, quatenus ipsi vel alter eorum litteras exempcionis huiusmodi ac omnia alia et singula in eis contenta, quociens super hoc pro parte abbatis et conventus predictorum fuerint requisiti, execucioni debite demandent ac faciant auctoritate apostolica inviolabiliter observari nec permittant abbatem et conventum predictos per legatos nunccios archiepiscopos episcopos et presertim episcopum Pataviensem pro tempore existentem ac iudices et superiores predictos aut quovis[f] alios contra tenorem litterarum earundem quomodolibet molestari contradictores auctoritate nostra appellacione postposita compescendo non obstantibus, si legatis nuncciis archiepiscopis episcopis et presertim episcopo Paviensi pro tempore existenti ac iudicibus et superioribus prefatis vel quibusvis aliis communiter vel divisim a dicta sit sede indultum, quod interdici suspendi vel excommunicari non possint per litteras apostolicas non facientes plenam et expressam ac de verbo ad verbum de indulto huiusmodi mentionem. Nulli ergo etc. Datum Rome apud Sanctum Petrum anno incarnacionis dominice millesimo quadringentesimo quinquagesimo secundo, nono kalendas maii, pontificatus nostri anno sexto.

1383.   **1452 April 23, Rom.**

Papst Nicolaus V. beauftragt den [Fabius Vigili],[1] Bischof von Spoleto, den Abt [Stephan von Spanberg][2] zu Melk und den Propst von St. Stephan in Wien, die dem Stifte Göttweig auf Bitten Kaiser Friedrich's [III.] verliehene Exemtion durchzuführen. Apostolice sedis.

Reg. 404 f. 230' im Vatic. Arch. zu Rom. Lat.

Blätter f. Landesk. v. N.-Oe. XXV, 136 Reg. = Quellen z. Gesch. Wien's 1, I, 30 nr. 160 Reg.

1382. [f] Statt *quosvis*.
1383. [1] Gams, Series ep., S. 128. — [2] Keiblinger, Melk I, 571.

1384. 1453 Jänner 20.

Vlreich Harrasser gesessen auf Gross übergibt der St. Veitszeche zu Gross 1 tl. Wiener ₰. Gülten, welche von dem Hofe des Caspar Kublicser zu Velebrunn an sant Jorigentag zu zinsen sind, wofür für ihn ein ewiger Jahrtag ungefähr acht Tage vor bis acht Tage nach sand Cholmanstag mit einer gesungenen Vigilie, einem Requiem und einem Amte von unser frawen schiedung *abzuhalten ist und auf dem Letter für sein Seelenheil Gebete zu verrichten sind. Dem Pfarrer hat die Zeche davon ½ tl. ₰. zu zahlen, welcher davon die Priester*[1] *zu verköstigen und jedem derselben 7 ₰. zu zahlen hat. Wird der Jahrtag trotz ein- oder zweimaliger Mahnung nicht abgehalten, so sind der Stifter und seine Erben berechtigt, die Gülte bis zur Erfüllung der Verbindlichkeit vorzuenthalten. Dieselben sind auch die Schirmherren der Gülte, des Hofes und Gutes und haben das Recht auf die Ableite und Anleite und andere Forderungen.*

Siegler: (I.) Vlreich Harrasser, (II.) der edel Hanns Tÿemb.

Datum: geben (1453) an sand Fabian- und Sebastianstag der heiligen martrer.

Orig., Perg. Deutsch. An Perg.-Streifen 2 Siegel.

I. rund (28), grün auf Sch., IV A 2. U.: † · s. vlreich · harrazzer. Ein Pferdekopf. — II. beschädigt, rund, grün auf Sch., IV A 2. U.: · s. h[ans] · tiem. Ein Kelch.

1385. 1453 Jänner 21.

Die Pfarrgemeinde und der Zechmeister der Pfarrkirche zum heil. Veit zu Gross beurkunden, dass der edle Vlreich Harrasser auf Gross ihrer Zeche eine freieigene Gülte von 1 tl. Wiener ₰. auf dem Hofe des Kaspar Kubliczer, welcher von ihm zu Lehen rührt, übergeben hat (nr. 1384).

Siegler: (I.) der edel Hanns Tyem, (II.) Hanns der Kienperger, ‚des heiligen Römischen reichs ain offenbarer schreiber'.

Datum: Geben (1453) an sand Agnesntag der junkfraun.

Orig., Perg. Deutsch. An Perg.-Streifen 2 Siegel.

1384. [1] Aus dem Indorsate in nr. 1385 erhellt, dass der Jahrtag mit drei Priestern abzuhalten war.

I. rund (26), grün auf Sch., IV A 2 (nr. 1384 S. 11). — II. rund (31), grün auf Sch., IV C. U.: s. iohannis · kienperger. Wappen undeutlich.

1386.   **1453 April 22, Wien.**

König Ladislaus [Posthumus] bestätigt auf Bitten des Wolfgang Rosenawer, Pfarrer in Külb, die wörtlich inserierte Urkunde von 1284 März 17 (Fuchs, Göttweiger Urk.-Buch I in Font. 2, LI nr. 166).

Siegler: König Ladislaus.

Datum Wienne vicesima secunda die mensis aprilis (1453), coronacionis vero nostre regni Hungarie etc. tredecimo.

Orig., Perg. Lat. Siegel an Perg.-Streifen.

Kanzleivermerk auf dem Bugo rechts von anderer H. u. Tinte: *Commissio domini regis in consilio Stephanus Aloch cancellarius.*

S. König Ladislaus' beschädigt, rund, roth auf Sch. Abb. bei Sava, Siegel der österr. Regenten, S. 144 Fig. 85.

1387.   **1453 Mai 22.**

Hanns Pawngartner der ältere zu Ekchendorf in der Gottweier Pfarre und Barbara seine Frau verkaufen Abt Wolfganng [II.] und dem Conwente zum Gottweig ihre Wiese hinter der Mühle bei Herfuert, welche ihr von ihrer verstorbenen Mutter Anna, der Frau Veits des Gener zu Hornpach, als Erbe angefallen ist und von den Käufern zu einem Jahreszinse von 32 ₰ an sand Mertentag zu Burgrecht rührt.

Siegler: (I.) Hanns Pawngartner, die edeln (II.) Leonhart der Lasperger und (III.) Wolfgang Altmanstainer.

Datum: Gebn (1453) des eritags in phingstveirtagen.

Orig., Perg. Deutsch. An Perg.-Streifen 3 Siegel.

I. rund, grün auf Sch., IV C (nr. 1229 S. 11). — rund, grün auf Sch., IV C (nr. 1356 S. 1). — III. rund (27), grün auf Sch., IV A 2. U.: s. wolfgang · altmanstainer. Ein gewappneter Mann zu Fuss (Knecht).

1388.   **1453 Juni 6.**

Fridreich der Volkra vermacht mit Handen seiner Lehensherren seinem Vetter Symonn dem Volkra, Schaffner zu der Frein-

stat, im Falle seines Todes vor ihm folgende rechte Erbgüter: ain gut bei Lynndperg genannt daczem Luglein in Grêmansteter pfarr und ain buch am Lehen in Sannd Mertteins pfarr gelegen, das freys aigen ist; item darnach meins rechten lehens ain hof genannt am Sigellehen,[1] darauf dieczeit Michel Mayr gesessen ist, gelegen in Attenshaimer pfarr und in Wechssenberger lanndgericht, *welches von König Ladislaus [Posthumus] zu Lehen rührt.* Item so dient der Mittermulner von ainer leytten und von ainer wis genant die Zotlwis, die dann in denselben hof gehorn, zu unser frawn tag zu der dienstzeit in den benanten hof zu purkchrecht zwen pfenning; item der Obermulner doselbs dint auch von ainem ort holcz an der Rekchenaichech gelegen, das auch in den benanten hof gehort, zu sannd Jorgentag in denselben hof zu purkchrecht auch zwen pfenning; item darnach das gut auf der Nidernod bey Gremansteten in Grêmansteter pfarr gelegen halbs mit halber seiner zugehorung, das dann zu leben rurt von der grafschaft zu Wêchsnberg; item darnach ain hof genannt am Lynnperg und gannczen zehent darauf und auf ainem halben gut auf der Nidernod auch gannczen zehent grossen und klain auch alles in der benanten Grêmansteter pfarr und in Wechssenberger herschaft gelegen, das zu lehen get von dem edln wolgeborn herren, hern Wolfgangen von Wallsse, haubtmann ob der Enns, auch meinem gnedigen lieben herren; item darnach ain gut halbs auf der Nidernod und gannczen zehent auf dem gut zu Moschlperg grossen und klain und auf dem Nidernveld auch gannczen zehent auch grossen und klain auch alles gelegen in Grêmansteter pfarr und in Wechssenberger grafschaft, das zu lechen rurt von dem edeln wolgeborn herren, horn Vlreichen von Starhemberg etc.; item darnach ain gut in der Grueb,[2] das auch freys aigen ist, und davon man jerleich geit zway huner zu vogtrecht und von demselben gut man alle jar jerleich zu Grêmansteten ain jartag ausrichten und bogen sol. Dorob sol er also sein, damit der ausgericht werde. Item ain guet genannt am Chogelmues,[3] das auch freys aigen ist, auch in Grêmanstêter pfarr gelegen, dorauf ich auch ze hayl meiner

---

1388. [1] Sieglbauer E.-H., K.-G. Dürnberg, O.-G. Ottensheim. — [2] Gruber E.-H., K.-G. Anger, O.-G. Gramastetten. — [3] Kogler E.-H., K.-G. Gross-Amberg, O.-G. Gramastetten.

sel doselbs zu Gremansteten ein ewigen jartag gestifft hab, der mir auch alle jar jerleich begangen und ausgericht werden sol, als ich des demselben meinem vettern sunder wol vertraw, und von demselben benannten gut man auch jerleich geit zway huner zu vogtrecht. *Ausserdem vermacht er ihm seine Fahrhabe, Bereitschaft, Silbergeschirr, Kleinode und Geldschuld.*

Siegler: (I.) Fridreich der Volkra, die edeln (II.) Egkchart der Stainpekch und (III.) Leonhart der Frodnaher, seine ‚gut frewnt'.

Datum: Gehen (1453) an mitichen nach sand Erasemtag des heiligen bischoffs.

Orig., Perg. feuchtfleckig. Deutsch. Von 3 Siegeln an Perg.-Streifen das 2. abgefallen.

I. rund (24), grün auf Sch., IV A 2. U.: † s. fridreich · volkra. Ein Baumstrunk, an dessen Seiten je ein hackender Specht. — II. rund (27), grün auf Sch., IV A 2. U.: s. lienhart · froncher. Ein schrägrechter Balken.

1389. 1453 Juli 3.

Lorentz Gróstner zu Rossatz, Oswald Áster zu Wagram, Steffan Áster daselbst, Margreth die Frau Jorgs des Gais von Traessmaur, Anna die Frau Thamans des Ledrer von Nussdorff und Barbara die Frau Pauls des Eckhart von Pierpawm, alle Geschwister und eheliche Kinder der verstorbenen Anna der alten Ásterin zu Wagram und Wolfgang der Sohn des verstorbenen Ludweig des Gróstner zu Eckendorff und Enkel der benannten Ásterin verkaufen mit Handen ihres Burgherrn dem Pfarrer Jorg und der Pfarrgemeinde zu Hollnburkh 13¹/₂ Eimer Weindienst und 18 ₰. jährliche Gülten zu Burgrecht auf 9 Viertel Weingärten an einem Rain genannt in den Virtlweingarten zu Ober-Fuchaw in der Mawttinger Pfarre, welche an das Dorf anstossen und ihnen von ihrer Mutter beziehungsweise Grossmutter Anna der alten Ásterin anerstorben sind, zu hilf und anfanckh einer ewigen Frühmesse zu Hollnburkh. Von denselben sind in den Hof der Seidlhardin zu Ober-Fuchaw 4 ₰. an sand Michelstag zu Burgrecht zu zinsen. Diese 9 Viertel Weingärten haben Hans Pfeiffer, Hans Ofner, Steffan Wagner, Steffan Erlinger, Vlrich Hofer, Jacob Halter, Jans Spitzl und Nickl Áferl zu Ober-Fuchaw zu einem Jahreszinse von 1¹/₂ Eimer Most und 2 ₰. von je einem Viertel inne.

Siegler: Abt Wolfgang [II.] und der Convent zu Codwey als Burgherren.

Datum: Geben (1453) an sand Vlreichsabent des heiligen bischolve.

Copie aus dem Ende des 15. Jahrh., Pap. Deutsch.

Diese Copie ist durch Wolfgang Wolmuet, Curator in Hollabarg, hergestellt, welcher den Gleichlaut derselben mit dem Originale durch acht Petschaften von Zeugen bestätigen lässt.

1390. **1453 August 30.**

Abt Wolfgang [II.] und der Convent zum Gottweig beurkunden, dass die erbern Erhart am Steig von Nidernpergarn, Erhart Fux von Huntshaim, Erhart Werdung von Pach und Erhart von Hoff zu Pack mit ihrer Zustimmung in sand Johanns chappellen zu Huntshaim auf der parkirichen auf sand Johanns und sand Pauls altar *eine Wochenmesse am Dienstag gestiftet haben, welche durch den Verweser der Pfarrkirche zu Mauttarn zu halten ist und wofür demselben der Zechmeister der Kapelle zu jeder Quattember 1 ₰ ₰, zusammen jährlich 4 ₰ ₰ zu zahlen hat. Diese 4 ₰ ₰ sind mit Handen der Burgherren auf 3 Weingärten gestiftet:* ainer genant der Planstewdl, des sind anderhalb viertail und leit nebn Herczognburger pewnt und dient uns und unserm gotshaus *(Göttweig)* zehen phenning zu purkrecht, der ander weingarten genant die Leitten[1] ist ain halbs ieuch und leit neben des Erhart Pinter Gebling und dient herrn Wilhalm von Wald zehen phenning zw purkchrecht, der dritt weingarten, des ist ain halbs ieuch und leit an dem Scheperg[2] zenagst Jorigen des Rauczen weingarten und dient der stifft zu Passaw in irn ambthof zu Mauttarn sechs phenning zu purkrecht. *Der Zechmeister soll dieselben bauen und fechsnen und hat, wenn er zu einer Quattember den Zins verabsäumt, ihn bei der nächsten nachzutragen. Verabsäumt er ihn aber bis zur Weinlese, so ist der Verweser berechtigt, dieselben mit Wissen des Zechmeisters zu fechsnen und auch den Ueberschuss über die 4 ₰ ₰ zu behalten oder der Kapelle zuzuwenden. Falls der Dienstag auf einen Feiertag fällt*

1390. [1] Leithen, Ried südl. v. Mauternbach. — [2] Schaberg, Ried westl. v. Baumgarten, O.-G. Mautern.

oder der Pfarrer sonst verhindert ist, so hat er die Messe am nächsten Donnerstag zu lesen. Verabsäumt er dies, so ist er der Kapelle für je einmal mit 1 tl. Wachs verfallen.

Siegler: (I.) Abt Wolfgang und (II.) der Convent zum Gottweig.

Datum: Gebn (1453) an phincztag vor sand Giligentag des heiligen abbts.

<small>Orig., Perg. durchlöchert. Deutsch. An Perg.-Streifen 2 Siegel.</small>

<small>I. beschädigt, spitzoval, roth auf Sch. U.: · s. wolf . . . . ottwicensis. Rv. Signet roth auf Sch., undeutlich. — II. beschädigt, spitzoval, grün auf Sch., II B. Abb. bei Sava, Siegel der Abteien, S. 32 Fig. 8.</small>

1391. 1453 November 19, Göttweig.

Haydenreich Pranttner beurkundet, dass ihm Abt Wolfgang [II.] und der Convent zu Göttweig auf Bitten seines Vaters Jörg des Prantner den Hof sammt dem Amte zu Nidern Rênna wie seinem Vater auf Lebenszeit verliehen haben. Nach seinem Tode sind dem Stifte beide jedoch unbeschadet der beurkundeten Rechte seines Vaters, falls ihn derselbe überlebt, wieder ledig.

Siegler: (I.) Jörg Pranttner, (II.) der edel Erhartt Púchler, der Vetter des Haydenreich Pranttner.

Datum: Geben zu Göttweig an sannd Elspethentag (1453).

<small>Orig., Perg. rostfleckig. Deutsch. An Perg.-Streifen 2 Siegel.</small>

<small>Vgl. nr. 1285 u. 1376.</small>

<small>I. rund, grün auf Sch., IV C (nr. 1311 S. I). — II. beschädigt, rund, grün auf Sch., IV A 2 (nr. 1311 S. III).</small>

1392. 1454 Jänner 22, Stein.

Hanns Forster bei der kirichen und Margreth seine Tochter, Steffan Frey und Barbara seine Tochter, beide Bürger und Rathsherren zu Stain, und Andree Armpiligreim, Bürger daselbst, und Margreth seine Frau beurkunden, dass ihnen Abt Wolfgang [II.] und der Convent zu Gotweig ain öd ains weingarten in der Widem hinder irem hof zu Stain gelegen und stost mit aim ort an des Schroter kinder weingarten mit dem andern ort an die maur zunagst dem gemein statweg, *wovon einem jeden sein*

Theil ausgemarkt ist, zu einem Jahreszinse von 3 ß. ₰. an sand Merttentag für Zehent und Dienst auf aller sechs Lebenszeit in Bestandweise zu Leibgeding verliehen haben. Es haben Hanns Forster und Margreth seine Tochter 40 ₰., Steffan Freÿ und Barbara seine Tochter auch 40 ₰. und Andree Armpiligreim und Margreth dessen Frau 10 ₰. zu zinsen und verfallen beim Zinsversäumnisse zu Wandel. Sie sind auch berechtigt, mit Wissen der Verleiher oder ihres Hofmeisters ihre Rechte für die angegebene Zeit zu veräussern. Nach dem Tode des letzten der sechs Beliehenen wird der Grund dem Stifte ohneweiters ledig.

Siegler: (I.) Hanns Forster, (II.) Steffan Freÿ, (III.) Andree Armpiligreim.

Datum: Geben zu Stain an eritag vor sand Paulstag seiner becherung (1454).

Orig., Perg. rostfleckig. Deutsch. An Perg.-Streifen 3 Siegel.

I. beschädigt, rund (28), grün auf Sch., IV C. U.: s. hans · vorst[er]. — II. rund (28), grün auf Sch., IV A 2. U.: † s. stephan · frey. Ein Balken links abgestuft. — III. beschädigt, rund (29), grün auf Sch., IV A 2.

1393. 1454 März 16.

Wolfganng Scharner zum Wasen[1] *verkauft dem edeln Jorig dem Ruedlieb auf den Evrn*[2] *seine Wiese genannt in der Hell in der Hofsteter Pfarre, welche von jetzt an von ihm mit einem Burgrechtszinse von 1 ₰. an sand Jorigentag zu Lehen rühren soll, und bestimmt, dass ihm die Einfahrt zu derselben bleiben solle, wo er aus seiner Wiese herausfährt.*

Siegler: (I.) Wolfganng Scharner, (II.) der edel Stephann Metheser.

Datum: Geben an samptztag nach sand Gregorigentag (1454).

Orig., Perg. feuchtfleckig. Deutsch. An Perg.-Streifen 2 Siegel.

I. beschädigt, rund, grün auf Sch., IV A 2. U.: . . . . ang . schar . . . . — II. rund (30), grün auf Sch., IV A 2. U.: † steffan · metheser. Ein Balken.

1393. [1] Waasen, Ruine, O.-G. Weinburg a. d. Pielach. — [2] Oiern E.-H. nr. 20 in Grünau.

1394.   **1454 April 27.**

Wolfgang Scheller zu Els und Sussanna seine Frau verkaufen dem erbern Chûnrat dem Teŵfel zu Purckh und Kathrein dessen Frau um 15 ℔. ₰. ihren Weingarten ze Wochaŵ[1] am Seiber[2] zenagst des Gôllsen weingarten von Lûgendarff, davon man all jar jêrleich geit in vôytzpurckrecht zu der vessten Tirnnstain zwên Wienner phenning des suntags nach sand Michelstag.

Siegler: (I.) der edl Herr Vlrich Eÿczinger von Eÿczing, Pfleger der Herrschaft Tirnnstain und Burgherr des Weingarten, (II.) der erber Hainreich Teÿsenhofer, ‚burger und diezeit ainer des ratz in der Wochaŵ'.

Datum: Geben (1454) an sambtztag nach sand Gorgentage.

Orig., Perg. feuchtfleckig. Deutsch. An Perg.-Streifen 2 Siegel.

I. zerbrochen, rund (35), roth auf Sch., IV A 2. U.: sigillv[m · v]lreich · evczinger . . . . . . czing. — II. beschädigt, rund (31), grün auf Sch., IV C. U.: s. hainreich · teisenho[f]er.

1395.   **1454 Mai 15.**

Anno domini MCCCCLIIII feria quarta post Pangracii hat Kathrei, des Glacz tachter von Mauttarn und Jôrgen des *Teispekchen* hausfraw daselbst, mit handn des erwirdign herren, hern Wolfgang abbt zu Gôttweig demselbigen irem mann Jôrgen Teispekchen vermacht die hernach benanten stukch und güeter in massen, als hernach geschribn stet:[a] item ain ⅓ jeuch akcher beim leber,[1] davon man dint gên Gotbeig III½ ₰. Die benanten vier stukch vermacht sÿ irem egenanten mann ledichleich zu verlorem guet all sein frum damit ze schaffn. Darnach vermacht si im ain jeuch weingarten in der Alltenpewnt, dient gen Gotbeig IIII ember most, und ain ⅓ jeuch weingarten aufm Prebern genant der Dôrnl dient gen Gôtbeig

---

1394. [1] Weissenkirchen a. d. Donau. — [2] Seiberer, Berg nördl. v. Weissenkirchen.

1395. [a] Folgt eine auf vier Zeilen sich erstreckende Tilgung.

[1] Ein Tumulus, einst südöstl. v. Mautern gelegen, von dem jede Erinnerung erloschen ist.

V ₰., item ain jeuch akcher in Furterveld zbischen des Müestinger und der Guetmanin akcher dieselben drew stukch vermacht sÿ im nach dem landsrechten. Actum ut supra presentibus domino Christoforo plebano in Napersdorf, Tibolt Pÿmisser, Wolfgang Magens und des Vilczhofer baid von Mauttarn etc.

Notiz in Cod. D f. 100'.

1396. 1454 Mai 15.

Anno domini MCCCCLIIII feria quarta post Pangracii hat Agnes, Steffan des Legel weilnt gesezzn zu **Mauttarnn** sêlign witib und ietz Wolfgang des **Magens** eleiche hausfraw, mit handen des erwirdign geistleichn herren, hern Wolfgans[a] abbt zu Gôtweig irem egenanten mann Wolfgangen Magens für sein gelt, das er zu ir bracht und von iren wegen an ir guet angelegt hat, hingegn vermacht, alsvil sÿ des dann macht gwalt und recht zu vermachen hat, die hernach benanten stukch in massen, als hernach geschribn stet; item ir halbs haws zu Mauttarn gelegen gen den fleischtischen über, davon man dint vom ganczen haws gên Gôtbeig VI ₰.; item ir veldlehen halbs gelegen zu Mauttarn, davon man dint von dem ganczen lehen IIII ember most XII ₰. zu sand Margretentag XX metzen vogthabern VI ₰. darauf alles gên Gotbeig; item iren ganczen garten gelegen in der Ôdgassen,[1] davon man dint gên Gôtbeig X ₰. Das obgenant halb haws und das halb veldlehen und den ganczen garten iegleichs mit seiner zughorung vermacht sÿ irem egenanten man in sôlher maÿnung, ob sÿ var im mit tod abget, so sol er dieselben drew stukch hinfur nach irem tod ledichleich haben und allen sein frum damit ze schaffn, wie in verlusst. Gieng aber der benant Magens var ir mit tod ab, so sol sÿ die egenanten stukch ir lebtag haben, und nach irem tod sol der halb tail daraus erben und gevallen auf ir erben und der ander halb tail auf des benanten Magens nagst erben. Actum ut supra presentibus Christoforo

---

1396. [a] Cod.

[1] Jetzt in Mautern nicht mehr erhalten.

plebano in Napersdorf, Jorgen Teispekchen und des Vilczhofer baid von Mauttarn, Tibolt Pymisser etc.

Notiz in Cod. D f. 101.

1397.   **1454 Mai 23, Rom.**

Papst Nicolaus V. acceptiert die Resignation des Abtes Wolfgang II. von Göttweig und verleiht ihm die Pfarre St. Veit an der Gölsen.

Orig., Perg. An Hanfschnur die Bleibulle.

Vermerke auf der Textseite, links am Rande ein langgestrecktes: *L*; rechts: *B*; in der Mitte des oberen Randes: *Ad cam.*; auf der Aussenseite des Buges rechts von der H. des Textschreibers: *C. Fidelis*; darüber von anderer H.: *Rescripta gratis pro B. de Maffeis*; daneben drei Zeichen: *lll*; links unter dem Buge am Rande der Monatsvermerk: *Maii*; daneben der Kostenvermerk: $\frac{x}{x}9$. Auf der Rückseite der Registraturvermerk; darin von gleicher H.: *de Filetis*; darunter in der Mitte des unteren Randes umgekehrt geschrieben: *A. de Cortesiis*; in der rechten oberen Ecke: *R. L. F.*; in der rechten unteren Ecke umgekehrt mit gleicher Tinte geschrieben: *A. de Cortesiis*; darunter von anderer H.: *F. de Sanbaldis*.

Nicolaus episcopus, servus servorum dei, venerabili fratri . . archiepiscopo Salczeburgensi et dilectis filiis . . Mellicensi ac . . Sancte Crucis Pataviensis diocesis monasteriorum abbatibus salutem et apostolicam benedictionem. Honestis supplicum votis libenter annuimus eaque favoribus prosequimur oportunis. Cum itaque sicut exhibita nobis nuper pro parte dilecti filii Volfgangi abbatis monasterii Gotwicensis ordinis sancti Benedicti Pataviensis diocesis petitio continebat, quod licet ipse in iuvenili etate constitutus existat, nichilominus propter debilem sui corporis complexionem et ex certis aliis rationabilibus causis dubitat posse longo tempore eidem monasterio esse fructuosus ac illud, prout conveniens est, in spiritualibus et temporalibus feliciter gubernare, nos igitur ne idem Volfgangus in eventum, quod ipse regimini et administrationi eiusdem monasterii, cui preesse dinoscitur, sponte et libere cederet, in obprobrium sue dignitatis mendicare cogatur, providere eiusque personam nobis et apostolice sedi devotam suis exigentibus meritis paterna benivolentia prosequi volentes discretioni vestre per apostolica scripta mandamus, quatinus vos vel duo aut unus vestrum, si est ita, prefato Volfgango in eventum, quod ipse regimini et administrationi huiusmodi sponte et libere quovis modo cedat aut alias monasterium ipsum dimittat, ut parrochialem ecclesiam sancti Viti supra Gols dicte diocesis, que ut idem abbas asserit, per monachos ipsius monasterii ad illius pro tempore abbatis nutum amovibiles* hucusque regi consuevit, cum omnibus iuribus et pertinentiis suis ac decimis maioribus et minoribus infra limites eiusdem ecclesie sancti Viti necnon aliis decimis maioribus et minoribus infra limites parrochialis ecclesie sancti Andree in Haynfeld eiusdem diocesis, quas quondam Albertus Sweinwart[1] longis retroactis temporibus titulo pignoris ab eodem monasterio tenuit et possedit, eidem Volfgango per eum quoad vixerit tenendam regendam et gubernandam auctoritate nostra concedatis ita, quod post factam per eum cessionem seu dimissionem predictam liceat sibi dicte ecclesie sancti Viti iuriumque et pertinentiarum predictorum possessionem auctoritate propria libere apprehendere ac illius fructus redditus et proventus, quorum necnon omnium decimarum predictarum verum annuum valorem presentibus pro expressis haberi volumus, percipere et habere ac omnes decimas predictas exigere et in suos usus convertere et perpetuo retinere diocesani loci et cuiuscunque alterius super hec licentia vel assensu minime requisitis non permittentes ipsum Volfgangum super ecclesia sancti Viti ac decimis predictis per quempiam indebite molestari contradictores per censuram ecclesiasticam appellatione postposita compescendo. Nos enim si concessione huiusmodi per vos vigore presentium fieri contingat ut prefertur prefato Volfgango, ut donec vixerit ab eadem ecclesia sancti Viti per abbatem dicti monasterii pro tempore existentem seu quencunque alium quavis auctoritate fungentem absque rationabili causa invitus amoveri non possit, auctoritate apostolica tenore presentium de speciali gracia indulgemus non obstantibus constitutionibus et ordinationibus apostolicis statutis et consuetudinibus monasterii et ordinis predictorum iuramento confirmatione apostolica vel quavis alia firmitate roboratis ceterisque contrariis quibuscunque. Volumus autem, quod post cessum vel decessum dicti Wolfgangi ecclesia sancti Viti et decime huiusmodi in statum pristinum revertantur.

1397. * Theilweise auf Rasur.

[1] nr. 1002.

Datum Rome apud Sanctum Petrum anno incarnationis dominice millesimo quadringentesimo quinquagesimo quarto, decimo kalendas iunii, potificatus nostri anno octavo.

1398.   1454 Mai 25.

Vermerkt, das Niclas Klenauf von Mauttarn und Margret sein hausfraw habent mit einander erkauft Ij jeuch aker in Mauttarnerveld¹ gelegen bei der Twirichen und stôzzt an die Puczgassen² und dint Niclein Têndlein gên Pawngarten in sein haws XIIII ₰. Martini und ist ir baider kaufgut. Actum mit handen abbt Wolfgang am festum Vrbani anno LIIII.

Notiz in Cod. D f. 101'.

1399.   1454 Juni 2.

Vermerkt, das brueder Niclas, abbt Tamans vetter, und Altman sein brueder Agnesen, Jôrgen des Hawer von Paudorff witib, alles das guet, so ir derselbig Jorg Hawer ir man hinder sein gelassen hat, ledigs und freys gelassen habent all iren frumm damit zu schaffen, wenn sŷ inn ain benûegen darumb tan hat. Actum dominica post Petronelle anno LIIII.

Notiz in Cod. D f. 101'.

1400.   1454 Juni 3, Ober-Ranna.

Bischof Sigismund von Salona, Weihbischof zu Passau, weiht einen Altar in der Kirche in Ober-Ranna, reconciliiert den Friedhof und spendet einen Ablass von 40 Tagen.

Orig. Perg. rostfleckig. An Perg.-Streifen das Siegel.

Nos Sigismundus dei et apostolice sedis gracia episcopus Salonensis, cooperator in spiritualibus ecclesie Pataviensis sede vacante, universis etc. Quia pro modulo nostro fidelium mentes

---

1398. ¹ Ried südl. von der Strasse, welche von Mautern nach Furth führt. — ² Existiert jetzt nicht mehr.

unius effici voluntatis et ad cultum divinum ex cordis affectu per opera pie devocionis Christi fideles allicere cupientes de consensu et voluntate specialique et singulari commissione venerabilis capituli ecclesie Pataviensis gracia sancti spiritus nobis specialiter suffragante ea diligencia et devocione, qua potuimus, de novo consecravimus in ecclesia sancte Margarethe in Superiori Rånna¹ altare in honore sancti Bartholemie ᵃ apostoli et sancte Dorothee virginis versus aquilonem tercia die mensis iunii et [eadem]ᵇ die reconciliavimus cimiterium ibidem, dedicationem eiusdem ecclesie et altarium transposuimus in dominicam terciam post pascha, qua in ecclesia dei canitur: iubilate deo, a cunctis Christi fidelibus perpetuo venerari. Igitur omnibus vere penitentibus contritis et confessis, qui ad predictam ecclesiam et altare ᶜ convenerint missamque ibi legerint vel audierint sive manus adiutrices porrexerint cum cera candelis libris quibusque aliis rebus ad cultum divinum spectantibus, si qua devote obtulerint, in omnibus festivitatibus infrascriptis nativitatis circumcisionis epiphanie resurrectionis ascensionis domini nostri Ihesu Cristi in festo penthecosten ᵃ trinitatis corporis domini nostri Iesu Cristi et per octavas eiusdem dominici corporis atque in omnibus festivitatibus sanctissime dei genitricis virginis matris Marie et per octavas assumpcionis visitacionis Marie ad Elizabeth et omni die dominice, sancti Michaelis archangeli omnium sanctorum sancti Iohannis baptiste sanctorum Petri et Pauli apostolorum et omnium apostolorum, Stephani prothomartiris Laurencii martiris Ieronimi prespiteri et doctoris Marie Magdalene Katherine Barbare Dorothee, in festo dedicacionis predicte ecclesie patronorum et altarium devote convenerint, de omnipotentis dei misericordia et beatorum Petri et Pauli apostolorum eorundem auctoritatibus confisi quadraginta dies criminalium de iniunctis sibi penitenciis misericorditer in domino relaxamus. Datum et actum loco et temporibus quibus supra sub anno domini millesimo quadringentesimo quinquagesimo quarto harum testimonio litterarum sub appensione nostri sigilli roboratorum.ᵉ

1400. ᵃ Orig. — ᵇ Unleserlich. — ᶜ Corrigiert aus altari.

¹ Unrichtig, da die Kirche zur heil. Margaretha in Nieder-Ranna gelegen ist.

S. d. B. Sigismund rund, roth auf Sch. Abb. bei Hueber, Austria, T. 28 nr. 9. — Am Rv. das Signet oval, roth auf Sch., im Siegelfelde ein Kelch.

1401.   **1454 Juni 3.**

Edlpekch von Mauttarn vermacht mit handen abbt Wolfgang zu Gottweig seiner hausfraw Margreten des Plankchn tochter im Werd das ⅓ veldlehen zu Mauttarn, servit X metzen vogthabern und VI snitphenning nach den landsrechten. Actum die Erasmi anno LIIII.

Notis in Cod. D f. 101'.

1402.   **1454 Juni 13.**

Wolfganng Haberchnapp gesezzen in der Aw[1] *gegen dem Werd über und Dorothe seine Frau verkaufen Abt Wolfganng [II.] und dem Convente zu Gottweig um 24 ₰ ₰. ihr behaustes Gut zu Talarn nächst dem Hause des Paul Nusdorffer und der Tuenaw. Von demselben sind dem Stifte als Grundherrn jährlich 2 ₰. als Grunddienst und dem Nikel Ewslein zu Talarn in sein behaustes Gut 7 ₰. zu zinsen.*

Siegler: die edeln (I.) Tibolt der Pymisser und (II.) Hanns der Pawngartner von Ekchendorf.

Datum: Gebn (1454) des phincztags vor sand Veitstag.

Orig., Perg. Deutsch. An Perg.-Streifen 2 Siegel.

Auf dem Buge ist von späterer H. vermerkt: *Ist verkauft dem Hanns Strobl, Margreth uxori anno etc. LXXX in octava Agnetis* (1480 Jänner 28) *vide librum fundi folio 1 et 6.*

I. beschädigt, rund (31), grün auf Sch., IV C. U.: s. tibolt · pimisser. Ein schrägrechter Balken, darin 3 Sparren. Stechhelm. Cimier: ein geschlossener Flug. — II. rund, grün auf Sch., IV A 2 (nr. 1181 S. II).

1403.   **1454 Juni 14.**

Kathrei die Frau Hanns des Lancsman von Fuert, Anna die Frau Peter's des Püchler zu Mauttarn und Kristein die

---

1402. [1] Eine jetzt verschollene Ansiedelung östl. v. Mautern. Ausserdem werden als selbständige Ansiedelungen Chotweigeraw und Wambaseraw erwähnt, welche von dem gleichfalls eingegangenen Orte Werd verschieden sind, da ihre Lage von der des letzteren unterschieden wird.

Frau Jorig's des Schuester von Chueffarn, alle drei Schwestern und Töchter Erhart's des Fux von Steczendorf, beurkunden für sich und ihre beiden Muhmen Elspet und Dorothe, die unmündigen Töchter ihres verstorbenen Bruders Genglein des Fux von Fuert, als deren Vertreter, dass ihnen Anne die Frau Hanns des Goker im Werd alle ihre Ansprüche an die Hinterlassenschaft des Michel Herczog, des Bruders ihrer Mutter, welcher deren erster Mann war, mit einer Geldentschädigung abgelöst hat.

Siegler: (I.) Abt Wolfgang [II.] zu Göttweig als Grundherr, (II.) der edl Erhart der Puchler.

Datum: Gebn (1454) des freytags an sand Veits abennt.

Orig., Perg. Deutsch. An Perg.-Streifen 2 Siegel.

I. rund (37), roth auf Sch., IV A 2. U.: sigillvm · wolfgangi · abbatis · in gottwico. Die Dreiberge besteckt mit dem Kreuze. Ueber dem Wappenschilde die Infel. Rv. das Signet rund, roth auf Sch. Ein linksgewendeter römischer Frauenkopf (antike Oemme). — II. rund, grün auf Sch., IV A 2 (nr. 1311 S. III).

1404. **1454 August 7.**

Hanns Pawngartnér zu Ekchendorf verschreibt seiner Frau Barbara mit Handen seines Burgherrn, des Abtes Wolfgang [II.] zu Göttweig, seinen Hof zu Ekchendorf genant des Rörnpekchen hof, welcher vom Stifte Gotweig mit einem Jahreszinse von 4 ₰. an sand Michelstag zu freiem Burgrecht rührt, mit Ausnahme der Hofstätte daselbst und der vor Zeiten zu demselben gehörigen Zinse, welche er dem Stifte abgetreten hat. Erhalten sie Leibeserben, so fällt er erst nach dem Tode beider an dieselben, überlebt aber Barbara ihn ohne Kinder oder auch etwaige Leibeserben, so hat sie das Nutzungsrecht desselben bis zu ihrem Tode, worauf er an seine nächsten Erben fällt.

Siegler: (I.) Abt Wolfgang zu Gottweig als Burgherr, (II.) Hanns Pawngarttnér, (III.) der edel Leonhart der Lasperger, Richter zu Götweig.

Datum: Geben (1454) an sand Affratag.

Orig., Perg. Deutsch. An Perg.-Streifen 3 Siegel.

Der erste Buchstabe *I* ist als Initiale gearbeitet.

I. rund, roth auf Sch., IV A 2 (nr. 1403 S. I). Am Rv. das Signet, roth auf Sch., ebend. — II. rund, grün auf Sch., IV C (nr. 1229 S. II). — III. rund, grün auf Sch., IV C (nr. 1356 S. I).

1405.   **1454 November 17.**

Kathrey die Frau Jan's von Jewspicz verkauft mit Handen ihres Burgherrn, des edeln Ritter Jorg des Hager, ihrem Bruder dem edeln Veit Missingdorffer zwei Wiesen aine genant die Aberwisen gelegn an der obern seitten zunagst des pharrer zu Rarbach und an der nidern seitten zunagst des Rauscher von Klain Weczelstorf wisen, die ander genant die Underwisen gelegn an der under seitten zunagst des vorgenantn horn Jorgn des Hager und an der obern seitten zunagst des Wilhalm wisn, *von welchen dem Jorg Hager als Burgherrn in seinen Hof zu Klain-Weczelstorf 4 ₰. an sand Jorgntag zu Burgrecht zu zinsen sind.*

Siegler: (I.) der edel Herr Jan von Jewspicz *für seine Frau* (wann ich obgenante Kathrey aign graben insigil diezeyt nicht gehabt hab), (II.) der edl Hanns der Plankch, Pfleger zu Krvmaw.[1]

Datum: Gebn (1454) des suntag vor sand Elizabethtag.

Orig., Perg. Deutsch. Von 2 Siegeln an Perg.-Streifen das 1. abgefallen.

II. beschädigt, rund (26), grün auf Sch., IV A 2. U.: · s. hann[s · pl]ankch. Dreimal gespalten.

1406.   **1454 December 23, Rom.**

Der Notar Balthasar Possmünster de Strubinga, Cleriker der Regensburger Diöcese, beurkundet folgenden Processgang: Auf die Supplik der streitenden Parteien, des Peter Puchler, Cleriker der Regensburger Diöcese, einerseits und des Ulrich Durchczieher, Pfarrer zu Mawr, anderseits an die päpstliche Curie um Uebertragung ihres Processes, welcher bisher in der ersten Instanz vor dem Auditor Petrus de Valle verhandelt wurde, auf einen ausserhalb der Curie residierenden Prälaten, und zwar wenn möglich auf Johann,[1] vormals Bischof von

---

1405. [1] Krumau am Kamp. Das Schloss, welches jetzt immer mehr Ruine wird, liegt auf dem Krumauerberge am linken Ufer des Kamp (Topogr. v. N.-Oe. V, 525).
1406. [1] Johann v. Polena, Bischof v. Penna 1432—1454 Aug. 28 (Gams, Series, S. 912), wird nach Orvieto transferiert, ist aber bei Gams (ebend. S. 712) nicht aufgeführt.

Penna jetzt Bischof zu Orvieto, wird derselbe als Richter bestellt. Da nun der Procurator des Ulrich Durchcsieher an der römischen Curie Albert Schiepel, welcher durch den Notar des päpstlichen Palastes Torwart de Oringa bestellt wurde, einerseits und Peter Puchler andererseits ihn als Richter anerkannten, das iuramentum calumpnie leisteten und ihre Rechtsbeweise vorlegten, wobei ersterer urkundliche Belege erbrachte, während letzterer seine Sache mündlich vertheidigte, schreitet er nach Ablauf des letzten Termines zur Erbringung der Rechtsbeweise auf Bitten beider Parteien zum Schlusse des Beweisverfahrens und fällt das Urtheil, wonach Ulrich Durchcsieher auf die Pfarre zu Maur canonisch investiert ist und Peter Puchler die Processkosten zu tragen hat, deren Feststellung er sich vorbehält. Nachdem Albert Schiepel dem Peter Puchler dieselben, soweit er dem Ulrich Durchcsieher damit verfallen war, erlassen hat, begibt derselbe sich des Rechtes der Appellation.

Siegler: (I.) Bischof Johann von Orvieto.

Datum: Lecta lata et in scriptis promulgata fuit preinserta nostra diffinitiva sentencia per nos Iohannem episcopum iudicem et commissarium prefatum Rome in domo habitacionis nostre nobis inibi hora vesperorum ad iura reddenda et causas audiendum in loco nostro solito et consueto pro tribunali sedentibus (1454), indictione secunda, die vero Iune vicesima tercia mensis decembris, pontificatus prefati etc. Nicolai pape quinti anno octavo.

Zeugen: presentibus ibidem discretis viris magistro Iohanne Lett, sacri palacii apostolici causarum notario, secretario nostro, et domino Sigismundo Drachslår de Traffeyach in artibus magistro, clericis Spirensis civitatis et Saltzburgensis diocesis testibus.

Orig., Perg. Lat. Beglaubigungsformel u. Notariatszeichen ohne Unterschrift von anderer H. Siegel an rother Hanfschnur.

I. beschädigt, spitzoval, roth auf Sch. U.: sigillum · iohanis.

1407.   **1454 [März 6—December 29], Wiener-Neustadt.**

Aeneas Silvius Piccolomini,[1] *Erzbischof von Siena und päpstlicher Legat in den österreichischen Ländern, gibt Abt Wolf-*

1407. [1] Aenea Silvio Piccolomini, Erzbischof v. Siena 1449—1458 (Gams, Series, S. 752).

gang [II.] von Göttweig die Vollmacht, einige seiner Klosterbrüder von den Censuren zu absolvieren.

Orig., Perg. an beiden Seiten verstümmelt. Siegel abgefallen.

. . . . .ª Senensis[1] ac eiusdem sedis per Bohemiam Slesiam Moraviam Austriam Stiria[m] . . . . nuncius et orator specialiter deputatus dilecto nobis in Christo religios[o] . . . . [M]arie virginis Gotwicensis ordinis sancti Benedicti Pataviensis diocesis salutem in domino sempitern[am.] . . . . [fid]elium votis libenter annuimus eaque, ut optatum pertingant effectum, pietatis laxato grem[io] . . . . [quantum cum] deo possumus et indulti se nobis extendit auctoritas, graciosius exaudimus. Exhib[ita] . . . . ris Wolffgangi abbatis pretacti monasterii beate Marie virginis Gotwicensis peticio contin[ebat] . . . . sui monasterii in talem prorupissent audaciam, ut manus in prelibatum abbatem eorumque prel[atum] . . . . detinere pretendissent, prout eundem incarceraverunt et detinuerunt, propter quod can . . . . tam incurrerunt, a qua abbas antedictus post ipsius liberacionem credens se potestatem et au[ctoritatem] . . . . [ab]solvit necnon postea coram ipsis fratribus non tamen in contemptum clavium, sed extimans ip . . . . nuit ac immiscuit se eisdem. Post hoc prelibatus abbas intellexit se auctoritatem absolv[endi] . . . . huiusmodi minime habuisse, propterea predictus prelatus timuit et timet de presenti se ecia[m] . . . . [a]c excommunicatis fratribus ut prefertur celebravit, incurrisse. Et quia bonarum mencium . . . . pro parte ipsius abbatis nobis fuit humiliter supplicatum, ut auctoritate legacionis nostre sibi de . . . . [huius]modi peticioni annuentes discrecioni tue committimus et mandamus, quatenus auc[toritate] . . . . [p]ecierit ab ex-

---

1407. ª Lücke hier und weiterhin infolge der Verstümmelung der Urk.

cessn huiusmodi necnon quibusvis censuris ecclesiasticis, quibus propterea quon . . . . [sin]gularitate, si quam propter premissa quomodocumque incurrerit, eadem auctoritate dispenses, omnem i . . . . actam penitus aboles. In quorum omnium et singulorum fidem et testimonium . . . . iussimus et fecimus appensione communiri. Datum in Novacivitate Saltzb[urgensis diocesis] . . . . [mill]esimo quadringentesimo quinquagesimo quarto indictione secunda, die vero vi[gesima] [2] . . . . [pontific]atus sanctissimi in Christo patris et domini nostri, domini Nicolai . . . . [pape] quinti anno eius o[ctavo].

1408.   1455 April 28, Göttweig.

Niclas Mülner zů Offennpach auf der müll underm Haws [1] in Ruprechtzhoffer pharr *beurkundet, dass ihn Abt Wolfganng [II.] zu Gottweig sein Herr durch seinen Hofrichter Leonhart den Lasperger wegen Ungehorsam ins Gefängnis werfen liess, da er nach dem Spruche des Hofrichters und des Amtmannes Hanns des Okchssen in Gegenwart vieler Leute seiner Herrschaft zweimal mit 32 ℔. ₰. zur Strafe verfallen war, welche ihm jedoch der Abt bis auf 10 ℔. ₰. erlassen hat. Dagegen verzichten sowohl er als seine Frau Margareth und seine Söhne Vlreich und Erhartt für sich und ihren noch unmündigen Sohn beziehungsweise Bruder Jorig auf alle Forderungen an den Abt und Leonhart Lasperger wegen des Gefängnisses.*

Siegler: die edeln (I.) Mertt Pschåll, Pfleger zu Purkchstal,[2] und (II.) Caspar Scharner, Pfleger zu Plannkchenstain.[3]

Datum: Geben zů Gottweig (1454) des montag nach sand Gorigentag des heiligen martrer.

Orig., Perg. Deutsch. An Perg.-Streifen 2 Siegel.

1407. [2] Die engere chronologische Begrenzung ist durch den 6. März als Wahltag Nicolaus' V. und durch den 29. December gegeben.
1408. [1] nr. 901 u. 924. — [2] Schweickhardt, V. O. W. W. VII, 303 f. — [3] Plankenstein, 2 Ruinen, wovon eine älter, eine jünger ist (Schweickhardt, V. O. W. W. VII, 249 f.).

L. rund, grün auf Sch., IV C. U.: s. mertt · pschechel. Abb. bei Hanthaler, Rec. II, T. 41 nr. 13. — II. beschädigt, rund (28), grün auf Sch., IV C. U.: s. caspar · scharnner. Ein Schachthurm mit einem Aufsatze von 2 Ochsenhörnern. Stechhelm. Cimier: die gemeine Figur.

1409. [1455 vor Mai 14.]

Abt [Wolfgang II.] und der Convent von Gottbeig bitten König [Ladislaus Posthumus] um die Bestätigung der von seinen Vorfahren dem Stifte ertheilten Vogteiprivilegien, laut welcher sie gegen die jährliche Lieferung von 200 Mut Vogthafer Stadtmass zu sand Michelstag in den Kasten zu Wien auf allen Gütern mit Ausnahme der Blutgerichtsbarkeit von jedem landesgerichtlichen Eingriffe frei sind (Fuchs, Göttweiger Urk.-Buch I, in Font. 2, LI nr. 208) und lästige Bedevögte mit Wissen des Landesherrn absetzen können.
Datum und Unterschrift fehlen.

Copie in Cod. E f. 82'. Deutsch.

Dieses Gesuch muss vor der 1455 Mai 14 erfolgten Bestätigung (nr. 1410) angesetzt werden.

1410. 1455 Mai 14, Wien.

Ladislaus Posthumus bestätigt dem Stifte Göttweig die Vogteiprivilegien seiner Vorgänger.

Orig., Perg. Siegel an Perg.-Streifen.

Kanzleivermerk von anderer H. u. Tinte: *Commissio domini regis in consilio.*

Wir Lasslaw etc. bekennen und tûn kûnd offenlich mit dem brief, daz wir angesehen haben die gnad, die den erbern, geistlichen, unsern lieben andêchtigen . . dem abbt und convent zum Kottweig von kunig Albrechten von Rom und anndern unsern vordern fursten von Österreich von des vogthabern wegen, des sy uns jêrlich zu vogtrecht phlichtig sind ze raichen, gegeben sind, derselben unser vordern brief und hantvest sy uns auch darûmb getzaigt habent, die in weilent unser lieber herr und vater kunig Albrecht, Römischer, zu Hungern, zu Beheim etc. kunig, den allen got gnedig sey, mit seim brief bestêtt hat, das wir durch des obgenanten abbts fleizziger pete, und daz wir seiner und seiner conventbrůder guten werich und gepets tailhafftig werden, und von sundern gnaden in dieselben ir gnadbrief und hantvest in aller der weis, als in die von den obgenanten unsern vordern und vater gegeben und bestêtt sind, von furstlicher macht als herr und lanndesfůrst in Österreich von nowen dingen bestêttigt und bekrefftigt haben, vernewen bestêtten und krefftigen in die auch wissentlich in krafft des briefs, mainen und wellen, daz es hinfur genntzlich dabey beleibe ungeverlich. Auch tůn wir in die gnad, wenn das ist, daz in ir vôgte, so sy auf allen iren gutern, die in unserm lannd gelegen sind, gegenwurttiglich habent oder kunfftiglich gewinnent, zu swêr sein wolten oder in sust unfuglich wêrn, daz sy dann gewalt haben, dieselben ir vogt zů verkern und nach unserm rat und mit unser wissen ander vôgt an derselben stat ze nemen, als offt in des not beschicht, als in weilent die obgenanten unser vorfarn und vater solich gnad vormalen mit iren briefen auch getan habent, mit urkunt des briefs besigilten mit unserm kunigklichem anhangundem insigil, das wir in unserm furstentům Österreich gebrauchen. Geben zu Wienn an mittichen vor dem heiligen auffarttag nach Kristi gepurde im vierczehenhundert und funf und funfczigisten jar, unser reich des Hungrischen etc. im funfczehenten und des Behemischen im anndern jaren.

Siegel beschädigt, roth auf Sch. Abb. bei Sava, Siegel der österr. Regenten, S. 147 Fig. 87. Vermerk am Perg.-Streifen: *Kottwoig*.

1411. **1455 Mai 30.**

Anno domini etc. LV feria sexta post festum penthecostes hat Vlreich Linczer, burger zu Mauttarn, seiner eeleichen hausfrawn Dorothee, Jacoben des Leutakcher weilanndt gesessen zu Dietmanstorf saligen tochter, mit des erwirdigen hern, hern Wolfganngs abbt zu Gottweig hannden vermacht zu verlorner hab sein haws gelegen zu Mauttarn zenagst Hannsn des Smidts und Thaman des Oberndorffer baider hewser mit aller seiner zugehorung, davon man iarleich dint zu sand Mertteinstag ainem ydem hern und abbt zu Gottweig in den pharhof zu Mauttarn XIIII ₰. in solher beschaidennhait, ob die obgenante sein hausfraw mit tod ee abgieng dan er, so ist im das egenant haws mit seiner zugehorung widerumb ledig, presentibus Wernhardo Têurbanger, Iacobo Kiennberger, Friderico Parsenprunner armigeriis* et Leonhardo Losperger pro tunc iudice monasterii Gottwicensis.

Notis in Cod. D f. 102'.

1412. 1455 Juni 3.

Anno domini MCCCCLV feria tercia ante festum corporis Christi hat Chunrat Glacz zu Mauttarn mit hanndon des erwirdigen geistleichen hern, hern Wolfganngs abbt zu Gottweig seinen zwain sunn Hannsen und Sigmunden ubergegeben sein haws gelegen zu Mauttarn zwischen Gengel Hainreichs und Paul Hâwgen baider hewser, davon man dient gen Gottweig VIII ember most XX meczen vogthabern an das wasser[1] und XII ₰. darauf, und seinen garten genant der Chrewss und leit neben dem garten genant der Pûesser, davon man dient in des obgenanten gotzhaus Gottweig pharhof zû Mauttarn an sand Merttentag IIII β. 1 ₰., und sein Pûesserlehen geleich halbs, davon man von dem selben gantzen lehen dient XX metzen vogthabern an das wasser[1] und XII schreibphenning darauf. Die obgenanten drew stûkch das haws und den garten und das halb Pûesserlehen mit iren zugehorungen hat er seinen egenanten zwain sûnn ledigkleich ubergegeben, das sy die nach seinem abganng sullen besiczen innhaben nutzen und niessen und all iren frumb damit schaffen, wie sew verlust, an aller seiner erben und menichleichs von iren wegen irrung und widersprechen angesehen, das er seinen zwain tochtern Kathrein der Goldpergarin und Margarethen der Gasnerin ir heyratguet vor hindan ledigkleich gegeben hat. Actum in Gottwico anno et die ut [supra]* presentibus fratre Erhardo Longo et fratre Nicolao pro tunc plebano ibidem, Materno plebano in Mulbach, Wolfgango notario, Paulo Reisner in Fuert et Waltasar Marchart.

Notis in Cod. D f. 103.

1411. * Cod.

1412. * Durch Versehen ausgelassen.

[1] Donau.

1413.   1455 Juli 1, Wien.

König Ladislaus Posthumus befiehlt Abt Wolfgang II. von Göttweig, auf dem Stiftsbesitze zu Markersdorf seine Amtleute nur mit Wissen des Vogtes Georg Seissenegger zu bestellen.

Orig., Pap. Siegel auf der Rückseite aufgedrückt.

Unter dem Datum ist von anderer H. vermerkt: *Commissio domini regis in consilio.*

Wir Lasslaw etc. dem abbt[a] zum Götweig etc. Uns hat unser getrewer lieber Jorg Sêwsenekger,[1] unser rat, anbracht, wie die schrann zu Markersdorf und unser lanntgericht daselbs allweg nach seiner emphelhnûss als ains vogts an unserer stat mit den ambtlêwten daselbs beseczt werd, auch dieselben ambtlêwt von alter her mit willen und wissen sein und annderer seiner vordern unsern vogten gesaczt und entseczt sein worden, du aber an anndern ennden und nicht in dem benantten aigen an sein willen und wissen ambtlêwt seczest, dadurch die schrann und dasselb unser lanntgericht nicht mugen nach nôtdůrften gehanndelt werden, und auch die vogtlêwt zu unpillicher hanndlung wider alts herkomen dringest, das uns unpilleich bedunkcht, emphelhen wir dir und wellen ernstlich, daz du ambtlêwt in dem vorbenantten aigen und nicht an anndern ennden und nach willen und wissen desselben Sêwsenekger oder annderer unserer vôgten seczest, damit dieselben schrann und lanntgericht beseczt und gehanndelt werden nach nôtdůrften und als von alter ist herkomen, auch die vogtlêwt mit unczimlichen hanndlungen nicht beswêrest etc. Geben zu Wienn an eritag nach sand Peter und sannd Paulstag der heiligen zwelfpoten anno domini etc. LV, unserer reich des Hungerischen etc. im sechczehenden und des Behemischen im anndern jaren.

1413. [a] Orig. statt *abbt.*

[1] Die Streitigkeiten des Stiftes mit demselben dauerten bis in's Jahr 1457. Obwohl keine Urkunde aus diesem Jahre erhalten ist, so vermittelt uns das Registrum Martini abb. (Sign.: L, XVIII, 2) durch zwei Ausgabsposten die Kenntnis davon: *Item in der vasten zu Wiennen, da ich pin ausgewesen ruben tag und hab anpracht, von des Seisenekker wegen hab ich verzert XI tl. ₰.* und: *Item in raysa ad Ips ad Seysenekêr notario Wolfgango XII tl. ₰.*

S. d. Königs Ladislaus beschädigt, roth. Abb. bei Sava, Siegel der österr. Regenten, S. 144 Fig. 85.

1414. **1456 Februar 13.**

Dorothe die Witwe nach Ŭlreich dem Lintzér, Bürger zu Mauttarn, jetzt die Frau Karleins des Verber, Bürger zu Kremhs verkauft mit Handen ihres Burgherrn, des Abtes Wolfgang [II.] zu Götweig, dem erbern Sigmund Obermair von Veldkirchen ihr Haus sammt dem hinten daranstossenden kleinen Weingarten zwischen den Häusern Thomans des Oberndorffer und Hanns des Smid zu Mauttarn, von welchem an die Abtei zu Gotweig jährlich 14 ♪. und an das Haus Thomans des Oberndorffer 2 ♪. von einer rynn an sand Mertentag zu zinsen sind.

Siegler: Abt Wolfgang [II.] von Gotweig als Burgherr, die edeln (II.) Hanns Pawngartner zu Ekchendorf und Wolfgang Altmanstainer zu Prunn.

Datum: Geben an freitag vor dem suntag invocavit in der vassten (1456).

Orig., Perg. Deutsch. Von 3 Siegeln an Perg.-Streifen das 1. u. 3. abgefallen.

II. rund, grün auf Sch., IV C (nr. 1229 S. II).

1415. **1456 Februar 15.**

Matheus der Freyberger verschreibt seiner Frau Anna, der Tochter des edeln Gerg von Feuersperg, für ihre 100 ♆. ♪. Mitgift nach dem Landesrechte in Kärnden, Tyrol und im Erzstifte Saltzburg 200 ♆ ♪. als Widerlage, und zwar 100 Gulden als Morgengabe, das übrige auf seinem Gute zu St. Jergen im Landgerichte Lüentz als Leibgeding, welches Blasy Kerer zu einem Jahreszinse von 3 Vierling Weizen, 10 Landmass Roggen, 3 Landmass Gersten, 18 Landmass Hafer, 30 ♪., 4 rothen Eiern zu Ostern, 2 Hühnern und 1 Granatapfel zu Pfingsten, 20 Eiern zu St. Michelstag und 2 Schultern zu Weihnachten bebaut.

Siegler: (I.) Matheus der Freÿberger und (II.) der edle Veid Grabner, sein Schwager.

Datum: geben (1456) am sontag nach sant Appolloniatag.

Orig., Perg. Deutsch. An Perg.-Streifen 2 Siegel.

I. rund (27), grün auf Sch., IV C. U. auf Spruchbändern undeutlich. Auf den Dreibergen der wachsende Löwe mit einem Aste in den Pranken. Stockholm. Cimier: der wachsende Löwe mit einem Aste in den Pranken. — II. Siegelbild ausgebrochen.

1416. 1456 Mai 2.

Anno domini MCCCCLVI an suntag nach Philippi und Jacobi ist komen fur den erwirdigen geistlichen hern, hern Wolfganng abbt zů Gottweig Wernhart Karlinger, dieczeit ainer des rats und burger zů Stain, und hat im und seinen erben enphangen nůcz und gwêr ain gartten, des ain ieuch ist, genant Weittaygen gelegen in dem Werd an aim tail zenagst Hannsens Půchspåwm garten, davon man iarleich zu purkrecht gibt dem benanten gotzhaws zu Gottweig am ersten suntag in der vasten invocavit XXX ₰., als derselb garten mit kchauf von Hanns Edelpekch, burger zů Mauttarn, und Margarethn seiner hausfrawn umb ain sumb gelts an den bemeltn Wernhart Karlinger und sein erben komen ist. Actum in presencia Fridrici Hanntmaister, cive in Stain, fratris Simonis pro tunc cellerari et Wolfgangi Kchol, notarii monasterii.

Notiz in Cod. D f. 104.

1417. 1456 Mai 5.

Wolfganng Protschs von Růrstorff verkauft dem erbern Hanns Pollan und Anna dessen Frau seinen Erbantheil an dem Gute, welches sein verstorbener Vetter Peter Důrlman auf dem Åygen underm Gottweig mit haws gesessen mit Anna seiner Frau zu gesammter Hand gekauft hat, das jetzt letztere auf Lebenszeit innehat und von dem er die Hälfte als natürlicher Erbe mit růegen und recht in der Schranne seines Herrn des Abtes Wolfganng [II.] von Gottweig zu Fuertt behauptet hat. Die Besitzstücke sind folgende: item von erst das behaust gůet, da die benannt Anna innesiczt mit seiner zůgehorung gelegen bei des Schiffer můl auf dem Åygen under dem Gottweig; item ain wisen gelegen bei dem behausten gůet und ain weingarten gelegen enhalb des mulganngks bei der wisen und des Schiffer můl; item drithalb jewch akcher gelegen im Pannholcz [1]

1417. [1] Bannholz, Ried in der Thalsenkung zwischen Furth u. Eggendorf.

zwischen den wegen; item zwáy iewch akcher gelegen auf der Obernpewntt² zwischen Erharts des Púchlar akcher; item funf viertal akcher gelegen auf der Obernpewntt neben des Paul Schreiber akcher; item ain ieuch akcher gelegen obernthalb der Lanndtstrass neben Leonharts Merleins akcher; itm aber ain halbs jeuch akcher gelegen auf der Lanndtstrass an Jorigen Gúttmans akcher; item dritthalb jewch akcher gelegen in dem veld ennthalb des Teuffenwegs³ stost unden an Gengleins Gúettmans akcher; item ain iewch akcher in demselben veld neben des Hanns Prenntleins akcher; item ain halbs jeuch akcher gelegen auch neben Hanns Prenntleins akcher; item ain halbs iewch akcher auf dem Tewffenweg neben Gorigen Êschenawer akcher; item ain jeuch weingartten in der Obernpewnt neben des Erharts Puchlar weingartten; item ain viertail weingartten gelegen auf der Stêtten neben Peteren des Húedner weingartten.

Siegler: (I.) Abt Wolfganng von Gottweig als Grund- und Burgherr, (II.) der edel Leonnhart Losperger.

Datum: Geben (1456) an sand Gottharttag des heiligen bischove.

Orig., Perg. Deutsch. Von 2 Siegeln an Perg.-Streifen das 2. abgefallen.

Vgl. nr. 1691 u. 1730.

I. rund, roth auf Sch., IV A 2 (nr. 1403 S. I). Am Rv. das Signet roth auf Sch. Vgl. ebend. S. I.

1418. 1456 Juli 7, Wien.

*Bischof Vlreich*¹ *von Passaw beurkundet, dass er und seine Bürger und Unterthanen zu Mauttarn einerseits und Abt [Wolfgang II.] und der Convent zu Götweig und deren Unterthanen im Werd anderseits sich in ihrem Streite (nr. 1420) auf ein Schiedsgericht geeinigt haben. Er erwählt im Namen seiner Partei die ersamen und edelen Meister Hanns Simonis, Propst und Domherr zu Sand Andree zu Freysing, und Jörg Aichperger seinen Marschall und der Abt im Namen seiner Partei*

1417. ² westl. v. Furth. — ³ Ein Hohlweg, welcher von Furth durch die Weingärten westwärts führt.

1418. ¹ Ulrich v. Nussdorf, 1451 Juli 10 —† 1479 Sept. 2 (Gams, Series, S. 301).

den edelen Fridreich von Hohenberg und Pernhart Mülnelder als Spruchleute, welche jede Partei am künftigen Dienstag nach sannd Margrethentag nach Mauttarn zu bringen hat, damit sie einen Vergleich zustande bringen oder, wenn dies nicht möglich ist, das Urtheil mit Stimmenmehrheit fällen. Beide Parteien wählen für den Fall, dass kein Vergleich zustande käme, den edelen Rüdiger von Starhenberg und, wenn derselbe die Wahl nicht annimmt, den Jörg Dächsser als Ortmann und verpflichten sich, den Schiedspruch unter der Strafe des Verlustes der Gerechtsame und unter der von den Spruchleuten festgesetzten Busse einzuhalten. Lehnt einer von diesen Spruchleuten die Wahl ab, so ist die betreffende Partei verpflichtet, einen anderen an dessen Stelle zu setzen, damit die Verhandlung am festgesetzten Termine begonnen und vor dem Abschlusse des Streites nicht abgebrochen werde.

Siegler: (I.) Bischof Vlreich von Passau.

Datum: Geben zu Wienn an mitichen nach sannd Vlreichstag (1456).

Orig., Perg. Deutsch. Siegel an Perg.-Streifen.
Mon. boica XXXI/II, 445 nr. 906.

I. Bruchstück rund, roth auf Sch., Abb. bei Duellius, Exc., T. 34 nr. 424. Rv. Signet roth auf Sch., Abb. ebend.

1419. 1456 Juli 7, Wien.

Abt Wolfgang und der Convent zu Gotwig erwählen in dem Streite, welchen sie und ihre Unterthanen zu Werd mit den Unterthanen des Bischofes Vlrich von Passaw, den Bürgern zu Mawttarn, wegen einer Au (nr. 1420) hatten, zu dem beiderseits vereinbarten Schiedsgerichte ihrerseits die edlen Herren Friedrich zu Hohenberg und Pernhart Müllfelder, Verweser zu Achgstein, als Spruchleute, während der Bischof von Passaw die ersamen und edlen: Meister Hanns Simonis, Propst zu Sand Andree zu Frising und Domherr daselbst, und seinen Marschall Jorg Aichperger erwählt.

Siegler: (I.) Abt Wolfgang und (II.) der Convent zu Götwig.

Datum: Gebn zw Wienn an mitichen nach sand Vlrichstag (1456).

Orig. im königl. baier. Reichsarch. z. München (Sign.: Mautern, Saal 8, Kasten 1, Lade 3), Perg. Deutsch. 2 Siegel an Perg.-Streifen.

I. rund, roth auf Sch., IV A 2 (nr. 1403 S. 1). — II. rund, grün auf Sch., 11 B. Abb. bei Hanthaler, Rec. I, T. 13 Fig. 13, u. Sava, Siegel d. Abteien, S. 33 nr. 15.

1420.   **1456 Juli 15, Mautern.**

Erwählte Schiedsrichter entscheiden Streitigkeiten zwischen Bischof Ulrich von Passau und dem Stifte Göttweig über die Au östlich von Mautern.

Orig., Perg. feuchtfleckig An Perg.-Streifen 6 Siegel.

Wir die nachgeschriben mit namen Johanns Sŷmonis, brobst zu sand Andree zu Freising und thumher daselbs, und Jôrg von Aichperg zu Sålldenaw marschalh ains anstat und von wegen des hochwirdigen fürsten und herren, hern Ulrichen bischoven zu Passaw unnsers gnedigen lieben herren und * seiner gnaden burger und lewt zu Mauttarn, item und ich Fridreich herr zu Hohenberg und Ott von Topel des andern tails anstat und von wegen des erwirdigen und der ersamen und geistlichen herren, hern Wolfgangen abbts und des ganczen convents und des gotshaws und closters zu Göttweig und irer lêwte zu Werd als spruch und teidingslêwte und ich Rûdiger von Starhenberg als ortman von baiden obgenanten tailn zu der nachgemelten sache gebeten und gegeben bechennen all ainhelliclich mit disem offen briefe vor allermêniclich als von solher stöss zwitrêcht und misshelung wegen, die sich zwischen der obgeschriben tail und partheyen gehallten habent von wegen ainer awen zenachst der Tunaw ob der vom Götweig und der von Krembs awen gelegen und auch ettlicher grünt, gärten und awen und ainer waid gelegen underhalb Mauttarn lanndshalben und geet abwertz uncz an den arm, der zwischen derselben waid und dem dorff im Werd rinnt, und von aines intûn und pfenttung wegen des vichs, so den von Mauttarn auf der benanten waid von des von Göttweig lêwten ist beschehen. Derselben stöss zwitrêcht und misshelung aller, wie sich die zwischen ir unczt auf hewtigen tag verlauffen haben, nichts darinn ausgeschaiden sunder alles hie inne begriffen si baiderseit gênnczlich auf uns obgeschriben ortman und spruchlêwt zu der gütikait oder ob des in der gütikait nicht sein wolde, zu ainem rechtlichen spruch

---

1420. * Das folgende *seiner gnaden burger und lewt zu Mauttarn* auf Rasur.

kômen und hindergengig worden sein nach laut der anlass
darumb ausgangen und ain tail von dem andern übergeben,
also haben wir uns auf baider obgenanter tail vleissig gebete
der sachen angenomen und nachdem wir dieselben tail mit red
und widerred verhôrt und die obberürten awen grünt gârtten
und viechwaid nach aller notdürfft und mit vleiss haben besicht, haben wir darauf mit des benanten unnsers gnedigen
herren von Passaw anwald und des bemelten abbts vom Göttweich und seines convents willen und wissen die sachen
zwischen ir hingelegt und die auf ain entliche stât in nachgeschribner mass und form auch wissentlich in krafft des
briefs also abgeredt: von erst von der newen awen zenachst
ob der vom Gotweig und der von Krembs aw gelegen, daz
der vom Kotweig sein convent und die iren unnserm gnedigen
herren von Passaw seinen nachkomen und den zu Mauttarn
furbaz kain irrung thûn sullen von den lebêrn, der sich der
erst anhebt zenachst bei der Tûnaw, und darnach von ainem
lebern auf den andern zwerchs abbercz in und auf den graben
unczt an die leên und daselbs zwerchs durch alsdann bei dem
geschaidwasser, der leczt leber gegen der von Mauttarn waid
uber gemacht ist, mitsambt den vischwassern und vischwaiden
auf der Tûnaw aufwercz von dem ersten leber, der bei der
Tûnaw gemacht ist, gegen Mauttarn aufwercz und in den geschaidwassern von dem nidrissten leber, der gegen der von
Mauttarn waid uber gemacht ist auch aufwercz, dann die
andern vischwasser abwercz sullen unnser herr von Passaw,
sein nachkomen und die iren dem abbt und convent vom Gotweig und den iren daran kain irrung thun und der obgenanten
leber sind nêwn nacheinander. Dann umb die waid zwischen
Mauttarn und dem wasser, daz ob des dorffs genant: im Werd,
durchrinnt, haben wir abgeredt, daz an den marchstain, so geseczt ist auf dem lannd vor den akchern velldshalben niderhalb des wegs daselbs bei der leên, und von demselben marchstain entrichtz snûrgerecht uber gegen dem grossen swarczen
turn, dadurch das tor zu Krembs bei der Krembs aus der stat
geet, zu mit in denselben turn und in der mitt snûrgerecht an
die fumf marchstain, so daselbs gemacht und gesczt sein, an
yedem derselben marchstain sol gehawt werden an der obern
seyten gen Mauttarn wercz ain P und was oberhalb derselben
marchstain gegen Mauttarn ist, das sol fûrbas unnsers gnedigen

herren von Passaw seiner nachkomen und der zu Mauttarn sein an irrung des abbts seines convents vom Gôtweig irer nachkômen und lêwte. So sol an der nidern seiten abwertz an den obgemelten marchstain ein G gehawt werden und was underhalben desselben G und der marchstain ist, das alles sol dem abbt, seinem convent zu Gotweig und iron lêwten im Werd an all irrung und hindernûss unnsers herren von Passaw seiner nachkômen und irer lêwt beleiben und der marchstain, der underhalb des wegs steet, sol gen dem velld hinaus dhain anczaigen tûn, sunder allain auf die benant waid marchen und dienn. Mer bereden wir, ob unser herr von Passaw, sein nachkomen und die iren auf den waiden, als vor bemelt sind, si sein iren gnaden oder dem vom Gôtweig und seinem convent zugetailt, desgleich der abbt das convent und ir lêwt ir notdûrfft fûren wellen, daz kain tail den andern daran nicht irren noch enggen sülle und der abbt sein convent und die iren mûgen sôlh grûnt in zugesprochen wol verfriden doch also, daz si durch denselben frid gâtter gehen lassen, dadurch yederman mit fûr sein notturfft sûchen môg, und dieweil si sôlhen frid nicht gemacht haben, so mag der von Mauttarn viech an irrung des abbts und der seinen wol darauf geen. Und ob die von Mauttarn auf den grûnntten in zugesprochen einfahen wûrden, so sullen si in obgeschribner mass auch gâtter und weg dadurch geen lassen etc. Wir haben auch nemleich abgeredt, daz solhe march von der viechwaid wegen an den marchen der gericht und zugehorung zu Mauttarn dem egenanten unserm gnedigen herren von Passau seinen nachkomen noch den iren kain mÿnnerung bringen sülle on geverde. Dann von der obgemelten pfenttung und eintbuens wegen des viechs, so den von Mauttarn auf der benanten viechwaid von des vom Gôttweig lêwten beschehen ist, haben wir beteidingt und abgeredt, daz der benant abbt vom Gôttweig solhs unnserm egenanten gnedigen herren von Passaw mit prelâten seines stands und auch ettlichen lanndsherren diemuticlich abgebeten und auch seinen gnaden darumb abtrag getan hat, darauf dann sein gnad in solher verhandlung gnedicleich hat begeben. Und also zu der sach besliessung bereden wir, daz nû all zwitrêcht unwillen und irrung, wie sich die zwischen desselben unnsers gnedigen herrn von Passaw und des vom Gottweig und aller der iren oder ander von iren wegen in den sachen gemacht und begeben haben, gancz ab und hin sein sullen. Und so sol ain parthei gen der andern und besunder die von Mauttarn gen den im Werd und die im Werd gen den von Mauttarn der sachen halben nichtz mer ze sprechen haben klain noch gross und sol also allenthalben gancz und gar ain verrichte sach sein alles getrêulich und ungevêrlich. Es sullen auch bed obgemelt herren der iren darczů mêchtig sein mit urchundt des brieffs, der wir yedem tail ainen in gleicher laut geben haben versigelten mit unnser obgenanten Rudiger von Starhenberg als ortman von beden tailn Jörgen von Aichperg auf meins egemelten gnedigen hêrren von Passaw seitten, item und mein Friedreich[b] herr zu Hohenberg auf des vom Göttweig seitten als spruchlêwt darczu geben anhangunden innsigeln, darunder wir uns die andern spruchlewt gebrauchen doch uns allen unnsern sigeln und erben an allen schaden, daz auch dise teiding und abred mit unnsers obberûrten Vlrichen von gotes genaden bischove zu Passau auch unnser Wolfgangen von gotes verhenngnûss abbt und .. des convents zu Gotweig willen und wissen geschehen ist, so haben wir zu vordrist unnsere sigel an den brief gehanngen. Geben und geschehen zu Mauttarn an phinczttag der heiligen zweilfboten tag divisionis nach Kristi geburde tausent vierhundert und im sechs und funfczigisten jare.

I. S. d. B. Ulrich v. Passau beschädigt, rund, roth auf Sch., III B 2 b. U.: s. vdalrici · dei · gracia · episcopi · ecclie. p ...... Am Rv. das Signet roth auf Sch., zerbrochen. — II. S. d. Abtes Wolfgang v. Göttweig rund, roth auf Sch., IV A 2. Am Rv. das Signet roth auf Sch. (nr. 1403 S. I). — III. Göttweiger Conventsiegel rund, grün auf Sch., II B. Abb. bei Sava, Siegel der Abteien, S. 33, III. — IV. S. d. Rudiger v. Starhemberg beschädigt, rund, grün auf Sch. — V. S. d. Georg Aichperger rund (28), grün auf Sch., IV A 2. U.: s. iorg · von · aichperg. Ein Balken, am Fusse die Dreiberge. — VI. S. d. Friedrich v. Hohenberg rund (35), roth auf Sch., IV C. U.: s. fridreich · herr · in · hahenberch. Der aufsteigende Panther. Gitterhelm. Cimier: der wachsende Panther.

1421.   **1456 Juli 15, Mautern.**

Johanns Simonis, Propst zu Sand Andre zu Freising und Domherr daselbst, der Marschall Jörg von Aichperg zu Selldenaw als Spruchleute des Bischofes Vlrich von Passaw und der Bürger

---

1420. [b] Das folgende *herr zu Hohenberg* auf Rasur.

zu Mauttarn einerseits und Fridreich Herr zu Hohenberg und Ott von Topel als Spruchleute des Conventes und des Stiftes zu Göttweig und deren Unterthanen zu Werd anderseits und Rudiger von Starhenberg als Ortmann entscheiden einen Streit zwischen beiden Parteien (vgl. nr. 1420).

Siegler: (I.) Johann Simonis, (II.) Abt Wolfgang von Göttweig, (III.) der Convent von Göttweig, (IV.) Friedrich von Hohenberg, (V.) Jorg Aichperger und (VI.) Rudiger von Starhenberg.

Datum: Geben und geschehen zw Mauttarn an phintztag der heiligen zwelfbotentag divisionis (1456).

Orig. im königl. baier. Reichsarch. z. München (Sign.: Mautern, Fasc. 5), Perg. Deutsch. Von 6 Siegeln an Perg.-Streifen das 6. abgefallen.

Mon. boica XXXI/II, 447 nr. 907.

I. beschädigt, rund, roth auf Sch. — II. rund, roth auf Sch., IV A 2 (nr. 1403 S. I). — III. rund, grün auf Sch. (nr. 1419 S. II). — IV. rund (32), grün auf Sch., IV C. (nr. 1420 S. VI). — V. rund (28), grün auf Sch., IV A 2 (nr. 1420 S. V).

1422.   1456 October 24. Göttweig.

Bischof Sigismund von Salona beurkundet die Consecration des Chores, zweier Kapellen und dreier Altäre in Göttweig und verleiht einen Ablass.

Orig., Perg. Siegel war an einer Schnur angehängt.

Nos Sigismundus dei et apostolice sedis gracia episcopus Salumensis,[a] cooperator in spiritualibus reverendissimi in Christo patris et domini, domini Vdalrici eiusdem gracia Pataviensis episcopi, universis etc. Quia pro modulo etc. Igitur de consensu et voluntate specialique singulari commissione prefati reverendissimi in Christo patris et domini Vdalrici episcopi Pataviensis domini nostri graciosi gracia spiritus sancti nobis specialiter suffragante ea diligencia et devotione qua potuimus de novo consecravimus domino altaria in corpore monasterii Gotwicensis, unum versus aquilonem in honore sancti Michaelis archangeli et omnium angelorum, secundum versus meridiem

---

1422. [a] Anstatt *Salonensis*.

in honore sancte Erndrudis virginis vicesima die mensis octobris. Item vicesima quarta die prefati mensis, que fuit proxima dominica ante sanctorum Crispini et Crispiniani martyrum, chorum prefati monasterii de novo consecravimus cum suo principali altari in honore sancte et individue trinitatis et sancte crucis specialiter tamen in honore gloriosissime dei genitricis virginis Marie assumpcionis assistentibus nobis in pontificalibus reverendis et venerabilibus patribus et dominis, domino Wolfgango antedicti monasterii, domino Petro ad Sanctum Petrum Saltzoburgo et domino Thome in Lambaco, abbatibus ordinis sancti Benedicti, necnon domino Pernhardo in Berichtolsgadem et domino Chunrado ad Sanctum Andream supra Draissam, prepositis ordinis sancti Augustini canonicorum regularium Saltzeburgensis et Pataviensis diocesis, dedicacionem vero prefati chori et altarium ac tocius monasterii ad instanciam et peticionem reverendi patris domini Wolfgangi dicti monasterii abbatis ac tocius conventus ibidem ex matura deliberacione statuimus proxima feria tercia post festum penthecostes a cunctis Christi fidelibus perpetue celebrari et devote venerari. Igitur omnibus vero penitentibus contritis et confessis, qui ad predictum chorum seu monasterium et altarium convenerint missasque ibi legerint sive audierint seu manus adiutrices porrexerint cum cera candelis libris quibusve aliis rebus ad cultum divinum spectantibus, si qua devote obtulerint, quocienscumque hec fecerint sive ibidem tria: pater noster, et tria: ave Maria, et unum: simbolum apostolorum, flexis genibus devote oraverint, de omnipotentis dei misericordia et beatorum Petri et Pauli apostolorum eorum auctoritatibus confisi semper quadraginta dies criminalium et octuaginta venialium de iniunctis sibi penitentiis misericorditer in domino relaxamus. Datum et actum loco et temporibus quibus supra sub anno domini millesimo quadringentesimo quinquagesimo sexto harum testimonio litterarum sub appensione nostri sigilli roboratarum.

1422. 1456 November 11.

Albrecht von Eberstorf, oberster Erbkämmerer in Österreich, quittiert [?] [Wolfgang II.] von Kremsmünster für das laufende Jahr den Empfang eines Pfers und eines Paares Fußeisen.

welche ihm derselbe als obersten Kämmerer jährlich an sand Mertentag zu geben hat.

Siegler: Albrecht von Eberstorff mit dem Petschaft.

Datum: Geben zw sand Merttentag (1456).

Orig., Pap. Deutsch. Petschaft unter Papierdecke auf der Rückseite in rothem Wachse zum Verschlusse aufgedrückt.

1424. **1456 December 28.**

Stefan Stainer von Grafenwörth beurkundet, dass sein Beneficium zu Kilb unter landesfürstlicher Erbvogtei steht.

Notiz im Zinsverzeichnisse der Marienkapelle zu Kilb (Sign.: B, XXXIV nr. 2).

Ich Stephan Stainer von Grafenwerd, dieczeit cappellan der stÿfft und der chappellen ûnser lieben frawn zu Kůlib, hab hie vermerckht von der vogteÿ wegen, als der wolgeboren herr, herr Hanns von Plankchenstain vermaint, er seÿ ain erbvogt derselbigen stÿfft, füeg ich allen mein nachkômen capplân daselbs zu wissen, als mein herr, herr Hanns Christoffri von Pawdorff, dieczeit gesell zu Melkch, mir das beneficium hat resigniert an die innocentum anno domini etc. LVII zu Melkch zu dem Wolfgang Rÿemer. Dapey sind gewesen herr Michel notari, dieczeit capplan zu Pÿelach, herr Andre Leb, dieczeit vicari zu Hofsteten, herr Hanns Gueczpier, pharrer zu Mânkch, herr Hanns Ôdperger, dieczeit pharrer zu Kûernbergk, und ander erber lêut geistleich und weltleich. Vor den allen hat herr Vllreich Sleczer, der vor daselbs zu Kûlib caplan gewesen ist, offenleich geredt, er hab gepeten herren Haÿnreichen von Plankchenstain zu ainem petvogt, darnach herrn Pangréczen von Plankchenstain, auch herrn Hannsen von Plankchenstain all nuer zu petvôgtn. Aber herr Hanns von Plankchenstain der wil sew seÿnn erbvogt, das ich alczeit widerred, wenn ain fûrst von Österreich ist der stÿfft rechter erbvogt, wenn die stÿfftherrn Ott Kûliber, Arttolf Kûliber und Hêrtel Kûliber, Ott Wûlfenstorffer und Gerung Rêdlêr, die habent dem fûrsten die vogteÿ aufgegeben, darnach wissen sich all mein nachkômen zu richtten und zu tuen.

1425.

1456 Nappersdorf.

Der Richter Hans Haug beurkundet den Processgang in dem Streite zwischen Hans Salzbrunn von Wullersdorf und den Göttweiger Unterthanen zu Hetzmannsdorf.

Orig., Perg. durchlöchert. Siegel an Perg.-Streifen.

Ich Hanns Hawg, richter zu Napperstorf, bekenn zů der zeit, als ich an dem rechten sas, das für mich cham der erber Hanns Salczbrunn von Wulderstorf und gab durch seinen redner zu erkennen, wie im des abbts vom Göttweig lêut zů Heczmanstorf und ir helffer ain zawn umb ain wysen in Heczmanstorfferveldt mit fravel und an recht nẏdergehakcht hietten, und begerêt, das die auf sein furbringen in antwort gevordert werden. Daengegen chamen des vom Göttweig lêut und dẏ ganncz gemåyn daselb zu Heczmanstorf und brachten durch iren redner für, wie sẏ höreten sich chlagen, das sẏ ain zawn scholten nẏdergehakcht haben vråfleich und an recht. Darauf gabn sẏ durch iren redner zu erkennen, wie der zawn nẏe rechtleich da gestannden wêr, wenn er der gannczen gemåyn zu verderbleichem schaden stůend, so er da sten solt. Es gedåcht auch chain man, das ain zawn rechtleich da gestannden wår, wann das wasser sich aus sẏbenczehen dörffern an den zawn swêllet, das dann der ganczen gemain zu schaden chôme, und umb das stůend der zawn da unpilleich und so die åkcher enebn der wẏsen in der prach ligen, so sol die wẏsen ain gemaine viechwaid sein, das wêr also von allter herkômen. Daruber lies sich der benant Hanns Salczbrun durch sein redner verrer hörn, im wår umb das furbringen der gemåyn nichts wissen. Er begeret auch, das man sein redner darauf rechtens fraget. Der sprach zu recht, seind das sẏ im den zawn vråfleich und an recht und an willn seins purkchherrn nẏdergehakchet oder geprochn hietten, das hiettn sẏ unrechtleich getan, und seczt das zu recht. Daengegen hies sich der gemåyn redner auch rechtens fragen. Der sprach: er höret nur plassew wort, hiet aber der anklager brief oder sigel oder aber andrew kuntschaft register oder gruntpuecher, die innhielten, das der zawn rechtleich da stůend, die solt er hewt hören lassen als ain anklager, hiet er aber der nicht, so hietten die antwortter den zawn rechtleich nẏdergeprochen und ge-

hakcht und wêrn darumb nẏemet phlichtig, und soczt das zu
recht. Auf soleich ir baider rechtsacz ward ainer an dem
erbern geding rechtens gefragt, der bedacht sich mit den
anderen und sprach, seẏt das der klager nur plôssew wart
furbrâcht und nichts anders, so hietten die antwortter den
zawn rechtleich nẏdergeprochen und wârn darumb nichts
schuldig. Des rechtspruchs dingt der anklager aus der schrann
zu Napperstorf an den* ersamen geistleichn herren, hern Wolf-
gangen abbt unser frawn gotzhaws zu Gôttweig, der dieselbig
urtail erlôst hat. Nun die urtail und lôsung widerumb fůr ge-
richt kômen ist, beschawet und aufgeprochen und gelesen
wordn yedem tail zu seiner gerechtikâyt. Dieselbig lôsung
innenhielt: brâchtn die antwortter fůr, als zû recht genueg ist,
das vormaln die wẏsen nẏe ingefangen, noch chain zawn da
gestanden und der dorfmenig schedleich seẏ, da beleib es pil-
leich peẏ. Tâtten sẏ aber des nicht, so geschâch verrer, was
recht ist. Derselben urtail und losung dingt der vorbenant
Hanns Salczbrun aus der schrann zu Napperstorf an den edeln
herrn, herrn Jôrgen von Chûennring die zu erlôsen. Nun sind
die antwortter an dem vierczehendten tag fůr gericht kômen,
als dann urtailn fuern im land zů Osterreich recht ist, und
haben die ervordert nach der schrann gerechtikâyt. Es ward
auch derselb Hanns Salczbrun berůefft nach der schrann ge-
rechtikâyt. Er cham nicht fůr gericht noch ẏemant von seinen
wegen, der von im gewalt hiet gehabt oder der in erhafter nôt
hiet ausgeredt, des zů recht genueg wâr gewesen. Und nach
sôlchem berůeffen růeffen mich die antwortter an umb recht
und pat sich der antwortter redner rechtens zu fragen. Der
sprach zu recht: seyt der vorgemelt Hanns Salczbrun nach
der schrann gerechtikâyt berůefft wâr wardn, als dann vorbe-
melt ist, und von seinen wegen nẏemant kômen wâr, so sprâch
er zu recht den benantn Hanns Salczbrun zů vall und pruch.
Es hietten auch die antwortter das recht erlanngt und behabt
und seczt das zů recht. Nach soleichn hêrgefůertn sachen
und rechtsprůchen ward ainer an dem erberen geding rechtens
gefragt, der bedacht sich mit dem andern und sprach zů recht:
seyt der benant Hanns Salczbrun nach der schrann gerechti-
kâyt berůeft wêr warden, als vor begriffn ist, und nyemat von

---

1425. * Corrigiert aus *deu*.

seinen wegn chōmen, der in soleicher erhafter nōt ausgeredt hiet, so sprāch er in des rechtens vall und pruch und die antwortter hietten das recht zū im erlanngt und behabt. Des rechtspruchs warde im von mann zu mann gevolget, die des tags an dem rechten sassen. Soleichen gesprachn rechtens paten mich die antwortter in darūber mein gerichtsbrief ze geben, dew ich in in gleicher lawt gib nach allem hergefūertn rechtn und lōsung, die in dann von mann zū mann mit recht gevolget sind warden. Und wann ich obgenanter Hanns Hawg aỹgn insigil nicht enhab, so hab ich mit vlêys gepeten den fūrsichtigen und wêysn Ulreichn Hỹrssawer, statschreiber der lōbleichen stat zū Wienn, das er sein i[n]sigel[b] an meiner stat an den brief gehanngen hat doch im und seinen erben an schaden. Der brief ist geben zū Napperstorf nach Christi gepurd tawsent vierhundert und in dem sechsundfūnfczigisten jar.

S. d. Ulrich Hirsauer beschädigt, rund, grün auf Sch., U.: s. vlrici hirssawer.

1426.   **1457 Jänner 9.**

Jorig Hegkinger von Rannsenpach[1] *beurkundet, dass ihm Abt Wolfganng [II.] und der Convent zu Gottweig den Getreidezehent in den Pfarren Chulb, Pischolfsteten und in Sand Margarethen auf 15 Jahre von jetzt an zu einem Jahreszinse von 70 ₰ ₰., welcher je zur Hälfte an sand Gorgentag und sand Michelstag zu zinsen ist, und einem guten Ochsen an sand Altmanstag in das Stift zu Bestand verlassen haben. Bei Erweis eines Schadens durch Hagel und Unwetter hat ihm das Stift einen Nachlass zu bewilligen. Er hat darauf zu achten, dass die Zehentrechte des Stiftes nicht geschädigt werden und alle drei Jahre die Register darüber zu übergeben. Nach Ablauf der 15 Nutzjahre oder im Falles seines Todes ist der Zehent, wie er sich vorfindet, dem Stifte ledig.*

Siegler: (I.) *Jorig Hegkinger, die edeln* (II.) *Wolfganng Kiennberger sein Vetter und* (III.) *Tibolt Pymisser.*

1425. [b] Theilweise durch ein Loch zerstört.

1426. [1] Ranzenbach, Weiler, O.-G. Teufelsdorf, G.-B. Mank. Daselbst stand einst unweit vom Meierhofe das Schloss umgeben von einem Wassergraben (Schweickhardt, V. O. W. W. VII, 99 f.).

Datum: Geben (1457) des sunttag nach der heiligen drefer kunig tag.

Orig., Perg. rostfleckig. Deutsch. An Perg.-Streifen 3 Siegel.

I. rund (29), grün auf Sch., IV C. U.: s. iorg · hekkinger · 1454. Tartsche getheilt. Stechhelm. Cimier: 2 Ochsenhörner. — II. rund (21), grün auf Sch., IV C. U.: s. bolfgang · chienberger. Getheilt. Stechhelm. Cimier: 2 Ochsenhörner. — III. rund, grün auf Sch., IV C (nr. 1402 S. I).

1427. **1457 März 16, Wien.**

Bischof Ulrich von Passau ernennt, bestätigt und investiert Abt Martin von Göttweig.

Orig., Perg. Siegel an Perg.-Streifen.

Vdalricus dei et apostolice sedis gracia episcopus Pataviensis honorabili devoto in Christo sincere dilecto Martino electo monasterii beate Marie virginis in Gotwico ordinis sancti Benedicti nostrarum fundationis et diocesis salutem in domino. Cum pridem monasterium iam dictum per liberam resignationem[1] devoti in Christo dilecti fratris Wolfgangi, ultimi et inmediati eiusdem monasterii abbatis, pastorali fuisset solatio destitutum, religiosi in Christo dilecti Thomas prior, Laurencius senior, Wolfgangus celerarius totusque conventus iam dicti monasterii rationabiliter advertentes, quam periculosa vacacio diutina monasteriis existere soleat viduatis ex eaque in spiritualibus et temporalibus teste experientia, que rerum cunctarum efficax est magistra, gravia dispendia patiantur, considerantes eciam in eleccionibus per viam scrutinii faciendis sepius discordias et rancores inter electores suboriri in nos tamquam arbitrum et bonum virum super futuro abbate preficiendo et eligendo unanimi voto compromiserunt plenam dantes nobis potestatem abbatem eidem monasterio eligendi, prout in quodam compromissi instrumento desuper confecto plenius continetur. Qua potestate et auctoritate nos utentes matura et diligenti deliberatione cum pluribus religiosis et devotis viris prehabita te eius-

---

1427. [1] Obwohl Papst Nicolaus V. bereits 1454 Mai 23 (nr. 1397) die Resignation des Abtes Wolfgang II. annahm und ihm die Pfarre St. Veit a. d. Gölsen zusprach, urkundet derselbe als Abt noch weiter bis zum Jahre 1457 Jänner 9 (nr. 1426).

dem monasterii professum, ut hoc eciam clarius et feriatim in quodam publico instrumento contineretur, tandem in abbatem eligimus, quam quidem electionem conventui dicti monasterii solempniter presentatam conventus ipse et singuli approbantes eidem de suis manibus propriis subscripserunt devoteque supplicarunt tibi desuper munus confirmacionis et consecracionis graciose impartiri, quemadmodum decretum per eos nobis oblatum clarius comprehendit. Sane ex iniuncti nobis pastoralis officii sollicitudine dicti monasterii incomodis et dispendiis provide consulere volentes crida seu proclamacione solempni in locis debitis et solitis premissa tam eleccionis vires quam tuam personam, prout de iure debuimus, examinavimus diligentur. Tandem post debitam singulorum inquisicionem et examen eleccionem ipsam iuxta iuris communis disposicionem canonicam reperimus, quam exinde, quantum valemus et possumus, approbamus et in dei nomine confirmamus personamque tuam tum religiositate vite tum litterarum sciencia etatis maturitate morum gravitate et sancti Benedicti regula competenter invenimus instructam plurimumque commendatam. Idcirco quia in termino peremptorio ad hoc per nos prefixo nullus coram nobis, qui pro suo interesse aut alias contra huiusmodi eleccionis vires aut personam tuam aliquid opponere vel contradicere vellet, comparuisset, de tua industria legalitate et ydoneitate plurimum ut premittitur confidentes te regimini et abbatie monasterii prefati ex nostre auctoritatis ordinarie plenitudine certa denique sciencia duximus preficiendum teque in prelatum et abbatem sepedicti monasterii Gottwicensis eadem auctoritate approbamus et confirmamus² per presentes investientes te per annuli tradicionem, ut moris est, de eadem in nomine patris et filii et spiritus sancti curam animarum regimen ac spiritualium et temporalium administrationem eiusdem prelature et monasterii tibi plenarie committentes harum, quibus nostrum sigillum appensum est, testimonio litterarum. Datum et actum Wienne in curia nostra episcopali ac cappella beate Marie virginis annexa sexta decima die mensis martii anno domini millesimo quadringentesimo quinquagesimo septimo.

1427. ² Das Registrum Martini abbatis (Sign.: L. XVIII, 6) führt unter den Ausgaben für 1457 unter anderem auf: *Item domino Pataviensi in die sancte Potentiane virginis* (= *Pudentiane Mai 19*) *pro confirmacione transmisi L tl.* ♃.

1428. 1457 März 22.

Die Brüder Oswald und Mathes die Schirmer theilen mit ihrem Bruder dem edeln Kunradt dem Schirmer, Pfleger zu Liechtenberg, das ihnen von ihrem Vater Ruedolf dem Schirmer anerstorbene Gut durch das Los. Den Brüdern Oswald und Mathes *fallen zu:* der sýcz zu Scherkchesen mitsambt dem pharrhof und aller zugehőrung, item vier hofstet und ein műl daselben, item ein lehen aufm Perg, item ein lehen am Smidtsperg,[1] item ein hof zu Dorf,[2] item ein lehen am Veld, item ein lehen im Grůblein, item zwåy tagwerich wismad in der Aw, item ein lehen in der Grub, item ein lehen am Pruch, item ein hof zu Heczmansperg mit seiner zugehőrung, item ein lehen und ein hofstat daselben, item ein hof zu Abelsdorf und daselben auf zwain lehen dý zwaý tail, item ein hof zu Hard, item ein halber hof zu Kůgking, item zwaý lehen und ein hofstat zu Helpersdorf, item ein lehen im Erlåch,[3] item ein lehen zu Gesting,[4] item ein leýten zu Freýnstain, item ein hofstat zu Wintan. Kunradt dem Schirmer *fallen zu:* ein hof zu H[e]rgeinsteten,[a] item ein hof zu Dýepolsdorf, item ein hof genant der Agelhof, item ein halbs lehen zu Abelsdorf, i[tem][a] der hof zu Weýspirchen mit acht hofsteten, ein holcz und ein purkchrecht daselben, item ein lehen in der Ram[saw],[a] .... vier halbe lehen daselben, item ein hofstat im Vőrlåch,[5] item ein zehent in der Ramsaw, item zwaý halbe lehen zu G[e]s[tin]g.[a] *Es darf ein jeder seiner Frau nur auf seinem Antheile ein Vermächtnis machen, nach dem kinderlosen Tode eines fällt dessen Theil zu gleichen Theilen an die anderen Brüder oder, wenn sie gestorben sind, an deren Leibeserben. Will einer von ihnen oder seine Erben sein Gut veräussern, so hat er es vorerst seinen Brüdern oder deren Erben anzufeilen und wie einem Landsmanne zu verkaufen. Ist in der Theilung ein Gut verheimlicht oder fällt ihnen ein Gut als Erbe an, so ist es unter ihnen zu theilen. Die ihren Besitz betreffenden Urkunden haben verpetschaftet bei einander zu bleiben und stehen einem jeden bei eintretender Nothwendigkeit zur Verfügung.*

1428. [a] Durch ein Loch zerstört.

[1] Schmidbauer, Rotte, O.-G. Sippachzell, G.-B. Kremsmünster. — [2] Dorf, Rotte (Anm. 1). — [3] Edlach, Rotte, O.-G. Eberstallzell. — [4] Gastberg, Rotte, O.-G. Kremsmünster-Land. — [5] Fierling, Dorf, O.-G. Rohr.

hoc eciam cla...
tinetur, tand...
em convent...
tus ipse et...
subscripse...
irmacionis...
  decretu...
ne ex i...
erii inco...
seu pro...
tam elec...

Siegler: (I.) Oswald Schirmer *siegelt für sich* und Mathes Schirmer, *welcher kein Siegel hat,* die edelen (II.) Wilhalm der Snekkenreyter und (III.) Michel der Steffelsharder.

Datum: Geben (1457) an eritag nach dem suntag oculy in der vasten.

<small>Orig., Perg. feuchtfleckig u. durchlöchert. Deutsch. Von 3 Siegeln an Perg.-Streifen das 1. abgefallen.</small>

<small>L rund (29), grün auf Sch., IV A 2. U.: † s. wilhalm · snekhenrevtter. Getheilt (Haupt). — II. rund (27), grün auf Sch., IV A 2. U.: s. michel · steffelcharder. Eine Glockenblume mit 3 Blüten.</small>

1429.   **1457 April 22, Göttweig.**

Abt Mert und der Convent zu Götweig beurkunden, dass sie Gothart Höfel, Dechant zu Mauttarn und Pfarrer zu Stokcharaw, am künftigen sand Mertentag eine Schuld von 100 guten ungarischen Goldgulden zurückzuzahlen haben, welche er ihnen in der Nothlage des Stiftes geliehen hatte.

Siegler: Abt Mert und der Convent zu Gotweig.

Datum: Geben zu Gotweig an freitag nach dem heiligen ostertag (1457).

<small>Orig., Perg. Deutsch. Siegel abgefallen.</small>

1430.   **1457 Mai 5, Wien.**

Peter Tannperger, Wassermauthner und Kastner zu Wienn, quittiert Abt Mertt zu Gottweig den Empfang von 36 Mut 25 Metzen Vogthafer, welche er im Jahre 1456 in den herzoglichen Kasten zu Wienn zu liefern schuldig war.

Siegler: Peter Tannperger mit dem Petschaft.

Datum: Geben zu Wienn an phincztag nach des heiligen krewtztag invencionis (1457).

<small>Orig., Pap. Deutsch. Petschaft war auf der Rückseite in grünem Wachse aufgedrückt.</small>

1431.   **1457 Juni 8.**

Anno domini LVII feria quarta post festum penthecostes hat Fridreich Kamerstainer, burger zu Stain, anstat sein,

Hegweid* seiner hausfrawen, Steffans Herczoburger tochter, und ir baider erben aufenphangen all die gerechtikait und eribschaft an dem ½ iuger weingarten zu Fûrt in der Obernpeuntt und stost an des Gotschalhen weingarten, so fraw Barbara, des benanten Steffans Herczoburger hausfraw, von Barbara der Grûeberin ir mûemen angeerbt hat. Solh ir erbschaft und gerechtikait hat die bonant Barbara Herczoburgerin durch ain aufgabbrief aufgeben dem egenanten Fridreich etc. irem aidem als sein, seiner hausfrawen Hedweig und ir baider erben erkaufts gut. Auch hat er aufenphangen alle erbliche gerechttikait, so fraw Kathrei Teurbangarin an demselben ½ iuger weingarten gehabt hat, als sein, seiner hausfrawen und ir baider erben erkaufts gût, servit Martini ad abbaciam X ₰., presentibus Tiboldo Pimisser, Iohanne Euffel de Fûrt etc.

Notiz in Cod. H f. 27.

1432. **1457 August 25.**

Anno domini MCCCC quinquagesimo septimo an phincztag nach Bartholomei hat Steffann Rattaler zu Mauttarn mit hannden des erwirdigen geistlichen hern, hern Mertt abbt zu Gott(weig) Barbara Hannsen des Spiegel weilanndt zu Furt gesessen saligen tochter seiner eelichen hausfrawn sein ieuch weingarten in der Altenpewnt¹ zwischen Bernnhart und Jorig der Karlinger und des Hanns Cheplâr weingarten gelegen, davon man iarleich im lesen in den Zehnnthoff zu Furt IIII uren most [dint]* und nicht mer, zu margengab vermacht zu verlarem gût. Geschehen in gegenburttigkait Tibolt des Pimisser, Caspar Armbstorffer, Hanns Edelpekch, Jorig Teispekch und Peter Pekch von Mauttarn.

Notiz in Cod. H f. 13'.

1433. **1457 August 31.**

Anno domini MCCCC quinquagesimo septimo an sand Gilgenabent hat Fridreich Hanntmaister, burger zu Stain, an-

---

1431. * Cod. statt *Hedweig*.
1432. * Vom Copisten aus Versehen ausgelassen.
¹ Südl. v. Mautern.

stat Katherina und Juliana seiner tochter von hannden des erwirdigen geistlichen hern, hern Mert abbt zu Gott(weig) emphangen nütz und gwär der hernachgeschriben weingarten: von erst drew virtail weingarten zu Mauttarn hinder der stät, genant die Secz, gelegen, davon man zu purkrecht gibt V ₰., und ain weingarten an der Kottanerleitten, des da dritthalb ieuch sind und stost an den Gotschalh obs Aigens all weilanndt frawn Kathrei, Jacobs Holczapfel burger zu Mauttarn saligen hausfrawn, davon man zu purkrecht gibt XV ₰. iarlich an sand Mertentag in die abbtei zu Gott(weig) und in die oblai auch XV ₰. und nicht mer. Geschehen in gegnburtigkait Tibolts Pimisser, Wolfganngs Kcholl und Thamans Vogelwaider, dieczeit chamrer zu Gott(weig).

Notiz in Cod. H f. 13'.

Darüber stellte Abt Mert zu Göttweig 1457 Sept. 14 eine Vidimierungsurkunde aus.

1434.   **1457 September 17.**

Anno domini MCCCC quinquagesimo septimo in die invencionis sancte crucis hat der edel Erhart Püchlar von hannden des erwirdigen geistleichen hern, hern Mertt abbt zu Gott(weig) emphangen nutz und gwär der hernach geschriben weingarten und gütter: von erst drew virtail weingarten genant das Rogelpain zenagst under Peter des Frankchen am Wiczelhoff[1] gesessen weingarten und mit dem obern ort an Hanns des Weichselpekchen zu Stain weingarten gelegen, davon man iarlich zu purkchrecht gibt XIIII ₰., nachmallen ain virtail weingarten genant das Grassach mit dem obern ort an Jorigen des Speiser von Rust weingarten gelegen, davon man iarlich zu purkrecht gibt II ₰., und ain ewrden, der ain virtail ist, bei dem egenanten virtail weingarten, genant das Grassach, gelegen, davon man iarlich zu purkchrecht gibt II ₰., alles dem benanten gotzhaus zu Gott(weig) an sandt Mertentag. Die vorgenanten weingarten und grunt der benant Püchlar nach ausweisung ain kaufbriefs darumbn ausgegangen von Fridreich

---

1434. [1] In Witzleinsdorf, einem verschollenen Orte am Ursprunge des Höbenbaches, südl. beim gleichnamigen Orte einst gelegen und mit demselben vereinigt.

Leitgeb ze Nidernfuchaw und Anna seiner hausfraw gekaufft hat. Geschechen in gegnburtigkait Wolfgang Nådlar, Peter Schůster, Peter Haberstorffer und Hanns Hakchel all ze Nidernfuchaw gesessen. Item des hat meines hern gnad abbt Mert dem Puchlår under seiner gnaden insigil ain vidimus geben. Actum anno domini etc. LVII in die sancti Lamperti episcopi.

Notiz in Cod. H f. 13.

1435.   1457 September 26.

Anno domini MCCCC quinquagesimo septimo an sand Veitstag hat Fridreich Hantmaister, burger zu Stain, enphangen nutz und gwår ains halbn ieuch weingarten genant der Gårl zenagst des spitals von Krembs und der von Sewssenstain weingarten gelegen, davon man iarlich dint in Gottweigerhof zu Stain Michaelis VI ₰. und nicht mer. Item des hat im meins hern gnad abbt Mert ain vidimus geben in ewengeleicher laut. Actum anno domini etc. LVII feria secunda post Mathei apostoli.

Notiz in Cod. H f. 13.

1436.   1457 September 28, Göttweig.

Abt Mert zu Gottweig quittiert dem edeln Jorig Hegkinger von Rannsenpach den Empfang von 35 ℔. ₰. als halbjähriger Zinsrate und 3 ℔. ₰. für einen Ochsen an sanndt Michelstag (nr. 1426).

Siegler: Abt Mert zu Gottweig *mit dem aufgedrückten Siegel.*

Datum: Geben zum Gottweig an mittechen vor sandt Michelstage (1457).

Copie in Cod. F f. 2. Deutsch.

1437.   1457 November 2, [Göttweig].

Anno domini etc. LVII feria quarta post omnium sanotorum ist komen fur meins hern gnad abbt Mertten Gorig Paungartner mit ainem petbrieff von Christan und Hannsen gepruedern den Paungartnern ausgegangen und hat daselbs begert nach innehalt desselben petbrieff lechnnschafft der guetter, so Hanns Paungartner mit tod hinder im lassen hat. Darauf ist im von meinem hern geantburt, wie etbevill purkrecht und dinst auf denselben guettern ze beczallen ausstennt, so die enttricht werden und sich auch erfrag, wie es umb den hoff ze Ekchnndorff und ander sein guetter stee, so well er gern verrer darin hanndln nach ainem pillichem und dazwischen sol solh lehnnschaft ungeverlich an schaden anstenn. Darauf hat der benant Paungartner begert im ze geben in geschrifft den ausstanndt solicher dinst und purkrecht. So das bescechen ist, hat er solich ausstanndt, die sich des LVII. iars begeben habent, versprochen ganntzlich ze betzallen auf Katherine nagstkunfftig und die ubermass von allen andern vergangen iaren auf invocavit nagstkomundt in anno LVIII, presentibus domino Vlrico pro tunc cellerario, fratre Ludowico pro tunc magistro pistrine, Tiboldo Pimisser, Petro Frannkch, Wolfganngo Fråll magistro curie in Kunigsteten. Actum anno et die quibus supra.

Notiz in Cod. F f. 1.

1438.   **1457 November 3.**

Anno domini MCCCC quinquagesimo septimo altera die post festum omnium sanctorum hat der erwirdig geistlich herr, her Mert abbt zu Gott(weig) ansechen solh merkchlich presten und abgangk, so sein armanleutten seins aigns zu Tewrn anligkund sein, und damit die gutter, der etlich daselbst vast öd und zu unpaw komen sind, hinfur dester stiftlicher ze dorf und pauleicher ze veld gelegt und gebracht wurden, mit veraintem rat des convent allen phenningdinst, so von den behausten guttern daselbst iarleichem im und seim gotzhaus zu Gott(weig) nach laut der urbarregister ze dienn gebuerdet, geringert und geleich halben nachlassen auf drew gancze jar, dieselbn drew gancz iar, die sich angehebt haben anno et die quibus supra, halben pheningdinst und nicht mer davon ze raichen und wan dieselbn drew iar aus sind und endt haben, so sullen darnach dieselben armanleutt und ir nachkomen furan volligen und gantzen dinst raichen und geben ungeverlich.

Notiz in Cod. H f. 14'.

1439.   1457 November 7, Mautern.

Vormerkt, das die edlen Gorig Pranntner, Leonnhart Losperger ains und Siman Mulhaimer, Wolfganng Melkcher, baid burger ze Mauttarnn, des andern tails zwischen meinem hern abbt Mertten und Leonnharten weilanndt marstaler ze Gottw(eig), dietzeit hern Gothartten techannt ze Mauttarnn diener, ainhelligklich also gesprochen habent, das meins hern gnad dem benanten Leonnhart fur all sein vergangen iarsold hoffgewannt schaden und fur all sein zuspruch und vordrung nichts ausgenomen geben sol ad invocavit *(1458 Februar 19)* nagstkunfftig XIIII *tl. ₰.* und nicht mer und so er die benanten sumb gelts ennphahen will, so sol er dem gotzhaus voran ain quittung heraussgeben, darin er fur sich, sein erben etc. bekenn, wie er umb solich oberurt und all ander hanndlung ganntz an abganngk enttricht und betzalt sey. Acta sunt hec in dote in Mauttarn feria secunda post omnium sanctorum anno domini etc. quinquagesimo septimo.

Notiz in Cod. F f. 1.

1440.   1457 November 10.

Anno quo supra [LVII] hat Wolfganng Magens anstat sandt Steffans zech der pharrkirchen ze Mauttarn von hern hanndten des erwirdigen hern, hern Merttens abt unser frawen goczhaus ze Gott(weig) aufennphangen 1 quartale weingarten circa fontem, prius Hannsens Medt, servit Martini ad abbatiam VI ₰. annlat III ₰., wenn mein hern von gnaden ablat sand Steffans zech nachgeben hat. Actum anno quo supra in profesto sancti Martini presente Hanns Ripp.

Notiz in Cod. H f. 29.

1441.   1457 November 10.

Anno domini etc. LVII in profesto sancti Martini hat Hanns Edelpekch, weilanndt burger ze Mauttarn, aufenphangen 1 lehen ze Furt neben Steffans Fleischaker haws gelegen prius Wolfganng Barbara, Hannsens Spiegel kinder, servit purificacione

VIIII *β. ₰.* annlat ablat VIIII *β. ₰.* presentibus Steffan Fleischaker de Füert, Reinperto de Herczognnburga etc.

Notiz in Cod. H f. 29.

1442. **1457 November 10.**

Anno domini etc. LVII in profesto sancti Martini hat Wolfganng Magens, burger ze Mauttarn, von hern handten des erwirdigen hern, hern Mertten abbt unser fraun gotzhaus zu Gott(weig) aufennphangen 1 veldlehen prius Iohannis Grüeber nachmals Agnes Leglin, servit Margarete XII ₰., XX metzen vogthabern, VI ₰. darauf presente Hanns Ripp, burger ze Mauttarn; idem ain garten bei der Odgassen¹ neben Lambekcherhoff gartten prius Agnes Leglin, servit Martini ad abbatiam X ₰. anlat et cetera ubique XXII ₰. presente Hanns Ripp.

Notiz in Cod. H f. 29.

1443. **1457 September 4 und November 25.**

Vermerkt, das Niclas Pewrel ze Palt gesessen anstat sein und seiner miterben hat lehnnschafft verpoten ains behausten virtail lehen ze Paungarten, das weilanndt Siman Pewrlin gewesen ist, uncz auf austrag der erben und sol dasselb guett dem Hanns Polan noch niemands anders gevertigt werden, an allain solh verpot werde ledig gesagt. Desgelichen hat Gorig Polan anstat sein und seiner miterbn lehnnschaft auf dem vorgenanten guett uncz auf austrag etc. verpoten presentibus Christan Morel aufm Werd, Steffan im Lehen ze Talarn und Steffan Peurel von Palt. Actum anno LVII dominica post Egidi. Item an sandt Kathreintag darnach haben Niclas Peurel, Hanns Prenntel von Mautt(arn), Mert Cholman von Paung(arten), Gorig Polan anstat ir selbs und irer erben, der gwalt sy haben als nagst erben, des obemeltn behausten guett solh verpot darauf getan ledig gesagt und all und yglich ir gerechtigkait daran ledigklich aufgeben presentibus Simon Chepler.

Notiz in Cod. F f. 1.

1442. ¹ Jetzt nicht mehr vorhanden.

1444.   1457 November 27, Göttweig.

Abt Martin von Göttweig, der Prior und Convent verleihen dem Erhard Chaltennbirt von Ybssits, einem Cleriker der Passauer Diöcese, welcher keinen Ordinationstitel hat, auf dessen Bitten zur Erlangung der Weihen den Tischtitel in Göttweig, wofür derselbe in Gegenwart des Notars Wolfgang Kcholl sich dankbar zu erweisen verspricht.

Siegler: Abt Martin und der Convent von Göttweig.

Datum in prefato nostro monasterio Gottwicennsi vicesima septima die mensis novembris (1457).

Zeugen: presentibus patre Erhardo pro tunc antedicti monasterii priore, Georio Messner et Iacobo Cheren laicis supradicte Pataviensis diocesis testibus.

Copie in Cod. F f. 1. Lat.

1445.   1457 November 29, Wien.

Peter Tannperger, Wassermauthner und Kastner bei dem Rotenturen zu Wienn, quittiert Abt Mert zu Gotweig den Empfang von 68 Mut Vogthafer, welche derselbe für das Jahr 1457 in den landesfürstlichen Kasten zu liefern hatte.

Siegler: Peter Tannperger.

Datum: Geben ze Wienn an eritag vor sannd Andrestag (1457).

Orig., Pap. Deutsch. Petschaft unter Papierdecke war in grünem Wachse auf der Rückseite aufgedrückt.

1446.   1457 December 5, [Göttweig].

Anno domini etc. LVII an sandt Niclasabennt hat meins herrn gnad abbt Mert Tibolten Pimisser ingeantburt und gegeben drey hakennpuchsen sechs eisnein puchsen vier chupffrein puchsen, zwen tierspiess und acht allspiess und sind uber das alles in meines hern vorchamer in dem gesloss sechs chuppfrein hanntpuchsen vier tierspiess und vier allspiess.

Notiz in Cod. F f. 1.

1447.
1457 December 9.

Anno domini MCCCC quinquagesimo septimo an freitag nach unser lieben frauntag concepcionis hat Vlreich Seibott, burger zu Mauttarn, mit hannden des erwirdign geistlichen hern, hern Merten abbt zu Gott(weig) sein virtail veldlehen ob der stat zu Mauttarn neben des Steffan Mŭnczel weingarten gelegen, mit seiner zugehorung, davon man dint dem benanten gotzhaus zu Gott(weig) im lesen III ember III virtail most, nach innhalt ains aufgabbriefs fraun Kathrein seiner eelichen hausfrawen vermacht und geben zu verlorem gŭt allen irn frumbn damit ze hanndeln und ze schaffen mit verseczen verkauffen schaffen machen geben etc., wie ir das am pesten fŭeget, an menigklichs von seinen wegen irrung und hindernuss ungeverlich. Geschehen in gegenburtikait Bernnharts Peurbanger, burger zu Mauttarn, Hanns Edelpekch und Cholman Hŭeber, diezeit baid ze Furt gesessen.

Notiz in Cod. H f. 14'.

1448.
1457 December 21.

Elisabett die Riellerin gesessen auf dem Kirichgraben zu Wilhalmspurgk stiftet mit Handen ihres Burgherrn, des Abtes Mertt und des Conventes zu Gottweig im Stifte zu Sanndt Marein Zell für sich und ihre Vorfahren einen Jahrtag und übergibt hiefür Abt Larenncz und dem Convente daselbst ihren Zehent auf folgenden Gütern in der Markchestorffer Pfarre, von welchem dem Stifte zu Gottweig jährlich 6 Metzen Bohnen in der ersten Fastenwoche zu Burgrecht zu zinsen sind: von erst zu Obernaw[1] und zŭ Nidernaw[1] ganczen zehent, item dacz den Hoffen[2] halbm zehennt, der geraint ist mit ainer seitten an des Volkestorffer zehennt und an der anndern seitten an des Flemmýnkchs zehennt, *und auf den Swaighoffen,[3] von welchen in den Amthof zu Sanndt Polten 2 ₰ an sanndt Gorigentag zu zinsen sind. Ferner übergibt sie ihnen ein Sechstel des grossen und kleinen Zehentes auf folgenden Gütern in der Makchestorffer Pfarre, von welchem dem Stifte zu Gottweig* $^1/_2$, $^1/_3$ *und* $^1/_{24}$

1448. [1] Eingegangene Orte, welche nördl. v. Markersdorf a. d. Pielach einst gelegen waren. — [2] Hofing. — [3] Etwa bei Hofing gelegen?

Metzen Bohnen zu sinsen sind: von erst zu den Hoffen auf vier lechen und auf newn jewchart purkchrechtegkchern, item und auf newn jewchart purkchrechtegkchern auf den Swaighoffen, item auf zwain ieuchart purkchrechtegkchern auf der Hagenaw, item auf zwain jeuchart auf den Fueregkchern und auf zwain gartten bei den Hoffen in Awingerveld, item und ain gern auf den Swaighoffen und ein gern auf der Hagennaw und ain gern in Hoffingerveld. *Von dem ganzen Zehente sind dem Stifte 4 Metzen Bohnen zu Burgrecht zu sinsen. Nach ihrem Tode sind im ersten Jahre wöchentlich am Dienstag ein Requiem und am Samstag ein Amt* von unser lieben frawn *zu singen und nach Ablauf desselben jährlich zur Quatember zu Weihnachten ein Amt* von unser lieben frawn *und zu der in der Fasten ein Requiem zu halten und für ihr Seelenheil nach der Sitte des Ordens Bitten zu verrichten. Wird der Jahrtag nicht abgehalten, so ist ihr Vollmachtträger berechtigt, die in der Gegenurkunde des Stiftes festgesetzte Busse zu verlangen.*

Siegler: Abt Mertt zu Gottweig als Burgherr, der edl Fridreich Herr zu Hochenbergk ihr Herr, die edeln Hainreich Ell und Andre Rêsch.

Datum: Geben (1457) an sanndt Thamanstage des heiligen zweliffbotten.

Orig., Perg. feuchtfleckig. Deutsch. 4 Siegel abgefallen.

Diese Urk. war als Umschlag einer Rechnung verwendet. Am unteren Rande ist von späterer H. vermerkt: *1 ℔ VI ß. XXVIII ₰.*, was wohl der Ertrag der Stiftung ist.

1449.   1457 December 28.

Anno etc. LVIII Niclas Tennkchschuhel, burger ze Mauttarn, und Dorothea sein hausfraw haben aufenphangen 1 haws mitsambt seiner zugehorung am Porcz[1] daselbst gelegen prius Hanns Tennkchschuhel irs sůn, servit Martini ad custodiam X ₰., II snidphenning, IIII ₰. pro pullis, anlat ablat XVI ₰.

1449. [1] Jetzt noch wird eine Häusergruppe ausserhalb der Stadt Mautern südwestl. davon am Wege, welcher nach Baumgarten führt, „am Parz" genannt. Eine nähere Unterscheidung in Ober- und Niederparz (vgl. nr. 1519) wird jetzt nicht mehr gemacht.

Actum in die sanctorum innocentum presente Mitel Phann-
engel de Palt.

Notiz in Cod. H f. 31.

1450. 1458 Jänner 13, Lambach.

*Abt Thomas, Prior Johann und der Convent des Klosters
zum heil. Kylian in Lambach nehmen Abt Martin, Prior Erhart
und den Mönchs- und Nonnenconvent zu Göttweig in ihre Gebets-
verbrüderung auf und verpflichten sich, nach Einlangen der
Todesnachricht eines Mönches oder einer Nonne den Namen der-
selben in ihr Nekrolog einzutragen und für sie die Vigilien und
eine Requiemsmesse nach der Sitte ihres Klosters zu halten,
während die einzelnen Priester je eine Messe, die nicht geweihten
Cleriker das ganze Officium defunctorum und die Conversen
100 Paternoster und Ave Maria zu beten haben.*

Siegler: (I.) Abt Thomas und (II.) der Convent von
Lambach.

Datum in dicto monasterio nostro Lambacensi tredecima
die mensis ianuarii (1458).

Orig., Perg. Lat. An Perg.-Streifen 2 Siegel.

I. beschädigt, spitzoval, roth auf Sch., III A 2 b. Abb. bei Hueber,
Austria, T. 23 nr. 10. — II. rund, grün auf Sch., II B. Abb. bei Sava, Siegel
der Abteien, S. 38 Fig. 14.

1451. 1458 Februar 6.

*Der Rath der Stadt Wien schreibt den vier Ständen, welche
jetzt am Landtage in Wien waren, dass sie aus jedem Stande
Abgeordnete an den Kaiser schicken sollen, worauf diese ein-
gehen und aus jedem Stande je zwei Abgeordnete zu entsenden
beschliessen. Dieselben sollen zugleich mit den vier Herren Graf
Michel von Maidburg, Graf Pernhart von Schaunberg, Wolfgang
von Walsse und Ulreich Eicsinger von Eycsingen zum Kaiser reiten,
ihm die Nothlage des Landes kundthun und ihn bewegen, das Land
in Vertheidigungszustand zu setzen.* Also sind die obgenanten vir
herren und aus den vir partheyen. Aus den prelaten: der abt
[Mert] von Kotweig, der brobst zu Sand Andre. Herr Jorg
von Puchaim, her Albrecht von Eberstorf, her Pernhart von

Tehenstain und Jorg Sewsenegker, her Oswalt Reicholf und Peter Walkan zu Kornewburg.

Bericht im Copeybuch der Stadt Wien, E. 8. Deutsch.

Zeibig in Font. 2, VII, 80.

1452. **1458 April 3.**

Anno domini LVIII Hanns Rasenntaler, hern Wolfganngs Rukchenndor* hold ze Nidernfuchaw, hat aufenphangen 1 garten an der Prunleitten[1] zenagst des Hewperger garten, prius Fridr(eich) Leitgeb ze Fuchaw des lehnntrager gewesen ist, an des benanten Leitgeben stât Pangretz sein sun, der dann gewalt von demselben seinem vatter gehabt hat und dennselben mit bezeugnuss Wolfgangs Nadler und Peters Haberstorffer ze Nidernfuchaw gesessen furbracht hatte, servit Martini ad abbatiam VIII ₰., anlat ablait VIII ₰. Actum feria secunda post pasce festum presentibus Wolfg(ango) Nadler, Peter Haberstorffer.

Notiz in Cod. H f. 32'.

1453. **1458 April 5.**

Anno LVIII feria quarta post pasce Thaman Lechner, der Parsennprunner hold ze Nidernfuchaw gesessen, hat aufenphangen 1 iuger agri an der Fuchaw, stost unden an der Junbirtin akcher, prius Fridel Leitgeb, der denselben akcher eurden hat lassen ligen und abbt Wolfgang fur den diennst aufgeben, servit Martini V ₰. ad abbatiam presente Hans Schaffer de Maur.

Notiz in Cod. H f. 33.

1454. **1458 April 14.**

Wolfganng Hainreich, Bürger zu Mauttarn, schliesst mit seiner Frau Hedweig, der Tochter Gorigs von Müenaw, über

---

1452. * Cod. statt *Rukchenndorfer.*

[1] Brunnleithen, Ried südöstl. von Tiefenfucha.

eine Wiese im Werd neben der Wiese des Welminger, welche an die Weide anstösst, ihr beider Kaufgut ist und von Abt Mertt su Gottweig su einem Jahreszinse von 10 ₰. an aller mann vaschanngtag *an die Abtei zu Burgrecht und Lehen rührt, sowie über die Fahrhabe folgenden Contract: nach dem Ableben eines Theiles hat der andere das Nutzungsrecht derselben. Nach dem Tode des überlebenden Ehegatten fällt die Hälfte der Wiese an die nächsten Erben des ersten, während derselbe über die zweite Hälfte und die Fahrhabe vorher noch beliebig verfügen kann.*

Siegler: Abt Mertt zu Gottweig als Burgherr und der edle Wolfganng Magenns *mit den Hängesiegeln.*

Datum: Geben (1458) an sannd Tiburtz und Valeriantage der heiligen martrer.

Copie in Cod. F f. 14. Deutsch.

1455.   **1458 April 22, Rom.**

Papst Calixt III. ertheilt Abt Lorenz von Klein-Mariazell die Erlaubnis, sich einen Beichtvater zur Absolution von seinen Sünden und Auferlegung einer Busse zu wählen.

Orig., Perg. An roth-gelber Seidenschnur die Bleibulle.

Auf der Mitte des oberen Randes ist vermerkt: *Auscultatum et concordat cum quaterno, Fidelis;* links längs des Randes ein langgestrecktes: *L;* rechts ein: *B.* Auf dem Buge rechts von der H. des Textschreibers: *A. Lampel;* unter dem Buge rechts: *Marcellus;* links am Rande unter dem Buge der Monatsvermerk: *Apri.;* weiter einwärts der Kostenvermerk: ≡; darunter von gleicher H. u. Tinte: *Constantinus₉;* darunter: *H. de Vnna.* Auf der Rückseite der Registraturvermerk; darinn: *P. de Varris;* in der linken oberen Ecke: *R. C. P.*

Calixtus episcopus, servus servorum dei, dilecto filio Laurencio abbati monasterii Celle beate Marie ordinis sancti Benedicti Pataviensis diocesis salutem et apostolicam benedictionem. Devotionis tue etc. Hinc est, quod nos tuis devotis supplicacionibus inclinati, ut sacerdotem ydoneum secularem vel regularem in tuum possis eligere confessorem,[a] qui confessione tua diligenter audita pro commissis per te criminibus excessibus et peccatis etiam in singulis sedi apostolice reservatis casibus semel[b]

1455. [a] Theilweise auf Rasur.

duntaxat tibi absolucionem debitam in forma ecclesie consueta impendere et penitenciam salutarem iniungere necnon predictus confessor vel alius, quem duxeris eligendum, omnium peccatorum tuorum, de quibus corde contritus et ore confessus fueris, etiam semel duntaxat in mortis articulo plenam remissionem tibi in synceritate fidei unitate sancte Romane ecclesie ac obediencia et devocione nostra vel successorum nostrorum Romanorum pontificum canonice intrancium persistenti[b] auctoritate apostolica concedere valeat, devotioni tue tenore presentium indulgemus sic tamen, quod idem confessor de hiis, de quibus fuerit alteri satisfactio impendenda, eam tibi per te si supervixeris vel ver alios, si forte tunc tunc[c] transieris, faciendam iniungat, quam tu vel illi facere teneamini ut prefertur. Et ne quod absit, propter huiusmodi gratiam reddaris proclivior ad illicita imposterum committenda, volumus, quod si ex confidencia remissionis huiusmodi aliqua forte committeres, quoad illa predicta remissio tibi nullatenus suffragetur quodque per unum annum a tempore, quo presens nostra concessio ad tuam pervenerit noticiam, computandum singulis sextis feriis impedimento legitimo cessante ieiunes et si predictis feriis ex precepto ecclesie regulari observancia iniuncta penitencia voto vel alias ieiunare tenearis, una alia die singularum septimanarum eiusdem anni, qua ad ieiunandum ut premittitur non sis astrictus, ieiunes. Et si in dicto anno vel aliqua eius parte esses legitime impeditus, anno sequenti vel alias, quam primum poteris, modo simili supplere huiusmodi ieiunium tenearis. Porro si forsan alias prelibatum ieiunium in toto vel in parte quomodocunque adimplere commode nequiveris, eo casu confessor predictus ieiunium ipsum in alia pietatis opera commutare valeat, prout anime tue saluti viderit expedire, que tu pari modo debeas adimplere, alioquin presens nostra concessio quoad plenam remissionem huiusmodi duntaxat nullius sit roboris vel momenti. Nulli ergo etc. Datum Rome apud Sanctum Petrum anno incarnationis dominice millesimo quadringentesimo quinquagesimo octavo, decimo kalendas maii, pontificatus nostri anno quarto.

1455. [b] Das letzte *i* eine Correctur. — [c] Orig.

1456. 1458 Mai 3.

Mertt Steger zu Furt unter dem Gottweig gesessen und Kathrei seine Frau übergeben ihrem Vetter Simon Steger und Cecilie dessen Frau ihr behaustes Lehen zu Furt neben dem Hause des Jorig Eschenawer, von welchem an die Abtei zu Gottweig jährlich 1 ℔. ₰. am Lichtmesstage, 40 ₰. an sand Michelstag und 2 Schaff Vogthafer an das wasser[1] *und 12 Schreibpfennige an sanndt Giligentag zu zinsen sind, mit allem Fundus instructus auf ihr beider Lebenszeit, wofür ihnen dieselben auf ihre Lebensdauer den Lebensunterhalt und alles Nothwendige zu schaffen haben. Nach ihrem Tode fällt es an dieselben. Erfüllen sie jedoch diese Bedingung nicht, so sind ihnen die bezahlten Schulden und ihre Mehrleistungen über den Jahresertrag des Lehens zu ersetzen, worauf ihnen dasselbe wieder ledig wird. Sie behalten sich das Recht vor, für sich von ihrem Gute ein Seelgeräthe zu stiften.*

Siegler: Abt Mertt zu Gottweig als Grundherr und der edle Erhart Püchler mit ihren Hängesiegeln.

Datum: Geben (1458) an mittechen nach sanndt Philipp und Jacobstage der heiligen zweliffpotten.

Copie in Cod. F f. 15. Deutsch.

1457. 1458 Mai 25.

Wolfgang Choller und Anna seine Frau zu Newnpach legen *mit Handen ihres Burgherrn, des Pfarrers Sebastian Pessrár zu Mawr, auf ihren Weingarten genannt der Phennichgrunt* zwischen der beschayden Paul Pawngartner und dez Steffel Radelmair payder weingartten und stosset an ayn ort an Symon des Chnebel von Rugendorff weingartten und an dem anderem ort an das veld gegen dem dorf gelegen zu Newnpach, *von welchem dem Pfarrer jährlich 6 Wiener ₰. an sand Michelstag zu Burgrecht zu zinsen sind, eine Gülte von* ¹/₂ ℔. ₰., *welche sie und ihre Besitznachfolger dem Pfarrer zu Mawer zu zahlen haben. Hiefür ist für sie und ihre Familie in der Kirche zu Mawer an sand Lamprechtstag oder am darauffolgenden*

1456. [1] Donau.

Sonntage ein Jahrtag mit einer gesungenen Vigilie von 9 Lectionen, einem Requiem und darauf mit einem Amte von ûnser frawn schydung zu halten. Während des letzteren hat sich der Priester am Altare umzuwenden oder auf die Kanzel zu bebegeben und für Wolfgang Choller zu Newnpach und Anna dessen Frau, falls sie schon gestorben sind, für des ersteren Eltern Vlreich Choller und Anna dessen Frau, die ganze Familie und alle armen Seelen eine Bitte von einem Paternoster und Ave Maria zu verrichten. Versäumt der Pfarrer an den festgesetzten Tagen seine Pflicht, so ist er der Kirche für den Tag mit ¹/₂ ₰. Wachs zum Lichte verfallen. Bringt er an denselben die erforderliche Zahl Priester nicht zusammen, so ist der Jahrtag am nächsten Tage darauf abzuhalten und die Verwandtschaft der Stifter davon zu benachrichtigen. Der Weingarten ist baulich zu halten, damit die Gülte davon geleistet werden kann. Wird er aber abgebaut und erklärt sich der Besitzer zur Zahlung derselben unfähig, so ist der Pfarrer berechtigt, sich desselben zu unterwinden und ihn einem anderen zu überlassen, damit die Gülte und der Jahrtag nicht beeinträchtigt werde.

Siegler: (I.) Sebastian Pessrâr, Pfarrer zu Mâwer, (II.) der edle Caspâr Ennichel von Albrechtzsperg.[1]

Datum: beschechen an sand Vrbanstag (1458).

Orig., Perg. Deutsch. An Perg.-Streifen 2 Siegel.

I. rund (30), grün auf Sch., II B. U.: . s. sebastiâvs · pesrar. Die heil. Maria gekrönt, mit dem Jesukinde. — II. beschädigt, rund, grün auf Sch., IV C. Abb. bei Duellius, Exc., T. 35 nr. 439.

1458.   1458 Mai 31.

Wolfgang Ofen zu Smiding verkauft mit Handen des Lehensherrn seinem Vetter dem edeln Kunradt dem Schirmer, Pfleger zu Liechtenberg, seinen Zehent auf Gütern am Hawsrukk in der Gaspolczhofer Pfarre und im Starhenberger Gericht, welcher landesfürstliches Lehen ist: von ersten zu Schernhaim auf dem hof halben zehent, item dats dem Vaschang auf dem Neẏdekg halben zehent, item zu Viechtaw auf zwain höfen halben zehent,

---

1457. [1] Albrechtsberg a. d. Pielach (Topogr. v. N.-Oe., II, 31, u. Keiblinger in Hormayr's Taschenbuch 1828, S. 238).

item zu Veching auf dem hof halben zehent, item auf der mül daselben halben zehent, item dats Obern Nepfenhofen auf zwain höfen newntail zehent, item zu Frÿeshaim auf zwain höfen halben zehent und auf ainem lehen daselben halben zehent, item dats Micheln dem Jäger halben zehent, item dats dem Aichorn daselben halben zehent, item dats dem Swager daselben halben zehent, item dats dem Güetlein auch halben zehent, item in der Wÿdem daselben halben zehent, item dats Jörigen dem Weber daselben halben zehent, item dats dem Kotlein daselben halben zehent auf dem Pekchenpaw, item auf des Steffleins paw daselben halben zehent, item auf paiden Vasoltöden halben zehent, item zu Albrechtshaim auf dreÿn höfen virtail zehent.

Siegler: (I.) Wolfgang Ofen, die edelen (II.) Alexs der Lueger und (III.) Jörig der Lannkchaimer.

Datum: geben (1458) an mitichen vor gotsleichnamstag.

Orig. (A), Perg. Deutsch. An Perg.-Streifen 8 Siegel.

I. rund (29), grün auf Sch., IV C. U.: s. wolfgang · oven. Ein Ofen. Stechhelm. Cimier: ein Ofen, an dessen Spitze der Rauch heraussteigt. — II. beschädigt, rund (29), grün auf Sch., IV C. U.: . . . lex · lueger. Ein offener Flug, auf demselben ein gedrückter schmaler Sparren. Stockhelm. Cimier: ein geschlossener Flug mit dem Sparren. — III. rund (26), grün auf Sch., IV A 2. U.: s. iorig · lankchaimer. Eine schräglinke Eckspitze.

1459.   **1458 Juli 13.**

Georg Pfarrer zu Gerolding, Paul Pfarrer zu Loosdorf, Albrecht Enickel zu Albrechtsberg und Leonhard Laederstorffer entscheiden als Spruchleute einen Streit zwischen der Zeche und dem Pfarrer zu Mauer.

Orig., Perg. feuchtfleckig. Von 4 Siegeln an Perg.-Streifen das 3. u. 4. abgefallen.

Wir dÿ zechlewt zu Mawr und dÿганncz pharrmenig daselbs bekennen offennlich mit dem brief und tuen kund aller mäniclich, als von sollicher zuspruch und zwittrecht wegen, so zwischen unnser und des geÿstlichen herren, hern Sebastÿan dieczeÿt pharrer daselbs zu Mawr, gewesen sind von wegen etlicher altlegner grunndt hernach genant: item von ersten ain weingartten genant der Achsperger am Prekchlesperg[1] und ist zu lehen von den Hofern zu Mawr und dient in alle jar jerlich zu sannd Michelstag zehen pfenning; item ain weingarten am Penkweg und leyt neben des Heyssen weingartten von Nownhofen und ist zu lehen von den herrn zu Melkch und dient alle jar jerlich in das ambt gein Newnhofen zu sand Jorgentag sechs pfenning; item ain akcher ubern Pengkweg und ain akcher zu Tarnegk, dy benanten zwen åkcher sind zu lehen von ainem yeden pharrer zu Mawr; item ain wisen zum Heyslein,[2] der drithalb tagberg ist und leyt unnderhalb des wegs und ist auch zu lehen von aym yeden pharrer zu Mawr; item etlich grunt genant dy newn grunt; item ain halbs tagberch wismad gelegen im Posenpach und dient in das ambt gein Hafnerpach alle jar jerlich zw sannd Michelstag zwen pfenning; item ain krautgartten gelegen zu Pielach und ist zw lehen von aym yeden pharrer zu Mawr; item ain wengartten am Pråkchlesperg und leyt neben des Achsperger und ist zu lehen von den Hofern zu Mawr und dient in all jar jerlich zu sand Michelstag zwen pfenning; item ain wengartten am Gaysperg und leyt neben dem Stikcher und dient in den hof auf dem Perg[3] zu Mawr alle jar jerlich funf helbling und von wegen der obgenanten zuspruch und zwitrecht, sodann zwischen unnser obgenanten zechlewt und der gannczen pharrmenig zu Mawr und dem egenannten pharrer daselbs gewesen sind, haben wir vorgenant zechlewt und auch dy pharrmenig mit vleiss gepeten dy geystlichen herren hern Jorgen pharrer zu Gerolting und hern Pauln pharrer zu Lostorff und dy edln Albrechten Enickel zu Albrechtsperg und Leonharten Laederstorffer, dieczeit phleger zu Sychtenbergk,[4] das sy sich umb dy sachen zwischen unnser payder tail von der obgenanten grunt wegen habent angenomen und uns auf ain ganncz endt darumb gericht veraint habent. Und wir obgenant zechlewt und auch dy ganncz pharrmenig haben gelobt und versprochen den vorgenanten spruchlewten mit unnsern trewn, was sew zwischen unnser payder tayl umb dy zuspruch sprechen, das wir das unczeprochen und genncelich

---

1459. [1] Brakersberg, nordwestl. v. Ursprung gelegen. — [2] Häusling. — [3] Am Berg, ein Ried südwestl. v. Mauer zwischen diesem und Albrechtsberg a. d. Pielach. — [4] Sichtenberg, jetzt eine Ruine bei Gross-Schollach (Schweickhardt, V. O. W. W. VIII, 221).

halten und dawider nichts reden wellen in kainer weis ungeverlich. Und also habent dẏ obgenanten spruchlewt zwischen unnser payder tayl von der egemelten grundt wegen gesprochen: am ersten habent sew gesprochen dẏ newn gründt ledicleich uns als zehlewten unnser frawn zu Mawr also, das wir die schullen innehaben nuczen und nyessen zu nucz und frumen unnser frawn und irm gotzhaus zu Mawr und dẏ alten grunt, als oben begrẏffen ist, haben sew gesprochen dem obgenanten pharrer und sein nachkomen in solicher mass, das er davon schol rayhen und ausrichten aym mesner: am ersten schol er aym mesner geben alle qottemer zwenundreyssig pfenning und von aym yeden opffer, das da ist uber virczehen pfening, schol er im geben von ungetayltem gelt zwen pfening, aber zu weinachten zu ostern zu pfingsten zu kirchweich und zu vir unnser frawn tegen schol er im geben sechs pfening auch von von* yedem selambt zwen pfening und dew air, de man opfert am karfreytag zu dem pild, und dy ayr am ostertag von der weich schol er auch aym mesner lassen; item es schol auch der mesner alle suntag und alle feyertag essen in dem pharrhof des margens und des nachts und schol im der pharrer alle mal geben ain quertel wein; item von yeder samung schullen wir obgenant zehlewt oder der pharrer dem mesner geben von ungetayltem gelt zwen pfening und schullen im ain haus pawn und hinfur pessern. Es schol auch der mesner haben sein gewonleiche samung, als peẏ anndern kirhen syt ist, von aẏm yeden pharrman, der pehaust ist. Er schol auch sein gerechtichayt von ausleyten von vigilgleyten haben, als peẏ anndern kirhen gewanhait ist; item wann man taufft ain kind, so schol man geben dem gesellen zwen pfening und dem mesner ain pfening; item so man ain mesner aufnymbt, das schol geschehen mit willen und wissen ains yeden pharrer auch von wegen der newn gründt, dẏ uns vorgenanten zehlewten zugesprochen sind. Darauf haben wir zwen grünt, ainer ain krautgartten gelegen zu Pielach und das wisl gelegn im Posenpach, dẏ benanten zwen grünt haben wir dem egenantten pharrer geben zu einem auswechsel umb ain weingartten, der bestymbt ist under den alten gruntten, genant der Achsperger also, das er und all sein nachkomen dẏ be-

---

1459. * Orig.

nanten zwen grunt mit sambt all anndern grundten, dỷ nu und sein nachkomen durch dy obgenanten spruchlewt zugesprochen ᵇ sind warden, nu hinfur innehaben nuczen und nyessen, als dann solichs auswechsels spruchs und lanndes in Osterreich recht ist ungeverlich, und wir obgenant zehlewt schullen dann den vorgenantten weingartten genannt der Achsperger, den uns der egenant pharrer geben hat zu ainem auswechsel mit sambt all anndern gründden, die uns durch dỷ vorgenanten spruchlewt zugesprochen sind warden, auch innehaben nuczen und nyessen zu nucz und frumen unnser frawn und irm gotzhaus zu Mawr. Auch habent dỷ vorgenantten spruchlewt pen und punt darumb aufgeseczt, ob wir obgenant zehlewt zu Mawr und dỷ gancz pharrmenig daselbs, das oben verschriben ist, nicht hielten oder dawider wolten reden, so schol unnser yeder besunder vervallen sein dem vogt der kirhen hundert pfund pfening und yeder seinem rechten hern zwayundreyssig pfund pfening an alle gonad. War aber sachen, das solich pruch von dem vorgenannten pharrer oder seinen nachkomen geschehen und das, als oben geschriben ist, nicht hielten oder dawider wolten reden, so schol er oder sein nachkomen vervallen sein dem hochwirdigen furssten und hern, hern Vlreichen pischolf ze Passaw oder seinen nachkomen hundert pfund pfening und dem vogt der kirhen zwayunddroyssig pfund pfening. Und das alles, was oben geschriben stet, ÿst unnser guetleicher will und wolgevallen, wir sein lebentig oder tod, trewlich und ungeverlich. Des zu pesser sicherhayt, das das alles hinfur stat und unczeprochen peleyb, geben wir obgenant zehlewt zu Mawr und dy ganncz pharrmenig daselbs dem egenantten pharrer zu Mawr und sein nachkomen den brief besigelt und pestått mit der vorgenannten geystlichen herren, herren Jorgen pharrer zu Gerolting anhanngunden insigl und ich penantter pharrer zu Gerolting hab dieczeyt kain aygen gegraben sigel nicht gehabt, hab ich mit vleiss gepetten den geystlichen hern, hern Niclasen, capplan zu Wolfstain,ᵇ das er sein insigel an meiner stat an den brief gehanngen hat, und ich verpint mich under sein insigel mit

---

1459. ᵇ Das folgende *sind warden, nu* auf Rasur.

ᵃ Wolfstein, jetzt Ruine südöstl. v. Aggsbach im sogenannten Wolfsteinergraben.

meinen trewn doch mir und dem penantten her Niclasen und unnsern nachkomen an schaden und mit des geystlichen herren, hern Paulen pharrer zu Lostorff aỹgen anhanngunden insigl doch im und seiner kirhen zu Lostorff an schaden und auch mit des vorgenanntten edln Albrechten des Enikchel aygen anhanngunden insigl im, seinem brueder und irn erben an irer stifft zu Mawr unvergriffenleich und mit des edln Leonhartten Laederstorffer auch irn nachkomen und erben an schaden und wir verpinden uns unnder irew insigel mit unnsern trewn in aydes weys alles das war und stât zu halten, das der brief aufweist und innehielt, der geben ist nach Cristy gepurd virczehenhundert jar und darnach in dem achtundfunffczigisten jare am phincztag nach sannd Margrechtentag der heylligen junkchfrawn.

I. S. d. Caplans Nicolaus v. Wolfstein rund (29), grün auf Sch., IV A 2. U.: s. n. lomilperg · plēbni. Drei Rosetten. — II. S. d. Pfarrers Paul v. Loosdorf beschädigt, rund (30), grün auf Sch., II B. U.: pavl · .... pfarrer · in (?) · lostarff. Der heil. Laurentius.

1460.   1458 Juli 22.

Anno LVIII in die sancte Marie Magdalene hat Hanns Raffner, des Türsen hold ze Wulfennsrewt, aufenphangen 1 quartale weingarten am Heheregk prius Luce in Furt, Anne uxoris; servit Martini V obulos, anlat ablat V obulos presente Hanns Kastner.

Notiz in Cod. H f. 34.

1461.   1458 August 3.

Kaspar Wakcher, Elczabet seine Schwester und Barbara, die Frau des Thaman des Mulner gesessen auf der Pielach, deren Stiefschwester väterlicherseits, verkaufen mit Handen ihres Grundherrn, des Abtes Mertt zu Gott(weig), ihrem Schwager dem erbern Peter Scharlach von Traismaur und Kathrein dessen Frau, ihrer Schwester, eine Mühle genannt des Wakcher Mühle bei Herczognnburgk, die ihnen von ihrem Vater Michel dem Wakcher zu Herczognburgk anerstorben ist und von welcher dem Stifte Gott(weig) jährlich 50 Metsen Korn oder 75 Strich Mehl an sanndt Larennczentag als Grunddienst zu zinsen sind.

Siegler: Abt Mertt zu Gottweig als Grundherr *mit dem anhängenden Grundsiegel* und der Edle Gorig Rawber *mit dem Hängesiegel.*

Datum: Geben an sanndt Steffannstage invencionis 1458.

Copie in Cod. F f. 15'. Deutsch.

Unter diesem Stücke ist von gleicher H. als Nachtrag vermerkt: *Item anlait und ablait auf der obgenanten mull ist LXIIII ₰. nach laut abbt Peterns saligen gruntpůech, der die benanten mull anno MCCCC vicesimo quarto Micheln Wakchern und Kathrein seiner hausfraw gelichen hat nach innhalt ains briefs darumben ausgegangen.*

1462.   **1458 August 13, Herzogenburg.**

Abt Martin von Göttweig, Otto von Topel, Bernhard von Dürnstein und Sigmund Pottenbrunner laden die Landstände zu einer Berathung nach Herzogenburg ein.

Copie in Cod. E f. 89'.

Vgl. nr. 1463.

Erwirdigen, wolgeborn, edel und vest lieben herren! Wir Mert von gocz gnaden abbt unser frawn goczhaws zum Göttweig, Ott von Toppel, Pernnhart von Tirnstain und Sigmund Pottenbruner embieten allen prelåten herren ritter und knechten oberhalb des Wiennerwalds und zwischen der Melchk gesessen auch allen den, die an denselben ennden holden und güetter haben, unnser gepet und willig dienst und bitten ew mit sunderm vleiss, ir wellet ew auf den nagstkünftig pfincztag *(August 17)* gein Herczogburgk zu uns und anndern lanndleutten in der restier daselbs umb gesessen füegen und ewer yeder daselbs hin persöndleich kömen. Alsdann wellen wir ew daselbs unsers allergnådigisten herren des Römischen kaiser schreiben [1] und bevelnüss horn lassen und den nach ewrm ratte verrer nachgen, damit ew und uns allen von den veinten uber die Tunaw nicht schad noch unrat auferste, hoffen und ge-

---

1462. [1] Dieses Schreiben Friedrich's III. an die Stände des V. O. W. W., welches ohne Zweifel die Abwehr der von Norden gegen die Donau bis Krems vordringenden böhmischen Truppen (nr. 1463) bezweckte, fehlt bei Chmel (Reg. Friderici IV., S. 361). Seine Ausstellung muss in die Zeit zwischen August 1—13 fallen.

trawn, ir lasset ew darin nichcz iren. Geben zu Herczogennburckch an suntag nach sannd Larennczentage anno domini etc. LVIII.

1463. [1458 anfangs August—October 2.]

Nam anno LVIII[1] *(1458)* rex Bohemie cum suo exercitu et capitaneis, qui fuerunt in Hederstarff, spoliavit colonos nostri monasterii [Gottwicensis] bonis suis et certe ville sunt omnino desolate, ex quibus maximam ruinam et dampnum monasterio intulerunt, vocaverunt eosdem ad homagiandum et vulgariter huldigen.

Notiz im Registr. Martini abb. (Sign.: L, XVIII, 6).

Vorausgehend ist vermerkt: *Nota: ab anno 1457 usque ad annum 1464 in nostro regimine continua proelia et wella fuerunt et diviserunt principes scilicet dominum Albertum archiducem et dominum imperatorem dominum Fridericum, ex qua dicta necessario sequitur desolacio et ruina monasteriorum.*

1464. 1458 October 27.

Wolfgang von Walsse, oberster Marschall in Österreich, oberster Truchsess in Steyr und Hauptmann ob der Enns, verkauft dem edelen Conrat Schirmer folgenden freieigenen Besitz aus dem Amte zu Seūsenegk: von erst ain hof genant der Ódhof,[1] da der Wûst aufsiczt und dient ain halb phundt phenning, item kŏrn funfundvirczig meezen, item habern fûnfundvirczig meczen; item Jŏrg im Hochholcz[2] dient von seinem hof gleich sovil als der obgeschriben Wûst; item Tybolt zu Schiltdorf dient von ainem halben hof sechs schilling phenning, item korn drithalbenundzwainczig meczen, item habern drythalbenundzwainczig meezen; item Jŏrg daselbs dien[t von][a] ainem halben

---

1463. [1] Podiebrad fiel mit seinen Truppen anfangs August in Oesterreich ein, verheerte das V. U. M. B., rückte bis Krems vor, wo er vor der Stadt Lager schlug. Diesem Zustande machte der Friede von Wien am 2. October 1458 ein Ende (Chmel, Reg. Friderici IV., S. 362 nr. 3629), worauf die böhmischen Truppen unter schrecklichen Verwüstungen ihren Rückzug antraten.

1464. [a] Lücke hier und weiterhin.

[1] Edthof E.-H., O.-G. Viehdorf, G.-B. Amstetten. — [2] Hochhols E.-H., O.-G. Viehdorf.

hof auch sovil als der obgenant Tybolt [und be]sunder von ainer hofstat vir schilling phenning; item Fridel daselbs dient von a[iner h]ofstat vir schilling phenning; item Symon daselbs von ainem [hof] ain halb phundt phenning, item korn funfundzwainczig meczen, item habern f[unfun]dzwainczig* meczen, item marchfûter vir meczen und [wann vo]n der pfening gûlt des halben phundt gelts, so der yeczgenant Symon [dient] icht abgang wêr, den sûllen und wellen wir in an a[llen schaden au]s ûnserm urbar Sewsenegk erstaten.

Siegler: (I.) Wolfgang von Walsse, die edelen (II.) Sỹmon Pabenôder und (III.) Hanns Welczer.

Datum: Geben an freytag vor sand Symon und Judastag (1458).

Orig., Perg. feuchtfleckig u. durchlöchert. An Perg.-Streifen 3 Siegel.
I. rund, roth auf Sch., IV C. U.: s. wolfgangi · de · wallse 1450. Abb. bei Duellius, Exc., T. 34 nr. 433. Am Rv. das Signet länglich-sechseckig, roth auf Sch. Stechhelm mit Cimier vgl. das Hauptsiegel. — II. beschädigt, rund (29), grün auf Sch., IV A 2. U.: † s. s . . an. pabeneder. — III. Bruchstück, rund, grün auf Sch., IV C. U.: . . . . nns. wel . . . . Eine gestürzte schrägrechte Eckspitze.

1465.   **1458 November 16, Mautern.**

Anno LVIII feria quinta post Martini hat her Peter techannt, Jorig Rawcz richter und der rat ze Mauttaren meinem hern von wegen der Chuncz Vilshofferin als umb die iarlichen ausstennden dreỹ emmer weindinst vom Wasserweingarten ain rechttag als auf den montag nagst nach aller heiligen dreir kunig tag im LVIIII. komund *(1459 Jänner 8)* beschaiden und geseczt, zu demselben rechttag die benant Vishofferin kuntschaft von hern Wolfgangen weilennt abbt zu Gott(weig) und dem Gostuler burger ze Stain, wie und in was farm ir derselb weingarten verkaufft und gehoben sey worden, oder ander kunttschafft, der sỹ zum rechten vermaint ze geniessen, furbringen soll oder aber sich zwischen hin und deselben tags in der guttigkait ausserhalb des rechtns mit meim born von Gott(weig) von wegen solher austennder weindinst ainen und richten. Actum in Mauttaren in stuba dicti domini decani presentibus Ieorio Pranntner, Leonhardo Losperger, Steffano Maczsawer, Wolfg(ango) notario et Caspar Ottennperger.

Notiz in Cod. F f. 14'.

1466.   **1458 November 16, Mautern.**

Anno domini millesimo quadringentesimo LVIII feria quinta post Martini hat die erber fraw Kathrei Teurbangarin in dem pharhoff ze Mauttaren in gegenburttigkait hern Wolfgangs dieczeit pharrer daselbs, Jorigen des Pranntner, Leonharts Losperger, Steffans Maczsawer und Wolfgangs notari versprochen meins hern gnad von Gott(weig) ganczlich der sumb gelts nach inhalt des geltbriefs, so der benant mein herr von ir hat, auf den nagstkomunden liechtmess im LVIIII *(1459 Februar 2)* an verczichen und verrer waigrung ze beczallen. Actum anno etc.

Notiz in Cod. F f. 14'.

1467.   **1458 November 19.**

Anno LVIII in die sancte Elczabet hab ich in gegenburtigkait Steffans Maczsawer hoffrichter mit Gotharten Sporel, burger ze Mauttarn, der da meim hern des LVII. iar an weindinst Ij ₰. ₰. und des LVI., LVII. und LVIII. iar XXII meczen vogthabern schuldig ist worden, geraitt und den habern Mauttinger vogthabernmass per XXIIII ₰. 1 meczen angeslagen, facit der habern II ₰. XLVIII ₰., facit, quod oportet domino de supradictis annis, IIII ₰. III ß. XVIII ₰. In der sumb sind im nachlassen VIII ₰. et dicit X ₰.[1] In der ubringen sumb gelts, die da bringt IIII ₰. III ß. ₰. sol er die II ₰. III ß. ₰. auf den sunttag invocavit nagst im LVIIII iar komund *(1459 Februar 11)* an verczichen beczallen und die andern II ₰. ₰. auf den nagstkunfftigen sand Michels[tag] *(1459 September 29)* darnach auch an alles verczichen. Zu demselben sand Michelstag sol er auch aim lesmaister, der dieselb zeit von meins horn von Gott(weig) wegen zu Mauttaren wirdt sein, beczallen drithalb emmer most, so er des LVIII iar an dinstmost schuldig ist worden ze geben. Fideiusserunt pro eo Hans Oberndorffer, burger ze Mauttaren, und Cholman Hueber in Furt extra singula fratri Vdalrico pro tunc cellerario.

Notiz in Cod. F f. 14'.

1467. [1] Im Ganzon 18 ₰.

1468.   1458 November 25.

Anno etc. LVIII in die sancte Katherine haben Andree Newnnstetter ze Mauttarn, Anna uxor aufenphangen 1 haws am Porcz[1] nebn Gilig des Streicher haws gelegen prius Dorothee der Tennkchschůchlin, servit Martini ad custodiam X ₰., II snitphenning, IIII ₰. pro pullis, anlat ablat X ₰., presente Hans Tennkchschůchel von Mauttarn, Hans Smid von Hornnpach, Siman Kepler von Paungarten.

Notiz in Cod. H f. 34'.

1469   1458 December 11, Göttweig.

Albrecht von Jaispitz zu Rappottenstein und Bernhard Mülfelder zu Aggstein erstatten Kaiser Friedrich III. auf dessen Befehl Bericht über die wirtschaftliche Lage des Stiftes Göttweig behufs Eintreibung des schuldigen Vogthafers.

Copie in einem Rechnungsbuche (Sign.: A, XVIII, 6), auf Pap. f. 70'.

Allerdurchlêuchtigister kayser und allergnedigister herr! etc. Als e. k. m. von dem benanten gotzhaus von der vogtei uns paiden geschriben und des gotzhaus zw Gottweig guetter enhalben der Tunaw, darauf vogthabern e. k. g. von dem benanten gotzhaws von vogtei wegen iårlich gepurendt ze geben ligt, dieselben zu verraitten und solch beschedigung raub und schaden denselben in den nagstvergangen kriegen von den veinten widergangen ze besichten und die mit dem iårlichen abgang aigentleich ze erfaren und e. g. des darnach ze underrichten ernstleich bevolhen hat, sein wir solhen e. k. g. bevelhnůssen, als sich gepurd, gehorsam gwesen und haben uns nach e. g. geschäfften daselbs hingefuegt und solh beschedigung und schäden den armanleutten durch des kůnigs von Pehaim intzug[1] in das lannd und der Eytzinger krieg wegen widergangen mit guetem getrewn vleiss besuecht uns von denselben armenlêutten in dem ainigen ambt Nider Rånna etleich tag erkund und von ainem yedem in sunnderhait warleich erfragt

---

1468. [1] nr. 1449 Anm. 1.
1469. [1] nr. 1463.

und von den allen ainhellikleich darauf mit irer bekantnůss gehert und die aigenkleich aufgeschriben, wi sy solchen vogthabern des LVIII. iar in jarlicher sumb XLII mut XXVIII metzen an dem jarlichen abgang auf in ligkund von wegen der oberuerten schåden in ze dorff und veld, als bemelt ist, beschechen auch ander die dinst ir herschafft gen Gottweig geburend des iar mit nichte vormugen ze geben. Dapey haben wir uns von denselben armanleutten auch ettleichen desselben gotzhaws urbarn erkundt, das an den II^c mut vogthabern, so das gotzhaus e. k. g. als lanndesfursten und obristen vogtherrn auf widerlegung ains scherm jarlichen zw raichen schuldig ist, auf XLVI mut haber allain in dem bomelton ambt Råna iarleich abgen und ewigkleich nicht gedient mogen werden, wan die guetter, davon solch sumb habern weilent geben ist, durch menig beschedigung und gantz verdårben der hussårey ze dorf und veld vor menigern vergangen iaren gantz öd und zw ëurden glegt sind worden und dartzue das in den åmbtern umb den perg Gottweig, Noppenndorff, Markcharsdorff, Pirchach, von dem hoff zu Rust etc. auch iårlich etleich mut vogthabern abgen und nicht geben werden. Uber das haben nur^a von denselben armanleutten dem gotzhaus zuegehorund auch andern warhafften aber aigenkleich erkund, das das gotzhaws an den II^c mut vogthabern, so es alle iare zu vogtrecht pflichtig ist zw geben, iårlich nicht mehr als pey 1^c und XXV mut habern intzenemen hat und doch dieselb sum habern auch zu zeitten von armuet der leut ungewiters oder ander schåden wegen nicht gånntzleich geben wirdet und solch menig jårlich abgang hat das gotzhaus von seinem dienst paw und kaufhabern jarlichen nach grossen unstatten und merkchlichen verdårben lange iar hintzher erstatten muessen und des in leng an verdërben nicht vermag. Darumb pitten wir e. k. g. in gehorsamer undertånigkait solch unser oberuert getrew vleiss, so wir auf e. g. schreiben willigkleich getan haben, mit allen gnaden von uns aufczenemen und das benant gotzhaus in anvodrung des vogthaberns des obgenanten LVIII. iars auf der armanleut beruert enpfanngen schåden darzue in dem oberůerten grossen iarlichen abgang yczo und furbaser ze bedenchten^b und darauf mit kůnftiger anvodrung und in allen

---

1469. ^{a} Copie statt mir. — ^{b} Statt *bedenchken*.

andern wegen sunderbar mit der widerlegung ains schermbs von solchs micheln vogthaberns wegen gnadikleich bevolhen ze haben etc. Geben zw Gottweig am montag nach sand Niklastag anno domini im LVIII.

Euer k. g. undertänig und gehorsam Albrecht von Yewspicz zu Rappoltstain und Pernhart Muluelder, zum Achstain pfleger etc.

1470.   **1458 December 21.**

Anno domini etc. LVIII in die sancti Thome apostoli sein mit maister Niclasen stainmeczen abgerait all sein ausstenndt iarsold und verdint tagberichlonn, so er von anfangkch, als er in des goczhaws fuedrung und pawarbait komen ist, und hincz auf den weinnachttag in dem nown und funffczigistem iar *(1458 Dec. 25)* nichts ausgenomen verdint hat, und ist mein her dem benanten maister Niclasen an volliger raittung schuldig warden XI *tl*. IIII *ß*. ♃. und nicht mer dieselb sumb im hinfur in gelt wein oder traid ze enttrichten. Actum ad mandatum domini etc. per Wolfganngum notarium.

Notiz in Cod. F f. 14'.

1471.   **1459 März 27.**

Anno domini MCCCC quinquagesimo nono in die sancti Ruperti hat Anna, Hannsens Tawsess ze Mauttarn saligen tochter und yetz Leonnhart des Tennkchschuhel ze Mauttarn eeliche hausfraw, vermacht demselben irm mann mit des erwirdigen geistlichen horn, hern Merten abbt zu Gott(weig) hannden das haws, das weilannt Erharts Hekcher irs vordern mann saligen gewesen ist, mit seiner zugehorung geleich halbs nach lanndesrecht in Osterreich und der ander halb tail des haws mit seiner zugehorung ist ir baider kaufgut mit gesambter hanndt, von haws man dint in die abbtei gen Gott(weig) Martini 5 ♃. Daengegen vermacht der benant Tenkchschuchel seiner benanten hausfrawen Anna sein halb ieuch weingarten beim Hofweingarten gelegen, davon man dint Michaelis in Chuncz Hekcher lechen zu Paldt V ♃. Geschechen in gegenburtigkait Hanns Tennkchschuchel, Andre Heller, Erhart Prawn all ze Mautarn gesessen.

Notiz in Cod. H f. 15'.

1472.   **1459 April 9, Göttweig.**

Abt Mert zu Gottweig vidimiert auf Bitten des Abtes Wolfgang zu Altennburgk zwei ihm im Originale auf Pergament mit Hängesiegeln vorgelegte Urkunden (1.) der Herzoge Albrecht [III.] und Lewpolt [III.] von Osterreich d. d. Wien an montag nach sand Veitstage (Juni 18) 1369 und (2.) des Herzoges Albrecht [III.] von Osterreich d. d. Wien 1392.

Siegler: (I.) Abt Mert zu Gottweig.

Datum: Geschehen zu Gottweig an montag nach sandt Ambrositag (1459).

Orig. im Arch. des Stiftes Altenburg (Sign.: Y 2 roth), Perg. Deutsch. Siegel an Perg.-Streifen.

I. beschädigt, rund (38), roth auf Sch., IV A 2. U.: sigillvm · martini · abbatis · in · gottwico. Die Dreiberge besteckt mit dem Kreuze. Ueber dem Wappenschilde eine schwebende Infol. Am Rv. Signet länglich-achteckig, roth auf Sch., II A. Ein Menschenkopf mit einer Zipfelmütze.

1473.   **1459 April 10, Linz.**

Albrecht VI., Erzherzog zu Oesterreich, belehnt Leonhard den Sinzendorfer mit dessen Erbe in Oberösterreich.

Orig., Perg. Siegel von Perg.-Streifen abgefallen.

Unter dem Datum ist von gleicher H. vermerkt: *Dominus archidux in consilio.*

Wir Albrecht etc. bekennen, daz fur uns komen ist unser getrewer Lienhart Sinczendorffer und bat uns diemüeticlich, daz wir ª im geruchten zu verleihen die nachgenannten guter unser lehenschaft unsers lannds ob der Enns, wan die sein erb wĕrn. Das haben wir getan und haben demselben Sinczendorffer die gemelten gûter mit irn zugehorungen verlihen und leihen auch wissentlich mit dem brief, was wir im zu recht daran verleihen sullen oder mûgen also, daz er und sein erben, die nw von uns und unsern erben in lehennsweis innhaben nuczen und niessen sullen sullen ᵇ mugen, als lehens und lannds recht ist unverlich. Und sind die lehen: von erst ain hof in

---

1473. ª *w* aus *i* corrigiert. — ᵇ Orig.

Kemnater pharr zu Sunlewten, item zwen hof zu Obern und Nidern Egendorff in Kirchperger, item ain hub genant die Hadnhub in Pharrkircher pharr und ain hub genant die Pehaimhub in Wartperger pharr. Mit urkund des briefs geben ze Lynncz an oritag nach dem suntag misericordia domini nach Christi geburde virczehen hundert und in dem newnundfunfczigisten jaren.

1474. 1459 Mai 25, Bruck a. d. Leitha.

Hanns Fröleich, Bürger zu Prugk auf der Leyta, pachtet[1] *von Abt Mertt und dem Convente zum Chötweig den halben Getreidezehent zu Prugk von jetzt an auf sechs Nutzjahre und verpflichtet sich, darauf zu achten, dass dem Stifte an seinen Zehentrechten nichts entzogen werden, widrigenfalls es dem Stiftshofmeister zu Wienn bekanntzugeben, um es nach seinem Rathe hintanzuhalten.* Er hat auch den Stiftsanwälten, die dÿ zehennd bereitend zu der zeit, do man die gewöndlich hinlêsst, *nach altem Herkommen jährlich 4 ß. ₰. zu Leikauf zu zahlen.*

Siegler: (I.) Hanns Fröleich.
Datum: Geben zu Prugk auf der Leita an sand Vrbanstag (1459).

Orig., Papier. Deutsch. Siegel unter Papierdecke auf der Rückseite aufgedrückt.

I. rund (30), grün, IV C. U.: s. hanns · frolich. Getheilt, im oberen Felde das wachsende Einhorn. Stechhelm. Cimier: eine Krone mit dem wachsenden Einhorn.

1475. 1459 Juni 8, Wien.

Kaiser Friedrich III. entscheidet einen Streit zwischen Göttweig und den Städten Krems und Stein über das Fischereirecht in der Donau.

Orig., Perg. Siegel war auf der Rückseite in rothem Wachse aufgedrückt.

1474. [1] Im Reg. Martini abb., f. 91′ (Sign.: L, XVIII, 2), ist vermerkt: *Anno 1459 in die Vrbani decimam mediam in Pruk, cuius media altera est plebani ibidem, locavimus N. Fröleich super VI annis, pro quibus presentavit nobis 1ᶜ ℔. ₰.*

Unter dem Datum ist von anderer H. u. Tinte vermerkt: *Commissio domini imperatoris in consilio.*

Wir Fridreich etc. bekennen von der stoss und zwitrecht, so zwischen dem ersamen geistlichen unserm lieben andechtigen . . dem abbt zum Kotweig ains und unsern getrewn lieben . . dem richter und rat zu Kremba und Stain des anndern tails gewesen sein von ainer vischwaid wegen genannt die Mauttarnergemerkch in der Tunaw, darumb wir in ze baiderseit tag[1] her fur unns gen Wienn gesoczt haben, darauf baid tail furkômen sein, da der egenannt abbt furbracht hat, dieselb vischwaid gehor zu seim goczhaws, darauf dieselben unser burger gevischt, dadurch die sein den iren die necz genomen und sy widerumb der sein ainen genannt Vlreich Prannger gesessen im Werd gefanngen und ettlich zeit gefanngen gehalten hieten, und lies horn ainen gerichtbrief von weilennt unserm lieben vettern kunig Albrechten Romischen zu Hunngern zu Behem etc. kunig loblicher gedechtnuss, dieweil er dennoch herczog ist gewesen, ausgeganngen lautend, daz seiner vordern ainer und die vischer zu Kremba umb die gemelt vischwaid auch stossig gewesen wern, da sey die seim goczhaws mit recht zugesprochen worden nach innhaltung desselben gerichtsbriefs. Daentgegen die vorgenanten unser burger anntwurtten, wie sy umb denselben brief nicht gewesst hieten. Und nach solher irer red und widerred habent unser ret mit baider tail willen und wissen beredt und sy geaynet also, daz der vorgenannt abbt unsern burgern zu Kremba und Stain ire necz und annders, was in auch widerumb [von]* des abbts lewten genomen worden ist, bederseit widergeben und dieselben burger den obgenannten Prannger ledig lassen und was er in irer vennkchnuss verzert hat, fur in beczallen, auch dem vorgenannten abbt und seim goczhaws an der vorberurten vischwaid hinfur dhaynerlay irrung ingriff noch hindernuss tun sullen in dhain weg. Es sullen auch all obgemelt stoss und zwitrécht zwischen in baiderseit ganncz ab und verricht sein ungeverlich. Des zu urkund geben wir yedem

---

1475. * Ergänzt.

[1] In dem Reg. Martini abb. (Sign.: L, XVIII, 2), f. 33', wird eine Reise des Abtes nach Wien in dieser Angelegenheit erwähnt: *Item ad Wiennam ad dominum imperatorem ex parte civium in Staym et Kremsa XX tb. ₰.*

tail unsern brief in gleichem laut. Geben zu Wienn an freitag nach sand Erasemtag nach Kristi gepurd vierzehenhunndert und darnach in dem newnundfunfczigisten jar, unsers kaisertumbs im achten, unnser reich des Romischen im zwainczigisten und des Hungrischen im ersten jaren.

1476.   **1459 Juni 11, Göttweig.**

Abt Martin, Prior Erhard und der Mönchs- und Nonnenconvent zu Göttweig nehmen Abt Thomas, Prior Johann und den Convent des Klosters zum heil. Kilian in Lambach in ihre Gebetsverbrüderung auf und verpflichten sich nach Einlangen der Todesnachricht eines Professen derselben, für denselben die Vigilien und ein Requiem nach der Sitte ihres Klosters zu halten, während die einzelnen Priester eine Messe, die nicht geweihten Cleriker das ganze Officium defunctorum und die Conversen 100 Pater noster und Ave Maria zu beten haben.

Siegler: Abt Martin und der Convent von Göttweig.

Datum in dicto nostro monasterio Göttwicensi undecima die mensis iunii (1459).

Orig. im Arch. des Stiftes Lambach, Perg. Lat. 2 Siegel von Perg.-Streifen abgefallen.

1477.   **1459 Juni 25, Wien.**

Kaiser Friedrich III. beauftragt die Landrichter in Oesterreich, die Freiheiten des Stiftes Göttweig überall zu respectieren.

Orig., Pap. beschädigt. Siegel auf der Rückseite aufgedrückt.

Rechts unter dem Datum ist von anderer H. u. Tinte vermerkt: *Commissio domini imperatoris per dominum Vlricum Rieder doctorem consiliarium.*

Wir Fridreich etc. allen und yeglichen lanndtrichtern und richtern unsers fürstentumbs Österreich etc. Wir emphelhen ew allen und ewr yedem in sunderhait ernstlich und wellen, daz ir das gotshaws zum Gotweig, auch desselben gotshaws lewt und güter, wo die herdishalb oder enhalb der Tünaw gelegen und wonhaft sein, nün hinfur bey iren freihaiten rechtem und altem herkomen nach weilent unser vorfarn fürsten von Osterreich brive laut und sag ungeirret und daran unbekumert beleiben lasset. Daran etc. Geben zu Wienn an montag nach sannd Johannstag ze sunewennden anno domini etc. LVIIII, unsers kaisertumbs im achten, unser reich des Romischen im zwaintzigisten und des Hungrischen im ersten iaren.

S. Friedrich's III. rund, roth unter Papierdecke. Abb. bei Sava, Siegel der österr. Regenten, S. 166 Fig. 111.

1478. **1459 Juli 12.**

Abt Mertt und der Convent zum Gottweig verkaufen wegen der Nothlage ihres Stiftes Abt Peter und dem Convente zu Liligenueld ihren freieigenen Zehent in dem Dorfe zu Redebrünn in der Rauolspacher Pfarre um 200 ungarische Gulden à zu 10 ß. ₰. gerechnet und 50 ₰. ₰., zusammen um 300 ₰. ₰. unter Vorbehalt des Widerkaufrechtes zu jeder Zeit, wobei ihnen nach Zahlung des gleichen Kaufschillinges der Zehent sammt der Kaufurkunde ohneweiters zu überantworten ist.

Siegler: (I.) Abt Mertt und (II.) der Convent zum Gottweig.

Datum: geben (1459) an sand Margarethentage der heiligen junkchfrawn und martrarin.

Orig. im Arch. des Stiftes Lilienfeld (Sign.: V, fasc. II nr. 65), Perg. Deutsch. 2 Siegel an Perg.-Streifen.

I. beschädigt, rund, roth auf Sch., IV A 2 (nr. 1472 S. I). — II. rund, grün auf Sch., II B. Vgl. Sava, Siegel der Abteien, S. 33, III.

1479. **1459 Juli 12.**

Abt Peter [I.] und der Convent zu Liligenueld kaufen von Abt Mertt und dem Convente zu Gottwich deren freieigenen Zehent in dem Dorfe zu Redebrünn in der Rauespacher Pfarre (nr. 1478).

Siegler: (I.) Abt Peter [I.] und (II.) der Convent zu Liligenueld.

Datum: geben (1459) an sand Margrethentag der heyling junkchfrawn.

Orig., Perg. feuchtfleckig. Deutsch. An Perg.-Streifen 2 Siegel.

I. beschädigt, spitzoval, roth auf Sch., III B 2 a. U.: S. fratris · petri · abbatis · in · campoliliorvm. Abb. bei Hanthaler, Rec. I, T. 11 nr. 15, mangelhaft. Signet am Rv. fehlt dort. — II. rund, grün auf Sch., II B. Vgl. Sava, Siegel der Abteien, S. 39, II.

1480. 1459 September 3, Krems.

Kaiser Fridreich [III.] erlässt Abt Mertt zum Göttweig, seinem Rathe, wegen der Beschädigung und Verödung der Stiftsgüter 28 Mut vom Jahre 1457 ausstehenden Vogthafer und 100 Mut Vogthafer vom Jahre 1458.

Siegler: Kaiser Fridreich [III.].

Datum: geben zu Krembs an montag nach sannd Gilgentag (1459), unsers kaysertumbs im achten, unser reich des Römischen im zwainczigisten und des Hungrischen im ersten jaren.

Orig., Pap. Deutsch. Mit 2 aufgedrückten Siegeln.

Kanzleivermerk von anderer H.: *Commissio domini imperatoris per d. Udalricum Rieder doctorem, consiliarium.* — Vgl. nr. 1469.

I. Textseite, rund, roth unter Papierdecke. Abb. bei Sava, Siegel der österr. Regenten, S. 168 Fig. 117. Rückseite, rund, roth unter Papierdecke. Abb. ebend. S. 166 Fig. 111.

1481. 1459 September 3, Krems.

Kaiser Friedrich III. ladet einen Unbekannten und Abt Martin von Göttweig in einem Streite derselben vor sein Gericht.

Copie in Cod. E f. 55. Bruchstück.

. . . .
. . . .

. . . .ᵃ nichts ze tun noch ze hanndeln habest. Vermainest du¹ in aber spräch nicht ze vertragen, alsdann auf des heiligen krewcz tag der erhohung nagstkunfftign *(Sept. 14)* noch fur uns komest, da derselb abbt durich sich oder sein anwalt auch sein sol. So wellen wir ew gen einander horen oder schaffen

---

1481. ᵃ Das Vorausgehende fehlt, da das vorhergehende Blatt nicht mitgebunden ist.

¹ Da sich sonst kein Anhaltspunkt für die Bestimmung dieses Unbekannten aus gleichzeitigen Urkunden ergibt als nr. 1486, so kann vermuthet werden, dass sich vorliegende nr. auf den daselbst angegebenen Streit bezieht.

ze hören und versuechn gütlichen ze verainen, mocht des aber nicht gesein, verrer darin handeln, was pillich und recht ist, und darin chain anders nicht tüest, das mainen wir ernstlich. Gebn zu Krembs an montag nach sand Giligentag anno domini etc. LVIIII, unsers kaisertumbs im achten etc.

1482.   **1459 September 3, Krems.**

Kaiser Friedrich III. ersucht seinen Bruder Albrecht VI., die Privilegien des Stiftes Göttweig zu respectieren.

Copie in Cod. E f. 55'.

Hochgeporner lieber brueder und fuerst! Wir begern an dich mit vleis und ernste, das du dir den ersamen geistlichn, unsern lieben andachtigen Mertten abbt zum Gottweig unsern rat und sein goczhaws in iren gnaden, rechten und freihaitten und privilegien in von unsern vordern loblicher gedachtnüss und uns der freyung halben des salcz[1] und in andern sachen bestett und gegebn von unsern wegen bevolhen sein und dabei und altem loblichem herkomen beleiben lassest, dich auch gan in also beweisest, damit sy unser bete gen deiner lieb emphinden ze geniessen. Daran etc. Geben zu Krembs an montag nach sand Giligntag, unsers kaysertumbs im achten etc.

1483.   **1459 November 4.**

Anno domini etc. LVIIII hat verkauft Hanns Edelpechk von Mauttarn 1 octav ortweingarten, leyt an dy Newnrewttgassen, Cristan Morl aus Werdt und dinst[a] invocavit ad abbatiam VIII ₰. Auch so hat er auch kauft von im 1 iuger prati im Gugelziph leyt im Kottweyereraw[1] und dinst[a] invocavit ad abbatiam XXX ₰., ablat anlat facit XXXVIII ₰. Actum etc. in stuba inferiori dominica ante Martini anno etc. LVIIII.

Notiz in Cod. H f. 53.

1482. [1] nr. 970.
1483. [a] Cod. statt *dint*.
  [1] nr. 1402.

1484. **1459.**

Da nach dem Tode des Königs Ladislaus Posthumus ein Streit unter den Erben, nämlich Kaiser Friedrich III., dessen Bruder Albrecht VI. und deren Geschwisterkinde Sigismund von Tirol, über die Erbnachfolge ausbrach, versuchten die Stände, unter diesen der Abt [Martin] von Göttweig als Mitglied des Prälatenstandes, den Frieden zu vermitteln, was ihnen jedoch nicht gelang.

Link, Annales Austrio-Clara-Vallenses II, 204.

1485. **1460 März 9, Göttweig.**

Abt Martin von Göttweig ersucht den Bischof Ulrich von Passau, seinen Pfleger zu Greifenstein dazu zu verhalten, dass er die Streitsache über die Forderung des Wolfgang Fräl an das Stift zur Entscheidung bringe.

Copie in Cod. E f. 96.

Reverendissime in Christo pater! etc. Wir lassen ewr f. g. wissen, das wir Wolfgang Frål, weillend unsers goczhaus zu Gottweig hofmaister zu Kunigsteten und yozo dienner daselbs, auf ain geltbrief, so er von uns hat, schuldig sein worden XLII ℔. ₰., die wir im zu sand Steffanstag der erfindung nagstvergangen bezalt solden haben. So wir aber in den kriegiaren in solch armuet und encziechnůs aller unser nůtz hoch kŏmen sein, dadurch wir im dieselben sumb nicht in gelt zu demselben tag ze bezallen noch in die zeit von seiner aigner abesen und geschåfft wegen bey uns gehabt haben, hat er derselben sum gelcz darnach auf unser und meniger edler lewt bitten und taiding an bezalung gulden schadens und ander seiner swerrer håcher begern nicht nomen nach unsers allergenedigisten hern des Romischen kaisers bevelhen im der sachen halben getan gehorsam sein wellen, yedoch sich am jungsten seiner vodrung des schadens mer kanntnůss ewr f. g. phleger zu Greiffenst(ain) des Winklår ze gen erboten. So sich der aber allain umb solch entschaidung die zeit nicht anomon hat wollen, bitten wir ewr f. g. in andechtigem vleiss, dem bemelten Winklår durch ewrn

g. schreiben nach dem pesten ze bevelhen sich umb die oberuert sachen an ausczug anczemen ᵃ und die nach herkomen der pillikait ganczlich zwischen unser entschaiden auch ingedenchk ze sein von unsers vodern prelåten wegen, das er unsers goczhaus armuet mit den güetern seiner verschriben provision ze hilf kôme und sich in das goczhaus fuegen und darin sein erber notturft nach geburlikait zw hailsamkait seiner sel von uns daengegen aufnem und darin an verziehen handelt, als ewr f. g. dem stifft und uns als ewr g. diemuetigem kappelan schuldig ist. Das etc. Ex monasterio Gott(wicensi) dominica reminiscere anno etc. LX.

V. r. p. devoti exaratores ᵇ frater Martinus abbas et conventus monasterii Gott(wicensis).

Aufschrift: Ein schreiben dem von Passaw.

1486.   **1460 April 17, Wien.**

Kaiser Friedrich [III.] verschiebt den Tag der Entscheidung des Streites zwischen seinem Rathe Rüdiger von Starhemberg und dem Abte von Göttweig und etlichen seiner Holden zu Talaren, die er von seinem Mauthner zu Stain an sich gezogen hatte, um acht Tage vom Montag nach Quasimodogeniti über acht Tage (April 28).

Chmel, Reg. Friderici IV., S. 379 nr. 3801, nach dem Orig. im Arch. z. Riedeck.

1487.   **1460 Mai 12, Wien.**

Kaiser Friedrich III. trägt Balthasar Öder auf, die gefangenen Holden des Stiftes Göttweig ohne deren Schaden freizugeben.

Copie in Cod. E f. 56.

Vermerk: *Commissio domini imperatoris in consilio.*

Vgl. nr. 1488, 1490—1499.

Wir Fridreich etc. unserm getrewen Waltesaren Oder etc. Uns ist anbracht, wie du unser schreiben, so wir dir von des eraamen geistlichen, unserm lieben andechtigem des abbts zu

---

1485. ᵃ Cod. statt ancsenomen. — ᵇ Cod. statt exoratores.

Gottweig wegen getan haben, veracht und dawider von newen etlich holden des goczhaus gefangen gemartert und geschäczt hast als mit gewalt und wider lanndesrecht, das uns vast frombd von dir nymbt. Emphelhen wir dir ernstlich und wellen, das du mit dem bemelten abbt, seinem gocahaus und seinen leutten in ungueten nichts ze schaffen habest, auch die gefangen ungeschecst ledig lassest und umb ir scheden cherung tuest. Mainest du zu dem vorgenanten abbt, seinem gocahaus und seinen leutten icht ze sprechen ze haben, das suechest an pillichen stetten mit recht und anders nicht etc. Geben zu Wienn an montag sand Pangreczentág anno domini etc. sexagesimo.

1488.   1460 Mai 12, Wien.

Georg von Kuenring fordert den Balthasar Öder von Sachsendorf auf, dem Abte Martin von Göttweig den zugefügten Schaden zu ersetzen.

Copie in Cod. E f. 56.

Ich Jorig von Chüennring, herre zu Seueld, lanndtmarschalh in Osterreich, embout Walthesarn dem Oder zu Sachsenndorf[1] mein dinst. Mich hat furbracht der ersam geistlich herre Mertt abbt des gocahaus zu Gottweig, wie du und die dein von deinen wegen seins gocahaus holden zwen mit namen Casparn Pauren und Thaman den Knewassel zu Krubstetn gesessen auf seins gocahaus grunten gefanngen und die in hertter venkchnus haltest und solhs im und seim gocahaus von dir und den dein von deinen wegen geschech mit gwalt an recht, des er und sein goczhaus schaden nêm. Emphilich ich dir von meins gnadigisten hern.. des Romischen kaiser etc. herczogen zu Osterreich und zu Steir etc. und meinen wegen, das du den vorgenanten abbt umb sein egemelt zusprüch unclaghaft machest. Hiottes[a] tu aber darinn icht widerred, das du dann von heut uber vierczehen tag her fur mich oder mein anwalt komest und dich darumb gen im oder seinem anwalt verantwürtest,

---

1488. [a] Cod.

[1] Sachsendorf, G.-B. Eggenburg. Daselbst stand einst eine Burg, von welcher jetzt nur mehr spärliche Reste erhalten sind (Schweickhardt, V. O. M. B. I, 66 f.).

so wirdet man ew zu baiderseit gen einander verhorn und ydem tail widergen lassen, was recht ist. Geben zu Wienn an montag sand Pangreczentag anno domini etc. sexagesimo.

Aufschrift: Die erst ladung, so mein herr auf den Oder genomen hat, die man von ursach wegen fallen hat lassen.

1489.   **1460 Mai 21, St. Pölten.**

Albrecht [VI.], Erzherzog zu Osterreich, bestätigt auf Bitten des Abtes [Mert] zum Köttweig seinem Stifte das Salzprivileg Herzog Ernst's seines Vaters (nr. 999).

Siegler: Albrecht [VI.].

Datum: Geben zu Sand Pöllten an mittichen vor dem heiligen auffarttag (1460).

Orig., Perg. feuchtfleckig. Siegel an Perg.-Streifen.

Lichnowsky, Gesch. des Hauses Habsburg VII, Anh. 309 nr. 379 Reg.

Kanzleivermerk von anderer H. u. Tinte: *Dominus archidux in consilio.* — Als Vorurkunde diente nr. 999.

1490.   **1460 Mai 26, Wien.**

Jorig von Chuennringg, Herr zu Seueld, Landmarschall in Osterreich, trägt Walthesar dem Oder zu Sachsenndorf auf, die zwei Holden des Stiftes Gottweig freizulassen und ladet ihn, falls er Ansprüche geltend macht, auf heute über vierzehn Tage vor (gleichlautend mit nr. 1488).

Datum: Geben zu Wienn an montag nach sand Vrbanstag (1460).

Copie in Cod. E f. 56'. Deutsch.

Die Ueberschrift: *Die erst ladung auf den Oder vom lanndtmarschalk genomen,* ist unrichtig, da es schon die zweite Vorladung ist (nr. 1488).

1491.   **1460 Juni 9, Wien.**

Jorig von Chuenring, Herr zu Seueld, Landmarschall in Osterreich, befiehlt Walthesar dem Oder zu Sachsenndorf, welchen er auf die Klage des Abtes Mert zu Gottweig wegen der Gefangennahme und Schatzung der Unterthanen desselben zu Krub-

steten *Caspar Paur* und *Thaman Knewssel auf heute vorgeladen hat, da er nicht erschienen ist, entweder den Abt in seinen Forderungen zu entschädigen oder im Falle einer Widerrede heute über vierzehn Tage vor seinem Gerichte zu erscheinen.*

Datum: Geben zu Wienn an montag nach den phingstveirtagen (1460).

Copie in Cod. E f. 56' f. Deutsch.

Die Aufschrift: *die annder ladung* etc. ist unrichtig, da es bereits die dritte Vorladung ist (nr. 1488 u. 1490).

1492.   **1460 Juni 10.**

Kaiser Friedrich III. befiehlt dem Balthasar Öder von Sachsendorf, die widerrechtlich gefangen gehaltenen Holden des Stiftes Göttweig freizulassen und schadlos zu halten.

Copie in Cod. E f. 57.

Vermerk: *Commissio domini imperatoris per consilium.*

Wir Fridreich etc. unserm getrewen Waltesaren Oder etc. Als wir dir vormallen etweoft geschriben und bevolhen haben mit dem ersamen geistlichn unserm lieben andechtigen . . dem abbt zu Gott(weig) und seinen armenleutten in ûngueten und an recht nichts ze schaffen haben, auch die gefangen ledig ze lassen, das du aber nicht getan, sunder dieselbn unser schreiben alle verachtet hast und noch verachtest, das uns von dir frombd nimbt und nicht gevelt, emphelhen wir dir aber ernstlich und wellen, das du dieselben gefangen ungescheczt ledig lassest und was du denselben lêutten genomen hast, widergebest oder darumb kerung tûeest, auch in ungûeten mit demselben abbt und seinen lêuttn nichts ze schaffen habest, sunder von heut uber vierczehen tag fur uns und unser rett gen Wienn komost, da derselb abbt oder sein anwält auch sein sullen. So wellen wir ew zu baiderseit horen oder schaffen ze horen und versuechn gûetlich zu verainen, mocht des aber nicht gesein, alsdann darin hanndeln nach ainem pillichen. Ob du auch zu solher verhor glaits begerest, sein wir dir das zu geben willig, darinn auch chain anders tûeest. Beschech des aber nicht, so wolten wir uns gen dir halten uns fürnemen als uns als lanndesfûersten wider dich als ungehorsamen gebüered. Geben an erichtag vor gotzleichnambstage anno domini etc. sexagesimo.

Aufschrift: Bevelhnus unsers herrn des kaisers mitsambt der andern[1] ladung dem Oder getan.

1493.   **1460 Juni 17, Wien.**

Kaiser Friedrich III. befiehlt seinem Pfleger zu Eggenburg Georg Schneckenreutter, die kaiserlichen Unterthanen im Gerichte daselbst gegen den Balthasar Öder in's Feld aufzurufen.

Copie in Cod. E f. 58.

Kanzleivermerk: *Commissio domini imperatoris in consilio*. — Vgl. nr. 1494.

Wir Fridreich etc. unserm getrewen Leon Sneckennreutter, phleger zu Egennburg, etc. Wir lassen dich wissen, das unser getreuer Waltesar Oder dem ersamen geistlichen, unserm lieben andechtigen . . dem abbt zu Gottweig wider lanndesrecht entsagt, in und seins goczhaus leüt in hangunden ladungen und rechten angriffen und beschedigt, auch ir etlich gefanngen hat, darumb wir im in ungüeten nichts mit in ze schaffen haben und die gefangen ledig ze lassen geschriben und tĝg her fur uns gesecst und ob im darzu glaits not sein wurde, das ze geben erboten haben sy zu baiderseit umb ir zwitrecht zu verhorn und versüechen gutlich zu verainen oder nach ainem pillichen ze entschaiden, daruber er sy noch weitter beschedigt und solh unser schreiben veracht. Emphelhen wir dir ernstlich, das du unser leut in unserm gericht und urbar zu Egennburg aufervorderst von unsern wegen und mitsambt in auch den leutten im unserm veldgericht zu Krembs, den wir desgeleichen schreiben und bevelhen, dem egemelten abbt und seinen leuttn wider den egenanten Oder und sein helfer hilf und beistanndt tüeest an verczihen, so du darumb von in angelanget wirdest, damit sy vor in gesichert und solh sein müettwillig furnemen und beschedigung gewert werden etc. Geben zu Wienn an erichtag nach sand Veitstag anno domini etc. LX, unsers kaisertumbs im newnten, unser reich des Romischen im ainsundczwainczigisten und des Hungarischen im andern jaren.

1492. [1] Vierte Vorladung.

1494. 1460 Juni 17, Wien.

Kaiser Fridreich [III.] befiehlt seinem Hauptmanne zu Krembs Hanns Frondacher, die kaiserlichen Unterthanen im Feldgerichte bei Krembs gegen Walthesar Oder in's Feld zu rufen und mit denselben den gleichfalls aufgerufenen Unterthanen im Gerichte zu Egennburg zu Hilfe zu kommen (gleichlautend mit nr. 1493).

Datum: Geben zu Wienn an erichtag nach sand Veitstag (1460), unsers kaisertumbs im newnten, unser reich des Romischen im ainsundczwainczigisten und des Vngrischen im andern jaren.

Copie in Cod. E f. 59. Deutsch.

Kanzleivermerk: *Commissio domini imperatoris in consilio.*

1495. 1460 Juni 18, Wien.

Kaiser Friedrich III. fordert die Stände zu Eggenburg, Krems und Stein auf, dem Abte Martin von Göttweig gegen Balthasar Öder beizustehen.

Copie in Cod. E f. 59.

Vermerk: *Commissio domini imperatoris in consilio.*

Wir Fridreich etc. embieten unsern liebn getrewn . . allen herren rittern und knechten . . den burgermaistern richtern rêten und burgern gemainklich zu Egennburg, Krembs und Stain etc. Wir lassen ew wissen, das Walthesar Oder dem ersamen geistlichn, unserm andechtigen . . dem abbt zům Gottweig wider lanndesrecht entsagt, in und seins goczhaus leut in hangunden ladungen und rechten angriffen und beschedigt, auch ir etlich gefangen hat, darumb wir im in ungůeten nichts mit im ze schaffen, die gefangen ledig ze lassen geschriben und teg her fur uns geseczt, ob im auch glaits darzu not sein wurde, das zu geben erboten haben sy zu baiderseit umb ir zwitrecht ze verhoren und versuechen gutlich zu verainen oder nach ainem pillichen ze entschaiden, daruber er sy noch weitter beschedigt und solh unser schreiben veracht. Nwn haben wir unsern getrewn Hansen Frondacher, unserm haubtman zu Krembs, und Leon Snekennreutter, unserm phleger zu Egennburg, geschriben und bevolhen in mit unsern leutten in unsern urbarn und veldgerichten daselbs zu Egennburg und in unserm veldgericht bei Krembs hilf und beistanndt ze tůn solhen des egenanten Oder mûtwillen ze understen. Emphelhen wir ew ernstlich und wellen, das ir des egenanten abbts diener bei ew in unsern egenanten steten wider den vorgenanten Oder und sein helfer ein und ausreitten und enthalten lasset, als offt in des důrst* beschiecht, in auch hilf und beistannd tůt, ob sy ew darumb anlangen wurden uncz auf unser verrer bevelhen, und den obgenanten Oder noch sein mithelfer in den obgenanten unsern steten und euren geslossern ein und auszereiten noch da zu enthalten wider den gemelten abbt noch die sein nicht gestattet in dhain weis, sunder den mit sein mithelffern, ob ir die in unsern stetten und purkfriden oder andern endten ankomet und erlannget, zu recht und zu unsern hannden aufhaltet uncz auf unser verrer bevelhnůs, etc. Geben zu Wienn an mittechen nach sand Veitstag anno domini etc. LX, unsers kaisertumbs im newnten jare.

1496. 1460 Juni 22, Wien.

Kaiser Friedrich III. fordert den Grafen Michael von Magdeburg auf, dem Abte Martin von Göttweig gegen Balthasar Öder beizustehen.

Copie in Cod. E f. 59'.

Vermerk: *Commissio domini imperatoris in consilio.*

Wir Fridreich etc. dem edeln unserm lieben getreuen graf Micheln von Maidburg, unserm gevattern und rat, etc. Wir lassen dich wissen, das unser getrêuer Walthesar Oder dem ersamen geistlichen, unserm lieben andechtigen . . dem abbt zu Gott(weig) auch unserm rat wider lanndesrecht in und seins goczhaus leut in hangunden ladungen und rechten angriffen und beschedigt, auch ir etlich gefangen hat, darumb wir im in ungueten nichts mit in ze schaffen haben und die gefangen ledig ze lassen geschriben und tag her fur uns geseczt und ob im darzue glaits not sein würde, das ze geben erboten haben sy zu baiderseit umb ir zwitrecht zu verhoren und versuechen

---

1495. * Cod. statt *důrft*.

gütlich ze verainen oder nach pillichem ze entschaiden, daruber er sy noch weitter beschedigt und solh unser schreiben veracht. Emphelhen wir dir ernstlich, das du dem gemelten abbt und seinen leutten als vogt derselben leut, so also beschedigt werden, mit deinen dienern und leutten wider den egenanten Oder und sein helffer hilf und beistannd tüest, so du darumb von in angelangt wirdest, damit sy gesichert, vor im und solh muttwillig furnemen und beschedigung gewert werden etc. Geben zu Wienn an suntag vor sand Johannstag zu sunibenden anno domini etc. LX, unsers kaisertumbs im newnten, unser reich des Romischen im ainsundczwainczigisten und des Hungrischen im andern jaren.

1497. [1460 Juni 22, Wien.]

Kaiser Friedrich III. fordert Georg von Kuenring auf, Abt Martin von Göttweig gegen Balthasar Öder Beistand zu leisten.

Copie in Cod. E f. 60.

Da diese nr. unmittelbar auf nr. 1496 in Cod. E folgt, so kann mit Recht angenommen werden, dass der Copist, welcher wegen des Gleichlautes des Dictates dasselbe unter Hinweis auf nr. 1496 weggelassen hat, auch das Datum aus demselben Grunde ausliess, weshalb dasselbe in obiger Weise festgestellt wurde.

Wir Fridreich etc. unserem lieben getrewen Jorigen von Kunring, unserm lanndtmarschalh in Osterreich, etc. Wir lassen dich wissen, das unser getreuer Walthesar Oder dem ersamen geistlichen, unserm liebn andechtigen . . dem abbt zum Gott(weig) unserm rat wider lanndesrecht entsagt, in und seins goczhaus leut in hangunden ladungen und rechten angriffen und beschedigt, auch ir etlich gefangen hat, darumb wir im in ungueten nichts mit in ze schaffen haben und die gefangen ledig ze lassen geschriben und teg her fur uns geseczt und ob im darzue glaits not sein wurde, das ze geben erboten haben sy zu baiderseit umb ir zwitrecht zu verhoren und versuechen gütlich zu verainen oder nach ainem pillichem zu entschaiden, daruber er sy noch weitter beschedigt und solh unser schreiben veracht. Emphelhen wir dir ernstlich, das du dem gemelten abbt und seinen leutten als lanndtmarschalh und vogt etlicher leut zu demselbn gotzhaus gehorennd mit deinen dienern und leutten per omnia, ut continet commissio cesarea pro domino de Maidburg, ut advocatis factis.

1498.   1460 Juni 23, Wien.

Jorig von Chuenring, Herr zu Seueld, Landmarschall in Osterreich, befiehlt Walthasar dem Oder zu Sachsendorf, welchen er schon zweimal wegen der Klage des Abtes Mertt zum Gottweig (nr. 1488, 1490 u. 1491) vorgeladen hat, zum drittenmale, entweder den Abt zu entschädigen oder im Falle einer Widerrede heute über 14 Tage vor ihm oder seinem Anwalte zu erscheinen, wo dann das Urtheil auch im Falle seiner Abwesenheit gefällt wird.

Datum: Geben zu Wienn an montag vor sand Johannstag ze sunibenden (1460).

Copie in Cod. E f. 57'. Deutsch.

Die Aufschrift: *die dritt ladung etc.* ist unrichtig, da es bereits die vierte Vorladung ist (nr. 1488, 1490 u. 1491).

1499.   1460 Juli 12, Wien.

Kaiser Friedrich III. entscheidet einen Streit zwischen Abt Martin von Göttweig und Balthasar Öder von Sachsendorf.

Orig., Pap. beschädigt. Siegel unter Papierdecke auf der Rückseite aufgedrückt.

Vgl. nr. 1487, 1488, 1490—1498.

Wir Fridreich etc. bekennen von der zwittrëcht, so gewesen sein zwischen des ersamen geistlichen, unsers getrewn lieben andëchtigen Mertten abbt zum Gôtweig unsers rats ains und Balthazarn Öder von Sachsendorf des anndern tails von wegen ains verpots ainer vertigung ains halben haus und ains vas wein, so durch Steffan Matschawer, des benanten abbts bruder, dieweil er des ersamen geistlichen auch unsers lieben andëchtigen des brobsts zu Herczogemburg diener gewesen, mit aufnemen gehanndelt ist worden, darumb der obgenant Öder dem vorbenanten abbt zum Gôtweig seinem gotshaus und allen den iren entsagt, etleich gefanngen geschëtzt und in

annder weg angriffen und bekumert und ab* . . . . abbt
in mit recht vor unserm lanntmarschalh in Österreich furge-
nomen hat, daz durch etleich unser rêt zwischen den bemelten
partheyen ain bericht be . . . ., [a]ls hernach begriffen
ist: von erst daz die obbemelt absag, auch die ladung von dem
berurten unserm lanndtmarschalh ausganngen und all . . . .
und vordrung, so ain tail gen dem anndern auch der benant
Öder zu dem egenanten Matschawer der sachen halb gehaben
möchte, ganncz absein . . . . . . vallen sullen doch vorbe-
halten, ob der benant Matschawer mit verferttigung des be-
melten halben haws oder annder grunt, darczu derselb Öder
rech[tens] maint ze haben, ichts gehanndelt hiete, darumb
sullen demselben Öder sein spruch gein im vorbehalten sein,
die er dann mit recht suhen mag und annders nicht. Ob auch
etleich desselben abbts und seins gotshaws leut gefanngen oder
geschêtzt und noch nicht ledig, noch die schatzung beczalt
wêrn, daz die an verczïehen ledig gelassen werden und sôlh
schatzung ganntz absein sullen ungevêrlich. Es sullen auch
von desselben halben haws wegen, darumb das obbemelt ver-
pot beschehen ist, demselben Öder sein sprüch vordrung[b] und ge-
rechtikait gen Thoman Greisenegker, der dann dasselb halb haws
innhat, vorbehalten sein. Wir haben auch darauf den unwillen
und ungnad, so wir demselben Öder und den, so im der ob-
berûrten absag und annder hanndlung[c] verholffen haben oder
darinn ve . . acht oder gewant sein, der bemelten absag und
hanndlung halben zu ziehen hieten mugen, gnêdicleich vallen
lassen und sy der begeben an gevêrde. Davon gepieten wir
den erwirdigen ersamen edeln unsern lieben getrewn allen und
yeglichen unsern prelêten haubtleuten graven lanntmarschalhen
frein herren ritter und knechten verwesern hůbmaistern lannt-
schreibern vitztumben phlegern burggraven burgermaistern rich-
tern rêten burgern gemainden und allen anndern unsern ambt-
leuten ůndertanen und getrewn ernstlich und wellen, daz sy
den benanten Öder und die, so der obberûrten sachen halben
mit im als vor steet verdacht sein und im der verholffen haben,
bey disen unsern gnaden und begebungen gênntzlich beleiben
lassen und sy dawider nicht dringen noch beswêrn, noch des
yemands anndern ze tůn gestatten in dhain weis. Das mainen

1499. [a] Folgt eine Lücke. — [b] Theilweise auf Rasur. — [c] Folgt eine Rasur.

wir ernstleich mit urkunt des briefs, des wir yedem tail ainen in gleicher law[t] . . . . en geschaffen haben. Geben zu Wienn an sambstag sannd Margrethentag anno domini etc. sexagesimo unsers kaisertumbs im newnten, [unser reich des Romischen im ainsundczwainczi]gisten und des Hungrischen im anndern jaren.

<small>S. Friedrich's III. rund, roth. Abb. bei Sava, Siegel der österr. Regenten, S. 167 Fig. 112.</small>

1500.   **1461 Februar 24.**

Steffan der Sohn des Steffann Pewrl zu Huncxhaim, Elspet die Tochter, Magdalena die Enkelin desselben, Elczabet die Frau Peter's des Fúchsen zu Pach, Katherina und Anna die Töchter desselben beurkunden, dass ihnen Abt Mertt und der Convent zum Gottweig 1½ Joch Weingarten oben am ortt an die Mawrpewnt gelegen, so weilent Hannsen dem Tollershaimer mitsambt dem Custerhoff zu Palt in leibgedingweis verschriben ist gewesen, den derselb Tollershaimer gantz in unpaw gehalten und zu abnemen der stokch komen hat lassen und in den daruber aus andern im verschriben grůntten in dem leibgeding nembleich begriffen zu iren hannden ledigkleichen aufgeben hat, *auf aller sechs Lebenszeit so zu Bestand verlassen haben, dass sie den Weingarten baulich legen, wofür sie in den ersten zwei Jahren mit Ausnahme des Zehentes von den darin gebauten Früchten zinsfrei sind. Nach Ablauf derselben haben sie jährlich in der Weinlese in die Stiftsfässer im Pfarrhofe zu Mauttarn 10 Eimer Most und den Zehent von ihrem Antheile zu dienen. Sie haben den Weingarten in guten Bau zu bringen und ihn* mit sneiden grůeben mit misten vierstůendt hawen jeton pintten stikchen *zu besorgen, widrigenfalls sie dem Stifte nach zweimaliger Ermahnung mit ihrem Weinantheile verfallen, wenn es durch zwei gutbeleumundete Nachbaren in der Mauttinger Pfarre erwiesen wird. Nach dem Tode aller sechs Beliehenen wird er dem Stifte, so wie er vorgefunden wird, mit oder ohne Frucht ohneweiters ledig.*

Siegler: (I.) Peter Vberåkcher, Dechant zu Mauttarn, (II.) der erber Jorig Rawcz, Stadtrichter zu Mauttarn.

Datum: Geben an sanndt Mathiastag des heiligen zwelifpoten (1461).

Orig., Perg. Deutsch. Von 2 Siegeln an Perg.-Streifen das 1. abgefallen.

Indorsat von späterer H.: *Dies brief gehert auf dy clstrat.*

II. beschädigt, rund (25), grün auf Sch., IV A 2.

1501.   1461 März 17, Wien.

Cardinal Bessarion verleiht dem Abte Martin von Göttweig und seinen Nachfolgern das Privilegium, vor Tagesanbruch die heil. Messe zu celebrieren.

Orig., Perg. Siegel war an rother Hanfschnur nach Bullenart angehängt.

Links unter dem Buge ist von anderer H. u. Tinte vermerkt: *Gratis de mandato reverendissimi domini pro Kottwizensi*; weiter rückwärts von derselben H.: *N. Pe. Sypontinus.*

Bessarion miseracione divina episcopus Thusculanus, sancte Romane ecclesie cardinalis, Nicenus vulgariter nuncupatus, in partibus Alemanie et Germanie locisque omnibus in eisdem sacro Romano imperio subiectis apostolice sedis de latere legatus[a] venerabili et religioso patri Martino abbati monasterii Gotwicensis ordinis sancti Benedicti Pataviensis diocesis nobis in Christo sincere dilecto salutem in domino sempiternam. Sincere devotionis etc. Hinc est quod nos tuis supplicacionibus inclinati, ut missam, antequam elucescat dies, circa tamen diurnam lucem, cum qualitas negociorum pro tempore congruencium id exigerit, liceat tibi per te vel per proprium vel alium sacerdotem ydoneum in altari portatili in monasterio vel extra in loco congruo et condecenti vel ubicumque te morari contigerit, tociens quociens opus fuerit celebrare vel facere celebrari ita, quod id nec tibi nec sacerdoti taliter celebranti ad culpam valeat imputari, devocioni tue et successoribus tuis pro tempore auctoritate presencium de speciali gracia indulgemus proviso, quod parte huiusmodi concessioni utaris, quia cum in altaris officio ymoletur[b] dominus noster dei filius Iesus Christus, qui candor est lucis eterne, congruit hoc non noctis tenebris fieri, sed in luce. In quorum omnium et singulorum fidem et testimonium premissorum presentes litteras fieri nostrique sigilli maioris oblongi iussimus et fecimus appensione communiri.

1501. [a] Das Folgende von anderer H. u. Tinte. — [b] Orig.

Datum Wienne Pataviensis diocesis sub anno domini millesimo quadringentesimo sexagesimo primo indictione nona, die vero decima septima mensis martii, pontificatus sanctissimi in Christo patris et domini nostri Pii divina providencia pape secundi anno tertio.

1502. 1461 April 24.

Jorig Hegkinger vom Ramsenpach beurkundet, dass ihm Abt Mert und der Convent zu Gottweig den Getreide- und kleinen Zehent des Stiftes in den Pfarren Kulb, Bischoffstetten und Sand Margarethen sammt dem Steinhause und Kasten zu Kilb zu einem jährlichen Pachtzinse von 73 tl. ₰. auf Lebenszeit zu Leibgeding verpachtet haben, wovon 35 tl. ₰. an sand Jorigentag und 38 tl. ₰. an sand Michelstag nach Gottweig zu zinsen sind. Im Falle eines Schadens durch Hagel, Unwetter oder Kriegesnoth ist ihm bei rechtzeitigem Erweise desselben ein Zinsnachlass zu gewähren. Er hat auch alle drei Jahre dem Stifte die Zehentregister zu überantworten und die Gerechtsame zu wahren. Stirbt er zwischen sand Jorigentag und sand Michelstag vor der Ernte und hat er die erste Rate an sand Jorigentag gegen Quittung bezahlt, so sind seine Erben berechtigt, den Zehent desselben Jahres noch einzunehmen, wofür sie die zweite Zinsrate an sand Michelstag zu zahlen haben. Stirbt er jedoch zwischen sand Michelstag und sand Jorigentag oder nach sand Jorigentag, ohne die erste Rate bezahlt zu haben, so werden die Pachtobjecte ohneweiters, wie sie liegen, dem Stifte ledig.

Siegler: (I.) Jorig Hegkinger, die edeln (II.) Tibolt Pimisser und (III.) Leonhart Losperger.

Datum: Geben (1461) an sand Jorigentag des heiligen ritter und mårtrer.

Orig., Perg. Deutsch. Von 3 Siegeln an Perg.-Streifen das 2. abgefallen.

Vgl. nr. 1425, 1503—1506.

I. beschädigt, rund, grün auf Sch., IV C (nr. 1426 S. l). — III. rund grün auf Sch., IV C (nr. 1356 S. I).

1503.   1461 April 24.

Abt Mert und der Convent zu Gottweig verleihen dem edlen Jorig Hegkinger von Rannsenpach den Getreide- und kleinen Zehent in den Pfarren Kulb, Bischofstetten und Sand Margrethen (nr. 1502).

Siegler: Abt Mert und der Convent zu Gottweig.
Datum: Geben (1461) an sandt Jorigentag des heiligen martrer.

Orig., Perg. feuchtfleckig u. verstümmelt. Deutsch. 2 Siegel an Perg.-Streifen weggeschnitten.

1504.   [1461 April 24, Göttweig.]

Abt Mert von Göttweig beurkundet, dass er dem edlen Jorg Hegkchinger für 200 ungarische Gulden, welche ihm derselbe in der Nothlage des Stiftes dargeliehen hat, den Getreidezehent des Stiftes in den Pfarren Kulb, Bischofsteten und Sand Margrethen verpachtet hat, und dass der Pachtzins von den 200 Gulden jährlich nach dem Curswerte abgezogen werden soll, bis die Schuld bezahlt ist, worauf der Zins nach den Bestimmungen der Urkunde nr. 1502 zu zinsen und diese Urkunde zurückzustellen ist. Stirbt jedoch letzterer vor Tilgung der Schuld, so sind seine Erben berechtigt, den Zehent bis zur Abtragung der Schuld zu nutzen.

Siegler: Abt Mert und der Convent von Göttweig.
Datum: Fehlt.

Copie in Cod. F f. 4 unvollständig. Deutsch.

Aus inneren Gründen ist die Gleichzeitigkeit dieser Urkunde mit nr. 1502 anzunehmen.

1505.   1461 April 24, Göttweig.

Abt Mertt und der Convent zu Gottweig erlassen dem edlen Jorig dem Hegkchinger von Rannsenpach an dem jährlichen Pachtzinse (nr. 1502) 3 tl. ₰. auf 11 Jahre,[1] so dass erst vom sannd Jorgentag 1471 an der ganze Pachtzins zu zahlen und diese Urkunde an sie zurückzustellen ist.

1505. [1] Unrichtig, da es nach Angabe des Terminus ad quem nur zehn Jahre sind.

Siegler: Abt Mertt und der Convent zu Gottweig.

Datum: Geschehen zw Gottweig (1461) an sand Jorgentag des heiligen martrer.

Copie in Cod. F f. 4. Deutsch.

1506. 1461 April 24, Göttweig.

Abt Mertt und der Convent zu Gottweig bringen dem edlen Jorg Hegkchinger an der Schuld von 200 ungarischen Gulden die erste Pachtzinsrate von 35 tl. ₰. an sandt Jorgentag nach dem Curswerte mit 35 ungarischen Gulden in Absug und quittieren ihm den Empfang.

Siegler: Abt Mertt und der Convent zu Gottweig.

Datum: Geben zw Gottweig an sannd Jorigentag (1461).

Copie in Cod. F f. 4'. Deutsch.

1507. 1461 Mai 3, Utrecht.

Peter Mellen, Professor der Theologie und Provinzial der deutschen Dominikanerprovinz, nimmt Abt Martin und den Convent von Göttweig in Anbetracht der von ihnen dem Kremser Dominikanerconvente gegebenen Almosen in die Gebetsverbrüderung der deutschen Ordensprovinz auf und bestimmt, dass die Kremser Dominikaner die Göttweiger Prälaten und Mönche auf den Provinzialcapiteln dem Gebete ihrer Mitbrüder empfehlen.

Siegler: Peter Mellen *mit seinem Provinzialatssiegel.*

Datum in capittulo nostro provinciali Traiecti celebrato (1461) die tercia mensis maii.

Orig., Perg. Lat. Siegel war an weisser Hanfschnur angehängt.

1508. 1461 Juli 11.

Abt Mert und der Convent zum Gottweig versprechen durch Revers, nachdem Erzherzog Albrecht [VI.] in das Land eingerückt ist und sie hart fürgenommen hat,[1] innerhalb 14 Tagen

---

1508. [1] Keiblinger, Melk S. 604 f., und Krones, Handbuch d. Gesch. Oesterreich's II, 383.

sich von dem Kaiser lossusagen (müessingen) *und ihn als Landesfürsten anzuerkennen.*

Siegler: *Abt und Convent mit den Hängesiegeln.*

Datum: Geben (1461) an sambstag nach sand Kilianntage des heiligen martrer.

Duellius, Exc. genealog., S. 238 ur. 261. Deutsch.

1509.   **1461 Juli 26.**

Anno domini etc. LXI dominica post Iacobi habent Stephan Rattaler, Barbara uxor aufenphangen ain haws am Nidernparcz[1] zu Mawttarn prius Stephel *Tollerl*, sorvit Martini XV ₰., II snitphenning, IIII ₰. pro pullis; idem habent aufenphangen ain haws am Parcz[1] zu Mawttarn, servit Martini X ₰., II snitphenning, IIII ₰. pro pullis, ablot anlot XXXVII ₰., presentibus Stephano Matczsch(awer), Lienhart Chukchinger et Remperto Rieder.

Notiz in Cod. H f. 57'.

1510.   **1461 August 26.**

Anno domini etc. eodem die hat Hanns Tenkschuchel zu Mawttarn aufenphangen ain haws gelegen daselbs prius Thoman Oberndarfer, servit Martini XVIII ₰., ablot anlot XVIII ₰., presente Stephan Maczschawer, iudice monasterii.

Notiz in Cod. H f. 58.

1511.   **[1461 c. September 8.]**

Post quidem[a] nomine Franauer inimicus domini imperatoris diffidavit omnibus adherentibus domino imperatori, qui Holenburck obtinet et a nativitate Mauttarn possedit, cui dedi huldigung quingentos aureos, vina, farinam in valorem ducentorum florenorum.

Notiz im Reg. Martini abh. (Sign.: L, XVIII, 6).

Betreffs der chronolog. Einreihung vgl. Keiblinger, Melk 1, 605 Anm. 1 u. nr. 1684.

1509. [1] nr. 1449 Anm. 1.
1511. [a] Statt *quidam*.

1512. 1462 Jänner 8.

Sigmund von Eytzing, Marschall und Forstmeister Erzherzog Albrecht's [VI.], kauft von Abt Mertt und dem Convente zu dem Gotweig auf seine, seines Sohnes Jorg und dessen Söhne Lebenszeit laut Urkunde den Zehent, welchen früher Herr Jorig von Zelking auf Lebenszeit innehatte.

Siegler: (I.) Sigmund von Eytzing.

Datum: geben (1462) am freytag nach der heylingen drey kunig tag.

Orig., Perg. feuchtfleckig. Deutsch. Siegel an Perg.-Streifen.

Vgl. nr. 968, 1666.

I. rund (28), grün auf Sch., IV A 2. U.: s. sigmund · eiczinger · von . eiczing · 57. Schräglinks getheilt, die Theilungslinie mit 3 Kugeln belegt.

1513. 1462 Jänner 24.

Anno domini MCCCC sexagesimo secundo an suntag nach sand Sebastiantag hat der ersam briester, her Caspar Holczåpfel sein halbs veldlehen genant das Pewnntlechen zu Mauttarn zenagst Hanns des Holczlår hausfraw weingarten gelegen, in das egenant halb lechen gehorenndt drew viertaill weingarten und dritthalb ieuch agker, von demselbn halben lehen mit seiner zugehorung man iarlich dint in die abbtei gen Gottweig an sand Margrethentag VI snidtphenning und zu sand Gilgentage X meczen vogthabern drei schreibphenning darauf, mit des erwirdigen geistlichen hern, hern Mertten abbt zu Gottweig hannden dem erbern Niclasen Holczapfel seinem vetter zu furpfanndt versaczt umb XXIIII ₰. ₰. gutter lanndeswerung, die in der benant herr Caspar Holczapfel von darlechen auch etlicher getan zerung auch schaden mûee und aller ander vordrung wegen, wie sich die ungeverlich hincz auf heuttigen tag nichts ausgenomen begeben haben, an volliger raittung schuldig ist worden, dasselb lehen mit seiner zugehorung also lanng innezehaben und ze niessen doch unverkumert, soverr das er der egenanten sumb gelts gantz gewert und beczalt ist. Geschehen in gegenburtigkait Wolfganngs Volkraa, Jorig Raucz, dieczeit richter zu Mauttarn, Tibolt Pimisser, Steffann Matschauer, Wolfganng Kchöll.

Notiz in Cod. H f. 19'.

1514.   1462 April 26.

Erhart der Topler von Neidegk, Caplan zu Gosing, beurkundet, dass er und die erbern Kristan Kergel, Richter zu Gosing, und die Nachbarn daselbst in ihrem Streite mit Zustimmung ihres Grundherrn, des Abtes Mertt zu Göttweig den edeln Ritter, Herrn Pernhart von Tehenstain als Schiedsrichter erwählt haben, welcher nach dem Verhöre beider Parteien folgendes Urtheil fällt: Erhart Topler hat letzteren die Kapelle mit allen darauf bezüglichen Urkunden zu übergeben, kann sich jedoch sein väterliches und mütterliches Erbe vorbehalten, letztere dagegen haben ihm den Weingarten genannt der Drüml zur lebenslänglichen Nutzniessung zu überantworten und ausserdem jährlich 5 ₰. ₰. an sand Mertentag von jetzt an zu zinsen. Die dem Urtheile widerstreitende Partei ist dem Abte zu Gotweig als Grundherrn und dem Herrn von Maidburg als Vogtherrn mit je 50 ₰. ₰. und der Gegenpartei mit allen Forderungen verfallen.

Siegler: (I.) Abt Mert zu Gotweig als Grundherr, (II.) der edel Ritter Pernhart von Tehenstain als Spruchmann.

Datum: Geben an montag nach sand Jorigntag (1462).

Orig., Perg. Deutsch. An Perg.-Streifen 2 Siegel.

Vgl. nr. 1895, 1896.

I. Av. beschädigt, rund (37), roth auf Sch., IV A 2. U.: sigill[vm · martini ·] abbatis · in · gott[w]ico. Schild vgl. nr. 1403 S. I. Rv. Signet länglich-sechseckig, roth auf Sch., II A. Ein Menschenkopf, von welchem oben eine darüber schwebende Schlange ausgeht (antike Gemme). — II. beschädigt, rund (37), grün auf Sch., IV C. U.: s. pernhart · von · tahenstain. Gespalten, rechts zwei rechte Spitzen, links ein steigender Wolf. Zwei Gitterhelme, der rechte mit Cimier: eine Krone mit hervorbrechendem Halbfluge; der linke mit Cimier: eine Krone mit hervorbrechendem weiblichen Rumpfe.

1515.   1462 Juni 24.

Tibolt Pimisser stiftet im Stifte zu Göttweig zu seinem und seiner Vorfahren Seelenheile mit folgenden freieigenen 2 ₰. 4 ß. 18 ₰. Gülten einen ewigen Jahrtag: von ersten Niclas Glaspekch von ayner hofstat zu Spretzaren in Pöltinger pharr gelegen vir phenning und von aynem saffrangertlein daran ligkund ayn phenning; item Niclasen auf dem Pach daselbs zu Spratzaren säligen witiben von ayner hofstat in der egenanten pharr gelegen achtundfünfftczig phenning; item von aynem behawsten lechen auf dem Staynfeld in Sannd Jörgen pharr gelegen ayn phunt und funfftczehen phenning; item von aynem behawsten guet vor dem Holoz genant in Pehaymkircher pharr gelegen sechs schilling phenning; item zu Altmansdorf von aynem purkchrechtakcher in Pirchinger pharr mit namen ym Winkchel gelegen dreyssig phenning alles an sand Michelstag; item von ayner hofstat am Stadel in Pirchinger pfarr gelegen an sand Jörgentag dreyssig phenning und davon an sand Michelstag sechczig phenning. *Der Jahrtag ist jährlich an sand Margarethentag oder acht Tage vor- oder nachher des Nachts mit einer Vigilie von neun Lectionen und des Morgens darauf mit einem Requiem, Libera und Geläute zu begehen und für sie Bitten zu verrichten.*

Siegler: (I.) Tibolt Pimisser, die edelen (II.) Yban der Speyser und (III.) Vlreich der Gasner, beide gesessen zu Stayn.

Datum: Geben an sand Johannstag ze sunibenndten (1462).

Orig., Perg. Deutsch. An Perg.-Streifen 3 Siegel.

I. rund, grün auf Sch., IV C (nr. 1402 S. I). — II. rund (30), grün auf Sch., IV C. U.: s. ybein · speisr. Der Stulphut. Stechhelm. Cimier: der Stulphut. — III. rund (33), grün auf Sch., IV A 2. U.: . sigillvm · vlreich · gassner. Die Dreiberge.

1516.   **1462 August 13.**

Hanns Winkchlér quittiert Abt Mert zum Gotwig als urkundlich bevollmächtigter Vertreter seiner Frau Kathrein, der Tochter des verstorbenen Thoman Mitterkircher, den Empfang der Fahrhabe und Bereitschaft, welche der verstorbene Vetter seiner Frau Tybolt der Pymisser sein Schwager zum Götwig hinterlassen hat.

Siegler: für Hanns Winkchlér, welcher sein Siegel nicht bei sich hat, siegelt (II.) der edel Larencz der Steger, (I.) der erber Steffan Kueffinger, Bürger und Rathsherr zu Sandpolten.

Datum: Geben an sand Yppolitentag (1462).

Orig., Pap. Deutsch. Von 2 auf der Rückseite aufgedrückten Siegeln das 2. abgefallen.

I. rund (30), grün auf Sch., IV A 2. U.: sigillvm · stephan · kveffinger. Eine Kufe.

1517.   **1462 September 17.**

Anno domini MCCCC sexagesimo secundo an sand Lamprechttag haben Erhart, Seidel Polanns zu Mauttarn säligen sun, und Hedweig sein hausfraw von hannden des erwirdigen geistlichen born, hern Merten abbt zu Gottweig emphangen nutz und gwer ains haws mit seiner zugehorung zu Mauttarn am Obern Parcz[1] neben des Hanns Puchlar haws gelegen, davon man diennt Martini gan Gottweig VIII ₰. und ain halb ieuch weingarten am Sebrokennperg[2] neben des Siman Phannczagl von Palt weingarten gelegen, davon man iarleich diennt Michaelis gen Gottweig II ₰. und nicht mer, alles als ir baider kaufgut mit gesambter hanndt. Geschehen in gegenburtigkait Wolfganngs Kcholl, Michels dieczeit hoffleischaker zu Gottweig und Andres Chernn, burger zu Mauttarn.

    Notiz in Cod. H f. 19'.

1518.   **1462 September 21.**

Anno domini MCCCC sexagesimo secundo an sand Matheus des heiligen zwelfpotentage haben Erhart Chobolt, burger zu Mauttarn, und sein erben von des erwirdigen geistlichen hern, born Merten abbt zu Gottweig als purkchern hannden emphangen nutz und gwêr ains halben veldlehen, genant das Pewntlechen, mit aller seiner zugehorung gelegen in Mauttingerfeld zenagst Hanns des Holczâr hausfrawn weingarten, darinn gehorenndt drew virtail weingarten und drithalb ieuch agker, davon man iarleich diennt in die abbtei zu Gottweig an sand Margrethentag sechs snidtphenning umb sand Giligentag, zechen metzen vogthabern an die Tunaw, drey schreibphenning darauf und nicht mer, das weilant Niclasen Holczapfell gewesen und mit kauffen an den benanten Chobolt und sein erben komen ist. Das vorbenant halb veldlehen mit aller seiner zu-

---

1517. [1] Eine Rotte südwestl. v. Mautern, zwischen diesem und Baumgarten gelegen (nr. 1449 Anm. 1). Es werden sorgfältig drei Ansiedelungen Parz, Nidernparz und Obernparz (nr. 1509) unterschieden, welche mit einander nicht confundiert werden dürfen, und welche südwestl. v. Mautern in nächster Nähe von einander in einer gewissen Reihenfolge gegen Baumgarten zu gelegen gewesen sein müssen. — [2] Jetzt Sebachtenberg, ein Ried an der südöstl. Abdachung des Fuchinger Berges, östl. v. Göttweig.

gehorung hat der egenant Erhart Chobolt mit des egenanten
purkchern hanndon Elisabeth seiner eelichen hausfrawn zu
haimstewr nach lanndesrecht in Osterreich vermacht. Ge-
schehen in gegenburtigkait des edeln Jorig Prantner, Steffanns
Matschauer, dieczeit hofrichter zu Gott(weig), Gregorig Haniff
und Kristof Pûchlar.

Notiz in Cod. H f. 20.

1519. 1462 September 21.

Anno domini MCCCC sexagesimo secundo an sand Ma-
theus des heiligen zwelfpoten tage hat die erber fraw Elisabet,
Erharts Chobolt burger zu Mauttarn eeleiche hausfraw, mit
hannden des erwirdigen geistlichen hern, horn Merten abbt zu
Gottweig den Wasserweingarten[1] under Mauttarn zenagst auf
der Gestâtten der Tunaw und an des von Sand Nicla garten,
genant die Purig,[2] gelegen, davon man iarleich an sandt
Mertentag dienn in die abbtei gan Gottweig nown schilling
drey phenning und nicht mer, demselben irm mann vermacht
geleich halben zu verlorem gût. Dann der ander halb taill
sol beleiben bei der benanten frauen ir lebtâg und nach irm
tod lediklichen nachvolgen Hainreichs Vilshoffer, irs eeren
manns saligen, nagsten erben. Darzu so hat die benant fraw
Elisabet dem egenanten irm eeleichen mann Erharten ver-
margengabt ain halb veldlechen gelegen am Nidernportz zue
Mauttarn zenagst den Paungartweg[3] und an der andern seitten
zenagst der Stainhawsarin tochter agker, der weilannt der
Fuchsin gewesen ist, davon man iarleich dem vorgemelten gocz-
haus zu Gottweig dienn an sand Margarethentag sechs snidt-
phenning umb sand Gilgentag zechen metzen vogthabern an die
Tunaw drey schreibphenning darauf und nicht mer, und auch
geleich halbs mit seiner zugehorung sol bei der egenanten
frawen ir lebtâg beleiben und nach irm abgangk lediklichen
nachvolgen Andree des Haider, irs vordern mann saligen,

1519. [1] Oestl. v. Mautern gelegen, wo noch jetzt Weingärten an die Stadt
anstossend bestehen. — [2] Dieser Name ist von bemerkenswertem Interesse
für die Feststellung des Umfanges der alten römischen Stadt an der Stelle
des heutigen Mautern. — [3] Dadurch wird die Lage der verschollenen An-
siedelungen Nieder- u. Ober-Parz näher bestimmt (nr. 1449 u. 1517).

nagsten erben ungeverleich. Geschehen in gegenburtigkait aller der, so nagst oben verschriben und benennet sind.

Notiz in Cod. H f. 20.

1520.   1462 October 13, Göttweig.

Abt Mert von Gottweig bringt dem edlen Jorig Hegkinger von Rannsenpach laut Quittung 125 ungarische Gulden, welche derselbe nach Abzug des Schadens durch Ungewitter vom Anfang an bisher als Pachtzins (nr. 1504) zu zahlen hatte, an der Schuld von 200 ungarischen Gulden in Abzug.

Siegler: Abt Mert zu Gottweig.
Datum: Geben zu Gottweig an sand Cholmanstag des heiligen martrár (1462).

Copie in Cod. F f. 4'. Deutsch.

1521.   1462 November 5, Wien.

Wolfgang Hasler benachrichtigt Abt Martin von Göttweig von den Friedensverhandlungen zwischen Kaiser Friedrich III. und dessen Bruder Albrecht VI. und den Landständen.

Copie in Cod. E f. 89' f.

Hochwirdiger etc.! Ich las ewr gnad wissen, das an heutigem tag des freitags zwischen des kaisers auch seines brueders und der lanndleut ain frid[1] gesaczt ist vor mittag von siben uncz auf zwelffe. Zu daiding mit dem kaiser ist von dem herczogen und den lanndtleutten im fürgehalten, das sein gnad der regierung des lanndts abtret auf zwai iar und was dan die vier partey, die nun ganncz verbrieft und versigelt ist und zu der stat handen geantwurt, zwischen dem kaiser und seines brueders von der prelåtten stetten merchkten geslössern, so der herczog yczo pey seinen hantten in den kriegen mit zuesagen und mit werhaffter hannd gewunen und in sein gwalt pracht hat, des well der herczog gern pein den vier

---

1521. [1] Der endgiltige Friede wurde durch Georg v. Podiebrad erst am 2. Dec. 1462 zu Korneuburg vermittelt (Chmel, Reg. Fridrici IV., S. 397 nr. 3951).

partey beleiben, dadurch das lannd wider gannzes zu einander gepracht werde ausgenomen des lanndes ob der Enns, als es von alter gwesen ist, des aber der kaiser kains nit tuen wil. Darauf ain anttwurt durch die kaisserin, herczog Albrecht mŏg wol oder ŭbel an seinem brueder tuen, er wiss wol, wes er sich verschriben hab. Des secz sy zu seinen fŭrstlichen wierden und eren auch den von Wienn ain anttwurt, sy haben ir henndt an irm herren und gemăchel, auch an irm sun auch an ir geneczt und mŭessen ir henndt in irem unschuldigen pluet waschen, ee wan sy sich in der purkch begeben und darumb ir leben aufgeben wellen. Nun verste ich icht annders nach dew, und is an heutigem tag verlassen ist, man werd in mit gwalt fŭrnemen und die purchk gewinen und mit allew zeug und lewtten gancz darzue gericht. Vil mer sind verhannden, die ich ewrn gnaden yecz nicht geschreiben mag. Gnědiger her, der kunig von Pehaim, sein sun der von Sternberchk habent der stat Wien abgesagt. Mein her der herczog hat den Eyzinger, herren Niklassen den Trugsăczen, den Frawnhoffer zu dem kunig gesannt, das villeicht die absag understanden wirt. Gnědiger her, wir sein in der stat in den hăwsern noch auf der gassen vor des kaisers pŭchssen schussen und wŭrfen aus der purchk nimmer sicher weder bey tag noch nacht nicht. Davon rat ich owren gnaden yecz nicht her, uncz die sach umb die purchk geaint wirt, wen die kaiserin den von Hochenburgk vast verdeucht, das er in den sachen ain dăidinger ist, darumb das er ain briester ist, wen die sach berŭer leib und leben. Geben zu Wienn am freitag in der nacht vor Lienardi anno domini etc. im LXII. jare.

Wolfganng Hasler, ewr dienner etc.

1522. 1462 November 9, Wien.

Erzherzog Albrecht VI. fordert die Stände auf, behufs Abwehr von Feindesnoth ihre Reisigen in's Feld zu stellen.

Copie in einem Cod. auf Pap. in Kl-4°, f. 13 u. 5.

Diese nr. ist durch fehlerhaftes Einbinden in Bezug auf die Folienzahl verschoben.

Wir Albrecht etc. enbieten den ersamen andăchtigen und den edeln unsern lieben gettraun N. allen prilŏten grafen herren ritter und knechten und den von steten und merkten und allen anderen unsern undertenigen und getreuen unsers furstentumbt* zu Osterreich, den der brief furbracht und geczaigt wirdet, unser genad und alles guet. Alls ew unverprochen ist, solh ungeordent unpilleich und leidleich regierung unsers herren des Romischen kaiser, so sein maÿestat im lant hie getan hat, dadurch solh irrung von der landschaft und der stat hye wider sein miesstat begeben haben, nun haben wir vor und auch ÿetz grosse fursorg gehabt, das daz lobleich haus Osterreich in gancze zurûttung und yrung komen mocht, daz wir aber pilleich als ain furst von Osterreich gebegen und zu herczen genonen* und uns her gefugt haben solhs zu wenndten und dem fürzukomen und haben da allen unsern vleis getan die sachen in pesseren weg und ainikait ze bringen und sein maiestat gebenten,* das er gerûchet sein sûn herczog Maximilianum dem lanndt zu aÿnem fursten ze geben und der regirung und des landes zu sein hannden abzutreten. Das war den nach rat der vir stênd des landes uncz auf sein beschaiden jare beseczt und fürgenomen, wolten damit lant und leut in rub frid gemach und altz herkomen waren, gepracht wirden und dacz in kain weg nÿe haben erlannen* künen, sunder das sein maÿestat aber ÿecz von neun zu urdrêuben* lant und leuten merckleich inladung des landesveind¹ getan hat und tâgleich tuet, haben wir nach rat unser ret und lantleut furgenomen solhen lanndswennden* mit der hilf des almachting gocz auch eur und annderer lanndleut wider widerstanndt zu tûen, damit wir und all fursten von Osterreich davon nicht gedrungen wurden, von dem wir unser herkomen und namen haben, und daz lannd nicht zu fromd hennd von unserm herren dem Romischen kaiser gepracht werd, das ir und all inwaner des lands pilleich zu herczen nembt. Davon gepieten wir ew allen und eur iedem in sunderhait, das ir mit allen euren leuten zu rosson und zu fussen wolgeczeugt und nach dem besten und sterkchisten, so ir imer kûnet und mûgt, woll zugericht mit unserm licben und

---

1522. * Cod.

¹ Georg Podiebrad, welcher, durch Baumkircher von der gefährlichen Lage des Kaisers zu Wien benachrichtigt, schon am 13. Nov. seinen Sohn Victorin in Oesterreich mit dem Vortrab einbrechen lässt (Krones, Handb. d. österr. Gesch. II, 389).

getraun Bernharten von Dÿrnstain und Gobharten Reuter zu Wokchingen aufseit und an dÿe enndt mit in ziecht, wun und vohin sey euch zu unns und andern unsern lantlêuten ervodern werden, und helffe uns und dem ganczen haus von Osterreich solh zuruttung zu wennden und den lanndesveinten widerstandt zu tuen, als ir des uns dem nomen und lannd von Osterreich und ew selbs schuldig seit. Das wollen wir guetikleich gen ew erkennen und gegen ew und euren nachkomen zu guet nimen vegessen* und wellet uns nicht vermerkchen, daz wir ew ẏcz anders dan nach ordnung und gwonhait des lannds aufervoderten, von das dy merkchleich notturfft erfodert und sovill, weil nich gehaben mag. Geben zu Wien am eritag vor Martini ano domini etc. sextaiesimo* sexto.*

1523. 1462 November 13.

Pernhart von Diernstain übersendet den Ständen das Ausschreiben des Erzherzogs Albrecht [VI.] (nr. 1522) und bittet sie, am künftigen sand Elspetentag (Nov. 19) wohlgerüstet zu Ross und Fuss zu Tullen einzutreffen.

Datum: Geben zu Osterreich an sambstag nach sand Martinitag (1462).

Copie, Pap. Deutsch.

1524. 1463 Februar 28.

Anthoni Doss tritt seinem Vetter, dem edeln Ritter Herrn Erhart Doss und dessen Erben gegen eine Entschädigung alle seine erbrechtliche Anwartschaft auf 400 ₰. Wiener ₰. Heimsteuer ab, welche die edel Magdalen, die Tochter seines verstorbenen Vetters Niclas des Dossen, ihrem Manne, dem edeln Ritter Herrn Job Kirchsteter, seinem Schwager zugebracht hat und wofür ihr derselbe laut Urkunde Gülten und Güter verschrieben hat.

Siegler: (I.) Anthoni Doss, (II.) der edel Hanns Matseber.

Datum: Geben an montag vor dem suntag, daran man singet reminiscere in der vassten (1463).

1522. * *sexto* ist entschieden unrichtig gesetzt für *secundo*, da Herzog Albrecht VI. 1466 nicht mehr lebte und andererseits Bernhard von Dürnstein (nr. 1523) sich auf dieses Schreiben beruft, das also zeitlich vorausgegangen sein muss, weshalb wir 1462 Nov. 9 als richtiggestelltes Datum annehmen.

Orig., Perg. Deutsch. An Perg.-Streifen 2 Siegel.

I. rund (24), grün auf Sch., IV A 2. U.: S. anthony · doss. Ein pyramidenförmig aufgestellter Steinhaufen. — II. rund (30), grün auf Sch., IV A 2. U.: S. banns · mattseber · 1453. Das Gestänge eines Hirsches.

1525. 1463 März 21, Wien.

Erzherzog Albrecht VI. fordert Abt Martin von Göttweig auf, dem Ludwig Weitenmülner, Pfleger zu Lengbach, den Vogthafer nach Lengbach zu liefern.

Copie I. in Cod E f. 84 (B); Copie II. ebend. f. 20′ (C) nachlässig.

Wir Albrecht etc. dem abbt zu Gotbeig etc. Wir enphelhen dỷr ernstleich, das dw unserm getraun lieben Ludbeig Weitmůlner aus der sum habern, dỷe dw her in unsern kastn jerleich schuldig pist ze geben, den habern, so im zw unserm gesloss Lembach¹ ze raihen geordent ist, von dem gegenbůrtigen jar mit sambt seinem ausstandt fuederleich ausrichtest und antburttest an verczïehen und darumb gwittung von im nemest. So wellen wir dỷr den an deiner egenanten sum habern abcziehen lassen, so du uns des mit seiner gwittung webeissest doch dỷr und deinem goczhaus ewiger rechten unvergriffen etc. Geben ze Wien am mantag nach letare in der vasten anno domini etc. in dem LXIII.

1526. 1463 April 5, Wien.

Erzherzog Albrecht VI. schreibt seinem Pfleger zu Lengbach Ludwig Weitenmülner, von Abt Martin von Göttweig den schuldigen Vogthafer gegen Quittung zu Herzogenburg in Empfang zu nehmen.

Copie in Cod. E f. 19′ f. Insert in nr. 1527.

Vermerk: *Commissio domini archiducis in consilio.*

Wir Albrecht etc. unserm getrewn lieben Ludweigen Weittmuller unserm dienner und pfleger zw Lempach etc. Als wir

---

1525. ¹ Neulengbach, zu welchem die ältere und kleinere Burg Altlengbach, jetzt Ruine, gehörte (Schweickhardt, V. O. W. W. I, 60 f. u. 76 f.).

aus der summ habern, so uns der ersam geistlich, unser lieber andachtiger der abbt zu Gott(weig) jarlich her in unseren casten ze raichen schuldig ist, dir den hewrigen habern mitsambt den austeennden, so dir davon zw unser pfleg zw Lempach hie aus unserm casten gepuren sol, als dw vermainest, ausczerichten bevolhen haben, sein wir genuegsamlich underweist, das der benant vom Gottweig solh habern nach ausstand von solher verderblicher schåden und enpfrombdnůss rennt nůcz und guldt in kain weis nicht vermag. Yedoch haben wir mit dem benanten vom Kottweig reden lassen die XXIIII mut habern Wienner masz, der er ain meczen hat hie nach der stat rechten angegossen und uns den schuldig ist mit derselben masz ze geben, ausrichten und gan Herczogenburgk antwurten sol. Enphelhen wir dir ernstlich, das du denselben habern daselbs zu Hercznburgk nemest, im darumb sein quittumb gebest und in und sein und seines gotzhaus lewt und gutter von der vergangen ausstend und der sachen halben furbasser unangelangt ganczlich unbekumert und ungevodert lasset* nach des goczhaus freyhaitten und rechten und darinn kain waigrung an uns nicht tust. Mainest du den der sachen halben icht spruch gen im fůrzenemen, die diczmals austeen lasset,* uncz wir dem ander unser geschaft halben berueblich auswarten mugen. So dw uns alsdenn anlangest, so wellen wir darinn handeln nach einem pillichen. Geben zw Wienn an erichtag vor dem heiligen antlastag anno domini etc. LXIII.

1527. 1463 April 7, St. Pölten.

Propst Philipp von St. Pölten vidimiert das ihm von Abt Mert zum Gottweig vorgelegte versiegelte und unversehrte Schreiben Erzherzog Albrecht's [VI.] (nr. 1526).

Datum: Geben zu Sand Polten an dem heiligen antlastag (1463).

Copie in Cod. E f. 19' f. Deutsch.

1526. * Cod. statt *lassest*.

1528. 1463 April 13, Herzogenburg.

Georg von Vöttau und Wenzel Wolczko, die Hauptleute zu Herzogenburg, fordern Abt Martin von Göttweig auf, eine Abfindung an sie zu zahlen, um sich vor grösserem Schaden zu sichern.

Copie in Cod. E f. 5.

Vgl. nr. 1529—1532, 1541.

Wŷr Jorig von Votaw und von Leichtenburkg und Waczlab Wleczko, hawptleut zu Herczamburg.[1] Alls euren furstlich genaden wol wissenleich ist, das wir dem durichlêuchtigen hochgebornen fursten und herren, herren Albrechten erczherczogen zu Osterreich, zu Steŷr etc. mit unnsern helfern trewlich und redlich gedient haben, darum uns sein furstenlich gnad ain merkliche grosse sum gelts schuldig ist worden, das wir von sein furstenlichen genaden grosse verschreibung haben und gerechtigchait, darauf wir dann mit grosser zerung und darlegung gebartet haben und vill gelymbens gegen sein gnaden gesucht haben, damit wir gûttlich weren von sein genaden weczalt und geschaiden warden, decz wir nicht bekomen haben mûgen in kain weg. Also sein wir seiner furstenleicher gonaden und aller seiner genaden undertanig und helfer und dy sŷch seiner genaden halten, veint worden. Darumb bieten und wegeren wir, das ir all eur dorffer und armleut wesunder gesessen geschriben herschikcht und mit uns ain abruch[2] macht an verczihen, damit ir von uns hinfur aines grossen schaden vertragen wêrt. Têt ir aber des nit, so wurden wir ew mit nam raub prant venkchnus und allerlay beschedygungen darczu bringen und* müssen, des wir lieber vertragen wern. Datum zu Herczamburg an mitich in ostern ano etc. LXIII.

1528. * Cod.

[1] Diese zogen in der Osterwoche 1463 durch den Wienerwald auf das Tullnerfeld und nahmen das Stift und den Markt Herzogenburg ein, welche sie wehrhaft machten, und wo sie bis zum Feste des heil. Veit (Juni 15) blieben (Pez, Script. rer. Austr. II, 970; Ebendorfer, Chronic. Austr.). Waslab wurde der Söldnerführer, Wenzel Zeptor genannt, welchem Albrecht VI. den Sold schuldete, weshalb er mit seinen Raubgesellen das Land brandschatzte (Keiblinger, Melk I, 614). — [2] Im Reg. Martini abb., f. 29' (Sign.: L, XVIII, 6) ist vermerkt: *Anno domini etc. LXIII. haben wir ain silbrein ver-*

1529.　　　　　　　　　**1463 April 16. Herzogenburg.**

Die Hauptleute in Herczamburg Jorig von Lychtenburg und von Vetaw und Wacslab Wolczko sichern Abt Mert zum Gótbeig und dessen Dienstleuten für 12 Pferde und ebensoviele Personen insoweit freies Geleite zu, als sie nach Herczamburg kommen, dort teidingen und von dort wieder nach Hause zurückkehren können.

Siegler: die Urkundenaussteller mit ihren aufgedrückten Siegeln.

Datum: Geben zu Herczamburg an sambstag nach ostern (1463).

Copie in Cod. E f. 7. Deutsch.

1530.　　　　　　　　　**1463 [vor April 27]. Rom.**

Der Cardinal Isidor,[1] *Bischof von Sabina, genannt Ruthenus, verleiht den Gläubigen, welche die Kirche in Gerolting jährlich andachtshalber an gewissen Festtagen besuchen, das heil. Bussacrament empfangen und zur fabrica ecclesiae einen Beitrag leisten, einen Ablass.*

Siegler: der Urkundenaussteller.

Datum R[ome]ᵃ (1463) indictione undecima,ᵃ . . . .
. . . ., pontificatus etc. [Pii etc. pape secundi anno eius quinto].ᵃ

Orig., Perg. verstümmelt. Siegel abgefallen.

Die nähere chronologische Bestimmung ist durch den Todestag des Urk.-Ausstellers ermöglicht.

1529. *golten chóph verkauft dem von Vetlaw und dem Wácslaw, dye dye zeyt gelegen sind zú Herczohůrg zu der zeyt der bruederschaft, der gewegen hat VIII marckh und lott umb LX Vngrische guldein, ain guldein per VIIII ß. X ₰., facit LXX ₰ ₰.*

1530. ᵃ Lücke infolge der Verstümmelung der Urk. auf der rechten Seite.

[1] Isidor v. Thessalonich, O. S. Basil., Metropolit v. Moskau und ganz Russland, seit 1443 in Rom, † 1463 April 27 zu Rom (Knöpfler im Kirchenlexikon VI, 976 f.).

1531. 1463 April 27, Herzogenburg.

Die Hauptleute zu Herczamburg Jorig von Lichtenburg und von Vetaw und Wacslab Wolczko sichern Abt Mert zu Götbeig und dessen Dienstleuten für 12 Pferde und ebensoviele Personen, sowie für einige Personen zu Fuss insoweit freies Geleite zu, dass sie nach Herczamburg kommen, dort teidingen und dann wieder zurückkehren können.

Datum zu Herczamburg an mitichen nach sand Jorigentag (1463).

Copie in Cod. E f. 7. Deutsch.

1532. 1463 April 29, Herzogenburg.

Die Hauptleute zu Herczamburg Jorig von Lichtenwirg und von Vetaw und Wacslab Wolczk sichern dem Hauptmanne zu Göttweig, dem edlen Chaspar Slusselberger, dem Veit Hochsteter, Matheus Parssenbruner, Pernhart Ambsteter und anderen Hofleuten, die mit ihnen nach Herczamburg kommen, insoweit freies Geleite zu, dass sie dahin reiten, dort teidingen und dann wieder nach Hause reiten können.

Siegler: die Urkundenaussteller mit ihren aufgedrückten Siegeln.

Datum: Geben zu Herczanburger* an freitag vor Phylippi (1463).

Copie in Cod. E f. 6' f. Deutsch.

1533. 1463 April 30, Herzogenburg.

Die Hauptleute zu Herczamburg, Jorig von Lychtenwurg und von Vetaw und Wacslab Wolczko, sichern Abt Mert zum Gotbeig und dessen Dienstleuten zu Ross oder zu Fuss für eine ganze Quatember vollständig freies Geleite zu.

Siegler: die Urkundenaussteller.

Datum: Geben zu Herczamburg am sambstag vor Philippi (1463).

Copie in Cod. E f. 6'. Deutsch.

1532. * Cod. statt *Herczanburg.*

1534. 1463 Juni 8, Rom.

Die Cardinäle Alanus vom Titel der heil. Praxedis, Johannes vom Titel der heil. Prisca, Jacobus vom Titel des heil. Crisogonus und Franciscus vom Titel der heil. Maria nova verleihen den Gläubigen, welche zu Ostern, Pfingsten, Mariä Himmelfahrt, an den Festen des heil. Laurentius und der Dedicatio der Kirche die Pfarrkirche zum heil. Laurentius zu Unter-Nalib und die Marienkapelle zu Ober-Nalib andachtshalber besuchen, das heil. Bussacrament empfangen und zur Reparatur und Erhaltung der Baulichkeit, der Kelche, Bücher und anderer Schmuckgegenstände einen Beitrag leisten, einen Ablass von 100 Tagen.
Siegler: die Urkundenaussteller.

Datum Rome (1463), die vero octava mensis iunii, pontificatus etc. Pii etc. pape secundi anno quinto.

Orig., Perg. feuchtfleckig u. beschädigt. 4 Siegel von braunen Hanfschnüren abgefallen.

1535. 1463 Juni 26, [Göttweig].

Wolfgang, Weihbischof von Passau, reconciliiert und consecriert in Göttweig das Stift, Kirche, Friedhof und Altäre und verleiht einen Ablass.

Orig., Perg. Siegel an weisser Hanfschnur.

Nos Wolffgangus ac sedis apostolice gracia episcopus Ypponensis ac cooperator in pontificalibus reverendissimi in Christo patris et domini, domini Vdalrici episcopi Pataviensis per presentes profitemur. Pia mater ecclesia etc. cupientes igitur et monasterium in Gotwico, criptam ambitum capitulum necnon alia loca conventualia intus et annexa ad cautelam reconciliavimus et monasterium virginum ibidem et duo altaria inibi de nova[a] consecravimus, unum in honorem visitacionis et concepcionis Marie ac in honorem apostolorum Philippi et Iacobi, aliud in honorem sanctarum Vrsule Dorothee Scolastice virginis necnon capellam extra monasterium s. Georgii in monte positam et parrochialem ibidem ecclesiam, cimiterium conventuale

---

1535. [a] Orig. statt *novo*.

ac ipsius ecclesie parrochialis gracia nobis cooperante cum omni devocione qua potuimus feria secunda etiam pasche persolvimus, dedicacionem ecclesie parrochialis feria secunda fecimus amplius celebrari, dedicacionem vero monasterii virginum ac monialium in futurum feria tercia pasche post feriam secundam pasche ordinavimus eciam celebrari. Igitur omnibus vere penitentibus, qui ad predicta loca sic reconciliata et consecrata in festivitatibus infrascriptis venerint videlicet nativitatis Christi circumcisionis epiphanie parasceves pasche ascensionis penthecostes trinitatis corporis Christi invencionis et exaltacionis sancte crucis, in omnibus festivitatibus beate Marie s. Michahelis, in omnibus festivitatibus apostolorum, omnium sanctorum et animarum ac qui in divinis officiis interfuerunt aut corpus vel oleum sacrum, cum infirmis in monasterium portetur, secuti fuerunt et vero in serotina pulsacione genibus flexis ter: ave Maria, dixerint necnon qui manus adiutrices porrexerunt vel testamentum donaverunt vel legaverunt aut cimiterium et alia loca pro defunctis exoraverunt, in dedicacionibus prefatorum locorum et in patrociniis eorundem specialiter convenerunt et opus caritatis perpetraverunt, de omnipotentis dei misericordia et beatorum apostolorum Petri et Pauli eius auctoritate confisi et omnibus vere penitentibus et confessis, quociens haec supra scripta egerunt, quadraginta dies criminalium octoginta venialium de iniunctis penitenciis in domino relaxantes misericorditer. In quorum fidem et testimonium premissorum presentes litteras nostri sigilli iussimus insigniri. Datum Vienne dominica die post festum s. Iohannis babtiste [b] anno etc. LXIII.

S. d. B. Wolfgang beschädigt, spitzoval, roth auf Sch. U.: S. WOLFGANGI · EPI. YPONENSIS. Der Bischof ist stehend im Ornate in einer gothischen Nische dargestellt. Darunter der Wappenschild, Abb. bei Hanthaler, Rec. I, Tab. 6 nr. 1. Ueber dem Schilde die Mitra und das Pedum. Am Rv. das Signet länglich-sechseckig, roth auf Sch., III B 2 a. Im Siegelfelde ein Palmbaum.

1536.   1463 Juli 12, Wien.

Schreiben an Abt Martin von Göttweig mit Nachrichten über die Zehentverpachtungen des Stiftes und andere Ereignisse.

1535. [b] Orig.

Copie in Cod. E f. 124.

Hochwirdiger, geistlicher, genadiger herr! etc. Dy besliessung bey dem lannttag mit den haupleutn,ᵃ obrist haupleut:ᵃ der von Schaunberg, her Jorg von Potndorf rete, her Veit von Ebrstorf kannczler; von der ritterschaf:ᵃ her Niclas Drucksåcz, her Pernnhart von Tåhenstain, Zeichelperger, Fraunhofer etc. Dy burger habnt stathuern unnd dy slüssl zu den stattorn wider innen, der herczog hüeb sich gern auf zu dem tag. Nun kumbt im ain absag uber dy anndern von des kaissers leutn. Der von Sternnberg ist zu Ort[1] und hat abgesagt. Vil fremder mår sind vorhannden, ettliche war ettliche nit. Von des zehent von Arbaistal wegen ist mein hausfraw bey der Grefnegkerinn gwesn, aber der Grafnegker ist nit anhaym gowesn. Aber sy hat meiner hausfraun geanntburt, sy well eurn gnaden den vertinng unnd den heuring zehent ausrichten nachtᵇ nachtpaurn rat. Also hebt sy den zehenᶜ hour auch eurn gnaden richter zu Alltenburkch unnd meiner holden und haben dy zehent verlassn von erst zu Schadendorf der gemain daselbs bayderlay V mutt zu Alltnburkch dem Derrn unnd dem richter VI mutt bayderlay, zu Peternellen dem von Kranigperg den zehenᶜ daselbs umb IIII½ mutt bayderlay. Derᵈ Waczlaft hieᵉ den sold man gannez enntricht unnd ist dy sag, der herczog werd in wider zu diennern aufnemen. Der herczog wirt auf den pfincztag wekcht unnd von der stat mit im der Kirchaim, der Starch, der Müllinger, der jägermaister. Ich ennpfilch mich eurn gnaden als meinem genådigen herrn. Geben zu Wienn an sannd Margretentag anno domini etc. LXIII.

1537.   **1463 Juli 12.**

Hans Hoffman, Margret seine Frau und Michel ihr Sohn erhalten von dem edeln Michel Hauczenperger auf ihre Lebenszeit ein halbes Joch Weingarten in der Genstreyberin mit der Bedingung zu Leibgeding, dass sie ihn in gutem Baue erhalten

---

1536. ᵃ Cod. — ᵇ Statt *nach*. — ᶜ Statt *zehent*. — ᵈ Statt *Dem*. — ᵉ Statt *hiet*.

[1] Orth, G.-B. Gross-Enzersdorf, V. U. M. B., ein bischöflich Regensburgisches Lehen, welches die Herzoge v. Oesterreich als Erbmarschälle des Bisthums empfiengen und an ihre Vasallen weiter verlehnten (Schweickhard, V. U. M. B. V, 36 f.).

und ihm jährlich den vierten Eimer aus dem grant *geben. Sie haben ihm die Zeit der Weinlese vorher anzuzeigen, damit er seinen Boten dazu schicken kann, und den ganzen Maisch in den Reicherspergerhof zur Presse zu führen. Der Verleiher ist berechtigt, jährlich zu Pfingsten und zu sand Steffannstag im Schnitte zwei erbare Männer zur Beschau in den Weingarten zu schicken und sie, falls sie ihn mit einer Arbeit vernachlässigt haben, bis zur völligen Schadloshaltung an ihrem Mostantheile zu pfänden und sich des Weingartens ohneweiters zu unterwinden, wenn sie es nicht im kommenden Jahre bessern. Sie selbst hingegen sind berechtigt, denselben mit Handen des Verleihers einem ihrer Genossen, der ihm passend ist, mit allen ihren Rechten zu verkaufen. Nach dem Tode aller drei wird ihm der Weingarten ledig, jedoch sind ihre Erben, wenn der letzte von ihnen in der ersten Arbeit begriffen war oder sie bereits gethan hat, berechtigt, ihm dasselbe Jahr mit den gleichen Rechten bis zur Lese innezuhaben.*

Siegler: die erberen Niclas der Phleger und Wilpolt der Harber, beide Bürger zu Krems.

Datum: geschehen an sand Margretentag (1463).

Orig., Perg. Deutsch. 2 Siegel von Perg.-Streifen abgefallen.

1538. 1463 Juli 12.

Hanns Meingnas, Katrey seine Frau, Barbara, Pangracz und Hanns ihre Kinder erhalten von dem edeln Michel Haucsenperger ein halbes Joch Weingarten in der Genstreyberin auf aller fünf Lebenszeit zu Leibgeding (Bedingungen gleich mit nr. 1537).

Siegler: die erberen (I.) Niclas der Phleger und (II.) Wilpolt der Harber, beide Bürger zu Chrems.

Datum: geschehen an sand Margretentag (1463).

Orig., Perg. Deutsch. An Perg.-Streifen 2 Siegel.

I. rund (30), grün auf Sch., IV A 2. U.: † s. niclas · p[h]leger · von · rechperg. Der steigende Wolf. — II. rund (28), grün auf Sch., IV A 2. U.: s. wilpolt · harber. Der steigende Molch.

1539.   **1463 Juli 30, Wiener-Neustadt.**

Kaiser Friedrich III. verkündet den Friedensschluss mit Ungarn, in welchem auch Andreas Baumkircher, Graf von Pressburg, miteingeschlossen ist.

Orig., Perg. Siegel an Perg.-Streifen.

Rechts auf dem Buge ist von anderer H. u. Tinte vermerkt: *Commissio domini imperatoris in consilio.*

Fridericus etc. recognoscimus et notum facimus per presentes, cum post varios tractatus inter nos ex una et serenissimum Mathiam regem, filium nostrum carissimum, et regnum Hungarie partibus ex altera habitos ad finalem conclusionem pacis et concordie utrimque deventum, que et auctoritate appostolica per commissarium sanctissimi domini nostri pape Pii ad hoc specialiter deputatum confirmata existat, et magnificus fidelis noster dilectus Andreas Pemkircher, comes Posoniensis consiliarius noster nobis hucusque auxilio et consilio fideliter adheserit nobiscum constanter perseverando, quod nos eundem Andream ipsius legalitate constancia fidelitate adhesione et perseverancia attentis in pretactis tractatibus et conclusione pacis et concordie nominatim et expresse voluimus et volumus comprehendi dolo et fraude in hiis cessantibus quibuscumque harum testimonio litterarum. Datum in Novacivitate die penultima mensis iulii anno domini etc. LXIII, imperii nostri duodecimo, regnorum nostrorum, Romani vicesimo quarto, Hungarie etc. vero quinto.

S. Kaiser Friedrich's III. rund, roth auf Sch. Abb. bei Sava, Siegel der österr. Regenten, S. 167 Fig. 112. Am Rv. das Signet ungefärbt, Abb. ebend., S. 168 Fig. 117.

1540.   **[1463 September 22, Tulln.]**

Bruchstück einer Verhandlung am Landtage zu Tulln.

Copie in Cod. E f. 7', 9, 10.

Aus dem Inhalte des undatierten Bruchstückes ergibt sich, dass es sich um die Verhandlungen der Stände auf dem Landtage zu Tulln handelt.

Auf die red zwisung des hochwirdigen herren des bebstleichen legatn und unser der lanntschaft in den nagstverganen* tagen beschehen ist der lantschaft antburt und natdurft pegriffen, alls hernach geschriben stet:

Zum ersten als sein wirdikait auch dŷ anndern unser genadig herren und fraun N. des von Salczburg und margrefin[1] von Pannden rêt pegeren wissen zu haben, ob unser gnâdigisti herrn und landzfürsten dye Romisch chaiserin und erczherczogen Albrecht um ir irrung und zwitrecht mit gutleicher pericht veraint wurden, ob dŷ landtschaft daz leyden und ain givallen daran haben wald, sunder des artikels haben antrefund dye widergab, des so dŷ Romische maiestat ensczet ist.

Darauf andtburt dy lantschaft, daz in solich irrung albeg ein getreus laid gebesen und nach ist und albeg gevelkleich gebesen wer, daz sy in guetem bruederlichem bosen gestanden wern, dan in irrung des halben in wolgemaint und pegirleich ist, daz ir baider gonad umb soleich ir irrung gutlich gemittelt und geaint wurden an der lantschaf* verrer beswerung, des wellen sy ain gut gevallen haben.

Und so ist allso gemittelt und verain werden. Ist der landschaff* natturft, das allen den lantleitten von den vir stenden des lands ofter, dŷ unserm herren kaiser oder erczherczog Albrecht entsagt sein, und waz auch absag von den lantlêuten den von Win und andern steten ausgangen weren, das den ir absag auch ainen iodem, sy sein geistleich oder weltleich, dye sy in den chrigslêuffen gegen unsern genêdigen heren verschriben hyeten, solich verschrêubung iecz auch widergeben werden ungeverlich, das auch all ungnad und veintschaff,* dye sich in den chriegsleuffen zwissen den herren und den bemelten lantlêuten und den, dye chain tayl entsagt oder still gesessen syndt, und sunder unser herren N. dem pischolf zu Passau zancz absein künftikleichen gegen kainer in ungenaden rach nach in kain ander wegen nimer gesuecht noch gedacht werden weder mit recht nach an recht geistleich noch weltleichen, daz auch daz nach allen natturften versarigt werd ungeverlich.

Item daz all new auffeng oder pesaczung, dy durch unser genadig herren, heren her Stenko von Sternberg N. den hawbtman von Merhern und ander, durch wen das beschehen wer,

---

1540. * Cod.

[1] Markgräfin Catharina v. Baden, die Schwester der beiden streitenden Brüder.

im lant gemacht oder auffgefangen synd, an vercziehen vernicht und abgetan aws furbaser, dẏe nach ander verrer nicht geprawcht wurden. Desgleichen all auffsleg und new maut, dy nach abgang chunig Albrecht loblicher gedechtnes gemacht und von alter nicht gebesen nach herkômen synd, von wem dẏ gemacht und auffgenumen wêren niderhalb und ob der Enns, all abgetan und auch furbaser nimer genumen wurden.

Item es süllen auch all huldigung abseẏn und furbaser nicht mer geben noch genomen werden, auch all gefanen, was der chriegslêuffen halber gefangen sind, ledig gelassen werden und all schaczung absein an ausczug.

Item was aim yedon in den chriegen von geslossern sêczen ambtern lêuten und guetern abgedrungen und angebunnen oder übergeben, von wem daz beschehen wer.

1541. 1463 April 25, Herzogenburg.

Jorig von Leichtenbur* und von Vetaw und Waczlab Wolczko, die Hauptleute zu Herczamburg, sichern Abt Mert zum Gottweig für 6 bis 8 Pferde und ebensoviele Personen insoweit freies Geleite zu, dass sie nach Herczumburg kommen, dort teidingen und wieder heimkehren können.

Siegler: die Urkundenaussteller mit ihren aufgedrückten Siegeln.

Datum: Geben zu Herczamburg an sanndt Marchcztag (1463).

Copie in Cod. E f. 5. Deutsch.

1542. 1463 October 28, Wien.

Erzherzog Albrecht VI. fordert Abt Martin von Göttweig auf, dem Ludwig Weitenmülner den Vogthafer zu liefern.

Copie in Cod. E f. 20'.

Vermerk: *D. archidux per seipsum.*

Ersamer geistlicher, lieber andachtiger! Als wir vormallen auch mit dir geschaft haben unserm getrewen lieben

---

1541. * Cod. statt *Leichtenburg*.

Ludwigen von Weytnmül unserm dienner den vogthabern zu geben, sein wir durch denselben unsern dienner underricht, das du des nicht getan habst. Enpfelchen wir dir, das dw im solchen habern oder was im daran ausstet, fuederlich gebest, etc. Geben zw Wienn an sannd Symon und Judastag anno etc. LXIII. jar.

1543.   **1463 November 8, Göttweig.**

Abt Martin von Göttweig sendet nach Empfang des von Abt Thomas von Lambach betreffs des über die Göttweiger Lehen und Zinse in Trauna[1] *einzugehenden Contractes an ihn gerichteten Briefes den Frater Erhard von Ybs mit der Vollmacht nach Lambach, dem Abte die Namen der Unterthanen, Lehen, Vasallen und Orte und die Höhe der Zinse anzugeben und den Contract endgiltig abzuschliessen.*

Siegler: Abt Martin von Göttweig.

Datum: Ex monasterio nostro Göttbicensi VI. idus novembris (1463).

Orig., Pap. Lat. Petschaft auf der Rückseite in rothem Wachse aufgedrückt.

Vgl. nr. 1544, 1568, 1648.

1544.   **1463 November 14.**

Der Pfarrer und Göttweiger Profess Erhard quittiert Abt Thomas von Lambach den Empfang von 300 ungarischen Goldgulden.

Siegler: der Urkundenaussteller.

Datum: (1463) feria secunda post Martini episcopi.

Orig., Pap. Lat. Siegel aufgedrückt.

Der Rückvermerk besagt, dass der Urk.-Aussteller mit dem späteren Göttweiger Abte Erhard identisch ist.

S. d. Pfarrers Erhard beschädigt, rund, grün, II A. Kopf eines Heiligen mit dreizinkiger Krone und je einem Sterne zu beiden Seiten.

1543. [1] Traunfeld, O.-Oe.

1545. 1463 November 30, Wien.

Erzherzog Albrecht VI. verlangt von Abt Martin zu Göttweig, dass er den Vogthafer an ihn, beziehungsweise an Ludwig Weitenmülner abliefere.

Copie in Cod. E f. 20.

Vermerk: *Dominus archidux per seipsum.* — Vgl. nr. 1525, 1526, 1542.

Ersamer geistlicher, lieber andachtiger! Uns ist angelangt, wie dw den vogthabern vermainest des kaisers lewten zu geben, das uns frombt nymbt. Nachdem und dw uns gewont pist und wir brief und sigil von dir haben, enphelhen dir auch darauf ernstlich, als wir dir vor auch geschriben haben, das dw unserm getrewen lieben Ludwigen Weytmullner solhen vogthabern ausrichtest und gebest, auch darinn kain anders tust, etc. Geben zw Wienn an Andrestag anno domini etc. LXIII.

1546. 1463 [November 30—December 2], Neulengbach.

Ludwig von der Weitenmühle, Pfleger zu Lengbach, verlangt von Abt Martin von Göttweig Zahlung des ausständigen Vogthafers und Entsendung seiner Reisigen nach Lengbach.

Copie in Cod. E f. 29' f.

Die chronologische Einreihung ist durch nr. 1545, auf welche sich dieser Brief bezieht, und durch den Tod Albrecht's VI., 1463 December 2, gegeben.

Erwirdiger geistlicher her! etc. Ich schikch euch allhÿe meins gnädigisten herren schreuben, darÿn ir vernemet von meins vogthabern wegen, den ir mir jerleich schuldig seÿt zu gewen zu der herschaft Lembach, daz mein gnêdiger her im auffûndig zwischen uns gemacht hat. Darum pÿt ich euch, ir wellet mir mein habern den versessen und den heüring allen ausrichten, und lat mich wisten,* auf welichen tag ich gen Wien schikchen sol und den habern von ewren dÿnern innem sol, wen ich dez habern nicht graten mag, den ich vill hofleut aufgenumen hab und ir wol wist, daz dez haberns ain grosse sum ist und ich den hewr allen haben mues, und behalt den meins

---

1546. * Statt *wissen*.

herren gnaden brief gar wol, den ich euch mit all iar ains fursten brief wirt schikchen, wen ich sein auch ain abgeschrift behalten hab, wen ir mir well ermant seit an meines herren brief, daz ir mir den habern ierleich schuldig seyt zu geben zu der herschaft Lembach. Auch schikch ich ew hye meinen herren auffadern brief pey dem gegenburtigen poten, darin ir wol vernemen wert meins herren mainung. Darum so schikcht eur an als vercziechen her gen Lembach, damit wir den veinten widerstandt nogen ᵇ tuen. Geben zu Lembach anno domini LXIII.

Ludweig von der Weytnmůl.

1547. [1463.]

Die Gebrüder Kraft, Söhne des verstorbenen Laurencs des Kraft, und Steffann Eÿczinger ihr Vetter beurkunden, dass Abt Mert und der Convent zu Gotweÿg Anna die Mutter der ersteren und Schwester des letzteren in das Frauenkloster zu Göttbeÿg zur lebenslänglichen Versorgung mit Speise und Trank auf ihre Kosten aufgenommen haben, und verzichten im Falle ihres Todes daselbst auf deren Fahrhabe.

Siegler: die Gebrüder Kraft, Steffann Eÿczinger, Leo Snekrewtter und Wolffgang Hinderholczer.

Datum: fehlt.

Copie in Cod. E f. 82. Deutsch.

Nach der Hand, welche mit der nachfolgenden nr., welche in's Jahr 1463 fällt, identisch ist, ist das Jahr 1463 als Jahr der Ausstellung vorliegender nr. anzusetzen.

1548. 1464 Jänner 3. Arnsdorf.

Der Salzburger Official[1] schreibt an Abt Martin von Göttweig wegen eines zu Ober-Wölbling gestohlenen Pferdes.

Copie in Cod. E f. 8.

Vgl. nr. 1549, 1551, 1567, 1569, 1578, 1579, 1604, 1605.

1546. ᵇ Statt *mogen.*

1548. [1] Nach nr. 1549 ist es Konrad Schirmer.

Mein dinst etc. Lyeber herr! Ich fueg e. g. ze bissen, das dye meines genadigen herren von Salczburg etc. armleut zu Oberwelminkch angesprachen werdent von ainem von Ibs genant Kuencz Newnburger, der sich nent den tämischen Kunczen, wie im ain ross bey dem markcht daselben zu Oberbelminkch genomen sey warden, und wil sy darumb unverchumert nit lassen. Nun synd die meines genädigen herren armleut zu Ibs gebesen und habent sich des verantburten wellen. Daz hat kain fueg mugen gehaben, wan er vermayt[a] solichs sey im in irem burgfried bescheben und habent von im ain frid auf virczehen tag und nicht[b] lenger erlangen mügen. Also vernim ich, wie ainer genant der Planckh dasselb roz genonen[c] hab und daz seinem bruder dem Planckhen zu Ekchendarf, e. g. hindersass, geben hab und dasselb ros mitsambt dem satel noch habe, bitt ich euch von meines genadigen herren von Salczburg etc. wegen, e. g. welle mit dem ewren schaffen und darob sein, daz e. g. hinderses umb ross und satel mit dem tämischen Kunczen ains werde, damit meins herren gnad und sein armleut nicht zu schaden chomen und unangriffen beleyben. E. g. verschriben antburt last mich wissen. Datum Arennsdorf in octava sancti Iohanics ewangeliste anno domini etc. sexaiesimo[b] quarto.

1549.   1464 Jänner 10, Wimberg.

Ein Ungenannter schreibt an Abt Martin von Göttweig, dass er von dem Salcsburger Hofmeister Chainrat Schirmer betreffs des dem tämischen Kuncz gestohlenen Pferdes (nr. 1548) erfahren habe, der Abt habe seinen Holden verhört, welcher aber erklärt habe, dass ihm sein Bruder, welcher noch Söldner ist, das Pferd sammt Sattel um 18 ß. ₰. verkauft habe. Er ersucht den Abt, seinen Holden zu verhalten, sich mit dem Kuncz zu einigen, damit die Salcsburgker Unterthanen dadurch keinen Schaden erleiden.

Datum: Geben zu Winborn[a] am oritag nach sand Erhartztag (1464).

Copie in Cod. E f. 10'. Deutsch.

1548. [a] Statt *vermaynt*. — [b] Cod. — [c] Statt *genomen*.
1549. [a] Statt *Wimberg*.

1550.   **1464 Jänner 10, Göttweig.**

Abt Martin von Göttweig ersucht den Stefan Eitzinger um Hilfe gegen die Räubereien der bei Mautern lagernden Leute des Grafen Heinrich von Pfirt.

Copie in Cod. E f. 18'.

Hern Steffan Eytzinger von Eytzingen.
Wolgeborner edel etc.! Alls Hainreich Pfierter[1] und ander ytzo geliger und besasz uns an seitten zu Mautarn gemacht, davon unsern armenlewten daselbs um gesessen iror varunden guetter und speisz etwevil genomen haben und noch tagleich nemen, bitten wir ew in besunderm andachtigen vleis, ir wellet dem benanten Pfierter und den sein schreyben, das sy dy unsern verrer nemens irer gutter vertragen und die an irem leib und guettern gancz unangelangt lassen, darczu an schaden halten. Wurden sy aber daruber uns und den unsern icht weyter mit nemen irer gueter oder in andern wegen zu schaden handeln, uns alsdann darauf wider dyselben hilf und beistand tuet, damit wir irer beschedigung vertragen beleiben. Ewr verschribner antwurt last uns bey dem poten wissen, etc. Geben zu Gott(weig) an erichtag nach sand Erharcztag anno LXIIII.

Mert von gottes genaaden abbt zu Gott(weig).

1551.   **1464 Jänner 12, Göttweig.**

Abt Mert von Gotbeig schreibt einem Ungenannten, dass er wegen des gestohlenen Pferdes seinen Holden verhört und erfahren habe, dass dessen Bruder, der ein Söldner ist, einem Knechte des Kuncs mit Wissen des Richters zu Welming dasselbe gestohlen und seinem Holden verkauft habe. Er habe in diesem Falle keine Gewalt über denselben, ersucht jedoch, ihn auf alle Fälle schadlos zu halten.

Datum: Geben zw Gotbeig am phincztag nach sand Erhartztag (1464).

Copie in Cod. E f. 10' f. Deutsch.

1550. [1] Ein Söldnerführer, welcher wie andere seines Berufes wegen Nichtbezahlung des ausständigen Soldes nach dem Tode Albrecht's VI. die Landbewohner brandschatzte (Lichnowsky, Gesch. des Hauses Habsburg VII, 84).

von dy ewren schadhaft holden sein worden. Auf solchs bitten wir euch in besunderm frewntlichen vleis, ir wellet ew gegen uns nach den unsern nicht in unwillen ablaitten lassen, sunder ew gegen uns und unsern lewten und guetten in guetem frewntlichen willen und beweisen füran halden und ew uns armlewt auf ir manigfaltig enpfangen schaden, alls ir solchs von dem erberen Jorg Fürer antwürter des briefs hiemit vernemen werdet, dem ir in seinen werbungen gelauben alls uns selben thuet, trewlich bevolhen habet, etc. Geben zu Gotweig an erichtag nach sand Vinczentag anno etc im LXIIII. jare.

Mort von gottes gnaden abbt zum Gottweig.

1554.   1464 Februar 1, Wiener-Neustadt.

Kaiser Friedrich [III.] verpfändet dem Benusch von Weitmüln und dessen Bruder Ludwig neben der Herrschaft Lenngpach jährliche 24 Mut Vogthafer, welche das Stift Göttweig zu liefern hat.

Chmel, Reg. Friderici IV., S. 411 nr. 4052, nach dem Orig. im geh. Hausarchiv.

1555.   1464 Februar 2, Göttweig.

Abt Martin von Göttweig sendet Thomas Hanif, Richter zu Königsteten, den Entwurf eines Leibgedingvertrages über den Stiftshof daselbst.

Copie in Cod. E f. 11'.

Vgl. nr. 1174, 1286.

Dem erberen fursichtigen Taman Hanif, richter zu Kunigsteten, unserem gutten frantt, etc. Als wir ew und euren sün unsers gotzhaus hof zw Kunigstetten in leibgedingweis nach aller laut und inhaltunden artikeln der verschreibung, so vormallen darumb ausgangen sind, ze verlassen verbilligt, ew darauf solher vordern verschreibung abgeschrift geantburt und uns dabei solh verschreibung vor der liechtmess ytzo gegnburtig ze ververtigen erboten haben, nun haben wir solher abgeschrift, so wir ew nach beschechner abred die ze besichten geantburt haben uns dieselben widerumb herauf ze schiken und die brief darnach ze ververtigen hinczher gewart und seind ir uns ytzo copi ainer lawt, dan wir ew nach getaner abred zu euren handen geben haben ew nach derselben innehalt brief darnach ze ververtigen, heraufgeschikt habt, verstet und wist ir selbs wol uns nicht fueg ze sein die getan abrod anders oder verkerung darin ze machen, noch ew brief nach eurer heraufgeschriben notel ze geben, yedoch schiken wir ew aber hiemit abgeschrift mit allen artikeln ebennleich den vorderen verschreibungen weilunt von desselben hofs wegen ausgangen mit ainem beschaiden zusatz der robat und etleicher eurer angetzoger stukch in ewr copi begriffen, die ir noch besichten und uns die widerumb zw unsern hannden heraufschiken mügt, darauf wir dann nach aller beschechner abred an vertziechen hanndeln und ew solch abgeredt brief treuleich darnach ververtigen wellen lassen. Geben zu Gotweig an unser lieben frawntag der liechtmess anno LXIIII.

Mert von gottes gnaden abbt zw Gotweig.

1556. 1464 Februar 14. Retz.

Graf Michael von Hardegg fordert den Abt von Melk auf, am 26. Februar nach Haderstorf zum Landtage zu kommen.

Copie in Cod. E f. 18' f.

Dem abbt zw Melck.

Unser fuedrung etc. Alls am nachsten zu dem vergangen tag[1] zu Haderstorf der abschid beschehen ist, so dy herschaft wider von unserm allergenedigisten hern dem Romischen kaiser etc. kein, ob noch wurde wider ain zusammenkommen, das wir ew das auf ain tag verkunden solten, also haben wir dy antwurt von dem bemelten unserm allergnedigisten dem Romischen kaiser etc., so dy poten bracht haben, ettlichen zugesandt und auch daraus mit in geret. Dye maynen und das gefellet auch wol, das wir wider zusamenkomen und auf dy antwurt seiner kaiserlichen genaden ainig werden und furnemen, seiner kaiserlichen genaden widerumb darauf antwurt zu thuen, dadurch wir in aller pilligkait gen sein kaiserlichen

---

1556. [1] 1463 December 18 (Chmel, Reg. Friderici IV., S. 409 nr. 4041, und ebend. Anhang, S. CLXVI nr. 127).

genaden erfunden, auch lanndt und lewt in frid mochten pracht und geseczt werden. Darauf begeren und bitten wir ew anstat unser und der landlewt, so bey dem obgemelten vergangen tag zu Haderstorf gewesen sind, ir wellet auf den suntag reminiscere schirst *(Februar 26)* gen Haderstorf komen und den andern prelaten auch schreyben und bestunden dahin zu komen auf denselben tag, damit der obgeschriben maynung daselbs allso nachgegangen werde, dann ir wol verstet, das ew und uns allen auch dem ganczen lannd solchs grosse notturf* ist. Geben ze Retz an vaschangtag anno etc. LXIIII.

Michel von gottes genaden des heiligen Romischen reichs burckgrave zu Maidburg und grave zu Hardeck.

1557.   **1464 Februar 16, Persenbeug.**

Jorg von Sewsennegk fordert Abt Mert zu Gotweig auf, seinen Holden Martine im Werd anzuhalten, dass er an dem früher festgesetzten Verhandlungstage vor ihm erscheint, da er ohne Wissen seiner Widersacher keinen anderen Tag ansetzen kann.

Datum: Geben zw Persenpeug an pfincztag sand Julianatag (1464).

Copie in Cod. E f. 12. Deutsch.

Vgl. nr. 1558 u. 1559.

1558.   **1464 Februar 20, Persenbeug.**

Georg von Seissenegg schreibt Abt Martin von Göttweig, dass am 26. Februar ein Landtag zu Hadersdorf abgehalten werde.

Copie in Cod. E f. 12'.

Erwirdiger herr! etc. Alls ir mir yecz schreibt von des Martine und seiner hausfrawn gesessen im Werd, hab ich vernomen, lasz ich ew wissen, das kain tail zu tagen ist an des andern wissen etc. Auf das lasz ich ew wissen, das dÿ landtlewt ain tag auf den sunntag reminiscere *(Februar 26)* zw Haderstorf haben werden, villeicht ir auch dahin komen werdt und ich mich auch dahin fuegen wil, so wellen wir aus den

---

1556. * Cod. statt *notturft*.

sachen verrer reden. Geben zw Perrsenpeug an mantag nach invocavit anno etc. LXIIII. Jorg von Sewsennegk.

1559.   **1464 Februar 21, Persenbeug.**

Jorg von Sewsennegk schreibt Abt Martin von Göttweig, dass er unter Zustimmung des Edlpeck die Verhandlung gegen den Holden des letzteren Martine und dessen Frau aus dem Werd über den künftigen sand Jorgentag verschoben habe, damit unterdessen ein Vergleich zustande komme. In diesem Falle solle er es seinem Pfleger in Sass[1] *berichten, damit er sie dann auf den festgesetzten Tag vorlade.*

Datum: Geben zw Persenpewg an erichtag nach dem sunntag invocavit (1464).

Copie in Cod. E f. 12'. Deutsch.

1560.   **1464 Februar 25.**

Abt Mert und der Convent zu Gottweig verkaufen wegen der Nothlage des Stiftes dem erbern Hanns Schaffer und Kunigunde dessen Frau um 210 ungarische Goldgulden[1] *die freieigene Nutzung des Stiftes von je 2½ Mut Korn und Hafer auf dem* halben hof zu Maur an ainem ort zenagst Hanns des Waiczpaur halben hof, das eemallen alles ain hof gewesen ist mit dem andern zenagst der kirchen daselbs zu Maur, *welche ihnen sammt anderen grossen und kleinen Diensten die Käufer laut Kaufurkunde von demselben zu zinsen hatten, auf Wiederkauf. Erstere können sie von den jeweiligen Besitzern, welche mit ihrer Einwilligung als Grundherren denselben innehaben und keine Adeligen sein dürfen, jährlich zwischen sand Merttentag und dem Lichtmesstage um den gleichen Kaufschilling zurückkaufen, worauf ihnen die Nutzung ledig wird und Kauf- und Gegenurkunde wechselseitig auszutauschen sind.*

1559. [1] Soos, jetzt Ruine, O.-G. Hürm, V. O. W. W. (Schweickhardt; V. O. W. W. VIII, 228).

1560. [1] Diese Summe wurde nicht auf einmal erlegt. Dies erhellt aus dem im Reg. Martini abb. (Sign.: A, XVIII, 6) für das Jahr 1465 aufgeführten Einnahmeposten: *Item recepi a quadam nomine Schufferin de Maur 100 fl. et exposui ut infra.*

Siegler: (I.) Abt Mert und (II.) der Convent zu Gottweig.

Datum: Geben an sand Mathias des heiligen zwelfbotten tage (1464).

Orig., Perg. Deutsch. An Perg.-Streifen 2 Siegel.

Vgl. nr. 1711.

I. ausgebrochen, rund, roth auf Sch., IV A 2 (nr. 1514 S. I u. nr. 1403 S. I). Am Rv. das Signet rund, roth auf Sch. (nr. 1514 S. I). — II. rund, grün auf Sch., II B. Vgl. Sava, Siegel der Abteien, S. 33, III.

1561.   **1464 Februar 25.**

Hanns Schaffer auf dem halben Hofe zu Mawr und Kunigunde seine Frau stellen Abt Mert und dem Convente zu Gottweig die Gegenurkunde aus (nr. 1560).

Siegler: (I.) der edel Wolfgang Purkchstaler und (II.) der edel Jorg Rawber.

Datum: Geben an sand Mathiastag des heiligen zwelfboten tage (1464).

Orig., Perg. feuchtfleckig. Deutsch. An Perg.-Streifen 2 Siegel.

I. beschädigt, rund (29), grün auf Sch., U.: .. wolffgang · pur . . . . — II. beschädigt, rund (29), grün auf Sch., IV C. U.: s. iorig · rawber.

1562.   **[1464 ca. Februar 26, Hadersdorf.]**

Die auf dem Landtage zu Hadersdorf versammelten Landstände fordern den Dechant Peter Ueberacker von Mautern auf, den Pfarrer von Mautern freizulassen.

Copie in Cod. E f. 17.

Das Datum dieser Verordnung muss mit dem Tage der Abhaltung des Landtages (nr. 1558) ungefähr zusammenfallen und es kann mit Recht Hadersdorf als Ausstellungsort angenommen werden. — Vgl. nr. 1565, 1574.

Ersamer herr! etc. Uns hat der erwirdig geistlich herr, herr Mert abbt zu Gott(weig) anpracht, wie ir im seinen pfarrer zw Mauttarn in vancknůsz wider geistliche ornung[a] und freyhait seines gotzhaws genomen und noch darin haltet, bitten

---

1562. [a] Statt *ordnung*.

wir euch in vleisz dem obgenanten von Gottweig seinen pfarrer und mitbrueder an entgeltnusz und an vertziechen ledig und dÿ sachen dyczmalls gutlich auf zukumft unsers genadigen horn von Passaw auste[b] lasset, der dy sachen horen und an zweyffel nach aim pillichen darin handeln und an wem deu schuld erfundet[c] wiret, das darumb nach geleichen und pillichen dingen genuegen beschechen und uns des nicht vertzeihet etc. Ewer antwurt lat[d] uns bey dem poten wissen.

Aufschrift: Ein schreÿben von den landlewten, dy zu Háderstorf sind gewesen.

1563.   1464 Februar 29, St. Pölten.

Caspar Schlusselberger beschwert sich bei Abt Martin von Göttweig über seine Dienstentlassung entgegen den Abmachungen und Zusagen, da er sich nichts habe zuschulden kommen lassen, wie der Dienstmann des Stiftes der Prantner von ihm wisse, und erklärt sich zur Annahme einer Entschädigung bereit; andernfalls müsste er jedoch die Streitsache vor den Kaiser zur Entscheidung bringen.

Datum: Geben zu Sand Pollten an mittichen nach reminiscere in der vassten (1464).

Copie in Cod. E f. 16. Deutsch.

Vgl. nr. 1566, 1582, 1584, 1587—1592.

1564.   [1464 nach Februar 29.]

Abt Martin von Göttweig schreibt dem edeln Leo [Schneckenreuter], dass er auf seine Empfehlung und mit Rücksicht auf seine Freundschaft den Pruckner auf ein Jahr mit 3 Pferden zu einem Jahressolde von 24 ℔. ₰., 1 Dreiling Wein, 1 Mut Korn und einem Drittel von den Wandeln zum Hofrichter aufnehmen wolle, weshalb derselbe, wenn er damit einverstanden sei, baldigst zu ihm kommen solle, damit die Sache abgemacht werden könne.

Datum und Unterschrift fehlen.

Copie in Cod. E f. 12. Deutsch.

1562. [b] Statt *austen*. — [c] Statt *erfunden*. — [d] Statt *last*.

Durch nr. 1563 ist die engere Begrenzung des Datums gegeben. — Vgl. nr. 1689.

1565.   **1464 März 1, Mautern.**

Peter Vberacker, Dechant zu Mawttarn, berichtet den Ständen nach Hadersdorf, dass er auf ihren Befehl den Pfarrer von Mawttarn, welchen er wegen einer gegen den Bischof von Passaw und ihn als Dechant gerichteten ungerechten Verhandlung gefangen gesetzt habe und bis zur Entscheidung der Angelegenheit seitens seines Bischofes in Haft halten wollte, freigelassen habe, obwohl er sich eilends an seinen Bischof um Weisungen betreffs seines ferneren Vorgehens habe wenden wollen.

Datum: Geben zw Mauttarn an pfincztag nach reminiscere (1464).

Copie in Cod. E f. 17. Deutsch.

Vgl. nr. 1562.

1566.   **1464 März 3, Göttweig.**

Abt Mert zu Gotweig erklärt dem edeln [Caspar] Schlusselberger auf dessen Klagen, dass er sich in Gegenwart Jorg des Schmydel mit ihm verrechnet habe, nachdem er nach Ablauf der Jahresfrist nicht länger im Dienste bleiben wollte, und ersucht ihn, bei dieser Abrechnung ruhig beharren zu wollen. Im gegentheiligen Falle sei er bereit, seine Sache vor dem Kaiser oder dessen Räthen zu vertreten.

Datum: Geben zw Gottweig an sambstag nach dem sunntag reminiscere (1464).

Copie in Cod. E f. 16. Deutsch.

1567.   **1464 März 5, Ybbs.**

Kunntz Newnburger ersucht Abt Martin von Göttweig neuerdings, seinen Holden den Planck anzuhalten, dass er ihm seinen Schaden ersetze, widrigenfalls er sich von dem Besitze und den Unterthanen des Abtes schadlos halten werde.

Datum: Geben zw Ybs an montag nach oculi in der vassten (1464).

Copie in Cod. E f. 22'. Deutsch.

1568.   **1464 März 6, Göttweig.**

Abt Martin von Göttweig übersendet Abt Thomas von Lambach durch Frater Erhard von Ybs den Entwurf des bereits besprochenen Contractes und erklärt sich zu begründeten und nothwendigen Aenderungen desselben nach vorausgegangener Vereinbarung bereit. Auf die bereits verlangte Abänderung könne er jedoch nicht eingehen, weil sie seinem Stifte schädlich sei, sondern halte an den zu Tullne abgehaltenen gemeinsamen Besprechungen fest.

Siegler: Abt Martin von Göttweig.

Datum: Ex monasterio Gottwicennsi altera die post dominicam, qua canitur oculi (1464).

Orig., Pap. Lat. Das auf der Rückseite in rothem Wachse aufgedrückte Petschaft ist beschädigt.

1569.   **1464 März 7, Göttweig.**

Abt Martin von Göttweig schreibt Kunz Neunburger, dass er nicht berechtigt sei, gegen den Planck vorzugehen.

Copie in Cod. E f. 22' f.

Aufschrift: *Anwurt auf des Kunts Newnburger schreiben.*

Unser gebet etc. Ewr schreyben uns ytzo getan inhaltund, wie ir dy scháden, dy ew der Planck getan hab, an uns gebracht und ew darumb von denselben ain benuegen ze tain mit mer maynung gebeten habt, haben wir verstanden und lassen ew wissen, das vormallen weder ewr potschaft noch schreiben der sachenhalben an uns noch dy unsern gepracht ist. Darczu haben wir uber den Plancken, davon ir schadhaft seit worden, als uns angelangt ist, nÿe ze pieten gehabt und nachdem der ain lediger dienstzknecht und nichtz von uns ze lehen hat noch auf unsern grunnden ist, noch hewt in kainem weg uber in ze pieten noch mit dem ichtz ze schaffen haben, wan wir ungern wolten, das ir oder der ewren ainer von den unseren gelaidigt oder schadhaft gemacht sol werden. Auf solhs lieber Newnburger geburdt uns in den dingen nichtz ze handeln, sunder ew in anderen wegen gutwillen und fuedrung gern beweisen wellen. Geben zw Gott(weig) an mittichen nach oculi in der vassten anno etc. LXIIII.

1570.   **1464 März 8, Haugsdorf.**

Wilhelm Leuprechtinger zu Haugsdorf schreibt an Abt Martin von Göttweig, dass er seinen Streit mit Stefan Eitzinger vor den Kaiser gebracht habe.

Copie in Cod. E f. 21'f.

Vgl. nr. 1573.

Hochwirdiger etc.! Wisset zuvor, als ir mitsambt andern landtlewten, so yetz zw Haderstorf gewesen sein, mir am jungsten zugeschriben habt und gelaydt zugesant mich zw ew ze fuegen, des aber nicht beschehen sey. Auch von der zwitrecht[1] herrn Steffan von Eytzing und mein sey ew nicht lieb etc. Nw hab ich nye verstanden, das ir ew von born Steffan und mein wegen gein Haderstorf pracht habt, und hab ew zugeschriben, das ich des von mercklicher meiner nottürft nicht thun hab noch ersuchen mugen, doch so hab ich ew gerechtikait und herrn Steffan Eytzinger handlung zugeschickt, ew gepeten dy zu horn innhalt meines schreibens darumben ausgangen und uber solchs vermaint ir, ich sull solben krieg nachlassen und ob ich icht spruch zu dem bemelten Eytzinger vermain ze haben, so erpewt er sich furkomens und rechtens und benent mir doch kain richter, vor dem ich gegen im zu recht sten sol, und ob ich solhs von im nicht aufnam, wer solher krieg wer, von mir und den mein nicht zu gedulden noch ze leyden etc. Nw lasz ich ew wissen, das ich mich gegen dem bemelten Eytzinger zw eer und zu recht erpotten hab für unserm allergenedigisten herrn, dem Romischen kaiser etc. umb mein zuspruch mich vor seinen kayserlichen genaden rechtens von im wol benuegen zu lassen. Desgeleichen wil ich im daselbs wider rechtens sein nicht danne gesetzt dan nach meiner absag nam und tat, das er aber veracht hat, als ir das an meinem erpieten und schreyben, so ich ew zugeschickt hab, wol vernomen habt, und main, das ir mich mit ewren schreiben uber mein erpieten unpillichen von seinem richter meinem hern und landesfursten weytter ziecht und dringen welt. Wan hiet ir icht von des Eytzinger oder

---

1570. [1] Lychnowsky, Gesch. des Hauses Habsburg VII. 89, u. Anh. ebend. S. 353 nr. 880.

meines kriegs wegen zw mir ze sprechen, so erpewt ich mich auch gegen ew für unsern allergenedigisten herrn dem kaiser etc., des diener ich pin, daselbs wil ich ew stil halten umb er und recht, umb was ir zw mir ze sprechen habt. Wiert aber solhs durch ew von mir nicht aufgenomen, so sult ir wissen, das ich unrechtens von ew ẏe gern vertragen war, und pitt ewr verschribene antwiert beẏ dem potten wider zw wissen, wes ich mich auf ewer schreẏben und mein erpietten hallten sull. Datum Hawgstorf an pfintztag vor dem sunntag letare in der vassten anno domini etc. LXIIII.

Wilhalm Lewprechtinger zw Hawgstorf.

1571. 1464 März 8. Göttweig.

Abt Martin von Göttweig benachrichtigt Stefan Eitzinger von Eitzingen, warum er ihm die Leute des Stiftes diesseits der Donau nicht zu Hilfe schicken könne.

Copie in Cod. E f. 21'.

Ueberschrift: *Ein brief hern Steffan Eytzinger.*

Wolgeborner edeler lieber herr! etc. Als wir uns am nachsten zw Haderstorf verwilligt haben ew unsers gotzhausz lewt enhalb der Tunaw zw beystandt ze leichen, darauf ir dann die unsern der herschaft Nidern Rana aufgevordert und bey ew habt, darauf mugt ir zu den auch ander unser hindersassen zw Meirs, Munichofen, Frawndorf, Nappelstorf, Heczmanstorf und allenthalben daselbs gesessen dẏczmallen aufervordern lassen und die ew zu beẏstandt als ander dy unsern brauchen. Dan von unser lewt wegen hiederhalb Tunaw lassen wir ew wissen, das dyselben all gevogt sein und ain tail der vogt dieselben mit in auf ze sein ervodert haben, den andern von den vogten auf zu sein und ausserhalb ir in veld ze ziechen nicht gestat wirdet. Dann von unser dienner wegen schreibt uns unser allergenedigister herr der Romisch kaiser dy auf laut seiner gnaden brief, des abgeschrift ir hiemit vernement, gan Klosternewnburgk[1] ze schicken, sulten solch bevelhnuss unsers herrn des kaiser uns yeczo nicht beschehen sein, warn

---

1571. [1] Lichnowsky, Gesch. des Hauses Habsburg VII, 89.

wir gar willig ew dyselben auch zu hilf hinüber zu schicken und bitten ew in besunderm vleis diczmallen an den lewten enhalb *Tunaw* wanhaft benugen ze haben und das wir ew unser lewt hiederhalb gesessen und dienner nicht hinüber schicken, solchs nichts anderm dan der vogt verhindrung und aufvodern unsers benanten hern des kaisers in veld, gegen dem wir auch ytzo als sein gehorsam erfunden sullen werden, zuziechet und in wew wir ew daruber zu beystandt und gevallen mugen wern, des sein wir in allm dem, das unsers vermugens ist, willig und wellen das gern tůn. Geben zu Gott(weig) an pfincztag nach oculi anno etc. LXIIII. jar.

Mert von gotes gnaden abbt etc.

1572.   **1464 März 8, Haugsdorf.**

Wilhelm Leuprechtinger zu Haugsdorf meldet Abt Martin von Göttweig, dass seine Leute seinem Rottenmeister Andreas Böhm Rosse und einen Wagen weggenommen haben.

Copie in Cod. E f. 22.
Vgl. nr. 1573.

Hochwirdiger etc.! Mir hat meiner rotmaister ainer genant Andreasch Peheim anpracht, wie im dy ewren rosz und ainen wagen und etwas mer dabey genomen haben. Nwn wolt der bemelt mein rotmaister ewer lewt umb solhs fürgenomen haben, das ich allso bisher von ewrn wegen understanden hab. Darauf pit ich ew, ir wellet daran sein, damit ew und den ewren nicht grosser unradt daraus ergee und der mein diener unklaghaft füran gehalten werd, wo ich ew darinn gediennen mag. Des pin ich willig ze thun. Ewr antwurt verschriben lasset mich bey dem poten widerumb wissen. Datum Hawgstorf an pfincztag vor dem sunntag letare anno etc. LXIIII.

Wilhalm Lewprechtinger zw Hawgstorf.

1573.   **1464 März 9, Göttweig.**

Abt Martin von Göttweig sichert Wilhelm Leuprechtinger Bestrafung der schuldigen Holden des Stiftes zu und schreibt ihm, dass in seinem Handel mit dem Eitsinger von dem Landtage zu Hadersdorf das Schreiben ausgegangen sei.

Copie in Cod. E f. 22.

Aufschrift: *Antwurt auf dy vorgeschriben zwen brief* (nr. 1570 u. 1572).

Edler lieber Lewprechtinger! etc. Alls ir uns yetzo schreibt, wie dy unsern ewer rotmaister ainem genant Andrásch Beheim rosz und wagen genomen haben, ist uns noch unsers gotzhawsz eltern und diennern umb solh beruert handlung kain wissen. So uns aber aus den unseren, dy an solher tåt schuld solten haben, etlich benennt und dye darauf von uns verhort und der berueten[a] handlung anhellig wůrden, alsdann wolten wir gern nach pillichen dingen schaffen. Dan von des andern ewrs schreybens wegen uns mit etwevil maýnung getan, wisst ir wol, das ew nichtz von uns in sundernůsz, sůnnder von der gemain landtschaft, so yetzund zu Harderstorf bey einander gewesen ist, zugeschriben ist worden, damit pfleg ewer der almachtig got. Geben zw Gottweig an freytag nach dem sunntag oculi in der vassten anno domini etc. LXIIII.

1574.   1464 März 11, Göttweig.

Abt Martin von Göttweig schreibt Bischof Ulrich von Passau wegen der Rechtsverletzung seitens des Dechantes Peter Ueberacker durch Gefangensetzung des Göttweiger Professen und Pfarrers zu Mautern Nicolaus.

Conc. in Cod. E f. 23'.

Vgl. nr. 1562, 1565, 1575.

Reverendissime etc.! Noveritis vestra reverenda paternitas animo queruloso et proch dolor doloroso dominum Petrum V̇beragker decanum, vestre reverende paternitatis officialem in Mauttarn, nos cum provincialibus in opido Hadersdorff occasione diete hiis superioribus diebus inibi celebrate existentes quendam monasterii vestre reverende paternitatis fundacionis Gottbicensis professum, fratrem Nicolaum, ad tunc et presens parrochialis ecclesie prefate in Mauttarn eius dicto monasterio unite ad Mauttarn nostre congregacionis disposicionem ibidem provisorem, nescimus quo ductus spiritu, eundem in eius iurisdictionem

---

1573. [a] Statt *beruerten*.

obedienciarum sew fori ad se per eius nunccium ad ipsius curie residenciam vestre reverende paternitatis nomine venire vocavit, quem prefatus decanus sacris beati patris Benedicti constitucionibus ac approbate eius regule sancte consuetudinibus penitus spretis atque semotis presumpcione temeraria suis mancipavit vinculis eumque sine omni iuris ordine contra deum et equitate iusticie naturalis spiritualium personarum, contra quem legisticas ast canonicas sancciones inris positivi suis absque demeritis nobis ac toti sacro ordini sancti Benedicti in dedecus ad eius sacris approbatis constitucionum libertatibus inproperium et demolicionem pluribus diebus usque ad provincialium scriptum tenoris hic inserti dire suis conservavit ergastulis. Idcirco vestram reverendam paternitatem devocius cum condigna humilitate imploramus, quatenus eadem omnem possibilem humanitatem prenominato decano ac sibi commissis tempore omni precipue hiis differenciis terre vigentibus ob respectum vestre reverende paternitati prestitam,* deinde omnibus iuris disposicionem prelibatique beati Benedicti patris nostri constitucionum ac regule sancte consuetudinis approbacionem eiusque ordinis ast monasteriorum omnium libertatibus defensionem, ne hec in diversitatem dedecusque secularium ac religiosarum personarum in ea aut consimili re periculosius labi contingat, oculis pietatis intueri et intime attendere et nobis in supra expositis, que ab evo fundacionis predicto monasterio tam inhumaniter non sunt illata, graciosius compati. Insuper de dicto decano iusticiam ad condignum cum satisfaccionis complemento nobis provocare velit servatis in hiis erga nos debita caritate et reverencia, cui assistere volumus corpore rebus et omnibus nobis adeo tallatis seu conferendis. Nos quoque erga vestram reverendam paternitatem observabimus ea, que obediencie reverencie ac fidelitatis existunt sperantes tantum complacere, quantum quis debeat vel possit de vestris prelatis seu subditis, recommendantes nos ac nostri ordinis ac sacri constitucionis privilegiorum vestre reverende paternitati, ut conservatori predigno earundem eandem responsa grata cum effectu nobis amministrare curet in laudem dei animarumque salutem exinde graciam nunc receptura a deo et gloriam in seculo futuro. Ex Gottbico undecima die mensis marcii anno domini etc. LXIIII.

1574. * Statt *prestitum*.

Vestre reverende paternitatis humiles et devoti fratres Martinus abbas totusque conventus monasterii Gottbicennsis.

Adresse: Reverendissimo etc. domino Vdalrico ecclesie Pataviensis episcopo etc.

1575.   **1464 März 12, Göttweig.**

Abt Martin von Göttweig ersucht seinen Freund, den Passauer Canonicus und Pfarrer in Lauffarn Johann Hutt, um Verwendung beim Passauer Bischofe (nr. 1574), erbietet sich, ihm einige Dreilinge Wein ohne Entgelt zu liefern, wenn er sie benöthige, und ersucht ihn um Zusendung von Fischen, wie er sie schon früher geliefert habe.

Copie in Cod. E f. 24. Lat.

1576.   **1464 März 13, Göttweig.**

Abt Martin von Göttweig ersucht den Magister Allexius, Commissär des Passauer Officialates in Wien, vier Ordensbrüder, welche er zu ihm sendet, beim Weihbischofe, welcher diesmal in Wien die Weihen ertheilt, ausweihen zu lassen.

Datum: Ex monasterio Gotwicennsi tredecima die mensis marcii (1464).

Copie in Cod. E f. 24. Lat.

1577.   **1464 März 15, Göttweig.**

Abt Martin von Göttweig entschuldigt bei Kaiser Friedrich III. sein Fernbleiben mit der Unsicherheit der Wege infolge der Kriegszeiten und meldet zugleich die Absendung seiner Reisigen nach Klosterneuburg.

Copie in Cod. E f. 72' f.

Vgl. nr. 1571.

Allerdurchlewchtigister kayser und gnädigister her! etc. Als wir uns die vergangen tåg zw ew k. m. notturftiklich gefuegt und uns gegen der nach gegenbûrtikayt mit gehorsamer undertanikait, dy nye mit bezeugnüss des almåchtigen gottes erkennt aller hercz und warhait, von ynnikait unsers herczen anders, dan wir swårlich, als e. g. füran vernemen wierdet,

575

gedrungen sein, von uns aufgehabt ist worden, nach ordnung der pillikait dienmûetiklich peweist solten haben, auch solchs von herczenlicher pegier willikleich und geren getan und verpracht wolten haben, so uns die unsicherhait der weg damit unser abbesen von userm perg und geslos Gottweig von trâflicher fûrsargen der kumerlicher krieglêuf, auf der kerung wir hincz her ganncz ungevärlich verzogen haben und noch derselben unsicherhait und fursargen wegen über unsers herczen begierlichait ze verziehen laider gedrungen werden, nicht verhindert hieten. Darauf allergenedigister her hieten[a] wir ew. k. m. in andâchtigem vleis mit gehorsamer, williger und dienmûetiger undertânigkait, ew. k. g. welle uns unser ausein von oberûrter ursach wegen hincz her beschechen nicht in ungnaden noch ungehorsam aufnemen, sunder uns gnâdiklich willen und frist zu tun, das wir uns als ew. k. g. dienmûetig und andâchtig kapplen solcher bemelter unsicherhait und fûersarg halben fueglich zw ew. g. fûegen und ew. k. m. angeborn lieb guetigkait und gnad uns vormallen als geistlichen stand pebeist mit gepûrlicher und warlicher bekanntnûss, dadurch wir laider von ew. k. m. mit urlaub gedrunglich uber unsers herczen willens aufgestannden und doch den sein hincz her an all entsagung und schaden beliben sein, als wir zw got und derselben ewr angeborn guetikait ynniklich hoffen widerumb gnâdigkleich erlanngen mugen. Dan allergenedigister her, als uns e. k. g. yczo in raiss ervodert hat, haben wir unser dienner und lewt zu rossen und zw fuessen darauf ew. k. g. zu getrewer beistandt nach bevelhnûss solcher schreiben gein Klosternewnburg geschikt und den daselbs auf e. g. weitter geschâfft ze weleiben aigenklich bevolhen und bitten andachtiklich uns solchs so oben berûert ist nit verzeihen, sunder uns unser lieben frawn goczhaws, das gancz in abnemen durich manigfaltig verderblich beschedigung gebracht ist, mitsambt seiner zuegehörung, was der noch verhanden ist, gnâdigklich ze schermen und zw lob der diensperkait[b] des almâchtigen gocz und hail aller glaubigen sel willen bevolhen ze haben etc. Geben zw Gottweig am pfincztag nach letare anno domini etc. LXIIII iar.[c]

1577. [a] Statt *bitten*. — [b] Statt *dienstperkait*. — [c] Cod.

1578. 1464 April 2, Ybbs.

Kunnts Neunburger ersucht Abt Mert zu Gottweig, den Bruder des Planck dazu zu verhalten, dass er ihm das gestohlene Ross sammt Sattel zurückstelle, widrigenfalls er ohne weiteres Schreiben sein und seiner Unterthanen Feind sein werde.

Datum: Geben zw Ybs an montag in osterveirtagen (1464).

Copie in Cod. E f. 23 (Einlageblatt). Deutsch.

1579. 1464 April 4, Göttweig.

Abt Martin von Gotweig schreibt dem edeln Chunts Neunburger zu Ybss, dass sein Holde der Plannk, obgleich er das Ross nicht gestohlen habe, beim Verhöre sich erboten habe, er wolle seinen Bruder nach Ybs bringen, damit er dort vor seinen Hauptleuten verhört werden könne. Bei einem etwaigen Schuldspruche wolle er ihn dann zur Abtragung der Schuld anhalten, im gegentheiligen Falle solle er jedoch ihn und die Stiftsunterthanen nicht weiter belangen. Könne derselbe aber seinen Bruder binnen kurzem nicht hinaufbringen, so werde er das Weitere berichten.

Datum: Geben zu Gotweig an mittechen nach dem heiligen astertag (1464).

Copie in Cod. E f. 23 (Einlageblatt). Deutsch.

1580. 1464 April 6, Göttweig.

Abt Martin von Göttweig fordert von Hanns Frodenacher, dem kaiserlichen Feldrichter in Krems, dass er die Aufforderung der stiftlichen Unterthanen zu Grunddorf zum Ausrücken in's Feld zurücknehme.

Copie in Cod. E f. 74'f.

Aufschrift: herren Hannsen Frodenacher. — Vgl. nr. 1571, 1577.

Edler, besunder lieber her Hanns! etc. Uns haben unsers goczhaws armleut zu Grudtdorff[a] und daselbs umb gesessen anpracht,

---

1580. [a] Statt *Grundtdorff*.

wie ir sy durch die ewren etweoft in rais mit euch und den ewren aufzusein ervodert habt, lassen wir euch wissen, das uns unser allergenedigister her, der Römisch kaiser brieflich mit unsern läwtten und diennern in rais aufzusein ervodert, auch solchs yeczo in der Newnstat mundlich mit uns geredt und das zu tuen begert hat, auf das wir sein k. g. pflichtig und gancz willig sein gehorsam darin zu tuen. Darumb pitten wir euch solch gemelt unsers gnadigisten herren, des kaiser als unsers lanndczfursten und obristen vogtherren briefflich und mundlich ervodern und bevelhen unser leut und dienner in veld ze schichken mitsambt dem, das von alter hinczher chain innhaber des veldgericht, des verweser und inhaber ir yeczo seyt, unser leut in veld aufzuvodern gewalt gehabt hat, nach das an uns noch dieselben die unsern in dem veldgericht gesessen begert ist worden anzesehen und sy solchs ewrs auffoderns darauf begeben. Wan wir der und ander unser leut auf oberuert vodrung unsers herren des Romischen kaiser selbs bedurfund und die pey unserm[b] goczhaus freihaiten und alten herkomen zu halden schuldig sein, hoffen und getrawen, ir macht uns darin chainerlai newung noch zeruttung. Ewr verschribnew antwurt last uns bei anttwurtter des briefs wissen. Geben zum Got(weig) an freytag nach dem heiligen ostertage anno etc. LXIIII.

1581. 1464 April 6. Göttweig.

Abt Martin von Göttweig beschwert sich bei dem Herrn von Topel wegen Auflage einer hohen Steuer auf seine Unterthanen zu Winzing.

Copie in Cod. E f. 74.

Aufschrift: *Toppel.*[1]

Edler her! etc. Uns haben unsers goczhaws armleut am Stainhoff zu Winczing und daselbs und[a] gesessen, die ir zu vogten vermainet, anpracht, wie ir die vorgangen iar etbe-

---

1580. [b] Statt *unsers*.
1581. [a] Statt *umb*.

[1] Otto von Topel (Hanthaler, Rec. dipl. II, 291, u. Schweickhardt, V. O. W. W. IV, 140).

vil ungewondleich steur auf sy gelegt und die von in genomen habt und yeczo aber ungewondleich vodrung solcher steur auf die gelegt und die bey pfenning irer varunden guetter und straf irs leibs von in zu haben ernstlich vermainet, das uns auf verdårben und manigfaltiklich beschedigung denselben unser armlewt hach unppilich und gancz unnachperlich von euch bedunchkt zu sein, und bitten euch in andachtigem vleis solch ewr ungewondlich vodrung und anslag der steur von denselben unsern låwtten aufzeheben, die abzutuen, sy der ze begeben und darin nach ordnung des rechtens und pillikait gancz unangelangt und unbeswårt ze lassen, etc. Eur verschribne anttwurt last uns bei anttburter des briefs wissen. Geben zum Got(weig) an freitag nach dem heiligen ostertage anno etc. LXIIII.

1582. 1464 April 10.

Caspar Slusselberger fordert von Abt Mert zu Gottweig die Zahlung eines Guthabens wegen Büchsen und anderen Dingen und seines Soldes laut Abrechnung, welche er dem Cellerar Symon in Gotweig zurückgelassen habe, widrigenfalls er sich an den Stiftsunterthanen schadlos halten müsste.

Datum am erichtag nach dem sunntag quasimodogeniti (1464).

Copie in Cod. E f. 24. Deutsch.

1583. 1464 April 10, St. Pölten.

Veÿt Hochstetter zu Wagram verlangt neuerdings von Abt Mert zu Gottweig die Zahlung des Ausstandes an Getreide und Hafer und der Aufbesserung, widrigenfalls er sich an den Stiftsunterthanen schadlos halten werde.

Datum: Geben zw Sand Polten am erichtag nach den osterveirtagen (1464).

Copie in Cod. E f. 25. Deutsch.

1584. 1464 April 11, Göttweig.

Abt Mert zu Gottweig ersucht den edeln Caspar Slusselberger, seine Forderungen an ihn, derentwegen er zu Sand Polten einen Theil des Getreides des Stiftes mit Beschlag belegt hat, bis zur gegenseitigen Verrechnung anstehen zu lassen, worauf er ihm den Rest bezahlen werde.

Datum: Geben zu Gottweig an mittichen nach dem sunntag quasimodogeniti (1464).

Copie in Cod. E f. 24′f. Deutsch.

1585.   **1464 April 11, Göttweig.**

Abt Mert zu Gottweig schreibt Veit Hochstetter, dass er ihm seine Forderung an Getreide und Hafer zu Sand Polten von dem dahin gebrachten Getreide habe bezahlen wollen. Da aber bloss ein Theil desselben dahin gebracht wurde und von andern ohne sein Wissen weggenommen wurde, so werde er ihm den schuldigen Theil dann entrichten, wenn mehr hingebracht werde, oder wenn ihm dies nicht genehm sei, aus seinem Kasten geben. Die Aufbesserung jedoch sei bloss für den Fall, dass er als Anführer der Reisigen des Stiftes in's Feld ziehe, bei seiner Aufnahme ausbedungen worden. Da er aber seiner Aufforderung, nach Mautern in's Feld zu ziehen, nicht nachgekommen sei, so sei er ihm auch keine Aufbesserung schuldig. Wolle er auf diese nicht verzichten, so sei er willens, das Urtheil seines Schwiegervaters betreffs der Verabredung einzuhalten.

Datum: Geben zu Gottweig am mittichen nach dem sunntag quasimodogeniti (1464).

Copie in Cod. E f. 25′. Deutsch.

1586.   **1464 April 12, Wiener-Neustadt.**

Kaiser Fridreich [III.] befiehlt Abt [Martin] zum Kotwig, von den ihm als Landesfürsten jährlich zu liefernden 200 Mut Vogthafer den Brüdern Benusch und Ludwig den Weitmüllnern, seinen Pflegern zu Lenngpach, solange sie sein Schloss daselbst innehaben, jährlich 24 Mut Hafer gegen Quittung zu liefern.

Datum: Geben zu der Newnstat an phincztag nach dem suntag quasimodogeniti (1464), unsers kaysertumbs im dreyzehennden jare.

Orig., Papier. Deutsch. Siegel unter Papierdecke auf der Rückseite aufgedrückt.

Kanzleivermerk von anderer H. u. Tinte: *Commissio domini imperatoris in consilio.* — Vgl. nr. 1554.

S. Friedrich's III. rund, roth. Abb. bei Sava, Siegel d. österr. Regenten, S. 167 Fig. 113.

1587. **1464 April 12.**

Caspar Schlüsselberger erklärt Abt Mert zu Gottweig, dass seine Forderung an Sold ausser anderen Guthaben 14 ℔. ₰. ausmache, und dass nie mit ihm abgerechnet wurde, sondern dass er ihm bloss seine Rechnung habe übergeben lassen, und ersucht ihn, ihn gutwillig zu bezahlen. Auch sei es unwahr, dass er aus dem Stiftskasten zu Sand Polten Getreide entnommen habe. Bezüglich des daraus entnommenen Hafers lege er einen Zettel bei. Dasselbe habe er auch dem Cellerar Symon zu Sand Polten mitgetheilt, als derselbe beim Bischofe von Passaw daselbst war.

Datum am pfintztag nach quasimodogeniti (1464).

Copie in Cod. E f. 27. Deutsch.

1588. **[1464 April 12.]**

Die Rechnung des Caspar Schlüsselberger über seine Verluste und Auslagen.

Copie in Cod. E f. 16'.

Aufschrift: *Schlusselberger.* — Daraus ergibt sich die begründete Vermuthung, dass es sich um eine Rechnung des Caspar Schlüsselberger handelt, welche in obiger Weise chronologisch einzureihen ist.

Item vermerckt dy hacknpucksen, dy ich den veinten zu Herczenburg gegeben hab, und von der armenlewt wegen, dy da sind under dem gotzhaus zu Gott(weig), ain kupfrene und ain eysenew, dy mir auf den Gott(weig) zeprochen ist worden, und darczu zway hundert eysnein kugel, das pringt alles IIII ℔. VI ß. XX ₰. Auch hab ich den veinten daselbs geben zway krenntzel mit zwain guldein ringen und snüren per V gulden und ain vassel raczweins und ain mut habern, ain halben dreyling guetz weins vertzert mit den solneren auf dem Gott(weig) und mit andern dienner. Item vermerckt, was ich uber nacht in dem Lempach vertzert hab, so ich von Wienn pin heraufgeritten II *tl*. XIII ₰. Item darnach zu Sand Polten, das ich auf dy hoflewt gewart hab und da hab ich daselbs verczert zu zwain mallen XVIII *ß*. XVIIII ₰.

1589. 1464 April 12.

Rechnung des Caspar Schlüsselberger über den aus dem Stiftskasten zu St. Pölten entnommenen Hafer.

Copie in Cod. E f. 27'.

Item vermerckt umb den habern, den des von Passaw fuerttermaister ab dem kassten hat genomen, dreÿ mut zwaintzg metzen und nicht mer. Item dem Stadler ain mut habern an zwain zerung, so ich von ewrntwegen da getan hab, das ir dan geschaft habt. Auch het ir dem Zieringern ain mut korn geschaft an sechtzehen tausent nagel, dafür ich parg pin und wold dy ubermasz herausgeben haben. Der hat nicht mer daran wen VI metzen korn, hat im der ambtmann von Lewtzenperg[1] gebm und hat mir auch daselbs geben VI metzen und hat mir auch von dem ambt von Pirchach darauf gebm XXIIII metzen, das pringt ainen mut, der mir geschaft ist worden, und hab von des von Passaw habern wider ingenomen ain mut und XX metzen, daran ir mir ain mut geschaft habt, wen dy XX metzen, dy wer ich schuldig, dy ich ew dann betzallen wil.

1590. 1464 [April 12—14, Göttweig].

Abt Martin von Göttweig erkärt dem Caspar Schlüsselberger, dass dessen bisherige Forderungen bereits vom Stifte bezahlt worden seien.

Conc. in Cod. E f. 28.

Durch den Hinweis auf nr. 1587—1589 ergibt sich als Terminus a quo 1464 April 12 und durch nr. 1591, in welcher auf diesen Brief bereits Bezug genommen wird, 1464 April 14 als Terminus ad quem.

Unser gebet etc. Als ir uns am jungsten ain schreiben zuegeschiecht habt etliche swere wort inhalttund, haben wir ver-

---

1589. [1] Erhart von Leutzenperg wird Amtmann des Stiftes in Pyhra 1444 Dec. 3 (Orundbuch v. Pyhra, f. 18').

numen, dabei auch uns schreibt, wie wir euch an ewren sold vierthzehen phund phenning schuldig solten sein etc. Nwn ist euch wissenleich, das ewer sold in gelt pringt XXVIII ℔. ₰. So pringt dÿ sum ewrs gelichens und ausgebns gelt nach laut ewr raittzedl XI ℔. LXXXII ₰., das alles in sum pringt XXXVIIII ℔. LXXXII ₰. und nicht mer. Darauf sein wir underricht durch unsers kelner register, das ir in gelt von im enpfangen habt XXXIIII ℔. LXXX ₰., als wir euch dann ain zettel hiemit schikchen, darin ir chlêrlich underricht werdet. Auch ist uns anpracht warden, wie ir in dem anslag der X Vngrischen gulden, dÿ ir unseren armenlewtten gelichen habt, daran ir dan enphangen habt XVII ℔. III β. ₰., an dem uns dan dÿ übermasz der X gulden auch zuestend. Dan was ir ubermasz traÿdt oder habern enphangen hiett, stuend uns auch von euch aus. Dann von wegen zwair pûchsen und ander vordrung wegen haben wir uns mit euch in ewrem abschaiden guttiklich veraint und ir uns des pegeben habt und hoffen und getrawen, ir wellet es beÿ solichen obberuertten herkomen und besliessung genczlich westen lassen. Dan von wegen des getraidtz, so ir zw Sandt Pôlten auf unser guet getrawn genomen habt, als wir an ewren schreÿben vernûmen haben, lassen wir ew wissen, das wir euch in kainem aigem noch gever sunder treulich euch zuegeschriben haben, und lassen es bey ewren schreiben westen und getrauen, ir nemet ew darumb kainen ûnmett. Vermainet ir uns aber daruber icht sprûch ze vertragen, so wellen wir euch vor unsers genadigen herren dem Romischen kaysser oder seiner kaisserlichen genaden rete gern ains fuerkomens und verhor seyn als vor unser herr lanczfurst und des gotczhaus vogt. Als ir uns iecz aber schreibt, wie wir ew ain raitczedel zuegeschikcht haben, darin vermainet, wie ir V ℔. und III ℔. von uns noch den unseren nicht emphangen habt, auf solich haben wir uns in den registern erkundt, das ir dÿ V ℔. ₰. in abessenhait unsers kelners von her Larenczen enphangen habt und dÿ III ℔. hat euch unsers[a] kelner beÿ dem Leonhartt kuchenmaÿsster in ewer zymer geschikcht. Aber als ir schreibt, bie wir unpiliche zicht euch tan mit schreiben und mundleich under dÿ leÿt ausgeben solten haben mit etlichen sweren hertten warten, dew uns nicht puerren zu verant-

---

1590. [a] Statt *unser*.

buertten, wie ir an unsserem jungisten schreiben habt vernumen, lassen wir es noch dabey besten, wenn ir selbs in ewrem schreiben bekendt, das ir traid und habern habt enphangen genomen und geraicht an dẏ endt, als ir dan an ewrem schreiben bestundt, daran wir kain misvallen sunder ain guet gevallen haben und ob ir etbevil getrait hiet enphangen, wir wolten uns darumb nicht entzwaid, sunder freuntlich mit einander gericht haben nach solichem vertrawn und frontlicher abschied, als zwischen uns beschechen ist, und sáchen von herczen nichcz lieber, den das wir in guettem willen und frontschaft weliben und uns vertruegt, das ir uns pillich vertragen solt. Ob sich aber in raittung erfund, daz wir euch schuldig wurden, dez wir nicht sein underricht, wellen wir euch gern und willichleich entrichten. Hoffen, ier lasset ez pey solchen unsern freuntleichen erpieten; vermainet ier aber soleich unser erpieten icht aufzenemen, sein wir willig vor unser allergenedigisten herrn, dem kaisser ayns furkomens seyn, verhor und rechtens sein, als ier euch des auch in eurem schreiben habt erpoten und verwilligt habt.[b]

1591. 1464 April 14.

Caspar Schlüsselberger fordert von Abt Martin von Göttweig die Bezahlung seiner Forderungen an das Stift.

Copie in Cod. E f. 26.

Vgl. nr. 1590.

Erwirdiger etc.! Ir schickt mir hye ain raitzetel, dy ich auch vernomen hab und seczt darin V ℔. und III ℔., der ich weder von ew noch von ewerntwegen nyemant enpfangen hab. Auch schreibt ir mir von des anslags wegen auf dy armenlewt der X gulden, dew ich hab dargelichen, und hab dew entnomen von dem Hochstetter, da bekenn ich, das derselbs anslag hiet mer pracht den dy X gulden. Ich hab ir aber nicht eingenomen sovil, als dy zehen gulden bracht hietten, und wer mich daruber verrer zeicht ausserhalb ewer, der leugt, als ain schalck liegen sol. Auch schreibt ir mir noch von des genomen traitz wegen, das ich den vormallen in ewrm schreibem

---

1590. [b] Das Folgende fehlt.

wol vernomen hab. Nwn lasz ich ew wissen, das ich ew kain trayd nye genomen hab wen sunder, das mir ewr ambtman geben hat, ain mut korn und nicht mer, den ir mir den geben habt an dem tag, als ich auf dem Gotweig von ew urlaub genomen, und tut mir noch andt und ist mir layd solher unpillicher zicht, damit ir mich habt ausgeben under dew lewt mit ewrem schreyben und auch mundlich. Nwn hab ich uber solchs alles unpillikait, dew mir dan yetz und vormallen widergangen ist, frewnt und gesellen bracht und iren rat gehabt, dew mir deu den trawlich mitgetailt habent, dabey ich ys besten lasz. Auch schreibt ir mir von ·der hackenpuchsen wegen, lasz ich ew wissen, das ich ew darin nichtz hab nachgeben noch zugesagt und wil dew betzalt haben. Auch von des habern wegen, das ir den an dem zetelein wol vernomen habt, das ich ew nichtz mer daran schuldig pin wen XX metzen, dew ich ew willig ze betzallen pin. Auch alls ir mir schreibt, ob ich ew icht vertragen wil meines furnemens, das ich doch rechtlich tue, so welt ir mir furkomens und verhör sein vor unseren genedigen herrn dem Romischen kayser etc., darauf ich yetz nicht bedacht pin. So ir mir aber mein schuld ausricht und betzalt habet, so wil ich umb dy ander unguet, so mir von ew widergangen, als ich dan weisen und war machen wil, furkomens und verhör sein wil vor unserm herrn dem Romischen kaiser oder vor sein genaden råtten oder an allen pillichen stetten. Wurdt mir aber solh mein schuld nicht betzalt, nwn lasz ich ew wissen, das ich des nicht lenger beratten wil und ab ewren lewtten bekomen. Ewer verschriben antwurt [lasst mich wissen].ᵃ Datum sabbato in die sancti Tiburcii martiris anno etc. im LXIIII. jar.   Caspar Slusselberger.

Adresse: Dem etc. hern Merten abbt zw Gottweig etc.

1592.   **1464 April 14, Göttweig.**

Abt Mert zu Gottweig ersucht die Ursula Slusselberger, seine Gevatterin, dass sie in den harten Forderungen ihres Gemahls Caspar Schlusselberger an das Stift vermittle, damit ein Vergleich zustande komme.

1591. ᵃ Fehlt.

Datum: Geben zw Gottweig an sambstag dar an sand Tyburtzentag (1464).

Copie in Cod. E f. 26'. Deutsch.

1593.   **1464 April 14, Göttweig.**

Abt Martin von Göttweig ersucht Grafen Michel von Hardegg, die den Stiftsunterthanen zu Gösing auferlegte Steuer und die Aufforderung zum Feldzuge denselben zu erlassen.

Copie in Cod. E f. 35.
Vgl. nr. 1594.

Hochgeborner furst, etc.! Als ir unser armlewt zw Gosing und daselbs um gesessen in rais ervordert und von denselben, darauf ir anligtund^a armut und taglich veldarbait mit mer maynung verstanden, yedoch ain mercklich sumb geltz von solchs aufsein wegen auf sy geslagen habt, lassen wir ew wissen, das die solhs anslag auf ir manigvaltig enpfangen scheden und verderben nicht vermugen zu betzallen, wan sy uns von fumf jaren nachstvergangen hintzher allen unseren traid und pfeningdienst schuldig sein ze raichen. Dartzu so haben wir in traid und pfening gelichen, damit sy den Franawer auch ander, so das land bekriegt haben, irer huldigung und ander swarer abpruch und vordrung entricht haben, des alles wir von irer armuet und taglicher beschedigung wegen bisher nicht betzalt haben mügen werden. Darumb bitten wir ew in besunderm andachtigen vleis solh unser lewt unuberbuntleich enpfangen schaden und verderben mitsambt unsern ausstennden nutzen und gulten und darlehen guttiklich antzesechen und sy darauf solchs irs aufseins und anslags begeben und ew dy in den und allen andern iren anligundten notturften gnadiklich bevolhen ze haben etc. Geben zu Gott(weig) an dem sambstag nach quasimodogeniti anno etc. im LXIIII. jar etc.

Mert von gottes genaden abbt zw Gottweig.

Adresse: Dem hochgeborn fursten und herrn, herrn Micheln des heiligen Romischen reichs burggrave zw Maydburg und grave zu Hardegk etc.

1593. ^a Statt *anligund*.

1594. 1464 April 16, Retz.

Graf Michel von Hardegg ersucht Abt Martin von Göttweig, die Holden zu Gösing zur Zahlung der ihnen auferlegten Steuer anzuhalten.

Copie in Cod. E f. 35'.

Unnser furdrung etc. Erwirdiger etc.! Als ir uns yetzund geschriben habt, haben wir vernomen und fuegen ew zu wissen, das wir solhen anslag allenthalben auf unnser erbholden und vogtholden in zu guet und pesten getan haben, damit sew anhaim bey irer aribait yetzund beleiben mugen. Und nachdem uns unnser allergenedigister herr der Romisch kaiser etc. mitsambt ander gemainer landschaft aufervordert hat, darumben so wellet mit in schaffen, damit sy solhen anslag ausrichten und dem allso fuederlich nachgeen, dann sy kain beswerung darinn nicht haben, dann solhs für ew, uns und das gantz land ist. Geben zw Retz am montag nach Tiwurci anno etc. LXIIII.

Michel von gottes genaden des heiligen Romischen reichs burggraf zw Maidburg und grave zw Hardegk.

Adresse: Dem etc. herrn Merten abbt zum Gottweig.

1595. 1464 April 16.

Peter Hobsinger sendet Abt Mert zu Gottweig wegen des Dienstmannes desselben Hanns Hobsinger, welcher ihm laut eines von dessen Dienstleuten gefällten Urtheilspruches einen Versichtbrief übergeben haben sollte, aber thatsächlich nicht übergeben hat, wodurch er zu grossem Schaden gekommen sei, die Absage.

Siegler: Peter Hobsinger *mit dem aufgedrückten Siegel.*

Datum: Geben an montag viertzehen tag nach ostern (1464).

Copie in Cod. E f. 38. Deutsch.

Vgl. nr. 1596—1598, 1603.

1596. 1464 April 16.

Peter Hobsinger verlangt von Abt Mert zu Gottweig die Vergütung des Schadens, welchen er dadurch erlitten habe, dass derselbe seinen Dienstmann Hanns Hobsinger nicht zur Auslieferung der verlangten Urkunden an ihn angehalten habe, und ist für den Fall, als er sie leisten wolle, zum persönlichen Erscheinen zur Verhandlung vor dem edeln Herrn Ott von Toppel[1] *zu Karlstetten bereit, wenn er binnen drei Tagen ihm und vier Begleitern einen Geleitsbrief hiefür ausstelle. Für den entgegengesetzten Fall lege er einen anderen Brief bei (nr. 1595).*

Datum: Geben an montag viertzehen tag nach ostern (1464).

Copie in Cod. E f. 38. Deutsch.

1597. [1464 nach April 16], Göttweig.

Abt Martin von Göttweig erklärt dem Peter Höbsinger, dass er keine Schuld daran habe, dass ihm sein Vetter Hanns Hobsinger die zugesprochenen Urkunden nicht geschickt habe, da derselbe jetzt nicht zu Hause sei, die Urkunden bei demselben hinterlegt seien und das Siegel des edeln Jorg Smidel, welches der steten Unsicherheit wegen zu Sand Pölten erlegt sei, daran noch fehle. Er freue sich darüber, dass seine Dienstleute den Streit zwischen ihnen beigelegt haben, und ersuche ihn, seine Absage zurückzunehmen und die Austragung der Sache vor dem edeln Herrn Ott von Toppel bis zur Heimkunft seines Vetters zu verschieben.

Datum: Geben zu Gottweig etc.

Copie in Cod. E f. 38′. Deutsch.

Durch nr. 1596 ist der Terminus a quo für die chronologische Einreihung gegeben.

1598. [1464 nach April 16, Göttweig.]

Abt Martin von Göttweig stellt den Göttweiger Professen Erhart und Wolfgang Koll als seinen Abgesandten das Beglaubigungsschreiben an [Graf Michel von Hardegg][1] *aus und ersucht denselben, sie bei der Darstellung der Nothlage seines Hauses anzuhören und seinen Armenleuten Beistand zu leisten.*

1596. [1] Dieses Geschlecht führte seinen Namen von der gleichnamigen Burg beim Dorfe Doppl, O.-G. Obritzberg, von welcher nur mehr wenige Reste vorhanden sind (Schweickhardt, V. O. W. W. IV, 140, u. Topogr. v. N.-Oe. II, 329). Otto v. Topel wurde 1455 von Ladislaus Posthumus mit Karlstetten belehnt.

1598. [1] Nach der Intitulatio ist derselbe der Adressat.

Datum und Unterschrift fehlen.

Copie in Cod. E f. 36', Bruchstück. Deutsch.

Die Ausstellung dieses Briefes fällt ohne Zweifel auf denselben Tag wie nr. 1597, da hier auf einen zweiten Brief Bezug genommen wird, welcher uns in nr. 1597 vorliegt.

1599. [1464 nach April 16,] Göttweig.

Abt Martin von Göttweig bittet Grafi Michael von Hardegg, die Stiftsholden zu Gösing von der auferlegten Steuer zu befreien.

Copie in Cod. E f. 35' f.

Aufschrift: *Ein antwurt auf des von Maidburg schreyben.* — Da hier auf nr. 1594 Bezug genommen wird, so muss die Abfassung dieses Briefes 1464 nach April 16 fallen.

Hochgeborner furst etc.! Ewr schreyben, wie ew unser allergenedigisster herr der Romisch kaiser aufervordert hab, darauf ir ain anslag in gelt auf ewr erb und vogtholden in zu guet, damit sy anhaim bey irer arbait beleibn mochten, allenthalben getan habt etc., haben wir verstanden. Nwn hat uns unnser benanter allergenedigister herr der Romisch kayser ebengeleich durch menig sein schreyben nachmallen auch ettweofft mundlich zu der Newenstat mit unsern dienern und erbholden auf ze sein ervordert, darauf wir uns nach unstatten angriffen und dieselben unser erbholden zw Gosing, Enckenprunn etc. gesessen von irer manigfeltiger unůberwuntlich verderben enpfangen haben und beschedigung, darinn sy nyemantz in den kriegjaren her schermung gehabt haben, und damit dy widerumb zw ainer narung und stifftung irer behausten und veldguetter komen und uns unser ausstennd diennst und dargelichen gelt ze raichen gewunngen, mit aufervordern und andern beswernussen ubertragen haben. Darumb lieber herr bitten wir in andachtigem vleis, alsvor solher unser armer erblewt enpfangen schaden und verderben mitsambt unsern austennden diensten und darlêchen ze mercken und sy darauf irs anslags und aufsein begeben, wan wir sew ye auf solh ir manigfaltig geliten beschedigung an ir gantz verderben ditzmallen nicht dartze gehalten mugen, damit wir unser oberuerter ausstennd oder ir solhs ewrs anslags von in betzallet wurden, umb deswillen ew in den und andern iren notturften genedigklich gegen den haltet. Geben zu Gottweig etc."

Mert von gottes genaden abbt zw Gotweig.

1600.   **1464 April 17, St. Pölten.**

Veit Hochstetter zu Wagram verlangt von Abt Martin zu Göttweig, dass er dem Kranfelder dessen Schaden ersetze und auch ihm den schuldigen Betrag bezahle.

Copie in Cod. E f. 37.

Vgl. nr. 1601.

Erwirdiger etc.! Als ew wissen ist, das der Kranuelder in ewrm dienst zu dem Gott(weig) unterm perg gefangen ist worden und daselbs sein gerat genumen ist worden, das dan der Kranfelder an ew ervordert hat und im nicht ausrichtung von ew beschehen ist, und habt doch sein mitgesellen, der mit im gefangen ist worden, sein geret betzalt und sein schaden abgetragen. Darauf mich guet deicht, ir hiet ew mit im auch gericht, wen ir im desgeleich so wol schuldig seit als dem Jersick. Er wil auch des sein nicht verloren haben. Auch pit ich ew, ir wellet mich betzallen meins ausstand von ew, wen ich ew oft nwn genueg geschriben hab. Ewer verschriben antwurt lasst mich wissen. Geben zu Sand Polten des eritag vor sand Jorgentag in dem LXIIII. jar.

Veit Hochstetter zw Wagram.[1]

Adresse: Dem etc. hern Merten abbt zu dem Gottweig.

1601.   **1464 April 19, Göttweig.**

Abt Mert zum Gottweig ersucht den edeln Veytt Hochstetter zu Wagram, dass er den Kranfelder zum Versichte auf seine Forderung anhalte, da er an dessen Schaden keine Schuld trage,

---

1599. " Das Folgende ist vom Copisten weggelassen.

1600. [1] Er besass das sogenannte Freigut, ein vom Hochstifte Freising lehenbares Gut zu Wagram a. d. Traisen, und das Schloss daselbst. Ausser diesem Besitze bestand am Berge ober Wagram noch das bischöflich Freising'sche Lehengut Rudolphsberg. Wo einst die Herren von Wagram ihren Sitz hatten, ist noch vielfach dunkel (Schweickhardt, V. O. W. W. IX, 217 f.).

weil derselbe zur Zeit seiner Gefangennahme weder sein Dienstmann war, noch auf seine Aufforderung nach Gottweig kam, von wo er dann ohne Willen und Befehl der Commandanten ausgeloffen sei. Wolle derselbe nicht verzichten, so sei er bereit, die Sache dem Urtheile seiner besseren Dienstmannen zu unterwerfen. Betreffs des schuldigen Getreides sei er erbötig, es ihm an Ort und Stelle zu entrichten, wenn er darum schicke.

Datum: Geben zw Gottweig an pfintztag vor sand Jorigentag (1464).

Copie in Cod. E f. 37. Deutsch.

1602. 1464 April 19, Göttweig.

Abt Martin von Göttweig ersucht die Frau des Ludwig von Weitenmühle, sie möge ihren Gemahl, den Pfleger zu Lengbach veranlassen, dass er die Anschläge von Steuern auf die Stiftsholden an benannten Orten zurücknehme.

Copie in Cod. E f. 37' u. 41.

Diese nr. ist infolge eines Fehlers des Buchbinders im Texte durch eine Zwischenlage von vier Folien unterbrochen.

Edle, liebe fraw! etc. Uns ist anpracht, wie ewr pfleger yetzo zw Lempach auf unsers gotzhaus erbholden behaust gueter und prannstet derselben zw Dråsdorf, Wockenndorf, Zwenntendorf und zu Schonpuchel gesessen und gelegen, dy all allain unserm allergenedigisten hern dem kayser alls hern und landsfursten und nicht zu der benanten herschaft Lempach gevogt sein, auf yedes behaust guet IIII *ß. ₰.* angeslagen und im dieselben an vertziechen gan Lempach ze antwurten denselben ernstlich zusagen hab lassen, und seydmallen uns unser benanter allergenedigister herr der Romisch kaiser mit den und andern unsern lewten und diennern in veld auf ze sein ervordert hat, darauf wir uns nach unstatten angriffen und derselben von irer manigfeltiger enpfanger scheden in den kriegjaren her hertigklich geliten, diczmallen geschauet und ander für dieselben aufgeschickt haben. Auf solhs bitten wir in besunderm vleis ewren pfleger daran ze weisen, das er solh unser erbholden unserm egenanten allergenedigisten hern dem kaiser gevogt solchs seins anslags begebe und die von deswegen gantz unangelangt, auch im dy andern, so zu der herschaft Lempach von allter gevogt sein, in solhen anslegen und allen andern iren notturfften von irer manigfeltiger enpfanger verdärben und scheden wegen gunstlich bevolhen sein lasse, etc. Geben zw Gottweig an pfintztag vor sand Jorgentag anno domini etc. LXIIII.

Mert von gottes genaden abbt zům Gottweig.

Adresse: Der edeln frawen, Ludweigs von der Weyttnmull gemachel etc.

1603.   **1464 April 23, Göttweig.**

Abt Martin von Göttweig ersucht den Caspar Sumereber, Pfleger zu Doppl, dass er den Peter Hobsinger von der Unschuld des Stiftes an seinem Schaden überzeuge.

Copie in Cod. E f. 39.

Edler besunder lieber Caspar! etc. Ewr frewntlich schreyben uns von Peter des Hobsinger wegen mit mer mainung getan haben wir verstanden und lassen ew wissen, das wir in ir baider frewnt zwitrachten nye gevallen noch schuld gehabt, sunder bey unsern dienern sy umb ir spruch ze berichten getrewn vleis gehabt haben, dardurch sy dan mit irer baider willen und vleissigen bitten uberain gebracht und mit ainem verschriben spruch, der yedertail sein brief hat, gantz bericht sind worden, auf solh bescheen brieflich spruch ain tail dem andern verczeich auch etlich ander brief uber ze geben schuldig ist. Seind aber Hanns Hobsinger yetzund nicht anhaim sein spruchbrief bey hannden hat und den zugesprochen ubergab oder verczeichbrief dem obgenanten Peter Hobsinger seinem vetter nicht ubergeben hat mugen, ursachhalben das denselben Jorg der Smidel unser diener als ain zewg besigilt solt haben und sein insigel zu Sand Polten erlegt hat, hinczher von statter unsicherhait wegen der strasz nicht besuchen noch den auf sein stat willikait mugen, in dem allem wir bisher kain wissen noch schuld gehabt haben, auf dy uns dan der benant Peter Hobsinger mit seiner veintschaft und absag pilleichen furgenomen hÿet. Dann von wegen des Puchler wisset, das der nye unnser, sunder der von Posing dienner gewesen ist, als der Phierter dan das vormallen an der von Posing schreyben vernomen hat. Er ist auch yetz guet zeit nicht bey uns, sunder bey seinen benanten hern. Auf das alles bitten wir ew in frewntlichen vleis in den sachen noch verrer gemuet ze sein und Peter den Hobsinger daran ze weisen, das er solh unnser unschuld und unwissen mitsambt dem, das der egenant Smidel dy brief unsers diener tail von oberurter fursarig wegen nicht gefertigen hat mügen hintzher und des ze thun noch gantz willig ist, so und er sein insigel fuglicher besuechen můg, anseche, sein absag darauf abthue und dy sachen seiner vordrung bis zu zukunft seines vettern guttigklich ansten lasse, was im dan derselb nach inbalt solhner beschechner spruchbrief schuldig ist ze thun. Darinn wellen wir in treulich weisen, das er sich auf seinen tail darin nach pillikait gegen im beweis, das er sich auf seinem tail desgeleichen gegen im halde. Vermainet er aber ye, wir hieten im der sachen halben in schaden gefurt, des wellen wir gern bey dem edeln unserm besundern lieben herrn, hern Otten von Toppel uns darumb ze entschaiden beleiben, dartzu wir es auch eemallen gesaczt haben gegen im darin halden. Geben zw Gottweig an sand Jorgenabent anno etc. im LXIIII.

Mert von gottes genaden abbt zu Gottweyg.

Adresse: Dem edeln vesten Caspar Sumereber, pfleger zw Toppel etc.

1604.   **1464 April 24, Ybbs.**

Kuntz Newnburger zu Ybs sendet Abt Mert zu Gottweig die briefliche Absage wegen Verweigerung des verlangten Schadenersatzes

Siegler: Kuntz Newnburger *mit dem Petschaft.*

Datum: Geben zu Ybs an sand Jorgentag (1464).

Copie in Cod. E f. 23. Deutsch.

1605.   **1464 April 25, Göttweig.**

Abt Mert zu Gottweig schreibt dem Hauptmanne dem edeln Mermoser, Commandant der Stadt Ybs, dass sein Holde Planck seinen Bruder in der Angelegenheit des gestohlenen Pferdes zu Kuntz Newnburger zum Verhöre hinaufzubringen trachtete, was ihm aber nicht möglich war, da derselbe derzeit als Dienstknecht im Felde liegt. Trotzdem habe ihm aber derselbe die Absage geschickt. Er ersucht ihn deshalb, in Anbetracht seiner besonderen

Freundschaft mit seinem Vater dem Lewprechtinger den Kuntz Newnburger als dessen Hauptmann zur Zurücknahme derselben zu bewegen, bis der Dienstknecht Planck heimkomme, worauf er trachten werde, dass ihn sein Holde nach Ybs zur Verhandlung des Streites hinaufbringe.

Datum: Geben zu Gottweig an mittichen nach sand Jorgentag (1464).

Copie in Cod. E f. 29. Deutsch.

1606. [1464 c. April.]

Abt Martin von Göttweig nimmt Georg Schmidel mit zwei Knechten in des Stiftes Dienste.

Copie in Cod. E f. 14'.

Da in den Monat April 1464 die Absage des Hobsinger fällt (nr. 1595) und Georg Schmidel bereits in nr. 1597 erwähnt wird, so kann dieser Dienstvertrag in den April 1464 versetzt werden.

Wir Mert von gottes genaden abbt unser frawen gotzhaws zu Gott(weig) bekennen für uns und unser convent daselbs, das wir an hewtigen tag geben des briefs den edeln Jorg Smidel zu unsern und unsers benanten gotzhaus notturfften und diensten mit drein pferden und zwain gueten knechten damit stat hie oben oder von haws ze dienn auf ain gancz jar aufgenomen haben in solcher beschaidenhait, das er uns mit sein selbs leib, darczu mit seinen knechten und pferden auf all unser vordrung alls ander unsers gotzhaus dienner an widerred gehorsam gancz trew und gewertig sey. Daentgegen wir denselben Smidl geben sullen und wellen von erst für in unsern gewondlichen junckheren und für sein knecht den schuczentisch in der turnytz dabey zu jarsold auf sich sein oberürt anczal der knecht und pferd* *a. h.* damit notturft und fueter auf dyeselben pferd, alls solchs an nagel und eysen gemainklich andern unsers goczhaus diennern vormalln geben worden ist und noch geben wirt und nicht mer, und ob der egenant Smidel, sein dienner mit einander oder ir ainer in der jarfrist icht zu uns, unserm vorbenanten goczhaus seinen diennern

---

1606. * Die Zahl ist ausgelassen.

lewten oder guettern vordrung und ze sprechen gewungen, wie sich das fueget, gar nichts ausgenomen, das dann solch vodrung und spruch nyndert anderswo hin sunder allain an unser ellter diennner getragen und von dem darauf an all ir auszug und weytter waigrung darumb genczlich entschaidt und bericht werden, ob sy oder ir ainer über das allso uber das, so yeczo bemelt ist, solch vordrung oder zuspruch er dann, die an des egenanten goczhaws dienner gebracht und darumb entschaiden wurden oder nach anbringen und berichtung derselben mit klag oder fürwendtung andern endten hin, wo das wär, bringen oder aber solchen bericht nicht stät behalten wurden, wie sich das begäb oder fueget, das dann solchs gancz kraftlos damit uns unserm egemelten gotzhaus seinen diennern lewtten und guettern und manigklichen von irn wegen an allen schaden sey gancz trewlich und ungevarlich mit urkundt unsers aufgedruckten insigil. Geben an [b]

1607.   1464 Mai 4, Wiener-Neustadt.

Kaiser Friedrich III. fordert von Abt Martin von Göttweig ein Darlehen von 100 Ducaten.

Orig., Pap. Siegel unter Papierdecke auf der Rückseite aufgedrückt.

Rechts unter dem Datum ist von anderer H. u. Tinte vermerkt: *Commissio domini imperatoris in consilio.*

Wir Fridreich etc. dem abbt und convent zum Götweig etc. Wir lassen ew wissen, daz wir uns durch frid und gemachs willen unser, ewr und lannd und lewt mit unserm getrewn Jörgen Marschalh von Stuntzperg umb sein spruch und vordrung, so er von weilent unsers brüders hertzog Albrechts wegen zu uns gehabt hat, verainet und im umb ain summ gelts die kirchen und ungelt zu Wilhalmspurg in satzweis ingeben und verschriben haben laut unser brief darumb ausganngen, uber dieselb summ gelts wir im yets sechshundert Ungerische und ducaten guldein dartzů auch ausrichten und geben süllen. Und wan wir aber derselben summ guldein von merklicher ansühung der grossen geltschuld wegen, so der be-

---

1606. [b] Das Datum fehlt.

nant unser brůder hertzog Albrecht hinder sein gelassen hat, so pald mit fůg nicht vermögen zu bezalen, begern wir an ew mit ganntzem fleiss, emphelhen ew auch ernstlich, daz ir uns zu betzalung derselben sechs hundert guldein, hůndert derselben Ungerische und ducaten guldein darleihet und die furderlich auf ewr und ewrs gotzhaws leut daselbs umb Wilhalmspurg gesessen slahet, inbringet und dem obgenanten Marschalh an vertziehen ausrichtet gebet und antwurttet zu seinen handen und daentgegen sein quittung nemet, so wellen wir ew der widerůmb gnědiklich entrichten, und uns des nicht vertzeihet, als wir dann des sunder vertrawn zu ew haben, damit wir, ir selbs und lannd und leut schadens und unrats, so daraus wachsen möcht, vertragen beleiben, etc. Geben zu der Newnstat an freitag sannd Florianstag anno domini etc. LXIIII, unsers kaysertumbs im dreytzehenten jare.

S. Friedrich's III. beschädigt, rund, roth. Abb. bei Sava, Siegel der österr. Regenten, S. 167 Fig. 113.

1608. [1464 nach Mai 4,] Göttweig.

Abt Martin von Göttweig erklärt sich bereit, auf des Kaisers Verordnung, welche ihm von Georg Marschalich präsentiert wurde, einen Steueranschlag auf die Stiftsholden zu St. Veit, Hainfeld und im Halbache zu machen.

Copie in Cod. E f. 36.

Da in diesem Briefe auf nr. 1607 Bezug genommen wird, so fällt seine Abfassungszeit zweifellos nach dem 4. Mai 1464.

Unser gebet etc. Edler lieber Marschalich! Als ir yetz ein schreyben[1] von unserm allergenedigisten herrn dem Romischen kaiser lautund mitsambt ewrem schreyben uns lawtund zugeschickt habt, haben wir vernomen und lassen ew wissen, das wir willig sein nach begern und schaft unsers allergenedigisten herrn des Romischen kaisers auf das kurczist ain anslag zu thun auf unsers goczhaus armlewt zw *S*and Veit, Hainfeld, Halpach und daselbs um gesessen, darin wir guten vleis wellen haben, dadurch unsers allergenedigisten herrn des Ro-

---

1608. [1] nr. 1607.

mischen kaisers begern nachgangen werde und solher vorbenanter ansleg kurczlich ingebracht werde. Geben zu Gott(weig) etc.

Mert von gotz genaden abbt zum Gotweig.

Adresse: Dem edeln strengen ritter, hern Jorgen Marschalich von Stumperg.ᵃ

1609. [1464 nach Mai 4,] Göttweig.

Abt Martin von Göttweig erklärt dem Georg Häckinger, dass der von Hohenberg nur ein beschränktes Recht habe, Steueranschläge auf die Stiftsholden in der Waldmark zu machen.

Copie in Cod. E f. 36'.

Da diese nr. in Cod. E nach nr. 1608 folgt, so kann mit ziemlicher Sicherheit angenommen werden, dass die Abfassung derselben gleichfalls nach dem 4. Mai 1464 fällt. Zudem handelt es sich zweifellos um dieselbe Angelegenheit, welche in nr. 1607 zur Sprache kommt.

Unser gebet etc. Edler, sunder lieber Håckinger! Uns hat anbracht brueder Leonhart pfarrer unser pfarr zu Gottweig, wie ir vermaint, das alain der von Hohenberg als ein vogt uber etlich lewt in der Waldmairch zw Sand Veit und daselbs umb gewalt hab stewr anczeslahen und nicht wir, lassen wir ew wissen, das spruch auch ander brief, wie mit der vogtey und stewr gehalten sol wern, vorhanden sein, die aufweysent klarlich, das der von Hohenberg uber etliche gueter, daruber er vogt ist, alain in die rais sol und mag ein beschaiden anslag machen, dabey unser anbalt auch sein sol, aber ander stewr anzeslahen zw notturft unsers goczhaus und gescheft eines landsfursten sein uns nicht abgesprochen, sunder darin gewalt haben ansleg zu machen als auf ander unsers gotzhaws holden, des ir ew wol mogt erkunden an den briefen, die ewr herr hat, und trawen ew, ir machet uns in den brieffen und ansleg kain irrung, wen uns unser armenlewten grosser schad daran mocht entspringen. Geben zw Gott(weig) etc.

1608. ᵃ Statt *Stuntsperg*.

1610.   **1464 Mai 5, Göttweig.**

Mert Pruckner, Hofrichter zu Gottweig, fordert den Bürger Riss zu Sand Polten, welcher zu der behufs Beilegung eines Erbstreites mit Wolfgang Platich, Bürger zu Stain, von ihm auf Verlangen des letzteren am Sonntag Letare (März 11) festgesetzten Verhandlung nicht erschien, auf, selbst einen Tag zur Schaffung eines Ausgleiches festzusetzen und es durch den Boten der Gegenpartei wissen zu lassen, widrigenfalls er auf Befehl seines Herrn, des Abtes, zur Beendigung des Streites einen Termin ansetzen werde.

Datum: Geben zw Gottweig an sand Gotharttag (1464).

Copie in Cod. E f. 43'. Deutsch.

1611.   **1464 Mai 6, Göttweig.**

Abt Martin von Göttweig beweist Georg von Wolkersdorf, dass er nicht mehr Leute, als er geschickt habe, in's Feld habe senden können.

Copie in Cod. E f. 30.

Edeler besunder lieber herr! etc. Als uns angelangt, wie ir und ander herrn, so yetzo auf unsers allergenedigisten herrn des Romischen kaisers ervordrung in veld bey einander sein, vermainen, das wir zw wenig volck daselbs hin geschickt haben, lassen wir ew wissen, das all unsers gotzhaus armblêut ob und underhalb der Enns allain die umb den perg Gotweig und in ainem ambt in Offennpach bei Planckenstain ausgenomen gevogt sein und von den vogten dartzu gehalten werden, das sy uns in stewr zw rais zw robat nach in kainen andern wegen gehorsam noch mitleiden tun, sunder dieselbs stewrn in rais und zu andern iren notturften vordern und die darauf gantzlich alls die iren brauchen und uns nicht mer zu thun dan die posen dienst von denselben ze raichen, so wir darnach schicken, gestatten, der wir dan die kriegjar hintzher gantzlich aussten solh berurt beswernûsz der vogt halben wir menigermallen an unsern benanten allergenedigisten herrn auch seiner genaden râtte als unsern landesfursten und obristen vogt, dem wir jerlich zu vogtrecht zway hundert mut habern schuldig sein ze raichen diemutigklich gebracht und uns solher beswernsz der vôgt von solhs oberurten hohen jarlichen vogtrechts wegen seinen genaden zugehorund freў ze machen andachtigklich gebetten haben, darauf sў solh beswernusz nicht gemynndert, sunder der vogt auch anderthalben gemert hat, wan sich der von Planckenstain ains gantzem ambtz mitsambt seinen lewten und guttern im Offenpach genant bey Planckenstain gelegen in den kriegjaren underwunden und daselb mitsambt allen nutzen gulten und der manschaft gehorsam, [welche]ᵃ davon gevallen solten, ledigklich innhat und zu seinen hannden brauchet. Auch so hat her Hanns Fronnacher all unsers gotzhausz lewt in dem veldgericht ausserhalb Krembs gesessen wider unser ervordern aufervordert und die mit im in veld wider alles alts herkomen ze ziechen gedrungen. Dan was wir der armenlewt umb den perig Gottweig haben, die sein durch die krieg und geliger der veint von Hollenburg, Herczenburg, Mawtarn, Guttenprunn und andern also hertigklich verderbt, das wir der auf ir vorder armmuet nicht vil weitter dan zu unsers gotzhausz taglicher robat brauchen mogen. Uber das haben wir von Ybs, Grueb und andern enden entsagt veint, durch der willen wir diczmallen solher beswernus und irrung halben etwevil frombdner soldner und lewt auf uns nach unserm grossen unstaten legen haben mussen und die mit sweren darlegen auf solh irrung der vogt, der wir ew etlich hiemit in geschrift schicken, und doch daruber vilmer sein, auf uns ze halden gedrungen werden, aus dem ir und ander herrn, so in besamung in veld yetzo bei einander sein, versten, das wir vil gern unsern allergenedigsten herrn dem kaiser willig und gehorsam nach unserm vermugen in veld erschein wolten, so wir solher beswernusz der vogt auch der andern ingrif und entziehung, als vor berurt ist, dartzu der entsagten veint beruebt und losz werden. Auf solhs lieber herr bitten wir ew in andachtigen vleis uns in solhen beswernussen irrung und entziechungen, alls oben bemelt ist, bey unserm allergenedigisten herrn dem kaiser in allen wegen bevolhen ze haben, etc. Geben zu Gott(weig) an sunntag vor dem heiligen auffarttag anno etc. LXIIII.

Mert von gottes genaden abbt zu Gottweyg.

1611. ᵃ Ergänst.

Dem edeln herrn, herrn Jorgen von Volkenstorf, unsers allergenedigisten herrn des Romischen kaiser ratte etc.

Beilage. Ein partielles Verzeichnis der Untervögte:

Etleich des gotzhaus zu Gotweig vogt, der in gantzer antzall ausserhalb unsers allergenedigisten herrn des Romischen kaisers vil mer sein: der von Maidburg, der von Wallse, herr Steffan von Eytzing, der von Kuenring guter inhaber, der von Hohenberg, der von Trawn ob der Enns, der von Rorr, hern Pernharts Floiten guter inhaber, Rueland Neydegker, Jorg Seysenegker, Ludweig Weittnmullner, die Klingen von Kyrichperg.

1612.   **1464 Mai 7, Göttweig.**

Abt Martin von Göttweig schreibt Oswald Eitzinger von Eitzing, den Stiftshofrichter Martin Pruckner wegen eines Schadens bei der Feuersbrunst in seinem Schlosse nicht zu belangen, weil er schuldlos ist.

Copie in Cod. E f. 31.

Wolgeborner edeler besunder lieber herr! etc. Als der edel Mert Pruckner mit ewrm willen unsers gotzhaus zu Gott(weig) dienner und hofrichter worden ist und sich darauf vor sand Jorgentag nachsvergangen *(vor April 24)* daselbs hin als ain diener gegen uns ze beweysen gefuegt hat in maynung, das der widerumb eylunt zw eim geslos seiner pfleg komen und dem zu aufnemen und ledig sagen deselben vorsein und auswarten wolt, in der zeit uns absag von Ybs und Grueb mit andern briefen komen, darauf wir underred mit im und andern unsern diennern tatten und in mit dannereyten abvertigaten, dazwischen im aber ewr sein selbs schaden der prunst halben ewrs geslosz underwegen mit fursargen, als uns angelangt ist, verkund ist worden. Darauf er sich an andern endten nicht von schuld sunder ainer sicherhait wegen auf zeit enthalten und sich des beschehen schadens laider ernidert und darauf ew und andern seinen gunstigen herrn seiner notturft und bitten ettwevil zugeschriben hat, als ir dann solhs mit seiner maynung noch von im versten werdet. Bitten wir ew in besunderm andachtigen vleis ew den benanten Pruckner auf ewr enpfangen schaden und sein selbs hach genomen verderben von uns sunderlich seiner frewntschaft wegen auf sein selbs unschuld, so er in den sachen bekennet mit angeborner guttigkait beweysen und ew derselben in allen wegen gnädigklich bevolhen haben, etc. Geben zu Gott(weig) an mantag vor dem heiligen auffarttag anno domini etc. LXIIII.

Mert von gottes genaden abbt zum Gottweyg.

Adresse: Dem wolgeboren edeln herrn, herrn Oswalden Eytzinger von Eytzing, etc.

1613.   **1464 Juni 6. Hohenegg.**

Jakob von Spaur, Erbschenk in Tirol, fordert von Abt Martin zu Göttweig, dass er seine Holden zum Gehorsame gegen Mathäus von Spawr als deren neuen Vogt auffordere.

Copie in Cod. E f. 31'.

Erwirdiger geistlicher herr! etc. Mich ist angelangt, wie der Sewsenecker ewr holden, so ew und in dy vogtei, so weilant Jorg Scheck von Wald ingehabt hat, aufervordert mit im in veld ziechen und auf sollen [sein].[a] Darauf schick ich ew ain brief ausgangen von meinem herrn kaiser, den ir wol vernemen wert. Bit ich ew, ir wellet darob sein und mit den ewren schaffen, das sy dem Sewsenecker in den sachen und aufervordern von der vogtey wegen nicht gehorsam sein, sunder meinem brueder herrn Matheusen von Spawr hinfur mit solher vogtey gehorsam sein, als ir an meines herrn kaiser schreyben wol vernemen werdt. Tät ir aber des nicht und ob dy ewrn hinfur in schaden komen, das ich ew das vor zugeschriben haben,[b] wen mein brueder das nicht geligen lassen wirt, wen er von meinem herrn kaiser nach aller notturft darum versorgt ist. Ewr verschriben antwurt last mich bey dem poten widerumb wissen. Geben auf Hohenegk an mittichen nach Erasmi episcopi anno etc. im LXIIII.

Jacob von Spawr, erbschenck zw Tyrol.

Adresse: Dem erwirdigen geistlichen herrn, herrn Merten abbt auf dem Gottweig etc.

1613. [a] Nach dem Contexte ergänzt. — [b] Statt hab.

1614.

1464 Juni 6, Hohenegg.

Jakob von Spaur, Erbschenk in Tirol, ersucht Abt Martin von Göttweig, dahin zu wirken, dass die Stiftsholden nicht Georg Seissenegger, sondern seinem Bruder Mathäus Spaur in's Feld Gefolgschaft leisten.

Copie in Cod. E f. 77'.

Vgl. nr. 1615.

Erwirdiger, gåistlicher her! etc. Mich ist angelangt, wie der Sêusenegker ewr holden, so ew und in die vogtey, so weilend Jorg Schechk vom Walt inngehabt hat, auffervoder[a] mit im in veld ziehen und auf sein schôllen, darauf so schichk ich ew ain brief ausgangen von meinem herren [dem][b] kayser, den ir wol vernemen werdet, bit ich ew, ir wellet darob sein und mit den ewren schaffen, das sy dem Sêusenegker in den sachen und auffervodern von der vogtey wegen nicht gehorsam sein, sunder meinem brueder, hern Mathewsen von Spawr hinfür mit solcher vogtey gehorsam sein, als ir an meins herren [des][b] kayser schreiben wol vernemen werd. Tat ir aber des nicht und ob die ewren hinfür in schaden kêmen, das ich euch das vor zuegeschriben hab, wenn mein brueder das nicht gligen lassen wiert, wen er von meinem herren [dem][b] kayser nach aller nottdurfft darumb versargt ist. Ewr verschribnew antwurt last mich pein dem potten widerumb wissen. Geben auf Hochenegk am mitichen nach Erasmy episcopi anno domini etc. LXIIII.

Jacob von Spawr, erybischenchk zu Tyrol.

1615.

1464 Juni 6, Göttweig.

Abt Martin von Göttweig wahrt dem Jakob von Spaur gegenüber sein Recht, seine Holden selbst in's Feld zu stellen.

Copie in Cod. E f. 31'.

Unser gebet etc. Edler sunder lieber! Als ir uns yeoz geschriben habt, wie der Sewsenecker unser holden, so wey-

---

1614. [a] Statt *auffervodert*. — [b] Nach dem Contexte ergänzt.

land Jorg Scheck von Wald hat, aufervordert hab mit im in das veld ze ziechen etc. und uns pittet darob ze sein mit unsern holden schaffen, das sy in den sachen und aufervordern von der vogtey wegen nicht gehorsam sein sunder ewrm brueder herrn Mathes von Spawr etc., lassen wir ew wissen, das kain vogt unser holden, daruber weilant der Scheck vogt ist gewesen, aufzuervordern in veld gewalt hat, sunder wir oder ein yeder abbt des benanten goczhaus haben gewalt sew aufzuervordern mit andern unsern lewten in veld ze ziechen nach inhalt unsers goczhaus freyhait. Ob aber ander yemant dew benanten unser holden auf ze sein in das veld ervordert oder [sy]* mit gewalt darczu gedrungen wurden, so geschach uns gewalt und unrecht, als uns bisher von dem Sewsenecker geschehen ist. Geben zu Gott(weig) an mittichen nach Erasmi anno etc. LXIIII.

Mert von gottes genaden etc.

Adresse: Dem edeln und vessten Jacoben von Spawr.

1616. 1464 Juni 18, Göttweig.

Abt Mert zu Gottweyg entschuldigt sich bei dem edeln Jorg von Sewsenegk, dass er dessen Schreiben wegen der Abwesenheit des Hofrichters nicht beantwortet habe, und versichert ihn, dass er seinen Holden, welcher von dessen Vogtholden Andre dem Hailbmair von Welmyng geklagt wird, zum Ausgleiche des Streites mit demselben anhalten werde.

Datum: Geben zw Gottweig an montag nach sand Veicztag (1464).

Copie in Cod. E f. 32. Deutsch.

1617. 1464 Juli 8, Göttweig.

Abt Mert zu Gottweig ersucht den edeln Wilhalm Leuprechtinger zu Haugstarf, da er erfahren habe, dass dessen Hofleute zu Haugstorf seinen Armenleuten zu Klain-Wissendorff, Grossen-Wissendorff, Aindliflechen[1] *und Oberen-Tern ihr Vieh und ihren*

1615. * Nach dem Contexte ergänzt.

1617. [1] Einst bei Gross-Weikersdorf gelegen.

603

Hausrath weggenommen und etliche gefangen genommen haben, dahin zu wirken, dass dieselben ohne Schatzung wieder freigelassen werden und ihr Vieh und ihren Hausrath wieder erhalten.

Datum: Geben zw Gottweig am suntag vor sandt Margaretentag (1464).

Copie in Cod. E f. 39'. Deutsch.

1618. 1464 Juli 12, Heidenreichstein.

Hainreich von Puechaim ersucht Abt [Martin] zum Gotweig, welchen er schon etlichemale aufgefordert hatte, seinen Holden Philipp Mair zu Meirs zum Ersatze eines Feldpferdes an seinen Holden Pawl Scharl daselbst anzuhalten, neuerdings darum, widrigenfalls er nicht mehr länger Geduld haben und selbst den Schadenersatz zu bekommen trachten werde.

Datum: Geben zu Haydenreichstain an sand Margretentag (1464).

Copie in Cod. E f. 32. Deutsch.

Vgl. nr. 1619, 1621.

1619. 1464 Juli 13, Göttweig.

Abt Mert zu Gottweig schreibt dem edeln Herrn Hainreich von Puechaim, dass weder er noch sein Hofmeister zu Stain von dem Streite (nr. 1618) etwas erfahren haben, und dass seine Armenleute zu Meirs und an anderen Orten durch den Krieg schwer gelitten und einige von ihnen sich verlaufen haben. Er wisse darum nicht einmal, ob er jetzt einen Holden namens Philipp Mair daselbst habe, wolle aber dennoch den Befehl dahin senden, dass derselbe, falls er dort sei, verhört und der Streit beigelegt werde.

Datum: Geben zw Gotweig an freytag nach sand Margretentag (1464).

Copie in Cod. E f. 32' f. Deutsch.

1620. 1464 Juli 21.

Abt Mert zu Gottweig benachrichtigt den edeln Widhalm Lewprechtinger auf Hawgstorf, Jacob Schermer und Kristof Grie-

steter, *Hauptmann daselbst, dass am vergangenen Montag nachts (Juli 16) sein Erbholde Hanns Schaffer zu Mawr unter Melk durch etliche Reisige aus seinem Hause mit drei Pferden und anderem Gute ausgehoben und sammt einem daselbst sesshaften Amtmanne des Abtes von Melck weggeführt wurde, und ersucht sie, denselben, wenn er in ihre Hände komme, ohneweiters ohne Schatzung und Schaden an seiner Habe freizulassen, da ihr Vorgehen, welches sie gegen den Abt von Melck und andere zeigen, gegen ihn selbst unbillig sei. Er ersucht sie ferner, ihm durch seinen Boten eine Antwort zu senden.*

Datum: Geben an sand Maria Magdaleneabent (1464).

Copie in Cod. E f. 40. Deutsch.

1621.   1464 Juli 24, Göttweig.

Abt Mert zu Gottweig schreibt dem edeln Herrn Hainreich von Puechaim, dass er in dem Streite des Pawl Schorl, eines Holden desselben, und seines Holden Philipp Mair zu Meirs wegen eines Feldpferdes auf sein Schreiben seinem Holden befohlen habe, sich auszugleichen. Wenn dies nun nicht geschehen sei, so wolle er ihn strenge dazu verhalten. Dafür aber solle er seine Absage an ihn fallen lassen.

Datum: Geben zu Gottweig an sand Jacobsabent (1464).

Copie in Cod. E f. 33. Deutsch.

1622.   [1464 nach August 8, Göttweig.]

Abt Martin von Göttweig theilt einem geistlichen Würdenträger die Einnahme von Einöd mit.

Copie in Cod. E f. 76, unvollständig.

Da die Einnahme von Einöd mit dem 8. August angegeben ist, so ist der Terminus a quo gegeben. Die Abfassung des Briefes, welche in Göttweig erfolgte, weil nach dem Feste des heil. Altmann datiert wird, dürfte bald darauf geschehen sein, da es sich um ein wichtiges Factum handelte.

Erwierdiger geistlicher, gnediger lieber her! etc. Als uns ewr gnad schreibt, wie ir geaint seyt mit dem von Puechaim, durch das soll wir ewr gnaden solen abschaiden, las wir euch wissen, das Aynöd¹ auf der Traisen gewungen ist worden als umb vierew an sand Altmanstag nach mittag und ettlich paurschafft davor sein und wolten gern underkömen, damit sew nit pas besterchkt wurden, und hat auch der Hager."²

1623. 1464 August 25, Göttweig.

Abt Martin von Göttweig schreibt dem edeln Ludweig [Weitenmülner], dass weder sein Hintersasse Jakob Seidel zu Vteldorff, dessen Vater und Grossvater und alle, welche vor ihnen das Gut zu Vtelsdorff besassen, der Herrschaft Lembach eine Steuer gezahlt haben, noch dass dieselbe eine solche von ihnen gefordert habe, sondern dass sie bloss ihm und seinen Vorgängern die Steueranschläge bezahlt haben, und ersucht ihn, den Steueranschlag auf denselben aufzuheben.

Datum: Geben zu Göttweig am sambcztag nach sannd Bertholomestage (1464).

Copie in Cod. E f. 85. Deutsch.

1624. 1464 August 26, Göttweig.

Abt Martin von Göttweig fordert von Georg von Pottendorf die Bezahlung genutzter Zehente.

Copie in Cod. E f. 42'.

Edler besunder lieber herr! etc. Als etleich der ewrn von euren wegen unsers gottzhaus getraid und ander zechent allenthalben umb Enczesdorff auf der Vischa¹ die vergangen jar mit und ausserhalbm bestannds gevechsent und gefurt haben und uns darumb hinczher chaynerlay beczallung beschechen ist, als wir dan dasselbs mit mer wartten mit ew

---

1622. ª Das Weitere fehlt.

¹ Dieses Schloss, welches noch Math. Vischer abbildete, ist jetzt spurlos verschwunden (Topogr. v. N.-Oe. II, 28). — ² Franz v. Hag ein Söldnerführer dieser Zeit.

1624. ¹ In dem Zehentverpachtungsregister von 1459 (Sign.: D, XXI, 19) wird Jorig v. Pottendorf als Pächter des Stiftszehentes auf 18 Leben zu Enczestorf auf der Vischa erwähnt und bemerkt, dass derselbe anderen zweimal höher hätte verpachtet werden können.

geret haben, darauf ir diczmallen antburt tåt: ew wer darumb nicht wissen, ir wolt ew der sachen halben bei den ewrn erkunden. Auf solhs witten wir ew in besunderem andachtigen vleis, ob ir von den edeln .. Floitten, .. des Velsloss gelassen witib, .. dem Czeilacher oder anderen iren vordern enen, phlegern daselbs zu Enczesdorff eurer und derselben dyener, dye dan dye bemelten zehnnt etwevil vergangen jar, als uns anlangt, gefûrt und gevechsent haben, in den obberûrtten sachen erindert werd oder von den oder anderen den ewren des noch underricht wurd, als dan durch unsers gotzhaus unuberwinthleich schåden in den kriegjarn enphangen und meniger anligunder notdûrfftichait sunderleich der pillichkait wegen guttichleich darob und gedacht ze sein, damit wir solher und ander ausstennder gevechsentter zehent an verer verczichen mit traydt beczalt oder uns in gelt vollig benûgen darumb getan werden, und was euch der gegenburttig unser conventbruder in dem oder anderen weitter unser mainung sagen wirdet, im das diczmal gancz als uns selben gelaubet. Das etc. Geben zu Gott(weig) anno etc. LXIIII, dominica post Bartholomei apostoli.

Mert von gottz gnaden abbt zu Gott(weig).

Adresse: Dem edeln herrn, herrn Jorgen von Potandorff, obristen schench in Osterreich etc.

1625.   **1464 August 26, Göttweig.**

Abt Martin von Göttweig fordert von Hanns von Kranichberg die Bezahlung des dem Stifte genommenen Zehentes zu Petronell.

Copie in Cod. E f. 42'.

Edler, besunder lieber herr! etc. Als ir unsers gotzhaus tayl getraidzehensts*[1] zu Peternel und daselbs umb dye nagstvergangen jar mit und ausserhalms westannds der unser vechsen und fuern habt lassen und uns darumb auf unser meniger er-

---

1625. * Cod.

[1] Das Zehentverpachtungsregister führt 1464 als Pächter des Zehentes zu Peternell Hanns von Chronichperig an und vermerkt: *Doch wer der schent vil hôher verlassen worden, aber es hat der von Chronigparg nicht mer davon geben wollen, noch andern den schent zu verlassen wollen erlauben, noch ûber sein gründl ze farn.*

vorderen und bitten hinczher chain beczallung getan habt, dadurch wir in meniger wegen in chaynerlay nuczperchait, sunder schaden gefurt sein, yedoch bitten wir euch noch in andächtigen vleis unsers gottzhaus unuberwintleich verderben in den kriegjarn enphangen mit sambt unser meniger anligkunder notturftichait sunderleich die pillichkait anzesechen und uns umb solh und all ausstendt gevechsent zehnnt, der wir ew durch unser hoffmaister zu Wienn und diener warleich beraytten mugen und wellen an verrer vercziechen mit traid gancze weczallung oder uns in gelt vollig benûgen darumb tuet, und was der gegenburttig unser conventbruder in dem oder anderm weitter unser maynung mit euch reden wirdet, im das diczmallen ganczleich als uns selben gelawbet. Das etc. Geben zu Gott(weig) dominica post Bartholomei anno LXIIII.

Mert von gotz gnaden abbt zu Gottweig.

Adresse: Dem edeln herren, herrn Hanssen von Kranichperg etc.

1626. 1464 September 2, Göttweig.

Abt Martin von Göttweig ersucht Ludwig von Weitenmühle, dass er die auf die Stiftserbholden zu Trasdorf gelegte Steuer wieder aufhebe.

Copie in Cod. E f. 34'.

Edler, besunder lieber herr Ludweig! etc. Als ir auf unsers gotzhaus erbholden zu Drastorff ytzo stewr von der rais wegen für den Scheichennstain[1] durch die ewrn gelegt habt, lassen wir ew wissen, das dieselben allain unserm allergenadigisten herrn, dem Romischen kaiser als landesfursten und niemands anderen gevogt sein und darauf von der herschaft Lempach auch andern solher und aller ander vordrung zw rais und stewr von alter hintzher gantz vertragen darzue darumb unangelangt gehalden, sunder in den allain unseren vorderen und uns auf die anslåg, so von hof auf uns, darzue die und anderen unser armlewt mit solher oberurter vordrung

---

1626. [1] Heute eine kaum bemerkbare Ruine südl. von Gutenstein, zwischen Waidmannsbach und Grünbach gelegen. Diese war im Besitze der Truchsesse von Wulfingstein, Scheuchenstein und Dachenstein (Schweickhardt, V. U. W. W. VI, 184).

zu rais oder stewr getan werden, damit gehorsam gewesen sein. Auf das pitten wir ew in wesunderem vleis dieselben unser erbholden unserm egenanten genädigisten heren, dem kaiser gevogt auf solich oberuet* herkomen eurer getan anslag der stewr guttichleich ze begeben und die der gäntzlich ledig ze schaffen. Ewr verschriben antbuert last uns bey dem poten wissen. Das etc. Geben zw Gotweig am suntag nach sand Giligentag anno domini etc. LXIIII.

Mert von gotes gnaden abbt zw Gottweig.

Adresse: Dem edeln strenngen ritter, heren Ludweigen von der Weittmůll oder zu seinem awesen der edeln, unser besundern lieben frawn Magdalen seinem gemåchel.

1627. **1464 September 11, Wiener-Neustadt.**

Kaiser Friedrich III. ersucht Abt Martin von Göttweig, dem Wolfgang Aubach, für welchen die Kaiserin Eleonore die erste Bitte einlegte, die erste freiwerdende Pfründe zu verleihen.

Copie in Cod. E f. 75'.

Fridreich etc. Ersamen geistlichen, lieben andåchtigen! Als die allerdurchleuchtigist fůrstin fraw Leonara, Romische kayserin etc., unser liebe gemåhel, ir bette für den erbergen unsern lieben andåchtigem Wolfgang Awpach umb die negstledig goczgab oder pfruendt ewr geistlichen lehenschafft an euch gewendet hat inhalt desselben iers kaiserleichen briefs ew darumb geantwurt und darauf ewer guetwillig zuesagung irrer lieb zu danchk zuegeschriben habn, also begern wir ew mit sunderm vleisse bittende, ir wellet die benant unser lieb gemåhel in sôlchem iren gepette vor allen andern, dafur wir oder ander icht gepetten heten oder noch bitten wurden, umb unsern willen geweren und denselben Wolfgang darinnen vorgannchk lassen haben. Daran etc. Geben zu der Newenstat am erichtag vor exaltacio sancte crucis anno domini etc. LXIIII, unsers kaysertumbs im drewczehennden jaren.

1626. * Statt *oberuert.*

1628.   **1464 September 27, Wiener-Neustadt.**

Kaiser Friedrich III. befiehlt, dass alle Söldner von nun an sich nur in den Städten aufzuhalten haben, und ermächtigt die Landstände zur Bestrafung der Dawiderhandelnden.

Copie in Cod. E f. 69'.

Wir Fridreich etc. den erwirdigen, ersamen geystlichen andåchtigen, edln unnserm* lieben getrewen N. allen und yegleichen haubtlewten prelåten graven freyen herren rittern und knechten pflegern und burgermaistern richtern råtten burgern gemain und allen andern unsers furstentumbs Österreich ambtlewtten, undertan und getrewn etc. Als bey menigern gehalten landtågen und zum jůngsten zw Kornnewnburg durch befridung willen lannd und lewt ain berůeffen allenthalben in demselben unserm furstentumbs* Österreich zu beschechen furgenomen ist nêmlich, wo oder wellent sich knecht raysig, sunst knecht oder ander, an welchen enden gerichten oder gepieten sich die aufenthielten und nicht dienst hieten, die auf sold und dienst warten wolten, das sich die in den steten und nindert anderswo halten. Ob aber uber solch gepot ainer oder meniger begriffen wurden, das der oder die zu unsern oder unsers lanndtmarkschalhs hannden geantwurt und mit sambt den, die sy darzw halten oder behausen, in was wesen die sein, mit straf nach irem verschulden furgenomen, damit land und lewt desder fuderlicher in frid rue und gemach gesecst möchten werden und das damit wider den oder die in der gericht herscheften oder grůnten solch begriffen werden, nicht gehandelt sein sol, doch ain yeglichen an seinen freyhayten gnaden und gerechtykayten an schaden oder welh unser lanndtman aygen gericht hat und solch obgemelt lewt vindt und innimbt, dieselben selber richten lassen mag, als recht ist, das auch kain landman geystlicher noch weltlicher kainen mundtknecht noch angenotten knecht noch dieren mer aufnemen und, wer die yecz hat, von stund an urlauben sol. Welcher aber das uberfůer und solch darůber hielt oder aufnem, in was herscheften oder gerichten solch knecht oder dieren begriffen wurden, das man darnach greiffen und mit in gefarren mag, als sich nach

---

1628. * God.

irrer hanndlung gepůrren wirdet und das damit wider den oder die, daran sy sich gevogt haben, nicht gehanndelt sein sol. Und ob sich yemandcz dawider seczen und solch beretten wolt, dieselben mögen durch uns und unsern lanndtmarschalk nach gelegenhait irer verhandlung als die ungehorsamen furgenomen und darumb gestrafft schüllen werden. Also emphelchen wir euch allen und besunder den ambtlewten richtern und råtten unsers berüerten furstentumbs Osterreich ernstlich und wellen, das ir solch berůeffen allenthalben in den steten merchkten und auf dem lannd tun lasset, dem auswartet und nachget, damit man künftiger rawberey beschedigung und unrats vertragen und land und lewt in frid und gemach geseczt werden. Daran etc. Geben in der Newnstat am pfincztag vor sand Michelstag anno domini etc. LXIIII, unsers kaysertumbs im drewzehenden jar.

1629. 1464 September 27, Wiener-Neustadt.

Kaiser Friedrich III. befiehlt den geistlichen Landständen, die zu Korneuburg beschlossene Steuer an benannten Tagen zu zahlen.

Copie in Cod. E f. 81.

Wir Fridreich etc. den erwirdigen, ersamen geystlichen unserm lieben andachtigen N. allen und yedemlichen prelåten unsers furstentumbs zu Osterreich etc. Als pey meniger gehalten landtegen und am jůngsten zw Kornnewnburg von der swerren krieg und geprechen wegen umb den selben unsern fůrstentumb Osterreich und landern und lewtten obligende in ain gemaine lanndtstewr ye von zwainzig pfundt pfenning wirt ains zw geben viergenumen und verbilligt ist, darin ir euch auch geben habt, damit solch obligund geprechen aufgehebt und landt und lewt widerumb in ir rechts wesen und frid und rue und gemach geseczt mugen werden, darzu dem[a] drey tag mit nam sand Michelstag sand Merttentag und die weynnachten nachstzwkunftig zw inbringen derselben stewr und yedem derselbig tag der drittail zw geben und inzwnemen genenendt sein und aber derselb sand Michelstag dar[b] zw nåhendt und

---

1629. [a] Cod. — [b] Statt gar.

die zeyt zw kurcz ist, enpfelch mir* euch allen und yedem besunder ernstlich und wellen, das ir solich stewr in massen, und die pey dem weruerten landttag viergenumen ist, und ᶜ eur leudt und hindergesessen slachen, die zwsampringen und dem edln, lieben getrewn Jorigen von Volchkelsdorff, unserm rat, dem wir zw innemen der stewr, was der von den, so in unser chainer ᵈ gehêvr gevallen wierdet, geerdet haben zw den tägen nåmlich den ersten zw sand Merttentag, den andern auf weinachten, den dritten zw unser lieben frawn tag zw liechtmessen nagst kunftig an lenger verczihen [der]ᵉ antwurt, damit man dye zw hindan den richtumb der obruechten nottdurfft geprauchen und landt und lêut in frid und gmach seczen mögen und darin in nicht anders tuet. Wan welleich darin verziehen die wurden darumb als die ungehorsamen fürgenömen und gestrafft. Darin tuet ir unser ernstliche maynung. Geben zw der Newnstat am pfincztag vor sand Michelstag anno domini etc. LXIIII, unser chaysertumbs im vierzehenden jar.

1630.   **1464 September 30, Göttweig.**

Vier benannte Spruchleute einigen den resignierten Abt Wolfgang und Abt Martin von Göttweig in ihren Verhandlungen über den Tausch von Jahresrenten des ersteren.

Copie in Cod. F f. 70 f.

Vgl. nr. 1634.

Vermercht die abred, so die ersamen, edln und weysen herren Peter V̂beragker, techant zw Mautern, her Konrat Sachs, pfarrer zw Nalib, Jorig Prannttner und Peter Frannchk zwischen der erwierdigen gåistlichen herren, herren Mertten abbt unser frawn goczhaws zw Göttweig und des convent gemain daselbs ains und des erwierdigen geistlichen herren, herren Wolfgangs, des obgenanten goczhaws élltern und ytzo pfarrer zw Sand Veit, des andern tails mit unser obgenanter paider tail wissen und willen wolbedåchtleich mit zeitigem guetem rat getan haben zw ainigung, als hernach geschriben und begriffen ist: von erst ist beredt, das der obgenant unser lieber herr und vatter brue-

---

1629. ᵃ Statt *auf.* — ᵈ Statt *chamer.* — ᵉ Ergänzt.

der Wolfg(ang) uns userm convent und goczhaws zu Gottweig die vorbenant kirchen zu Sand Veyt auf der Golsen, der im von uns auf sein lebtag weyllend verschriben ist worden, der an sand Kolmanstag nagstkômend ledigkleich widerumb abzutreten und die mit aller irer zuegehörung inanttwurten sol mir und allain im vorbehalden die getraidzehent des gegenwurtigen vierundsechczigisten iare[a] mitsambt allen andern gülten und renntten, die der bemelt prueder Wolfgangg uncz auf sand Jorigentag nagstkunftig ganncz vechsen und an unser irrung innemen sol. Daentgegen sullen und wellen wir und unser convent dem egenanten userm lieben herren und vatter, brueder Wolfgangg an dem benanten sand Kolmmanstag unser frein aigen hoff zu Wien in der Weichenburgk gelegen mit allen freihaiten und alltem herkômen mit unsern zehenten rentten und nûczen ganczlich nichcz davon gesundert, wie wier das alles von allter in demselben hoff gevechsent haben, inanttwurten und geben dabei und damit im auch an dem egenanten sand Kolmanstag verschreibung daruber mit userm, darczue unser[b] convents und der ersamen stat zu Wien oder des edln herren, herren Jorgens von Volchklsdorff zunginsygel oder aus andern lanndherren insigel bewart, so man der obgenanten ainen fueglich dartzu nicht erbitten noch nicht gehaben möcht, zu seinen handen geben sullen und wellen. Es sol auch der obgenant unser lieber her und vatter, brueder Wolfgang von geben der berednússzettel unsern briestern anwalden ûnd hausgesint daselbs in dem pfarhof zu Sand Veitt mit speis und cuchen und keller hincz auf sand Jorigentag nagstkomund nach notturfften fürsehen. Item alsvil wir obgenant abt und convent zu Göttweig dem benanten userm prueder Wolfgang getraid in dem obgenanten hoff zu Wien inantwurtten und übergeben, alsvil sol er uns auch widerumb in dem pfarrhoff zu Sand Veit inanttwurten und geben. Es ist auch bered worden, das der benant unser her vatter, brueder Wolfgangg sol pettgwant hausgerât hawsgeschier ros kûe und wagen in dem pfarhoff lassen und was yeczo darin ist, das sol darin peleiben und gelassen werden alles trewlich und ungevârlich. Des obgenanten spruchs zu pesser sicherhait und bekreftigung haben paid obgenant tail williklich darin geben, welcher tail der obgenanten

---

1630. [a] Statt *iares*. — [b] Statt *unsers*.

artikel ainen oder mer nicht stat hielt, derselb wår verfallen dem andern tail hunndert Vngrisch gulden und aller seiner gerechtikait und dem lanndczfursten zway hundert Vngrisch gulden alles an alle gnad und nachlas. Geschechen[1] zu Gottweig an suntag sand Jeronimustage durch pesser gedachtnuss und sicherhait wegen solicher oberûerter berednûss mit unserm wissen und baidertail guetem willen beschechen. Die ze bekreftigen haben wir auf paiden obgenanten taillen mit besunderem andachtigem vleyss gepetten die vorgemelten dådingslåwt, das sy ir paetschafft auf die gegenwûrtigen berednûsszettel, der yeder tail in ebengleicher lawt aine hat, aufgedruchkt [haben].° Geben[1] nach Kristi gepurd vier zehenhundert und darnach in dem vierundsechczigisten jar an sand Jeronimus des heiligen lerer tage.

1631. 1464 October 4, Wiener-Neustadt.

Kaiser Friedrich III. fordert die Stände in Oesterreich unter der Enns auf, ihre Reisigen zur Belagerung von Ybbs in's Feld zu stellen.

Copie in Cod. E f. 80.

Vermerk: *Commissio domini imperatoris in consilio.*

Wir Fridreich etc. den erwirdigen ersamen andåchtigen edln unsern lieben getrewn . . allen und yeglichen unsern prelåten graven frein herren rittern und knêchten, den von den steten und mêrchkten und allen anndern låwten unsers fürstentumbs zu Österreich niderhalb der Enns etc. Uns zweifelt nicht, ir seit underricht, wie die söldner zu Ybs unser stat daselbs auf ain verschreibung, so in durch weylant unsern brueder herczog Albrechten von Österreich, des er doch zu tun nicht gwalt gehabt hat, gegeben sein sol, mitsambt der mautaufslag und anndern nûczen und rentten daselbs ettwe lang her ingehabt und noch innhaben und mer, dan man schuldig ist, davon ingenomen und darzue lannd und lewt mit nam

---

1630. ° Ergänzt.

[1] Diese Urkunde weist die Zweitheilung der Datierung auf mit Angabe der Handlung, des Ortes und Tages einerseits und der Beurkundung mit dem Jahres- und Tagesdatum andererseits.

raub prannt huldigung und in ander weg vast beschedigt haben und noch taglich tuen, das ze underkômen wir in noch ain sum gelcz haben geben wellen, das si aber nicht aufgenomen haben, das wir in aber nicht lenger zuesehen, sunder mit ewr und ander der unsern hilf und beistannd zu weren und dieselb unser stat Ybs zu belegern und aus iren handen zu bringen mainen und haben, darauf unsern getrewn lieben Jorgen vom Stain, unserm pfleger zu Steir, und Jorgen Sêussenegker, unserm pfleger zu Pêrssenpewg, bevolhen dieselbs unser stat zu Ybs belegern und zu unnsern hannden ze bringen. Begern wir an euch all und ewr yeden besunder ernstlich und wellen, wan ir von den benanten vom Stain und Sewssennegker oder iren anwålden mit disem unserm brief angelanngt werdet, daz dan ir die prelaten und von stetten und mêrchkten die ewrn ze rossen und ze fuessen auf das maist und sterchkist, so ir môgt, an verzichen aufbringet und an die ennde, die ew durch die benanten vom Stain und Sewssennegker benennet werden, schichet,ª und ir die vom adel mit den ewrn zu rossen und ze fuessen auf das maist, und ir môgt, aufseit und ew an dieselben enndt, so ew also benennet werden, füeget ze helffen, die obemelt unser stat zu Ybbs zu belegern und aus der sôldner und veindt henden ze bringen und darin nicht såwmig seit, noch anders tut, damit lannd und lewt merrer angriff und schêden vertragen werden. Auch westellet die benanten sôldner, wo man die ankôme, ze hannden ze bringen, damit sy den anndern nicht beystanndt tuen. Daran etc. Geben zw der Newnstat an pfincztag nach sannd Michelstag anno domini etc. LXIIII, unsers kaysertumbs im dreyzehenden iar.

1632.   1464 October 6, Göttweig.

*Abt Martin von Gotweig ersucht [Roland von Neudegg],[1] da dessen Leute in der Wachaw trotz seiner wiederholten Versicherung, dass der Hof zu Wûestingk*ª *sammt Zugehör freies Eigen des Stiftes zu Gottweig sei, auf welchen von altersher niemals eine Steuer gelegt, noch davon bezahlt wurde, eine solche*

1631. ª Cod.
1632. ª Statt *Müestingk*.

[1] Nach nr. 1636 ist der ungenannte Adressat Roland v. Neudegg.

auf ihn veranschlagt und ihm die Weinlese und Einheimsung der Frucht verboten haben, in Anbetracht dieser Gründe auf die Aufhebung des Anschlages und des Verbotes hinzuwirken und auch die Inhaber dieser Güter damit zu verschonen.

Datum: Geben zu Gotweig an sambcztag nach sand Michelstag (1464).

Copie in Cod. E f. 81'. Deutsch.

Vgl. nr. 1636.

1633. [1464] October 9, [Göttweig].

Abt Martin von Göttweig ersucht den Kaiser, zu veranlassen, dass Hanns Frondacher, der Inhaber des Kremser Schlüsselamtes, das jährlich an das Stift zu liefernde Fuder Wein abliefere.

Copie in Cod. E f. 72.

Da dieser Brief in der Reihenfolge unter die nr. aus 1464 eingeordnet ist, so kann mit Recht dieses Jahr bei Feststellung des Datums angenommen werden.

Allerdurchlewchtigister kayser und allergnêdigister her! etc. Als ew. k. g. den hochwirdigen fürsten [von]ᵃ Pass(aw) und Got(weig) für zehent der frucht, so in ewrn gnaden weingerten, [welche]ᵃ in das slüsselambt zw Krembs gehorent, wachsen, zu yedem bemelten stifft ain fueder news wein aus demselben slusselambt iarlich schuldig ist zu geben, das des gegenwürttigen iar fur unsern gnâdigen herren von Passaw durich herren Hannsen Frondacher yczo desselben slûsselambt innhaber zw geben von e. k. m. geschâft und uns die vergangen iar auf unser menig genuegsam ervodern von dem egenanten hern Hannsen, als von alter herkomen ist, zu unserm tail nicht geraicht ist worden, bitten wir e. k. m. in andâchtigem dienmûetigem vleys auf solch oberurt alt herkomen und unsers benanten goczhaws gerechtikait dem bemelten hern Hansen als innhaber und vechsner des vorgenanten slüsselambt frucht und wein ze bevelchen, das er uns solch ausstendt füder wein mit dem hewrigen, so er uns die zeyt der verbessung des bemelten slusselambt auf und zu unserm tail

---

1633. ᵃ Ergänzt.

nicht geantburt hat, an weitter verczichen ausricht und die gancz bezalle und sich darin also halte, damit uns nicht not werd die sach verrer an ew. k. g. ze bringen. Das etc. Geben etc. Dyonisy.

1634. [1464 October 13.]

Abt Mert und der Convent zu Gottweig verschreiben dem resignierten Abt Wolfgang dem älteren für die von ihm abgetretene Pfarre zu Sannd Veit auf der Golsen, welche ihm von ihnen auf Lebenszeit verschrieben war, den Stiftshof zu Wien mit allen dazugehörigen Zehenten und Renten, reservieren sich jedoch ein Zimmer, die Speisekammer, unter derselben die grosse Kammer im Thurme, die grosse Stube für die Knechte und Stallung nach Bedarf. Falls er am Hofe Renovationen oder Neubauten vornimmt, hat er ihnen andere Zimmer anzuweisen. Sie haben ihm, wenn er sich einige Zeit in Stain aufhält, für 2 oder 3 Pferde Hafer und für die Dienstleute Speisewein aus ihrem Hofe zu liefern.

Copie in Cod. E f. 71. Deutsch.

Vgl. nr. 1630. — Die chronologische Einreihung dieser nr. ergibt sich aus nr. 1630, wo als Tag der Uebergabe dieser Urk. der sand Kolmanstag bezeichnet wird.

1635. 1464 October 23, Wolfstein.

Lorenz Steger, Pfleger zu Wolfstein, ersucht Abt Martin von Göttweig, daraufhinzuwirken, dass Christian Winkler zu Dachsberg und dessen Geschwister ihren väterlichen Erbtheil vom Steinhof erhalten.

Copie in Cod. E f. 76.

Vgl. nr. 1646, 1650.

Hochwirdiger gnediger lieber her! etc. Mir hat Christan Winchkler zw Dáchsperg, meins gnådigen herren von Tierenstain hindersåss, fürpracht, der mir yecz zu veranttwurtten stet, wie er und seine geswistrat, der gewalt er hat, irren vätterlichen eribtail noch haben auf ainem hof genant der Stainhoff, den ain paur yecz pesiczt genant Fridreich und ist ewr gnaden diensper,ᵃ und sind irs eribtails noch hinczher nit entricht nach irs vatters tod. Mir bringt auch der benant paur fur, wie er menigern tagᵇ .... sein und seiner geswistrad wegen pesiecht hab vorᵇ .... anwälten, im sey aber noch hůncz her kain art in seinen sachen nie worden. Nw bit ich ewr gnad mit dienmuetigem vleys von meins gnêdigen herren von Tierenstain und meintwegen ewr gnad well darob sein, damit das der vorbenant meins herren hindersåss, er und seine geswistråd irs eribtails von dem vorbenanten hof an lenger verziehen entricht werden. Das etc. Darauf bit ich ewr gnad umb verschribnew anttwurt pein dem potten. Geben zw Wolstain am erichtag nach der aindlif taussent maid [tag]ᶜ im LXIIII. jar.

Larencz Steger, pfleger zw Wolfstain[1] etc.

1636.   **1464 October 23, Göttweig.**

Abt Martin fordert von Roland Neudegger von Ranna, dass seine Unterthanen die Auflage auf den Wein der Stiftsunterthanen der Herrschaft Nider-Ranna zurücknehmen.

Copie in Cod. E f. 75.

Vgl. nr. 1632.

Edler, besunder lieber Neidegker! etc. Uns ist anbracht, wie die ewren von unsers goczhaws lêwtten der herschafft Nider Råna aufslag von iren wein haben und nemen wellen und in darumb yeczo etlich wein verpoten und dieselben die unsern darauf von in ausgeporgt haben, bitten wir euch in besundern andachtigem vleis pein den ewren darob zu sein, damit sy die unsern solcher aufsleg und annder vodrung begeben, auch ir verpot gegen in und iren guetern getan guettigklich gancz abtun und euch die, auch ander unser armlewt, so die in iren nottůrften an euch oder die ewren langen, frewntlich bevolchen haben. Das etc. Eur verschribne anttwurt last uns

---

1635. ᵃ Cod. — ᵇ Folgt eine Lücke. — ᶜ Ergänst.

[1] Jetzt Ruine Wolfstein, südl. v. Aggsbach am Wolfsteinerbache, wo das Landgericht seinen Sitz hatte, welches in der Schranne zu Markersdorf abgehalten wurde (Schweickhardt, V. O. W. W. X, 22 f.).

pey dem potten wissen. Geben zum Gottweig an erichtag vor sand Symanstag anno domini etc. LXIIII.

Mert von gocz gnaden abbt zu Gottweig.

Adresse: Dem edln vesten Ruelanndt Neidegker von Råna etc.

1637.   **1464 October 26, Kattau.**

Steffan Pierpawmer zu Kadawnn ersucht Abt Martin von Göttweig, da ihm dessen Holden zu Frawnsdarff, welche ihm den Vogthafer für zwei, einige sogar für drei Jahre schuldig sind, trotz der wiederholten Klage bei dessen Richter denselben nicht entrichtet haben, sie zur Entrichtung desselben zu verhalten, da er dadurch schon durch drei Jahre grossen Schaden erlitten habe.

Datum: Geben zw Kadawn am freitag vor Symons und Judetag (1464).

Copie in Cod. E f. 84'. Deutsch.

Vgl. nr. 1638.

1638.   **1464 October 28, Göttweig.**

Abt Martin von Gotweig erklärt dem edeln Steffan Pierpawmer zu Kadawnn, dass dessen Klage (nr. 1637) weder ihm noch seinem hiesigen Richter jemals vorgelegt wurde, und ersucht ihn, die schuldigen Holden und die Summe des schuldigen Hafers der einzelnen genau specificiert anzugeben, damit er dessen Bezahlung veranlassen könne. Ferner möge er erwägen, dass seine Holden in Frawndorff und Umgebung durch seinen Tabor zu Frawndorff schwer geschädigt wurden, da sie infolge der Schatzung seitens des Tabors nicht bloss den Hafer, sondern überhaupt ihre Habe verloren haben, weshalb sie infolge ihrer Armut auch ihm in dieser Zeit und auch jetzt noch den Dienst nicht zahlen können.

Datum: Geben zu Gotweig an sand Symon und Judastag (1464).

Copie in Cod. E f. 76'. Deutsch.

1639.   **[1464 Ende October, Stein.]**

Ein ungenannter Briefschreiber[1] *ersucht seinen Vetter [Asem Gasner], welcher von seinem Herrn Abt [Martin] von Gottweig*

1639. [1] Nach dem Inhalte ist er mit dem Stiftshofmeister zu Stein identisch.

Entschädigung für den Schaden und die Pfändung an seinem Eigenbau- und Zehentweine zu Zeisselperg im vergangenen Jahre seitens dessen Lesemeister und Anwälte verlangt hatte, da der Abt bei der Amtsverrechnung bisher stets gnädig und nachsichtig gegen ihn war, dessentwegen sich gegen denselben und dessen Unterthanen keine Härte zuschulden kommen zu lassen, da weder der Weinzehent daselbst dem Stifte ganz gehört, noch es allein einen Lesemeister daselbst habe. Auch wolle er sich beim Amte verwenden, damit hier zu Stain behufs Ausgleich die Sache verhandelt werde.

Datum: Geben zw etc.[1]

Copie in Cod. E f. 78'f. Deutsch.

Vgl. nr. 1640, 1641. Nach nr. 1641 zu schliessen, fällt die Abfassung dieses Briefes in die letzten Tage des Monats October 1464.

1640.   **1464 November 1, Sigenfeld.**

Asem Gasner schreibt Abt Martin von Göttweig, dass der Anwalt des Abtes und ein Profess desselben von seinem Anwalte, welchen er zur Weinlese nach Zeiselperg gesendet habe, als derselbe den verlangten Zehent entrichten wollte, statt des Mostes Geld forderten. Als er nach der Abreise seines Anwaltes um den Wein hinabgeschickt habe, haben die Anwälte des Abtes seine Leute schlagen wollen und ihnen ein viereimeriges Fass Most mit Gewalt weggenommen, obwohl sein Anwalt den Zehent mit Geld oder Most gerne habe bezahlen wollen, welches Anerbieten dieselben aber zurückgewiesen haben. Er ersucht den Abt, ihm den Schaden, den er jetzt dadurch erlitten, und den, welcher ihm schon früher zugefügt wurde und dessentwegen er schon einmal Kluge geführt habe, zu vergüten, widrigenfalls er andere Wege betreten müsste, um entschädigt zu werden.

Datum: Geben zu Sirhennfeld am pfincztag an allerheilligentag (1464).

Copie in Cod. E f. 77. Deutsch.

1641.   **1464 November 3, Göttweig.**

Abt Martin zu Gotweig schreibt dem edeln Assem Gasner zu Sirhennfeld, dass sein Lesemeister, welchen er diese Jahre

---

1639. [1] Das Weitere fehlt.

zur Fechsung des Weinzehentes nach Zeisselperg geschickt hatte, auf sein Befragen über den demselben in diesem und in dem vergangenen Jahre zugefügten Schaden erklärt habe, dass ihm dessen Anwalt auf seine Zehentforderung erwidert habe, er hätte von seinem Herrn keinen Befehl, wolle aber heimkehren und es seinem Herrn berichten. Hierauf wären zwei von dessen Dienstleuten dahin gekommen, welche sich mit ihm auf einen Ueberschlag von 4 Eimer Most oder 7 ß. ₰. einigten und sich erboten, das Geld zu schicken. Darauf sei aber einer von dessen Dienstleuten der Bischolff hingekommen, welcher bloss 3 ß. 18 ₰. für den Zehent zahlen wollte und, als dies nicht angenommen wurde, die zu Zeisselperg hinterlegten 4 Eimer Most als Zehent erklärte. Betreffs des vergangenen Jahres habe sein Lesemeister erklärt, dass demselben in seiner Abwesenheit ein Fässchen Most ohne seinen Auftrag nicht bloss wegen des Zehentes, sondern wegen der Gasthausschuld beschlagnahmt worden sei, was ausser anderen Leuten auch der Wirt, bei welchem dessen Wein in diesen Jahren eingelagert war, wisse. Sei er damit nicht zufriedengestellt, so wolle er auf dem Rechtswege sich verantworten oder an einem festgesetzten Tage zu einem Ausgleiche mit seinem Lesemeister und seinen Leuten, die dabei waren, nach Stain kommen.

Datum: Geben zw Gotweig an sambcztag nach allerheiligtag (1464).

Copie in Cod. E f. 78. Deutsch.

1642.   1464 November 4, Wiener-Neustadt.

Kaiser Friedrich III. fordert die Stände auf, die auf dem Landtage zu Korneuburg beschlossene Steuer zu veranschlagen.

Copie in Cod. E f. 85.

Vermerk: *Commissio domini imperatoris propria.*

Wir Fridreich etc. den erwirdigen ersamen geistlichen andächtigen edeln und vesten lieben getrewen .. unsern prelåten den officialn techantten den vom adel den von stetten merchkten und urbarlewtten unsers fürstentumbs Österreich und allen anndern, so lêut und güettern* in demselben unserm fürstentumbs*

1642. • Cod.

Österreich underhalb der Enns haben und darin nicht gesessen sein, etc. Als wir euch nagst der gemain landtstewr halben, so pey dem lanndttag zu Korn-Newnburg nagst gehalden furgenomen ist, geschriben und bevolchen haben die zallung derselben stewr zu dreien tågen an lenger verziehen ze tuen nach laut unsers briefs darumb ausgannden, enpfelchen wir euch allen und ewr yedem besunder ernstleich und wellen, ob die bemelt stewr auf solch unser schreiben nicht angeslagen wår, das dan ir die prelåtten und vom adel die nach füderleich anslacht und ir die andern, die so zu anslachern geordent seint, dieselben steur anslachen last und die sampringet, damit die zw ieder oberüerten zeit nach inhalt der bemelten unser brief an lennger verziehen geraicht und geantwurt und zu unsern und landt und leut notturfften gepraucht müg werden, und darin nicht anders tuet, damit sich nicht gebôre ew darumb als die ungehorsamen fürzunemen und zu straffen. Daran etc. Geben zu der Newnstat an suntag nach allerheiligentag anno domini etc. LXIIII, unsers kaisertumbs im dreyzehennden jare.

1643.   **1464 November 5, Wimberg.**

Jorg von Seissenegg fordert die Aebte auf, ihre Reisigen nach Ibbs in's Feld zu stellen.

Copie in Cod. E f. 79.

Aufschrift: *Ein schreiben von dem Seussenegker von Ibs wegen in veld aufzefordern.*

Den hochwirdigen, erwirdigen edlen heren, edeln und vesten, erbergen und weisen enpêut ich Jôrig von Sewssennegk mein willig dienst bevor. Ich füeg euch hiemit ain schreiben von unserm allergnêdigisten heren, dem Rômischen chaiser etc. lauttund, das ir vernemen werdet, bit ich euch all und ewer yeden in sunderhait von demselben unsers allergnêdigisten herren des Rômischen kaiser etc. und mein wegen mit besunderm vleys, ir welt demselben seiner chaiserleichen gnaden schreiben füderleich nachgen und ew mit ewrn lêutten zu rossen und zu fuessen auf das sterkist, so ir mügt zu hern Jôrigen vom Stain und mir in veld für Ybbs füegen, damit solch unsers allergnêdigisten herren des Rômischen kaisers etc. fürnemen füderleich endt gewin. Das wierdet unser allergnêdigister her, der

Römisch kaiser etc. in genaden gein ew erkennen etc. Geben zw Wimberchk am montag vor sand Lienhartstag anno domini etc. im LXIIII. jar.

1644.   1464 November 11, Göttweig.

Abt Mertt zu Göttweig dankt dem edeln Herrn Albrecht von Ebersdorf für die gnädige Förderung seines Verwandten Mert Hawg, dessen Dienstmannes, bei dessen Verheiratung und empfiehlt denselben und dessen Frau seinem ferneren Wohlwollen.

Datum: Geben zu Göttweig an sannd Merttentag (1464).

Copie in Cod. E f. 87. Deutsch.

1645.   1464 November 11, Weissenburg.

Wigeleis von Volchkennsdorff ersucht Abt Martin von Göttweig, seinen Hinsersassen Mert Smid zu Palt zur Zahlung der 17 tl. ₰. anzuhalten, welche derselbe seinem Hintersassen Chuennes Hechker zu Reichelsdorff von einem von demselben gekauften Gute schuldig blieb.

Datum: Geben zu Weissenburgk an sand Merteinstag (1464).

Copie in Cod. E f. 90'. Deutsch.

1646.   1464 November 13, Wolfstein.

Larenncs Steger, Pfleger zu Wolstain,ᵃ ersucht Abt Martin von Köttweig, dass er Kristan dem Winchkler zu Dachsperg, einem Hintersassen seines Herrn von Tierenstain, da derselbe an dem ihm am nächsten Sonntag nach sannd Merttentag (Nov. 18) angesetzten Verhandlungstage vor ihm in Köttweig nicht erscheinen konnte, weil er seine Freunde, welcher er dazu bedarf, nicht zusammenbringen konnte, denselben auf acht Tage verschiebe.

Datum: Geben zu Wolfstain am erichtag nach sannd Merttentag (1464).

Copie in Cod. E f. 86. Deutsch.

1646. ᵃ Statt *Wolfstain*.

1647.   **1464 November 14, Lambach.**

Abt Thomas von Lambach theilt Abt Martin von Göttweig mit, dass er den von Frater Erhard überbrachten Contractentwurf unter der Form eines Wiederkaufvertrages acceptire, so zwar, dass dem Stifte das Recht bleibe, die verkauften Lehen und Zinse innerhalb 16 oder 20 Jahren zurückzukaufen. Falls der Wiederkauf in dieser Zeit nicht geschieht, ist der Contract zu verlängern. Ferner verlangt er von letzterem, ihm alle auf den Contract bezüglichen Urkunden originaliter oder vidimiert, besonders die Urkunden über die Vogtei zu übersenden.

Datum: Ex Lambach XIIII. novembris (1464).

Conc., Pap. Lat.

1648.   **1464 November 17.**

Die Brüder Wolfgang Fuchs, Priester der Passawer Diöcese, und Thaman Fuchs gesessen zu Mauttarn verzichten mit Handen ihres Grundherrn, des Propstes Philipp zu Sannd Pölten, gegen eine Geldentschädigung zu Gunsten ihres Bruders Michael Fuchs zu Pack und Barbara dessen Frau auf ihren väterlichen und mütterlichen Erbtheil an dem Hofe zu Pack gelegen zwischen Thomans Mader und Anndreen Talinger, von welchem diesem Stifte jährlich 32 Eimer Most und 2 Faschinghühner in der Weinlese und 1 tl. ₰. als Zins und 32 ₰. als Steuergeld an sand Merttentag zu zahlen sind, reservieren sich jedoch das Anerberecht bei Todesfall.

Siegler: (I.) Propst Philipp von Sannd Pölten als Grundherr, (II.) der edel Jorg Alanntspekch.

Datum: Geben (1464) an sambstag nach sannd Othmaritag des heyligen abbt.

Orig., Perg. feuchtfleckig. Deutsch. An Perg.-Streifen 2 Siegel.

I. rund (37), roth auf Sch., II B + IV A 2. U.: S. philippi · prepositi . monastery. S. ypoliti. Die heil. Maria als Kniestück mit dem Jesukinde, beide gekrönt. Darunter der Wappenschild mit zwei verwachsenen nach aussen steigenden Löwen (?). Am Rv. das Signet, länglich-sechseckig, roth auf Sch., IV A 2. Schild wie oben. — II. zerbrochen, rund (30), grün auf Sch., IV C. U.: .... all . nczpekch. Schild abgebildet bei Duellius, Exc., T. 27 nr. 357.

1649.   1464 November 17, Göttweig.

Abt Mert zu Gottweig entschuldigt sich bei dem edeln Herrn Pangrecz von Planchkenstain, dass er zu der behufs des Güterkaufes im Offenpach von seinem Cellerar und Hauptmann auf morgen zu Melchk festgesetzten Verhandlung, wobei er persönlich anwesend sein sollte, wegen einer Krankheit nicht kommen könne, weshalb er die Geistlichen und Edlen, den Prior Erhart, den Cellerar Simon und seine Dienstleute Jeronimus von Rorbach und Wolfganng Kchöll mit der Vollmacht zum Abschlusse desselben dahin sende.

Datum: Geben zw Göttweig an sambcztag nach sannd Merttentag (1464).

    Copie in Cod. E f. 89.   Deutsch.
    Vgl. nr. 1655.

1650.   1464 [November 13—18,] Göttweig.

Abt Martin von Gottweig theilt dem edeln Larencs Steger, Pfleger zu Wolstain,[a] auf dessen Bitte dem Christan dem Winchklar von Dachsperg, einem Holden seines Herrn von Tirstain, in einem Processe zwischen demselben und einem seiner Holden den Verhandlungstag auf den nächsten Sonntag zu verschieben, mit, dass er ihn endgiltig auf den Sonntag nach sand Andrestag (Dec. 2) ansetze, wovon derselbe seinen Holden zur Vermeidung eines Schadens seitens desselben verständigen solle.

Datum: Geben zu Gottweig.[b]

    Copie in Cod. E f. 86.   Deutsch.
    Die chronologische Einreihung ergibt sich aus nr. 1647 und dem Hinweise auf den daselbst ursprünglich angesetzten Gerichtstage.

1651.   1464 November 18, Wiener-Neustadt.

Kaiser Friedrich III. befiehlt dem Prälatenstande, an Georg von Wolkersdorf 1000 ungarische Gulden Landsteuer zu zahlen.

    Copie in Cod. E f. 91' f.
    Vermerk: *Commissio domini imperatoris propria.*

1650. [a] Statt *Wolfstain.* — [b] Das Weitere fehlt.

Fridreich etc. Ersamen geistlichen lieben andåchtigen! Als auf dem nagst gehalden lanndtag zu Kornewnburg ain gemaine lanndtsteur in unserm fürstentumb Österreich underhalb der Enns, ye von zwainczg pfunt pfenning werdt ains ze nemen fürgenomen, die anzeslahen und ew bevolhen ist, dem edeln unserm lieben getrewen Jorigen von Volkchensdorff unserm rat zu unsern handen zu antwurtten nach laut unser brief darumb ausgangen und wan wir aber am nagsten mit dem edelen unserm lieben getrewn Zdennkorn von Sternberg der aufordrung halben, so er zu uns geseczt hat, in ain vertrag[1] gangen sein und wir im die auf die weinnachten schirstkünftigen, damit land und lewt dester pas in frid und rue peleib, ain merckliche sumb gelcz zu bezallen benent und dem obgenantten von Volkchelsdorff bevolhen haben im die von der beruerten stewr zu wezallen, empfelchen wir ew ernstlich und wellen, das ir demselben von Volkchelsdorff an der obemelten landtstewr füderleich und an verziechen tausent Vngerische und ducaten gulden ausrichtet und gebet, damit er die zu des benanten von Sternberg bezallung geprauchen mūg und im damit nicht verziehet, nach darin nicht anders tuet. Wan ob wir deshalben såwmig sein und wir des gein demselben von Sternnberg schaden nemen wurden, desselben schadens wolten wir von euch bekōmen. Wir wellen euch auch die bemelten tausent gulden zusambt den tausent gulden, so ew zu des Smikosky bezallung angeslagen sein, an der berüertten lanndsteur schaffen zu legen und abzuziehen. Davon etc. Geben zu der Newnstat am suntag vor sannd Elspetentag anno domini etc. im LXIIII, unsers kaisertumbs im dreuzehenden jare etc.

1652.   **1464 December 2, Neulengbach.**

Ludwig von Weitenmühle, Pfleger zu Lengbach, ersucht Abt Martin von Göttweig, ihm je die Hälfte des Vogthafers nach Herzogenburg und Wien zu liefern.

Copie in Cod. E f. 92'.

Vgl. nr. 1554, 1586.

1651. [1] Lichnowsky, Gesch. des Hauses Habsburg VII. 96.

Erwierdiger, geistleicher her! etc. Als euch wol wissen ist, wie und ein abred zwischen mein und euch geschechen ist von des vogthabern wegen, nu bit ich euch, ir welt mir denselben habern [halben]* gein Herczogwurgk schichken und halben gein Wienn. Ich yecz gar nőttig an habern pin unnd in nit zu kauffen, auch schichk ich euch meins herren des kaisers brief, darin ir wol vernemen werd, was meins herren des kaisers mainung ist. Geben zu Lempach am suntag nach Anndree anno domini etc. im LXIIII. jare.

Ludweig von der Weittenműl.

1653.   **1464 December 14, Göttweig.**

Abt Martin von Göttweig erklärt dem Ulrich Zeller, dass seine Unterthanen zu Minichhoffen und Fraundorf die auf sie veranschlagte Steuer nicht zu zahlen vermögen.

Copie in Cod. E f. 93.

Unnser etc. Edler besunder lieber Zeller! Uns habent unser armleut zu Münichhoffen und Fraundorff gesessen anpracht, wie ir die lanndstewr von in welt einnemen. Nu wist ir wol, wie zu Kornnewnburg ain furnemen geschechen ist, das ain jeder grunther sein leut selbs steuern sol und einnemen, darnach raichen, die darzu georent sind. Auf solchs hat unser allergnedigister her, der Römisch kaiser auf uns und ander prelát zwischmallen ain anlehen pegert als auf zwai tausent gulden, daraus wir dew sum gulden uns angeslagen nindert wissen zu nemen den von unsern armenleutten, die vast und hoch verdarben sind in kriegszwileuffen und am jüngsten von dem von Puechaim, dadurch wir sőlch sum gelcz angeslagen von unsern léutten nit ganncz künen pekomen, wen wir unsers goczhaus dienst von in mangelhalben ir armmut nit bekömen mugen. Geben zu Gottweig am freitag nach sand Luceintag anno domini etc. LXIIII jar.

Mert von gots gnaden abbt zu Gottweig.

Adresse: Dem edeln vesten Vlreichen Zeller zu Sewarn,[1] unserm lieben nachpauern.

1652. * Ergänzt.
1653. [1] Ober-Seebarn, G.-B. Kirchberg a. Wagram, wo eine Burg bestand, welche jetzt nur mehr als Ruine erhalten ist (Schweickhardt, V. U. M. B. VI, 132).

1654.   **1464 December 16, Göttweig.**

Abt Mert zu Göttweig quittiert Anna, der Witwe nach Hanns dem Achssen seinem Amtmanne im Öffenpach, sowie dessen Erben den Empfang aller im Jahre 1462 in diesem Amte fälligen Gülten.

Siegler: Abt Mert mit seinem aufgedrückten Siegel.

Datum: Geben zu Gott(weig) an suntag vor sand Thomanstag des heiligen zwelfpotten (1464).

Copie in Cod. E f. 93'. Deutsch.

1655.   **1464 December 20.**

Panngrecz von Plannkchenstain kauft von Abt Mertt und dem Convente zu Gotweich in der grossen Nothlage des Stiftes für seine und seines Sohnes Hanns von Plannkenstain Lebenszeit, der aus seiner Ehe mit seiner verstorbenen Frau Margret von Starhemberg stammt, um 1200 ungarische Goldgulden folgende freieigene Güter sammt dem Vogteirechte zu Leibgeding auf Wiederkauf: von erst ain lehen im Lanndsidelpach, das ytzo Niclas daselbs besitzt, dient jarlich zu phingsten vier schiling zwelif phenning und zu sand Michelstag vier schiling zwelif phennning; item ain lehen im Lanndsidelpach, das Andre Slutermair daselbs hat, dient zu phingsten vier schiling zwelif phenning und zu sand Michelstag vier schiling zwelif phenning; item ain lehen im Lanndsidelpach, das Leonhart daselbs besitzt, dient zu den phingsten fünf schiling sechs phenning und zu sannd Michelstag funf schiling sechs phenning; item das purkrecht holcz an der Leitten bei dem Lanndsidelpach, das Peter Gawbitz hat, dient zu phingsten funfczehen phenning und zu sannd Michelstag funfczehen phenning; item ain hofstat im Harbach, die Hannsens im Harbach hawsfraw besitzt, dient zu phingsten drei schiling sechs phenning und zu sannd Michelstag drei schiling sechs phenning; item ain lehen in der Ochut, das yczo Barbara, Peters Wolslaher witib besitzt, dient zu phingsten sechs schilling und zu sannd Michelstag sechs schiling phenning; item ain lehen im Offenpach, das Hanns Sumer hat, dient zu phingsten funf schiling sechs phenning und zu sannd Michelstag funf schiling sechs phenning; item ain lehen an der Rynn,[1] das Jorig daselbs besitzt, dient zu phingsten funf schiling sechs phenning und zu sannd Michelstag funf schiling sechs phenning; item ain lehen am Geirsperig,[2] das Hanns daselbs hat, dient zu phingsten funf schiling sechs phenning und zu sannd Michelstag funf schiling sechs phenning: item ain hofstat im Panpach, die Elspet Jånerin und ir kinder besitzen, dient zu phingsten drei und sechtzig phenning und zu sannd Michelstag drei und sechtzig phenning; item ain hof, genant der Panhalmhoff, den Stephann Cheswasser hat, dient zu phingsten ain phundt und zu sannd Michelstag ain phund phenning; item ain hofstat im Panpach, die Hanns daselbs hat, dient zu phingsten funf und zwaintzig phenning und zu sannd Michelstag funf und zwaintzig phenning; item ain lehen am Forsterperig,[3] das Hanns daselbs hat, dient zu phingsten sechs schiling und zu sannd Michelstag sechs schilling phenning; item ain hofstat am Hafenperig,[4] die Chuntzs witib daselbs hat, dient zu phingsten sechs und sechtzig phenning und zu sannd Michelstag sechs und sechtzig phenning; item ain hof am Voglperg,[5] den Michel daselbs hat, dient zw phingsten siben schiling sechs phenning und zu sannd Michelstag siben schiling sechs phenning; item ain lehen am Teulperig, das Hanns daselbs besitzt, dient zu phingsten funf schiling und zu sannd Michelstag funf schiling phenning; item ain hofstat zu Aw, die Jorig Dürr zu Offenpach hat, dient zu phingsten funf und viertzig phenning und zu sannd Michelstag funfundvirtzig phenning; item ain lehen in der Ochut, das Hanns im Rorr hat, dient zu phingsten sechs schiling und zu sannd Michelstag sechs schiling phenning; item ain lehen im Schewrnpach, das Jorg am Rewt hat, dient zu phingsten vier schiling und zu sannd Michelstag vier schiling phenning; item ain lehen am Charlsperig, das der Jacobin kinder daselbs inhaben, dient zu phingsten vier schiling und zu sannd Michelstag vier schiling phenning; item ain hofstat im Panpach, die Erhart Schår am Perig hat, dient zu phingsten ain und achtzig phenning und zu sand Michelstag ain und achtzig phenning; item ain hof genant der Slierbekchenhoff, den Anna Hanns des Achsen seligen

---

1655. [1] Rinna E.-H., K.-G. Ofenbach. — [2] Gaisberg E.-H., K.-G. Ofenbach. — [3] Forst am Berg, O.-G. Rottenhaus. — [4] Haubenberg E.-H., O.-G. Rogatsboden. — [5] Vogelberg E.-H., O.-G. Rogatsboden.

hawsfraw besitzt, dient zu den phingsten sechs schiling und zu sannd Michelstag sechs schiling phenning; item ain hofstat im Weigraben, die Pawl in der Gassen hat, dient zu sannd Michelstag vier schiling funftzehen phenning; item ain hof am Chaphennberg,[6] den Gengel daselbs hat, dient zu sannd Michelstag funf schiling funftzehen phenning; item ain hofstat im Weigraben,[7] die Michel daselbs hat, dient zu sannd Michelstag vier schiling phenning; item ain hofstat im Weigraben, die Jorig in der Öd[8] hat, dient zu sand Michelstag sechtzig phenning; item ain hofstat im Harbach, die Elspet Jorgens Mulner zu Lechaw witib hat, dient zu sand Michelstag dreissig phenning; item ain agker im Vrbach[9] am Lehen gelegen, den Erhart Fleischaker zu Sand Leonhart hat, dient zu sand Michelstag siben phenning ain helbing. Die obgenanten gueter sind gelegen in Sand Leonhart pharr in dem Forst. Item ain lehen genant im Velbrech[10] in Oberndorffer pharr, das Michel Prankel besitzt, dient zu phingsten ain phund und zu sand Michelstag ain phund phenning; item ain mûl auf der Fraunwiss in Dâchsinger pharr, die Cristann daselbs hat, dient zu phingsten funf schiling sechs phenning und zu sand Michelstag funf schiling sechs phenning; item ain lehen in Münncher phar, das Elspet weilent Jorgens in Fridreichsperig[11] hawsfraw hat, dient zu sannd Michelstag vier schiling phenning; item ain hof, genant der Teuffelhoff, den Leonhart daselbs hat, dient zu den phingsten sechs schiling und zu sand Michelstag sechs schiling phenning; item ain lehen an der Wolfartzôd, das Cristann daselbs hat, dient zu sand Michelstag dreyssig phenning; item ain hofstat, die Kathrei Vlreichs Schuester witib vor der Veichsen[12] bei Purkstall besitzt, dient zu sand Michelstag drei schiling phenning. Die obgenanten gueter sind gelegen in Purkstaler pharr. Item ain mûl, die Niclas zu Offenpach hat, dient zu phingsten sechs schiling funftzehen phenning und zu sand Michelstag sechs schiling funftzehen phenning und von der Hausleutten dabei zu phingsten zehen phenning und zu sand Michelstag zehen phenning; item ain hofstat zu Hofsteten im Haslech, die Hanns

---

1655. [6] Kapfenberg E.-H., K.-G. Lachau, O.-G. Aichbach. — [7] Weichgraben E.-H., K.-G. Lachau. — [8] Oedberg E.-H., K.-G. Lachau. — [9] Urbach, Weiler, O.-G. Pöllendorf. — [10] Fellerer, K.-G. Etzen, O.-G. Okert. — [11] Fritsberg, O.-G. Mank. — [12] Feichsen, O.-G. Mank.

Cheswasser hat, dient zu phingsten ain und achtzig phenning und zu sannd Michelstag ain und achtzig phenning; item ain hofstat am Reithoff, die Chunrat Kaiser zu Hofsteten hat, dient zu phingsten ain und achtzig phenning und zu sannd Michelstag ain und achtzig phenning; item ain hofstat am Reithof, die Barbara Niclas Wagner witib besitzt, dient zu phingsten ain und achtzig phenning und zu sand Michelstag ain und achtzig phenning; item ain hofstat am Reithof, die Wolfgang Sneider hat, dient zu phingsten sechs schiling und zu sand Michelstag sechs schiling phenning; item ain hofstat genant Dornbiss [13] zu Offenpach, die Michel Dürr und Dorothea sein hawsfraw haben, dient zu phingsten drei schiling und zu sand Michelstag drei schiling phenning; item ain lehen im Aipach, das Niclas daselbs besitzt, dient zu phingsten sechs schiling und zu sand Michelstag sechs schiling phenning; item ain lehen am Chastenperig, [14] das Michel daselbs inhat, dient zu phingsten drei schiling funf und zwaintzig phenning und zu sand Michelstag drei schilling funf und zwaintzig phenning und von drein agkern ainer leytten und ainer wisen zu phingsten vier schilling phenning; item ain lehen am Wutzenhoff, das Hanns in der Ochüt hat, dient zu phingsten sechs schiling und ain schreibphenning und zu sand Michelstag sechs schiling und ain schreibphenning; item ain hofstat in der Ochut, die Cristan Pinter besitzt, dient zu phingsten acht und sechtzig phenning und zu sand Michelstag acht und sechtzig phenning; item ain lehen am Wutzenhof, das Jorig Achs in der Ochüt hat, dient zu phingsten funf schiling siben und zwaintzig phenning und zu sand Michelstag funf schiling siben und zwaintzig phenning; item ain hofstat am Schachen, die Vrsula Michels am Schachen hawsfraw besitzt, dient zu phingsten sechtzig phenning und zu sand Michelstag sechtzig phenning, dartzue fur ain halb phundt wachs zwelif phenning und von ainer müllstat und würslag underm Schachen funf phenning; item Michel am Schachen dient von ainem würslag daselbs ob des Schachen zu sand Michelstag sechtzig phenning; item ain hofstat am Reithoff, die Niclas Fránnkel zu Hofsteten hat, dient zw phingsten drei schilling zwelif phenning und zu sand Michelstag drei schiling zwelif phenning; item ain hof

---

1655. [13] Dornwies E.-H., K.-G. Ofenbach. — [14] Kastenberg E.-H., K.-G. Sill, O.-G. Rottenhaus.

zu Aw, den Hainreichs von Aw kinder besitzen, dient zu phingsten ain phund zehen phenning und zu sand Michelstag ain phund zehen phenning. Die obgenanten gueter sind in Ruepreczhofer pfarr gelegen. Item Jorig zu Hewperig [15] dient von ainer mul zu phingsten funf und sibentzig phenning und zu sannd Michelstag funf und siebentzig phenning; item des Richkuns kinder zu Polan im Harbach dient zu sand Michelstag von ainer wisen auf der Lechaw zwelif phenning; item Gothart Mulnêr zu Turssendorf [16] dient zu sand Michelstag von der waid im Offenpach vier phenning; item Andre des Wismulner witib dient von ainer wisen genant die Wasserwiss bei Mannkch sechs phenning; item Barbara Stephanns im Pletichech [17] witib dient von ainem agker sechs phenning; item Hanns Smid zu Gesnitz [18] innerhalb Scheibs dient von ainer mûl drei schiling vier phenning; item Hanns in der Grueb [19] innerhalb Scheibs dient von ainer hofstat sibenundfunftzig phenning; item Wernhart am Lewtolczhaim innerhalb Scheibs dient von ainer hofstat zwenundvirtzig phenning; item Michel aufm Falkennstain [20] bei dem Óczann dient von ainer hofstat vierundsechtzig phenning, alles zu sand Michelstag; item Peter Kastner zu Purkstall hat in bestandt sein lebtåg ain wisen in der Môcznitz [21] bei dem guetern zu Nattenndorf [22] gelegen, die dem gotshaws zu Gotweig ledigklich zugehoret und gibt jarlich davon ze zinss zwai phundt phenning zu sand Michelstag, und so der benannt Kastner mit dem tod ab ist, so mag die wisen anderen leutten jerlich bei solhem obemelten zinss verlassen werden ungeverlich. *Nach ihrem Tode können die Verkäufer dieselben von ihren Erben um den gleichen Kaufschilling zwischen Weihnachten und Fastnacht zurückkaufen, welche dann nach Bezahlung desselben zu übergeben sind, wobei die Kauf- und Gegenurkunde auszutauschen sind.*

Siegler: (I.) Panngretz von Plannkchenstain, die edeln Herren (II.) Ruedger von Starhemberg und (III.) Hertneid von Losenstain, des ersteren Schwager.

1655. [15] Heuberg, O.-G. Scheibbsbach. — [16] Diesendorf, O.-G. Aichbach. — [17] Pledichen, Weiler, O.-G. Aichbach. — [18] Jessnitz E.-H., Rotte Gärtenberg, O.-G. St. Anton a. d. Jessnitz. — [19] Gruft, O.-G. St. Anton a. d. Jessnitz. — [20] Falkenstein E.-H., Rotte Anger, O.-G. St. Anton a. d. Jessnitz. — [21] Möslitz E.-H., O.-G. Purgstall. — [22] Nattendorf E.-H., O.-G. Purgstall.

Datum: geben an sand Tamansabent des heyligen zwelifpoten (1464).

Orig., Perg. Deutsch. An Perg.-Streifen 3 Siegel.

Vgl. nr. 1657—1659.

I. rund (31), grün auf Sch., IV C. U.: s. pangrecx · von · placxstain. Abb. bei Hueber, Austria, T. 24 nr. 14, ungenau. — II. rund, grün auf Sch., IV C. U.: s. rvedger · von · starchemwerg. Abb. bei Hueber, Austria, T. 29 nr. 10, ungenau. Signet am Rv. ungefärbt. Abb. ebend. — III. rund (35), grün auf Sch., IV C. U.: S. hartneid · von · losenstain. Der steigende Panther. Gitterhelm. Cimier: 2 Ochsenhörner, zwischen denselben der wachsende Panther.

1656. [1464] December 20, Göttweig.

Abt Gert von Gottweig verpflichtet sich, dem edeln Herrn Pangrecz von Planckchenstain über den Verkauf (nr. 1655) von Bischof Vlreich zu Passaw, sobald er in das Land unter der Enns kommt, eine Bestätigungsurkunde zu erwirken und zu übergeben.

Siegler: Abt Mert von Gottweig *mit dem aufgedrückten Siegel.*
Datum: Geben zu Gott(weig) an sand Thomansabent des heiligen [zwelfpotten 1464].*

Copie in Cod. E f. 93'. Deutsch.

1657. 1464 December 20, Göttweig.

Abt Mert zu Gott(weig) löst die dem edlen Panngratz von Planchkenstain verkauften Erbholden (nr. 1655) vom Eide der Treue und weist sie an, dieselbe bis auf Wiederkauf dem neuen Herrn zu bewähren.

Datum: Geben zu Gött(weig) an sand Thomans des heiligen zwelfpotten abent (1464).

Copie im Reg. Martini abb., f. 70 (Sign.: A, XVIII, 6). Deutsch.

1658. [Nach 1464 December 20.]

Bischof Vlreich zu Passaw bestätigt den Kauf (nr. 1655). Datum: fehlt.

1656. * Ergänzt aus einer Copie im Reg. Martini abb., f. 69 (Sign.: A, XVIII, 6).

Copie im Reg. Martini abb., f. 69' f. (Sign.: A, XVIII. 6), unvollständig. Deutsch.

1659. [1464.]

Abt Martin von Göttweig ersucht Kaiser Friedrich III., die von seinem Richter in der Wachau auf den Wein des Stiftes gelegte Steuer aufzuheben.

Copie in Cod. E f. 73.

Nach der Reihenfolge und der Hand des Eintragers zu schliessen, fällt dieser Brief in das Jahr 1464. Aus der Angabe des Ergebnisses der Weinlese kann auf die letzten Monate dieses Jahres geschlossen werden. — Vgl. nr. 1632.

Allerdurchlêuchtigister kaiser und allergnedigister her! Nachdem das goczhaws zum Gottweig ain haws[1] mitsambt etlichen weingerten zenagst underhalb Spicz hat, daraus dem benanten goczhaws des jars zwen dreyling und ain halb fueder wein worden sind, auf die der richter in der Wachaw II ll. VI β. $\mathcal{S}$. steur, die er nennet pranntschâczungsteur, und verpot pey pen und fällen auserhalb entrichtung solcher steur die wein nicht zw heben noch danne ze fuerren, durch des gericht franpoten daselbs gelegt hat, bitten wir ew. k. g. in dienmüetigem vleis ew. k. g. well gnadikleich solch stewr abzetuen, auch solhs verpot an vercziehen ain librament schaffen, damit das goczhaws mit denselben wein freilichen sein frumb an desselben richter und menigklichs irrung schaffen müg angesehen das manigfaltig gross darlegen, das wir yecz iar auf die haubtlewt unnser und ir diener nach ew. k. g. menigern bevelhnüssen wider die veint getan haben, auch gnadigklich schaffen, damit der sach halben chain waigrung verrer an ew. k. g. nicht beschêch. Das etc.

1660. 1464, Göttweig.

Abt Martin von Göttweig entschuldigt bei Sigmund von Schaunburg das Fernbleiben des vorgeladenen Georg Prantner.

Copie I in Cod. E f. 41' (B); Copie II ebend. f. 86' (C).

1659. [1] Misslinghof.

Hochgeborner fürst, besunder lieber herr! etc. Als ir unserm getrewn Jorig Pranttner yczo geschriben und sich von seiner recht und sachen wegen hinaufzefugen mit mer bortten bevolchen habt, solch an ewren ervordrungen er hochwillig und gehorssam hinaufzekomen gewesen warn, hyetten in dye kumerleichen kriegsczwileiff und unsicherhait des lands, darzue ander treffleich fürsarig, so ir ab seinem schreiben hiemit aigentleich vernement wert, diczmallen nicht verhindert. Umb des willen bitten wir euch in besundern andachtigen getrawn vleis, das dem egenantten Prantner sein gegenbürtig aufsein von oberurter auch seiner furgehaltner fürsarig wegen in seinen rechten und geschefften nicht schadhafft, sunder unvergriffen und ew der in allen wegen seiner handlung durch unser auch seiner frewntschaft wegen genedichleich bevolchen sey. Dan als wir ew eemallen durch den bemelten Prantner anlangen und ew an einem auf oder abfugen des lannds zu uns auf dem Gott(weig) ze komen bitten haben lassen, bittn wir ew noch auf das unzweiffelig wolgetrawen, so wir zu ew haben, solhs noch furbaser ze tůn, so und das an ewrm fueg gesein mag. Das alles wellen wir gegen gott und in anderen wegn mitsambpt der genedigen fuedrung, so ir uns an jungisten zu und von der Newnstat beweist habt, mit weitter volliger danchperkait umb ew als unsern gunstigen lieben herren verdien. Geben zu Gottweig LXIIII.

Adresse: Domino Sigmundo de Schawnbůrg.

1661. [1464, Göttweig.]

Abt Martin von Göttweig schreibt einem ungenannten Adressaten,[1] *welcher sich auf seine Verabredung mit dem verstorbenen Prior Bruder Hanns*[2] *betreffs des Zehentes von Prugk berief, dass er ihm denselben jetzt in derselben Weise verpachten wolle, wie es früher auf seinen Auftrag vereinbart wurde, nämlich auf*

1661. [1] Hanns Froleich, Bürger zu Bruck a. d. Leitha, welcher bereits 1458 den Zehent des Stiftes daselbst auf sechs Jahre gepachtet hatte (Zehentverpachtungsregister, Sign.: D, XXI, 19). Da dieselben mit dem Jahre 1463 abgelaufen waren, wurde 1464 neuerdings darüber verhandelt. — [2] Hanns von Perig, damals Prior des Stiftes, welcher 1464 die Zehentverpachtung im Amte zu Bruck a. d. Leitha vornahm.

sieben Jahre, wogegen derselbe ihm 100 ungarische Gulden, das Register und die frühere Pachturkunde zustellt. Im Falle dessen Zustimmung werde er ihm wie früher die Urkunde übersenden. Datum und Unterschrift fehlen.

Copie in Cod. E f. 104'. Deutsch.

1662. [1464.]

Die gemain zu Napperstorf hat in gegnburtikait Waltesar, Hanns des Haugen ytzo richter daselbst sün, anpracht, wie derselbe richter menig veintschaft und unwillen von hern Jorigen Rasennhart[1] auch andern hab, dadurich eur gnad darzue sy mit irm leib und gut in verrer schäden gebracht mochten werden, wan er noch die vierer in irn notturften nicht handeln, als sy schuldig sein und von alter herkomen ist, und gehorsamleich gebeten haben, das eur gnad ain andern richter und vierer geseczt hiet, darauf in zu Wulderstorf geantburt ist, sy sullen solh geprechen und fursarig dem richter furhalden und freuntlich fragen, ob er lennger bei dem gericht und zehnnt beleiben well, dawider wolten sy irn halben nichts hanndeln. Wolt er aber nicht dabei beleiben, alsdann ain andern fugleichen erbern an sein stat aus in ainträchttigkleich ze erwellen bevolhen haben, darauf er in gegenburtigkait des ganczen gemain auch seines obenanten sün geantburt hat, er well des gerichts noch des zehnnts furbaser nicht haben und in des ledig ze sagen offennlich durch gots willen gebeten hat, auf das die gemain ainhelligkleich Wolfgangen Hierss daselbs zu Napperstorf gesessen zu ainem künftigem richter mit eurn genaden willen ze haben und in den durich eur schreiben ze bestatten diemüttigkleich gebeten, auch darauf den getraidzehnnt bestannden hat.

Notiz in Cod. (Sign.: D, II, 14).

1663. [c. 1464, Göttweig.]

Abt Martin von Göttweig schreibt einem ungenannten Adressaten auf dessen Klage, dass sein Hintersasse Kranuogel zu

---

1662. [1] Diese Familie besass das Schloss Weierburg, G.-B. Ober-Hollabrunn, seit 1419, wo sie es von den Pucheimern kaufte (Schweickhardt, V. U. M. B. VII, 206).

Meirs 9 Ochsen vertrieben habe, welche dessen Hintersassen weggenommen wurden, und auf dessen Bitten denselben zur Bezahlung der Ochsen an dessen Hintersassen zu verhalten, dass der Kranuogel den von Chunring zum Vogte habe. Er habe jedoch seine Dienstleute abgesendet, ihn zu verhaften, was aber nicht gelungen sei, und werde sich auch ferner bemühen, seiner habhaft zu werden, worauf er es ihm sogleich melden werde. Er klagt auch darüber, dass er über seine Unterthanen keine Gewalt habe, da ihm die Vögte seine oberchait *entziehen.*
Datum und Unterschrift fehlen.

Copie in Cod. E f. 123. Deutsch.

Die Hand des Copisten weist auf das Jahr 1464 als Abfassungszeit dieses Briefes. — Vgl. nr. 1664.

1664. [c. 1464, Göttweig.]

Abt Martin von Göttweig berichtet einem ungenannten Adressaten, dass er auf dessen Brief über den Kranfogl seine Dienstleute nach Meirs geschickt habe, um denselben und die anderen Genossen desselben zu verhaften, was sie aber nicht vermochten, da dieselben sammt ihrer Gesellschaft ihm und seinen Unterthanen abgesagt haben, weshalb die Seinigen sich zurückziehen mussten. Nichtsdestoweniger hoffe er, sie doch in seine Hand zu bekommen.
Datum und Unterschrift fehlen.

Copie in Cod. E f. 125. Deutsch.

1665. 1465 Februar 8.

Sigmund von Eyczing, Forstmeister in Oesterreich, beurkundet, dass er laut Urkunde des Abtes Mert und des Conventes zu dem Gottweig (nr. 1512) den Zehent des Stiftes zu Obern und Nidern Nélib, Pernesdorf, Pfaffendorf, Peygarten, Včeleinsdorf und Räklensdorf, welchen jetzt Jörig von Czelling* auf Lebenszeit zu Leibgeding innehat, für sich, seinen Sohn Jörg und dessen Söhne auf ihr aller Lebenszeit erhalten, aber sich seiner Rechte insoweit theilweise begeben hat, als die Verleihung nur für seine und seines Sohnes Jörg Lebenszeit gelten solle.

1665. * Statt Czelking.

Siegler: Sigmund von Eyczing und Jörig von Eyczing.
Datum: geben (1465) an freytag nach sand Dorothetag.

Orig. Perg. feuchtfleckig. Deutsch. An Perg.-Streifen 2 Siegel.

Vgl. nr. 968, 1512, 1717.

I. rund (29), roth auf Sch., IV A 2. U.: S. S[i]gmund · uon · eyczing. Schild (nr. 1512 S. I). — II. rund (29), roth auf Sch., IV A 2. U.: S. iorig · uon · eyczing. Schild (nr. 1512 S. I).

1666. 1465 Februar 12, Göttweig.

Abt Martin von Göttweig ersucht Bischof Ulrich von Passau um Rath und Hilfe gegen die Anschläge der Feinde auf das Stift.

Copie in Cod. E f. 106 f.

Aufschrift: *Ein schreiben dem von Passaw.*

Reverendissime in Christo pater et domine graciosissime! etc. Als der Watzla und etewevil ander des landes veint über des goczhaws zu Gott(weig) leut hiederhalb Tunaw ubergezogen, darauf gelegen sein und den all ir gueter an irm aufczug gein Ybs genomen haben, über das uns mit meniger warnung anlanget, wie dieselben veint, so yczo in das lannd kömen sein mitsambt dem, so noch denselben zw hilf darin komen süllen, aintrachtikleich solchs fürnemens sein sich mit ernst umb den perg Göttweig anczenemen den oder ander besäss nagst daselbs umb gelegen zw irn hannden ze bringen vleis tuen und haben wellen. Seind wir aber auf des goczhaws vorder menig darlegen, so wir die vergangen iar von der veint wegen daselbs umb den perig Gott(weig) gelegen dem kloster zw behuettung damit zw vermeidung des landtz weitter ungemach und verdärben treulich getan haben, darzw auf die verdärblichen schäden, so das kloster nach dem hächsten zusambt den encziehung seiner nutz und gult, die im in den nagstvergangen siben iaren nicht geraicht sind, herttiklich dadurch und in andern wegen enpfangen hat. Auch wider die anred etlicher ewr furstlichen gnaden rätte, so uns darumb zw Kornnewnburgk in dem nagstgehalten lanndtag daselbs angered haben, wie wir sölchs darlegens und der gehalden söldner wol vertragen wären gwesen, das wir doch alles und allain in

mainung als vor berůert ist und in dem pesten getan haben
von den nůczen, so das goczhaws über die verkaufften verderbten entzogen gueter noch hat, chains darlegens zw solchem
gewaltigen widerstandt der veint noch huldigung nach ander
ausgeben gegen denselben nicht vermögen, darumb bitten wir
f. g. in andechtigem gehorsamen vleis uns als ewrn gnaden
diemůetigen undertånigen kappelan zw ratten, dabei mit tat
und werchen gnediklich zw helffen und darauf durch ewrn
gnaden schreiben bei dem boten aigenkleich zw wissen tun, wie
wir uns auf solch oberůert und manigvaltig ander des goczhaws armut nach ewrn gnaden hilf rat und gevallen den veint
zw widerstandt, damit dem lannd des pergs Gott(weig) halben
zw gemach mit genugsamer behuettung desselben auch auf derselben veint anvodrung in huldigung ze tuen mit furtragunder
antwurt und in allen andern wegen mit fürsechung dem goczhaws zw nutz und abkerung weitters verdårbens halden sullen.
Das etc. Ex monasterio Gottwicensi altera die post Scolastice
virginis festum anno domini etc. im LXV.

V. r. p. humiles et devoti exoratores frater Martinus abbas
et conventus monasterii beate virginis in Gott(wico).

1667.   **1465 Februar 22, Wiener-Neustadt.**

*Kaiser Friedrich III. fordert die Mitglieder des Prälatenstandes
auf, die rückständige Landsteuer an Georg von Wolkersdorf
auszuzahlen.*

Copie in Cod. E f. 111'.

Kanzleivermerk: *Commissio domini imperatoris in consilio.*

Wir Fridreich etc. den ersamen geistleichen unsern lieben
andechtigen . . allen und yegleichen unsern preleten unsers
furstentumbs Osterreich unnderhalb der Enns, den der brief gezaigt wirdet, etc. Wir emphelhen ew allen und ewr yedem besunder ernstleich und wellen, was der gemain yetz angeslagen
lanndtstewr unbezalt auf ew beste und ir noch ze geben schuldig
seit, das ir darumb ewr yedem sein anwalt auf den mentag
nach dem suntag reminiscere in der vasten *(März 11)* nagstkunfftigen zu dem edlen unserm lieben getrewn Jorigen von
Volkchennsdorff unserm rat gen Wienn sennde, der im, was
ir an der bemelten stewr ausgericht habt, underichtung und

raittung tu und was der noch unbeczalt auf ew besteet, denselben ausstannd mitschichket, demselben unserm ratt den ze antwurten, damit [er]ᵃ deu zu des lannds nottŭrften und zu widerstand den veinten geprauchen mŭg. Und seit darin nit sǎwmig noch aonders tŭt, damit sich nicht gepŭrn werde solhs ausstannds in ander weg von ew ze bekomen. Daran etc. Geben zw der Newnstat an freitag sannd Peterstag ad kathedram anno domini etc LXV, unsers kaysertumbs im dreyzehenten jare.

1668. **1465 Februar 26, Göttweig.**

Abt Martin von Göttweig fordert die Holden am linken Ufer der Donau auf, je den sechsten Mann zum Feldzug nach Ybbs auszulosen und für je zehn einen bespannten Wagen bereitzustellen.

Copie in Cod. E f. 112.

Aufschrift: *Ein schreiben heren Steffan Eyczinger von der paurn wegen.*

Wir Mert von gots gnaden abbt unser frawn gotzhaus zu Göttweig embieten allen und ygleichen unsers benanten gotzhaus holden und hindersåssen allenthalben enhalb der Tunaw wanhafft unsern gruess. Wir lassen ew wissen, das uns unser allergnedigister her, der Römisch kaiser von der veint wegen, so ytzo zu Ybs und daselbs umb land und lêutten zu schaden ligen, mit unsern diennern und lêutten nach dem sterchisten denselben widerstannd aufzesein in veld auervodert hat, als ir das an der abgeschrifft seiner k. g. brief¹ hiemit klårlich vernemen werdet. Darauf empfelchen wir ew allen und ewr ydem in sunderhait mit ernst und wellen, das ir den sechsten wêrlichen man wol zuegericht, als in veld gehort, aus ew ordnet oder aussoldnet und darzue bestelt, das albeg zehen also aus ew geordent oder ausgesoldnent ain wol zuegerichten raisswagen mit pherden haben und die mitsambt den wågen auf den nagstkŭnftigen montag² her zu uns gen Gott(weig)

1667. ᵃ Aus Versehen ausgelassen.

1668. ¹ Diese Verordnung ist vom Copisten in Cod. E nicht aufgenommen worden. Ihr Inhalt erhellt jedoch aus nr. 1683. — ² Montag nach reminiscere *(März 11).*

schichket, damit sich die mit andern unsern lêutten und diennern zu des lannds haubtman an verziehen fuegen. Welch aber aus ew sâumig erfunden und das also nicht tun wurden, die wellen wir an leib und guet swârlich darumb straffen, darzue dieselben unserm egenanten allergnedigisten hern dem kaiser und dem veldhaubtman als die ungehorsamen furhalden. Und was der gegenwûrtig pot unser dienner desmallen mit ew reden wirdet, das im ganczleich als uns selben glaubet etc. Geben zw Gôttweig an erichtag nach allermanwaschangtag anno domini etc. LXV.

1669.   **1465 März 5, Göttweig.**

Abt Martin von Gottweig berichtet dem edlen Degenhart Schernegker, dass der Prugkner jetzt nicht zu Hause ist, wenn aber derselbe heimkomme, so wolle er ihm dessen Schreiben übermitteln und ihn veranlassen, sich mit dem Nikokasch wegen dessen Forderung auszugleichen.

Datum: Geben zu Gottweig am erichtag nach invocavit (1465).

Copie in Cod. E f. 109. Doutsch.

1670.   **1465 März 5, Göttweig.**

Abt Martin von Göttweig ersucht den Stefan Eitzinger, zu gestatten, dass er die von ihm gevogten Unterthanen der Stiftsherrschaft Ranna zum Heeresdienste auffordere.

Copie in Cod. E f. 112′ f.
Vgl. nr. 1668.

Wolgeborner, edler, besunder lieber her! etc. Als uns unser allergnedigister her der kaiser von der veint wegen, so ytzo zu Ybs und daselbs umb ligen, mit unsern dienern und leutten nach dem sterkchisten den mitsambt andern landlêutten zu widerstant aufzusein in veld ervodert hat, daran wir dan unsers goczhaus leut enhalb der Tunaw ausserhalb der herschafft Renna aufervodert haben, und pitten ew in andechtigem sundern vleiss uns zu vergûnen unsers egenanten gotzhaus leut der benanten herschafft Renna, so ew gevogt sein, ebengleich andern den unsern aufzevodern und den mit andern den unsern in veld zu ziechen bevelhen, damit wir dieselben zu des lannds notturfft nach irem vermôgen gebrauchen, auch unserm bemelten allergnêdigisten herren dem Römischen kaiser und seiner gnaden veldhaubtman gevallen und benuegen tun môgen. Das etc. Ewr verschriben antwurt last uns bei dem potten wissen. Geben zu Göttweig an erichtag nach invocavit anno domini etc. im LXV.

Adresse: Dem wolgebornen edlen hern, hern Steffan von Eyczingen etc.

1671.   **1465 März 7, Göttweig.**

Abt Martin von Göttweig ersucht den Wilhelm Leuprechtinger, er möge seinem Sohne dem Mermosser die stiftlichen Amtleute empfehlen.

Copie in Cod. E f. 109'f.

Edler, besunder lieber Lewprechtinger! etc. Ewr werbung und verkúndung ettlicher mår haben wir von dem gegenbúrtigen ewrm kappelan verstanden und danchken ew darauf ewrs freuntlich willens, so ir von dienst und ander bewegung wegen zw uns habt. Darzue der zueenpoten mår, dafur mir mit begierlikait lieber solch mår, die uns und den unsern darzue iedem man zu nutz komen möchten, horen wolten, dan auf die werbung des dienst lassen wir ew wissen, das wir etleich unser diener den Rorbacher, unsern haubtman, Jorigen Eyczinger, Smidel, Ambsteter, Prugkner und ander mit diensten zwischen hin und sand Jorigen *(April 24)* nagstkunfftig auf unser manigvaltig verderben, darin wir durch die krieg hertiklich komen sein, von uns abschaiden haben wellen lassen. Seind uns aber unser allergnedigister her der kaiser dazwischen in veld mit unsern diennern und leutten nach dem sterchkisten ze ziechen ervodert hat, haben wir die obgenanten all und menig ander darzue, der wir wartund sein mit diensten, weitter nach unserm grossen vermögen ausgenomen, daran wir benuegen haben und hinfur haben muessen, wan wir auf solch unser enpfangen scheden nyemands mer daruber vermugen ausczenemen noch ze halden. Sulten wir aber entzeiten ewr zuenpoten willen gwest haben, alsden hieten wir uns in solchen oberúerten verrern aufnemen darnach gehalten. Yedoch pitten wir ew in freuntlichen vleis ewrm sun dem Mermosser, so das sein fueglich zeit haben mag, ze schreiben, das er im unser ambtleut von ewrn wegen bevolhen hab. Mêr hiet wir ew geschriben von der kriegleuff wegen, die aus ewr potschafft zu verderben ersten mûgen, so uns des lands unsicherhait darin nit verhindert hiet. Geben zw Gôttweig am pfincztag vor reminiscere in der vasten anno domini etc. LXV.

Mert von gots gnaden abbt zu Gottweig.

Adresse: Dem edeln Wilhalm Lewprechtinger etc.

1672.   1465 März 8, Wiener-Neustadt.

Kaiser Friedrich III. fordert von Abt Martin von Göttweig die Zahlung der Strafe wegen Nichteinhaltung des Vertrages mit dem resignierten Abte Wolfgang.

Copie in Cod. E f. 101'.

Vermerk: *Commissio domini imperatoris per dominum Iohannem Liberum Neunburgensem super Enum et Rorbach consiliarium.* — Vgl. nr. 1630, 1634, 1679, 1680.

Fridreich etc. Ersamen .. geistleichen, lieben andechtigen! Uns hat der erber geistleich unser lieber andâchtiger brueder Wolfgang sannd Benedicten ordens zum Gôttweig anbracht, wie ir dem spruch, pen und vêll inhaltund, zwischen ewr und sein durch die erbern andêchtigen und unser getrewn Peter Vberâgker, techant zw Mauttarnn, Conraten Sachss, pfarrer zw Nâlib, Jôrgen Pranntner und Petern Frannchk ewr zwitrâcht halben, so ir mit dem obenanten brueder Wolfgang ze tun habet, mit ewr peder tail willen und wissen beschechen ewrs tails nit nachkômen seit, des er sich beswert bedunckt. Empflechen* wir ew ernstleich und wellen, das ir demselben spruch noch fuderleich und an verrer waigrung nachkômet und darzwe dem benanten brueder Wolfgang die pen und vêll in dem oberûrten spruch begriffen an verziehen ausrichtet und bezalt und darin kain anders tuet. Das etc. Geben zw der Newnstat an freitag vor dem suntag reminiscere in der vasten anno domini etc. LXV, unsers kaisertumbs im dreyzehenden jare etc.

1672. * Statt *Empfelchen*.

1673.

1465 März 9. Göttweig.

Abt Martin von Göttweig ersucht Hanns von Siebenhirten um Fürsprache bei Kaiser Friedrich III. behufs Nachlasses der dem Stifte auferlegten Landsteuer.

Copie in Cod. E f. 114.

Vgl. nr. 1667.

Edler, besunder lieber her Hanns! etc. Seind wir am nagsten bey unserm allergnedigisten hern, [dem]* Romischen kaiser und ew gwesen sein und unsers gotzhaus enpfangen schåden und anligkund notturfft anpracht, dabei furgehalden haben únsers gotzhaus peswernuss, so wir in aufervodern unser leut zu steur und raiss von den vogten haben, als ir des auch nach laut unser aufgeschriben anbringen ew geantwurt underricht seit, hat uns der benant unser gnedigister her in raiss nach dem sterchkisten ervodert, darnach die lanndsteur von unsern leutten dem von Volchkennsdorff ze antwurtten bevolhen. Nun gestatten uns die vogt nicht unser lêut in raiss zu vodern noch darzue nutzen, als ir das vormalen mit ir irung vernomen habt. Yedoch wellen wir von unsern diennern und leutten zunagst umb den perg nach allem vermugen als die gehorsamen in das veld schichken. Dan von wegen der landsteur schreiben wir dem benanten von Volchkennsdorff, als ir an seins briefs abgeschrifft hie inne versten werd, und bitten ew in besunderm andêchtigen vleis solchs diczmalen aber an sein k. g. aigenkleich ze bringen und dem veldhaubtman auf solch irrung der vogt ze schreiben bestellen an unsern dienern und lêutten, so wir in veld schichken werden, benuegen haben, auch pey sein k. g. ze verhelfen, das wir solcher obcruerter vodrung der lanndsteur halben furbaser nach gnedikleich begeben und die von den vögten, so die ingenomen haben, nach seiner k. g. gevallen eraischt werden. Darnach unserm andachtigem lieben prueder Andre, weiser des briefs, in seiner werbung im von uns an ew ze bringen bevolhen guetikleich hort, gantzlich glaubt und uns darin gnedikleich bevolhen habt. Das wellen wir williklich umb ew verdien. Geben zw Gott(weig) am sambstag vor reminiscere anno domini etc. im LXV.

1673. * Aus Versehen ausgelassen.

Mert von gots gnaden abbt zw Göttweig.

Adresse: Dem edlen vesten ritter, hern Hannsen von Sibenhirt,[1] unsers allergnedigisten hern des Romischen kaisers ratte und chuchelmaister, etc.

1674.   1465 März 9, Göttweig.

Abt Martin von Göttweig ersucht Georg von Wolkersdorf, dahin zu wirken, dass die stiftlichen Untervögte die den von ihnen bevogteten Stiftsunterthanen aufgelegte Steuer als Steuer des Abtes an ihn abführen.

Copie in Cod. E f. 113.

Vgl. nr. 1667.

Edler besunder lieber her! etc. Uns hat unser allergnedigister her, der Romisch kaiser ytzo geschriben und ew die lanndsteur von unsern leutten auf den nagstkunfftigen montag *(März 11)* ze geben bevolhen. Nun haben wir sein g. menigmal auch an den nagsten in der Neunstat unsers gotzhaus enpfangen schaden und anligund notturfft auch dabey anbracht, wie des gotzhaus leut hie und enhalb der Tunaw ausserhalb der umb den perg Gott(weig) wonhafft, die dan in gantzem verderben und armuet sein, all gevogt und von den vögten ettleich nagst vergangen iar hintzher darzue gebrauchet und gehalden sein, das sy in und nicht uns zu raiss und steur gehorsam gwesen sein und die geraicht haben, darauf sy dan ytzo die lanndsteur denselben unsern leutten auch angeslagen und die von in lediklich auserhalb unser ingenomen haben, als ir dan solchs am nagsten auch von uns zu Wienn vernomen habt. Darumb bitten wir ew in besundrem andechtigem vleis in solch irrung der vogt ze sehen und das die vogt, der wir sein k. g. in geschrifft geantwurt haben, solch lanndsteur ausserhalb unser unsern leutten angeslagen und die von denselben zu iren hannden enpfangen auf sein k. g. aigenklich ze bringen. Wan wir das auch hiemit tun wellen und darauf geratten und verholfen ze sein, das wir solcher oberuerten vodrung der lannd-

---

1673. [1] Siebenhirten, Schloss mit Herrschaft, G.-B. Mödling, nach welchem sich das adelige Geschlecht benannte (Schwoickhardt, V. U. W. W. VI, 81 f.).

▬▬ur halben noch gnedikleich darauf begeben und die von den
▬▬ogten, so die ingenomen haben, nach seiner k. g. gevallen er-
▬▬echt werden. Das etc. Geben zu Göttweig am sambstag
vor reminiscere anno domini etc. im LXV.

Mert von gots gnaden abbt zw Gottweig.

Adresse: Dem edlen heren, hern Jorigen von Voklenns-
dorff,ᵃ etc.

1675.   1465 März 10, Zwettl.

*Die Dienstleute des Wilhelm von Pucheim ersuchen Abt Martin
von Göttweig, dahin zu wirken, dass ihr Herr aus der Gefangen-
schaft Hermanns des Schaden innerhalb 14 Tagen entlassen werde.*

Copie in Cod. E f. 97' f.

Vgl. nr. 1677.

Hochwirdiger geistleicher her! etc. Uns zweifelt nicht
ewr gnad sey guettermass underricht, wie und in was form
unnser herr, her Wilhalm von Puechaim von Herman dem
Schaden gefangen worden, das uns pilleich als seinen dienern
von eren trewn und pflicht wegen, die wir im schuldig sein,
ain getrews laid ist. Nw wissen wir und sein aigenkleich
underricht, das des bemelten unsers hern von Puechaim ¹
frewnt bei unnserm allergnedigisten herrn menig weg ersuecht
und grossen vleis gehabt haben iren vettern und frewnt unsermᵃ
herren aus solcher vennchknüss zu pringen, das sy aber unntz-
her nicht erlangen haben mögen. Nw haben wir der sachen
halben gemainer lanndschafft ycz geschriben mit allem vleis
gebeten gen unserm herrn kaiser oder dem Schaden daran zu
sein, damit unnser her obenant in XIIII tagen nach dato des
briefs *(Märs 24)* aus seiner vencknüss erledigt werd etc. Dar-
auf bittn wir ewr gnad in sunderhait und mit allem vleiss,
ewr gnad wel zu solchem ratsam und beholfen sein, damit
unser her von Puechaim in solcher vorbenanter zeit ledig
werde angesehen, das unnser her in unsers hern des kaysers
ervodrung dienst und in seiner gnaden rätten und sannpoten

1674. ᵃ Statt *Volkennsdorff*.
1675. ᵃ Statt *unsern*.
    ¹ Wilhelm v. Pucheim.

auch der lanndleutt glaitt etc. gefangen worden ist. Das etc. Beschâch aber des nicht, mag ewr gnad versten, das wir ye als die diener weg fürnemen und gedenncken müessen, dadurch wir unnsern hern von Puechaim aus solcher seiner swären vennknûs bringen, des wir doch lieber vertragen werden. Geben zu Zwetl auf dem perg an suntag reminiscere in der vasten anno etc. im LXV.

Von uns, hern Wilhalms von Puechaim verwesern und diennern dem hochwirdigen, geistleichen hern, hern Mertten abbt des goczhaus zu Göttweig.

1676.   **1465 März 12, Göttweig.**

Jorig Pranntner tritt Abt Mertt und dem Convente zu Göttweig die Herrschaft Nider-Ránna, welche er von ihnen zu Leibgeding innehat, von jetzt auf drei Jahre ab, wofür sie ihm zur Widerlage den Getreidezehent des Stiftes auserhalb Meurling auf der Flädnitz, *welchen er schon früher einige Jahre gepachtet hatte, und den jährlichen Weindienst zu Murtztal bei Ránna verleihen, von welchem er ihnen jährlich einen Dreiling Wein zu zinsen hat. Nach drei Jahren wird ihm die Herrschaft wieder ledig, während letzteren der Zehent und Weindienst ledig wird, jedoch soll Jorig Pranntner dann den Getreidezehent auf der Fladnitz auf Lebenszeit zu einem Jahreszinse von je 45 Metzen Korn und Hafer innehaben. Stirbt er aber innerhalb der drei Jahre, so ist dem Stifte die Herrschaft sammt dem Getreidezehente und Weindienste ledig.*

Siegler: für Jorig Pranntner siegelt (mangelhalben meines aigen insigil, so ich diezeit nicht bey mir gehabt hab) (I.) der edel Jeronimus von Rorbach, Hauptmann zu Götweig, sein Schwager, (II.) der edel Christan Pawngartner.

Datum: Geben zw Gotweig an sand Gregorin des heilligen babst tag (1465).

Orig., Pap. Deutsch. 2 auf der Rückseite in grünem Wachse aufgedrückte Siegel abgefallen.

1677.   **1465 März 15, Göttweig.**

Abt Martin von Göttweig verspricht den Dienstleuten des Wilhelm von Pucheim, auf die Freilassung desselben nach Kräften hinzuwirken.

Copie in Cod. E f. 98'.

Edel und weis, besunder lieben freund! etc. Auf ewr schreiben uns ytzo von unsers besundern lieben hern, herrn Wilhalms von Puechaim vencknuss und seiner erledigung wegen mit mer mainung, darumb uns unntzher nit wissen gwesen ist, getan lassen wir ew wissen, das wir mitsambt anndern lanndleuttn, alsvil unsers, als ains geistleichen vermôgens ist, hochwillig und genaigt sein mit getrewem ratte darzue ze dien, damit ewr bemelter her seiner venncknüss, die uns nicht zu lieb ist, ledig gemacht werde. Geben zu Gott(weig) an freittag nach reminiscere in der vasten anno etc. LXV.

Adresse: Den edeln und weisen hern Wilhalms von Puechaim verbesern und diennern etc.

1678. **1465 März 16, Göttweig.**

Abt Martin von Göttweig verlangt von Stefan von Hohenberg die Freilassung des gefangen gehaltenen Stiftsholden in Altenwörth namens Jakob Salzer.

Copie in Cod. E f. 99'.

Unnser etc. Erwirdiger edler, lieber her! Wir lassen ew wissen, das uns anglangt ist von unsern armenleutten im Altenwerdt, wie ein pericht und ein verpuntner hindergang peschechen zwischen des Peter Maler und der lêut daselbs im Altenwerd und derselb spruch, des hindergang geoffent sol werden des suntags nach dem kunfftigen ostertag *(April 21)*, darauf ein verpeute bericht ist beschechen, die den der Schawr zw Hâdersdorff mit andern vil frumen leuten hat an montag nach reminiscere *(März 11)* nach ewrm bevelhnuss auf ain glaubprief, des sich der Schawr gerûemt hat, und darnach am erichtag hat ewer diener der Arbaspacher daselbs unser holden ainen gefangen genant der Jacob Salczer und nach den unsern etleichen nachstelt. Nw pitten wir ew mit besunderm andâchtigem vleiss, ir welt uns den benanten Salczer an weitter irung ledig lassen und die andern ungeirt. Das etc. Vermainet ir oder aber yemand ander zu den unsern spruch zu haben, so wellen wir auch rechtens und aller pillikait nit verziehen. Gebn zw Gottweig am sambcztag vor oculi anno domini etc. im LXV.

Mert von gots gnaden abbt zu Göttweig.

Adresse: Dem erwirdigen edlen herrn, hern Steffan von Hachenwerg.

1679. [1465 März 8—22, Göttweig.]

Abt Martin von Göttweig ersucht Kaiser Friedrich III., den resignierten Abt Wolfgang mit seiner Beschwerde abzuweisen.

Copie in Cod. E f. 101.

Die chronologische Einreihung ergibt sich aus nr. 1672 und 1690, in welch' letzterer bereits darauf Bezug genommen wird.

Allerdurchleuchtigister kaiser und allergnedigister her! etc. Als ewr k. g. ytzo von des spruchs wegen weilent zwischen unser und unsers lieben andechtigen brueder Wolfgangs unsers elteren und vordern beschechen, dem wir nach anbringen des egenanten brueder Wolfganngs nicht nachkömen solten sein, geschriben und demselben spruch noch nachzugen und im die pen und völl in dem oberürten spruch begriffen an verziehen auszerichten bevolhen hat, lassen wir ew. k. m. wissen, das wir sölchen obmelten angesogen spruch zwischen unser gemacht auf unsern tail nachkomen sein und er den nicht gehalden, sunder dawider in mer wegen getan und den damit zerbrochen hat. Darauf bitten wir ew. k. m. mit andächtiger gehorsam dem obgenanten brueder Wolfgang durch ewrn gnaden schreiben hiemit ernstleich ze bevelhen, das er auf solch spruch zwischen unser getan, mit den gevallen werden hincz zw rechtlicher oder ander pillicher austrag der sprüch, so ain tail zw dem andern hat, in dhainerlai weis zu schaffen hab und darin von unser lieben frawn, darzue irs gotzhaus unuberwuntleich enpfangen schäden wegen gnädikleich hanndelt, alsdenn ew. k. g. uns als ewrn andechtigen gehorsamen bittern zu got als landesfurst und obrister vogt von ardenung des rechtens und angebornner guettikait wegen pflichtig ist ze tun. Das wollen wir umb ew. k. m. mit unserm andechtigen gepet und williger gehorsam diemuetikleich und gern verdien.

E. k. g. diemuetig kappelan brueder Mert, abbt und der convent zw Göttweig.

1680. **1465 März 22, Göttweig.**

Abt Martin von Göttweig ersucht Hanns von Siebenhirten, den kaiserlichen Küchenmeister, um Auskunft in der Angelegenheit des resignierten Abtes Wolfgang.

Copie in Cod. E f. 100'.

Edler, besunder lieber her Hanns! etc. Uns hat unser allergnedigister herr, der Römisch kaiser yczo seiner gnaden schreiben durch Hansen von Rorbach geworben zuegeschickt, darauf wir unser antburt getan haben, als ir solchs an den abgeschrifften hie innen beslossen werdet vernemen. Darauf bitten wir ew in besunderm andächtigem vleis und hoch wolgetrawn, so wir zw ew als unserm lieben herren haben, und ew in unsers gotzhaus notturften, darin wir diczmallen unser potschafft bey ew haben, bevolhen ze haben, auch uns aigenkleich wissen ze lassen, ob uns unser benanter allergnedigister her, der kaiser auf solch unser antburt verrer schreiben wurd, wie wir uns alsden nach eurm gevallen weitter mit antwurt halden sullen, damit gnedikleich verholffen ze sein, das uns ausserhalb des vorbenanten hern Hannsens wissen solch oberuert schreiben in unser antwurt begriffen von sein k. g. fur unsern vordern nach dem pesten geben und uns pey dem potten mit abgeschrifft derselben zugeschichkt werden. Das etc. Geben zw Gott(weig) an freitag nach oculi anno etc. LXV.

Mert von gots gnaden abbt zw Göttweig.

Adresse: Dem edlen strengen ritter, hern Hannsen von Sibenhirt, unsers allergnedigisten heren des Romischen kaisers rat und chuchlmaister etc.

1681. **1465 März 22, Göttweig.**

Abt Martin von Göttweig ersucht Bischof Ulrich von Passau, ihn über die von dem resignierten Abte Wolfgang angesprochene Exemtion zu unterrichten.

Copie in Cod. E f. 100.

Aufschrift: *Ein schreiben dem von Passaw.*

Vgl. nr. 1397, 1630, 1634, 1672, 1679, 1680.

Reverendissime in Christo et domine graciosissime! etc. Auf die underred, so wir vormallen mit ewren f. g. von unsers vodern prueder Wolfganngs wegen getan und ew derselben sachen halben nu zwischmalen darauf geschriben und doch hintzher dhain antwurt von ewrn gnaden enpfangen haben, hat unser allergnedigister her, der Romisch kaiser ytzo seiner gnaden schreiben zuegeschichkt, darauf wir unser antwurt getan haben, als ewr f. g. solchs an den abgeschrifften hie inen verslossen vernemen wirdet. Darumb bitten wir in andâchtigem gehorsamen vleis uns noch ze underrichten, ob ewr f. g. ichts mit dem obgenanten brueder Wolfgang von der exempcion wegen, der er sich berûemt zu haben, und er sich zw uns in das kloster mit beleiben darin fueg, geredt hab, auch uns dabei aigenkleich wissen lassen, ob uns unser benanter gnedigister her, der kaiser auf solch unser antwurt verrer schreiben wurd, wie wir uns alsdan nach ewrn gnaden gevallen mit antwurt weitter halden sullen darzue gnêdikleich verholfen ze sein, das uns solch oberûert schreiben in unser antwurt begriffen und ze geben gepetten von seinen k. g. fur unsern vordern geben werden etc. Ex Gôttwico feria sexta post dominicam, qua canitur oculi, anno domini etc. LXV.

Frater Martinus abbas et conventus monasterii Gottwicensis, v. r. p. humiles et devoti exoratores.

1682.   **1465 März 23, Göttweig.**

Abt Mert zum Gottweig benachrichtigt den edlen Jorig Schechk zum Achstain, dass er seinem Wunsche, die Verpfändung des Zehentes zu Púterspach und Umgebung bis zu den künftigen Pfingsten zu verschieben, nicht entsprechen könne, da seine Gläubiger auf seine diesbezügliche Bitte erklärten, sie wollten nur mehr bis acht Tage nach Ostern (April 21) warten, wo er dann 200 Gulden und 200 fl. ₰. haben müsse, widrigenfalls dieselben schon bei dem Verzuge eines Tages das Geld nicht mehr annehmen, sondern sich von den verpfändeten Gütern schadlos halten werden. Er ersucht denselben, ihm deshalb die Verpfändung desselben nicht übelzunehmen, da er am liebsten ihm denselben verpfänden möchte, wenn er bis acht Tage nach Ostern obige Geldsumme zusammenbringe.

Datum: Geben zw Gottweig am sambstag vor letare (1465).

Copie in Cod. E f. 102. Deutsch.

1683. 1465 März 29, Wiener-Neustadt.

Kaiser Friedrich III. fordert zum zweitenmale die Stände von Niederösterreich auf, ihre Reisigen zu Georg von Pottendorf nach Tulln zu senden, damit von dort aus der Kriegszug gegen die Feinde zu Ybbs eröffnet werden könne.

Copie in Cod. E f. 103′ f.

Vermerk: *Commissio domini imperatoris domini.* — Vgl. nr. 1668.

Wir Fridreich etc., den erwirdigen[a] ersamen andächtigen edlen unsern lieben getrewn . . allen unsern prelåten graven freyn herren rittern und knechten auch den von steten und merchkten unsers furstentumbs Österreich underhalb der Enns, den der brief geczaigt oder verkünd wirdet, etc. Als wir am jüngsten ewr ydem in sunderhait ew den von prelåten stetten und merchkten die ewrn auf das maist und sterchkist zu rossen und zu fuessen wider unser und des lannds veindt zu Ybs mit harnasch weer und in ander weg geschichkt und als in das veld gehört, zugericht auf den montag nach dem suntag reminiscere in der vasten *(März 11)* yecz vergangen gen Dulden zu unserm lieben getrewn Jorgen von Pottendorff, obristen schenchken und unserm veldhaubtman in Osterreich, ze schichken und ze kåmen aufervodert, geschriben und bevolchen haben, von dan verrer wider die bemelten veindt mitsambt demselben unserm veldhaubtman ze ziehen und ze helfen denselben veindten widerstannd ze tun nach laut unser brief darumb ausgangen. Darauf sich derselb unser veldhaubtman daselbs hin gen Tullen gefüegt hat und da ist in mainung dem bemelten furnemen mitsambt ew und andern den unsern, so wir des gleichs haben aufervodert, wider die berürten lanndsveint verrer nachzwgen und aufzewarten. Und aber ir auf das berürt unser aufervodern mit den ewrn zu demselben unserm veldhaubtman daselbs hin gen Tullen nach nicht komen seit, noch die ewrn dahin geschichkt habt, als wir vernemen,

---

1683. [a] Cod.

das uns frömbt nimbt, empfelchen wir ew allen und ewr yedem besunder ernstleich und wellen, das ir die von preláten steten und merchkten die ewren ze rossen und ze fuessen auf das maist und sterchkist, so ir mëgt, mit harnasch weer und in ander weg geschichkt und als in veld gehört, zuegericht zu dem obgenanten von Pottendorff als unserm veldhaubtman daselbshin gen Tullen nach fuderleich und an verziehen schickchet und fueget, von dan mitsambt im wider die obemelten lanndsveint ze ziehen und ze helfen den widerstand ze tun, sy aus dem lannd ze bringen und iren muetwillen ze wern, damit wir ir selbs und land und leut merrer angriffs verderbens und beschedigung von in vertragen in frid und gemach geseczt werden und darin beleiben mögen und ew des nicht säwmen noch iren lasset, als ir uns ew selbs und land und leutten des schuldig und pflichtig seit. So wellen wir ew darin halten in massen und wir ewer iedem das am jüngsten in unsern brieffen zuegeschriben haben. Daran etc. Geben zu der Newnstat an freitag vor dem suntag iudica in der vasten anno domini etc. im LXV., unsers kaisertumbs im vierzehennden jare.

1684. [1465 nach März 29, Göttweig.]

Abt Martin von Göttweig erstattet Kaiser Friedrich III. Bericht über die trostlose wirtschaftliche Lage des Stiftes und beweist ihm die Unmöglichkeit, den verlangten Vogthafer zu liefern.

Copie in einem Rechnungsbuche (Sign.: A, XVIII, 6) f. 59 f. Deutsch.

Da in dieser Eingabe auf nr. 1683 hingewiesen wird, so ist das Datum in obiger Weise festzustellen.

Allerdurchlêuchtigister kayser und allergnedigister her! Als mir e. k. g. menigermal von des vogthabern darzue der lanndstewr an nagsten zw Kornnewnburg fürgenomen und des zugs wegen fur Ybbs geschriben und solchen ausstenden habern, auch die stewr ausczerichten und des gotzhaws leut und dienner daselbs hin fur Ybbs zu schichken nach laut e. g. schreiben und sanndtpotten werbung bevolhen hat, auf solchs allem ich als e. k. g. dienmûetiger kappelan von hertzen gern gehorsam erfunden war worden, so mich und mein conventprueder die hernach begriffen und des gotzhaws armuet unuberwüntleich verdårbleich enpfangen schåden und der vogt irrung nit verhindert hietten und noch swårleich verhindern, die ich in andåchtiger gehorsamer undertånikait pit ze hörren und von angepornner guettikait wegen gnadikleich ze hertzen ze nemen.

Allergnêdigister herr! Als ich in dem nagstvergangen LVII. iar (1457) nach aufgeben meins alten herren und vater abbt Wolfganngs prelatur durch den hochwirdigen fürsten, meinen gnedigen herren von Passaw auf des convent gemain compromission[1] zw der abbtey zw Göttweig geben und angangen pin, hat mir der egenant mein voder dhainerlay gelt, sunder das gotzhaws daselbs in geltschuld lassen pey XVIII^C gulden, die ich nach grossen des gotzhaus schåden bezallen hab müessen. Auch ist im des iars zw leibgeding verschriben des gotzhaus pfarkirchen zw Sand Veit auf der Golsen mitsambt aller irer zuegehorung und andern nützen und zehenten, dadurch dem gotzhaus des benanten iar III^C und XX l. δ. abgangen und entzogen sind worden. Daruber hab ich auch des iar nach grossem des gotzhaus verderben uber die oberuerten geltschuld unnd abgang mitsambt andern menigern ausgeben peczallen müessen die anslåg der heirat und Türgkennstewr XIII^C l. δ.

Darnach als ich des LVIII. jar *(1458)* nach e. k. g. menigern pevelhnůsen mir auch Wolfgangen und Jacoben den Kienwergern die zeit des gotzhaws dienern getan durch des gotzhaws lewt diener und soldner gelegen hiederhalb Tunaw vor Tirnstain gehabt darauf sold und schaden geben auch den und andern lanndtlêutten, so daselbs gwesen sein, zewg und notturfft, darzue auch ettleichen speiss zusambt den unsern geraicht hab, ist das gotzhaws solch ausgeben und darlegen die zeit die von Eytzingen und ir verhelfer, desmalen e. g. und des lannds veint und der kunig von Pehaim mit den sein von irn wegen in dem lannd gwesen sein, gestanden pey VIIII^C gulden. Darzwe sind dem gotzhaws des iar all nütz und gült mitsambt dem vogthabern enhalben der Tunaw durch solch intzüg und gliger zw veld und dorff mit huldigung und in andern wegen gantz verdêrbt und entzogen wörden, der das gotzhaus darauf desselben iar nichtz genossen, noch enpfangen hat. Daruber ist dem gotzhaus des iar von des leibgeding

---

1684. [1] nr. 1897, 1427.

wegen des allten herren und abbt abgangen und entzogen III^c ɉ. XX ɉ. ₰.

Als der Öder zw Sachssendorff im des LVIIII. iar *(1459)* spruch zu dem gotzhaws furgenomen und das wider e. k. g. meniger furvodrung, darzue bevelhnůss sein krieg und absag abzetun und furhaltung des lanndesrecht angriffen swårleich bekriegt und zu menigern schåden gepracht hat, sein dem gotzhaws enhalben der Tůnaw in das ander jar nutz und gůlt und der merrer tail des vogthabern durch solch sein krieg mit allerlay peschedigung, darzue huldigung und in andern wegen ganntz verdårbt und entzogen worden also, das das gotzhaws darauf derselben die zeit seiner krieg noch das nagst iar darnach nicht enpfangen hat. Auch ist dem gotzhaws des iar von der leibgeding wegen des alten herren und abbt abgangen und entzogen III^c und XX ɉ. ₰.

Als der Fronnawer des LX. iar *(1460)* Trebennse ingenomen und des goczhaws leůtt und gůetter swårlich furgenomen bekriegt und nach menigern verdårblichen getan schåden zu huldigung gepracht hat, ist das gotzhaws desselben jars aller nůcz und gult mitsambt dem vogthabern enhalb⁂ der Tunaw ze veld und dorff enfrombt und im der nichtz geraicht. Darzue sind nach e. k. g. menigern swåren brieflichen geschåfften e. g. soldnern die zeit zw Krembs und darnach zw Lewbs gelegen von dem gotzhaus desselben iar II^c Vngrisch guldein geben worden, dan den vogthabern aus der herschafft Rênna in sumb XL mut XVI metzen, so e. g. aus derselben herschafft jarlich geraicht sullen werden, hat her Steffan von Eytzing mitsambt den XIII mut X metzen habern, die im jarlich zw der herschafft Tirnnstain zw vogtrecht geben worden, ingenomen, so gent alle iar ab in derselben herschafft XLVI mut vogthabern, die ewigklich nit gedient werden, wan die guetter, davon solch sumb habern weilent geben ist, durch prant und menige peschedigung der husarey ze dorff und veld von menigern iaren gantz öd und zw eurn glegt. Uber das als sind dem gotzhaus von des verschriben leibgeding wegen

---

1684. ⁂ Hiezu vermerkt das Zehentverpachtungsregister v. 1460 (Sign.: D. II, 14): *Isto anno fuit magnus defectus tam in tritico quam in aaena*, *Windorf* (= Haindorf), *Mulbach dorfpaw, Czennlaa, Ekenndorf und Passendurnpach, Eberspron, Radernbron, Rietental, Nyderndůrnpach, Munichhofen, Asperstorf, Strannsdorf, Heczmannsdorf, Stinkchenpron, Gneyssendorf,*

des alten herren und abbt des iar abganngen und entzogen III^C und XX *d*. *ß*.

Dann als des Fronnawer hoff und kriegsleut in der vasten des LXI. iar *(1461)* uber Tunaw gen Eisdorff kômen sein und das besetzt haben, haben her Yskra und ander e. g. hauptlêut soldner und unttertan auch die von Eysdorff dem gotzhaws all lêut und guetter mit abprechen des gotzhaws hoff der armenleut hewser und mit nemen aller irer guetter allenthalben auf dem Tullnerveld gelegen durch der inndern und ausern gliger gantz verdårbt, dadurch dem gotzhaws seiner nůtz und gůlt nit geraicht sind worden. Auch sind dem gotzhaws von dem obgerůerten herren und abbt verschriben leibgeding wegen abgangen III^C und XX *d*. *ß*.

Als der Fronnawer darnach desselben LXI. jar *(1461)* Holnnburgk ingenomen, besetzt und des gotzhaws leut umb den perg Gôttwêig mit allerlay schåden⁴ nach dem hochsten angriffen und die darnach pein allerlay beschedigung zu huldigung geprâcht hat, hat das gotzhaws auf solch oberuert ausgeben unnd entziechung seiner nůtz und gůlt zw betzallung solcher huldigung fur lewt umb den benanten perg Gottweig wanhafft auf ir war manigvaltig anligkund notturfft armuet geben sein hochst klainhait als halben tail ains guldein chelich zw er und lob der dinstperkait des allmåchtigen gots geordent fur V^C Vngrisch gulden damit ettwevil vass wein getraid und annderlai. Uber das ist dem gotzhaws, das nicht gehuldigt ist gwesen, auf die hoflêut und soldner, so des iars zw sterchker behůettung des kloster, gsloss und perg Gottweig zw der veint widerstandt daselbs gehalden sind worden, zu sold schaden und zw menigern andern wegen an all speis ausgangen der ander halb tail des kelich und damit uber XIII^C gulden ausgeben. Daruber sind dem gotzhaws all getraid und guetter zu veld und dorff mitsambt dem vogthabern durch des Fronnawer hofleut stat raissen und fůetrung des iar hertikleich hiederhalb der Tunaw ganntz vernicht worden. Auch hat der von Ekchertzaw des iar mitsambt etleichen andern des gotzhaws ze-

---

1684. ³ Dasselbe vermerkt das Zehentverpachtungsregister (Sign.: D, II, 14) mit der Note, dass die Zehente dieses Jahr deshalb nicht verpachtet werden konnten. — ⁴ Auch für das Jahr 1462 ist vermerkt, dass deshalb in Obernfuchaw, Krusteten und Hornpach keine Frucht geerntet wurde.

hennt enhalb der Tunaw ausserhalb der herschafft Rênna gantz ingenomen und derzu des gotzhaus notturfft und hannden nichtz gevallen lassen. Dan des gotzhaws nûtz und gult und zehennt[1] der herschafft Rênna hat her Steffan von Eytzing nach seinem furhalden als e. g. veint desselben iar gânntzleich ingenomen und der dem gotzhaws ledikleich nichtz gevallen lassen. Auch hat er des iar XL mut XVI metzen vogthabern, so e. g. aus der benanten herschaft Rånna geben solten sein worden, zusambt den XIIII mutten X metzen habern, die im jårlich zu der herschafft Tirnnstain zu vogtrecht geben werden, ingenomen, so gent jårlich ab in derselben herschafft von guetern, die von den hussen verprånnt und ganntz ôd gemacht sind, auf XLVI mut vogthabern, die von der hussen krieg mitsambt andern merkleichen ausstandt und jarlichem abgang des vogthabern allain an den endten hintzher nicht geben sind noch hinfûr geben môgen werden und das gotzhaws darin nye pedacht ist worden. Solch bemelt und ander abgang unnd jârlich ausstannd des vogthabern e. k. g. aus herren Albrechtz von Yewspitz und Pernharts Muluelder schreiben, die dan die armenlewt von solcher jårlicher abgang wegen ervodert und nach e. g. geschâfften darumb gehôrt haben, klarleich und warleich verstanden hat. Auch haben des iars e. g. hoflêwt und diener der Wissenndorffer und ander die euren, so in des gotzhaws hoff zw Wienn glegen sind, dem gotzhaws all sein wein getraid und ander gûetter darin begriffen genomen und die gemâch allenthalben darin zebrochen. Desgleichen haben hertzog Albrechtz dienner saligen dem gotzhaws all traid und guetter zw Wels unnd auf dem Trawnfeld, auch ander dem gotzhaws all nutz und gult pey der Leitta und auf dem Hungrischen des iars ganntz genomen und der dem gotzhaws ledigkleich nichts gevallen lassen. Uber das alles, als hertzog Albrecht des iar von erst in das lannd herabkâme und des gotzhaws lewt und guetter hertikleich uberziehen wolt, hab ich mich auf sein menig ervodern zw im in das veld, so er dietzeit ob Melchk hot, gefûegt und gepeten im das gotzhaus, sein leut und guetter auf sein fûrnemen gnadikleich pevolhen ze haben und mir zu vergunnen seiner krieghalben stil ze sitzen, auf das ich e. g. gesworen wêr, das ich nicht erlangen mocht, sunder in zuesagen und zu bezallung V^c Vngrische guldein mit verpot und aufhalten zw Melchk und in andern wegen swârleich gedrungen wår. Darumb dan das gotzhaws ain merckcleichen zehennt pey Nålib, Pusennperg, Höflein und daselbs umb her Sigmunden Eytzinger umb VI^c guldein verkaufft und die obgenant sumb gulden also gedrungklich dem bemelten hertzog ganntz geraicht hab. Auf solch swår pezallung der egenant hertzog mir pey seinen fürstlichen wirden versprochen hat dem gotzhaws die obgenant sumb gulden kunftikleich an dem vogthabern abgen und gnadikleich abziehen lassen, auch das in andern vodrungen seiner erberkait zugehorund ze bedennkchen und der das gotzhaws darumb frei lassen und mit allen gnaden darauf halden etc.

Dann des LXII. (1462) iar sind dem gotzhaus all nütz und gult mitsambt dem vogthabern enhalb der Tunaw darzue in allen endten auf dem Hungrischen und pey der Leitta von den von Sweinbart, Fraundorff, darzue von andern tåbern soldneren hertikleich verderbt worden[a] und [von][b] veinten gantz entzogen und des gotzhaws armleut daruber mit vånchknüssen, statten huldigungen und schåden hertikleich verdårbt worden und darzue Gerharten Robrur, der dem gotzhaws entsagt und sein lewt mit raub und ander beschedigung angriffen het, nach grossen enpfangen schaden des iar von abpruch und zerung wegen geben II^c ₰. ₰. Desgleichen dem Plasko, der anstat sein Hanns Schilbatz und Part Hanns auch spruch von ettlicher gefangen wegen zw dem gotzhawss furgenomen hett, des iar von getaner abpruch und zerung wegen ausgeben pey LXXX ₰. ₰. So hat her Steffan von Eytzing des iar XL mut XVI metzen vogthabern, so e. g. aus der herschafft Rånna solten sein worden, zusambt den XIIII mut X metzen habern, die im jarleich zw der herschafft Tirnstain besunderleich zw vogtrecht geben werden, in massen als vor ingenomen. So pringt der järlich abgang in derselben herschafft auf XLVI mut vogthabern. Uber solch oberuert entziechung des gotzhaws nütz und gült, verdårben und enpfanngen schaden, darzue uber solchen järlichen ausstand hab ich von ståtter anvodrung drouüss und swårer angriff des hertzogen und der sein als herren Jorgens Marschalchk des iars innhaber der stat zw Tullen darzue der innhaber der stat zw Kornnewnburgk auch ander auf das gotz-

---

1684. [a] Folgt getilgt: *und darczue Gerhartten Robrur, der dem gotzhawss.* — [b] Ergänzt.

haws muessen entnemen LXX mut habern und die dem hertzogen und den sein zw Sand Polten geben. Darzue hat her Ludweig Weittenmulner des iar von solcher anvodrung wegen vogthaberns, den im das gotzhaws von beruerter armuet und entziehung seiner nutz wegen nicht ze geben gehabt hat, des gotzhaws armanleutten des ambts Pirchach all ir guetter, auch der benant Marschalchk des gotzhaws armanleutten umb den perg Göttweig ir vich und guetter nemen lassen und das gotzhaws in meniger drolicher anvodrung daruber darzue gebracht, das das gotzhaws uber und auf sein oberuert unuberwûntleich verdârben I^C und XX mut mitsambt den XXIIII mut habern, so im e. k. g. jårlich ze geben geschafft hat, auch auf sich entnomen im die geraicht und auf sein weitter anvodrung ain abpruch unntz auf das LXIIII. iar *(1464)* umb XL mut habern mit im getan hat. Auch sind dem gotzhaws des jar von des obemelten leibgedings wegen des vodern abbt abgangen III^C und XX *tl. ʒ*.

Dann als der von Vettaw Watzla Wultzo, Lustz Lutzisky, Franntz vom Hag und ander des LXIII. iar *(1463)* Hertzogenburgk ingenomen, das lannd hiederhalb Tunaw davon bekriegt und des gotzhaws leut auf ir menig voder verdêrben irs leibs und guts aber schaden an irem leib und guet getan, auch die mit prannt vênchknûss nach dem sweristen beschedigt haben, haben darnach die armenleut umb den perg fur prannt, vânnchknûss auch auf die spruch, so im Caspar Sachk ainer aus ir bruederschafft daselbs zu dem gotzhaws furgenomen, dem in sunderhait entsagt und sein leut und guetter swarlich verprennt und zw schaden geprächt hat für sich, auch die andern, die dem gotzhaws zuegehorend in sundernuss mit denselben veinten und sachk mer dan umb VII^C gulden, darzue wein und traid und allerlai huldigung und abpruch getan. Solch huldigung und abpruch das gotzhaws fur lein lewt von ir armuet und beschedigung wegen daselbs hin gen Herczogburgk ausgericht und darumb des gotzhaws holden und nutz aufm Traüueld verkaufft hat, daruber sind dem gotzhaws all traid und guetter zw dorff und veld mitsambt dem vogthabern durich derselben, auch der veint und soldner vom Rabennstain, Klosternewnburgk, Tullen, Wilhalmspurgk, Ybs, Stranesdorff, Grueb etc. stât raissen und fuetrung des iar hiederhalb Tunaw gancz vernicht und dem goczhaws von derselben auf LXII ross genomen worden. Dan enhalb der Tunaw sind dem gotzhaws nutz und gult des iars von den veinten von Frawndorff, Maurperg, Patzmansdorff, Haugsdorff und andern täbern entzogen und darnach menigern abpruchen wenig geraicht worden, wan die armanleutt die vodern jar zw veld von statter unsicherhait und ir grosser armuet wegen hintz her auf hewt wenig anpaut haben. Uber das ist dem gotzhaws auf die hoffleut und soldner, so des iars zw behuettung des kloster gesloss und perg Göttweig von der veint von Hertzogburgk und ander von den obgenanten geslossen und besässen wegen daselbs lanng zeit gehalden sind worden zw sold, schaden und andern wegen ausgeben und aufgangen pey VI^c Vngrisch gulden. Auch sind dem gotzhaws all sein nutz und gult auf dem Hungrischen und pey der Leitta des iar von den veinten allenthalben daselben umb glegen gantz entzogen, und der die nagst vergangen fumf iar von derselben veint darzue ettleicher umbgesessen lanndleut irung daselbs hintzher auf das LXV. jar (1465), gar nichtz geraicht worden. So hat her Steffan Eytzinger des iar XL mut XVI metzen vogthabern, so e. g. aus der herschafft Rana geben solten werden, zusambt der XIIII mut X metzen habern, die im jarlich zw der herschafft Tirnnstain besunder zu vogtrecht geben werden, in massen als vor ingenomen. So bringt der jarlich abgang in derselben herschafft, als vor bemelt ist, auf XLVI mut vogthabern. Auch hat her Panngretz von Plannchkennstain oder her Hanns sein sun dem gotzhaws seiner jarlicher nütz in dem Offennpach ingenomen des jar LI ₰. V β. XXIIII ₰. und der dem gotzhaus auf menig dienmuetig pitten und furhalden armuet des gotzhaws nichts geraicht, sunder die leutt dartzue zw stewr veld fur Fuschenmund und zw allen andern seinen notturfften als sein aigen erbholden an des gotzhaus willen und verhenngen gepraucht. Darzue sind dem gotzhaws von des obgenanten allten herren und abbt verschriben leibgeding wegen des iar abgangnen III^c und XX ₰. ₰.

Dann als des gotzhaus armanleut die obgemelten nagst syben iar nacheinander von armuet unsicherhait beschedigung und meniger unuberwuntleicher enpfanger schäden wegen wenig zw veld anpaut haben, ist des gotzhaws leutten von erst von den von Haugsdorff an menigeren enden darnach von herren Hainreichen von Puechaim und den sein als die zeyt des gotzhaus veinten des LXIIII. iar *(1464)*, auch vor ettweofft, so die nicht des gotzhaus entsagt veint gwesen sein, all ir guetter enhalb der Tunaw ausserhalb der herschafft Rânna genomen und darauf dem gotzhaus seiner nutz und gult nicht geraicht worden. Auch hat e. k. g. auf solch obemelt verdarben und enpfangen schäden des gotzhaws heren Jorigen Marschalch von Stüntzperg nach laut e. k. g. schreiben 1^C Vnngrisch gulden bevolhen ze geben, die das gotzhaus auf sich entnemen und zw anderm seinem verdêrben ausgericht hat, und darzue Chuentzen Newnburger, der dem gotzhaus entsagt und sein leutt angriffen hat, nach grossen enpfanngen schäden für getan abpruch unnd darlegen von seiner veintschafft wegen des iars ausgeben II^C *ll*. ₰. So hat her Panngretz von Planchkennstain oder sein benanter sun dem gotzhaus seiner jarlicher gült in dem Offennpach LI *ll*. V β. XXIIII ₰. und der dem gotzhaus auf menig vleissig pitten nichtz geraicht, sunder die leut daselbs mitsambt solchen nützen zu stewr veld und zw all andern seinen notturfften als sein erb aigen erbholden genutzt. Auf solch und all voder entziechung des gotzhaws nutz und gult darzue sein menig ausgeben und enpfangen schaden, als vor bemelt sind, ist das gotzhaws in unuberwüntleich* verdärben und geltschuld kômen, und darauf die obgenanten gult im Offennpach dem benanten von Plannchkennstain verkaufft und umb das gelt ettleich geltbrief erledigt und zainzing gelter ausserhalb der eltern dienner und andern trêflichen geltern des gotzhaws, alsver das gewert hat, mit bezallung abgeschaiden hat. So hat her Steffan von Eytzing des iar XL mut XVI metzen vogthabern, so e. g. aus der herschafft Rânna mitsambt anderm vogthabern geben solt werden, zusambt den XIIII mut X metzen habern, die im all iar zw der herschafft Tirnnstain besunder zw vogtrecht geben werden, in massen als vor ingenomen. So bringt der jarlich abgang in derselben herrschafft, als vor berüert ist, von den öden abgeprannten guettern auf XLIV mut vogthabern. Auch worden dem von Ror alle iar aus den II^C mut vogthabern von des gotzhaus leutten von Meirs II mut habern geben, die hintzher alle iar nach der leut daselbs grosser armuet ausgericht sind worden. Uber das alles sind dem gotzhaws des iar von des vorbemelten alten herren und abbt ver-

---

1684. * Folgt: und.

schriben leibgeding abgangen und entzogen III^c und XX ℔. ₰. in nutzen und gultten etc.

Dan von wegen der lanndstewr im nagstgehalden lanndtag zw Kornnewnburg ist e. k. g. ettweofft anpracht und wissent, das des gotzhaus leut und guetter enhalb und hiederhalb Tunaw, uber das e. g. obrister herr und vogt ist, dem das gotzhaus zw jarlichem vogtrecht auf widerlegung ains scherms und fur all ander gerechtikait e. g. von oberkait wegen gepurent II^c mut habern raichen solt, all gevogt und von den vögten darzue gepracht sein und werden, das sy dem gotzhaws nicht mer tun sullen dann die plossen dienst raichen, die dem gotzhaws ytzo im sibennden iar nicht geraicht sind worden von ursach wegen, so oben beruert sein, auch von dem vogten darzue gehalden und gedrungen sein und werden in und nicht dem gotzhaus zw veld steur und robat und aller ander vodrung gantz gehorsam ze sein, darauf dan her Hanns Frodennacher von des gotzhaus leutten in dem veldgricht ausserhalb Krembs gesessen, darnach der Zeller von Sebarn und ettleich ander von des gotzhaws armanleutten allain und ledigkleich e. g. mit vogtei zůegehorend und die vogt, die ausserhalb e. g. als obristen vogtherren pei XXIIII sein, all ander des gotzhaws leutt ausserhalb der zenagst umb den perg Göttweig gesessen, die in aller armuet und in gantzem verdårben sein, yczo gesteurt haben, solch stewr ledigkleich ausserhalb des gotzhaws darauf innemen in aller mass, als sy dan solchs nu ettwevil iar getan, damit des gotzhaws leut von irer gehorsam als von mitleiden in steur und veld wider des gotzhaws freihait alt herkomen und e. k. g. bevelhen gantz entzogen und dadurch das gotzhaws in das groet verdårben gepracht haben und das zw ganntzer zuruttung und abnemen als myndrung des almachtigen gots diensperkait auf sein voder manigvaltig verdårben bringen. Darauf rueff ich mit mein conventpruedern e. k. g. diemůetikleich an und pitten in andåchtiger gehorsamer unttertånigkait e. k. m. welle durch got und angebornner guetikait wegen solch und yegleich oberuert stuchk, daraus unser lieben frawn gotzhaus unuberwůntleich verderben unnd schaden, entziechung seiner nutz und gult, vergebung seiner klainhait, darzue entziechnng und verdêrbung e. g. vogthabern, so von anfanchk meiner prelatur hintz her dem gotzhaws hertikleich zw verdårben erstannden, beschechen und zuegezogen sind worden mitsambt der vogt irrung, so sy uns ettwevil iar hintzher wider des gotzhaus freihait und e. g. scherm an des gotzhaus leutten und guetern getan haben und noch, als vor beruert ist, zu abgang und myndrung der diensperkait gots lob und er seiner heiligen mueter und aller glaubigen sel trost tuen mit allen gnaden und guettikaitten ansechen und zu hertzen nemen und uns alles aussteunden vogthaberns, der jarlich in sumb nicht mer dan I^C und XXXV mut bringt, die dan das gotzhaws an den II^C mut vogthabern inpringen mag, so der armanleut gueter zu veld anpaut sind, und die ubermass alle auf den guettern, die von langen iaren verpront und öd worden sind, gantzlich ligt. Solchs jarlichen habern wir dan pein unsern ern und wierden die obgenanten kriegiar nicht enpfanngen haben, sunder habern zw taglicher fuetrung und zw bezallung des gotzhaws widersacher die zeit auf ir swår schadhafft anvodrung auf uns entnomen und kaufft, noch des von der leut armuet wegen und das ir guetter zw veld nicht paut sind, des iars hinaus hoffen intzenemen. Auch der lanndstewr, so die vogt und ander gantz ausserhalb unser innemen, damit des zugs fur Ybbs von oberuerter hindernuss wegen der vogt ganntzleich zu begeben und sunderwar durch unser lieben frawn willen und hail ewrer sel willen mit allen gnaden noch darob zu sein, das wir der vogt, was [wir] der ausserhalb e. k. g. haben, loss, darzue irer verderblicher peswernuss gantz frey und pey unsers gotzhaus freihaiten e. k. g. widerlegung des scherm und altem herkomen vestikleich gehaben werden und e. m. unser lieben frawn gotzhaws und uns als e. g. andåchtig kappelån mitsambt des gotzhaws leutten und guetter, was er der noch hat, darauf gnedikleichen ze bevolhen ze haben. Das wellen wir gegen dem almåchtigen gott und seiner lieben mueter Marie mit unsern andachtigen gepeten und mit aller gehorsamer undertånigkait umb e. k. m. zw ewiger zeyt willigkleich und gern verdien e. k. m. andachtig gehorsam und diemuetig kappellån,

brueder Mert abbt und der convent zw Göttweig.

Beilage I. Ueberschlag über abgelieferten und zu leistenden Vogthafer.

Vermerchkt den vogthabern, der des LX., LXI., LXII., LXIII. und LXIIII. jar nagst nacheinander vergangen ausgericht ist und der noch von denselben iaren von armuet ver-

derben und jarlichs abgangchks wegen auf des gotzhaws zw
Göttweig armanleutten austet und von dem nicht inpracht noch
geben mag werden, als das mit seiner ursach vor in des be-
nanten gotzhaws notturfft anbringen aigenkleich auch hernach
begriffen ist:

hertzog Albrechten nach grosser swårer anvodrung und
der sein dringnůss entnomen und des LXII. iar *(1462)* von solch
ausstenden vogthaberns wegen zw Sannd Polten geben muessen
LXX mut habern. So haben her Wennusch und Ludweig die
Weitenmulner, alslanng sy das gsloss Lempach ingehabt haben,
alle iar von dem gotzhaus wellen haben XXIIII mut vogthabern
und hat der obgenant Ludweig darumb des gotzhaws arman-
leutten zw Pirchach und daselbs umb in den obemelten iaren
ir guetter genomen und swårlich verderbt, haben wir auf solch
ir swår anvodrung und verderben, nachdem wir dieselb zeit
von niemant scherm von rukch hieten, mit den benanten ge-
průedern den Weittenmůlnern abpruch getan und den mitsambt
den XXIIII mut habern, so in e. k. g. jarlichen ze geben ge-
schafft hat, hintz auf das LXIIII. iar *(1464)* nagstvergangen
von der manigvaltigen enpfangen scheden und entziechung
wegen des gotzhaws nutz und gult, vogthabern etc. entnomen
und geben 1^c und XX mut habern.

Herren Thobias von Ror von des gotzhaws armanleutten
zu Meirs alle iar geben II mut habern, facit die benanten fumf
iar X mut habern. Die werdent iarlich an den II^c mut vogt-
habern zu hoff von allter her glegt und abzogen. Uber das
muessen dieselben armanleut zw Garss geben VIII mut und
dem von Kůering gen Seueld alles von vogtei wegen III mut
vogthabern.

Her Steffan von Eytzing hat die obgenanten fumf iar aus
der herschafft Nider Råna ingenomen II^c und II mut XX metzen
vogthabern, die e. g. gelten solten sein worden, und daruber
alle iar XIIII mut X metzen vogthabern, die im in sunderhait
zusambt anderm von den lewtten der benanten herschafft Rånna
jarlich gen Tirnnstain geben werden. So pringt der ausstand
und abgang von den abprennten und öden guettern aus der-
selben herschafft Rånna iarlich auf XLVI mut habern, die
ewigkleich nit gedient werden, facit die obemelten fumf iar
II^c und XXX mut vogthabern.

So stenndt aus umb den perg Gott(weig) und den ambttern daselbs zw Rotelsdorff, Markchasdorff, Pirchach von ainem hoff zu Rust etc. die vorbenanten V iar von armut verdarben und peschedigung wegen der leut daselbs, das alles nicht inpracht mag werden, III^c LXXXVII mut XXVI metzen vogthabern.

Uber solch ausgeben und ausstendt vogthaberns hat das gotzhaws dem obermelten hertzogen von weitter anvodrung wegen vogthaberns auf sein unuberwintleich verdárben und auf der sein menig getan scháden geben muessen V^c Vnngrisch gulden und dafúr ain zehennt verkaufft.

Summa des ausgeben und ausstendten vogthaberns an allen habern, so den vogten geben ist worden, facit von bemelten V iaren 1 tausent XX mut XVI metzen vogthabern und daruber V^c Vnngrisch gulden.

Beilage II. Uebersicht über die stiftlichen Untervögte.

Vermerchkt des gotzhaws zu Göttweig vogt und ander, die vogtrecht auf des gotzhaus leutten und guettern vermainen ze haben, vogtrecht von den nemen und die leut darauf zu raiss steur und all ander vodrung als ir aigen erbholden prauchen und ausserhalb des gotzhaws, wie in das gevelt, nützen:

Unser allergnedigister her der Römisch kayser als lanndsfürsst und obrister vogther.

Die herschafft zu Gars ist vogt uber des gotzhaws leut und guetter zw Meirs und daselbs umb gesessen, die da vier vogt haben, die hernach benent werden und all jarlich von den vogtrecht innemen etc.

Wolfganng Kadawer von der herschafft Egenwurgk uber des gotzhaws leut und gueter zw Münichoffen, Frawndorff und daselbs umb.

Der von Maidburgk ist vogt uber des gotzhaws leut und guetter zw Ennchkennprun, Mulbach, Höchenwart, Olbersdorff und daselbs umb.

Der von Pfannbergk von der herschafft Raraw ist vogt uber ettleich des gotzhaws leut und guetter daselbs auf dem Vnngrischen und pey der Leitta glegen etc.

Die von Walse uber etleich des gotzhaus leut aufm Ybsveld und Stransdorff gelegen.

Die von Kuering uber des gotzhaus leut und guetter zu Meirs, Napersdorff, Heczmansdorff und daselbs umb glegen etc.

Her Steffan von Eytzing uber all des gotzhaus leut und guetter der herschafft Nider Rånna und Quotas.

Her Thobias von Ror uber des gotzhaus leut und guetter zu Meirs.

Die von Hochenberg uber des gotzhaws leut und guetter in der waldmarch zwischen Wilhalmspurgk und des Chawnperg und daselbs umb gelegen.

Die von Trawn uber des gotzhaus leut und gueter auf dem Trawnueld, die das gotzhaws nun von der krieg und verderben wegen seiner leut und gueter verkauft hat.

Her Ott von Toppel uber des gotzhaws leut und gueter zw.ᵃ

Her Ambrosy von Toppel uber des gotzhaus leut und guetter zw.ᵃ

Die Weitenmulner von der herschafft Lempach uber des gotzhaus leut und guetter in dem ambt zu Pirchach und aufm Tullnerveld gesessen.

Hern Pernharts Floiten erben uber des gotzhaus leut und guetter zw Wissenndorff, Teuffental, Aindelslehen.ᵇ

Jorig Sewsnegker uber des gotzhaus leut und gueter des ganczen ambts zu Markcharsdorff und daselbs umb.

Rueland Neidegker uber des gotzhaus leut und guetter pey Zågking und daselbs umb glegen.

Pfleger zum Rabennstain uber des gotzhaus leut und guetter daselbs etc.

Die Klingen von Weissenburgk uber ettleich des gotzhaus leut und guetter daselbs.

Wolfganng Ruchkendorffer uber ettleich des gotzhaus leut und gueter in dem Håchkenntal etc.

Jorg Ruchkendorffer anstat des von Walse uber des gotzhaus leut und guetter zw Straunsdorff.

Wolfgang Frodennacher anstat des Kienberger zw Walppersdorff uber des gotzhaws leut und guetter daselbs.

Der Pierpawmer von Frawndorff uber etleich des gotzhaus leut und gueter daselbs.

Jorig Wolfensrewtter uber etleich des gotzhaus leut und guetter pey Hinderperg oberhalb Rånna.

1684. ᵃ Fehlt die Angabe des Ortes. — ᵇ Statt *Aindlifchen*.

Her Hanns Frodennacher veldrichter uber des **gotzhaus** leut und guetter zw Sittendorff und in dem veldgericht pey Krembs glegen.

So hat der von Plannkchenstain des gotzhaus gult des ambts im Offenpach, das im yczo von meniger unuberwintleicher verdärben und enpfangen schaden wegen verchauft ist worden des LXIII. und LXIIII. iar alle jar LI *ℓ*. V *β*. XXIIII ♃. ingenomen, facit die benanten zway iar I^c und III *ℓ*. III *β*. XVII ♃. und davon dem gotzhaus nichts gevallen noch auf sein menig dienmutig pitten raichen lassen.

So ist e. k. g. unser frawn gotzhaus zu Göttweig von den früchten, so in e. g. weingarten, so in das slusselambt zw Krembs gehorend, wachsen, iarlich schuldig für zehent ze geben ain fueder wein, das ist die nagstvergangnen LVII., LVIII., LX., LXI., LXII., LXIII. und LXIIII. iar nicht geben worden, facit von den benanten syben iaren VII fueder wein.

1685.   1465 März 31, Göttweig.

Abt Martin von Gottweig ersucht den Caspar Krafft, aus dessen Schreiben er nicht ersehen habe, unter welchen Bedingungen der Rachlinger ein Darlehen gewähren wolle, mit demselben geheim darüber zu verhandeln, ob derselbe ein solches als Satz auf Holden und liegende Güter auf Wiederkauf gewähren wolle, und es ihm auf seine Kosten durch dessen Boten innerhalb der nächsten zehn Tage wissen zu lassen, da er sich darauf verlasse.

Datum: Geben zw Gottweig am suntag iudica (1465).

Copie in Cod. E f. 102'. Deutsch.

1686.   1465 April 1, Göttweig.

Abt Mert zu Gottweig ersucht den edlen [Wolfgang] Winklär, den Pfleger des Bischofes von Passaw zu Greiffenstain, auf ein gütliches Abkommen mit dem Fréll in dessen Forderungen an das Stift hinzuwirken, welches er gerne annehmen werde.

Datum: Geben zw Gottweig am montag nach iudica (1465).

Copie in Cod. E f. 103. Deutsch.

1687. [1465] April 5, Göttweig.

Abt Martin von Gotweyg ersucht den edeln Herrn [Stefan von Eitzing], welcher als Vogt seiner Armenleute zu Ránna und Kotas eine Steuer auf sie veranschlagt hat, welche dieselben in dieser kurzen Frist nicht zu zahlen vermögen, da sie infolge ihrer grossen Armuth auch ihm die Gülten und Renten nicht zu zahlen vermögen und der grössere Theil derselben nicht einmal Brot zu essen hat, ihnen den Steueranschlag zu verringern und den Zahlungstermin bis zum Herbste zu erstrecken, damit sie unterdessen ihre Ernte einbringen können.

Datum: Gotweyg an freytag nach Ambrosy.

Copie in Cod. E f. 123'. Deutsch.

Nach dem Inhalte zu schliessen, fällt vorliegender Brief in das Jahr 1465.

1688. 1465 April 23, [Göttweig].

Abt Martin von Göttweig ernennt den Martin Pruckner zum Göttweiger Hofrichter mit der Amtsdauer eines Jahres.

Copie in Cod. E f. 107' f.

Vgl. nr. 1330, 1564, 1714.

Wir Mert von gots gnaden abbt unser frawn gotzhaus zu Göttweig bekennen fur uns und unsern convent daselbs, das wir den edlen Mert Prugkner zu unsers egenanten gotzhaus hofrichter und dienner von geben des briefs auf ain iar in mainung, als hernach begriffen wirdet, aufgenomen haben: von erst das er das gericht inhab und uns daselbs zu frum und im zu lob solch oberürt iarzeit ausricht und die lèut, die demselben goczhaus allenthalben zugehörent, in iren notturfften güetlich verhör darin verantwurt, die in dhainen wegen ausserhalb unser geschäfft oder verhengnüss beswär, noch die zu sein notturfften brauche, sunder im die treuleich bevolhen hab. Und zu solchem dienst des gerichtz sol er haben drew reittpferd und frumer nutzer knecht zwen. Darauf wir im, denselben sein knechten und pferden essen und trinchken, hew und fueter an nagel und eisen, als das gwondleich andern unsern erbern diennern, irn knechten und pferden des jars geben wirdet, und auf jedes pferd acht pfund pfenning geben wellen, darzue ain dreiling der zehentwein, so des jars gen Furt in den hoff genomen werden und anderthalb mut korn anderthalb mut habern,* oder fur den dreiling wein sechs phunt phening, wie uns und userm convent das am pesten fuegen wirdet, in solher beczallung des dreiling wein oder der sechs phunt phening, dafur sullen wir ledigklich freie wall und er noch niemands ander von seinen wegen inred oder widersprechen darin haben, oder fur ain mutt korn drein phunt und fur ain mutt habern zwei phunt phening und nicht mer und in solher bemelter beczallung sullen wir auch ganczlich freie wall und der benant Prugkner dhain widersprechen dawider haben in massen, als ytzo oben begriffen ist, gancz treulich und ungeverlich. Ain schober hey, ain schober gruemat, ain fueder hey, ain fueder gruemat, auch den krautzehent zw Pald, den im ain ambtman daselbst allain zu gwondlicher zeit ausslahens des krauts mit sambt ettlichen nachpauren von uns darzue geschafft ausczaigen wirdet, daran er gantz gevallen haben und den darauf auf sein aigen darlegen füren sol. Zuedem sullen und wellen wir im auch des iars geben zwainczik fueder prenholcz, die er in des gotzhaus maiss, wo der des jars ist, und nicht anderswo mit wissen unsers vorster ungeverlich nemen und auf sein gelt fueren sol. Dan von der wendel, so allain umb den perg Gott(weig) und nicht in den aussern ämbtern von unsern leutten gevallen, die er uns in seinem schreiben fürbringt, darumb wellen wir durch uns oder durch die unsern ledikleich ausserhalb sein nach unserm willen mit gnaden abprüch tun und im alsden auf solchen unsern abprüchen den drittail und nicht mer geben, daran er vollig benüegen haben und uns von aller ander wendel wegen gancz ledig lassen sol. Ueber das alles, so oben bemelt ist, haben wir im auch fur sein hausfraw vergunet unsern zehenthoff zw Furt mit den gemächen, so die das nagst vergangen iar gehabt hat, solch iarczeit verrer darin zu sein und darin zwo oder drei kue bei unserm fueter ze haben erlaubt. Wurd er oder sy aber mer oder ander vich in demselben hoff haben, das mugen sy ledikleich auserhalb unsers fueter tun und sullen uns

---

1688. * Das Folgende von: *oder fur den dreiling* bis: *schober gruemat* von anderer Hand nachgetragen.

und menigklich das an allen schaden halden. Wan auch wir oder unser anweld seiner pferd und knecht bedürffen und im oder in das zw wissen tun, damit sol er uns an widerred gehorsam sein und die zu unsern notturften leichen. Und ob er knecht hiet oder aufnem, die unpillich unfuer begiengen oder sich in andern wegen nicht redlich hielten nach teugleich weren zu halden, wie sich das füeget, darin haben wir gwalt mit im zu schaffen dieselben zu verkern. In dem sol er an ausczug gehorsam sein und das also an widerred tun. Auch ist sunderbar beredt, ob der benant Prugkner oder seiner knecht ainer meniger in sölcher iarsfrist icht zu uns oder den unsern ze sprechen gewungen, wie sich das fueget, gar nichts ausgenomen, das dan solch spruch ninndert anderswo hingepracht, sunder allain in unser elter dienner mit furbringen getragen und durch der erkanntnüss darauf an all ir ausczug und weitter waigrung darumb mit uns und mit den unsern gentzlich bericht werden. Ob sy oder ir ainer uber das, so vormelt ist, solch spruch, ee dan die an des benanten gotzhaus diener gebracht und darumb bericht werden oder nach anbringen und berichtung derselben mit klag oder furwentung andern enden hin, wo das wär, bringen oder aber solcher bericht nicht stät halden wurden, wie sich das begäb, das dan solchs und ir iedtz gancz kraftlos, damit uns unserm egemelten gotzhaus und leutten und menigkleichen von irn wegen an allen schaden sey. Und zu ausgangk des iar sol er uns aber an all intrag und ausczug sein quittung geben in aller laut, als er solchs das nagst vergangen iar tan hat, alles gantz treulich und ungeverlich mit urkund unsers aufgedruckten insigel. Geben an sand Jorgen des heiligen martrer und ritter abent anno domini etc. in dem fumf und sechczigisten iare.

1689.   **1465 Mai 21, Göttweig.**

Abt Martin von Göttweig beschwert sich bei Georg von Pottendorf über die Vergewaltigung der Stiftsunterthanen in Hollenburg seitens der Dienstleute desselben.

Copie in Cod. E f. 94.

Wolgeborner edler, besunder lieber her! etc. Als uns ewr schreiben von eur diener zu Hollenburgk wegen getan vormallen zubracht und darauf deselben wein mell habern puchsen holcz robait und ander nottůft* ze geben und ze tun an uns mênigermal begert worden ist, auf solchs wir von erst an widerred dem Rueber ain dreiling wein, ain halben mut mell, etbevil fueder holcz geben und ew das zw lieb willigklich zuegefurt und menig robait daselbs hin getan haben. Nun aber dieselben ewr dienner zw Hollenburgk von den zeitten, so sy daselbs hinkamen sein, hintzher unseren leutten uber unser oberuert ausgeben und ir menig getan robait und mitleiden ir viech hew zymerholcz speiss und ander ir guetter genomen, darzue die geslagen habent und furan nement und schadenhaft machent, indem wir bisher von ewr wegen mitleiden und zuesechen gehabt haben. Der Zierkanndorffer als haubtman daselbs verrer an uns gebracht hat im auf ewr geschäft aber habern mell wein und ander nottuerft ze geben, pitten wir ew in besunderem andâchtigem vleÿsz bei denselben euren haubtleutten und diennern zw Hollenburgk ze bestellen und darob ze sein, das die uns und unser armlewt irs anlangen und schaden weitter vertragen und uns wider ander umbsessen daselbs nicht furnemen dringen, noch verrer besweren. Das etc. Eur verschribenne antbur* bitten wir beÿ dem potten mitsambt dem, wie es von der taiding der veint wegen stee, wissen ze lassen. Geben zu Gott(weig) am erichtag von* sandt Vrbanstag anno etc. LXV.

Mert von gottes genaden abbt zw Gott(weig).

Adresse: Dem wolgeboren edeln heren, heren Jorig von Pottendorff, obristen schenkch und veldhaubtman in Osterreich.

1690. **1465 Juni 6, Göttweig.**

Abt Martin und der Convent von Göttweig empfehlen einem ungenannten Adressaten den Frans Schustel, dessen Leben, Ausbildung und Ehrbarkeit sie erprobt haben, und welcher in den Orden und das Kloster desselben einzutreten wünsche, auf dessen Bitten zur Aufnahme, damit dessen löblicher Vorsatz nicht zunichte werde.

Datum: Ex monasterio Gottwicensi sexta die mensis iunii (1465).

Copie in Cod. E f. 105. Lat.

1689. *a* Statt *nottůrft*. — *b* Statt *antburt*. — *c* Statt *vor*.

1691.   1465 Juli 4.

Hanns Polan zu Pach oberhalb Mauttarn und Anna dessen Frau verkaufen ihrem Bruder, respective Schwager, dem erbern Gilig Polan zu Niderpergarn das Erbe des Wolfgang Protschs von Ruegestorf an dem Besitze seines verstorbenen Vetters Peter Dürlman auf dem Aigen unter dem Gottweig, welchen derselbe mit Anna seiner Frau zu gesammter Hand gekauft hat und den jetzt letztere nach seinem Tode als Witwe auf Lebenszeit innehat. Dasselbe hatte er in der Schranne des Abtes von Gottweig zu Fuert behauptet, ihnen verkauft und umfasst folgenden Besitz: von erst das behaust güet aufm Aigen, da die benant fraw Anna inne ist, mit seiner zugehörung bei des Schiffer müll daselbs gelegen; item ain wisen gelegen bei demselben behausten güet und ain weingarten gelegen enthalb des mullganngks bei der wisen und des Schiffer müll; item dritthalb jeuch agker gelegen in dem Pannholcz zwischen den wegen; item zwai jeuch agker gelegen auf der Obernpeunt zwischen Kristofs Püchlar agker; item funf virtail agker gelegen auf der Obernpeuntt neben des Paul Schreiber saligen agker; item ain halbs jeuch agker auf der Lanndtstrass an Jorig Güttmans agker; item dritthalb jeuch agker gelegen in dem veld ennthalb des Teuffennwegs stost unden an Génngleins Guettmans agker; item ain jeuch agker in demselben veld neben des Hanns Pranntleins agker; item ain halb jeuch agker gelegen auch neben Hanns Pranntleins agker; item ain halbs jeuch agker auf dem Teuffennweg neben Jorigen des Eschennawer agker.

Siegler: (I.) Abt Mertt von Gottweig als Grund- und Burgherr, (II.) der edel Christann Paungartner.

Datum: Geben an sannd Vlreichstag des heiligen bischove (1465).

Orig., Perg. Deutsch. An Perg.-Streifen 2 Siegel.

I. rund, roth auf Sch., IV A 2 (nr. 1514 S. I). Signet am Rv. länglichsechseckig, roth auf Sch. Vgl. ebend. — II. beschädigt, rund (27), grün auf Sch., IV C. U.: . . kristan · pang . . . . . . Drei aufrechte Speere. Helm und Cimier undeutlich.

1692.   1465 August 4, Ebersdorf.

Wolfganng Schrëmel fordert die Vrsprunger, Maurer und alle Unterthanen des Stiftes Gottweig auf, ihm die Uebergabe einer Urkunde zu erwirken, welche ihm ihr Herr und seine Anwälte, obwohl sie ihm durch Herren, Ritter und Knechte zugesprochen wurde, trotz öfterer Forderung vorenthalten, weshalb er schon einen Schaden von 400 Gulden erlitten habe. Andernfalls werde er sich an ihnen schadlos halten.

Datum: Geben in dem thåber zu Ebersdorff am suntag nach sannd Steffannstag des heiligen martrer (1465).

Copie in Cod. E f. 115. Deutsch.

Vgl. nr. 1694, 1695, 1698, 1699.

1693.   1465 August 10, Göttweig.

Abt Martin von Göttweig schreibt Erasmus Malzkasten, dass er den Wilhelm von Pucheim um die Freilassung seiner Dienstleute und Zurückstellung der weggenommenen Pferde und der Geräthschaft ersucht habe.

Copie in Cod. E f. 95'.

Aufschrift: *Erasm Malczkassten.*

Edler, besunder lieber her Asm! etc. Auf ewer schreyben uns vormaln und yeczo durch Petern des Franken saligen hausfraw von Stain zwgeschikt haben wir ew unser antwort in geschrifft bey ewrm diener ainem getan und darin wissn lassen, das wir dem[1] von Puchaim des schaden halbn geschribn und in andachtigem vleiss gepeten haben, ew dy genomen pfård, darczw ewrn diener ir genomen gehråt ganczlich wyder ze geben und dy irer venknůss an entgeltnůss ledig ze lassen angesehen, das wir noch ir uns kainer feintschaft von im noch den sein nicht versehen haben mögen, als ir dann das aus solhm unserem schreyben mit innehalt vernomen habt. Darum bitten wir ew mit besunderem vleiss durch ew ewer frewntschaft und gunner vleiss ze haben, das dyselbing ewer diener irer venknuss an entgeltnůss ledig gemacht werden und dy

---

1693. [1] Wilhelm von Pucheim.

sachn von der genomen pfarder und gerât wegen guetleich besten lassen, das wir uns zw einander fuegen und selbs mit einander bereden oder unser schreyben fuglicher dan yeczo der krieg und unsicher halbm gegen einander verer darumb getun mügen. Das etc. Geben zw Gottweig an sand Larenczntag im LXV. jar.

1694.   **1465 August 15, Göttweig.**

Abt Martin von Gotweig versichert Wolfgang Schrèmel auf dessen Brief (nr. 1692), dass er weder in seinem noch seiner Anwälte und Unterthanen zu Vrsprung und Maur Besitze eine Urkunde wisse, die ihm vorenthalten werde oder zur Zeit seiner Prälatur von ihm oder den Seinigen gefordert wurde. Wenn er aber einen seiner Anwälte oder der Seinigen namentlich namhaft mache, welcher dieselbe habe, so wolle er denselben auf sein Verlangen verhören und ihm zu seinem Rechte verhelfen.

Datum: Geben zu Gotweig an unser lieben frawn tag der schidung (1465).

Copie in Cod. E f. 115. Deutsch.

1695.   **[1465 August 15], Göttweig.**

Abt Martin von Göttweig schreibt seinen Holden zu Vrsprung und Maur, dass er sich wegen des Briefes des Schrèmel (nr. 1692) bei seinen Amtleuten erkundigt und erfahren habe, dass weder er noch seine Anwälte und Holden eine demselben gehörige Urkunde besitzen. Deshalb schreibe er auch demselben und lege ihnen eine Abschrift dieses Briefes verschlossen bei mit dem Auftrage, ihn demselben durch ihren Boten zuzustellen und ihm dessen Antwort zugleich mit der Angabe der Stadt seines Aufenthaltes bekanntzugeben. Auch sollen sie dem Vogte oder dessen Anwalte seinen Brief übermitteln und sich nach dessen Rath verhalten.

Datum: Geben zu Gottweig an unser lieben frawntag [ders schidung][1] (1465).

Copie in Cod. E f. 115′ f. Deutsch.

1695. [1] Aus dem Inhalte ergibt sich, dass vorliegender Brief mit nr. 1694 gleichzeitig ist.

1696. **1465 August 21, Göttweig.**

Abt Martin von Göttweig ersucht Georg Wissinger, Burggraf zu Soos, für die Leute des Stiftes zur Reise nach Melk freies Geleite zu erwirken und selbst zum Teiding am festgesetzten Tage zu kommen.

Copie in Cod. E f. 116.

Edler, besunder lieber Wissinger! etc. Als ir auf unser schreiben ew an nagsten getan getrewen frewntleichen vleis gehabt und uns ytzo ewr schreiben darauf zuegeschichkt habt, solchs eurs gueten willens und vleis danchken wir ew und wellen den gern umb ew verdien. Dan von des tags wegen den auf den nagstn suntag mit dem Schrêmel zu Melchk auf ewr abred ze halden bitten wir ew in besundern frewntlichen vleis uns auf die unsern, so wir zu solchem benanten tag ungeverleich schichken werden, genuegsam verschriben glait von dem haubtman zu Ebersdorff ze nemen und uns dapey unser leut ainen fuderleich herschichken, auch ew uns zu lieb und freuntlichen beistandt als vogt der armenleut des ambts Marchkarsdorff auf den nagsten suntag daselbs hin gein Melchk zu den unnsern füegen und pey der verhor und taiding daselbs sein und tröstleich ze helfen, damit der Schrêmel mit aller güetikait von seinen fürgenomen spruchen geweist werde. Das etc. Geben zu Göttweig an mitichen nach unser lieben frawn tag der schiedung anno domini etc. im LXV.

Mert von gots gnaden abbt zu Göttweig.

Adresse: Dem edlen vesten Jorigen Wissinger, burgrave zu Sass etc.

1697. **1465 August 24, Göttweig.**

Abt Martin von Göttweig ersucht Bischof Ulrich von Passau um Rath, wie er sich gegenüber den Anforderungen des Wacslo an die Unterthanen des Stiftes und das Stift selbst verhalten solle.

Copie in Cod. E f. 117.

Aufschrift: *Ein schreiben dem pischolf von Passaw.*

Reverendissime in Christo pater et domine gloriosissime! etc. Als wir ewr f. g. emallen und am iungsten gan Egenburgk geschriben und zu erkennen haben geben, das der Waczla unsers gotzhaws leut und gueter enhalb und hiederhal* Tunaw auf ir voder unuberwûntleich enpfangen schåden nun menigermal hertikleich uberzogen, die gantz verderbt und uns vor und darauf von irn wegen zu huldigung ervodert hab, darauf hat er uns yczo aller unser getraidzehent dienst und nucz enpfrômbt und uns nicht lenger den auf den nagstkûnftigen mitichen fur die lêut umb den perg Gottweig wannhafft von huldigung wegen die dem Lucziski auf den newn tåber bei Zwentterndorff an all verrer verziehen ze tun frid geben. Seind wir aber der soldner und dienner ettwevil von derselben veint wegen von vaschanng hintzher auf uns gehabt und ewrn f. g. das ettweofft verkund haben und die noch von notturfft und pesser huet wegen mit hochem swåren darlegen auf uns haben und die leut umb den benanten perg chains vermugens noch willens sein sich auf ir voder enpfangen verderben und kunftiger wartund veintschafft der vom taber Ebersdorff und der iern die von handlung wegen, die sich pey unsern vodern begeben haben, gegen uns in absag und swårer vodrung sein, verrer in huldigung ze geben, sunder sich irer guetter gantz ligen ze lassen und davon zu gen erbieten. Darauf pitten wir ewr f. g. in andåchtigem gehorsamen undertanigen vleis, als vor uns noch an weitter verziehen durch ewren gnaden schreiben wissen ze lasen, wie sich ewrn gnaden gotzhaus und stifft von solcher oberuerter huldigung wegen gegen den veinten halten sol, nachdem das gotzhaus chainer huldigung aus der kamer fur die armen lêut nicht ze geben hat, noch der von der bemelten leut fûrnemen und armuet wegen in dhainerlay weg gehaben noch die inpringen mag, dabei von der soldner wegen, der das gotzhaus an michel verderben und schåden nicht weitter vermag, auch aigentleich wissen ze lassen, wie damit ewr f. g. stifft ze nutz gehanndelt sol werden und uns euren gnaden in dem und allen andern unseren anligkunden notturfften genadigkleich bevolhen habt. Das etc. Geben zu Gottweig an sand Bartholomeustag anno domini etc. im LXV.

V. r. [p.]*b* humiles et devoti exoratores frater Martinus abbas et conventus monasterii Gotwicensis.

1697. *a* Cod. — *b* Aus Versehen ausgelassen.

1698. [1465 August 24—28, Göttweig].

Abt Martin ersucht Hanns von Siebenhirten um Verwendung bei Zdenko von Sternberg und beim Kaiser gegen die ungerechte Absage des Wolfgang Schremel an die Stiftsunterthanen zu Mauer und Ursprung.

Copie in Cod. E f. 118, unvollständig.

Aus dem Datum eines bruchstückweise nur erhaltenen Briefes vom sand Bartholomeustage 1465, der an Hanns von Siebenhirten gerichtet war, wie sich aus der Schlussformel ersehen lässt, schliesse ich auf den 24. August als Terminus a quo. Der Terminus ad quem ist durch nr. 1699 gegeben.

Auch lieber her Hanns! Sich halt ainer genant Wolfgang Schrêmel bei dem von Sternberg in dem tâber ze Ebersdorff auf, der hat unsers gotzhaus lêuten entsagt auf spruch, wie wir im oder unser anwelt ain brief lange iar vorgehalten haben, des er umb IIII^c gulden schaden hab genomen. Nun haben wir im mit aller guetikait geantwurt, wie uns und allen unsern anwêlden, die wir ervodert und in dem notturftikleich gehort haben, chain wissen sey, das wir oder dieselben brief haben, die im gehoren. Er hab auch ytzo in dem newnten iar unser prelatur chain solch noch ander vodrung an uns noch die unsern getan, so er uns aber ain oder etleich der unsern benennet, die brief im zuegehorund [hieten], und damit ze wissen tâtte, was die innehieten, alsden wolten wir nach allen gleichen freuntlichen und pilleichen wegen gegen im handeln. Darumb bitten wir ew, ob der von Sternberg noch in der Newnstat wâr mit dem ze reden und den ze pitten, das er den benanten Schremel vestikleich darzue halt, das er in ungueten und an recht das an pilleichen stetten ze geben und ze nemen mit uns und allen den unsern in dhain weg ze schaffen hab noch dem sich verrer zu anderen des lanndes veintten ze slachen gestatten. So der von Sternberg aber nicht zu der Neunstat wâr, uns alsden eurn ratt wissen lassen, wie wir uns gegen dem obgenanten Schrêmel, daran chäin guetikait verhelfen wil, halden sullen, und bitten ew uns pey unserm allergnedigisten herren, dem Romischen kaiser, seiner genaden ratte und ew selbs getreuleich bevolhen ze haben, wan ir an uns und allen unsern conventbruedern ze ewiger zeit andechtig und gantz willig kapellân solt haben etc.*

1699.   1465 August 28, Göttweig.

Abt Martin von Göttweig ersucht Hanns von Siebenhirten um Verwendung bei Zdenko von Sternberg und dem Kaiser gegen die Forderungen des Wolfgang Schremel.

Copie in Cod. E f. 119.

Edler besunder lieber her Hanns! etc. Als wir ew an nagsten bei dem Timperger, unsers allergnadigisten hern, des Romischen kaisers potten, unser schreiben mit ainer ingelegten zedel ain genant der Schramel anrûerundt der laut, so hie inne ligt, zugeschikt und mit dem von Stêrnnberg darauf ze reden andâchtigklich gebeten haben, nûn wir aber dazwischen durch die unsern mit demselben Schramel ain freuntlichen tag zu Melkch gehabt und da chain bericht gemacht, sunder sein und der andern des von Sternnberg angriff hincz auf den nagsten montag herttigklich mit frid angestellt haben, bitten wir ew noch alsvor mit aller andacht und hoch getraun, so wir zu ew haben, nach laut derselben zedel mit dem von Sternnberg ze reden und in den und andern unsern notturften ew zugeschriben mit ganczem vleis ze hanndeln und was ir in den bei unserm allergnadigisten hern, dem Romischen kaiser und dem von Sternnberg ausgericht habt oder noch ausricht, uns das an verrer verziechen bei dem poten in geschrift aigentlich wissen last, auch ob der von Sternnberg seinen haubtleutten von des Schramel wegen schreiben wûrdt, uns seiner schreiben abgeschrift ze schiken und uns ew in den und allen andern unsers goczhaus notturften getreulich bevolhen ze haben. Das wellen wir gegen got und in allen andern wegen gar willigkleich und treulich umb ew als unsern besundern lieben hern verdien. Geben zu Gott(weig) an sand Augustintag anno etc. LXV.

Adresse: Dem edeln und vesten ritter, hern Hannsen von Sibennhiert, unsers allergnadigisten hern, des Romischen kaisers ratte und chuchelmaister etc.

1698. * Das Weitere fehlt.

1700.   **1465 September 7, Göttweig.**

Abt Martin von Göttweig empfiehlt Abt Johann von Melk den Magister in artibus Konrad Althaimer, welcher laut päpstlicher Urkunde eine Expectanz auf ein dessen Verleihungsrechte zustehendes kirchliches Beneficium mit oder ohne Seelsorge, wie sie Säcularclerikern verliehen zu werden pflegen, besitzt und sich jetzt wegen der Unsicherheit im Lande bei ihm in Göttweig aufhält, und dessen gesetzmässige Vertreter zu diesem Behufe gnädig aufzunehmen.

Datum: Ex monasterio Gottwicensi in vigilia nativitatis virginis Marie gloriose (1465).

    Copie in Cod. E f. 105'. Lat.

1701.   **1465 December 12.**

Abt Johann von Melk, Abt Martin von Göttweig und andere unterschreiben das Gesuch um die Canonisation des Herzoges Leopold [III. des Heiligen].

    Pez, Scriptores I, 598.

1702.   **[1465.]**

Ein schreiben den von stetten Stain und Krembs von des Yllsungk wegen.

Ein antwurt den steten.

    Aufschrift in Cod. E f. 98'.

    Der hiezu gehörende Brief ist ausgelassen. — Nach der Hand zu schliessen, fällt derselbe in das Jahr 1465.

1703.   **[1465, Göttweig.]**

Abt Martin von Göttweig beklagt sich bei Bischof Ulrich von Passau über die traurige finanzielle Lage seines Stiftes.

    Copie in Cod. E f. 97, unvollständig.

    Durch Vergleich mit nr. 1666 u. 1668 lässt sich der Schluss ziehen, dass dieser unvollständige Brief mit seiner Abfassungszeit in den Anfang des Jahres 1465, etwa Ende Februar oder anfangs März fällt.

679

Auch lassen wir ewr f. g.[1] wissen, das uns menigermal ingehaim von etleichen unsern gueten freunden anglangt ist, wie etleich lanndleut sich mit den bruedern verainet und verpunden haben und denselben pruedern als des lannds veint pulver und all notturfft zuschichken und vergunen, den auch freileich in ir gslösser in und aus zu iren notturfften und gevallen ze reitten. Darnach wie der könig von Pehaim under allen seinen leutten den dritten man ditzmallen aufervodert auch ytzo sein potschaft bey den brüedern zu Ybs und daselbs umb hab sich auch mit in verpunden und mitsambt den, darzue mit dem van Sternbergk, der dan ytzo unserm allergenedigisten hern, dem kaiser auch sein absag tun wierd, das land angreiffen und bekriegen werden, alsdan solchs villeicht mit mer mainung ewrn f. g. vormallen wissentleich ist. Und ob sich solchs pegäb, so bitten wir ewr f. g. uns unser anligkund armuet auch auf das, wie das etwevil söldner ytzo von der brüeder und veint auch des velds wegen aufgenomen und die mit sold und schaden ze behuettung unsers gotzhaus auf uns haben, ze ratten und hiemit gnedikleich ze schreiben, wie wir uns furbaser und alsden damit und daentgegen auf unser armuet und chlain vermüegen halden sullen, damit das gotzhaus nicht zw der [v]eint handen und in gantz verderben noch zu entstörung gebracht werde.

1704. [1465, Göttweig.]

Abt Martin von Göttweig schreibt einem unbekannten Adressaten, dass er, nachdem demselben die durch ihn und den Senior des Stiftes Bruder Wolfgang übermittelte Quittung nicht genügte und derselbe seinem Professen Andre[1] *eine Note mit dem Bedeuten, dieselbe als Urkunde mit seinem und des Conventes Siegel auszufertigen, übersendete, bevor er die Lade mit den Kleinoden ausliefern könne, dieselbe unter Angabe aller einzelnen Stücke ausfertigen werde.*

Conc. in Cod. E f. 105 (Einlage), unvollständig. Deutsch.

Die Einreibung und die Hand des Concipisten lassen auf das Jahr 1465 schliessen.

1703. [1] Bischof Ulrich v. Passau, kaiserl. Kanzler.
1704. [1] Andreas von Aussee.

1705. [c. 1465.]

Jorg von Englperg aus der Valtinger Pfarre verschreibt seiner Frau Margareth, der Tochter des Swaiger in der Aw, welche ihm 24 tl. ₰. als Heimsteuer zubrachte, mit Handen seines Grundherrn, des Abtes von Gottweig, sein behaustes Lehen zu Engelperg sammt allem Erbe und der Fahrhabe, welches sie alles im Falle seines kinderlosen Ablebens vor ihr bis zu ihrem Tode innehaben soll, worauf es erblich an seine nächsten Verwandten fällt. Stirbt jedoch sie ohne Leibeserben vor ihm, so behält er das Nutzungsrecht ihrer Heimsteuer bis zu seinem Tode, worauf sie an ihre nächsten Verwandten erblich fällt.

Siegler: der Abt von Gottweig als Grundherr.
Datum: fehlt.

Conc. in Cod. E f. 63', unvollständig. Deutsch.

1706. [c. 1465.]

Vlrich gesessen an der Gruebmull in der Schonawer Pfarre, Hanns Koler zu Allen Heilign, Wolfgang Senfftmullner in der Sannd Thoman Pfarre gesessen, Anna, die Witwe nach Jorg Mairhofer, Hanns an der Wismul bei der Freinstat gesessen, welcher zugleich die Rechte seines Bruders Leonhart vertritt, alle Kinder des verstorbenen Jorg Gruebmulner gesessen an der Gruebmul in der Schonawer Pfarre, Ulrich Awer in der Schonawer Pfarre, ihr Schwager, als Vertreter der von seiner verstorbenen Frau Anna, der Schwester der vorbenannten, stammenden Kinder Wolfgang, Jacob, Elisabeth und Anna, und Jorg Messermulner an der Messermul in der Pirchpeckher Pfarre verkaufen mit Handen ihres Grundherrn, des edlen Jorg Pranttner, die ihnen von ihrem Vater anerstorbene Gruebmul in der Schonawer Pfarre um 28 tl. ₰. dem erberen Thoman Wagn und Elspet dessen Frau.

Siegler: Jorg Pranttner und der edle Fridrich Fleckh, Pfleger auf dem Rotenstain.
Datum: fehlt.

Conc. in Cod. E f. 64, unvollständig. Deutsch.

1707. [c. 1465.]

Mattes Schaffer zu Zackking, welcher zugleich sein Mündel Janns, den Sohn seines verstorbenen Bruders Esel Schaffer zu Obernfuchau vertritt, sowie Kathrey, die Frau des Thaman Spereissen, verkaufen mit Handen ihres Grundherrn, des edeln J(org) Pranntner zu Meirling dem erbern Veit Haszlpach zu Meirling ihre Hofstätte zu Meirling zunächst der Hofstätte des Erhart Mullner, von welcher jährlich 84 ₰. an sand Michelstag zu zinsen sind.

Conc. in Cod. E f. 65, unvollständig. Deutsch.

1708. [c. 1465.]

L(eonhard) Lasperger und Kathrei dessen Frau verkaufen den Pfarrleuten der sannd Niclaser Pfarrkirchen zu Newmarckht an der Ibs eine Wiese gelegen auf der Edelwiss, welche einst dem Hanns Kramer, Richter zu Ambstetn, gehörte, und daranstossend ein Tagwerk einer Wiese, welches einst dem Thoman Perner zum Plintnmarckht gehörte, und geben ihnen auch einen Weg zu denselben mit der Bedingung, dass sie von der Wiese jährlich 60 ₰. und von dem Tagwerke 32 ₰. an sand Michelstag zinsen und im Falle des Verkaufes dem jeweiligen Inhaber des Sitzes zu Leutzmasdorf[1] zum Kaufe anbieten. Erst nach Ablehnung des Wiederkaufes seitens desselben können die Wiesen beliebig verkauft werden, wobei je die Hälfte des Zinses zu Ableite und Anleite zu bezahlen ist.

Siegler: L(eonhard) Lasperger und der edle Leonhart Hesib, Pfleger zu Kamspach.[2]

Datum: fehlt.

Conc. in Cod. E f. 68, unvollständig. Deutsch.

1709. 1466 Jänner 8.

Propst Philipp zu Sannd Pölten vidimiert auf Bitten des Abtes Mert zu Gottweig die ihm vorgelegte Originalurkunde nr. 968 mit drei abhangenden Siegeln.

1708. [1] Leutzmannsdorf, Schloss (Schweickhardt, V. O. W. W., VII, 193). — [2] Karlsbach, G.-B. Ybbs, Ruine, welche mit ihrem ersten Anfange in das 13. Jahrh. zurückreicht (Topographie v. N.-Oe., V, 44 f.).

Siegler: (I.). Propst Philipp von Sannd Pôlten.

Datum: Geschehen zú Sand Pôlten an sand Erhartstag (1466).

Orig., Perg. feuchtfleckig. Deutsch. Siegel an Perg.-Streifen.

I. rund, roth auf Sch. (nr. 1648 S. I). Signet länglich-sechseckig, roth auf Sch. (ebend.).

1710.   **1466 Jänner 27, Mautern.**

Erhart Kowoldt, Richter zu Mauttarn, und Veydt Stainhauser, Rathsherr daselbst, beurkunden, dass Andree Smid und Barbara, dessen Frau, mit Zustimmung des Wilpolt, welcher auch seine Geschwister vertritt, ihrem Eidam Hannss Smid ein Haus zu Mauttarn übergeben haben, wozu auch der Rattenkrancz und Anna dessen Frau ihre Zustimmung melden liessen. Dieses Haus verkauft nun Hannss Smid und dessen Frau Margretha und Willpoldt als Vertreter seiner Geschwister dem Hannss Fleyschacher vor dem Richter und Ruthe zu Mauttarn.

Siegler: Erhardt Kowoldt und Veydt Stainhauser.

Datum: Geben zw Mauttarn am montag vor unser lieben fraw tag zw liechmessen (1466).

Orig., Pap. 2 in grünem Wachse aufgedrückte Petschaften unter Papierdecke undeutlich.

1711.   **1466 März 11.**

Kunigund, die Witwe nach Hanns dem Schaffer zu Maur und Frau Steffanns des Halbmesser, schliesst mit ihrem zweiten Manne über ihren an das Stift Gottweig zinsbaren halben Hof zu Maur auf einer Seite zunächst dem halben Hofe Hanns des Waicspaur, mit dem er früher einen Hof bildete, und auf der andern Seite zunächst der Kirche folgenden Erbvertrag: stirbt ein Theil mit oder ohne Leibeserben, so fällt die eine Hälfte des halben Hofes an den überlebenden Theil, welcher ausserdem noch den Nutzgenuss der anderen auf Lebenszeit erhält, worauf dieselbe an die Erben des anderen Ehegatten fällt. Im Falle ihres früheren Todes vermacht sie ihrem Gatten die Hälfte ihrer Fahrhabe. Wenn Abt Mert von Gottweig laut Wiederkaufsurkunde den alten Zins von je $2^{1}/_{2}$ Mut Korn und Hafer sammt dem *anderen grossen und kleinen Dienste um 210 ungarische Gulden einlösen will, ist das Geld nach dem Rathe der beiderseitigen Verwandten auf Grund und Boden anzulegen, worüber dann die gleichen Erbbestimmungen gelten.*

Siegler: Abt Mert zu Gotweig mit dem Hängesiegel.

Datum: (1466) eritag nach dem suntag oculi in der vassten.

Copie in Cod. F f. 16. Deutsch.

Vgl. nr. 1560.

1712. 1466 April 21.

Caspar Mülbannger zu Ober-Grueb verzichtet gegen eine Geldentschädigung zu Gunsten seines Bruders Wolfhartt Mülbannger zu Hueb und Wanndl dessen Frau auf seine erbrechtlichen Ansprüche an das Gut, genant die Lerbelhueb auf der Sellden dabei mit allen irn baiden zuegehörungen gelegen in Weiskiricher pfarr, *welches vom Stifte Krembsmünster zu Lehen rührt.*

Siegler: (I.) Caspar Mŭlbannger, (II.) der edl Sigmund Wolkawf zu Weytterstorf.

Datum: Geben (1466) an montag vor sand Jŏrigentag.

Orig., Perg. Deutsch. An Perg.-Streifen 2 Siegel.

I. rund (31), ungefärbt, IV C. U.: s. caspar · mvlbanger. Ein Mühlrad. Der Stechhelm. Cimier: ein Mühlrad mit Wedel. — II. rund (29), ungefärbt, IV C. U. in Minuskel undeutlich. Ein Kalbskopf. Stechhelm. Cimier: 2 Ochsenhörner.

1713. 1466 April 24, Göttweig.

Abt Martin von Göttweig schreibt einem ungenannten Adressaten wegen dessen Hofzinsforderung von $11^{1}/_{2}$ ʱ. ʓ. an seinen Vorgänger [Abt Wolfgang II.], dass derselbe auf sein Befragen erklärt habe, er habe an dessen Bestandhaus $3^{1}/_{2}$ ʱ. ʓ. verbaut, weshalb er ihm nur mehr $6^{1}/_{2}$ ʱ. an Hofzins schulde. Er habe ihm deshalb $3^{1}/_{2}$ ʱ. ʓ. schuldigen Hofzins des Sigmund in des Chrankar Hause zugesprochen, welche er von demselben einfordern solle. Betreffs des Restbetrages solle er bis zu seiner oder seines Cellerars Hinabkunft warten.

Datum: Geben zu Gottweig an sannd Jorigentag (1466).

Copie in Cod. E f. 110. Deutsch.

1714. 1466 April 24, Göttweig.

Mert Prugkner beurkundet, dass ihn Abt Mert und der Convent zu Gottweich von jetzt auf ein Jahr zu ihrem Hofrichter gedungen haben. (Gleichlautend mit nr. 1688. Nur sind hier als Ablösungssumme für den Dreiling Wein bloss 5 U. ₰. bestimmt.)

   Siegler: Mert Prugkner *mit dem aufgedrückten Siegel.*
   Datum: Geben zu Gottweich an sannd Jorgentag (1466).

Copie in Cod. E f. 130 f. Deutsch.

1715. 1466 Juli 12.

Martinus abbas Gottwicensis cum toto suo conventu renunciant etiam tertiae parti oblationum in capella sancti Wolfgangi in Varenveld intra limites ecclesiae parrochialis Sancti Viti propter divini cultus augmentationem, qui propter controversiam sub abbate Stephano habitam anno 1441 in grave populi scandalum extitit diminutus, et monasterio Campililiorum in perpetuum concedunt.

Cod. nr. 12, nr. 464.
Vgl. nr. 1273.

1716. 1466 December 26, Göttweig.

Leonnhart Lasperger und Katherina seine Frau verkaufen mit Handen des Abtes Mertt zu Gottweig dem edeln Mert Prugkner, Hofrichter zu Gottweig, und Walpurga, dessen Frau, ihren folgenden Besitz: von erst unsern hof gelegen zu Ekchenndorf an dem nidern ort zenagst des Gengel Maurer hawss daselbs in Gottweiger pharr, davon man jarleich dient dem benanten goczhaus zu Gottweig in die abbtei an sand Merttentag vier schilling phening; item drew jeuch agker gelegen in dem Pannholcz[1] zwischen wegen an des Paungartner agker; item ain jeuch agker in Rewtten genant der Gern[2] neben Hanns des Plannkch agker gelegen; item zwo jeuchart agker zu

---

1716. [1] Ried in der Thalsenkung zwischen Furth und Eggendorf. — [2] Beim heutigen Gernkreuze südl. v. Eggendorf und westl. v. Höbenbach. Das Ried südöstl. davon heisst jetzt noch Obere und Untere Rout.

Ekchenndorff auf dem Graben neben des Waldkircher agker gelegen; item ain jeuch agker hinder dem obgenanten hof gelegen genant der Wisagker; item ain halbs tagwerich wismad bei der Kirichgassen; item ain viertail weingartten an der alten Fuchaw neben des Paul Muerawer weingartten daselbs gelegen; item ain gartten hinder dem hof daselbs zu Ekchenndorf hincz an den alten grossen pierpawm, das alles mit seiner zugehorung in den benanten hof gehoret; item auch die hernach benanten ledigen burkchrecht: von erst zwai jewch agker hinder dem obgenanten gartten, davon man jarleich in den obgenanten hof gedient hat aindlif phening zu burkchrecht; item sechs jeuch agker bei einander enhalb des Graben an der Hinderleitten[3] gelegen, davon man auch weilent jarleich in den vorbemelten hof gedient hat achtundzwaineczig phening; item drew virtail weingartten an der Fuchaw zenagst Mert des Pösschúchel weingartten gelegen, davon man auch weilant jarlich in denselben hof gedient hat achczehen phening; item ain tagwerich wismad ausserhalb des dorf vor dem tor gelegen, das auch weilant in den egemelten hof gedient hat; item ain jeuch agker bei den obgenanten sechs jeuchen agker gelegen, das weilant Ludweigs daselbs zu Ekchenndorf gesessen gewesen ist, davon man dient jarlich gan Gottweig an sand Merttentag sechs phening und ain krautgartten hinder dem gartten bei der maur, davon man auch iarlich dient in die abbtei gan Gottweig an sand Jorigentag sechs phening.

Siegler: (I.) Abt Mert zu Gottweig als Burgherr, (II.) Leonnhart Lasperger, die edeln (III.) Hanns Hopsinger und (IV.) Christann Paungartner.

Datum: Geben zu Gottweig an sannd Steffann des heiligen martrer tag in den weichnachtfeirtagen (1467).

Orig., Perg. Deutsch. An Perg.-Streifen 4 Siegel.

I. beschädigt, rund, roth auf Sch. (nr. 1514 S. I). Signet am Rv. roth auf Sch. (ebend.). — II. beschädigt, rund (31), grün auf Sch., IV C. U.: s. leonhardi · las .... er. Getheilt (Haupt) und gedrückte Spitze. Der Stechhelm. Cimier: ein geschlossener Flug. — III. rund (27), grün auf Sch., IV C. U.: s. hanns · hobssinger. Ein Stock mit Hopfen. Der Stechhelm. Cimier: ein Halbflug. Hilfskleinod: ein Stock mit Hopfen. — IV. rund (27),

---

1716. [3] Hinterleitten, ein Ried südl. v. Tiefenfucha, welches sich über die Tiefenfuchaer und Eggendorfer Gemeindefreiheit erstreckt.

grün auf Sch., IV C. U.: s. kristan · pangartner. 3 aufrechte Speere. Stechhelm. Cimier: eine dreizinckige Krone mit hervorbrechendem Halbfluge.

1717. **1467 April 6.**

Sigmund von Eiczing und Jörig von Eiczing, sein Sohn, beurkunden, dass ihnen Abt Mertt und der Convent zu dem Gotweig ihren Zehent auf der Pulka, und zwar den Wein- und Getreidezehent zu Oberen und Nideren Nélib, zu Pernnestorf, zu Peygarten, zu Vêczestorf und den Getreidezehent zu Réckleinstorf auf ihre und der Nachkommen des letsteren Lebenszeit verliehen haben. Sie begeben sich aber in einem anderen Vertrage insoweit theilweise ihrer Rechte, als Sigmund von Eiczing dieselben auf Lebenszeit ganz ledig und dann nur mehr sein Sohn Jörig zu einem Jahreszinse bestandweise innehaben soll.

Siegler: (I.) Sigmund und (II.) Jörig von Eiczing.

Datum: geben (1467) des montag nach sanndt Ambrosytag.

Orig., Perg. Deutsch. Von 2 Siegeln an Perg.-Streifen das 2. abgefallen

Vgl. nr. 1512, 1665, 1924.

I. beschädigt, rund, roth auf Sch., IV A 2 (nr. 1665 S. I).

1718. **1467 April 8, Wiener-Neustadt.**

Kaiser Friderich [III.] verleiht auf Bitten des Bischofes Vlrich zu Passaw, seines Gevatters und römischen Kanzlers, der bischöflich Passau'schen Stadt Mawttern in Anbetracht ihrer Verdienste neuerdings folgendes Wappen: einen schilde geteilet nach der lennge ab, das vorder halb teil weisz, darinne ein rotter klymmender wolf mit gelffunder zungen und auffgeworffen swancze, dan das ander halb teil des schildes rot, darinne von grunde auf ein weisse mawr mit funf zynnen und zweyen schieszlucken, unden mit einem swarczen tor, darinne ein goltfarber schoszgatter und mitten aus der mawr auf ein weisser ungedeckter runder turn [mit]* einem venster und oben zu ringsumb mit seiner auszladung von dreyen zynnen und auf dem schilt einen helme geczieret mit einer weissen und roten helmedecken, darauf auch ein teile eins weissen geczinten turns,

---

1718. * Ausgelassen.

als in dem schilt geschicket, entspringende darausz ein halber roter klÿmmender wolf mit gelffunder zungen, habende in der vordern rechten taczen einen weissen stain geordnet zu dem werffen.

Siegler: Kaiser Fridreich III. *mit dem Majestätssiegel.*

Datum: Geben zu der Newenstat am mittichen nach sant Ambrosientag des heiligen bischoffs (1467), unser reiche des Romischen im sybenundczweinczigisten, des keyserthumbs im sechczehenden und des Hungrischen im newndten jaren.

* Orig., Perg. mit gemaltem Wappen. Deutsch. Siegel nach Bullenart an rother Seidenschnur.

Rechts auf dem Buge von anderer H. vermerkt: *Ad mandatum domini imperatoris Vdalricus episcopus Pat(aviensis), cancellarius.*

S. d. Kaisers Friedrich III. beschädigt, rund, ungefärbt. Av. Abb. bei Sava, Siegel der österr. Regenten, S. 154 Fig. 96; Rv. Abb. ebend., S. 155 Fig. 97.

1719. **1467 [April 11], Weierburg.**

[Georg Rosenhart] ersucht Abt Martin von Göttweig, da er wegen der Söldner mit dem Abte von Schottn abgerechnet, ihn aber weder in dem ihm vom Richter zu Kornneunburg übersendeten Register verzeichnet noch in der Rechnung als Zahler benannt gefunden habe, um die Erlegung der Schuld am achten Tage nach sannd Jörgntag beim Richter zu Kornneunburg, widrigenfalls er seine Leute deshalb anhalten müsste.

Datum: Geben zu Weyrburg[1] an sambstag [vor]* sand Tyburczntag (1467).

Copie in Cod. E f. 126. Deutsch.

Vgl. nr. 1720.

1719. * Da auf den Samstag nach dem 11. Aug. Mariä Himmelfahrt fällt und anzunehmen ist, dass in diesem Falle nach diesem Feste datiert wäre, so ist auf den 14. April als Tiburtiusfest zurückzugeben. Da nun der Samstag darnach auf den 18. April fällt, unser Brief aber vor nr. 1720 anzusetzen ist, so ist *vor* zu ergänzen.

[1] Da zu dieser Zeit die Familie Rosenhart die Weierburg, V. U. M. B., besass, so kann der ungenannte Briefschreiber nur Georg Rosenhart sein, auf welchen nr. 1720 sowie nr. 1662 hinweisen.

1720. 1467 April 15.

Abt Martin von Göttweig schreibt dem edlen Jörg [Rosenhart], dass er zu Kornneunburg 10 ℔. ₰. gezahlt habe, wozu ihm der dortige Richter 4 ungarische Gulden geliehen habe, während der verstorbene Herr Erhart Doss[1] das übrige bis auf eine beiderseitige Verrechnung ausstehen liess, welche sie wegen Pfenninggülten, die derselbe 14 Jahre nicht gezahlt hatte, haben sollten. Da nun dessen Bruder das Schloss und die Herrschaft Smida besitze, so wird sich dies in seiner Verrechnung mit demselben schon zeigen, und was er noch darüber schulde, wolle er ihm gerne bezahlen.

Datum an mittichen nach sannd Tyburczntag (1467).

Copie in Cod. E f. 126′. Deutsch.

1721. 1467 April 18, Göttweig.

Abt Mert und der Convent von Gotweig verlassen dem edlen Joring Schekch vom Wald, welcher ihnen in der Nothlage des Stiftes 200 ungarische Goldgulden geliehen hat, hiefür auf Lebenszeit zu Bestand die Zehente zu Hessndorf, auf den zwei Nunenhöffen,[1] auf dem Alberhof[2] und Swaighof[3] und zu Pertoltsstorf,[4] zu Hintperig,[5] zu Wulffungreiot, zu Gantspach, auf sieben Burgrechtsäckern auf der Öd,[6] auf sechs Ueberlentäckern in der Swaikchwiss und auf zwei Krautgärten, zu Putterspach, zu Hag, zu Hintteren Aichberg,[7] zu Pimershoffen, zu dem Graben und in der Vinkenpewnt,[8] ferner den halben Zehent zu Frawn Manen, zu Oberen Aichperig, auf den Reiwten, alles in der Gänntspacher Pfarre, und den halben Zehent zu den Lehnn in der Jeroltinger Pfarre. Sie nehmen nur den Flachszehent und den Zehent des

---

1720. [1] Da bei Erhart dem Dossen kein Beisatz als Vater vermerkt ist, so haben wir es mit einem anderen Geschlechte als Bositzer der Feste Schmida zu thun, welches, wie aus nr. 1719 hervorgeht, die Familie Rosenhart zu Weierburg war.

1721. [1] Nonnenhöfen, Rotte, O.-G. Gansbach. — [2] Oberhof E.-H., K.-G. Hessendorf. — [3] Schweighof E.-H., K.-G. Hessendorf. — [4] Bei Hessendorf einst gelegen, jetzt verschollen. An dessen Stelle besteht heute eine Wald- und Wiesenflur. — [5] Himberg, O.-G. Gansbach. — [6] Oedt, O.-G. Kicking. — [7] Eichberg, Rotte, O.-G. Gansbach. — [8] Fanklpoint, Ried südl. v. Gansbach (Administrativkarte, S. 48).

Pfarrers zu Gánczpach auf den behausten Gütern in dem Markte daselbst, deren Lehensherr derselbe ist, sammt den dazugehörigen Feldern sowie den daranstossenden dem Pfarrer gehörigen Zehent auf der Aw davon aus. Der Beliehene hat jährlich von den Zehenten einen Geldzins, welcher bis zum künftigen sannd Gillgentag zu vereinbaren ist, an diesem Tage an sie zu zahlen. Kommt keine Vereinbarung zustande, so haben sie ihm die 200 Goldgulden in den nächsten 13 Wochen zu Achstain zu zahlen, worauf ihnen die Zehente wieder ledig werden, während sie im Falle einer Vereinbarung dieselben innerhalb zwei Jahren zu zahlen haben.

Siegler: Abt Mert und der Convent von Gotweig *mit den aufgedrückten Siegeln.*

Datum: Geben zu Gottweych an sambstag vor sannd Jörgentag (1467).

Copie in Cod. E f. 127 f. Deutsch.

Vgl. nr. 1740.

1722. **1467 April 29.**

Anno domini LXVII feria quarta post Georii hat aufenpfangen herr Sigmund Krengelbekch, dieczeit kaplan zw Mawttarn, ain wehaust lehen gelegen zw Pawngarten prius Hans Polan de Pach und dint zu sand Margrethntag in dy abbtey XII snitphenning und Michelis XX ₰. purkrecht zw sand Giligentag, XX meczen vogtfueter und VI schreib ₰. darauf presente Leonhart Kuchinger de Mauttern, ablat anlat XX ₰.

Notiz in Cod. H f. 65.

1723. [**1467 vor Juni 9, Göttweig.**]

Abt Martin von Göttweig bittet Kaiser Friedrich III. um Entschuldigung wegen der Nichtbezahlung des Steueranschlages und Nichtlieferung des Vogthafers in Anbetracht der traurigen finanziellen Lage seines Stiftes.

Copie in Cod. F f. 89.

Aus nr. 1724 ergibt sich, dass dieser Brief vor 1467 Juni 9 einzureihen ist.

Allerdurchleuchtigister kaiser, allergenedigister herr! Mir zbeifft nicht, e. k. m. sey gruntlicher, wenn ich e. k. g. anbringen, mag bericht, wie e. k. m. goczhausz zu Gotbeyg zbischen den veintten gelegen mit teglicher grosser besberung in vil weg swerlich gepfrengt und beschediget wirdet und gros auszgebung bedarff zu behütung des goczhaus und doch ganczlich erschepft und kain vermögen hab, nachdem ich* allennthalben rennt und gült empfromdt und der nicht kan noch mag geniessen und all des goczhausz armlewt auf das hertist verderbt. Allergenedigister her! So schreibt mir e. k. m. in veldt, wais got an des goczhaus vermögen nicht ist, nachdem dy vögt auf e. k. m. auferfordern dy armenleut swerlich in veld steurn und vadern, so pin ich doch allczeyt genaygt mich unttertaniclich e. k. g. willen zu vleissen und solch gelt innhalt e. k. m. geschafft nach grossen getann vleis auf mich entlehen und mit nichte künen noch mugen zu wegen bringen. Aber damit ich bey e. k. m. gehorsam erfunden werde, schikch ich aus des goczhaus sagrer das teurist klaynat zu verkümern solh e. k. m. vordrung auszerichten, unstaten auf mich enntnommen und hallften tail geantburt und all mein möglichen vleis ankeren, das annder auch gerichten müg, domit ich e. k. m. gehorsam erfunden werde. Allergnedigister herr! Pin ich e. k. g. mergklich vogtfueter schuldig, darumb e. k. m. mir yecz geschriben und kain grosser kummernusz an meinem herczen hab, das ich an dem nicht auszrichten thun mag, got ist mein zeug, das durch mein unfleis nicht ist, und mein grosten vleis hab, e. k. m. geren raichen wolt, das ich aber der sbären kriegsleuff und verderben halben ausz den armenlewtten yecz in kein weg pringen mag. Dorumb so fliehen mein brueder und swester und ich zw e. k. m. als unnseren allergnadigisten herren und lanndfürsten und bitten e. k. m. mit aller diemutikeyt unns verzug des vogtfuetter in ungnaden nicht messen und unnser lieben frauen und e. k. g. goczhaus anligundt notturfft hochs verderben enncziehunng nücz und gült und meniger derselben verkummernusz genegdiglich ansehen und bedenken und geruech e. k. m. mit den kastner zu schaffen mir etlich zu schaff das vogtfuetter auf mein darlegen und zerung mitsambt meinen dieneren zu erforderen und inzepringen, an der hilff ich in kein weg ausz den lewtten nichts pringen kann noch mag. Allergnedigister herr, dobey rueff ich an e. k. m. mit aller gehorsamer undertanigkeyt bit-

---

1723. * Cod. statt *ihm.*

tund umb gnådige hilff weg furzunemen, damit e. k. m. arm goczhaus so hertlich nicht in abnemen kom und verderben, domit ich e. k. g. in aller vordrung gehorsam sein mûeg, das auch der loblich goczdinst und observancz in baiden conventten nicht beligen mues. Das etc.

1724.   **1467 Juni 9, Wiener-Neustadt.**

Kaiser Friedrich III. befiehlt Georg von Pottendorf, den Abt Martin von Göttweig wegen des ausständigen Vogthafers nicht zu belästigen, sondern denselben von den Untervögten und den Holden des Stiftes einzutreiben.

      Orig., Pap. Siegel unter Papierdecke auf der Rückseite aufgedrückt.

      Kanzleivermerk von anderer H.: *per m. ong.* Auf der Rückseite: *Littera von dem von Spaur.* — Vgl. nr. 1723.

Wir Fridreich etc. unsern lieben getrewn Jôrgen von Potendorff, obristen schennkhen, unserm launndtmarschalh und veldhaubtman in Österreich, und aunndern unsern rêten zu Wienn etc. Uns hat der ersam geistlich, unser lieber andêchtiger Mert abbt zum Gottweig anbracht, wie ir den vogthabern, so uns von ettlichen jaren her von im und seins gotshaws lêuten und holden aussteet, ervordert habet ew den zu unsern hannden auszerichten, des sich derselb abbt beswert bedunkht, nachdem ettlich unser landlôut, so vogt über seins gotshaws lêut und holden mainen ze sein, solhen ausstanndt desselben vogthabern von denselben seinen lêuten ingenomen haben und ains tails noch auf den bemelten seinen lêuten besteet und des von in nicht inbringen muge, emphelhen wir ew ernstlich und wellen, das ir sôlhen obberûrten ausstannd des berûrten vogthabern von den bemelten unsern launndlêuten, so den ingenomen haben, und des benannten abbts leut und holden, darauf des noch ains tails besteet und die ew derselb abbt zu erkênnen geben wirdet, zu unsern hannden ervordret und inbringet und den benannten abbt darumb unangelannt und unbekûmert lasset, etc. Geben zu der Newnstat an critag vor sannd Veitstag anno domini etc. LXVII, unsers kaisertumbs im sechczehenten jare.

      S. Friedrich's III. rund, roth. Abb. bei Sava, Siegel der Österr. Regenten, S. 167 Fig. 113.

1725. 1467 October 7, Wien.

Abt Johanns zu den Schotten in Wien vidimiert auf Bitten des edlen Herrn Hainreich von Puchaim, Erbtruchsess in Osterreich, die ihm im Originale mit Siegel vorgelegte Urkunde nr. 443.
Siegler: der Urkundenaussteller.
Datum: Geben zu Wienn an mitichen vor sand Colmanstag (1467).

Orig., Perg. feuchtfleckig. Deutsch. Siegel abgeschnitten.

1726. [1467], Ebelsberg.

[Sigmund von Schaunburg][1] schreibt Abt Martin von Göttweig, dass sein Hintersasse Hanns Öder von Pierpaum, welcher mit dessen Hintersassen Gremer zu Kainndorf zusammen nach Stainakirchen gefahren, unterwegs gefangen genommen und auf den Sermyngstain geführt worden sei, wo ihnen die Freilassung gegen die Zahlung von 25 ℔. ₰. binnen 14 Tagen in Aussicht gestellt wurde, dadurch grossen Schaden erlitt, dass er deshalb gefangen gehalten wurde, weil der letztere seinen Theil nicht bezahlte, weshalb er dann das Geld allein erlegt habe. Er ersucht den Abt, seinen Hintersassen zur Zahlung seines Theiles zu verhalten, widrigenfalls er dem seinigen zu seinem Gelde verhelfen müsste.
Datum: Geben zu Ebesperg.

Copie in Cod. E f. 129. Deutsch.

Die Einreihung im Copialbuche und die H. des Copisten weisen auf das Jahr 1467.

1727. [1467, Göttweig.]

Abt Martin von Göttweig schreibt dem edlen Herrn Sigmund [von Schaunburg], dass er von dem Sachverhalte (nr. 1726) nichts wisse, nichtsdestoweniger aber wolle er seinen Hintersassen den Gremer zu Kayndorf vorladen und, falls er schuldig ist, auch zur Zahlung an dessen Hintersassen verhalten.
Datum und Unterschrift fehlen.

1726. [1] Nach dem Antwortschreiben in nr. 1727 ist der ungenannte Briefschreiber Sigmund von Schaunburg.

Copie in Cod. E f. 130, unvollständig. Deutsch.

Dieser Brief fällt zeitlich bald nach nr. 1726.

1728. [1467, Göttweig.]

Abt Martin von Göttweig schreibt dem edeln Herrn Jorg,[1] *dass er gemäss der mit demselben von dem Prior Erhart früher gepflogenen Verhandlungen bereit sei, ihm den Zehent auf Lebenszeit zu verpachten, wenn er ihm jetzt 300 Gulden leihe, von welchen dann der Pachtschilling jährlich abzuziehen sei. Er hoffe, dass derselbe sein Angebot nicht ablehne, da ihm doch sein verstorbener Grossvater und Vater noch mehr darauf geliehen haben, welches alles auf diese Weise jährlich abgezahlt wurde.*
Datum und Unterschrift fehlen.

Copie in Cod. E f. 125′ f., unvollständig. Deutsch.

Die Anordnung in E ermöglicht es, vorliegenden Brief in das Jahr 1467 zu verlegen.

1729. [c. 1467, Göttweig.]

Abt Martin von Göttweig ersucht den edeln Herrn [Stefan Eitzinger], seinen Holden und dessen Vogtholden Stefan Hesiber, welcher wegen einer ungerechten Beschuldigung verhaftet wurde, freizulassen und ihn für den angethanen Schimpf zu entschädigen.
Datum und Unterschrift fehlen.

Copie in Cod. E f. 130 (Einlage), unvollständig. Deutsch.

Die Anordnung im Copialbuche weist auf c. 1467 als Zeit der Abfassung vorliegenden Briefes.

1730. 1468 Jänner 17.

Gillig Pólann zu Nidernnpergarn oberhalb Mawttarnn verkauft Abt Mert und dem Convente zu Gotweig den Erbantheil des Wolfgang Protschs von Ruegesdorf, nämlich die Hälfte an dem Nachlasse seines verstorbenen Vetters Petter Dwrlman (nr. 1417, 1691).

1728. [1] Jorg Hechinger von Ranzenbach.

Siegler: die edln (I.) Leonhart Lasperger und (II.) Hanns Hobsinger.

Datum: Geben (1468) an sand Annthonitag des heilligen peichtiger.

Orig., Perg. Deutsch. An Perg.-Streifen 2 Siegel.

I. beschädigt, rund, grün auf Sch. (nr. 1716 S. II). — II. beschädigt, rund, grün auf Sch. (nr. 1716 S. III).

1731. [1468 vor Mai 1.]

Die erwählten Schiedsrichter Paul von Melk, Professor der Theologie und Dechant zu St. Stefan in Wien, Wolfgang von Herczognburg, Doctor beider Rechte und Ordinarius für Jus canonicum an der Wiener Universität, Judocus Hausner, Doctor der Decrete, und Leonhard von Perching, Magister der freien Wissenschaften, schlichten einen Streit zwischen Abt Martin, Prior Erhard und dem Convente zu Göttweig einerseits und dem Pfarrer Cristofferus Pabinger an der Pfarrkirche zum heil. Stefan zu Nappersdorf in folgender Weise:

[1.] der den Schiedspruch übertretende Theil wird zu einer Geldbusse von 400 ungarischen Goldgulden verurtheilt, wovon je 100 Gulden dem Kaiser, dem Bischofe von Passau, der Gegenpartei und den Schiedsrichtern zu zahlen sind;

[2.] beide Theile haben fernerhin Frieden zu halten, zu dessen Bekräftigung der Pfarrer Cristofferus und der Magister von Buda als Procurator sich den Handschlag leisten;

[3.] haben der Abt und Convent zu Göttweig dem Pfarrer Kanrad in Nalib 16 Ducaten, welche derselbe dem Cristofferus zum Nutzen des Stiftes geliehen hat, und dem Pfarrer Maternus in Scheybs 9 Gulden, welche derselbe in gleicher Weise dem Cristofferus geliehen hat, zu zahlen, ausserdem für die Schulden an Judocus, den einstigen Leiter der Schule in Göttweig, demselben die Exequien zu halten. Das Gleiche gilt betreffs der Schuld von 4 ℔. 80 ₰. an den Wiener-Neustädter Bürger Gütntag, ausser es verlangt dessen Witwe die Bezahlung in barer Münze;

[4.] Abt und Convent zu Göttweig haben ausserdem an Cristofferus Pabinger 90 ℔. ₰., und zwar je 30 ℔. ₰. zu den künftigen Weihnachten, zu Pfingsten und Michaeli zu zahlen. Die Schiedsrichter behalten sich das Recht vor, etwa

neu auftauchende Zweifel betreffs des Schiedspruches definitiv zu lösen.

Datum: fehlt.

Copie in Cod. F f. 32, unvollständig. Lat.

Aus der localen Anordnung in Cod. F ergibt sich die Einreihung in das Jahr 1468. Da aber Abt Martin von Göttweig schon am 1. Mai starb, so muss dieser Schiedspruch vor diesen Tag fallen.

Berichtigungen und Nachträge
zum
I. Theile (Fontes 2, LI).

S. XVIII (Einleitung), Z. 4 v. o. lies ‚konnten' statt ‚könnten'.
„ 11 Z. 22 ergänze vor ‚Blindindorf' ‚Scauwingin cum mancipiis et omnibus appendiciis suis'.
„ 17 Z. 22 v. u. lies ‚Hansiz' statt ‚Hausiz'.
„ 20 „ 11 „ „ „ ‚Salzburgensis' statt ‚salzburgensis'.
„ 28 „ 15 „ „ „ ‚Houistetin' statt ‚Honistetin'.
„ 44 „ 2 „ o. „ ‚Kotwigensi' statt ‚kotwigensi'.
„ 44 „ 6 „ „ „ ‚Kotwigensi' statt ‚kotwigensi'.
„ 45 „ 17 „ „ „ ‚occidentem' statt ‚eccidentem'.
„ 94 „ 3 „ o. ergänze nach ‚Perg.' ‚Siegel an rothgelber Seidenschnur'.
„ 95 nach Z. 12 ergänze ‚S. d. Herzoges Leopold VI. rund, ungefäßt. Abb. bei Sava, Siegel der Regenten, S. 86 Fig. 21'.
„ 106 Z. 11 v. u. lies ‚Bischof' statt ‚Erzbischof'.
„ 133 „ 7 „ „ „ ‚dedimus' statt ‚decimus'.
„ 145 statt Anm. 1 zu nr. 145 ‚Kollnbrunn, G.-B. Matzen, V. U. M. B.'.
„ 162 Z. 5 v. u. lies ‚Wisendorf' statt ‚Wisendof'.
„ 168 „ 10 „ o. entfällt nach ‚Chvnradus' das Komma.
„ 169 „ 13 „ „ lies ‚successores' statt ‚succesores'.
„ 169 Anm. ³ zu nr. 165 entfällt ‚Daneben besteht aber jetzt noch' bis zum Schlusse.
„ 171 Z. 2 v. o. lies ‚transferre' statt ‚tranferre'.
„ 179 „ 13 „ u. „ ‚cerevisie' statt ‚crescentis'.
„ 184 Anm. 1 ‚Engelprechts identisch mit dem heutigen Riede Engelbrechts bei Dankholz'.
„ 200 Anm. ᵈ zu nr. 184 lies ‚B' statt ‚A'.
„ 203 Z. 9 v. o. lies ‚Vûlpes' statt ‚vûlpes'.
„ 207 „ 2 „ „ „ ‚Rudigerus' statt ‚Radigerus'.
„ 213 „ 10 „ „ „ ‚darauf' statt ‚daz ouf'.
„ 214 „ 13 „ „ „ ‚Vineam' statt ‚vineam'.

S. 215 Z. 7 v. o. lies ‚Rugerus‘ statt ‚Hugerus‘.
„ 216 „ 2 „ „ „ ‚Vineam‘ statt ‚vineam‘.
„ 233 „ 1 „ u. „ ‚considerationis‘ statt ‚censiderationis‘.
„ 235 „ 7 „ „ Anm. 5 lies ‚Gastles, O.-G. Kirchschlag‘ statt ‚Günsles, O.-G. Elsenreith‘.
„ 238 Z. 3 v. o. lies ‚prelati‘ statt ‚plelati‘.
„ 245 „ 12 „ u. „ ‚průder‘ statt ‚Prvder‘.
„ 261 „ 13 „ o. „ ‚tonaliter‘ statt ‚tanaliter‘.
„ 298 „ 10 „ u. „ ‚Aschhof‘ statt ‚aschhof‘.
„ 352 „ 14 „ „ entfällt nach ‚Copie‘ das ‚(B)‘.
„ 362 „ 2 „ n „ die Anm.⁵ ‚Gaisberg, K.-G. Ofenbach, O.-G. Schachau‘.
„ 379 „ 6 „ o. lies ‚sand‘ statt ‚Sand‘.
„ 389 „ 4 „ u. Anm.¹ entfällt ‚eingegangen, einst bei Povat etc. gelegen‘, dafür ‚Wegscheid bei Oets‘,
„ 389 Z. 2 v. u. und Anm.³ entfällt ‚unbestimmbar‘, dafür ‚bei Pengelbach‘.
„ 408 „ 2 „ „ entfällt ‚Grossgraben E.-H. etc.‘, dafür ‚bei Etzersdorf, V. O. W. W.‘.
„ 419 Z. 1 v. o. lies ‚Ir ayd‘ statt ‚Irayd‘.
„ 420 „ 7 „ „ „ ‚Vogthafer‘ statt ‚Vogthabern‘.
„ 431 „ 2 „ u. Anm.³ lies ‚Rametzhofen, V. O. W. W.‘ statt ‚Ravelsbach, V. U. M. B.‘.
„ 454 Z. 12 v. o. ergänze nach ‚Entleiten‘ ‚ein gůt auf dem Äw vellde, ein gůt datz Steinach‘.
„ 476 Z. 8 v. o. lies ‚1853‘ satt ‚1343‘.
„ 478 „ 4 „ „ „ ‚holtze‘ statt ‚holte‘.
„ 527 „ 15 „ u. „ ‚spruchlewte‘ statt ‚pruchlewte‘.
„ 528 „ 1 „ „ „ ‚Stiftern‘ statt ‚Stiften‘.
„ 530 „ 3 „ o. „ ‚Bündniss‘ statt ‚Bündnis‘.
„ 586 „ 14 „ u. „ ‚zwaintzig‘ statt ‚waintzig‘.
„ 587 „ 2 „ „ ergänze ‚Datum: geben ze der Newnstat (1369) des nechsten mittwochen nach sand Mertentag‘.
„ 623 Z. 4 v. u. lies ‚der Cherspekch‘ statt ‚des Cherspekch‘.
„ 647 „ 18 „ o. „ ‚der wiert‘ statt ‚der Wiert‘.
„ 648 „ 19 „ „ „ ‚Pataviensi‘ statt ‚pataviensi‘.
„ 676 „ 18 „ u. „ ‚conventz‘ statt ‚contentz‘.
„ 691 „ 16 „ o. „ ‚vorsprech‘ statt ‚vorsprch‘.
„ 696 „ 13 „ u. „ ‚Fawstlein‘ statt ‚Tawstlein‘.
„ 736 „ 12 „ o. „ ‚newratzehent‘ statt ‚Newratzehent‘.
„ 740 „ 25 „ u. „ ‚Vulpis‘ statt ‚vulpis‘.
„ 742 „ 7 „ o. „ ‚Schaffner‘ statt ‚Schaffer‘.
„ 815 „ 19 „ „ Anm. ²⁵ ‚Ercharczstain ein eingegangener Ort zwischen Raxendorf u. Trandorf‘.
„ 815 Z. 22 v. o. Anm. ³¹ ergänze ‚Im Urbare D v. 1361 sind Urbarzinse von einem Walde „Maingörcz" bei Nieder-Ranna und Mühldorf mehrmals verzeichnet. „Maingörcz" ist wohl mit „Membaresglet" identisch und westlich von den benannten Orten zu suchen‘.

Lightning Source UK Ltd.
Milton Keynes UK
UKHW041029070119
334942UK00011B/1789/P